Maria Rita Cattani

Giovani Diritti Regole

Diritto ed economia
per il primo biennio

W0213724

paravia

9788839526953A
Tutti i diritti riservati
© 2016, Pearson Italia, Milano – Torino

9788839529190A
Tutti i diritti riservati
© 2017, Pearson Italia, Milano – Torino

Un particolare ringraziamento a **Claudio Guzzi** per la collaborazione prestata alla pubblicazione di questo corso.

Letizia Gatti ha collaborato alla progettazione delle rubriche *Visualizzare per apprendere*.

Valentina Muttoni
Progettazione editoriale

Marco Palvarini
Coordinamento e realizzazione editoriale

Renata Cortese
Progetto grafico copertina

Sandra Soi
Progetto grafico interni, impaginazione

Andrea Massi
Collaborazione alla progettazione editoriale e revisione testi

Roberta Crepaldi
Redazione

Daniele Gianni, Silvia Belluschi
Disegni, infografiche

Sandra Soi, Triestina Giannone, Andrea Massi
Ricerca iconografica

Immagine di copertina
YanLev/Shutterstock, Siarhei Pleshakov/123RF

Le sezioni dedicate alla didattica inclusiva della rubrica Competenze in campo e della Verifica di Percorso, la Sintesi con la mappa e la Sintesi discorsiva sono realizzate con il carattere

EasyReading™ Font ad alta leggibilità: strumento compensativo per i lettori con dislessia e facilitante per tutte le categorie di lettori.
www.easyreading.it

Per i passi antologici, per le citazioni, per le riproduzioni grafiche, cartografiche e fotografiche appartenenti alla proprietà di terzi, inseriti in quest'opera, l'editore è a disposizione degli aventi diritto non potuti reperire nonché per eventuali non volute omissioni e/o errori di attribuzione nei riferimenti.
È vietata la riproduzione, anche parziale o ad uso interno didattico, con qualsiasi mezzo, non autorizzata. Le fotocopie per uso personale del lettore possono essere effettuate nei limiti del 15% di ciascun volume dietro pagamento alla SIAE del compenso previsto dall'art. 68, commi 4 e 5, della legge 22 aprile 1941, n. 633. Le riproduzioni effettuate per finalità di carattere professionale, economico o commerciale o comunque per uso diverso da quello personale possono essere effettuate a seguito di specifica autorizzazione rilasciata da CLEARedi, Corso di Porta Romana 108, 20122 Milano, e-mail autorizzazioni@clearedi.org e sito web www.clearedi.org.

LIBRI DI TESTO E SUPPORTI DIDATTICI
Il sistema di gestione per la qualità della Casa Editrice è certificato in conformità alla norma **UNI EN ISO 9001:2008** per l'attività di **progettazione, realizzazione e commercializzazione di: • prodotti editoriali scolastici, dizionari lessicografici, prodotti per l'editoria di varia ed università • materiali didattici multimediali off-line • corsi di formazione e specializzazione in aula, a distanza, e-learning.**

Member of CISQ Federation
RINA
ISO 9001:2008
Sistema Qualità Certificato

Stampato per conto della Casa Editrice presso
presso Centro Poligrafico Milano S.p.A., Casarile (MI)

Ristampa	Anno
7	20 21

Referenze iconografiche
Archivio Pearson Italia; 123RF/auremar, crstrbrt, D. Kalinovsky, federicofoto, I. Belousa, J. Samsonov, K. Sutyagin, kurhan; AGF/F. Barilano, M. Frassinetti; Alamy/Image Broker; Archivio Mondadori-Electa/G. Ricci; Contrasto/A. Cristofari/A3; Corbis/A. Benedetti, A. Cavalli, A. Cooper, A. Masiello/NurPhoto, A. Melita/Datapress/Splash News, A. Michailidis/Demotix, A. Nogues/Sygma, A. Serranò/Demotix, Andersen-Ross, Andina/Xinhua Press, Ansa, Arctic-Images, Art Widak/Demotix, AS400 DB, B. Austin, B. Sutter/Demotix, B. von Jutrczenka/dpa, Bettmann, Bigshots Photos/Splash News, C. Cheadle/All Canada Photos, C. Darvinci/Splash News, C. Karnow, C. Melzer/dpa, C. Onorati/Ansa, C. Onorati/epa, C. Sadowski/Splash News, C. Scavolini/Splash News, C. Schmidt, Camerique, Chuckn Savage, Cifotart, D. Stellino/Demotix, D. Vigo/Splash News, Dieterich, W., DreamPictures/S. Faulk/Blend Images, E. Aquila/Demotix, E. Le Poulin, E. Silvera/Demotix, Eye Ubiquitous, F. Castaldo/Demotix, F. Dalfelli/Demotix, F. Heyder/dpa, F. Lemmens, F. Puglisi, F. Rizzo/Splash News, F. Soltan, F. Vergaro, F. Frustaci/epa, G. Biagini/Demotix, G. Candussi, G. Cozzi, H. Choi/TongoRo Images, H. King, H. Villalobos, Hero Images Inc., Houin/Bsip, Hulton-Deutsch Collection, I. Ceremigna/Demotix, I. Francis/Demotix, Illustration Works, Image Source, ImageZoo, J. Brown/Splash News, J. Gerard Seguia/NurPhoto, J. Horner, J. Lowery/Splash News, J. Nicholls, J. Pelaez, J. Stanmeyer/Natinal Geographic Creative, JC/Splash News, Jetta Productions/Blend Images, Kardinalmelon/RooM the Agency, KidStock/Blend Images, L. Casentini/demotix, L. Downing/Sygma, L. Huanhuan/Xinhua Press, L. Johnson, L. Kannedy, L. Manning, L. R. Lima/Demotix, Lan, M. Ashton/AMA, M. Bertrand, M. Borchi/Atlantide Phototravel, M. Bottigelli/JAI, M. Brambatti/Ansa, M. Cinquetti/Demotix, M. Marinolli/XianPix, M. Minnella/Splash News, M. Puddy, M. Ritzmann, M. Romano/Demotix, M. Secchi/XianPix, M. Setboun, M. Valicchia/Demotix, Maskot, moodboard, N. Atzeni/Demotix, N. Celesti/Demotix, N. Farrin/JAI, N. Feanny, Nation Wong, O. Bai/Splash News, O. Franken, O. Franken/30132187A, O. Kirby/Illustration Works, Ocean, P. A. Souders, P. Buchinho/ImageZoo, P. Deliss/Godong, P. Gilligan/ImageZoo, P. Grimm/dpa, P. Marshall/Demotix, P. Stewart/Demotix, P. Supernak/epa, Pacific Press, R. Baker/In Pictures, R. Botterell, R. Faris, R. Finizio/Demotix, R. Geiss/dpa, R. Hutchings, R. Levine/Demotix, R. Paganelli/NurPhoto, R. Schlesinger/dpa, Radius Images, Rich/Splash News, Rudolf, S. Carter/ImageZoo, S. Clara/Photononstop, S. Costantino/DAPRESS/Splash News, S. Eckhardt, S. Golob, S. Granati/Demotix, S. Guidi/XianPix, S. Hassan/Demotix, S. Miller/Star Ledger, S. Montesi/Demotix, S. Morara, S. Pilick/dpa, spirofoto/Demotix, Splash News, T. Bognar, T. Bognár, T. Clayton, T. Graham, T. Grill, T. Pannell, T. Reed/Splash News, T. Streshinky, Tetra Images, Ton Koene/Visuals Unlimited, V. Chrisopoulos/Demotix, V. Rastelli, Vallancien/BSIP, Vigg, Virgo Productions, Voisin/Phanie/Phanie Sarl, W. Geiersperger, XianPix; Fotolia/A. Gregor, A. Popov, A. Rodriguez, a7880ss, al62, Andreaphoto, Andreykr, Anetlanda, Arochau, Artco, bizio_ti, C. Divizia, C. Schwier, Cristovao31, D. Race, D. Smaglov, D. Surkov, Dario, daviles, Dionisvera, disto89, djvstock, fabioberti.it, fotografiche.eu, frenk58, fusolino, georgejmclittle, Goodluz, Greta Garbo, Gstudio Group, harbrda, I. Bartussek, icsnaps, J. Aufort, jesussanz, jonasginter, justasc, Karichs, khunaspix, Koolander, Kzenon, L. Lauro, L. Santilli, L. Sokolovska, Lassedesignen, M. Shuppich, Maelena, marcociannarel, maudanros, maxximmm, missty, Nazzalbe, nickylarson974, Niyazz, olly, Oxygen64, P. Vakhrushev, P. Vakhrushev, pavel068, petert2, petunyia, photo 5000, Photographee.eu, pict rider, pixelrobot, pluto73, R. Sigaev, R. Zilli, Ratoca, rcfotostock, ricardoferrando, Riguar, S. Bouchard, S. Gallini, Schlierner, Sentavio, Shjmyra, sirikorn_t, Stockr, sumire8, Syda Productions, systemedic, T. Jesenicnik, T. Lucarelli, teptong, Theartofphoto, tsach, Two Brains Studios, Tyler Olson, VadimGuzhva, vadymvdrobot, vitaliy_melnik, vivat, Yanlev; Olycom/G. Giovannetti, L. Anticoli; The Hulton Getty Picture Collection; Shutterstock/A. Burmakin, A. Dean Photography, Andresr., AR Pictures, Artjazz, baranq, bikemp, BlueOrange Studio, C. McDermott, Casper1774 Studio, cherries, ChiccoDodiFC, D. Kalinovsky, Dream79, DuleS, F. Gregory, GaudiLab, GaudiLab, Goodluz, IndianSummer, IndianSummer, Jirsak, L. Bussiness, L. Potgieter, Lisa S., Luchschen, M. Balcerzak, Momkey Business Images, oliveromg, oneword, Panumas Nikhomkhai, PondPond, R. Viacheslav, ra corn, Ruskpp, SasinT, Syda Productions, T. Olson, Vladgrin, wellphoto, YanLev; Wikipedia.

Presentazione

Il progetto e le finalità

Il corso ha l'obiettivo di guidare gli studenti alla conoscenza delle discipline giuridiche ed economiche in modo piacevole e coinvolgente, sollecitando la loro curiosità e la personale **motivazione** al sapere, con la volontà di porli in un ruolo attivo rispetto all'apprendimento e di avviarli a diventare **cittadini consapevoli** e partecipi della costruzione di valori comuni.

L'impianto didattico dell'opera è fondato sulle **competenze disciplinari e trasversali** che gli studenti devono conseguire al termine del primo biennio, coerentemente con quanto previsto nelle Linee guida ministeriali per la disciplina.
In particolare, in riferimento alle competenze trasversali, si intende favorire l'acquisizione di specifiche capacità:
- comprensione delle proprie responsabilità;
- consapevolezza dei propri limiti e punti di forza;
- conoscenza dei diritti e dei doveri individuali e sociali;
- elaborazione di progetti;
- azione propositiva in contesti di collaborazione.

Motivazione allo studio e **sviluppo delle competenze** sono quindi gli assi portanti del corso.
Alla motivazione sono dedicati in particolare lo spazio **Incominciamo da te**, che introduce ogni Percorso con una breve storia di stimolo, la sezione **Mi riguarda perché**, presente in ogni Lezione, in cui sono collocate le rubriche che consentono di legare la teoria giuridica ed economica all'esperienza dello studente, il **Video start**, che introduce in modo originale l'argomento della Lezione, i numerosi **Casi** ed **Esempi** presenti nel testo.
È invece dedicata allo sviluppo delle competenze l'area **Competenze in campo** presente in ciascuna Lezione; la rubrica **Lavorare insieme**, presente in quest'area, propone situazioni di lavoro cooperativo che sollecitano le capacità di collaborazione, di risoluzione di problemi concreti, di assunzione di ruoli di attiva partecipazione.

Particolare attenzione è inoltre dedicata alla **didattica inclusiva**: nelle singole Lezioni e al termine di ogni Percorso che costituisce l'opera è presente una specifica sezione in cui sono proposte attività di primo livello e strumenti di schematizzazione e di sintesi per favorire il successo formativo. L'obiettivo della didattica inclusiva è perseguito anche con il ricorso all'**analisi di dati**, attraverso le tavole infografiche **Visualizzare per apprendere**. Di ogni Lezione viene fornito l'**Audiotesto**.

Maria Rita Cattani

La struttura didattica

Il corso è articolato in **Percorsi** e **Lezioni**. Nel volume sono collocati prima tutti i Percorsi di **Diritto** e poi quelli di **Economia** (distinti con uno specifico colore).

L'**apertura del Percorso** contiene:

- **Incominciamo da te**, con una breve storia introduttiva (**Una situazione concreta**) e le domande aperte per valutare le conoscenze pregresse e avviare la spiegazione del nuovo argomento (**Le 5 domande**);
- **Il nostro percorso**, con la rappresentazione visiva delle varie Lezioni e l'indicazione delle **Conoscenze** e delle **Abilità** corrispondenti;
- **La competenza d'arrivo**, con l'indicazione della **Competenza finale** che si intende raggiungere.

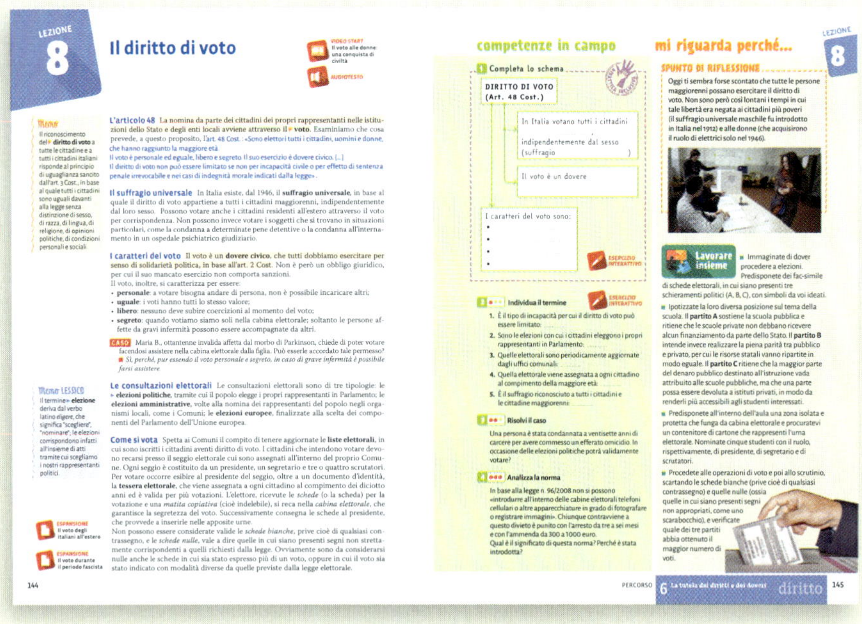

La singola **Lezione** è di due pagine affiancate.

Sulla pagina di sinistra è collocato il testo della **Lezione**, articolato in brevi paragrafi, con definizioni evidenziate e numerosi **Esempi** e **Casi svolti**.

Le rubriche **Memo** e **Memo lessico** hanno rispettivamente la funzione di richiamare concetti giuridici o economici trattati in altre Lezioni e di fornire precisazioni lessicali ed etimologiche.

Sulla pagina di sinistra sono inoltre collocate le icone relative al VIDEO START e all'AUDIOTESTO della Lezione, nonché alle ESPANSIONI attivabili nella versione digitale del volume.

La pagina di destra di ogni Lezione è divisa in due colonne.

La prima colonna (**Competenze in campo**) accoglie gli esercizi riferiti ai contenuti trattati, organizzati su diversi livelli: il primo esercizio è funzionale alla **didattica inclusiva** e si tratta solitamente di un esercizio di completamento (schema, frasi o breve brano da completare), seguono gli altri esercizi, differenziati per livello di difficoltà. Alcuni esercizi possono recare il rimando all'ESERCIZIO INTERATTIVO corrispondente.

Nella seconda colonna (**Mi riguarda perché**) è sempre presente uno **Spunto di riflessione** sui temi trattati nella Lezione, al quale si aggiungono altre rubriche che consentono di legare la teoria giuridica o economica all'esperienza diretta dello studente: **Detto da...**, **Focus**, **Lavorare insieme** (attività di apprendimento cooperativo), **Le tue domande**, **Educazione finanziaria**, **Spazio multiculturale**.

Nel volume vi sono inoltre numerose **tavole infografiche** (**Visualizzare per apprendere**), che consentono di visualizzare alcuni argomenti di rilievo attraverso un percorso di immagini e dati, e i **dossier Giovani Diritti Regole** su argomenti di attualità di interesse per i ragazzi.

Ogni Percorso si chiude con una sezione dedicata alla **didattica inclusiva**, che contiene la **Sintesi con la mappa**, la **Sintesi discorsiva** e **Le nuove parole**, e con la **Verifica finale**.

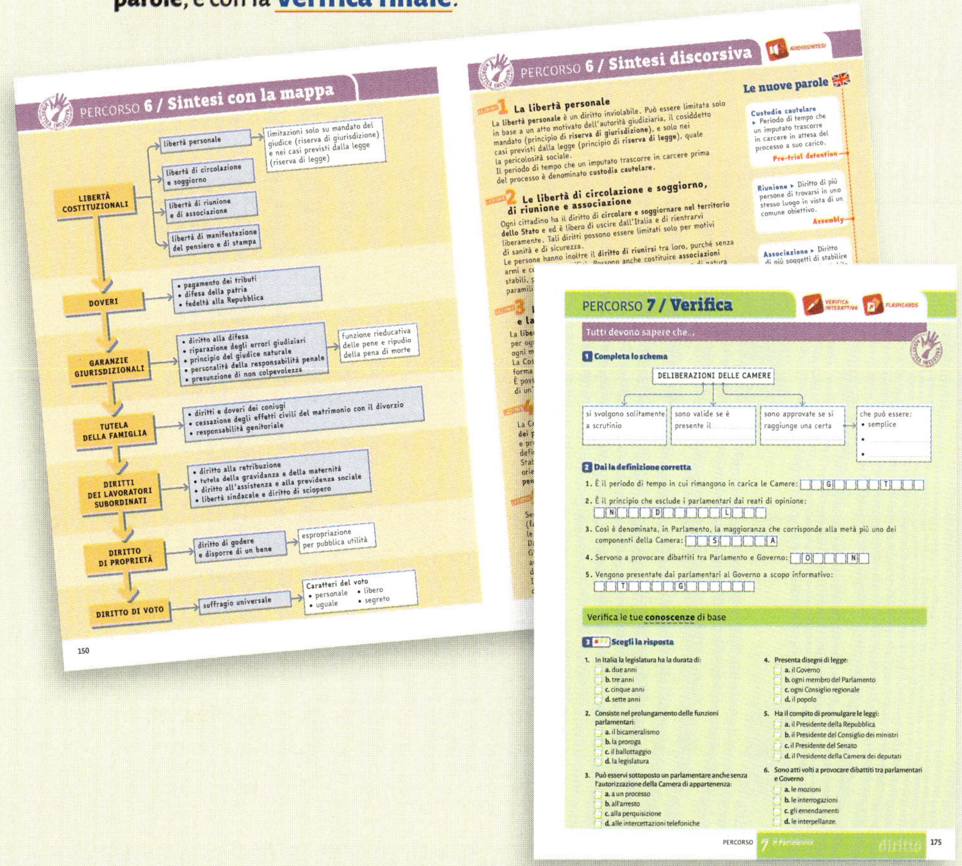

Contenuti digitali integrativi

In corrispondenza di tutti gli elementi che hanno un'attivazione nella versione digitale del volume è collocata la specifica **icona di rimando**:

- **VIDEO START** della Lezione
- **AUDIOTESTO** della Lezione
- **PODCAST** della Costituzione
- **INFOGRAFICA INTERATTIVA**
- **ESPANSIONE**
- **ESERCIZIO INTERATTIVO**
- **AUDIOSINTESI**
- **FLASHCARDS**

Indice diritto

PERCORSO 1

I principi generali del diritto

DIGITALE INTEGRATIVO

AUDIOTESTO di tutte le Lezioni

VIDEO START L'importanza del diritto ▪ La legge è uguale per tutti ▪ L'importante ruolo dei giudici ▪ La funzione del referendum abrogativo ▪ Le basi dell'ordinamento giuridico ▪ L'entrata in vigore della Costituzione repubblicana ▪ I diritti dei sudditi nella *Magna Charta*

ESPANSIONI Interpretazione dichiarativa, restrittiva, estensiva ▪ La Gazzetta Ufficiale ▪ La *Common Law* ▪ Il Codice civile italiano

INFOGRAFICA INTERATTIVA Il referendum abrogativo in Italia

ESERCIZI INTERATTIVI

PODCAST DELLA COSTITUZIONE Articolo 10

AUDIOSINTESI delle Lezioni

VERIFICA INTERATTIVA / FLASHCARDS

PERCORSO 2

I soggetti e gli oggetti del diritto

DIGITALE INTEGRATIVO

AUDIOTESTO di tutte le Lezioni

VIDEO START L'importanza dei diritti ▪ L'amministratore di sostegno: un aiuto concreto a chi è in difficoltà ▪ Associazioni senza scopo di lucro ▪ La tutela dell'immagine ▪ Non si può vendere ciò che non ci appartiene ▪ Non è facile vendere automobili

ESPANSIONI Un caso concreto di amministrazione di sostegno ▪ Al cinema: *Quasi amici* ▪ Un esempio di associazione internazionale: Greenpeace ▪ Non profit, ONG e volontariato ▪ I contratti ▪ Gli atti illeciti

ESERCIZI INTERATTIVI

AUDIOSINTESI delle Lezioni

VERIFICA INTERATTIVA / FLASHCARDS

PERCORSO 3

Forme di Stato e di governo

DIGITALE INTEGRATIVO

AUDIOTESTO di tutte le Lezioni

VIDEO START La cittadinanza come insieme di culture ■ Libertà e Stati totalitari ■ Una definizione di democrazia ■ Indivisibilità dello Stato e decentramento ■ La regina Elisabetta II: un simbolo monarchico ■ Repubblica per tutti

ESPANSIONI La cittadinanza ■ Le leggi razziali ■ La monarchia per origine divina

INFOGRAFICA INTERATTIVA Come si diventa cittadini italiani ■ Lo Stato democratico

CARTA INTERATTIVA Le forme di governo monarchiche negli Stati dell'Unione europea ■ Le forme di governo repubblicane negli Stati dell'Unione europea

ESERCIZI INTERATTIVI

AUDIOSINTESI delle Lezioni

VERIFICA INTERATTIVA / FLASHCARDS

PERCORSO 4

I rapporti tra gli Stati

DIGITALE INTEGRATIVO

AUDIOTESTO di tutte le Lezioni

VIDEO START Uno storico patto sovranazionale ■ La dignità: un valore irrinunciabile ■ Il coraggio delle idee a favore della pace ■ La partecipazione dell'Europa alla NATO ■ Il primo passo verso l'Europa unita ■ Tappe fondamentali verso l'Unione europea ■ Unione europea e diritti umani ■ I principali organi dell'Unione europea ■ Noi, cittadini europei, tutelati nei nostri diritti

ESPANSIONI Trattati bilaterali e multilaterali ■ Il principio *pacta sunt servanda* ■ I diritti umani ■ Amnesty International ■ UNESCO: l'Italia e i Caschi blu della cultura ■ I crimini contro l'umanità e i crimini di guerra nello statuto della Corte penale internazionale ■ Le radici della tensione tra Russia e Ucraina ■ Le origini storiche dell'Unione europea ■ La procedura legislativa nel Parlamento europeo ■ La Carta dei diritti fondamentali dell'UE

INFOGRAFICA INTERATTIVA Le principali tappe dell'Unione europea

ESERCIZI INTERATTIVI

AUDIOSINTESI delle Lezioni

VERIFICA INTERATTIVA / FLASHCARDS

PERCORSO 5

La Costituzione italiana e i principi fondamentali

DIGITALE INTEGRATIVO

AUDIOTESTO di tutte le Lezioni

VIDEO START Il fascismo invade la vita quotidiana ■ La Costituzione, guida dei cittadini ■ Democrazia e lavoro: i valori fondanti dello Stato italiano ■ Il diritto e il dovere di lavorare ■ La tutela delle minoranze ■ I Patti lateranensi ■ Non si può fare a meno della ricerca ■ Gli stranieri in Italia ■ Il tricolore

AUDIO La struttura della Costituzione

ESPANSIONI Al cinema: *La notte di San Lorenzo* ■ Al cinema: *WALL•E* ■ Al cinema: *Terraferma* ■ La posizione dei Paesi europei nei confronti della guerra

INFOGRAFICA INTERATTIVA Dallo Statuto albertino alla Costituzione della Repubblica ■ La strada del tricolore

ESERCIZI INTERATTIVI

PODCAST DELLA COSTITUZIONE Articolo 4 ■ Articolo 6 ■ Articolo 19 ■ Articolo 9 ■ Articolo 10 ■ Articolo 11

AUDIOSINTESI delle Lezioni

VERIFICA INTERATTIVA / FLASHCARDS

PERCORSO 6

La tutela dei diritti e dei doveri

DIGITALE INTEGRATIVO

AUDIOTESTO di tutte le Lezioni

VIDEO START L'arresto in flagranza di reato ▪ Riunione e associazione come diritti umani ▪ La libertà di stampa ▪ Mai più morte di Stato ▪ Il cognome di entrambi i genitori ▪ Previdenza per tutti ▪ I beni comuni ▪ Il voto alle donne: una conquista di civiltà ▪ L'importanza del servizio civile volontario

ESPANSIONI Al cinema: *La mafia uccide solo d'estate* ▪ Le squadre d'azione ▪ Al cinema: *Dead Man Walking* ▪ La famiglia ▪ Al cinema: *Anche libero va bene* ▪ Il testamento ▪ Il voto degli italiani all'estero ▪ Il voto durante il periodo fascista

INFOGRAFICA INTERATTIVA La libertà di espressione

ESERCIZI INTERATTIVI

PODCAST DELLA COSTITUZIONE Articolo 13 ▪ Articolo 21 ▪ Articolo 53

AUDIOSINTESI delle Lezioni

VERIFICA INTERATTIVA / FLASHCARDS

PERCORSO 7

Il Parlamento

DIGITALE INTEGRATIVO

AUDIOTESTO di tutte le Lezioni

VIDEO START Camera e Senato dall'alto ▪ Verso l'"Italicum" ▪ Garanzia o privilegio? ▪ Il ruolo del Presidente della Camera ▪ Pianisti non virtuosi ▪ L'iter legislativo ▪ La Commissione d'inchiesta sulla P2

VIDEO Visita virtuale del Parlamento

ESPANSIONI La riforma del Senato della Repubblica ▪ Le origini storiche dei partiti ▪ Il sistema elettorale italiano ▪ I sistemi elettorali in altri Paesi dell'Unione europea ▪ Le origini storiche dell'immunità dagli arresti ▪ I gruppi parlamentari ▪ Al cinema: *I-TIGI Canto per Ustica*

INFOGRAFICA INTERATTIVA L'iter legislativo – Procedura ordinaria

ESERCIZI INTERATTIVI

AUDIOSINTESI delle Lezioni

VERIFICA INTERATTIVA / FLASHCARDS

PERCORSO 8

Il Governo

DIGITALE INTEGRATIVO

AUDIOTESTO di tutte le Lezioni

VIDEO START Il Governo entra in carica ▪ L'importanza delle consultazioni presidenziali ▪ Le leggi delega ▪ Il ruolo del Capo dello Stato nelle crisi di governo ▪ Le competenze del Tribunale dei ministri

ESPANSIONI L'organizzazione dei ministeri ▪ La formazione del Governo in altri Paesi dell'Unione europea ▪ L'uso dei decreti legge in epoca fascista ▪ Esempi di reati ministeriali

ESERCIZI INTERATTIVI

AUDIOSINTESI delle Lezioni

VERIFICA INTERATTIVA / FLASHCARDS

PERCORSO 9

La Pubblica amministrazione e gli enti locali

DIGITALE INTEGRATIVO

AUDIOTESTO di tutte le Lezioni

VIDEO START Migliorare la Pubblica amministrazione: si può ▪ I Comuni, enti vicini alla cittadinanza ▪ Verso le città metropolitane ▪ L'autonomia del Trentino-Alto Adige ▪ L'importanza delle leggi regionali

ESPANSIONI Le origini storiche dei Comuni ▪ Il business dei rifiuti tossici

ESERCIZI INTERATTIVI

PODCAST DELLA COSTITUZIONE Articolo 97

AUDIOSINTESI delle Lezioni

VERIFICA INTERATTIVA / FLASHCARDS

PERCORSO 10

La Magistratura

DIGITALE INTEGRATIVO

AUDIOTESTO di tutte le Lezioni

VIDEO START Il giudice ▪ Il processo telematico ▪ Il maxiprocesso contro la mafia ▪ L'autonomia dei giudici e la loro soggezione solo alla legge ▪ I valori che devono essere rispettati dai giudici ▪ La responsabilità civile dei giudici

ESPANSIONI Al cinema: *Il giudice ragazzino* ▪ Come diventare magistrato ▪ La denuncia penale ▪ Al cinema: *Un uomo perbene*

ESERCIZI INTERATTIVI

PODCAST DELLA COSTITUZIONE Articolo 101

AUDIOSINTESI delle Lezioni

VERIFICA INTERATTIVA / FLASHCARDS

PERCORSO 11

Il Presidente della Repubblica e la Corte costituzionale

DIGITALE INTEGRATIVO

AUDIOTESTO di tutte le Lezioni

VIDEO START L'elezione del Capo dello Stato trasmessa per la prima volta in televisione ▪ La nomina presidenziale dei senatori ▪ La responsabilità penale del Capo dello Stato ▪ L'intervento della Corte costituzionale in materia di legittimità delle leggi

ESPANSIONI Al cinema: *Benvenuto Presidente* ▪ L'elezione del Capo dello Stato nei Paesi dell'UE ▪ Un esempio di esternazione del Presidente della Repubblica ▪ Un caso di grazia concessa ▪ Fu attentato alla Costituzione? ▪ La carica di giudice costituzionale ▪ Il ruolo del giudice nella via incidentale

INFOGRAFICA INTERATTIVA I Presidenti della Repubblica dal 1948 a oggi

ESERCIZI INTERATTIVI

AUDIOSINTESI delle Lezioni

VERIFICA INTERATTIVA / FLASHCARDS

economia

PERCORSO 1

L'economia politica

DIGITALE INTEGRATIVO

AUDIOTESTO di tutte le Lezioni

VIDEO START Quando la fame è tanta ■ Alti e bassi ■ Soddisfazione dei bisogni e differenze di reddito ■ I beni della new economy ■ L'acqua: un bene prezioso e di tutti

ESPANSIONI "Scegliere": parola d'ordine in economia ■ Il piano cartesiano ■ L'evoluzione dell'uomo e dei suoi bisogni ■ La scarsità e i suoi effetti

ESERCIZI INTERATTIVI

AUDIOSINTESI delle Lezioni

VERIFICA INTERATTIVA / FLASHCARDS

PERCORSO 2

I sistemi economici e la loro evoluzione storica

DIGITALE INTEGRATIVO

AUDIOTESTO di tutte le Lezioni

VIDEO START Aria di ripresa ■ L'online marketing ■ Il lavoro veloce e ripetitivo degli operai ■ Aria di rinnovamento in Unione sovietica ■ Dalla Grande depressione al *New Deal* ■ Lo Stato reagisce alla crisi postbellica ■ La Reaganomics

ESPANSIONI La pubblicità ■ La teoria degli sbocchi ■ La situazione della classe operaia in Inghilterra ■ La rivoluzione bolscevica ■ Al cinema: *Good Bye, Lenin!* ■ La Grande depressione ■ Al cinema: *Cinderella man – Una ragione per lottare* ■ Il sistema economico nei Paesi UE ■ Le privatizzazioni in Italia ■ Al cinema: *Grazie, signora Thatcher*

INFOGRAFICA INTERATTIVA I soggetti del sistema economico e le loro relazioni

ESERCIZI INTERATTIVI

AUDIOSINTESI delle Lezioni

VERIFICA INTERATTIVA / FLASHCARDS

PERCORSO 3

Le famiglie e le imprese

DIGITALE INTEGRATIVO

AUDIOTESTO di tutte le Lezioni

VIDEO START Il reddito: una grandezza-flusso ▪ Consumo, dunque sono ▪ Investimenti responsabili ▪ Giovani e startup ▪ Impresa al femminile ▪ Avviare un'impresa con un euro? Si può ▪ Il capitale umano ▪ Si può eliminare il rischio nell'attività di impresa? ▪ La vera ricchezza di uno Stato

ESPANSIONI La tutela dei consumatori ▪ Come risparmiare sulla spesa ▪ I negozi "compro oro" ▪ I beni rifugio ▪ Azienda e concorrenza ▪ Lo sviluppo economico italiano ▪ L'imprenditore ▪ Le società mutualistiche ▪ L'autonomia patrimoniale ▪ I capitali ▪ La rappresentazione grafica dei costi fissi e variabili ▪ Misurare la dimensione dell'economia ▪ La distribuzione del reddito

INFOGRAFICA INTERATTIVA I consumi delle famiglie italiane

ESERCIZI INTERATTIVI

AUDIOSINTESI delle Lezioni

VERIFICA INTERATTIVA / FLASHCARDS

PERCORSO 4

L'economia di mercato

DIGITALE INTEGRATIVO

AUDIOTESTO di tutte le Lezioni

VIDEO START Egoismi umani e ricchezza nazionale ▪ Squilibri tra domanda e offerta ▪ La determinazione del prezzo ▪ Dal monopolio alla libera concorrenza ▪ Autorità antitrust e sanzioni ▪ Quando nacque la Borsa di Milano?

ESPANSIONI Una definizione di mercato ▪ La legge della domanda e dell'offerta ▪ Il prezzo di equilibrio ▪ L'oligopolio e l'equilibrio di Nash ▪ La normativa antitrust dell'Unione europea

INFOGRAFICA INTERATTIVA Una giornata in Borsa

ESERCIZI INTERATTIVI

AUDIOSINTESI delle Lezioni

VERIFICA INTERATTIVA / FLASHCARDS

PERCORSO 5

Il mercato del lavoro

DIGITALE INTEGRATIVO

AUDIOTESTO di tutte le Lezioni

VIDEO START Chi offre e chi domanda lavoro ▪ Lottare per i diritti ▪ Lavoro e vita precari ▪ Mi presento: il mio curriculum ▪ Una grande conquista lavorativa ▪ Un'opportunità per ricominciare ▪ Senza lavoro non c'è dignità

AUDIO Movimentazione del mercato del lavoro

VIDEO Il curriculum europeo ▪ Consigli per realizzare un videocurriculum

ESPANSIONI Il mercato del lavoro nell'Unione europea ▪ L'evoluzione storica dei sindacati ▪ Una lettera di autocandidatura ▪ I diritti e i doveri dei datori di lavoro

INFOGRAFICA INTERATTIVA La disoccupazione giovanile

ESERCIZI INTERATTIVI

AUDIOSINTESI delle Lezioni

VERIFICA INTERATTIVA / FLASHCARDS

PERCORSO 6

Lo Stato e il resto del mondo

DIGITALE INTEGRATIVO

AUDIOTESTO di tutte le Lezioni

VIDEO START Il "palazzo" delle tasse ▪ Spendere con criterio ▪ Le tasse: un esempio di civiltà economica ▪ A tutela dei più deboli ▪ L'importanza del libero scambio ▪ Le economie emergenti ▪ Globalizzazione e integrazione economica

ESPANSIONI La progressività delle imposte ▪ Le spese pubbliche nell'Unione europea ▪ La manovra economica ▪ Il bilancio pubblico nella storia ▪ Le pensioni internazionali ▪ Gli articoli della Costituzione relativi allo Stato sociale ▪ La bilancia dei pagamenti ▪ Il turismo sostenibile ▪ Il sottosviluppo ▪ Le facce e i costi della globalizzazione

ESERCIZI INTERATTIVI

PODCAST DELLA COSTITUZIONE Articolo 53

AUDIOSINTESI delle Lezioni

VERIFICA INTERATTIVA / FLASHCARDS

PERCORSO 7

La moneta e le banche

DIGITALE INTEGRATIVO

AUDIOTESTO di tutte le Lezioni

VIDEO START I soldi servono ▪ Prosegue il percorso della moneta unica europea ▪ Dall'"eurofiducia" ai momenti di crisi ▪ La nascita delle attività creditizie ▪ La difficoltà di ottenere un prestito ▪ Chi si occupa dell'euro? ▪ Il microcredito in funzione della dignità sociale

VIDEO Intervista a Muhammad Yunus

ESPANSIONI Le origini della moneta ▪ Carte di credito e minori ▪ Il Fondo salva-Stati ▪ I benefici dell'euro ▪ Il credito al consumo ▪ Indignazione e proteste popolari

INFOGRAFICA INTERATTIVA Che cos'è una banca etica

ESERCIZI INTERATTIVI

AUDIOSINTESI delle Lezioni

VERIFICA INTERATTIVA / FLASHCARDS

PERCORSO 8

L'inflazione

DIGITALE INTEGRATIVO

AUDIOTESTO di tutte le Lezioni

VIDEO START Perché i prezzi salgono? ▪ L'inflazione e i suoi effetti ▪ Gli interventi della BCE in materia di politica monetaria ▪ Riduzione dei prezzi: è sempre un fatto positivo?

ESPANSIONI La crisi petrolifera degli anni Settanta

ESERCIZI INTERATTIVI

AUDIOSINTESI delle Lezioni

VERIFICA INTERATTIVA / FLASHCARDS

diritto

PERCORSO 1 diritto

I principi generali del diritto

Incominciamo da te

Una situazione concreta **Luciana M., una ragazza di sedici anni, ogni giorno si reca a scuola a bordo del suo scooter. Una mattina, durante il percorso, viene fermata dagli agenti della Polizia municipale perché non ha il casco allacciato. Che cosa può accaderle?**

! Indossare il casco quando si utilizza il ciclomotore è una norma prevista dal Codice della strada. Luciana, dunque, ha violato una norma di legge e per tale ragione sarà soggetta a una sanzione, in questo caso a una contravvenzione.

Le 5 domande

1. Nella vita quotidiana sono tante le regole che devi rispettare, sia nell'ambito della famiglia sia in quello della scuola: elencane alcune.
2. Che differenza esiste, a tuo parere, tra il mancato rispetto della regola di salutare chi conosci (che è una norma di buona educazione) e quello della regola di non rubare le cose altrui (che è una norma imposta dallo Stato)?
3. Che cosa succede alle persone che non rispettano le norme dello Stato?
4. Chi ha il compito di giudicare i soggetti che infrangono le regole statali?
5. A quale organo dello Stato spetta il potere di emanare le leggi?

Il nostro percorso

CONOSCENZE

- Concetto di diritto
- Diritto oggettivo e soggettivo
- Rami del diritto
- Caratteri delle norme giuridiche
- Concetto di sanzione
- Attività di interpretazione delle norme giuridiche
- Ruolo dei magistrati
- Tipologie di interpretazione
- Entrata in vigore delle norme
- Irretroattività della legge
- Annullamento e abrogazione
- Principio di territorialità
- Fonti di produzione e fonti di cognizione
- Fonti nazionali e fonti sopranazionali
- Principio gerarchico
- Fonti primarie e fonti secondarie

ABILITÀ

- Riconoscere la funzione essenziale del diritto: garantire la convivenza sociale
- Riconoscere la funzione non solo punitiva, ma anche preventiva ed educativa delle sanzioni
- Cogliere l'importanza dell'attività interpretativa delle norme giuridiche
- Comprendere l'importanza della certezza del diritto e, quindi, di individuare un momento a partire dal quale le leggi acquistano vigore per tutti
- Distinguere le fonti di produzione da quelle di cognizione
- Individuare il diverso valore delle fonti del sistema normativo italiano
- Riconoscere le fasi dell'evoluzione del diritto, con particolare attenzione al passaggio dalla tradizione orale alla produzione scritta

LEZIONE 3

L'interpretazione delle norme giuridiche

LEZIONE 4

L'efficacia delle norme giuridiche

LEZIONE 5

Le fonti del diritto

LEZIONE 6

L'organizzazione gerarchica delle fonti

LEZIONE 7

L'evoluzione storica del diritto

La competenza d'arrivo

Riconoscere l'importanza della presenza di regole giuridiche in un contesto sociale organizzato, individuando il loro legame con la formazione di un cittadino attento e consapevole

LEZIONE 1

Il diritto e l'ordinamento giuridico

VIDEO START L'importanza del diritto

AUDIOTESTO

Diritto oggettivo e diritto soggettivo Il termine **diritto** indica l'insieme delle regole che sono in vigore in uno Stato in un determinato momento e che rispondono al bisogno dei cittadini di vivere in una società il più possibile ordinata e tranquilla; si parla, in tale caso, di **diritto oggettivo**. A volte, invece, il termine diritto corrisponde al concetto di "potere", "facoltà" (**diritto soggettivo**).

ESEMPIO Se una persona rivendica il *diritto* di esprimere le proprie opinioni, in questo caso il termine è utilizzato in senso *soggettivo*. Se si afferma invece che "il *diritto* italiano rispetta i valori della persona", ci si vuole riferire alle norme esistenti in Italia, per cui il termine diritto assume significato *oggettivo*.

L'ordinamento giuridico Il diritto oggettivo e il diritto soggettivo sono alla base dell'**ordinamento giuridico**, che è il complesso delle norme interne di uno Stato. Esso comprende le regole poste a tutela degli interessi dell'intera comunità sociale, che devono essere obbligatoriamente rispettate da tutti. Tali regole variano da Stato a Stato, in relazione alle diverse ideologie, alla cultura, alle condizioni sociali ed economiche.

ESEMPIO Durante il periodo fascista (1922-1943), in Italia vigeva un ordinamento giuridico di tipo totalitario, caratterizzato da regole rigide che limitavano al massimo le libertà civili. Da quando l'Italia è diventata una Repubblica (1946), il suo ordinamento giuridico è invece più democratico e rispettoso dei diritti dei singoli.

Memo
Gli ▸**usi** o **consuetudini**, che studieremo nella Lezione 6 di questo Percorso, corrispondono a comportamenti ripetuti nel tempo da una collettività con la convinzione che siano giuridicamente obbligatori.

Diritto scritto e diritto consuetudinario Il nostro diritto si fonda su norme prevalentemente *scritte* e in genere raccolte in *codici*. Solo in pochi casi ci si affida a norme *non scritte*, ma che si usa applicare in determinate situazioni, ragion per cui sono definite ▸**usi** o **consuetudini**.

Diritto privato e diritto pubblico Il diritto oggettivo, inteso come insieme di norme poste in essere da uno Stato, si distingue in *diritto privato* e in *diritto pubblico*. Il **diritto privato** è l'insieme delle norme giuridiche volte a regolare i rapporti tra privati. Il **diritto pubblico** comprende invece le norme giuridiche che disciplinano l'organizzazione dello Stato e regolano i rapporti tra lo Stato, o un altro ente pubblico, e i cittadini.

CASO Fabio R. è proprietario di un ciclomotore e deve stipulare un contratto di assicurazione con una società assicuratrice. Le norme relative a tale contratto rientrano nel diritto privato o nel diritto pubblico?
■ *Rientrano nel diritto privato, perché regolano il rapporto tra due soggetti privati: Fabio R. e la società assicuratrice.*

Nel contesto del diritto oggettivo, non sempre le norme di uno Stato sono "buone", in quanto può succedere che limitino l'esercizio di diritti fondamentali dell'uomo, soprattutto delle libertà.

ESEMPIO Pensiamo a uno Stato dittatoriale, in cui le persone che non condividono le idee del regime al potere rischiano di subire restrizioni alla loro libertà, alla loro dignità e, addirittura, alla vita stessa.

Memo LESSICO
L'aggettivo ▸**positivo** deriva dal participio latino *positus*, "messo", "posto", e corrisponde pertanto a ciò "che è posto/stabilito da qualcosa o da qualcuno"; dunque in questo senso "diritto positivo" è sinonimo di "norme poste dallo Stato".

Diritto positivo e diritto naturale Da questa osservazione nasce la necessità di operare una distinzione tra i diritti fondamentali della natura umana e le norme che una società pone alla base della convivenza in un particolare contesto storico. Il **diritto naturale** è il complesso delle norme ideali proprie della natura umana, come il diritto alla vita, al rispetto della dignità e delle libertà. Il **diritto** ▸**positivo** è invece l'insieme delle norme che esistono in uno Stato in un determinato momento e coincide con il diritto oggettivo.

competenze in campo

1 Completa lo schema

DIDATTICA INCLUSIVA

- **DIRITTO**
  - è alla base dell'..ORDINAMENTO.. giuridico
  - **soggettivo** → potere di esercitare determinate ..PODESTÀ..
  - **oggettivo** → insieme delle ..REGOLE.. di uno Stato

ESERCIZIO INTERATTIVO

2 ●●● **Indica la differenza**

1. Diritto oggettivo e soggettivo
2. Diritto positivo e naturale
3. Diritto privato e pubblico

3 ●●● **Diritto oggettivo o soggettivo?**

ESERCIZIO INTERATTIVO

1. Le donne in passato non avevano gli stessi diritti degli uomini. O S
2. I cittadini maggiorenni possiedono più diritti dei minorenni. O S
3. Il diritto italiano si basa prevalentemente su norme scritte. O S
4. Il diritto antico si basava sulla "legge del taglione". O S
5. Il diritto di voto è riservato ai cittadini. O S
6. La fonte più importante del diritto italiano è la Costituzione. O S

4 ●●● **Risolvi i casi**

1. Matteo M. ha compiuto 18 anni e potrà votare in occasione delle prossime elezioni politiche. L'esercizio del diritto di voto da parte di Matteo rientra nella sfera del diritto privato o del diritto pubblico? DIRITTO PUBBLICO
2. Lucia R. si iscrive a una scuola privata di lingue per frequentare un corso di inglese. Il rapporto tra Lucia e la scuola di lingue è regolato dal diritto privato o dal diritto pubblico? PRIVATO

mi riguarda perché...

SPUNTO DI RIFLESSIONE

Anche tu, ragazza o ragazzo non ancora maggiorenne, hai molti diritti soggettivi. Per esempio, puoi esprimere liberamente le tue idee in vari contesti sociali, sia pur nel rispetto dell'educazione; hai il diritto, importantissimo, di vedere rispettata la tua dignità, nel senso che puoi denunciare chi ti offende o chi ha verso di te comportamenti violenti. Nello stesso tempo, come tutti i cittadini, devi rispettare le regole dello Stato, che corrispondono al diritto oggettivo.

Le tue domande — Quali sono i diritti principali degli studenti?

Nella vita scolastica ti capita di confrontarti con opinioni e modi di agire dei compagni e dei professori anche molto diversi dai tuoi. Il confronto non solo è utile, ma è necessario e l'ordinamento giuridico assicura il **pluralismo delle idee** e il **rispetto dell'identità personale**. È in questo quadro che devi considerare i **diritti** previsti dalla legge **per gli studenti**.

- La comunità scolastica promuove la **solidarietà** tra i suoi componenti e tutela il diritto alla **riservatezza**.
- Lo studente ha diritto di essere informato sulle decisioni e sulle norme che regolano la **vita della scuola**.
- Lo studente ha diritto a una **valutazione trasparente e tempestiva**, volta ad attivare un processo di autovalutazione che lo conduca a individuare i propri punti di forza e di debolezza e a **migliorare il proprio rendimento**.
- Gli **studenti stranieri** hanno diritto al rispetto della vita culturale e religiosa della comunità alla quale appartengono. La scuola promuove e favorisce iniziative volte all'**accoglienza** e alla tutela della loro lingua e cultura e alla realizzazione di **attività interculturali**.
- La scuola garantisce e disciplina nel proprio regolamento l'esercizio del **diritto di riunione e di assemblea** degli studenti, a livello di classe, di corso e di istituto.

LEZIONE 2

Le norme giuridiche e i loro caratteri

VIDEO START La legge è uguale per tutti

AUDIOTESTO

Memo

Per ▸ **diritto oggettivo** si intende l'insieme delle norme giuridiche in vigore in uno Stato in un dato momento.

Memo LESSICO

Il termine ▸ **sanzione** deriva dal verbo latino *sancire*, che vuol dire "rendere sacro, inviolabile"; la sanzione infatti ha lo scopo di rendere inviolabile la norma giuridica. Nel periodo medievale, in particolare, la sanzione era una formula che si applicava ai documenti per garantire l'osservanza delle disposizioni in essi contenute, con la minaccia di una pena o con la promessa di una ricompensa.

L'aggettivo ▸ **pecuniario** proviene dal latino *pecunia* ("denaro"), a sua volta derivato da *pecus* ("bestiame"): nel mondo antico, infatti, prima della diffusione della moneta, i pagamenti venivano effettuati anche con capi di bestiame.

La definizione di norme giuridiche Le regole cui ci sottopone lo Stato, che sono alla base del ▸ diritto oggettivo, corrispondono alle **norme giuridiche**.

Coattività Le norme giuridiche si distinguono da tutte le altre norme per la loro **coattività**, vale a dire che, se non le rispettiamo, veniamo sottoposti da parte dello Stato a una ▸ **sanzione**, cioè a una punizione. La sanzione può essere ▸ *pecuniaria* (una somma di denaro da dover pagare, cioè un'ammenda o una multa), *detentiva* (un periodo da dover trascorrere in carcere) oppure può consistere in *misure restrittive* temporanee o definitive (come il ritiro del passaporto).

CASO Giorgio F., al volante della sua auto, eccede notevolmente i limiti di velocità imposti dal Codice della strada e travolge un passante, uccidendolo. A quali sanzioni sarà sottoposto?

■ *Sarà sottoposto a sanzioni di natura sia pecuniaria sia restrittiva sia detentiva. Dovrà infatti pagare una multa per eccesso di velocità, gli verrà ritirata la patente e sarà condannato alla reclusione per il reato di omicidio colposo (cioè non volontario, ma che si sarebbe potuto evitare con una guida prudente).*

Generalità e astrattezza Le norme giuridiche sono rivolte a tutti i soggetti che appartengono alla comunità sociale e non sono ammesse eccezioni personali. Tale loro caratteristica corrisponde alla **generalità**. Esse, inoltre, non si riferiscono a specifici casi concreti, ma a situazioni generali, ipotetiche; si parla in questo caso di **astrattezza** delle norme giuridiche.

ESEMPIO La legge stabilisce che chi ruba sarà punito, non precisa che "se Mario ruba una bicicletta allora...". È compito dei giudici individuare quale norma si debba applicare a ciascun caso che si trovano a valutare.

Esteriorità e bilateralità Le norme giuridiche sono **esteriori** dato che non si riferiscono alle intenzioni dei soggetti, ma ai loro comportamenti. Sono, infine, **bilaterali** in quanto, nel regolare i rapporti tra i soggetti, comportano normalmente una situazione di vantaggio a favore di una parte e di svantaggio nei confronti dell'altra.

ESEMPIO Per comprendere meglio i caratteri delle norme giuridiche possiamo leggere il co. 1, art. 594 c.p.: «Chiunque offende l'onore o il decoro di una persona presente è punito con la reclusione fino a sei mesi o con la multa fino a € 516».
Questa norma è **generale** perché si rivolge a tutte le persone che potrebbero trovarsi in una determinata situazione: lo desumiamo dal termine "chiunque". È **coattiva**, perché minaccia chi non la rispetta di subire una sanzione detentiva («reclusione fino a sei mesi») o pecuniaria («multa fino a € 516»). È **astratta** perché non fa riferimento a un'offesa specifica, ma a tutte le offese lesive dell'onore o del decoro altrui. È **esteriore** perché non sanziona l'intenzione di offendere, ma l'atto dell'offesa. È **bilaterale** perché obbliga ogni individuo a evitare affermazioni offensive, tutelando gli altri a non subirne.

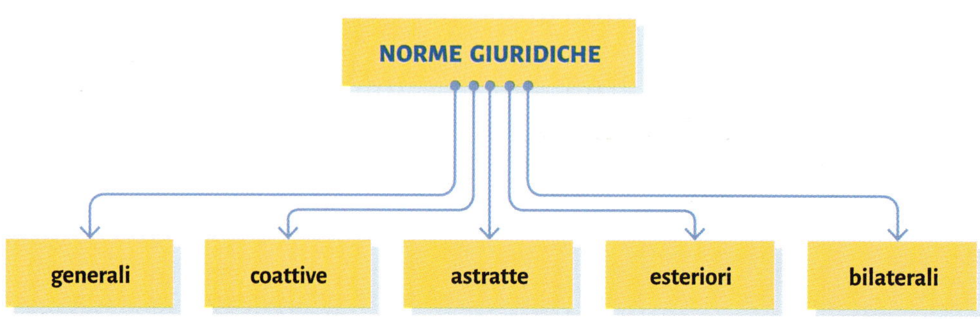

competenze in campo

1 Completa le frasi

DIDATTICA INCLUSIVA

a. Le norme giuridiche prevedono sanzioni in caso di loro inadempimento: per questo motivo si dice che sono ....

b. Le norme giuridiche sono astratte in quanto si riferiscono a situazioni ....

c. Le sanzioni che comportano l'obbligo di versare somme di denaro sono dette ....

d. Le norme giuridiche sono .... in quanto sono rivolte a tutti i soggetti che vivono sul territorio dello Stato.

ESERCIZIO INTERATTIVO

2 ●●● Osserva e rifletti

Nel caso in cui venga catturata una persona colpevole di avere rapinato una banca, a quali tipologie di sanzioni sarà presumibilmente sottoposta?

3 ●●● Analizza la norma

Il co. 1, art. 659 c.p. dispone: «Chiunque, mediante schiamazzi o rumori, ovvero abusando di strumenti sonori o di segnalazioni acustiche [...], disturba le occupazioni o il riposo delle persone [...] è punito con l'arresto fino a tre mesi o con l'ammenda fino a € 309». Spiega i caratteri della generalità e dell'astrattezza delle norme giuridiche con riferimento alla norma riportata.

4 ●●● Risolvi il caso

Piero T. ha piantato un albero nel proprio giardino, ma Paolo F., proprietario del fondo confinante, lo accusa di non avere rispettato le distanze legali e chiede la rimozione della pianta.
Chi potrà risolvere la controversia e in base a quale carattere delle norme giuridiche?

mi riguarda perché...

SPUNTO DI RIFLESSIONE

Ti è capitato di subire una sanzione? Certamente sì: il divieto imposto dai genitori di uscire una sera per un brutto voto a scuola o un cartellino rosso per un fallo di gioco durante una partita di pallone. Nel diritto, parliamo di sanzione quando non rispettiamo una norma giuridica. Per esempio, se attraverso un social network offendiamo una persona, questa ci può denunciare per il reato di diffamazione, che è punito con la reclusione fino a un anno (sanzione detentiva) o con una multa fino a oltre 1.000 euro (sanzione pecuniaria). Se, guidando un ciclomotore, superiamo i limiti di velocità, incorriamo, oltre che in una sanzione pecuniaria, in una misura restrittiva: il ritiro del veicolo.

Detto da... Vasco Rossi

Il cantautore italiano ci ricorda, nella sua canzone *Il mondo che vorrei*, che dobbiamo rispettare le norme giuridiche e non possiamo fare ciò che vogliamo:

"Non si può fare / quello che si vuole / non si può spingere / solo l'acceleratore..."

Lavorare insieme

■ Suddividetevi in gruppi di tre studenti in base alle indicazioni dell'insegnante.

■ Ogni gruppo ha il compito di realizzare un prodotto volto a stimolare i destinatari al rispetto delle regole e alla condanna dei comportamenti devianti. Può trattarsi di un video, di una presentazione in PowerPoint, di un breve spot pubblicitario, di un articolo giornalistico, o di un'altra tipologia a vostra scelta. Ogni membro del gruppo dovrà avere un compito preciso, concordato democraticamente con gli altri partecipanti.
Il prodotto realizzato sarà valutato in relazione alla sua efficacia comunicativa, alla sua chiarezza e ai suoi contenuti.

Tutti contro uno

Come difendersi dal cyberbullismo?

Uno dei terreni più fertili per il bullismo è la scuola. È soprattutto in questo ambiente, infatti, che può succedere che qualcuno venga preso di mira per una sua debolezza, per un difetto o per un carattere particolare, fisico o psicologico.

Bullismo e cyberbullismo

Sappiamo tutti che cos'è il bullismo: una forma di persecuzione contro una persona, debole e incapace di difendersi, compiuta dal cosiddetto "bullo", il quale spesso utilizza la propria influenza sul gruppo di amici e conoscenti per coinvolgerli nell'abuso di potere. Il sopruso può essere di tipo fisico (aggressioni, tormenti), verbale (prese in giro, minacce, insulti) o psicologico (maldicenze, umiliazioni, esclusioni dal gruppo).
Negli ultimi anni si è diffusa una forma insidiosa e grave di bullismo, che utilizza i moderni mezzi di comunicazione ed è per questo chiamata "cyberbullismo". Può esprimersi attraverso le e-mail, gli sms, i telefoni cellulari e il web, in particolare attraverso i social network, come Facebook e Twitter, i filmati pubblicati su YouTube, i blog.

Come agisce il cyberbullo

Lo scopo del cyberbullo è di infastidire, offendere, spaventare, imbarazzare, umiliare una persona ritenuta "debole" e quindi facilmente attaccabile. Le vittime sono scelte spesso per la loro timidezza o per le caratteristiche fisiche, ma anche per l'orientamento sessuale, l'estrazione sociale, l'origine straniera e addirittura per la disabilità. Il cyberbullismo può essere esercitato da una singola persona o anche da un gruppo; le ragazze sono vittime più frequentemente dei ragazzi, spesso con messaggi contenenti allusioni sessuali.

Le conseguenze sulla vittima

Per i giovani di oggi la distinzione tra vita online e vita offline è davvero minima: comunicare con gli amici nei social network e nelle chat è parte essenziale della vita di tutti i giorni, per cui un attacco alla propria persona che avvenga proprio in questi luoghi virtuali è vissuto con un'angoscia e un senso d'impotenza difficili da sopportare. La vittima non è in grado di difendersi, è isolata e ha paura di denunciare gli episodi di bullismo perché teme vendette. L'isolamento e la depressione sono le conseguenze più frequenti: le vittime non vogliono più uscire o vedere gli amici, non vogliono più andare a scuola o fare sport; in alcuni casi nasce addirittura la convinzione che l'unica via d'uscita sia di farla finita...

Fonte ▸ Report IPSOS/Save the Children *I ragazzi e il cyberbullismo* 2013

Motivazioni per cui i ragazzi vengono "presi di mira" dai coetanei	**Totale**	Maschi	Femmine
Orientamento politico/idee	**22**	21	23
Orientamento religioso	**20**	22	18
Perché disabile	**31**	30	32
Se maschio, è considerato bello	**29**	28	30
Se femmina, è considerata bella	**42**	41	42
Estrazione sociale considerata inferiore	**34**	32	34
Se maschio, è considerato brutto	**46**	46	46
Straniero o di altra nazionalità	**43**	43	43
Orientamento sessuale	**56**	58	55
Per le idee e i gusti in fatto di musica, abbigliamento o altro	**48**	47	50
Se femmina, è considerata brutta	**59**	57	62
Di maggior successo/secchioni, ...	**59**	58	60
Timido/a o apparentemente poco sveglio/a, ...	**67**	64	70
Caratteristiche fisiche	**67**	62	71

Come può difendersi la vittima

In realtà di vie d'uscita ce ne sono. È indispensabile ricercare l'aiuto di un adulto (in primo luogo i genitori o un insegnante) che, oltre a fornire conforto, potrà attivare le iniziative utili in questi casi. Ci si potrà rivolgere al responsabile del servizio (blog, chat, social network) su cui sono presenti i messaggi, immagini e filmati offensivi, affinché individui l'aggressore e lo possa "bannare", cioè espellere dalla comunità virtuale. Non è da escludere, anche se spiacevole per la vittima, l'ipotesi di abbandonare la comunità virtuale dove è in corso l'aggressione, chiudere il proprio profilo, cambiare numero di cellulare. Nei casi di persecuzione insistente o con contenuti particolarmente gravi è possibile presentare una denuncia alle forze dell'ordine (Polizia o Carabinieri), che potranno così scoprire il computer da cui opera il cyberbullo o il telefono da cui manda i messaggi; ogni attività in rete lascia infatti una traccia che viene memorizzata e può essere utilizzata nelle indagini.

Che cosa rischia il cyberbullo

Il cyberbullo spesso non sa che rischia grosso. In primo luogo, l'anonimato dietro cui si nasconde, come abbiamo visto, può essere aggirato rivolgendosi a chi ne ha l'autorità. Inoltre le sue azioni, che magari egli vorrebbe far passare come "scherzi innocenti", possono configurare reati molto gravi: minaccia, diffamazione (per i messaggi di denigrazione), stalking (per i comportamenti persecutori e molesti che lo caratterizzano). Il d.l. 93/2013, a questo proposito, ha sancito che il cyberbullismo è a tutti gli effetti una condotta riconducibile allo stalking, reato che si sostanzia in comportamenti volti a generare in altre persone ansia e paura, compromettendo il normale svolgimento della vita quotidiana. Può inoltre delinearsi la "diffusione di materiale pedopornografico": quest'ultimo reato, particolarmente grave e punito con grande severità dalla legge, si configura quando vengono diffuse immagini di nudità relative a persone minorenni, com'è frequentemente il caso delle immagini e dei filmati "compromettenti" postati in rete dai cyberbulli.

IL TUO PUNTO DI VISTA

1. Come definiresti, con parole tue, i cyberbulli?
2. Quali consigli daresti a un'amica o a un amico vittima di attacchi in rete?
3. Secondo te i cyberbulli sono persone forti o deboli? Motiva adeguatamente la tua risposta.
4. Realizza un prodotto che abbia lo scopo di "smontare" i cyberbulli: può trattarsi di un disegno, di un breve video, di una canzone, di un racconto o di un altro strumento a tua scelta.

LEZIONE 3

L'interpretazione delle norme giuridiche

VIDEO START
L'importante ruolo dei giudici

AUDIOTESTO

La struttura delle norme Le norme giuridiche possono essere costituite da frasi semplici e brevi (come l'art. 9 Cost.), o da periodi articolati e complessi (esamina in tal senso l'art. 111 Cost.). Soprattutto in questa seconda ipotesi è necessario che, ai fini di una loro corretta applicazione, le norme siano ben interpretate in modo da coglierne l'esatto significato.

L'attività di interpretazione delle norme L'attività di ▸**interpretazione** delle norme giuridiche corrisponde al processo mediante cui viene chiarito il loro significato e vengono individuati in modo evidente i comportamenti e le situazioni cui esse si riferiscono.

Memo LESSICO
Il termine ▸**interpretazione** è riconducibile al sostantivo latino *interpres* (composto da *inter*, "tra", e *pretium*, "prezzo"), ossia "mediatore", colui che, in relazione agli affari che aiuta a concludere, sa individuare il giusto prezzo, esattamente come chi interpreta le norme giuridiche ne sa cogliere il significato corretto.

Il compito dei magistrati Il compito di interpretare le norme giuridiche spetta prevalentemente ai **magistrati** o **giudici**, che devono applicarle alle situazioni concrete sottoposte al loro giudizio. A ciò va aggiunto il fatto che la loro preparazione giuridica (che richiede la laurea in giurisprudenza e il superamento di un concorso fortemente selettivo) è un elemento determinante al fine di cogliere il senso esatto delle norme. L'interpretazione attuata dai magistrati prende il nome di **interpretazione giudiziale**.

I criteri dell'interpretazione giudiziale Il primo passo che un giudice deve compiere è quello di capire il significato che trapela dalle parole utilizzate nella norma: si parla, in tal senso, di **interpretazione letterale**.
Occorre inoltre comprendere le finalità sociali, politiche ed economiche che la norma si propone di realizzare all'interno dell'ordinamento giuridico (**interpretazione logica**).

ESEMPIO Se rileggiamo il co. 1, art. 595 c.p. che afferma «Chiunque [...], comunicando con più persone, offende l'altrui reputazione, è punito con la reclusione fino a un anno o con la multa fino a € 1032», comprendiamo quale sia la sua funzione: evitare che le persone ne offendano altre, segno di grande inciviltà in ogni contesto sociale.

Il ricorso all'analogia e ai principi generali del diritto Può verificarsi l'ipotesi che, di fronte a un caso da giudicare, un magistrato non individui una specifica norma che lo disciplina. In questo caso egli ricorrerà alla cosiddetta **analogia**, che corrisponde al principio per cui, se una situazione non è espressamente regolata dalla legge, il giudice deve risolverla ispirandosi alle norme che regolano casi simili o materie analoghe. Nell'ipotesi in cui non esistano norme di questo genere, il giudice dovrà riferirsi ai **principi generali dell'ordinamento**: in altre parole non è possibile rifiutare la soluzione di un caso perché non esistono norme che lo disciplinano direttamente o indirettamente.

Le altre tipologie di interpretazione L'attività di interpretazione svolta dai giudici è quella prevalente, ma in realtà ne esistono di altri tipi:
- l'**interpretazione autentica**, con cui l'organo che ha emanato una norma giuridica (generalmente il Parlamento) ne chiarisce i contenuti;
- l'**interpretazione dottrinale**, attuata dagli studiosi del diritto e contenuta in testi giuridici, come articoli, saggi o libri.

ESPANSIONE
Interpretazione dichiarativa, restrittiva, estensiva

Gli effetti dell'interpretazione Mentre l'interpretazione autentica è vincolante per tutti, l'interpretazione giudiziale ha effetti solamente per i soggetti che si rivolgono a un giudice. Quella dottrinale, invece, non assume mai una portata vincolante.

competenze in campo

1 Completa lo schema

DIDATTICA INCLUSIVA

INTERPRETAZIONE DELLE NORME GIURIDICHE

- .... (è fatta dai ....)
- .... (è fatta dall' .... che ha emanato la norma)
- dottrinale (è fatta dagli .... del diritto)

ESERCIZIO INTERATTIVO

2 ●●● **Osserva e rifletti**

In alcuni casi può essere lo stesso organo che emana le leggi (nell'immagine una seduta del Senato della Repubblica) a svolgere un'attività di interpretazione normativa. Di che tipo di interpretazione si tratta? Quale obiettivo si propone?

3 ●●● **Analizza la norma**

Stabilisce il co. 1, art. 835 c.c.: «Quando ricorrono gravi e urgenti necessità pubbliche, militari o civili, può essere disposta la requisizione dei beni mobili o immobili. Al proprietario è dovuta una giusta indennità».
Si desume con chiarezza lo spirito della norma: in situazioni di emergenza lo Stato può sequestrare, a scopo di aiuto pubblico, determinati beni ai legittimi proprietari, dando loro un riconoscimento economico.
Ci si può opporre, secondo te, alla requisizione del proprio camper, disposta dallo Stato per consentire un alloggio temporaneo a persone colpite da un violento terremoto che ha reso inagibili le loro abitazioni? Motiva la risposta.

mi riguarda perché...

SPUNTO DI RIFLESSIONE

L'attività di interpretazione delle norme da parte dei giudici è molto importante in riferimento alle azioni che ognuno di noi può compiere. Per esempio, l'art. 727 c.p. afferma: «Chiunque incrudelisce verso animali senza necessità [...] è punito con l'ammenda da € 1 032 a € 5 164». I giudici interpretano questa disposizione in senso restrittivo, escludendo dal concetto di "animali" gli insetti. Se la interpretassero in senso più ampio, correremmo il rischio di subire sanzioni per l'uccisione di mosche e zanzare.

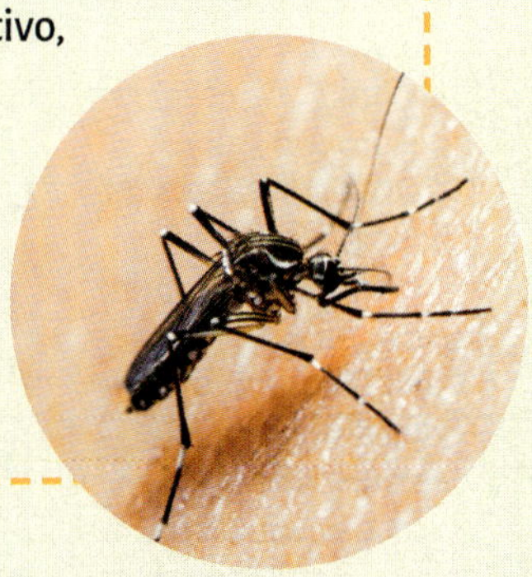

Le tue domande — Perché le norme giuridiche vanno interpretate?

Abbiamo visto come le norme siano per definizione "astratte". Anche se sono formulate in maniera chiara, la loro applicazione di fronte alla grande varietà di casi concreti che si possono presentare può essere fonte di incertezza. Ecco perché bisogna comprendere il significato di una norma, ossia individuare quali sono esattamente i fatti e i comportamenti concreti cui la norma si riferisce. È questo il compito di chi interpreta le norme.

FOCUS — Come si citano le norme

Quando c'è bisogno di riferirsi alle norme giuridiche si ricorre, per comodità, a formule abbreviate. Indichiamo le principali perché ti potrà capitare di incontrarle.

Cost.	Costituzione
l.cost.	legge costituzionale
l.	legge
d.d.l.	disegno di legge
d.l.	decreto legge
d.lgs.	decreto legislativo
c.c.	Codice civile
c.p.	Codice penale

Per tutte le norme devono essere indicati gli elementi necessari a identificarle, cioè la data di emanazione e il numero, progressivo nel corso dell'anno, assegnato alla norma per individuarla: per esempio, l. 8 agosto 1985 n. 443.

LEZIONE 4

L'efficacia delle norme giuridiche

VIDEO START La funzione del referendum abrogativo

AUDIOTESTO

Memo LESSICO
Nella lingua corrente il termine ▸**presunzione** corrisponde a un'"opinione esagerata del proprio valore", cioè all'essere convinti di poter fare cose superiori alle proprie capacità.
Nella terminologia giuridica, invece, le presunzioni sono le ricostruzioni operate dalla legge per risalire da eventi certi a fatti incerti, e sono *assolute* se non ammettono possibilità di prova contraria, *relative* nel caso opposto.

La pubblicazione e l'entrata in vigore delle norme Le norme giuridiche, una volta emanate dagli organi competenti, **vengono pubblicate** sulla Gazzetta Ufficiale (G.U.) allo scopo di essere portate a conoscenza di tutti i cittadini.
Le norme **entrano in vigore**, divengono cioè pienamente operanti, trascorsi quindici giorni dalla data della loro pubblicazione, dopo di che si ha la ▸*presunzione* che tutti ne siano a conoscenza, senza possibilità di fornire prova contraria.
Il periodo di quindici giorni a disposizione dei cittadini per venire a conoscenza della legge, una volta che è stata pubblicata, prende il nome di ***vacatio legis*** (letteralmente "assenza della legge"). Tale periodo può essere aumentato, fino a un massimo di sei mesi, se la norma è particolarmente complessa, o ridotto nei casi di urgenza.

Il principio di irretroattività Una volta entrate in vigore, le norme si caratterizzano per la loro **irretroattività**, dispongono cioè solo per l'avvenire e non per il passato, e sono pertanto efficaci solo a decorrere dalla cessazione della *vacatio legis*. Si tratta di un principio molto importante, che funge da garanzia per tutti i cittadini. In base a esso, infatti, nessuno corre il pericolo di essere punito per fatti commessi prima che una legge entri in vigore, come è confermato dal co. 2, art. 25 Cost.: «Nessuno può essere punito se non in forza di una legge che sia entrata in vigore prima del fatto commesso».

L'annullamento e l'abrogazione Le norme giuridiche **cessano di essere efficaci** nel momento in cui vengono *annullate* o *abrogate*. L'**annullamento** di una legge può essere disposto in seguito alla sentenza di uno specifico organo dello Stato, la Corte costituzionale, che ne verifica l'incompatibilità con i principi della Costituzione.
L'**abrogazione** può avvenire per effetto di una nuova legge oppure in seguito a un *referendum abrogativo*: in questo caso è il popolo a decidere, attraverso il proprio voto, se una legge deve rimanere in vigore oppure se i suoi effetti devono cessare.

competenze in campo

1 Completa lo schema

CESSAZIONE DI EFFICACIA DI UNA NORMA GIURIDICA

→ per .... (disposto dalla Corte ....)

→ per .... tramite nuova .... o .... abrogativo

ESERCIZIO INTERATTIVO

mi riguarda perché...

SPUNTO DI RIFLESSIONE

È molto importante essere consapevoli del principio per cui lo Stato non ammette l'ignoranza delle norme giuridiche e sentirci pertanto obbligati a recepire i contenuti delle leggi. Per esempio, una persona che viene denunciata perché ha offeso altri in via diretta o indiretta (pensiamo alla pubblicazione di un post offensivo su Facebook) non può certamente pretendere di non essere punita opponendo il fatto di non sapere che questo tipo di comportamento corrisponde a un reato.

INFOGRAFICA INTERATTIVA

IL REFERENDUM ABROGATIVO IN ITALIA

1 CHE COS'È?

È una **forma di consultazione popolare** in cui i cittadini sono chiamati a decidere se una legge deve rimanere in vigore o cessare i propri effetti

2 CHI PUÒ RICHIEDERLO?

5 Consigli regionali o i cittadini italiani attraverso la sottoscrizione di 500 mila firme

3 CHI LO INDICE?

Il **Presidente della Repubblica**, dopo che la Corte di cassazione ha verificato la regolarità delle firme e la Corte costituzionale l'ammissibilità del referendum; non tutte le leggi infatti possono essere abrogate tramite referendum

4 QUANDO SI SVOLGE?

Una domenica tra il 15 aprile e il 15 giugno

5 COME SI VOTA?

L'elettore deve indicare su una **scheda referendaria** se è favorevole **(SÌ)** o contrario **(NO)** all'abrogazione di una legge

SÌ **La legge viene abrogata**

NO **La legge rimane in vigore**

6 QUANDO È VALIDO?

Il referendum risulta valido solo se vi partecipa la **maggioranza dei cittadini con diritto di voto (50% + 1)**: tale condizione corrisponde al cosiddetto "**quorum**"

ALCUNI ESEMPI DI REFERENDUM

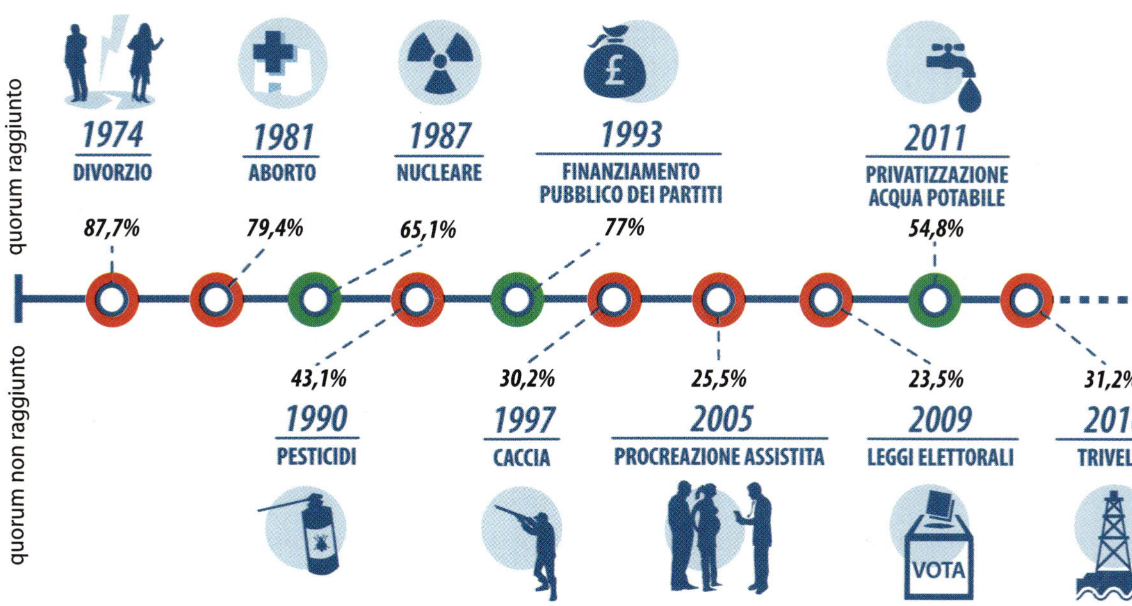

LEZIONE 5

Le fonti del diritto

VIDEO START
Le basi dell'ordinamento giuridico

AUDIOTESTO

La nozione di fonte del diritto Le norme giuridiche sono generate da determinati *atti* o *fatti* che prendono il nome di **fonti del diritto**. Le fonti del diritto si distinguono in *fonti di produzione* e in *fonti di cognizione*.

Le fonti di produzione La funzione delle **fonti di produzione** è quella di *produrre* le norme giuridiche. Esse si distinguono in *fonti fatto* e in *fonti atto*: le **fonti fatto** consistono in comportamenti spontanei di una collettività, ripetuti nel tempo, e si sostanziano negli *usi* o *consuetudini*, che studieremo nella prossima Lezione; le **fonti atto** sono invece norme scritte emanate da appositi organi secondo particolari procedure.
Gli organi che nel nostro Stato possono emanare norme giuridiche sono il Parlamento, il Governo e le Regioni.

ESEMPIO Per comprendere la differenza tra fonti fatto e fonti atto leggiamo il co. 1, art. 2099 c.c., che si occupa della retribuzione del lavoro subordinato: «La retribuzione del prestatore di lavoro [...] deve essere corrisposta nella misura determinata dai contratti collettivi, con le modalità e nei termini **in uso** nel luogo in cui il lavoro viene eseguito». C'è, in questo articolo, un preciso richiamo alla consuetudine. Infatti, per stabilire i termini e le modalità del pagamento delle retribuzioni, ci si riferisce a ciò che normalmente fanno le parti nel luogo di esecuzione dell'attività lavorativa (*fonte fatto*). L'obbligo del patentino per la guida del ciclomotore, invece, è una norma scritta sul Codice della strada, una raccolta di norme emanata dal Governo (*fonte atto*).

L'ordinamento giuridico In Italia prevalgono le fonti atto; sono davvero pochi i casi in cui si applicano usi o consuetudini. Le norme scritte prevedono quasi tutte le situazioni che richiedono una regolamentazione giuridica e sono organizzate in modo coerente, in modo da dare vita al cosiddetto **ordinamento giuridico**, espressione con cui si fa riferimento a un insieme di norme armonizzate tra loro. Quando questa armonia non si verifica e si manifestano situazioni di contrasto tra due o più norme, è possibile ricorrere, come abbiamo già visto, agli strumenti dell'annullamento o dell'abrogazione.
Nel nostro ordinamento giuridico, come in altri, la fonte più importante del diritto è la Costituzione, in cui sono contenute le regole fondamentali della vita sociale e politica dei cittadini dello Stato.

Fonti nazionali e sopranazionali Le fonti di produzione possono essere:
- **nazionali**, se sono interne al nostro ordinamento;
- **sopranazionali**, se sono esterne al nostro ordinamento, ma sono da questo riconosciute.

ESEMPIO Tra le fonti sopranazionali possiamo citare i trattati internazionali (accordi stipulati fra più Stati), oppure le norme emanate dall'Unione europea, di cui l'Italia fa parte fin dalla sua fondazione, avvenuta nel 1957.

Le fonti di cognizione Si parla di **fonti di cognizione** con riferimento agli strumenti che servono a raccogliere e a portare a conoscenza dei cittadini le norme prodotte. La più importante fonte di cognizione è la *Gazzetta Ufficiale* (consultabile solo online), in cui sono riportati gli atti normativi dello Stato italiano. Ci sono poi i cosiddetti *codici*, che sono raccolte di leggi inerenti a un determinato settore dell'ordinamento giuridico: tra essi, ricordiamo il *Codice civile*, relativo alle norme che regolano i rapporti tra privati, il *Codice penale*, che si occupa dei reati e delle relative sanzioni, e il *Codice della strada*, che regola la viabilità.

ESPANSIONE
La Gazzetta Ufficiale

competenze in campo

1 Completa lo schema

DIDATTICA INCLUSIVA

FONTI DEL ....

fonti di	fonti di ....
• fonti fatto • fonti atto • fonti .... • fonti sopranazionali	esempi principali: • .... • codici

ESERCIZIO INTERATTIVO

2 **Osserva e rifletti**

Se un automobilista parcheggia l'auto in una zona in cui c'è divieto di sosta, infrange una norma prevista da una fonte atto o da una fonte fatto?

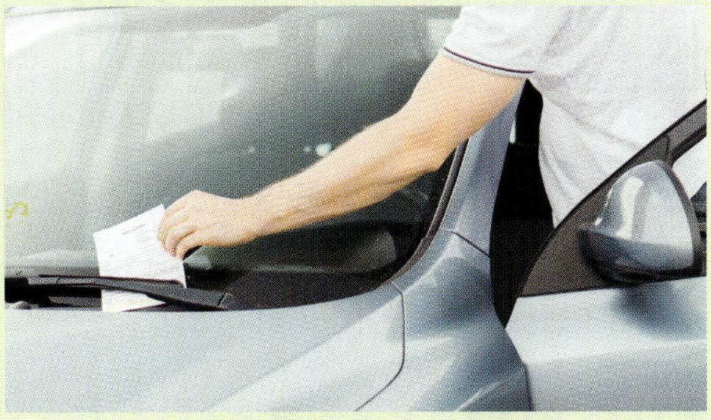

3 **Individua il termine**

ESERCIZIO INTERATTIVO

1. Sono fonti fatto note anche come "usi": ....
2. Sono organi che hanno il potere di emanare norme giuridiche, oltre al Parlamento e al Governo: ....
3. È la natura delle fonti corrispondenti alle norme emanate dagli organi dello Stato: ....
4. Sono fonti di cognizione che corrispondono a raccolte normative: ....

4 **Analizza la norma**

Il co. 1, art. 892 c.c. afferma: «Chi vuole piantare alberi presso il confine deve osservare le distanze stabilite dai regolamenti e, in mancanza dagli usi locali [...]». La parte sottolineata si riferisce a una fonte atto o a una fonte fatto? Motiva la risposta.

mi riguarda perché...

SPUNTO DI RIFLESSIONE

Il fatto di sapere che le norme relative a determinati ambiti sono raccolte in codici rende più semplice un'eventuale ricerca. Se per esempio vuoi conoscere in che cosa consiste un determinato reato e quali sono le sanzioni previste, devi consultare il *Codice penale*. Se invece desideri sapere quali sono le conseguenze di un'infrazione stradale è al *Codice della strada* che devi fare riferimento.

Le tue domande

Perché solo alcuni organi dello Stato possono emanare norme giuridiche?

Il diritto condiziona la vita di tutti noi, indicando i comportamenti che si devono seguire oppure evitare. Ecco perché le più importanti fonti giuridiche sono emanate dagli organi che sono l'espressione diretta (il Parlamento e il Consiglio regionale) o indiretta (il Governo) della volontà dei cittadini a cui le norme si rivolgono.

Le fonti del diritto sopranazionali spesso prevalgono su quelle nazionali. Perché?

L'Italia ha spontaneamente aderito a organismi internazionali, come l'Unione europea, per realizzare finalità, per esempio la coesistenza pacifica tra gli Stati, che un solo Paese non sarebbe in grado di raggiungere. Così facendo ha rinunciato a una parte dei propri poteri per attribuirli a organismi, appunto, sopranazionali. Ecco perché le regole di questi ultimi possono prevalere su quelle italiane.

Dove possiamo consultare le norme dell'Unione europea?

La raccolta ufficiale della legislazione dell'Unione europea e degli altri documenti ufficiali delle istituzioni, degli organi e delle agenzie dell'UE si trova nella **Gazzetta Ufficiale dell'Unione europea**, che viene pubblicata in formato telematico ogni giorno, dal martedì al sabato, nelle lingue ufficiali dell'UE (che sono attualmente 24).

LEZIONE 6

L'organizzazione gerarchica delle fonti

VIDEO START
L'entrata in vigore della Costituzione repubblicana

AUDIOTESTO

Memo
La funzione delle ▸**fonti di produzione** è di produrre le norme giuridiche e si distinguono dalle *fonti di cognizione*, il cui scopo è di rendere note le norme giuridiche ai cittadini.

La gerarchia delle fonti di produzione Le norme giuridiche che disciplinano la nostra vita sociale sono davvero tantissime. Per consentirci di distinguerle e comprendere quali vadano applicate alle situazioni specifiche, le ▸**fonti di produzione** del diritto italiano sono organizzate secondo una precisa gerarchia, con la conseguenza che una fonte subordinata rispetto a un'altra non può dettare disposizioni che contrastino con questa, altrimenti viene annullata.

Le fonti costituzionali La fonte principale del diritto italiano è la **Costituzione**, scritta tra il 1946 e il 1947 dall'*Assemblea costituente*, un'assemblea eletta dal popolo. La Costituzione italiana entrò in vigore il 1° gennaio 1948, in sostituzione dello Statuto albertino, e può essere definita come la **legge fondamentale dello Stato**.
Il massimo livello gerarchico delle fonti è condiviso, insieme alla Costituzione, dalle *leggi costituzionali* e dalle *leggi di revisione costituzionale*.
Le **leggi costituzionali** possono essere emanate per integrare la Costituzione, le **leggi di revisione costituzionale** per modificarla.

PODCAST
Articolo 10

Le fonti primarie La prima fonte primaria è costituita dai *regolamenti comunitari*. I **regolamenti comunitari** sono norme emanate dall'Unione europea, di cui il nostro Paese fa parte fin dal 1957. L'importanza che essi rivestono nell'organizzazione gerarchica delle fonti è confermata dal co. 1, art. 10 Cost.: «L'ordinamento giuridico italiano si conforma alle norme del diritto internazionale generalmente riconosciute».
Le leggi emanate dall'Unione europea sono subordinate solo alla nostra Costituzione, non alle altre fonti normative.
Il terzo posto nella gerarchia delle fonti è condiviso dalle *leggi ordinarie* e dalle *leggi sostanziali*.
Le **leggi ordinarie** sono le leggi emanate dall'organo titolare del potere legislativo, il Parlamento, secondo la procedura dell'*iter* legislativo.
Le **leggi sostanziali** sono atti aventi forza di legge emanati dal Governo nei casi ed entro i limiti stabiliti dalla Costituzione.
Le leggi sostanziali possono essere di due tipi: i *decreti legge* e i *decreti legislativi*. I **decreti legge** sono atti con efficacia di legge emanati dal Governo di propria iniziativa nei casi di necessità e di urgenza. I **decreti legislativi**, invece, sono atti aventi forza di legge emessi dal Governo su richiesta specifica del Parlamento.
Al quarto posto nella gerarchia delle fonti del diritto italiano si trovano le *leggi regionali*. Le **leggi regionali** sono le norme che ogni Regione, attraverso il Consiglio regionale, può emanare con validità limitata al proprio territorio e solo su materie non riservate alla competenza dello Stato (come l'assistenza e l'organizzazione sanitaria).

FONTI COSTITUZIONALI

1. Costituzione, leggi costituzionali e leggi di revisione costituzionale

FONTI PRIMARIE

2. Regolamenti comunitari
3. Leggi ordinarie e leggi sostanziali
4. Leggi regionali

FONTI SECONDARIE

5. Regolamenti governativi
6. Usi o consuetudini

Le fonti secondarie I **regolamenti governativi** sono norme emanate dal Governo con la funzione prevalente di chiarire i criteri di applicazione delle leggi ordinarie e sostanziali, soprattutto di quelle più complesse.
Gli **usi** o **consuetudini** consistono in comportamenti ripetuti nel tempo da una determinata collettività con la convinzione che essi siano giuridicamente obbligatori. In Italia le consuetudini sono ammesse solo se espressamente richiamate da una legge o se disciplinano materie non già regolate da una norma scritta. Gli usi o consuetudini non devono essere confusi con le usanze sociali, come lasciare la mancia al cameriere di un ristorante o salutare con cortesia i conoscenti, che non condividono con gli usi la convinzione della loro obbligatorietà.

ESPANSIONE
La *Common Law*

competenze in campo

1 Completa il testo

La fonte principale del diritto italiano è la .... , insieme con le leggi costituzionali e quelle di .... costituzionale.
Le fonti primarie sono, in ordine gerarchico, i .... comunitari, le leggi .... e quelle sostanziali, le leggi ....
Infine, le fonti secondarie sono i regolamenti .... e gli usi o ....

ESERCIZIO INTERATTIVO

2 Osserva e rifletti

Con quale strumento normativo è possibile integrare il testo della nostra Costituzione? Con quale, invece, è possibile modificarlo?

3 Completa le frasi

ESERCIZIO INTERATTIVO

1. Le fonti del diritto italiano sono organizzate in modo ...., per cui una norma .... a un'altra non può .... con essa, altrimenti può essere ....
2. La Costituzione italiana contiene le norme .... dello .... ; essa fu scritta dalla .... , organo eletto dal .... nel ....
3. Il Governo, oltre alle leggi .... , può emanare .... , con cui prevalentemente chiarisce i .... di .... delle leggi.

4 Fonte costituzionale, primaria o secondaria?

1. Regolamenti governativi C P S
2. Leggi costituzionali C P S
3. Leggi regionali C P S
4. Regolamenti comunitari C P S
5. Consuetudini C P S
6. Leggi sostanziali C P S
7. Leggi ordinarie C P S

mi riguarda perché...

SPUNTO DI RIFLESSIONE

Conoscere le fonti del diritto italiano e da quali organi possono essere emanate è importante nella nostra esperienza.
Per esempio, il Governo ha il potere di emanare decreti legge, che entrano in vigore il giorno stesso della loro pubblicazione, in situazioni di necessità e urgenza: pensiamo ai terremoti, alle inondazioni, agli eventi franosi che hanno interessato diverse parti del nostro territorio.

FOCUS Le fonti del diritto nell'Unione europea

Per noi, che viviamo nell'Unione europea, è utile sapere che le **fonti di primo grado** del diritto comunitario, che hanno rilievo costituzionale, sono i **Trattati**, deliberati e sottoscritti da tutti gli Stati membri dell'Unione europea. Tra quelli più rilevanti nella storia della Comunità europea possiamo ricordare il Trattato di Roma del 1957, istitutivo della CEE, il Trattato di Maastricht del 1992, con cui si diede inizio al percorso di unificazione monetaria e si istituì la "cittadinanza europea", e il Trattato di Lisbona, con cui sono stati riformati i contenuti dei trattati precedenti.
Esistono poi **fonti di secondo grado**, emanate dal Consiglio dei ministri in collaborazione con il Parlamento europeo: esse corrispondono ai *regolamenti*, alle *direttive* e alle *decisioni*.

Detto da... Lorenzo Cherubini (Jovanotti)

"Sono a favore delle politiche internazionali a sostegno dei Paesi da dove partono queste persone [i migranti]. Ci vuole una politica comune europea e forse dovremmo guidarla noi".

(Corriere della Sera, 25/2/2015)

A quali fonti normative fa riferimento Jovanotti quando parla di politica comune europea?

LEZIONE 7

L'evoluzione storica del diritto

VIDEO START
I diritti dei sudditi nella *Magna Charta*

AUDIOTESTO

I giudici del passato Nel mondo primitivo non esistevano ancora gli Stati e la società era organizzata prevalentemente in villaggi e in tribù. Quando nascevano controversie tra due o più individui esse venivano risolte dal membro più anziano del villaggio o dal capo-tribù, che esprimeva la sua decisione ispirandosi al volere delle divinità e tenendo conto delle tradizioni e degli usi del proprio gruppo. Si trattava pertanto di un *diritto consuetudinario*, basato esclusivamente sulla *tradizione orale*, che non dava però garanzia del rispetto dei diritti delle persone, in quanto non esisteva alcuna certezza in merito ai criteri con cui i giudici di allora avrebbero risolto le contese loro sottoposte.
Una tappa fondamentale dell'evoluzione del diritto corrispose al passaggio dalle norme consuetudinarie a quelle scritte, sicuramente più idonee a garantire la certezza del diritto e quindi la giustizia verso i componenti della società.

Il Codice di Hammurabi La raccolta più antica di norme scritte è il **Codice di Hammurabi** (XVIII sec. a.C.), applicato con ogni probabilità in tutto l'antico Oriente; le disposizioni normative in esso contenute si caratterizzano per la loro crudeltà, ispiratrice della *legge del taglione*, secondo la quale chi subiva un danno aveva il diritto di arrecare lo stesso danno a chi glielo aveva provocato.

ESEMPIO Leggiamo alcuni articoli del Codice di Hammurabi:
art. 153 «Se una moglie ha fatto uccidere suo marito a causa di un altro uomo questa donna sarà impalata.»
art. 196 «Se un uomo ha estratto l'occhio di un altro anche a lui estrarranno l'occhio.»
art. 197 «Se un uomo spezza l'osso di un altro anche a lui spezzeranno l'osso.»
art. 200 «Se un uomo rompe il dente di un altro uomo suo pari, anche a lui romperanno il dente.»

Le XII Tavole e il *Corpus iuris civilis* Alla fine del V secolo a.C. venne prodotta la prima raccolta di leggi del diritto romano, rappresentata dalle **XII Tavole**, scritte nel 451 a.C. da un collegio di dieci magistrati. In materia civile le XII Tavole disciplinano la proprietà, la famiglia, l'istituto delle successioni per causa di morte. In materia penale ricalcano i toni rozzi e vendicativi del Codice di Hammurabi: così il derubato aveva il diritto di uccidere il ladro; il debitore insolvente poteva essere tenuto prigioniero dal creditore, venduto al mercato e, in caso di mancata vendita, ucciso; i falsi testimoni venivano gettati da una rupe.
Successivamente, nel VI secolo d.C., il diritto romano produsse la sua raccolta più importante, il ***Corpus iuris civilis,*** voluto dall'imperatore Giustiniano, che raccoglieva tutte le norme di diritto pubblico e privato prodotte in diversi secoli.

> **Memo LESSICO**
> Il termine ▸ **statuto** è riconducibile al verbo latino *statùere* ("stabilire") e significa letteralmente "ciò che è stato stabilito".

La *Magna Charta* Nel 1215, in Inghilterra, il re Giovanni Senzaterra emanò la ***Magna Charta libertatum,*** come concessione alle numerose petizioni che gli erano state presentate dai baroni del Regno. La *Magna Charta* è ritenuta da molti il primo documento fondamentale per il riconoscimento universale dei diritti dei cittadini: in essa sono infatti elencate specifiche libertà che il potere sovrano si impegnava a rispettare.

> **Memo**
> I ▸**codici** sono raccolte di norme scritte relative a determinati settori dell'ordinamento giuridico: pensiamo al Codice civile e al Codice penale.

Gli statuti comunali Durante il periodo medievale prevalsero le norme non scritte, così come in epoca comunale. Quando però il potere dei Comuni si consolidò, le leggi locali cominciarono a essere messe per iscritto nei cosiddetti ▸**statuti.**

I codici Dopo la Rivoluzione francese (1789) i singoli Stati emanarono i ▸**codici,** raccolte di norme scritte che ebbero come primo modello il **Codice napoleonico** del 1804. A esso si ispirò il primo codice italiano del 1865, che fu successivamente sostituito da quello, ancora vigente, emanato nel 1942.

ESPANSIONE
Il Codice civile italiano

competenze in campo

1 Completa

a. Il Codice di Hammurabi risale al
- [ ] XVIII secolo a.C.
- [ ] XII secolo a.C.
- [ ] VI secolo d.C.

b. Il Corpus iuris civilis fu prodotto sotto l'impero di
- [ ] Cesare
- [ ] Giustiniano
- [ ] Ottaviano

c. Le raccolte di norme scritte si chiamano
- [ ] trattati
- [ ] codici
- [ ] statuti

DIDATTICA INCLUSIVA

ESERCIZIO INTERATTIVO

2 Osserva e rifletti

Quale importanza giuridica ebbe l'emanazione, sotto l'impero di Giustiniano, del *Corpus iuris civilis*?

3 In quale periodo storico si collocano?

1. Le XII Tavole: ....
2. La *Magna Charta*: ....
3. Gli statuti: ....

4 Analizza la norma

In relazione ai rapporti di debito si leggeva, nelle XII Tavole:
«Per un debito riconosciuto, una volta emessa regolare sentenza, il termine di legge sarà di trenta giorni».
«Poi [...] il debitore sia portato in giudizio».
«Se non fa quanto stabilito dal giudice, o se qualcuno non si fa eventualmente garante per lui in giudizio, il creditore lo porti via con sé. Lo leghi con corregge o con ceppi di peso non inferiore a quindici libbre o, se vorrà, di peso anche maggiore».
«Il debitore, se vorrà, si mantenga a sue spese; se non si mantiene a sue spese, colui che lo terrà legato gli dia una libbra di farro al giorno; se vorrà, gliene dia di più».

Confronta quanto previsto dalle norme dell'antica Roma con quanto prevede, in materia, il nostro Codice civile e valutane l'evoluzione normativa e culturale. Consulta, in particolare, gli artt. 1218 e 1223 c.c.

mi riguarda perché...

SPUNTO DI RIFLESSIONE

La possibilità di confrontare le norme del passato con quelle dei giorni nostri ti aiuta a comprendere l'evoluzione della civiltà giuridica. Infatti, se oggi una persona provoca danni ad altri, non riceverà lo stesso trattamento ("occhio per occhio, dente per dente"), ma sarà sottoposta a sanzioni di natura pecuniaria e detentiva (a seconda della gravità), oltre a dover risarcire i danni provocati.

FOCUS Dalla *Magna Charta*

[**1**] Abbiamo, in primo luogo, accordato a Dio e confermato con la presente carta, per noi e per i nostri eredi in perpetuità, che la Chiesa d'Inghilterra sia libera, abbia integri i suoi diritti e le sue libertà non lese.
Abbiamo anche accordato a tutti gli uomini liberi del nostro regno, per noi e i nostri eredi in perpetuo, tutte le libertà specificate qui sotto, per essere possedute e conservate da essi e dai loro eredi come provenienti da noi e dai nostri eredi in perpetuo.

[**8**] Né noi né i nostri ▸balivi ci impadroniremo delle terre e delle rendite di chiunque per debiti, finché i beni mobili presenti del debitore saranno sufficienti a pagare il suo debito. [...]

I ▸ **balivi** erano, in epoca medievale, alti funzionari che rappresentavano l'autorità politica in una circoscrizione territoriale.

[**29**] Nessun uomo libero sarà arrestato, imprigionato, spossessato della sua dipendenza, della sua libertà o libere usanze, messo fuori della legge, esiliato, molestato in nessuna maniera [...] se non in virtù di un giudizio legale dei suoi pari e secondo la legge del paese.

[**30**] Tutti i mercanti potranno, se non ne avranno anteriormente ricevuto pubblico divieto, liberamente e in tutta sicurezza uscire dall'Inghilterra e rientrarvi, soggiornarvi e viaggiarvi, sia per terra che per acqua, per comprare e per vendere, seguendo le antiche e buone consuetudini, senza che si possa imporre loro alcuna esazione indebita. [...]

■ **Quali tra i diritti riportati ti sembrano rilevanti e innovativi rispetto alle epoche precedenti?**

PERCORSO 1 / Sintesi con la mappa

- **DIRITTO** → classificazioni del diritto
  - • **diritto oggettivo** • **diritto soggettivo** → **ordinamento dello Stato**
  - • **diritto scritto** • **diritto consuetudinario**
  - • **diritto privato** • **diritto pubblico**
  - • **diritto positivo** • **diritto naturale**
- **NORME GIURIDICHE** → caratteri delle norme giuridiche →
  - **coattività** (sanzioni in caso di inosservanza)
  - **generalità**
  - **astrattezza**
  - **esteriorità**
  - **bilateralità**
- **INTERPRETAZIONE DELLE NORME**
  - **interpretazione giudiziale** → compete al giudice in base a due criteri:
    - criterio letterale
    - criterio logico
  - **interpretazione autentica** → compete all'organo che ha emesso la norma
  - **interpretazione dottrinale** → è fatta dagli studiosi del diritto
- **EFFICACIA DELLE NORME GIURIDICHE**
  - **pubblicazione ed entrata in vigore della norma giuridica (dopo la vacatio legis)** → principio di irretroattività
  - **annullamento della legge** → compete alla Corte costituzionale
  - **abrogazione della legge** → per effetto di una nuova legge o in seguito a referendum abrogativo
- **FONTI DEL DIRITTO** → gerarchia delle fonti →
  - **fonti costituzionali**: Costituzione, leggi costituzionali, leggi di revisione costituzionale
  - **fonti primarie**: regolamenti comunitari, leggi ordinarie e sostanziali, leggi regionali
  - **fonti secondarie**: regolamenti governativi, usi o consuetudini

AUDIOSINTESI

LEZIONE 1 Il diritto e l'ordinamento giuridico

Il termine **diritto** indica l'insieme delle regole che sono in vigore in uno Stato in un dato momento e rispondono al bisogno dei cittadini di vivere in una società ordinata e tranquilla.
Il diritto si distingue in diritto privato e diritto pubblico. Il **diritto privato** è l'insieme delle norme giuridiche volte a regolare i rapporti tra privati. Il **diritto pubblico** comprende invece le norme giuridiche che disciplinano l'organizzazione dello Stato e regolano i rapporti tra lo Stato e i cittadini.

LEZIONE 2 Le norme giuridiche e i loro caratteri

Per garantire la convivenza pacifica degli individui lo Stato impone a tutti i cittadini le **norme giuridiche**, che sono:

- **coattive**, ossia se non le rispettiamo veniamo sottoposti dallo Stato a una **sanzione**, che può avere carattere pecuniario (contravvenzioni), detentivo (soggiorno in carcere), restrittivo (privazione di determinate libertà);
- **generali**, perché sono rivolte a tutti i soggetti della comunità;
- **astratte**, in quanto non si riferiscono a specifici casi concreti, ma a situazioni generali e ipotetiche;
- **esteriori**, dato che non si riferiscono alle intenzioni dei soggetti, ma ai loro comportamenti;
- **bilaterali**, in quanto, nel regolare i rapporti tra i soggetti, comportano normalmente una situazione di vantaggio a favore di una parte e di svantaggio nei confronti dell'altra.

LEZIONE 3 L'interpretazione delle norme giuridiche

Ai fini della loro corretta applicazione, le norme devono essere interpretate in modo da coglierne l'esatto significato. Ai **magistrati**, o **giudici**, è affidato in primo luogo l'importante compito di interpretare le norme giuridiche (**interpretazione giudiziale**).
Oltre a quella giudiziale, esistono anche l'**interpretazione autentica**, con cui l'organo che ha emanato una norma giuridica (generalmente il Parlamento) ne chiarisce i contenuti, e l'**interpretazione dottrinale**, attuata dagli studiosi del diritto.

LEZIONE 4 L'efficacia delle norme giuridiche

Le leggi dello Stato vengono pubblicate sulla **Gazzetta Ufficiale** ed entrano in vigore, acquistano cioè efficacia, a partire dal quindicesimo giorno successivo alla pubblicazione (tale periodo di quindici giorni a disposizione dei cittadini per venire a conoscenza della legge prende il nome di **vacatio legis**).
Una volta entrate in vigore, le norme si caratterizzano per la loro **irretroattività**, dispongono cioè solo per l'avvenire e nessuno può invocarne a propria giustificazione la mancata conoscenza.
Le norme giuridiche cessano di essere efficaci quando vengono **annullate** o **abrogate**.

Le nuove parole

Diritto ▸ Complesso sistematico delle norme giuridiche che regolano la vita dei membri di una comunità (diritto oggettivo), ma anche ogni facoltà garantita dall'ordinamento a ciascuna persona od organizzazione (diritto soggettivo).
Law or **Right**

Norma giuridica ▸ Ogni regola imposta dallo Stato che è volta a disciplinare l'organizzazione e la vita della società, prevenendo comportamenti illeciti.
Rule of law

Sanzione ▸ Punizione che lo Stato minaccia a chi non rispetta una norma giuridica; può avere natura pecuniaria, detentiva o restrittiva.
Sanction

Giudice (o **magistrato**) ▸ Organo giuridico a cui spetta il compito di interpretare le norme giuridiche per applicarle alle situazioni concrete sottoposte al suo giudizio.
Judge or **magistrate**

Irretroattività ▸ Principio per cui le leggi esplicano i loro effetti a partire dalla loro entrata in vigore, senza riferirsi a situazioni passate.
Irretroactivity

Sintesi discorsiva

LEZIONE 5 Le fonti del diritto

Le fonti del diritto si distinguono in fonti di produzione e fonti di cognizione.
Le **fonti di produzione**, la cui funzione è di produrre le norme giuridiche, possono essere **nazionali**, se sono interne al nostro ordinamento, o **sopranazionali**, se sono esterne al nostro ordinamento, ma sono da questo riconosciute.
Si parla di **fonti di cognizione** con riferimento agli strumenti che servono a raccogliere le norme prodotte e a farle conoscere ai cittadini. La più importante fonte di cognizione è la **Gazzetta Ufficiale**, in cui sono riportati gli atti normativi dello Stato italiano. Ci sono poi i **codici**, che raccolgono le norme inerenti a un determinato settore dell'ordinamento giuridico (per esempio il Codice civile e il Codice penale).

LEZIONE 6 L'organizzazione gerarchica delle fonti

Le fonti di produzione del diritto sono organizzate secondo una precisa **gerarchia**, con la conseguenza che una fonte subordinata a un'altra non può dettare disposizioni che contrastino con la fonte superiore.
La più importante fonte giuridica è la **Costituzione della Repubblica italiana**, entrata in vigore nel 1948. Delle **fonti costituzionali** fanno parte anche le leggi costituzionali (che integrano la Costituzione) e le leggi di revisione costituzionale (che modificano la Costituzione).
Seguono poi, per importanza, le **fonti primarie** (regolamenti comunitari, leggi ordinarie e leggi sostanziali, leggi regionali) e le **fonti secondarie** (regolamenti governativi, usi o consuetudini).

LEZIONE 7 L'evoluzione storica del diritto

La raccolta più antica di norme scritte è il **Codice di Hammurabi** (XVIII sec. a.C.), in cui si faceva largo uso della legge del taglione.
Alla fine del V secolo a.C. venne prodotta la prima raccolta di leggi del diritto romano, rappresentata dalle **XII Tavole**, cui seguì, nel VI secolo d.C., il **Corpus iuris civilis**, voluto dall'imperatore Giustiniano, che raccoglieva tutte le norme di diritto pubblico e privato prodotte in diversi secoli.
Nel 1215, in Inghilterra, il re Giovanni Senzaterra emanò la **Magna Charta libertatum**, che è ritenuta il primo documento di riconoscimento dei diritti dei cittadini.
Oggi le norme sono fondamentalmente raccolte nei **codici**.

Abrogazione ▸ Perdita di efficacia di una legge in seguito all'entrata in vigore di una nuova legge o per effetto di un referendum.
Abrogation

Annullamento ▸ Perdita di efficacia di una legge per effetto di una sentenza della Corte costituzionale per contrarietà ai principi della Costituzione.
Annulment

Fonte del diritto ▸ Ogni atto o fatto da cui trae origine una norma giuridica; nel nostro ordinamento la fonte più importante è la Costituzione.
Source of law

Costituzione ▸ Legge fondamentale di uno Stato, che si trova al vertice nella gerarchia delle fonti di diritto.
Constitution

Legge ▸ Norma giuridica emanata dagli organi cui la Costituzione riconosce potere legislativo, vale a dire il Parlamento, il Governo e i Consigli regionali.
Law

Tutti devono sapere che...

DIDATTICA INCLUSIVA

1 Completa lo schema

DIRITTO

- oggettivo
- ....
- ....
- positivo
- ....
- pubblico

2 Dai la definizione corretta

1. È l'insieme delle norme giuridiche: □ □ R □ □ □ □
2. Lo sono le norme giuridiche per il fatto di rivolgersi a tutti i membri della società: □ □ N □ □ □ □ □
3. Modificano gli articoli della Costituzione italiana: □ □ G □ □ / □ □ / □ □ V □ □ □ □ □ □ / C □ □ T □ □ □ Z □ □ □ □ □ □
4. È il tipo di interpretazione che compete ai giudici: □ □ □ D □ □ □ A □ □
5. Può annullare le leggi che contrastano con la Costituzione: □ □ R □ □ / □ □ S □ □ □ U □ □ □ □ □ □ □

3 Inserisci i termini

Le sanzioni possono essere:

- .... , se comportano la privazione della .... personale (cioè la reclusione in carcere);
- .... , se consistono nel pagamento di una somma di .... ;
- .... , se consistono in altre limitazioni (per esempio il ritiro della patente di guida).

Verifica le tue **conoscenze** di base

4 Scegli la risposta

1. Le norme giuridiche sono generali perché:
   - ☐ **a.** riguardano casi generali, non specifici
   - ☐ **b.** sono rivolte a tutti i cittadini
   - ☐ **c.** sono rivolte a tutti i cittadini, a eccezione dei minorenni
   - ☐ **d.** trattano gli argomenti in modo generico, non specifico

2. È il tipo di interpretazione giuridica vincolante per tutti:
   - [ ] a. giudiziale
   - [ ] b. autentica
   - [ ] c. letterale
   - [ ] d. dottrinale

3. La *vacatio legis* decorre:
   - [ ] a. dal giorno dell'approvazione di una legge
   - [ ] b. dal giorno della promulgazione
   - [ ] c. dal giorno della pubblicazione sulla Gazzetta Ufficiale
   - [ ] d. dal quindicesimo giorno successivo alla pubblicazione sulla Gazzetta Ufficiale

4. Le leggi di revisione costituzionale sono emanate:
   - [ ] a. dal Governo
   - [ ] b. dalla Corte costituzionale
   - [ ] c. dal Parlamento
   - [ ] d. dall'Assemblea costituente

5. Sono atti con forza di legge che il Governo può emanare di propria iniziativa:
   - [ ] a. i regolamenti
   - [ ] b. i decreti legislativi
   - [ ] c. i decreti legge
   - [ ] d. i decreti delegati

6. Sono fonti secondarie del diritto:
   - [ ] a. i regolamenti comunitari
   - [ ] b. i decreti legislativi
   - [ ] c. i regolamenti governativi
   - [ ] d. le leggi ordinarie

7. Comprende le norme giuridiche volte a disciplinare l'organizzazione dello Stato:
   - [ ] a. il diritto statale
   - [ ] b. il diritto privato
   - [ ] c. il diritto naturale
   - [ ] d. il diritto pubblico

8. È il carattere per cui le norme giuridiche si riferiscono ai comportamenti e non alle intenzioni delle persone:
   - [ ] a. l'astrattezza
   - [ ] c. la bilateralità
   - [ ] b. l'esteriorità
   - [ ] d. la coattività

5 Vero o falso?

1. Il diritto soggettivo indica le norme proprie di uno Stato. V F
2. Le norme giuridiche sono astratte in quanto sono rivolte a tutti i cittadini. V F
3. L'interpretazione autentica delle leggi è attuata dai magistrati. V F
4. Le norme giuridiche sono irretroattive. V F
5. La presunzione di conoscenza delle leggi ha carattere assoluto. V F
6. L'annullamento di una legge può essere disposto dal Parlamento. V F
7. Le leggi possono essere abrogate attraverso un referendum popolare. V F
8. La *vacatio legis* ha di norma la durata di quindici giorni. V F
9. Le Regioni possono emanare leggi su qualsiasi materia. V F
10. Le leggi sostanziali sono fonti costituzionali. V F

Potenzia le tue **abilità**

6 Collega le informazioni

1.	Diritto naturale	a.	Corte costituzionale
2.	Coattività delle norme giuridiche	b.	Entrata in vigore delle norme giuridiche
3.	Decorso della *vacatio legis*	c.	Antica raccolta di norme scritte
4.	Annullamento delle norme	d.	Leggi regionali
5.	Generalità delle norme giuridiche	e.	Ricerca dello scopo
6.	Interpretazione logica	f.	Usi e consuetudini
7.	Fonti fatto	g.	Diritti fondamentali dell'uomo
8.	Fonti di cognizione	h.	Codici
9.	Fonte primaria	i.	Sanzioni
10.	Codice di Hammurabi	l.	Principio per cui "la legge è uguale per tutti"

7 ●●● Trova la parola nascosta

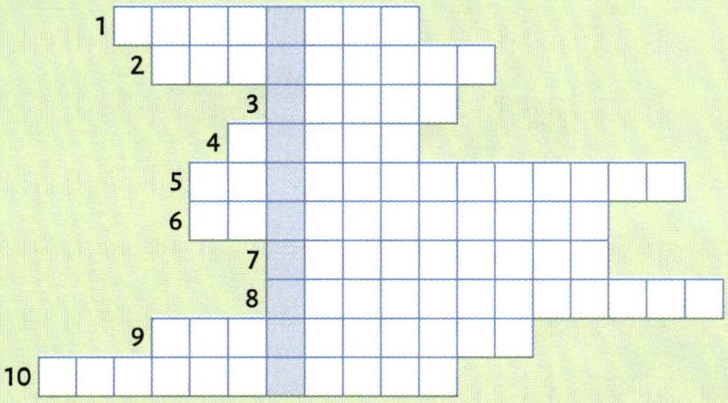

1. Lo sono le norme giuridiche per il fatto di rivolgersi a tutti i cittadini. **2.** È il tipo di interpretazione attuato dallo stesso organo che ha emanato la norma. **3.** Tra quelle di cognizione figura la Gazzetta Ufficiale. **4.** Quelle ordinarie sono emanate dal Parlamento. **5.** Lo sono le norme per il fatto di non estendere i loro effetti al passato. **6.** Quella di conoscenza delle leggi ha carattere assoluto. **7.** Sono le norme valide all'interno del nostro ordinamento. **8.** Sono norme che il Governo può emanare in casi di particolare urgenza. **9.** Sono le sanzioni che comportano esborsi monetari. **10.** Rientrano tra le fonti secondarie del diritto e sono emanati dal Governo.

Sviluppa le tue competenze

8 ●●● Rispondi alle domande

1. Quale differenza esiste tra il carattere della generalità e quello dell'astrattezza delle norme giuridiche?
2. Come deve comportarsi un giudice allo scopo di ben interpretare le norme giuridiche?
3. Perché il principio di irretroattività delle norme giuridiche corrisponde a una forma di tutela dei cittadini?
4. In che senso le fonti del diritto italiano sono organizzate gerarchicamente?
5. Come giudichi il fatto che non sia ammessa da parte di alcuno l'ignoranza delle leggi, pur in presenza di una quantità elevatissima di norme giuridiche?

9 ●●● Risolvi i casi

1. Gianluca B., studente di un Istituto tecnico commerciale, sta leggendo un libro consigliatogli dalla sua insegnante di Diritto. Si tratta di un'opera scritta da un importante giurista italiano, in cui vengono sostenute personali valutazioni circa i principi della Costituzione italiana. Che tipo di interpretazione normativa è contenuta nel libro letto da Gianluca?
2. Alcuni parlamentari italiani propongono di modificare un articolo della Costituzione. A tal fine si fanno promotori di una legge ordinaria, presentandone specifica iniziativa. È giuridicamente corretto il loro operato?
3. La legge sull'immigrazione attualmente in vigore in Italia prevede che ai cittadini extracomunitari che entrano nel nostro Paese siano rilevate le impronte digitali. Alcuni sostengono che questa norma sia incostituzionale, in quanto viola il principio di uguaglianza previsto dall'art. 3 Cost. A quale organo competerebbe l'annullamento di tale legge?

10 ●●● Comprendi e rifletti

Sai riconoscere a quali eventi del mondo contemporaneo, legati alla negazione di alcuni diritti naturali, si riferiscono le seguenti immagini?

a.

b.

c.

1. Che cosa si intende per diritto naturale?
2. Oltre a quelli rappresentati dalle immagini sopra, sai citare qualche altro esempio di palese violazione del diritto naturale?

PERCORSO 2 diritto

I soggetti e gli oggetti del diritto

Incominciamo da te

Una situazione concreta

Alcuni amici, di età compresa tra i quindici e i diciassette anni, decidono di trascorrere insieme le vacanze estive in una località balneare, con il consenso dei genitori. Un mese prima della partenza i ragazzi organizzano una gita in treno nella località prescelta per cercare un appartamento da prendere in locazione. Individuata la sistemazione più adeguata alle loro esigenze, si sentono però dire dal proprietario dell'appartamento che per la firma del contratto di locazione (egli preferisce infatti stipulare un accordo scritto) è necessaria la presenza di un maggiorenne. Ha ragione?

! Il proprietario dell'appartamento ha ragione di pretendere la firma di un maggiorenne per concludere l'accordo. In caso contrario, infatti, il contratto risulterebbe giuridicamente invalido.

Le 5 domande

1 Qual è, secondo te, la differenza tra diritto e dovere?

2 Anche se non sei ancora maggiorenne, sei già titolare di diritti e di doveri. Elencane alcuni.

3 Poiché non hai ancora diciotto anni, ci sono diritti che non puoi esercitare. Quali, per esempio?

4 In che senso, secondo te, i genitori "rappresentano" i figli minori?

5 Nella nostra società esistono associazioni, molte delle quali hanno fini di solidarietà, come l'AVIS, che riunisce i donatori di sangue. Indica altre associazioni di questo tipo che conosci.

Il nostro percorso

LEZIONE 1

Le persone fisiche: capacità giuridica e capacità di agire

CONOSCENZE

- Capacità giuridica e capacità di agire
- Amministrazione di sostegno
- Interdizione e inabilitazione
- Rappresentanza giuridica
- Associazioni e fondazioni
- Persone giuridiche ed enti di fatto
- Diritti personali e reali
- Diritti reali e di obbligazione
- Caratteri dei beni
- Beni dello Stato: demanio e patrimonio
- Caratteri e disciplina dei beni immobili
- Beni mobili e beni mobili registrati

ABILITÀ

- Distinguere i concetti di capacità giuridica e di agire, comprendendo le ragioni dei diversi limiti di età in cui esse si possono conseguire
- Riconoscere la finalità protettiva del legislatore nel porre limitazioni giuridiche ai soggetti cui manca, o sia ridotta, la capacità di agire
- Individuare le ragioni che possono spingere un ente a richiedere, o a non richiedere, il riconoscimento giuridico
- Individuare i principali diritti che derivano dalla costituzione di rapporti giuridici
- Cogliere le motivazioni alla base della normativa relativa ai beni pubblici
- Riconoscere le ragioni per cui la legge sottopone a specifiche condizioni il trasferimento dei beni immobili e di quelli mobili registrati

LEZIONE 2

Gli incapaci di agire e la loro tutela

LEZIONE 3

Le organizzazioni collettive

LEZIONE 4

Il rapporto giuridico

LEZIONE 5

I beni come oggetto del diritto

LEZIONE 6

I beni immobili e i beni mobili

La competenza d'arrivo

Riconoscere che le norme giuridiche hanno come destinatari sia le persone sia le organizzazioni, cogliendo le interrelazioni tra i diversi soggetti al fine dello sviluppo complessivo della società.

LEZIONE 1

Le persone fisiche: capacità giuridica e capacità di agire

VIDEO START L'importanza dei diritti

AUDIOTESTO

Memo
Le caratteristiche delle norme giuridiche sono la coattività, la generalità, l'astrattezza, l'esteriorità e la bilateralità.
In particolare, la ▸**generalità** implica che le norme giuridiche sono rivolte a tutti i soggetti della comunità sociale e non sono ammesse eccezioni personali.

I destinatari delle norme giuridiche A chi sono rivolte le norme giuridiche? In base al principio della ▸generalità esse si rivolgono a tutti i soggetti della comunità sociale. Tali soggetti sono innanzitutto le **persone fisiche**, cioè le persone fisicamente esistenti (all'interno della nostra classe siamo tutti persone fisiche).

L'acquisto della capacità giuridica Le persone sono titolari di diritti e di doveri dalla nascita alla morte: ciò corrisponde alla **capacità giuridica**.
Fin dalla nascita ogni individuo, pur non essendo in grado di esercitare alcun potere, si vede riconoscere dall'ordinamento giuridico una serie di diritti la cui violazione costituisce ▸illecito ed è punita dalla legge: pensiamo al diritto di un bambino di essere mantenuto, educato e curato dai propri genitori.
Nel momento in cui si nasce si acquisiscono innanzitutto i *diritti di natura personale*, come il diritto alla vita, alla salute e all'integrità, sia fisica sia morale. Si possono inoltre acquistare altri diritti, come la proprietà o l'eredità.

CASO I coniugi Marco S. e Anna M. vogliono intestare un appartamento al figlio Luca, che ha 10 anni. Possono farlo?
■ *Sì, perché Luca, sebbene minorenne, ha capacità giuridica e quindi può essere titolare del diritto di proprietà relativo all'appartamento.*

Memo LESSICO
Il termine ▸**illecito** deriva dal latino *illicitus* e significa "contrario alle norme giuridiche e all'ordine pubblico".
Il sostantivo ▸**tutore** è riconducibile al verbo latino *tueri*, ossia "proteggere". La figura del tutore si affermò per la prima volta nell'antica Roma allo scopo di proteggere gli interessi delle persone considerate incapaci di agire, come le donne, i malati mentali e gli *impuberi* (cioè i ragazzi di età inferiore ai quattordici anni se maschi, ai dodici se femmine).

La perdita della capacità giuridica La capacità giuridica si estingue solo con la morte: nessun altro evento può privare una persona di tale capacità. In particolare va ricordato il principio stabilito dall'art. 22 Cost.: «Nessuno può essere privato, per motivi politici, della capacità giuridica, della cittadinanza, del nome».

L'acquisto della capacità di agire Quando si diventa maggiorenni, al compimento del diciottesimo anno, si acquista la **capacità di agire**, cioè la capacità di esercitare validamente i propri diritti e di assumere dei precisi doveri.
La capacità di agire è richiesta per concludere validamente qualsiasi atto giuridico, come comprare una casa o sposarsi. L'età di diciotto anni, stabilita dalla legge per l'acquisto della capacità di agire, è stata definita valutando il rischio che le persone di età inferiore possano compiere atti contrari ai propri interessi, per non aver raggiunto un pieno grado di maturità e, di conseguenza, per l'incapacità di considerare in modo oggettivo e ponderato le possibili situazioni cui possono esporsi.
Fino al momento in cui una persona è minorenne e pertanto incapace di agire, la tutela dei suoi interessi è affidata ai genitori. Se questi venissero a mancare, occorre procedere alla nomina di un ▸**tutore**. Tuttavia esistono dei casi in cui un soggetto, pur essendo minorenne, può acquistare una *limitata capacità di agire*.

ESEMPIO È possibile che un minorenne, purché abbia concluso la scuola dell'obbligo e abbia almeno sedici anni, intraprenda un rapporto di lavoro. L'acquisto della capacità di agire prima dei diciotto anni può inoltre avvenire in relazione al diritto d'autore: se un minorenne, che abbia almeno sedici anni, scrive un libro, ha il diritto di esercitare tutti gli atti inerenti alla sfera del rapporto di edizione, come firmare personalmente il contratto con la Casa editrice, senza dover agire tramite i propri genitori.

La capacità di intendere e di volere Non va confusa con la capacità di agire la **capacità di intendere e di volere**, cioè la condizione in cui si trova chi è mentalmente in grado di cogliere la portata delle proprie azioni e controllare il proprio comportamento per evitare di provocare danni ad altri. Spetta al giudice, caso per caso e indipendentemente da una specifica età, verificare se il soggetto che ha compiuto una data azione era, in quel momento, capace di intendere e di volere.

competenze in campo

1 Completa lo schema

DIDATTICA INCLUSIVA

PERSONE FISICHE

capacità giuridica	capacità di agire
capacità di essere .... di diritti e doveri	capacità di .... validamente diritti e doveri
si acquista dalla	si acquista al compimento dei ....

ESERCIZIO INTERATTIVO

2 Osserva e rifletti

Gli studenti del primo biennio delle scuole secondarie superiori hanno generalmente un'età compresa tra i tredici e i quindici anni. Hanno capacità di agire? Perché?

3 Analizza la norma

Stabilisce il co. 1, art. 2 c.c.: «La maggiore età è fissata al compimento del diciottesimo anno. Con la maggiore età si acquista la capacità di compiere tutti gli atti per i quali non sia stabilita un'età diversa». A quale capacità delle persone fisiche si riferisce la norma?

4 Risolvi il caso

Un ragazzo sedicenne riceve in eredità 200 000 euro. I suoi genitori usano il denaro ereditato per l'acquisto di un terreno e glielo intestano: lo considerano infatti un buon investimento per il futuro. Il ragazzo, però, non è d'accordo: preferirebbe che quei soldi gli venissero depositati in banca per poterli spendere a suo piacimento una volta compiuti i diciotto anni. Può, in tal senso, rivolgersi a un giudice e ottenere ragione facendo leva sul fatto che quel denaro è suo?

mi riguarda perché...

SPUNTO DI RIFLESSIONE

Hai imparato che la capacità di agire si acquista a diciotto anni. Ciò ti rende consapevole dei limiti che attualmente incontri quando vuoi esercitare i tuoi diritti. Infatti, poiché sei ancora minorenne, solo attraverso i tuoi genitori puoi esercitare determinati atti, per esempio aprire un conto in banca, utilizzare una carta di credito oppure firmare un contratto.

Detto da... Fedez

"Voi parlate spesso dei giovani e troppo poco con loro."
(Da *Nuvole di fango*)

Sei d'accordo con questa affermazione di Fedez? Per quali motivi?

Le tue domande: Ci si può sposare prima dei 18 anni?

Il nostro Diritto parte dal presupposto che solo una persona matura e consapevole, pertanto necessariamente maggiorenne, possa validamente **contrarre matrimonio**, in quanto si tratta di una scelta di estrema importanza per la vita propria e altrui. Tuttavia, di fronte a particolari circostanze, il Tribunale può concedere a persone minorenni l'autorizzazione al matrimonio, sentito il parere di psicologi e valutata la maturità psicofisica dei soggetti che si vogliono sposare. Il minorenne che si sposa viene definito **minore emancipato** e acquista una **limitata capacità di agire**: può infatti compiere da solo alcuni atti mentre per altri deve servirsi dell'assistenza di un **curatore**.

LEZIONE 2

Gli incapaci di agire e la loro tutela

VIDEO START
L'amministratore di sostegno: un aiuto concreto a chi è in difficoltà

AUDIOTESTO

Memo
Il ▸**giudice tutelare** è l'organo competente in materia di protezione delle persone totalmente o limitatamente incapaci di agire; in particolare svolge una funzione di controllo sull'attività di chi tutela gli interessi di tali persone.

L'amministrazione di sostegno Ci sono persone che, pur essendo maggiorenni, sono affette da malattie fisiche o mentali che limitano in modo più o meno sensibile la loro capacità di assolvere ai compiti quotidiani, come investire piccole somme di denaro, determinare il canone cui affittare un'abitazione o scegliere le persone alle quali vendere un immobile. Per aiutare le persone disabili nella vita quotidiana la legge prevede la cosiddetta **amministrazione di sostegno**.

ESEMPIO Si può chiedere l'amministrazione di sostegno per disabili sensoriali, alcolisti, tossicodipendenti, malati mentali.

L'organo legittimato a istituire l'amministrazione di sostegno è il ▸giudice tutelare, che può disporre l'assistenza solo per atti specificamente individuati. Possono essere nominati **amministratori di sostegno** sia le persone fisiche sia i rappresentanti di enti (come i responsabili dei servizi sanitari). Con l'amministrazione di sostegno si garantisce alle persone disabili il giusto equilibrio tra la tutela e il rispetto dei diritti della persona, assicurando la protezione giuridica solo per gli atti strettamente necessari e riconoscendo, per gli altri, piena libertà di agire al soggetto coinvolto.
Se lo scopo dell'amministrazione di sostegno ha fondamentalmente carattere solidaristico, la legge italiana intende proteggere la sfera patrimoniale di altri soggetti incapaci mediante gli istituti dell'*interdizione*, della *rappresentanza* e dell'*inabilitazione*.

Memo LESSICO
Il termine ▸**interdizione** è riconducibile al verbo latino *interdìcere*, che significa "vietare", "proibire" (in effetti agli interdetti viene proibito l'esercizio di atti giuridici); nell'antica Roma, l'*interdictio* corrispondeva a un decreto con cui il giudice formulava una proibizione.

L'interdizione L'▸**interdizione** è un provvedimento tramite cui si priva una persona della capacità di agire, ponendola nella stessa posizione giuridica di un minorenne. Nei confronti di questa persona, pertanto, si procede alla nomina di un **tutore** che curerà tutti i suoi interessi. Vengono interdetti per legge i soggetti condannati alla reclusione superiore ai cinque anni (*interdizione legale*); possono essere invece interdette da un Tribunale, su richiesta dei parenti, le persone affette da gravi patologie psichiche (*interdizione giudiziale*). Mentre l'interdizione legale corrisponde a una funzione punitiva, quella giudiziale ha prevalentemente lo scopo di tutelare il soggetto dalla possibilità di danneggiare se stesso o il proprio patrimonio.

La rappresentanza Le persone incapaci di agire hanno la possibilità di ottenere determinati effetti giuridici attraverso l'intermediazione di altri soggetti che li *rappresentano* (come i tutori per gli interdetti). La **rappresentanza** è un istituto giuridico tramite il quale un soggetto, detto *rappresentante*, agisce in nome e per conto di un altro, detto *rappresentato*. Le espressioni "in nome" e "per conto" significano rispettivamente che il rappresentante, nel compiere determinati atti, dichiara di compierli non per sé ma per il soggetto che rappresenta, e che gli effetti dell'atto compiuto dal rappresentante ricadono direttamente nella sfera giuridica del rappresentato. In pratica, grazie all'intervento del rappresentante, è come se quell'atto fosse stato compiuto direttamente dal rappresentato.

L'inabilitazione L'**inabilitazione** è un provvedimento emanato da un Tribunale (solitamente su richiesta di parenti), che non toglie, ma limita la capacità di agire di determinati soggetti, come gli alcolisti e i tossicodipendenti. Gli inabilitati possono compiere liberamente gli *atti di ordinaria amministrazione* (quelli, cioè, che non modificano in modo sostanziale il loro patrimonio, come l'acquisto di un cellulare), mentre per compiere gli atti che *eccedono l'amministrazione ordinaria* (quelli da cui può risultare una diminuzione o un aumento patrimoniale, come l'acquisto di un appartamento) devono essere assistiti da una persona nominata dal Tribunale con il ruolo di **curatore**.

ESPANSIONE
Un caso concreto di amministrazione di sostegno

ESPANSIONE
Al cinema: *Quasi amici*

competenze in campo

1 Completa lo schema

DIDATTICA INCLUSIVA

TUTELA DELLE PERSONE NON PIENAMENTE CAPACI DI AGIRE

- → inabilitazione
- → amministrazione di ....
- → ....
- → rappresentanza

ESERCIZIO INTERATTIVO

2 ●●● Osserva e rifletti

Le persone detenute in carcere sostengono pene più lievi o più pesanti in relazione alla gravità del reato commesso. Dal punto di vista giuridico, che cosa cambia per chi sconta pene minori o maggiori di cinque anni di detenzione?

3 ●●● Indica il termine corretto

ESERCIZIO INTERATTIVO

1. L'amministratore di sostegno è nominato dal:
   ☐ Tribunale ☐ giudice di pace ☐ giudice tutelare
2. I soggetti condannati all'ergastolo sono:
   ☐ interdetti legali
   ☐ inabilitati
   ☐ interdetti giudiziali
3. Agiscono in nome e per conto di altri:
   ☐ curatori ☐ rappresentanti ☐ giudici tutelari

4 ●●● Risolvi il caso

Una persona viene riconosciuta colpevole di omicidio volontario e condannata all'ergastolo con sentenza definitiva. Durante la detenzione questa persona vorrebbe procedere alla vendita di un terreno di cui è proprietaria, allo scopo di ottenere il denaro necessario per assistere economicamente gli anziani genitori. Potrà farlo?

mi riguarda perché...

SPUNTO DI RIFLESSIONE

Se nella nostra famiglia o in quella di nostri amici ci sono persone, colpite da malattie fisiche o mentali, che non sono in grado di affrontare gli impegni della vita quotidiana (per esempio decidere come investire nel modo migliore i propri risparmi), dobbiamo essere consapevoli della possibilità di aiutarle con il ricorso all'amministrazione di sostegno, istituto fondamentalmente improntato alla solidarietà. Per chi vuole approfondire il tema è interessante il sito www.amministratoridisostegno.com.

FOCUS Le principali categorie di persone per cui può essere nominato un amministratore di sostegno

Ti può essere utile conoscere per quali soggetti può essere richiesta l'amministrazione di sostegno, magari anche per affrontare situazioni a te vicine.

- Persone che vivono in condizioni di povertà e di isolamento sociale.
- Persone incapaci di fare valere i propri diritti (per esempio per ottenere pensioni o indennità di accompagnamento, riscuotere affitti ecc.).
- Soggetti mentalmente deboli o psicologicamente fragili che hanno bisogno di essere sostenuti.
- Disabili sensoriali, come ciechi e sordomuti.
- Persone in condizioni di salute precarie o malati terminali.
- Soggetti in età avanzata e con menomazioni fisiche o psichiche tali da incidere sull'autonomia personale e sulla capacità di provvedere ai propri interessi.
- Persone che, in seguito a malattie e/o eventi naturali (per esempio il coma o l'ictus), non sono più in grado di provvedere a specifiche necessità (come la dichiarazione dei redditi, il consenso a interventi terapeutici ecc.).

LEZIONE 3

Le organizzazioni collettive

VIDEO START
Associazioni senza scopo di lucro

AUDIOTESTO

Memo

Le ▸**persone fisiche** sono le persone fisicamente esistenti, titolari di capacità giuridica dalla nascita e di capacità di agire dalla maggiore età.

Le ▸**società** sono accordi tramite cui due o più persone mettono insieme denaro, beni e servizi allo scopo di esercitare in comune un'attività economica e di realizzare, tramite essa, un guadagno.

ESPANSIONE
Un esempio di associazione internazionale: Greenpeace

ESPANSIONE
Non profit, ONG e volontariato

Gli enti o organizzazioni Oltre che alle ▸persone fisiche, le norme giuridiche sono rivolte alle **organizzazioni collettive**, enti costituiti da più persone e/o da un insieme di beni finalizzati al conseguimento di uno scopo comune.

Enti privati e pubblici Le organizzazioni possono avere natura *privata*, se perseguono scopi privati, o *pubblica*, se il fine per cui agiscono ha carattere pubblico, è tale cioè da interessare la collettività. In tal senso lo Stato, le Regioni e i Comuni sono enti pubblici, in quanto la loro attività è volta alla soddisfazione di interessi non particolari, ma di un'intera comunità.
Le organizzazioni private si distinguono principalmente in *associazioni* e in *fondazioni*.

Le associazioni Le **associazioni** sono costituite da più persone che si uniscono tra loro, mettendo in comune beni e servizi, per ottenere un determinato scopo. Se questo scopo ha natura economica, nel senso che si propone l'obiettivo di raggiungere un profitto, le associazioni prendono il nome di ▸**società**.

Le fondazioni Le **fondazioni** corrispondono a un insieme di beni che vengono vincolati a uno specifico scopo. Mentre nelle associazioni prevale l'elemento personale (più persone che si uniscono tra loro), nelle fondazioni è fondamentale l'elemento patrimoniale (un insieme di beni), rappresentato dai beni destinati a una determinata finalità.
L'attività delle fondazioni è soggetta a controlli da parte dell'autorità pubblica, per evitare che il patrimonio che le costituisce sia utilizzato per fini diversi rispetto a quelli che sono loro peculiari.

ESEMPIO Per comprendere meglio la differenza tra un'associazione e una fondazione possiamo pensare all'*Associazione italiana per la ricerca sul cancro*, costituita da 1 800 000 soci, e alla *Fondazione italiana per la ricerca sul cancro*, che è invece un patrimonio, formato dalle donazioni di soggetti volontari, gestito all'unico scopo di sostenere e perfezionare le attività di ricerca su questa terribile malattia.

Memo LESSICO

Il termine ▸**contratto** è riconducibile al verbo latino *contràhere*, che significa "riunire", "raccogliere" e, in particolare, per quanto concerne la sua accezione giuridica, "stringere vincoli di affari". Il contratto infatti è un accordo tramite cui due o più persone danno vita a una relazione giuridica patrimoniale (che abbia cioè valore economico), per esempio un contratto di vendita.

Le modalità di costituzione Le organizzazioni vengono fondate attraverso un **atto costitutivo**, nel quale si dichiara l'intenzione di dare vita a un'organizzazione volta a perseguire uno scopo specifico. Nelle associazioni l'atto costitutivo corrisponde a un ▸*contratto*, mentre le fondazioni possono nascere, oltre che attraverso un contratto, tramite un atto unilaterale (cioè di una singola persona), come un *testamento*.

Le persone giuridiche Le organizzazioni private operanti nello Stato possono ottenere da questo il riconoscimento come *persone giuridiche*, qualora possiedano determinati requisiti. Le **persone giuridiche** sono enti, distinti dalle persone fisiche che ne fanno parte, cui è riconosciuta dall'autorità amministrativa la titolarità della capacità giuridica e della capacità di agire. Il riconoscimento è subordinato all'iscrizione nel *Registro delle persone giuridiche*, tenuto in ogni Provincia presso l'Ufficio territoriale del Governo; per le società opera invece il *Registro delle imprese*, conservato presso le Camere di commercio.

Gli enti di fatto Le organizzazioni che operano senza il riconoscimento dello Stato sono denominate **enti di fatto**, sono prive di personalità giuridica e di determinati privilegi, ma sono comunque soggetti di diritto. Tra gli enti non riconosciuti figurano alcune delle associazioni più rilevanti della nostra vita politica e sociale: i *partiti politici* e i *sindacati dei lavoratori*.

competenze in campo

1 Completa lo schema

ORGANIZZAZIONI

- persone ....
  - sono .... dallo ....
- enti di ....
  - manca il .... statale

ESERCIZIO INTERATTIVO

2 ●●● **Osserva e rifletti**

Con l'obiettivo di studiare e combattere la sclerosi multipla (malattia degenerativa del sistema nervoso centrale), nel nostro Paese esistono sia l'associazione sia la fondazione "Sclerosi multipla". Quale differenza esiste tra un'associazione e una fondazione?

3 ●●● **Individua il termine**

ESERCIZIO INTERATTIVO

1. Sono associazioni di natura economica con scopo di lucro: ....
2. È l'atto con cui si dà vita a un'organizzazione: ....
3. In quello delle persone giuridiche vengono registrate le organizzazioni riconosciute dallo Stato: ....
4. Sono organizzazioni che tutelano i diritti dei lavoratori corrispondenti a enti di fatto: ....

4 ●●● **Risolvi il caso**

Un noto collezionista di orologi antichi dispone nel proprio testamento che, dopo la morte, la sua preziosa collezione venga gestita da una fondazione intitolata al proprio nome. Secondo le disposizioni di legge, potranno essere rispettate le sue volontà?

mi riguarda perché...

SPUNTO DI RIFLESSIONE

Puoi aiutare le persone bisognose con comportamenti di natura strettamente personale, per esempio offrendo cibo o indumenti a un senza tetto. Il tuo contributo può tuttavia risultare più efficace se decidi di aderire alle organizzazioni umanitarie che operano a livello sia nazionale sia internazionale. Ne esistono fortunatamente tante, tra le quali possiamo citare *Medici senza frontiere, Emergency, Amnesty International, Nessuno tocchi Caino, Avis, Unicef, Unimondo, Save The Children.*

Detto da... Papa Francesco

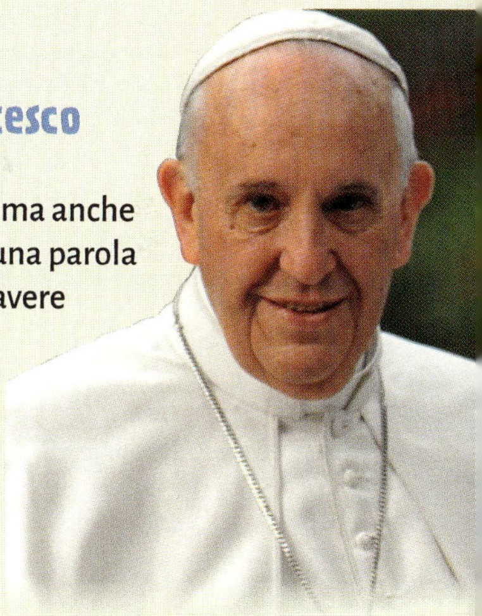

"Nella Chiesa, ma anche nella società, una parola chiave di cui non dobbiamo avere paura è 'solidarietà', saper mettere a disposizione [..] quello che abbiamo."

A quale tipo di associazioni puoi collegare le parole di Papa Francesco?

Lavorare insieme

- Suddividetevi in gruppi di tre alunni in base alle indicazioni dell'insegnante.
- Disponetevi in modo da potervi guardare negli occhi e abbastanza vicini da poter parlare sottovoce, così da non disturbare gli altri gruppi.
- Avvalendovi di un motore di ricerca, individuate almeno una tipologia di associazioni e una di fondazioni, evidenziandone in una breve relazione i caratteri per cui ne ritenete positive le attività.

LEZIONE 4

Il rapporto giuridico

VIDEO START La tutela dell'immagine

AUDIOTESTO

Memo
Mentre il diritto oggettivo indica il complesso delle norme giuridiche esistenti in uno Stato, il **diritto soggettivo** corrisponde al potere di un soggetto di esercitare determinate facoltà con la protezione dell'ordinamento giuridico.

La definizione di rapporto giuridico Esistono molti tipi di relazioni tra le persone: alcune di esse, in considerazione del loro rilievo sia individuale sia collettivo, sono regolate da norme giuridiche. Si parla, in tali casi, di *rapporti giuridici*. Un **rapporto giuridico** è una relazione tra due o più parti regolata dal diritto.

CASO Luca F. e Giulia R. sono fidanzati da circa due anni. Vivono ancora con i genitori, ma hanno intenzione di sposarsi presto. Il loro è un rapporto giuridico?
■ *No, tra Luca e Giulia esiste una relazione sentimentale, ma, poiché non esistono nel nostro sistema leggi che regolano un rapporto d'amore, non siamo di fronte a un rapporto giuridico. Quando si sposeranno, invece, il loro diventerà un rapporto giuridico, dal momento che sarà regolato dalle norme giuridiche che disciplinano il matrimonio.*

All'interno di un rapporto giuridico si costituiscono per legge nei confronti dei soggetti interessati determinate situazioni giuridiche, che possono corrispondere a **diritti** (possibilità di compiere determinate azioni) e a **doveri** (obbligo di attenersi a specifici comportamenti).

I diritti personali Tra i diritti hanno particolare rilievo i **diritti personali**, tra cui rientrano la *tutela della riservatezza* e il *diritto all'immagine*. In relazione al primo, la legge sulla privacy stabilisce che tutte le informazioni relative alle persone possano essere usate solo con il consenso dell'interessato. In riferimento al secondo, la normativa italiana prevede che l'immagine di un soggetto possa essere usata solo con il suo consenso, tranne in casi particolari, quali le *necessità di polizia* (per esempio l'immagine di un ricercato), la *notorietà del soggetto* (come la fotografia di un famoso calciatore o di un attore), il *collegamento con eventi che si svolgono in pubblico* (per esempio la ripresa degli spettatori di una partita di basket), la *carica pubblica ricoperta* (come quella di Presidente della Repubblica).

Memo LESSICO
L'aggettivo ▸**reale** è riconducibile al sostantivo latino *res*, "cosa", "oggetto", "bene"; pertanto i diritti reali sono quelli che si affermano sulle cose.
Il termine ▸**obbligazione** deriva dal latino *obligatio*, che significa "vincolo", "obbligo", "impegno".

I diritti patrimoniali Se molti diritti attengono alla nostra sfera personale, ce ne sono altri che riguardano quella economica; si parla, in tal senso, di **diritti patrimoniali**. Essi si distinguono in *diritti* ▸*reali* e in *diritti di* ▸*obbligazione*.
I **diritti reali** hanno per oggetto beni materiali, categoria nella quale rientra qualsiasi bene che abbia una consistenza dal punto di vista fisico.

ESEMPIO È un diritto reale la *proprietà*, che assicura il potere di godere e di disporre pienamente di un bene. Così, chi è proprietario di un ciclomotore ha il diritto di goderne, nel senso che lo può usare per le proprie necessità, e ne può disporre, in quanto, se vuole, può decidere di venderlo o di prestarlo ad altri.

I **diritti di obbligazione** sono quelli in base ai quali un soggetto può pretendere da un altro un determinato comportamento (*prestazione*), in relazione a un rapporto che si è costituito precedentemente tra loro.

ESEMPIO I lavoratori dipendenti, in base al proprio contratto di lavoro, sono obbligati a svolgere determinate mansioni secondo le direttive del datore di lavoro.

I **soggetti delle obbligazioni** prendono il nome di *debitore* e di *creditore*. Il **debitore** è il soggetto che deve tenere un determinato comportamento per soddisfare un interesse altrui (per esempio un inquilino che deve pagare il canone di locazione di un appartamento); il **creditore** è invece chi può pretendere da altri un certo comportamento nel proprio interesse (come il proprietario dell'appartamento che ha diritto di percepire il canone di locazione).

ESPANSIONE I contratti

ESPANSIONE Gli atti illeciti

competenze in campo

1 Completa lo schema

ESERCIZIO INTERATTIVO

2 ●●● **Osserva e rifletti**

I noti personaggi ritratti a fianco (l'attrice Laura Chiatti e il cantante Tiziano Ferro) possono legittimamente opporsi alla pubblicazione di una loro immagine su un giornale? Per quale motivo?

3 ●●● **Individua il termine**

ESERCIZIO INTERATTIVO

1. È la relazione tra due o più soggetti regolata dalle norme giuridiche: ....
2. È la natura dei diritti tra cui rientra il diritto all'immagine: ....
3. Lo sono i diritti che hanno per oggetto beni materiali: ....
4. È il soggetto che, in un rapporto di obbligazione, può pretendere da altri determinati comportamenti: ....

4 ●●● **Risolvi il caso**

Una studentessa universitaria partecipa a una manifestazione relativa al diritto allo studio. Il giorno dopo viene pubblicata su un importante quotidiano nazionale una fotografia del corteo degli studenti, tra i quali riconosce se stessa. La studentessa può fare causa al giornale per violazione del diritto all'immagine e ottenere il risarcimento dei danni morali? Perché?

mi riguarda perché...

SPUNTO DI RIFLESSIONE

Sapere che esiste il diritto all'immagine ti tutela dalla possibilità che altri utilizzino la tua immagine senza permesso. Per esempio, se un giornale locale, realizzando un articolo sul funzionamento delle scuole nel tuo territorio, pubblicasse una tua fotografia senza averti preventivamente richiesto il consenso, avresti il diritto (attraverso i genitori, se sei minorenne) di denunciare l'autore dell'articolo o la testata giornalistica e chiedere il risarcimento dei danni.

FOCUS La privacy su Internet

Il tema può essere trattato almeno da due punti di vista:

- da un lato è opportuno **garantire nel cyberspazio l'anonimato**, così da tutelare il rispetto dei diritti fondamentali alla riservatezza e alla libertà di espressione;
- dall'altro è altrettanto importante **controllare il traffico dei dati per evitare abusi e illeciti**.

A fronte dell'incremento dei rapporti di natura commerciale e finanziaria in rete, conoscere il profilo di ogni cliente costituisce infatti una ghiotta opportunità per le imprese: per tale ragione spesso all'utente navigatore sono richieste informazioni sulle abitudini, i gusti, le preferenze.
La legge individua le modalità con cui devono essere trattati i dati confidenziali nell'ambito dei servizi di comunicazione elettronica accessibili al pubblico e sancisce l'obbligo, per i fornitori del servizio, di far conoscere all'utente in che modo le informazioni riservate saranno trattate e utilizzate.

Detto da... Jennifer Laurence

"Sapevo che i paparazzi sarebbero diventati una realtà nella mia vita; non pensavo di poter entrare in uno stato d'ansia ogni volta che apro la porta, o essere inseguita da dieci uomini o circondata, sentendomi senza privacy e spaventata."

Come valuti il fatto che nei confronti dei personaggi di pubblica notorietà la tutela della privacy sia minore rispetto alle "persone comuni"?

LEZIONE 5

I beni come oggetto del diritto

VIDEO START
Non si può vendere ciò che non ci appartiene

AUDIOTESTO

Memo
Mentre l'oggetto del diritto è rappresentato da beni, i **soggetti del diritto** corrispondono alle persone fisiche e alle persone giuridiche, tra cui le associazioni e le fondazioni.

La nozione di beni L'oggetto di un rapporto giuridico è generalmente costituito dai **beni**, che non sempre corrispondono a ciò che indichiamo anche come "cose", ma devono avere la caratteristica di poter essere oggetto di diritti, come afferma l'art. 810 c.c.: «Sono beni le cose che possono formare oggetto di diritti».
Non si possono pertanto considerare beni in senso giuridico le cose *inaccessibili* (per esempio il sole) e le cose che esistono in quantità *illimitata* (come l'aria).

I caratteri dei beni I beni, per essere considerati tali dal punto di vista giuridico, devono presentare tre caratteri essenziali:
- esistere in natura in **quantità limitata**;
- essere **utili**, idonei cioè a soddisfare un bisogno;
- essere **accessibili**, nel senso che sia possibile appropriarsene.

Inoltre i beni devono essere *leciti*, *determinati* o *determinabili*.

I beni immateriali Nel concetto giuridico di bene non rientrano soltanto i beni materiali, ma anche quelli *immateriali*, come le energie naturali che abbiano valore economico (come il gas), i segni distintivi dei prodotti (i cosiddetti marchi), i diritti d'autore e di inventore.

I beni privati e i beni pubblici I beni si distinguono in *privati* e *pubblici* in relazione alla loro appartenenza a un soggetto privato o a un ente pubblico.
I **beni privati** appartengono a soggetti privati, sia persone fisiche sia organizzazioni, e sono normalmente trasferibili.
I **beni pubblici** sono, per legge, di proprietà dello Stato oppure di altri enti pubblici.

ESEMPIO L'automobile di cui una persona è proprietaria è un bene privato e può essere liberamente trasferita ad altri.

Memo LESSICO
L'aggettivo ▸**inalienabile** ha origine dal verbo latino *alienare*, che ha tra i suoi significati quello di "far passare di proprietà", "cedere".
L'aggettivo ▸**demaniale** deriva dal sostantivo latino *dominium* (proprietà); in particolare presso l'antica Roma si riconosceva il *dominium ex iure Quiritium* (proprietà quiritaria), caratterizzato dal fatto che ne poteva essere titolare esclusivamente un cittadino romano.

I beni demaniali Nell'ambito dei beni pubblici alcuni si caratterizzano per essere ▸*inalienabili*, nel senso che non possono essere venduti a privati perché il loro utilizzo è destinato al vantaggio di tutta la collettività. Sono, questi, i **beni** ▸**demaniali**. Dal giugno 2010 opera il cosiddetto *federalismo demaniale*: esso prevede la possibilità di vendere beni appartenenti allo Stato, quali spiagge, fiumi e laghi, agli enti locali, in modo che questi ne dispongano nell'interesse della collettività e li valorizzino al meglio.
I beni demaniali si classificano in *beni del demanio necessario* e *beni del demanio accidentale*. I beni del **demanio necessario** appartengono in via esclusiva allo Stato, come il lido del mare, la spiaggia, i porti, i fiumi, i laghi, le opere destinate alla difesa nazionale; i beni del **demanio accidentale** possono di per sé appartenere anche a privati, ma, qualora appartengano a un ente pubblico, sono soggetti al regime dell'inalienabilità. Si tratta delle strade, delle autostrade, delle strade ferrate, degli acquedotti, degli immobili di interesse artistico, storico e archeologico, delle raccolte dei musei e delle biblioteche.

CASO Il Comune di un centro turistico italiano si trova in gravi difficoltà di bilancio; decide allora di vendere a un'impresa multinazionale la spiaggia collocata sul territorio comunale. Alcuni cittadini contestano però la legittimità della scelta. Hanno ragione?
■ *Sì, la spiaggia appartiene infatti al demanio necessario ed è pertanto inalienabile.*

I beni patrimoniali Sempre tra i beni pubblici, oltre ai beni demaniali esistono anche i **beni patrimoniali**, che non rientrano nella disciplina dell'inalienabilità; alcuni di essi sono tuttavia *indisponibili*, non se ne può cioè alterare la destinazione economica (per esempio le cave e le miniere). Gli altri beni patrimoniali sono *disponibili*; tra questi rientrano gli arredi dei pubblici uffici.

competenze in campo

1 Completa lo schema

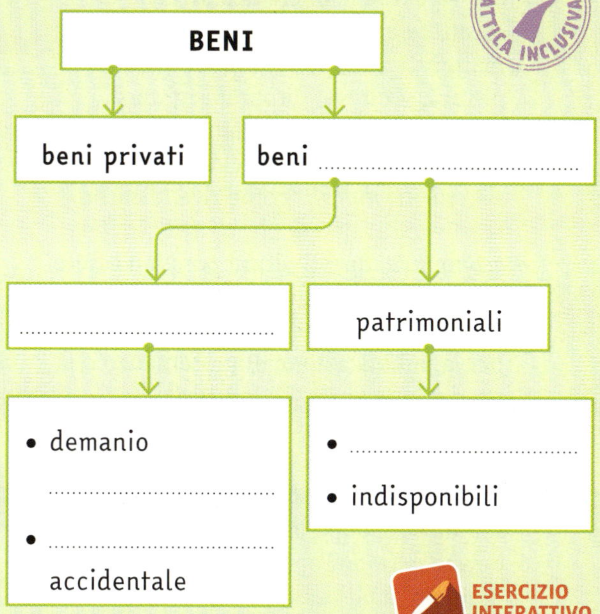

ESERCIZIO INTERATTIVO

2 **Osserva e rifletti**

Di quali beni fanno parte, rispettivamente, le spiagge e le miniere?

3 **Completa il testo**

ESERCIZIO INTERATTIVO

I beni sono le cose che possono formare oggetto di .... e devono essere .... , cioè idonei a soddisfare un .... , accessibili ed esistere in quantità .... ; devono inoltre avere le caratteristiche della .... e della determinatezza o della ....

4 **Risolvi il caso**

Marina F. sostiene che l'ossigeno in bombola, essendo questo elemento presente nell'atmosfera in quantità illimitata, non può essere considerato un bene in senso giuridico. Ha ragione?

mi riguarda perché...

SPUNTO DI RIFLESSIONE

Ti piacerebbe fare una gita al lago e scoprire che non è accessibile perché di proprietà privata? Nel nostro ordinamento questo non può accadere: laghi, fiumi, spiagge e lidi marini appartengono allo Stato, perché il diritto di beneficiarne è considerato un interesse collettivo, che prevale sull'interesse individuale di chi volesse acquistarne la proprietà.

FOCUS Acqua bene comune

«L'acqua è un bene sempre più prezioso e a rischio di esaurimento, a causa dei mutamenti climatici e degli enormi sprechi nel suo utilizzo. Se l'acqua può essere considerata un bene in ambito economico, e quindi soggetta a commercio come altri beni [...], è tuttavia innegabile che essa abbia un grande valore soprattutto in ambito sociale, in quanto bene indispensabile alla vita, all'igiene e al benessere della popolazione. [...] In anni recenti [...] si era affermata una normativa volta a favorire l'ingresso delle imprese private nella gestione dell'acqua pubblica, prevedendo la possibilità di applicare al prezzo dell'acqua un'adeguata remunerazione del capitale investito. [...] Nel 2011 due referendum abrogativi hanno annullato queste norme, stabilendo il principio che l'acqua è un bene comune che non può essere oggetto di commercio speculativo. [...] Resta però insoluto il grave problema dello spreco dell'acqua; questo coinvolge in primo luogo gli utenti, cioè ciascuno di noi, che dobbiamo imparare a consumare l'acqua in modo consapevole e sostenibile, evitando gli utilizzi non necessari.»

Fonte: ISTAT

Detto da... Pierfrancesco Favino

"Siamo bravi a gloriarci della bellezza del Colosseo o del Maschio Angioino quando siamo all'estero, siamo pronti a gridare ai quattro venti 'guai a chi ce li tocca'. Ecco, sarebbe bello se riuscissimo a trasformare questo atteggiamento in un'abitudine quotidiana all'interno del nostro Paese, in modo da condividere fra noi l'orgoglio di vivere in uno dei Paesi più belli e ricchi di storia, arte e natura al mondo."

Come valuti le parole dell'attore Pierfrancesco Favino?

Da www.fondoambiente.it

Il diritto d'autore
È giusto tutelarlo?

Anche le opere dell'ingegno sono oggetto di diritti, più precisamente del diritto d'autore e oggi più che in passato si pongono sia l'esigenza di tutelare la posizione dell'autore, riconoscendogli la facoltà di utilizzare economicamente la sua creazione, sia quella di diffondere l'opera a vantaggio del progresso culturale di tutta la società. Sono esigenze contrapposte o, invece, conciliabili?

Il copyright

Tra i diritti di proprietà tutelati dalla legge c'è la **proprietà intellettuale e artistica**, che riguarda le opere dell'ingegno di carattere creativo nelle più diverse manifestazioni: letteratura, musica, pittura, scultura, fotografia, grafica, architettura, teatro, cinema, programmi per computer... L'autore dell'opera detiene sia i *diritti morali* (come rivendicarne la paternità) sia i *diritti di utilizzazione economica*; questi ultimi possono essere ceduti a terzi attraverso un contratto: per esempio possono essere ceduti all'editore per la pubblicazione di un romanzo o la produzione di un CD musicale.
La tutela del diritto d'autore, per gli aspetti economici, dura per tutta la vita dell'autore e si estende, a favore degli eredi, fino a settant'anni dopo la sua morte; trascorso questo periodo l'opera diviene di "pubblico dominio" e può essere liberamente utilizzata da chiunque.
Un tema delicato è quello della tutela del **diritto d'autore su Internet**. Riguardo alla pratica di "scaricare" dal web opere di vario genere (letterarie, musicali, cinematografiche...) senza pagarne i diritti, la legge italiana prevede sanzioni contro i comportamenti inquadrabili nella *pirateria informatica*. Tuttavia, per trovare un compromesso tra il diritto degli utenti di fruire delle opere messe a disposizione sulla rete e quello degli autori di tutelare i propri interessi economici, talvolta sono gli stessi siti web a fornire agli autori un compenso economico proporzionale al numero di visualizzazioni o download da parte degli utenti. Per esempio, è stato siglato un accordo tra la SIAE e Google (proprietaria di YouTube) per cui i diritti sui brani ascoltati su YouTube vengono pagati da Google alla SIAE proporzionalmente sia al numero di accessi sia agli introiti pubblicitari.

Il movimento per il pubblico dominio

In una società come la nostra, in cui il continuo e rapido scambio di informazioni è considerato sempre più un fattore irrinunciabile, si sta affermando l'opinione secondo cui la tutela del diritto d'autore dovrebbe essere limitata in considerazione dell'*interesse collettivo alla diffusione e alla fruizione della cultura*, come prevede anche la Dichiarazione

universale dei diritti umani nell'art. 27: «Ogni individuo ha diritto di prender parte liberamente alla vita culturale della comunità, di godere dell'arte e di partecipare al progresso scientifico e ai suoi benefici».

In ambito europeo si è sviluppato un **movimento per il pubblico dominio** che, anteponendo l'interesse pubblico a quello individuale, propone un *ragionevole compromesso* tra la protezione e la ricompensa riservate all'autore per il proprio lavoro intellettuale e la salvaguardia dell'interesse pubblico alla diffusione della cultura e della conoscenza.

I sostenitori di questo movimento si ispirano a una famosa citazione del 1868 dello scrittore francese Victor Hugo: "Il libro, in quanto libro, appartiene all'autore, ma in quanto pensiero appartiene – senza voler esagerare – al genere umano. Tutti gli intelletti ne hanno diritto. Se uno dei due diritti, quello dello scrittore e quello dello spirito umano, dovesse essere sacrificato, sarebbe certo quello dello scrittore, dal momento che la nostra unica preoccupazione è l'interesse pubblico e tutti, lo dichiaro, vengono prima di noi". Molti autori condividono già le loro opere su Internet dando vita in tal modo a un **bene comune** (*common*); altre opere, pur protette da copyright, possono essere utilizzate dal pubblico attraverso specifiche deroghe, tra cui in particolare il *fair dealing* ("trattamento corretto") e il *fair use* ("uso consentito"), già recepite dagli ordinamenti dei Paesi anglosassoni e in corso di regolamentazione giuridica in altri Stati, tra cui l'Italia.

DOSSIER

Chi è A FAVORE del PUBBLICO DOMINIO

Lawrence Lessig, avvocato, autore di *Cultura libera* e di *Remix: il futuro del copyright (e delle nuove generazioni)* e fondatore di *Creative Commons*, sostiene: "Non possono impedire alla gente di fruire della cultura e trasformarla per esprimere le proprie idee diversamente. Possono solo sopire questa creatività underground. Non possiamo far crescere i nostri figli nella nostra stessa passività. Possiamo solo far di loro dei pirati".

Da *Rip! A Remix Manifesto*

Chi DIFENDE il DIRITTO D'AUTORE

Alcuni cantautori italiani, tra cui **Franco Battiato**, hanno firmato un video-appello in difesa del diritto d'autore, dichiarando in particolare: "La censura non c'entra. Noi siamo per la rete libera. Crediamo che la rete rappresenti uno straordinario strumento di conoscenza. Chiediamo però che non siano derubati gli artisti, gli autori, i produttori, gli editori e con loro i milioni di lavoratori dell'industria culturale. Chiediamo che i siti che distribuiscono contenuti siano legali e rispettino le regole come tutti".

IL TUO PUNTO DI VISTA

1. Nel dibattito sul pubblico dominio ti senti più vicino alla tesi secondo la quale va tutelato al massimo grado il diritto d'autore o a quella per cui esso deve essere limitato a favore dell'utilizzo collettivo delle opere?
2. Sei consapevole del fatto che se canti o suoni canzoni in pubblico, se utilizzi personaggi dei fumetti (per esempio, disegnandoli su una maglietta) o se monti una clip con immagini, musiche e video di altri, mixandoli per produrre un lavoro originale (il cosiddetto *mash-up*), stai violando la legge? Il titolare del diritto d'autore potrebbe infatti agire giudizialmente contro di te e chiederti il risarcimento dei danni. Lo trovi giusto? Argomenta la tua risposta, oltre che con un breve scritto, ricorrendo a immagini, a video o ad altri strumenti a tua scelta.

LEZIONE 6

I beni immobili e i beni mobili

VIDEO START
Non è facile vendere automobili

AUDIOTESTO

> **Memo**
> In base all'art. 810 c.c. sono ▸ **beni** le cose che possono formare oggetto di diritti; vanno quindi escluse le cose che esistono in misura illimitata o che non sono accessibili.

I beni immobili Una delle principali distinzioni, nell'ambito dei ▸beni, è quella tra beni ▸*immobili* e ▸*mobili*.
Sono **beni immobili** il suolo, le sorgenti, i corsi d'acqua, gli alberi, gli edifici e le altre costruzioni, anche se unite al suolo a scopo transitorio, e in genere tutto ciò che naturalmente o artificialmente è incorporato al suolo.
Esistono dei beni immobili *per natura*, dato che non possono essere spostati senza che ne venga alterata la struttura o la destinazione (per esempio gli alberi), e dei beni immobili *per destinazione di legge*, non essendo riconoscibile una loro naturale incorporazione al suolo (come i mulini).

> **Memo LESSICO**
> Gli aggettivi ▸ **mobile** e ▸ **immobile** derivano dai loro corrispondenti latini *mobilis* e *immobilis*. La distinzione tra beni mobili e immobili era già nota presso gli antichi romani, che indicavano il concetto di "bene" con il termine *res*.

I beni mobili Sono **beni mobili** tutti i beni che non rientrano nell'elenco degli immobili.

La disciplina del trasferimento La differenza tra beni mobili e immobili assume rilievo soprattutto in relazione alle modalità del loro trasferimento. Per trasferire un bene mobile la legge non richiede alcuna formalità: è sufficiente la semplice consegna, in considerazione del fatto che essi sono continuamente oggetto di passaggi di proprietà e l'imposizione di obblighi formali determinerebbe comprensibili difficoltà pratiche.

ESEMPIO Quando acquistiamo una confezione di pasta al supermercato è sufficiente il pagamento del prezzo. Lo scopo è evidente: rendere il più agevole possibile la circolazione della ricchezza.

Per quanto riguarda invece il trasferimento di immobili, soggetti a trasferimenti meno frequenti e dotati di valore economico in genere elevato, la legge richiede la **forma scritta** a pena di nullità; perché l'atto sia valido di fronte ai terzi è inoltre necessaria la **trascrizione** nei *pubblici registri immobiliari*.
La forma scritta può corrispondere a un **atto pubblico** o a una **scrittura privata autenticata**. Il primo è un documento redatto da un notaio che riconosce, sotto la propria responsabilità, la veridicità di quanto affermato in sua presenza dalle parti. La scrittura privata autenticata è un documento redatto dalle parti interessate, che lo firmano, ai fini dell'autenticazione, davanti a un notaio o altro pubblico ufficiale.

I beni mobili registrati Oltre ai beni mobili e a quelli immobili, l'ordinamento italiano prevede l'esistenza dei **beni mobili registrati**, che condividono la natura dei beni mobili ma vengono sottoposti, in relazione al loro trasferimento, alla disciplina degli immobili, con i quali condividono il carattere della rilevanza economica. Rientrano in questa categoria i motoveicoli, gli autoveicoli, le navi, gli aerei. Pertanto, quando si trasferisce un bene di questa tipologia, è necessario ricorrere alla *scrittura privata autenticata* e alla successiva *trascrizione* in appositi registri; nel caso degli autoveicoli si tratta del *Pubblico registro automobilistico* (PRA).

CASO Per la promozione dopo il biennio della scuola superiore, i genitori di Giorgio C. decidono di regalare al figlio lo scooter tanto desiderato. Si recano pertanto tutti insieme dal concessionario e scelgono il modello. Per i genitori di Giorgio, affinché l'acquisto sia valido, è sufficiente il pagamento del prezzo, trattandosi di un bene mobile; il concessionario invece spiega loro che è necessario un contratto scritto. Chi ha ragione e perché?
■ *Ha ragione il concessionario, in quanto lo scooter è un bene mobile registrato e il suo trasferimento richiede la forma scritta.*

competenze in campo

1 Completa lo schema

BENI

- beni .... → Trasferimento della proprietà con forma .... (atto ....)
- beni mobili → Trasferimento della proprietà con la sola .... del bene
- beni mobili .... → Trasferimento della proprietà con forma .... (scrittura privata ....)

ESERCIZIO INTERATTIVO

2 Osserva e rifletti

L'acquisto di un'automobile richiede per legge particolari forme? Perché?

3 Spiega la differenza

1. Beni immobili per natura e beni immobili per destinazione di legge
2. Beni mobili e beni mobili registrati
3. Scrittura privata autenticata e atto pubblico

4 Risolvi i casi

Rina T. possiede una casetta prefabbricata, che può essere smontata e rimontata in un luogo diverso.

1. Per venderla a Giovanni R., Rina dovrà ricorrere all'atto scritto?
2. È necessaria la trascrizione dell'atto di vendita?
3. Quali regole occorrerebbe seguire nel caso in cui Rina desiderasse invece vendere la sua automobile?

mi riguarda perché...

SPUNTO DI RIFLESSIONE

Trasferire un bene immobile è più complesso rispetto a un bene mobile: mentre nel secondo caso non sono richieste formalità (per esempio, pago alla cassa un paio di jeans e ne divento proprietario) per un immobile è necessaria la forma scritta. Hai compreso che questa differenza è legata al maggior valore che di regola hanno i beni immobili, per cui il loro trasferimento è trattato con maggior cautela dall'ordinamento.

Educazione finanziaria — Chiedere un prestito per comprare casa

Molte famiglie, non avendo immediatamente a disposizione il denaro sufficiente per acquistare casa, ricorrono ai **prestiti bancari**, solitamente al contratto di **mutuo ipotecario**. Tramite tale contratto, la banca anticipa al cliente la somma richiesta e questi si impegna a restituirla, a rate, entro un determinato periodo. A garanzia del prestito l'istituto bancario costituisce un'ipoteca sull'immobile stesso: in pratica, qualora il cliente non dovesse pagare quanto dovuto, la banca ha il diritto di far vendere il bene all'asta, trattenendo dal ricavato quanto le compete. Se si tratta dell'acquisto della prima casa, al contratto di mutuo vengono solitamente applicate condizioni agevolate.

Le tue domande — Che cos'è il contratto preliminare di compravendita?

Avrai magari sentito parlare dai tuoi genitori di **compromesso** quando si acquista una casa. Il **contratto preliminare di compravendita** (conosciuto anche con l'espressione compromesso) è lo strumento giuridico con il quale le parti che intendono vendere e acquistare un immobile si impegnano per iscritto (altrimenti il contratto è nullo e non produce effetti) a fare ciò.

PERCORSO 2 / Sintesi con la mappa

SOGGETTI DEL DIRITTO
- persone fisiche
- organizzazioni

PERSONE FISICHE
- capacità giuridica → essere titolari di diritti e doveri → si acquista dalla nascita
- capacità di agire → poter esercitare diritti e assumere doveri → si acquista dalla maggiore età

INCAPACI DI AGIRE
- amministrazione di sostegno
- interdizione
- rappresentanza
- inabilitazione

ORGANIZZAZIONI COLLETTIVE
- • associazioni • fondazioni → • nelle associazioni prevale l'elemento personale • nelle fondazioni prevale l'elemento patrimoniale
- • persone giuridiche • enti di fatto → a seconda che abbiano o meno il riconoscimento da parte dello Stato e quindi la personalità giuridica

RAPPORTO GIURIDICO
- relazione tra due o più parti regolata dal diritto → sorgono diritti e doveri per i soggetti coinvolti

DIRITTI SOGGETTIVI
- diritti personali → per esempio, tutela della riservatezza e diritto all'immagine
- diritti patrimoniali → • diritti reali • diritti di obbligazione

OGGETTI DEL DIRITTO
- • beni mobili • beni mobili registrati • beni immobili → diversa forma richiesta per il trasferimento
- • beni privati • beni pubblici

PERCORSO 2 / Sintesi discorsiva

AUDIOSINTESI

LEZIONE 1 Le persone fisiche: capacità giuridica e capacità di agire

Tutte le persone, dalla nascita fino alla morte, hanno la **capacità giuridica**, che corrisponde alla capacità di essere titolari di diritti e di doveri.
La possibilità di esercitare validamente i propri diritti e assumere precisi doveri in ambito giuridico richiede invece la maggiore età e prende il nome di **capacità di agire**.
Solo in casi particolari si può acquistare la capacità di agire prima dei diciotto anni: è possibile, per esempio, firmare un contratto di apprendistato in ambito lavorativo, purché sia stato assolto l'obbligo scolastico.

LEZIONE 2 Gli incapaci di agire e la loro tutela

Le persone affette da disabilità fisica o sensoriale o che per altre ragioni vivono in condizioni di difficoltà possono essere aiutate attraverso l'**amministrazione di sostegno** disposta dal giudice tutelare.
Perdono invece la capacità di agire, e necessitano di un **tutore**, gli **interdetti**, tra cui rientrano i soggetti condannati a pene detentive superiori ai cinque anni (interdetti legali) e quelli affetti da gravi patologie mentali (interdetti giudiziali).

LEZIONE 3 Le organizzazioni collettive

Nella nostra società hanno grande importanza le organizzazioni collettive, che possono corrispondere ad associazioni o a fondazioni.
Le **associazioni** sono costituite da un insieme di persone che mettono in comune beni e servizi per un determinato obiettivo; le **fondazioni** corrispondono invece a un insieme di beni vincolati a uno scopo specifico.
Le organizzazioni che ottengono il riconoscimento statale diventano **persone giuridiche**, le altre si qualificano come **enti di fatto**.

LEZIONE 4 Il rapporto giuridico

Tra le persone si instaurano spesso relazioni regolate dal diritto, come accade per esempio quando si conclude un contratto: tali relazioni prendono il nome di **rapporti giuridici**.
All'interno dei rapporti giuridici i soggetti hanno determinati **diritti**, che possono essere di natura **personale** (per esempio il diritto alla privacy) o **patrimoniale** (come il diritto di proprietà).

LEZIONE 5 I beni come oggetto del diritto

L'oggetto del diritto è costituito dai **beni**, che devono essere utili, accessibili e quantitativamente limitati. Essi si distinguono in **privati**, se appartengono a persone o a organizzazioni private, e **pubblici**, se il titolare è lo Stato o un altro ente pubblico. I beni pubblici si classificano in **demaniali**, solitamente inalienabili, e **patrimoniali**.

Le nuove parole

Persona fisica ▸ Essere umano nato vivo; è soggetto di diritto in quanto dotato di capacità giuridica.
Natural person

Capacità giuridica ▸ Idoneità di un soggetto a essere titolare di diritti e di doveri; si acquista al momento della nascita.
Legal capacity

Capacità di agire ▸ Idoneità di un soggetto a compiere atti giuridicamente validi; si acquista al compimento dei diciotto anni.
Capacity to contract

Associazione ▸ Organizzazione composta da persone che mettono in comune beni e servizi per il raggiungimento di un determinato scopo.
Association

Fondazione ▸ Insieme di beni destinati a uno scopo comune.
Foundation

Persona giuridica ▸ Organizzazione alla quale sono riconosciute dall'autorità amministrativa la capacità giuridica e la capacità di agire.
Juridical person

Sintesi discorsiva

LEZIONE 6 I beni immobili e i beni mobili

Sono considerati **beni immobili** tutti i beni che, naturalmente o artificialmente, sono legati al suolo; sono invece **beni mobili** tutti gli altri. Esiste inoltre la categoria dei **beni mobili registrati**, come le automobili.
Per il trasferimento dei beni immobili e di quelli mobili registrati la legge richiede la **forma scritta**, per meglio tutelare le parti interessate; prevede invece la **forma libera** per il passaggio di proprietà dei beni mobili.

Beni ▸ Cose utili, accessibili e limitate che formano oggetto di diritti.
Goods

PERCORSO 2 / Verifica

VERIFICA INTERATTIVA   FLASHCARDS

Tutti devono sapere che...

1 Completa la tabella

	Diritti personali	Diritti patrimoniali	Definizione
proprietà	☐	☒	diritto di godere e di disporre di un bene
obbligazione	☐	☐	....
tutela dell'immagine	☐	☐	....
privacy	☐	☐	....

2 Dai la definizione corretta

1. È la capacità che le persone acquistano alla nascita: ☐☐☐☐☐D☐☐☐
2. Corrispondono a una pluralità di persone che, tramite accordo, si uniscono per raggiungere uno scopo comune: ☐S☐☐☐☐☐☐I☐☐☐
3. Rappresenta gli interdetti: ☐☐T☐☐☐

Verifica le tue conoscenze di base

3 Scegli la risposta

1. Con la maggiore età si acquista la capacità:
   - ☐ **a.** di intendere e di volere
   - ☐ **b.** di agire
   - ☐ **c.** giuridica
   - ☐ **d.** naturale
2. Sono organizzazioni con uno scopo di natura economica:
   - ☐ **a.** le società
   - ☐ **b.** le fondazioni
   - ☐ **c.** le persone giuridiche
   - ☐ **d.** gli enti di fatto

Verifica

3. Possono essere sottoposti ad amministrazione di sostegno:
   - [ ] **a.** i minori
   - [ ] **b.** gli interdetti
   - [ ] **c.** le persone affette da malattie mentali o fisiche
   - [ ] **d.** gli inabilitati

4. Il testamento è:
   - [ ] **a.** un contratto
   - [ ] **b.** un rapporto giuridico
   - [ ] **c.** un atto unilaterale
   - [ ] **d.** un accordo unilaterale

5. In un rapporto di obbligazione, il soggetto che deve tenere un determinato comportamento per soddisfare un interesse altrui si chiama:
   - [ ] **a.** debitore
   - [ ] **b.** erede
   - [ ] **c.** creditore
   - [ ] **d.** soggetto giuridico

4 Vero o falso?

1. Chi si trova in uno stato di detenzione carceraria è, per legge, inabilitato. V F
2. L'acquisto di un ciclomotore è un atto di amministrazione ordinaria. V F
3. Le associazioni possono costituirsi, oltre che per contratto, per testamento. V F
4. I partiti politici sono associazioni dotate di personalità giuridica. V F
5. La proprietà è un diritto reale. V F
6. Il trasferimento dei beni mobili registrati può avvenire con forma libera. V F
7. I diritti patrimoniali si distinguono in diritti reali e diritti di obbligazione. V F

Potenzia le tue abilità

5 Trova la parola nascosta

1. Così sono denominate le organizzazioni non riconosciute dallo Stato. **2.** Cura gli interessi degli interdetti. **3.** È il momento in cui si acquista la capacità giuridica. **4.** Lo sono i beni dello Stato che non possono essere venduti. **5.** È il giudice che nomina l'amministratore di sostegno. **6.** È il tipo di interdizione che può essere determinata da gravi patologie psichiche. **7.** È il tipo di rapporto disciplinato da norme giuridiche. **8.** Assiste gli inabilitati negli atti che eccedono l'ordinaria amministrazione. **9.** Sono immobili se sono legati al suolo. **10.** Quella di agire si acquisisce con la maggiore età.

Sviluppa le tue competenze

6 Rispondi alle domande

1. Quale scopo si propone la legge attraverso l'istituto dell'amministrazione di sostegno?
2. Quale differenza di ruolo esiste in diritto tra la figura del tutore e quella del curatore?
3. Quali motivazioni spingono alla costituzione di associazioni e di fondazioni?
4. In che cosa consiste un rapporto giuridico?
5. Che cosa sono i diritti di obbligazione?

7 Risolvi i casi

1. Un uomo si trova in carcere per scontare una pena detentiva di dieci anni. Durante la detenzione decide di vendere un terreno di cui è proprietario. Può concludere personalmente il relativo contratto di vendita?
2. Marco G. è proprietario di un edificio galleggiante, che egli mantiene ancorato alla riva di un fiume in modo da poterlo utilizzare come abitazione per trascorrervi periodi di vacanza. Marco intende venderlo a Francesco T. È necessario ricorrere alla forma scritta?

8 Esponi la tua opinione

1. Come valuti l'impegno di tante persone che fanno parte di associazioni di volontariato e forniscono gratuitamente i loro servizi a chi si trova in una situazione di difficoltà o di abbandono?
2. Si discute spesso, nel nostro Paese, delle intercettazioni telefoniche cui ricorrono i magistrati nelle indagini e, soprattutto, dell'opportunità di pubblicarne il contenuto sui quotidiani. Come la pensi in proposito, tenendo presente le disposizioni normative vigenti in materia di tutela della privacy?

PERCORSO 3 diritto

Forme di Stato e di governo

Incominciamo da te

Una situazione concreta

Siobhan O'Sullivan, studentessa universitaria, conosce a Dublino, sua città natale, Carlo Rossi, geometra italiano che si trova in quella città per turismo. I due giovani si innamorano e, dopo il rientro di Carlo in Italia, si frequentano nonostante le difficoltà dovute alla distanza geografica. Dopo un anno di reciproche trasferte decidono di sposarsi e di risiedere in Italia. Siobhan potrà acquistare la cittadinanza del marito?

! Sì, dato che la legge sulla cittadinanza italiana prevede che uno straniero possa diventare cittadino attraverso il matrimonio con un italiano/a.

Le 5 domande

1 Quali sono i confini dello Stato italiano?

2 In che senso è possibile affermare che la Svizzera è uno Stato multinazionale?

3 Quali cambiamenti si verificarono, in materia di diritti dei cittadini, dopo la Rivoluzione francese?

4 Quali Stati europei, nel XX secolo, vissero l'esperienza di una dittatura?

5 Da quando l'Italia è una repubblica?

Il nostro percorso

LEZIONE 1

Gli elementi costitutivi dello Stato

CONOSCENZE

- Definizione di Stato
- Territorio dello Stato
- Popolo e cittadinanza
- Sovranità
- Forma di Stato
- Stato assoluto, liberale, socialista, totalitario, democratico
- Stato accentrato, federale, regionale
- Forma di governo
- Monarchia assoluta, costituzionale, parlamentare
- Repubblica presidenziale, semipresidenziale, parlamentare

LEZIONE 4
Lo Stato accentrato, federale e regionale

LEZIONE 5
Le forme di governo: la monarchia

LEZIONE 3
Lo Stato democratico

LEZIONE 6
Le forme di governo: la repubblica

LEZIONE 2
Le forme di Stato nella storia

ABILITÀ

- Individuare nella sovranità dello Stato il collante fondamentale della vita sociale e riconoscere che la cittadinanza rappresenta oggi un concetto più ampio rispetto a quello relativo ai soli elementi nazionali
- Comprendere l'evoluzione storica delle forme di Stato, con particolare riferimento alla tutela dei diritti civili
- Individuare nello Stato regionale una scelta consapevole, da parte dei costituenti, per riconoscere autonomia agli enti locali senza compromettere il principio dell'unità nazionale
- Riconoscere le analogie e le differenze tra le forme di monarchia parlamentare e costituzionale
- Comprendere, oltre gli aspetti comuni, gli elementi differenziali tra le possibili forme di governo repubblicano

La competenza d'arrivo

Riconoscere gli aspetti positivi e negativi delle diverse forme di Stato e di governo, in considerazione delle realtà storiche e sociali in cui hanno trovato e trovano applicazione.

LEZIONE 1

Gli elementi costitutivi dello Stato

VIDEO START La cittadinanza come insieme di culture

AUDIOTESTO

Memo LESSICO

Il termine ▸**cittadinanza** è riconducibile al sostantivo latino *civitas*, che indica sia la "condizione di cittadino" sia il "complesso dei cittadini".

Il sostantivo ▸**sovranità** deriva dall'aggettivo francese *souverain*, "che sta al di sopra". Lo Stato infatti è sovrano perché sta al di sopra dei cittadini e può imporre loro il rispetto delle norme giuridiche.

Il concetto di Stato Lo **Stato** può essere definito come l'ente sociale che si forma quando, su un territorio determinato, un popolo si organizza giuridicamente e si sottopone all'autorità di un potere centrale. Per la sua esistenza sono necessari tre elementi: un **territorio**, un **popolo** e un **potere centrale**; è inoltre indispensabile l'*organizzazione giuridica*, mediante la quale lo Stato impone le norme che regolano la vita della collettività.

Il territorio Il **territorio** di uno Stato è la porzione di terra, delimitata dai confini, su cui esso esercita la propria autorità. Il territorio si estende anche al *sottosuolo* e allo *spazio aereo sovrastante*, fino al limite dell'atmosfera. *Navi e aerei militari* sono considerati territorio dello Stato di cui portano la bandiera, per cui a bordo di essi si applicano le norme dello Stato cui appartengono qualunque sia la zona di navigazione o di volo. *Navi e aerei civili* sono invece considerati territorio del loro Stato solo se si trovano in una zona non soggetta alla sovranità di altri Stati.

Il popolo Il **popolo** è l'insieme dei cittadini, cioè delle persone legate allo Stato dal rapporto di ▸*cittadinanza*. Il concetto di popolo non va confuso con quello di *popolazione*, che indica l'insieme di persone, cittadini e non cittadini, che in un determinato momento vivono sul territorio dello Stato.

La sovranità Lo Stato esercita un potere assoluto nei confronti dei cittadini, obbligandoli, con la minaccia di sanzioni, a rispettarne le norme. Questo potere statale prende il nome di ▸**sovranità**. La sovranità si manifesta attraverso il **potere legislativo**, che spetta al Parlamento, quello **esecutivo**, affidato al Governo, e quello **giudiziario**, riservato ai giudici o magistrati: in pratica lo Stato, attraverso determinati organi, emana le leggi, le applica e interviene con sanzioni a carico di chi non le rispetta.

ESPANSIONE La cittadinanza

competenze in campo

1 Completa lo schema

DIDATTICA INCLUSIVA

ELEMENTI COSTITUTIVI DELLO STATO

popolo	insieme dei ....
....	delimitato dai confini
....	potere di imporre le .... ai .... attraverso tre poteri: legislativo, ... e giudiziario

ESERCIZIO INTERATTIVO

mi riguarda perché...

SPUNTO DI RIFLESSIONE

Il fatto di essere cittadino italiano, quindi di fare parte del popolo, ti consente l'esercizio di importanti diritti, tra cui rientrano la libertà di opinione, il diritto di riunione, la libertà di circolazione e il diritto di professare la tua fede religiosa.

visualizzare per apprendere

COME SI DIVENTA CITTADINI ITALIANI

INFOGRAFICA INTERATTIVA

COME SI DIVENTA CITTADINI ITALIANI

per NASCITA

- **Chi è figlio di madre o di padre italiani**
  → diritto di sangue = ***ius sanguinis***
- Solo in pochissimi casi: **figli di sconosciuti** (ad es. neonati abbandonati) o **di apolidi***
  → diritto di suolo = ***ius soli***

*Coloro che non appartengono a nessuno Stato perché privi di cittadinanza, ad es. alcuni nomadi

per ADOZIONE

- **Il minore adottato da padre e/o madre italiani**

per MATRIMONIO

- **Lo straniero o l'apolide che sposa una cittadina italiana** (o la straniera che sposa un cittadino italiano) purché risieda regolarmente nel territorio italiano da almeno 6 mesi o dopo 3 anni dalla data del matrimonio, sempre che nel frattempo non vi sia stato scioglimento o annullamento

per ELEZIONE

- **Lo straniero nato in Italia**, se risiede legalmente, sino al compimento dei 18 anni e dichiara, entro un anno da tale data, di volere acquistare la cittadinanza italiana
- **Il discendente di cittadini italiani per nascita**, se ricorre una delle condizioni previste dalla legge, tra le quali l'assunzione di un impiego pubblico alle dipendenze dello Stato italiano

per NATURALIZZAZIONE

- **Il cittadino di uno Stato dell'UE** che risieda in Italia da 4 anni o l'extracomunitario che vi risieda da almeno 10 anni per concessione del Presidente della Repubblica

IL DIRITTO DI CITTADINANZA PER NASCITA NEI PAESI DELL'UE

Nei Paesi dell'UE è prevalente lo ***ius sanguinis*** (acquisto della cittadinanza per trasmissione dei genitori) mentre lo ***ius soli*** (acquisto della cittadinanza per nascita sul territorio) è più limitato.

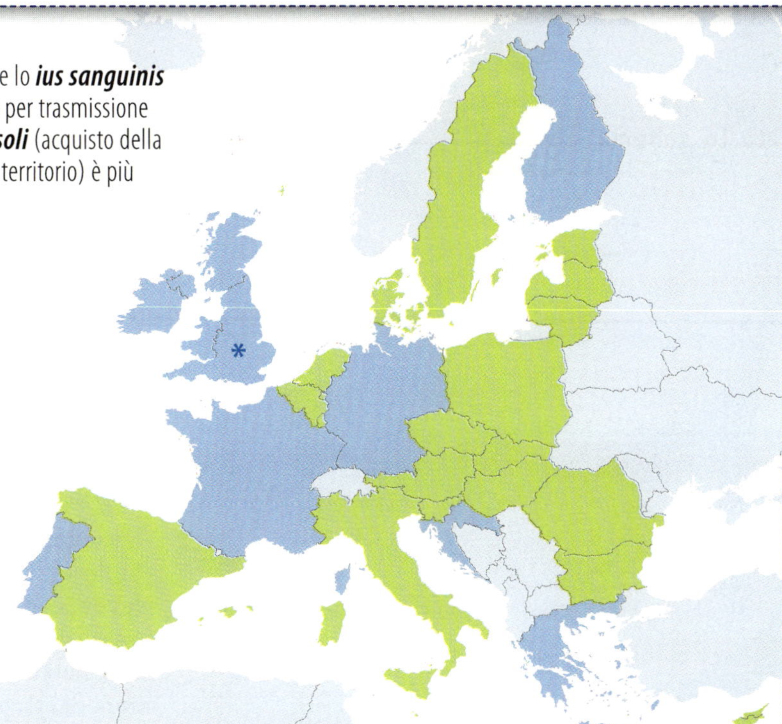

ius sanguinis (diritto di sangue)

ius soli (diritto di suolo)

*A seguito del referendum tenutosi il 23 giugno 2016, il Regno Unito si trova in una fase transitoria di uscita dall'Unione europea

I nuovi italiani

Ius soli, sì o no?

Sono tanti i ragazzi e le ragazze nati e cresciuti in Italia, ma con origini straniere. Sono noti come "ragazzi di seconda generazione", frequentano le nostre scuole, parlano la nostra lingua e i nostri dialetti, hanno fatto proprie le nostre abitudini, condividono i nostri gusti musicali e artistici. Sono dunque pienamente integrati nella nostra società.

Cittadini e stranieri

Essere cittadini oggi significa appartenere a una determinata comunità politica (Stato), godere di diritti civili, politici e sociali, avere la libertà di partecipare alla vita pubblica e adempiere a determinati obblighi. Ogni Stato ha una propria cittadinanza e chi non la possiede è **straniero**. Negli Stati moderni sono definiti **quattro criteri fondamentali per il riconoscimento della cittadinanza**: essere figli di un cittadino di uno Stato (*ius sanguinis*); essere nati nel territorio di uno Stato (*ius soli*); aver sposato un/una cittadino/a di uno Stato o essere stati adottati da genitori cittadini di uno Stato (*iuris communicatio*); ottenere la concessione da parte dello Stato (*naturalizzazione*).
Questi criteri (non necessariamente tutti e quattro) vengono adottati dalla legislazione di ogni Stato che ne indica dettagliatamente le modalità di applicazione.

L'attuale legge e le nuove proposte

La legge italiana (legge n. 91/1992) prevede, tra i modi di acquisto della cittadinanza, lo *ius sanguinis*, la *iuris communicatio* e la naturalizzazione, ma non lo ius soli, se non in casi del tutto particolari (figli di genitori apolidi o sconosciuti).
Acquista pertanto un importante significato la **proposta di legge**, già depositata in Parlamento, che prevede **l'acquisto automatico della cittadinanza italiana** per i minori nati in Italia da genitori stranieri (di cui come minimo uno risieda nel nostro Paese da almeno cinque anni) e per quelli che, nati in Italia o arrivati prima dei cinque anni di età, vi abbiano soggiornato fino ai diciotto anni.

La cittadinanza onoraria

Molti Comuni italiani hanno deciso di dare la **cittadinanza onoraria** ai bambini stranieri che risiedono nel loro territorio. La cittadinanza onoraria non comporta l'effettivo acquisto della cittadinanza italiana né l'acquisizione di particolari diritti; tuttavia dietro questo atto di riconoscimento si coglie la volontà di promuovere l'approvazione di una legge favorevole allo *ius soli*.

I MINORI STRANIERI IN ITALIA

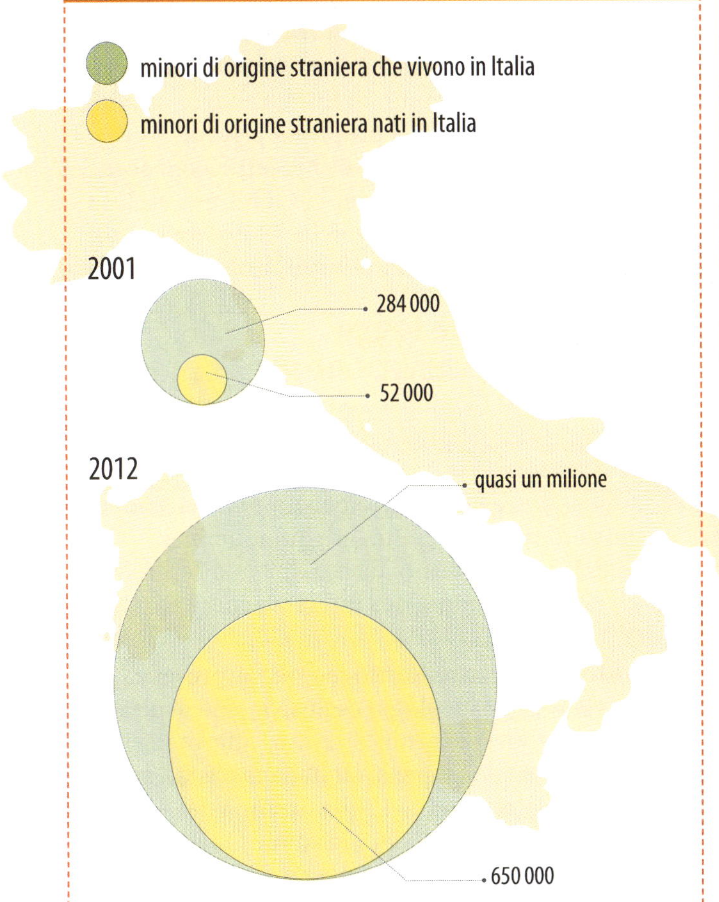

Elaborazione grafica su dati ISTAT (2012).

DOSSIER

Chi è A FAVORE dello *IUS SOLI*

La Presidente della Camera dei deputati, **Laura Boldrini**, è a favore del riconoscimento della cittadinanza per *ius soli*. Intervistata durante il programma televisivo di Rai 3 "Che tempo che fa" ha affermato in particolare: "Bambini che nascono in Italia non possono non essere italiani. Gli amici dei nostri figli non possono non essere italiani. È una questione di civiltà. E credo che questa sia qualcosa sulla quale [...] dovremmo adoperarci perché si possa cambiare quanto prima".

Chi è CONTRO lo *IUS SOLI*

Il Sindaco di Verona **Flavio Tosi** ha dichiarato in un'intervista a Radio Capital: "Se [il minore che nasce in Italia] ha due genitori che sono stranieri [...], può succedere che per qualche motivo, perché restano senza lavoro [...], i genitori debbano tornare nel Paese d'origine, perché non hanno ancora la cittadinanza. Se succede questo e il loro figlio, che è nato qua, ha la cittadinanza, avresti il paradosso che allontani i genitori a norma di legge e resta qua il figlio in quanto cittadino italiano".

IL TUO PUNTO DI VISTA

1 Come valuti la possibilità, prevista dalla legge, di riconoscere la cittadinanza a chi nasce nel nostro Paese?

2 Secondo te la cittadinanza può essere considerata un diritto che si possiede abitando in un territorio o richiede invece requisiti diversi?

3 Guarda i video in cui l'attore Paolo Rossi (link.pearson.it/5EC0D24C) e lo scrittore Andrea Camilleri (link.pearson.it/29C7E2DA) intervengono sul tema del riconoscimento della cittadinanza ai minori nati in Italia. Condividi la loro riflessione? In base a quali considerazioni?

4 In che senso, secondo te, si può affermare che i ragazzi di seconda generazione rappresentano un'importante risorsa culturale per il nostro Stato?

LEZIONE 2

Le forme di Stato nella storia

VIDEO START
Libertà e Stati totalitari

AUDIOTESTO

La definizione di forma di Stato L'espressione **forma di Stato** indica come sono organizzati gli elementi dello Stato (territorio, popolo e sovranità) e i rapporti tra gli organi che detengono il potere e la collettività dei cittadini. Le forme di Stato si prestano a una classificazione di tipo storico, che fondamentalmente si articola in *Stato assoluto, Stato liberale, Stato socialista, Stato totalitario* e *Stato democratico* (di quest'ultimo ci occuperemo nella prossima Lezione).

Memo LESSICO
L'espressione ▸**Stato assoluto** si riferisce al potere del re, potere che era appunto *assoluto*, dall'aggettivo latino *absolutus*, che significa "sciolto", "libero da vincoli".
L'aggettivo ▸**elitario** è riconducibile al termine francese *èlite*, che si riferisce a una parte "scelta", "privilegiata" della società.

Lo Stato assoluto Lo ▸**Stato assoluto** si identifica nel sovrano, titolare esclusivo dei poteri. Questa forma di Stato si costituì tra il XV e il XVII secolo soprattutto in Francia, Spagna e Inghilterra dove il re emanava le leggi, nominava i giudici, comandava l'esercito, dichiarava guerra o concludeva la pace, imponeva le tasse e batteva moneta.
Lo Stato assoluto era anche denominato **Stato patrimoniale**, in relazione al fatto che il popolo e il territorio facevano parte del patrimonio del re e che non esisteva distinzione tra il patrimonio dello Stato e quello del sovrano. Lo Stato assoluto fu abbattuto dalla Rivoluzione francese del 1789, che diede origine allo *Stato liberale*.

Lo Stato liberale Lo **Stato liberale** riconosce le libertà fondamentali dei cittadini e si basa sulla ripartizione dei poteri tra organi diversi: il potere legislativo compete al Parlamento, quello esecutivo al Governo e quello giudiziario ai magistrati.
In questa forma di Stato, diffusasi nel corso del XIX secolo, i diritti dei cittadini trovano riconoscimento in una *Costituzione scritta*, ed è riconosciuta a tutti la facoltà di rivolgersi all'autorità giudiziaria in caso di violazione dei propri diritti: in tal senso lo Stato liberale è uno *Stato di diritto*. Tra le libertà tutelate da questa forma di Stato vi è anche quella *economica*, intesa sia come il potere di ognuno di intraprendere attività economiche senza limitazioni sia come diritto assoluto alla proprietà privata.
Lo Stato liberale non fu uno Stato pienamente democratico, perché, pur riconoscendosi il principio della sovranità popolare, la maggior parte dei cittadini era esclusa dal diritto di voto, che era riservato solo ai più ricchi. A dirigere lo Stato era quindi una piccola minoranza della popolazione e si può parlare, a buon diritto, di **Stato ▸elitario**.

Lo Stato socialista Una situazione opposta a quella dello Stato liberale è quella dello Stato socialista, affermatosi in Russia nel 1917 con la Rivoluzione di ottobre.
Lo **Stato socialista** si fonda sull'abolizione della proprietà privata, sulla negazione della libertà di iniziativa economica e sulla proprietà statale dei mezzi di produzione. È lo Stato che dirige l'andamento economico attraverso una rigorosa *pianificazione*, basata sull'elaborazione di progetti di lunga durata, normalmente quinquennali.
Dal punto di vista politico esiste un solo partito al governo, da cui dipende l'esercizio delle libertà individuali, molto spesso sacrificate in nome dell'interesse comune.

Memo LESSICO
L'aggettivo ▸**totalitario** è riconducibile al latino *totus*, "tutto", e significa letteralmente "che riguarda la totalità"; gli Stati totalitari, infatti, mirano a controllare tutti gli aspetti della società.

Lo Stato totalitario Lo **Stato ▸totalitario** si contraddistingue per la presenza di un regime che controlla ogni potere statale e di un'ideologia esclusiva, che aspira al dominio totale di ogni ambito della società. Questa forma di Stato, affermatasi in alcuni Paesi europei nei primi decenni del XX secolo (si pensi all'Italia fascista), si caratterizza, oltre che per la concentrazione dei poteri pubblici nella persona del "capo", anche per una drastica limitazione dei diritti di libertà dei cittadini. Quest'ultimo carattere dà spesso origine a vere e proprie persecuzioni di ampie fasce della popolazione, considerate ostili o "non integrate" nel regime.

ESPANSIONE
Le leggi razziali

competenze in campo

1 Completa le frasi

DIDATTICA INCLUSIVA

STATO ASSOLUTO
Concentrazione del .... nelle mani del ....

STATO LIBERALE
Riconoscimento delle .... fondamentali e divisione dei ....

STATO SOCIALISTA
Abolizione della proprietà .... e negazione della libertà di .... economica

STATO TOTALITARIO
.... esclusiva e .... statale di ogni ambito della società

ESERCIZIO INTERATTIVO

2 ●●● **Osserva e rifletti**

Quale collegamento esiste tra i personaggi ritratti nell'immagine (Hitler e Mussolini) e la forma di Stato totalitario?

3 ●●● **Risolvi il caso**

In uno Stato la gestione dell'attività economica è riservata a organi dello Stato, che decidono quali prodotti immettere sul mercato, in quali quantità e con quali tecniche produttive. In quale forma di Stato ci troviamo?

mi riguarda perché...

SPUNTO DI RIFLESSIONE

Lo Stato è un'organizzazione sociale in grado di imporre delle regole che possono condizionare la vita dei cittadini. Prova a immaginare per un attimo di vivere in uno Stato totalitario: molti comportamenti che ti appaiono "normali" (per esempio: esprimere liberamente le tue opinioni di fronte ad altri) subirebbero forti limitazioni. Conoscere i rischi della formazione di regimi totalitari ci aiuta a una maggiore consapevolezza dell'importanza di far parte di uno Stato che garantisce e tutela le libertà.

FOCUS Fascismo e giovani

Durante il ventennio fascista i giovani erano organizzati dall'Opera nazionale balilla: i ragazzi e le ragazze tra i 6 e i 18 anni (dai "figli della lupa" agli "avanguardisti", in base all'età) erano l'emblema del nuovo italiano: audace, atletico e rigorosamente in divisa.

Il regime voleva soldati sani e forti; per questo i ragazzi passavano ore a ripetere esercizi ginnici, perlopiù banali, che secondo i pedagogisti del regime servivano a rafforzare il corpo e la mente. Durante le parate i ragazzi svolgevano con ordine gli esercizi appresi e riproducevano, con coreografie spettacolari, la M di Mussolini e i simboli del fascismo.

Un altro obiettivo pedagogico perseguito era quello di allontanare i bambini dai libri, da casa e dalle amorevoli, ma troppo protettive, cure materne. Bisognava infatti educare i giovani in modo che diventassero in fretta adulti, pronti a servire la patria.

Lavorare insieme

- Suddividetevi in gruppi in base alle indicazioni dell'insegnante.
- All'interno di ogni gruppo ricercate le principali forme di propaganda utilizzate in epoca fascista, riferite sia all'istruzione scolastica sia alla stampa sia al cinema. Raccogliete soprattutto immagini tratte da opere di stampa e da filmati dell'epoca. Può esservi utile consultare il sito di Rai scuola (www.raiscuola.rai.it).
- Confrontate poi i dati raccolti con quelli degli altri gruppi e date vita a una discussione su quanto quelle forme di propaganda potessero essere efficaci sul popolo italiano e su quanto possano ancora esserlo ai giorni nostri.

LEZIONE 3

Lo Stato democratico

VIDEO START Una definizione di democrazia

AUDIOTESTO

Memo LESSICO
Il termine ▸**democrazia** corrisponde al sostantivo greco *democratìa*, composto da *dèmos*, "popolo", e *kràtos*, "forza".

Lo Stato democratico Lo **Stato democratico** è fondato sul valore della ▸democrazia, vale a dire sul riconoscimento della *sovranità popolare*. Tale sovranità può essere esercitata in due modi:

1. in **forma indiretta**, attraverso l'elezione dei propri rappresentanti in assemblee dove vengono assunte decisioni valide per tutta la collettività, quali il Parlamento e i Consigli regionali, provinciali e comunali;
2. in **forma diretta**, partecipando direttamente a determinate decisioni, come nel caso del referendum.

Le caratteristiche fondamentali di uno Stato democratico sono:

- il **pluralismo politico**, per cui i cittadini possono esprimere liberamente le proprie opinioni politiche e organizzarsi in partiti;
- il **suffragio universale**, che comporta il diritto di voto di tutte le cittadine e di tutti i cittadini maggiorenni;
- la **libertà di manifestazione del pensiero**;
- la **libertà di stampa**;
- la **libertà di riunione e di associazione**;
- il **principio della maggioranza**;
- la presenza di uno **Stato di diritto**.

Nella forma di Stato democratico tutti i cittadini partecipano alla vita pubblica e beneficiano dei diritti fondamentali, in particolare della libertà e dell'uguaglianza. Ai giorni nostri si può affermare che tutti i Paesi più avanzati sotto l'aspetto sociale ed economico hanno carattere democratico.

competenze in campo

1 Completa la frase

DIDATTICA INCLUSIVA

Lo Stato democratico si basa sul principio della .... popolare, che può essere esercitata in modo .... (attraverso le ....) oppure .... (come nei referendum).

ESERCIZIO INTERATTIVO

2 ●●● Rifletti e rispondi

1. Quale collegamento esiste tra l'esercizio del diritto di voto e la forma di Stato democratico?
2. A che cosa corrispondono, rispettivamente, il pluralismo politico e il suffragio universale?

mi riguarda perché...

SPUNTO DI RIFLESSIONE

Tra non molto tu sarai maggiorenne e potrai, attraverso l'esercizio del diritto di voto, partecipare in prima persona alla vita politica del Paese. È importante che tu ne comprenda il valore perché nei modelli di Stato nei quali il potere politico non si fonda sulla sovranità popolare non sono garantite condizioni di libertà e di rispetto della dignità degli esseri umani.

Lo **Stato democratico** è fondato sul valore della **sovranità popolare**, nel senso che è il popolo a prendere le proprie decisioni attraverso l'elezione di rappresentanti.

Si basa sul **pluralismo politico**, per cui i cittadini possono esprimere liberamente le proprie opinioni e organizzarsi in **partiti**.

Art. 49 Cost.
Tutti i cittadini hanno **diritto di associarsi liberamente in partiti** per concorrere con metodo democratico a determinare la politica nazionale.

Può definirsi democratico uno Stato che **riconosce** le **libertà delle persone**.

LO STATO DEMOCRATICO

Prevede il **suffragio universale**, che comporta il diritto di voto di tutte le cittadine e di tutti i cittadini maggiorenni.

Ammette la libertà di **manifestazione del pensiero** e la libertà di **stampa**.

Consente la libertà di **riunione** e di **associazione.**

The Economist pubblica periodicamente un'indagine sullo **stato della democrazia** in più di 160 Stati, che viene valutato in base al *democracy index*, basato su cinque aspetti: processo elettorale, libertà civili, funzione del governo, partecipazione politica e culturale. Gli Stati sono suddivisi in quattro gruppi: democrazie complete, democrazie imperfette, regimi ibridi e regimi autoritari. Nell'indagine più recente, la Norvegia ottiene il risultato più alto (9,80 su 10), mentre la Corea del Nord il più basso (1,08). L'Italia con 7,74 si colloca al 31° posto, (democrazia imperfetta).

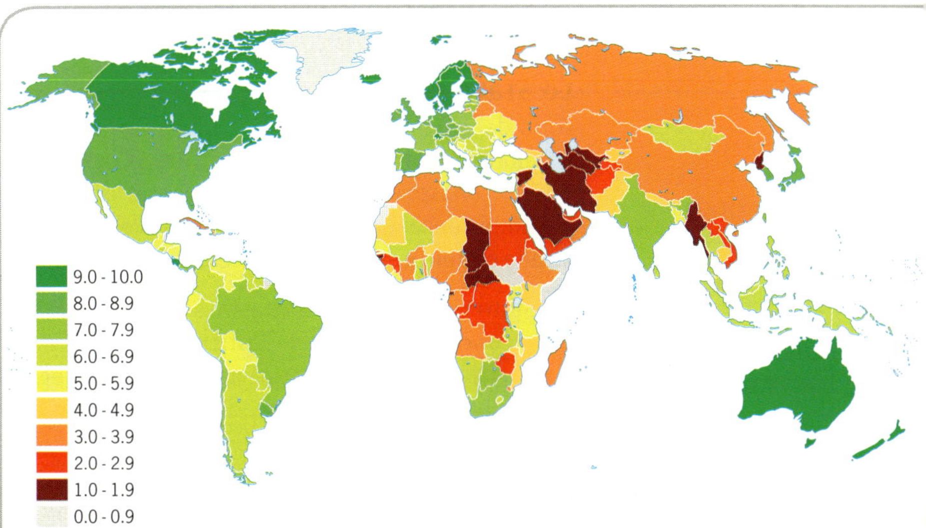

LEZIONE 4

Lo Stato accentrato, federale e regionale

VIDEO START
Indivisibilità dello Stato e decentramento

AUDIOTESTO

Lo Stato e la sovranità territoriale Lo Stato può esercitare il potere sovrano sul proprio territorio con modalità diverse; in tal senso possiamo distinguere lo *Stato accentrato* o *unitario*, lo *Stato federale* e lo *Stato regionale*.

Lo Stato accentrato Lo **Stato accentrato** si caratterizza per il fatto che il potere statale è detenuto da organi centrali, che hanno sede nella capitale e amministrano le funzioni pubbliche per tutto il territorio nazionale.

Lo Stato federale Lo **Stato ▸federale** è formato da più Stati, dotati di un'autonoma sovranità sul proprio territorio, ma accomunati da uno stesso Governo in relazione a determinati poteri, quali la politica estera e la difesa.
Dal punto di vista storico i primi processi di tipo federativo si espressero nella nascita di *confederazioni di Stati*, cioè nell'unione di Stati esistenti per formare una nuova entità statale.

Memo LESSICO
L'aggettivo ▸**federale** è riconducibile al sostantivo latino *foedus*, che significa "patto", "accordo"; negli Stati federali, infatti, l'adesione di più Stati a determinate politiche comuni deriva proprio da uno specifico accordo tra essi.

ESEMPIO Nel 1871 gli Stati tedeschi autonomi di Prussia, Baviera, Sassonia e molti altri si unirono dando origine alla Germania, che è oggi uno Stato federale costituito da sedici *Länder*, regioni autonome dotate di una propria Costituzione. Al termine della guerra di indipendenza americana (1775-1783) si istituì tra le ex colonie una confederazione basata su un patto di alleanza che diede vita agli Stati Uniti d'America; con la Costituzione del 1787 gli Stati membri si associarono in uno Stato federale.

I caratteri tipici dello Stato federale sono:
- l'esistenza di un ordinamento statale federale, fondato su una Costituzione scritta e rigida, e di una pluralità di enti politici territoriali diversamente denominati (*Stati membri* negli USA, *Cantoni* in Svizzera, *Comunità* e *Regioni* in Belgio);
- la regolamentazione da parte della Costituzione della ripartizione delle competenze tra Stato centrale e Stati membri;
- l'esistenza di un Parlamento bicamerale, costituito da una Camera rappresentativa del corpo elettorale nazionale e da una Camera rappresentativa degli Stati membri (*Senato* negli USA, *Consiglio degli Stati* in Svizzera, *Consiglio federale* in Germania).
  Attualmente in Europa sono Stati federali l'Austria, il Belgio, la Bosnia-Erzegovina, la Germania, la Russia e la Svizzera. Sono inoltre aumentate le richieste autonomiste di molte Regioni: pensiamo alla Corsica in Francia, all'Irlanda del Nord nel Regno Unito, ai Paesi Baschi e alla Catalogna in Spagna, all'area fiamminga in Belgio. In Italia un partito politico, la Lega Nord, propone da tempo una riforma federale basata su un nuovo assetto dello Stato articolato in macroregioni.

Lo Stato regionale Lo **Stato regionale** è uno Stato unitario in cui alcuni poteri sono decentrati a enti locali, come i Comuni e le Regioni.
L'Italia è uno ▸Stato regionale. L'art. 5 Cost. afferma infatti: «La Repubblica, una e indivisibile, riconosce e promuove le autonomie locali; attua nei servizi che dipendono dallo Stato il più ampio decentramento amministrativo; adegua i principi ed i metodi della sua legislazione alle esigenze dell'autonomia e del decentramento».

Memo
L'Italia, prima di assumere la forma di ▸**Stato regionale** prevista dalla Costituzione, aveva adottato quella di **Stato accentrato**, in particolare nel periodo fascista (1922-1943).

Lo Stato regionale si caratterizza per:
- il riconoscimento nella Costituzione statale dell'esistenza di enti territoriali autonomi, dotati di propri statuti approvati con legge dello Stato;
- l'attribuzione alle Regioni, da parte della Costituzione, di competenze specifiche;
- la partecipazione delle Regioni ad alcune funzioni statali.

ESEMPIO Le Regioni possono presentare proposte di legge al Parlamento nazionale e partecipare, con propri rappresentanti, all'elezione del Presidente della Repubblica.

competenze in campo

1 Completa le frasi

STATO ACCENTRATO

Potere concentrato nelle mani di organi .... che amministrano tutto il .... dello Stato

STATO FEDERALE

Più Stati ....
riuniti sotto uno Stato con un unico .... con maggiori poteri

STATO REGIONALE

Stato unitario, ma con .... dei poteri a enti ....

ESERCIZIO INTERATTIVO

2 Osserva e rifletti

Quale forma di Stato è applicata in ciascun dei Paesi raffigurati? Scegli tra le risposte indicate, di cui alcune non sono corrette.

1. accentrato;
2. monarchico;
3. regionale;
4. federale;
5. coloniale.

☐ Germania

☐ Svizzera ☐ Italia

3 Analizza la norma

Riferendoti all'art. 5 Cost. spiega in modo approfondito il significato delle espressioni "autonomie locali", "decentramento amministrativo" e "autonomia".

mi riguarda perché...

SPUNTO DI RIFLESSIONE

La lettura attenta dell'art. 5 Cost., che delinea per l'Italia la forma di Stato regionale, mette in evidenza la scelta dei nostri Costituenti di riconoscere ampia autonomia agli enti locali, ma nel rispetto dell'unità e della indivisibilità dello Stato. Attualmente, pertanto, le proposte di dividere l'Italia secondo il modello dello Stato federale sono incostituzionali.

Educazione finanziaria

Il federalismo italiano

Nel nostro Paese i compiti degli enti locali, soprattutto delle Regioni, sono sensibilmente aumentati nel tempo. In particolare è avviato il **federalismo fiscale**, che prevede un'effettiva autonomia di entrata e di spesa degli enti locali attraverso tributi che le amministrazioni regionali e locali possono determinare autonomamente, riscuotere direttamente e spendere per far fronte ai bisogni della propria comunità. In particolare esiste, a favore delle Regioni, l'IRAP (Imposta regionale sulle attività produttive), che grava in particolare sugli imprenditori e sui liberi professionisti. Per quanto riguarda i Comuni, essi beneficiano di specifiche imposte e tasse, come quelle per lo smaltimento dei rifiuti e per l'erogazione dei servizi. È inoltre in atto il **federalismo demaniale**: esso prevede la possibilità di vendere beni appartenenti allo Stato, quali spiagge, fiumi e laghi, agli enti locali, in modo che questi ne dispongano nell'interesse della collettività e li valorizzino al meglio.

Lavorare insieme

■ Suddividetevi in gruppi in base alle indicazioni dell'insegnante.

■ Con riferimento ai Paesi europei ricercate quali tra essi abbiano la forma di Stato federale e quali, invece, di Stato regionale. Approfondite poi le proposte di un partito politico italiano, la Lega Nord, in merito alla riforma federale che da tempo auspica per l'Italia, valutandone la legittimità costituzionale.

LEZIONE 5

Le forme di governo: la monarchia

VIDEO START
La regina Elisabetta II: un simbolo monarchico

AUDIOTESTO

Memo
Come abbiamo visto nella Lezione 2, la ▸**forma di Stato** definisce il modo in cui sono organizzati gli elementi costitutivi dello Stato e i rapporti tra gli organi dello Stato e i cittadini.

Memo LESSICO
Il termine ▸**monarchia** corrisponde al sostantivo greco *monarchìa*, composto da *mònos*, "solo", "unico", e *archè*, "potere".

La nozione di forma di governo Con l'espressione **forma di governo** si fa riferimento all'insieme delle regole e delle modalità con cui viene distribuito il potere tra gli organi dello Stato.
Mentre l'analisi delle ▸forme di Stato ci porta a individuare l'impostazione dei rapporti tra governanti e governati, quella delle forme di governo ci consente di esaminare il modo in cui sono organizzati i rapporti tra gli organi dello Stato, con particolare riferimento al Parlamento, cui compete il potere legislativo, al Governo, titolare del potere esecutivo, e alla Magistratura, preordinata al potere giurisdizionale.
Le forme di governo vengono classificate in ▸*monarchie* e in *repubbliche*: nelle prime il Capo dello Stato è un *sovrano*, il cui potere è originario e trasmissibile; nelle seconde il Capo dello Stato è un *presidente*, eletto su base democratica, in alcuni casi direttamente dal popolo (per esempio negli Stati Uniti), in altri indirettamente (come in Italia).

La definizione di monarchia La **forma di governo monarchica** si caratterizza per la presenza, nello Stato, di un sovrano. Il sovrano può accedere a tale carica per eredità (ed è, questa, la situazione più diffusa) o per elezione. La monarchia può assumere forme diverse; in particolare i giuristi sono soliti distinguere tra monarchia *assoluta*, *costituzionale* o *parlamentare*.

La monarchia assoluta La monarchia è **assoluta** nel caso in cui tutti i poteri siano concentrati nel re.

ESEMPIO Questa forma di governo è riconoscibile nelle monarchie del passato; ai giorni nostri, invece, sono ormai poche le monarchie assolute, presenti solo in alcuni Stati del Medio Oriente, come l'Arabia Saudita e il Kuwait.

La monarchia costituzionale La monarchia è **costituzionale** quando da un lato abbiamo la presenza di un sovrano che esercita un controllo diretto o indiretto su tutti i poteri dello Stato, dall'altro è presente una Costituzione in cui sono riconosciuti i diritti fondamentali dei cittadini.
Nella monarchia costituzionale il potere legislativo spetta al sovrano in collaborazione con il Parlamento e il potere esecutivo è di stretta spettanza regia. Il re mantiene inoltre il controllo sui giudici e il Parlamento è eletto a suffragio ristretto, in quanto il diritto di voto è riservato alle classi sociali più abbienti.
Costituì un importante esempio di monarchia costituzionale pura lo Stato italiano nel periodo dalla sua unificazione (1861) all'entrata in vigore della Costituzione repubblicana (1948).

La monarchia parlamentare La monarchia è **parlamentare** quando la sovranità effettiva spetta al Parlamento, mentre il re ricopre essenzialmente un ruolo rappresentativo.
La caratteristica più significativa della monarchia parlamentare è rappresentata dall'aumento del potere politico del Parlamento, eletto a suffragio universale, e del Governo, autonomo rispetto al sovrano. Le funzioni del re si limitano generalmente alla nomina del Capo del Governo e dei ministri, alla promulgazione delle leggi e al comando delle forze armate. In pratica la monarchia assume principalmente una funzione rappresentativa.

ESEMPIO Ha natura parlamentare la monarchia più nota nel mondo, quella del Regno Unito; l'attuale regina, Elisabetta II, è in carica dal 1952.

ESPANSIONE
La monarchia per origine divina

competenze in campo

1 Completa lo schema

DIDATTICA INCLUSIVA

FORMA DI GOVERNO

- ....
- ....

- monarchia ....
- monarchia ....
- monarchia ....

ESERCIZIO INTERATTIVO

2 **Osserva e rifletti**

L'immagine ritrae il re dei Paesi Bassi Guglielmo Alessandro con la moglie. Quali sono i suoi poteri, considerando il fatto che i Paesi Bassi hanno, come forma di governo, una monarchia parlamentare?

3 **Risolvi il caso**

In un Paese soggetto alla forma di governo monarchica, il sovrano condivide con il Parlamento la funzione legislativa, mentre esercita in prima persona, con la collaborazione dei ministri da lui nominati, la funzione esecutiva. Quale tipo di monarchia è riconoscibile in questo Stato?

mi riguarda perché...

SPUNTO DI RIFLESSIONE

Che cos'hanno in comune i moderni sovrani (per esempio la regina d'Inghilterra o il re di Spagna) con le monarchie assolute di cui parlano i libri di storia, in cui il sovrano aveva un potere assoluto sui cittadini? Molto poco: oggi la monarchia parlamentare è molto più vicina alla forma di governo repubblicana, visto che i principali centri del potere politico sono il Parlamento e il Governo.

FOCUS Le forme di governo monarchiche negli Stati dell'Unione europea

Ti potrà capitare di fare viaggi di studio o per turismo in altri Paesi europei. Allora è utile sapere che tra gli Stati dell'Unione europea la monarchia esiste da secoli nella regione atlantica nord-occidentale (Belgio, Lussemburgo, Paesi Bassi, Regno Unito) e nella Penisola scandinava (Danimarca, Svezia). Nella zona mediterranea è una monarchia la Spagna.

CARTA INTERATTIVA

LEZIONE 6

Le forme di governo: la repubblica

VIDEO START Repubblica per tutti

AUDIOTESTO

Memo LESSICO
Il sostantivo ▸**repubblica** deriva dall'espressione latina *res publica*, "cosa pubblica": la forma di governo repubblicana si affermò per la prima volta nell'antica Roma, quando, intorno al 509 a.C., il re fu sostituito da due magistrati (consoli) eletti dalle assemblee popolari.

La definizione di repubblica La **forma di governo repubblicana** si caratterizza per l'attribuzione dei poteri statali a organi eletti dai cittadini in loro rappresentanza. La ▸repubblica si distingue in *presidenziale*, *semipresidenziale* e *parlamentare*.

La repubblica presidenziale Nella **repubblica presidenziale** il Presidente rappresenta l'unità dello Stato e detiene in via esclusiva il potere esecutivo.
La tipica forma di repubblica presidenziale è quella esistente fin dal 1787 negli Stati Uniti d'America; in essa il potere legislativo e quello esecutivo sono affidati a **due organi distinti e autonomi tra loro**: il **Parlamento**, denominato *Congresso*, eletto dal popolo e composto di due Camere (la Camera dei rappresentanti e il Senato) e il **Presidente**, che è anche Capo dello Stato. Il Presidente negli USA viene eletto direttamente dal popolo e non è responsabile di fronte al Parlamento, nel senso che non può essere sfiduciato da questo se non in casi del tutto eccezionali, per esempio per comportamento illegale. Il Parlamento, a sua volta, non può essere sciolto anticipatamente dal Presidente. I due poteri fondamentali dello Stato, legislativo ed esecutivo, risultano pertanto particolarmente forti grazie all'indipendenza degli organi che ne sono titolari, i quali hanno in pratica la garanzia di poter rispettivamente legiferare e governare liberamente per un periodo di quattro anni.

ESEMPIO Pensiamo alla situazione che si verificò negli Stati Uniti con le elezioni parlamentari del 2014, che decretarono la vittoria del partito repubblicano pur nella continuità di mandato di un presidente democratico (Barack Obama) e determinarono conseguentemente contrasti interni, soprattutto in materia di salute pubblica.

Memo LESSICO
Il termine ▸**fiducia** deriva dal latino *fides*, "fiducia", "fede", "stima", "garanzia". Nel diritto romano *fiducia* indicava il contratto con cui si consegnava un bene a una persona con l'accordo che la restituisse entro un determinato termine.

La repubblica semipresidenziale Nella **repubblica semipresidenziale** il Presidente rappresenta l'unità dello Stato ed esercita il potere esecutivo, insieme al Capo del Governo, in un rapporto di ▸fiducia con il Parlamento.
La repubblica semipresidenziale, che trova applicazione per esempio in Francia, si basa come quella presidenziale su un sistema dualistico, per cui il potere legislativo è affidato al Parlamento e quello esecutivo fa capo al Presidente della Repubblica, eletto direttamente dal popolo. Tuttavia, nelle repubbliche semipresidenziali il Capo dello Stato ha il potere di sciogliere anticipatamente le Camere ed è contitolare della funzione di indirizzo politico insieme al Capo del Governo, da lui nominato. I ministri sono nominati e revocati dal Presidente della Repubblica su proposta del Capo del Governo. In pratica, le funzioni di governo sono condivise da **due "capi"**: il **Capo dello Stato** e il **Capo del Governo**. Se entrambi appartengono allo stesso schieramento politico l'azione governativa risulta fondamentalmente compatta, mentre rischia di essere più instabile se le due guide hanno divergenti ideali e obiettivi politici. La maggioranza parlamentare, inoltre, può approvare una mozione di sfiducia nei confronti del Capo del Governo, costringendolo a dimettersi.

La repubblica parlamentare Nella **repubblica parlamentare** il centro dei poteri risiede nel Parlamento, la cui fiducia è necessaria al Governo per esercitare la funzione esecutiva. La repubblica parlamentare affida a un Parlamento eletto dal popolo la funzione legislativa, a un Governo il potere esecutivo e a un Presidente il ruolo di rappresentante dell'unità nazionale. Sua caratteristica fondamentale è l'esistenza di un *rapporto di fiducia* tra Governo e Parlamento, inteso nel senso che il Governo deve ottenere e mantenere la fiducia da parte della maggioranza parlamentare e il Parlamento può costringere alle dimissioni il Governo in carica qualora non ne condivida più l'operato. Il Presidente della Repubblica, nominato dalle Camere, può sciogliere anticipatamente il Parlamento, indicendo nuove elezioni.

competenze in campo

1 Completa lo schema

ESERCIZIO INTERATTIVO

DIDATTICA INCLUSIVA

REPUBBLICA
- ....
- semipresidenziale
- ....

- il Presidente rappresenta l'.................................. nazionale
- il Parlamento esercita il potere ....
- il potere esecutivo spetta al ....
- tra il .... e il Governo deve esistere un rapporto di ....

2 **Osserva e rifletti**

Quale forma di governo è applicata nello Stato italiano? Quale rapporto deve esistere tra il Parlamento e il Governo e di quali poteri sono rispettivamente titolari questi organi?

3 **Risolvi il caso**

In una repubblica presidenziale l'operato del Presidente in carica in materia di politica estera si rivela assai deludente al punto di renderlo oggetto di pesanti critiche, sia interne al Paese sia in sede internazionale. In tale situazione il Capo dello Stato può essere sfiduciato dal Parlamento e costretto alle dimissioni?

mi riguarda perché...

SPUNTO DI RIFLESSIONE

Ti sarà capitato di sentire parlare di una "crisi di governo". È l'evento che si verifica quando viene a mancare il rapporto di fiducia tra Parlamento e Governo, ossia quando l'operato dei ministri non è più condiviso dalla maggioranza dei parlamentari, che sono eletti dai cittadini. Questa situazione si può verificare in Italia perché il nostro Paese dal 1946 è una repubblica parlamentare; non è invece possibile sfiduciare l'esecutivo in una repubblica presidenziale (per esempio negli Stati Uniti).

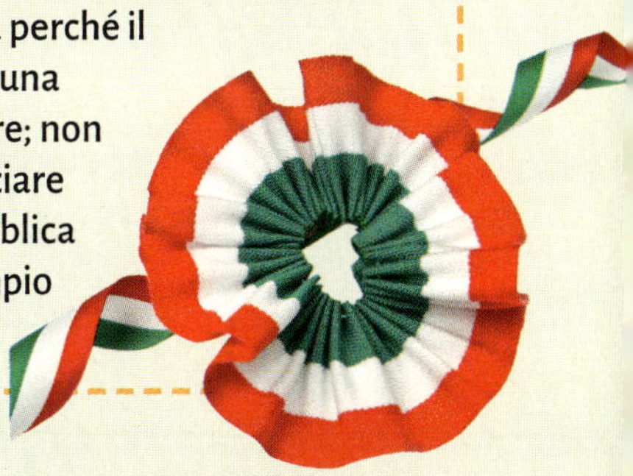

FOCUS Le forme di governo repubblicane negli Stati dell'Unione europea

Tra i Paesi dell'Unione europea sono repubbliche con forma di governo parlamentare, oltre all'Italia, la Bulgaria, l'Estonia, la Germania, la Grecia, la Lettonia, Malta, la Repubblica Ceca, la Romania, la Slovacchia e l'Ungheria. Corrispondono alla forma di governo semipresidenziale l'Austria, la Croazia, la Finlandia, la Francia, l'Irlanda, la Lituania, la Polonia, il Portogallo e la Slovenia. Cipro presenta invece i caratteri della repubblica presidenziale.

CARTA INTERATTIVA

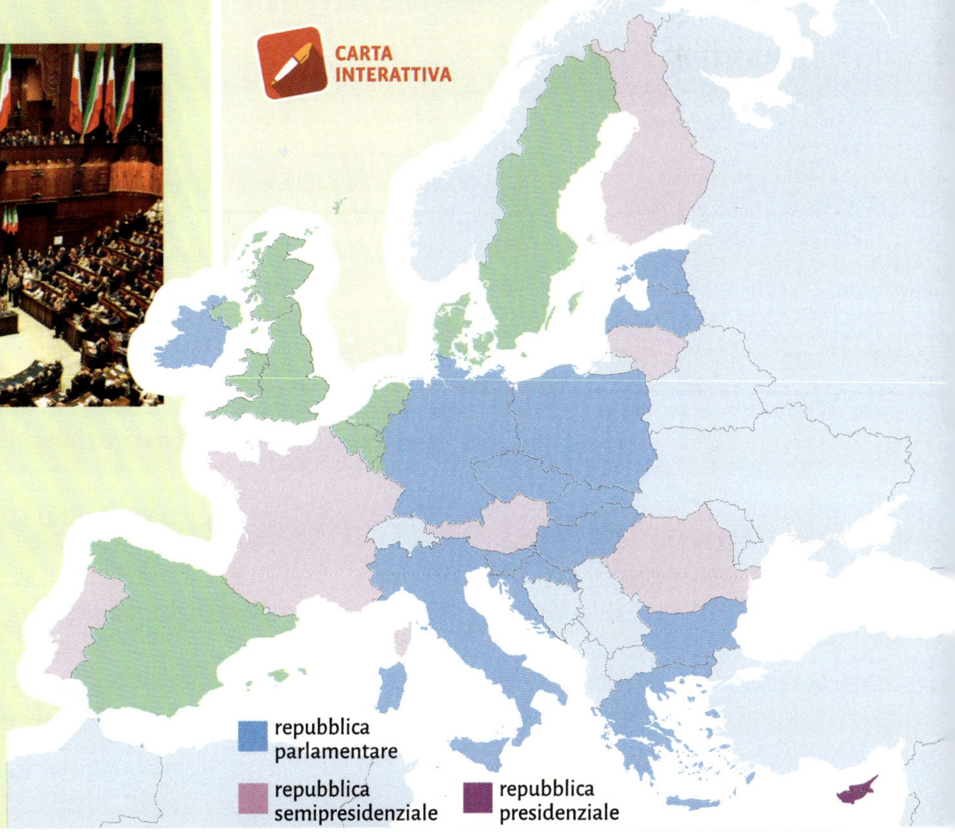

PERCORSO 3 / Sintesi con la mappa

- **STATO**
  - elementi costitutivi dello Stato
    - territorio
    - popolo
    - sovranità
- **FORME DI STATO**
  - Stato assoluto
  - Stato liberale
  - Stato socialista
  - Stato totalitario
  - Stato democratico
    - l'Italia è uno **Stato democratico**
    - esercizio della **democrazia** in forma
      - **indiretta** (elezioni)
      - **diretta** (referendum)
- **ORGANIZZAZIONE DELLO STATO SUL TERRITORIO**
  - Stato accentrato
  - Stato federale
  - Stato regionale
    - l'Italia è uno **Stato regionale**
- **FORME DI GOVERNO**
  - monarchia
    - assoluta
    - costituzionale
    - parlamentare
  - repubblica
    - presidenziale
    - semipresidenziale
    - parlamentare
      - l'Italia è una **repubblica parlamentare**

LEZIONE 1 Gli elementi costitutivi dello Stato

Gli elementi costitutivi dello Stato sono il territorio, il popolo e la sovranità. Il **territorio** è la porzione di terra compresa entro i confini e su cui lo Stato esercita la **sovranità**, cioè il potere di imporre le proprie norme. Il **popolo** è costituito dai **cittadini**; nel nostro Paese la cittadinanza si acquista prevalentemente **per nascita**, ma si può anche acquisire attraverso il matrimonio, con la naturalizzazione, con l'elezione e con lo ius soli.

LEZIONE 2 Le forme di Stato nella storia

La **forma di Stato** si riferisce al modo in cui sono organizzati gli elementi dello Stato (territorio, popolo e sovranità) e i rapporti tra gli organi che detengono il potere e la collettività dei cittadini. Storicamente sono state applicate diverse **forme di Stato**.
Nello **Stato assoluto** tutti i poteri sono concentrati nelle mani del sovrano, mentre essi vengono suddivisi tra diversi organi nello **Stato liberale**, fondato sul riconoscimento dei diritti civili. Lo **Stato socialista** abolisce la proprietà privata e la libertà di iniziativa economica, concentrando tutti i diritti economici nello Stato. Gli **Stati totalitari** si fondano sulla presenza di un regime che controlla la società e applica un'ideologia esclusiva.

LEZIONE 3 Lo Stato democratico

Nella **forma di Stato democratica** la sovranità appartiene al popolo, che solitamente la esercita in forma **indiretta**, ossia attraverso l'elezione dei suoi rappresentanti politici.
Sono però possibili anche forme di democrazia **diretta**: è il caso del referendum, con cui il popolo si esprime direttamente su un dato tema.

LEZIONE 4 Lo Stato accentrato, federale e regionale

È oggi rara la forma di Stato accentrato, in cui il potere è esercitato solo da organi centrali. Molti Stati adottano la **forma federale**, in cui più enti dotati di autonoma sovranità sul proprio territorio sono accomunati per determinati aspetti da uno stesso Governo.
L'Italia è invece uno **Stato regionale**, cioè uno Stato unitario basato sui principi del decentramento e dell'autonomia. In base al decentramento, poteri che prima erano esclusivi dello Stato sono stati trasferiti agli enti locali, quali i Comuni e le Regioni; in base all'autonomia gli enti locali beneficiano di poteri propri, anche dal punto di vista finanziario.

Le nuove parole

Stato ▸ Ente politico e sociale che esercita la propria sovranità sul popolo, stanziato sul territorio.
State

Popolo ▸ Insieme dei cittadini di uno Stato.
People

Cittadinanza ▸ Condizione giuridica dei cittadini, caratterizzata dalla titolarità di diritti e di doveri.
Citizenship

Nazione ▸ Insieme dei soggetti accomunati dalle stesse origini storiche, cultura, usi e lingua.
Nation

Sovranità ▸ Potere dello Stato di imporre le proprie norme ai cittadini, attraverso la minaccia di sanzioni.
Sovereignty

Stato democratico ▸ Forma di Stato fondata sul principio della sovranità popolare.
Democratic state

Stato regionale ▸ Forma di Stato unitario che si ispira ai principi del decentramento e dell'autonomia.
Regional state

Sintesi discorsiva

LEZIONE 5 Le forme di governo: la monarchia

La **forma di governo** riguarda l'insieme delle regole con cui viene distribuito il potere tra gli organi dello Stato.
In Europa esistono ancora molte **forme di governo monarchico**. I poteri del sovrano non corrispondono tuttavia a quelli propri delle monarchie del passato (assolute), ma sono molto più limitati e i veri centri del potere politico sono il Parlamento (potere legislativo) e il Governo (potere esecutivo). I poteri del sovrano sono fondamentalmente rappresentativi nelle **monarchie parlamentari**, si estendono invece al controllo sui poteri statali nelle **monarchie costituzionali**.

Monarchia ▸ Forma di governo che si caratterizza per la presenza di un sovrano.

Monarchy

LEZIONE 6 Le forme di governo: la repubblica

La forma di governo repubblicana è **presidenziale** se esiste autonomia tra l'organo legislativo e quello esecutivo, di cui è titolare il Presidente; è invece **semipresidenziale** se è riconosciuta al Presidente la partecipazione al potere esecutivo, ma tra Parlamento e Governo deve esistere il rapporto di fiducia.
Nella **repubblica parlamentare**, qual è l'Italia, gli organi politicamente più rilevanti sono il Parlamento e il Governo e tra essi deve esistere un rapporto di fiducia. Il Presidente della Repubblica rappresenta l'unità nazionale e svolge un ruolo equilibratore rispetto agli altri organi statali.

Repubblica ▸ Forma di governo che si caratterizza per l'attribuzione dei poteri statali a organi eletti dai cittadini in loro rappresentanza.

Republic

Repubblica parlamentare ▸ Forma di governo repubblicana in cui il Presidente riveste un ruolo prevalentemente rappresentativo ed è fondamentale il rapporto di fiducia tra Parlamento e Governo.

Parliamentary republic

Tutti devono sapere che...

DIDATTICA INCLUSIVA

1 Completa la tabella

	Stato accentrato	Stato federale	Stato regionale
caratteristiche principali	il .... compete a organi	è formato da più .... , dotati di propria	è uno .... unitario in cui alcuni .... sono .... a enti locali

2 Completa lo schema

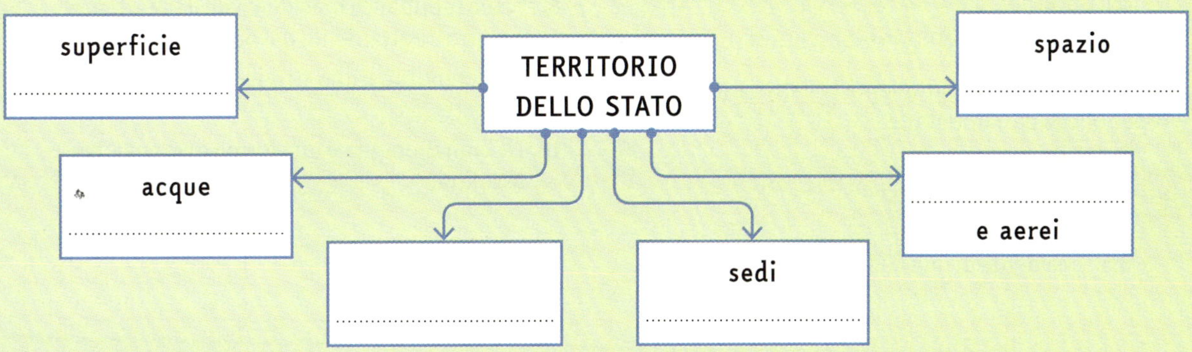

3 Dai la definizione corretta

1. È il potere dello Stato affidato alla Magistratura: □□U□□□D□□□□□□□□
2. È costituito dai cittadini: □□P□□□
3. È la forma di Stato basata sul principio della sovranità popolare: □□A□□ □□□□□R□□□□□
4. Nella repubblica presidenziale è sia Capo dello Stato sia Capo del Governo: □R□□□□E□□□

Verifica le tue conoscenze di base

4 Scegli la risposta

1. Il popolo di uno Stato è costituito:
   - □ **a.** dai cittadini che risiedono nel territorio
   - □ **b.** dai cittadini, ovunque essi risiedano
   - □ **c.** da tutti coloro che risiedono nel territorio
   - □ **d.** da tutti coloro che lavorano nello Stato

2. Si affermò con la Rivoluzione francese:
   - □ **a.** lo Stato sociale
   - □ **b.** lo Stato democratico
   - □ **c.** lo Stato socialista
   - □ **d.** lo Stato liberale

3. Corrisponde all'esercizio della democrazia diretta:
   - ☐ a. il referendum abrogativo
   - ☐ b. il voto popolare alle elezioni politiche
   - ☐ c. il voto popolare alle elezioni amministrative
   - ☐ d. il voto popolare alle elezioni europee

4. Ha una forma di governo monarchica:
   - ☐ a. la Francia
   - ☐ b. la Spagna
   - ☐ c. la Germania
   - ☐ d. la Polonia

5. Detiene il potere esecutivo nelle repubbliche parlamentari:
   - ☐ a. il Parlamento
   - ☐ b. il Presidente della Repubblica
   - ☐ c. il Governo
   - ☐ d. il Capo del Governo, in via esclusiva

6. Può sciogliere anticipatamente le Camere nelle repubbliche parlamentari:
   - ☐ a. il Capo del Governo
   - ☐ b. un'autorità giudiziaria
   - ☐ c. il Capo dello Stato
   - ☐ d. il Presidente di una delle due Camere

5 ●●● Vero o falso?

1. Attraverso l'adozione è possibile acquistare la cittadinanza italiana. V F
2. Gli stranieri che si trovano in Italia per ragioni turistiche fanno parte della popolazione italiana. V F
3. Il potere legislativo spetta al Governo. V F
4. L'Italia è uno Stato democratico e di diritto. V F
5. L'Italia è uno Stato regionale, mentre la Germania è uno Stato federale. V F
6. L'Italia è una repubblica parlamentare. V F
7. Nelle forme di governo parlamentari il Governo è legato al Parlamento da un rapporto di fiducia. V F
8. Nella repubblica presidenziale il Presidente è eletto direttamente dal popolo. V F
9. Il referendum è uno strumento di democrazia indiretta. V F
10. La Gran Bretagna è una forma di monarchia assoluta. V F

Potenzia le tue abilità

6 ●●● Collega le informazioni

1. ☐ Popolo
2. ☐ Territorio
3. ☐ Potere legislativo
4. ☐ Stato liberale
5. ☐ Democrazia indiretta
6. ☐ Stato regionale
7. ☐ Repubblica presidenziale

a. Autonomia degli enti locali
b. Elezioni
c. Cittadinanza
d. Indipendenza tra l'organo legislativo e quello esecutivo
e. Confini
f. Separazione dei poteri
g. Parlamento

7 ●●● Trova la parola nascosta

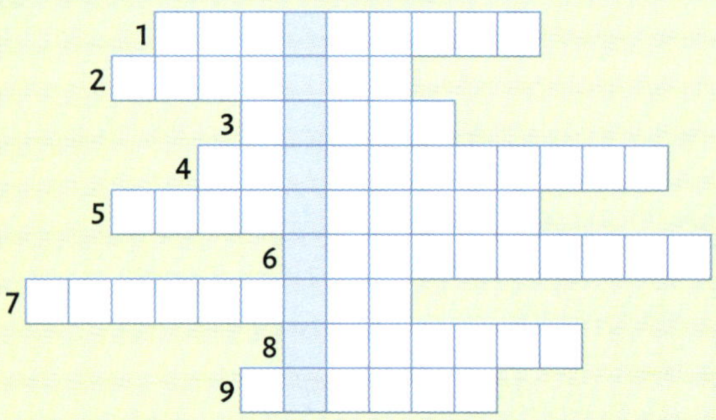

1. È il potere statale che compete al Governo. **2.** Delimitano il territorio di uno Stato. **3.** È l'ente sovrano costituito da un popolo e da un territorio. **4.** È la forma di Stato corrispondente alla dittatura. **5.** È l'organo titolare del potere legislativo. **6.** Negli Stati basati sulla sovranità popolare, può essere diretta o indiretta. **7.** È un elemento costitutivo dello Stato, oltre al popolo e al territorio. **8.** È il modo più diffuso di acquisto della cittadinanza italiana. **9.** Quello giudiziario compete ai magistrati.

Sviluppa le tue competenze

8 Rispondi alle domande

1. Quale ragione pratica giustifica il fatto che, negli Stati moderni, è raro il ricorso a istituti di democrazia diretta?
2. Quale differenza esiste tra il concetto di forma di Stato e quello di forma di governo?
3. In che cosa consiste il rapporto di fiducia che, nelle forme di governo parlamentari, deve esistere tra Parlamento e Governo?

9 Risolvi i casi

1. Una signora australiana, che risiede e lavora in Italia da cinque anni, ritiene di essere in possesso dei requisiti necessari per poter acquistare la cittadinanza italiana. Ha ragione?
2. Ipotizziamo che in Francia il Parlamento esprima un voto di sfiducia nei confronti dell'esecutivo: ciò comporterà le dimissioni, oltre che del Governo, anche del Capo dello Stato? Perché?

10 Esponi la tua opinione

1. Sono tanti gli stranieri che vivono nel nostro Paese e la maggior parte di loro è ben integrata nel contesto sociale. Tuttavia, finché non acquisteranno la cittadinanza, resteranno esclusi da alcuni diritti civili, tra cui il diritto di voto. Pensi che sarebbe giusto riconoscere agli stranieri che vivono in Italia il diritto di votare? Motiva la risposta.
2. Gli Stati totalitari si caratterizzano per ridurre fortemente i diritti di libertà. Secondo te, ai giorni nostri, potrebbero prodursi negli Stati europei le condizioni per l'affermazione di nuovi totalitarismi? Perché?
3. Alcuni esponenti politici sostengono l'opportunità di trasformare l'Italia in una repubblica presidenziale. Secondo te, si tratta di una proposta condivisibile o pensi che potrebbe generare il rischio di una concentrazione eccessiva di poteri nelle mani del Presidente della Repubblica, con rischi di totalitarismo?
4. Come valuti l'aumento nel nostro Paese del federalismo, inteso come rafforzamento dell'autonomia degli enti locali? Credi che in questo modo vengano soddisfatti in modo più efficace i bisogni dei cittadini? Motiva adeguatamente la risposta.

11 Comprendi e rifletti

Democrazia rappresentativa e democrazia diretta

Il regime democratico è un *regime rappresentativo*, cioè basato sulle regole e le istituzioni della rappresentanza ovvero caratterizzato da elezioni libere, competitive, corrette, periodiche e, poi, da strutture rappresentative, come il Parlamento, e decisionali, come il Governo. La democrazia rappresentativa non comporta una partecipazione diretta dei cittadini se non molto saltuariamente al momento del voto. [...] In questo senso il sistema rappresentativo moderno si differenzia dalla cosiddetta "democrazia degli antichi" e coloro che prendono effettivamente le decisioni sono un'elite ristretta. Nella democrazia rappresentativa le decisioni sulla "cosa pubblica" vengono delegate ai professionisti della politica, attraverso una specializzazione dei compiti che fa del governare una professione particolare.
La democrazia diretta coincide, invece, con la democrazia degli antichi, ovvero delle antiche città, dove un piccolo numero di cittadini si riunivano e decidevano sui problemi che li riguardavano. Era, tuttavia, un regime che oggi designeremmo come *autoritario*, in quanto, di solito, un gruppo di cittadini conviveva con un numero ben più ampio di persone senza diritti, in posizione politicamente subordinata. Istituti di democrazia diretta, come i *referendum*, si sono mantenuti nelle attuali democrazie che rimangono in larga misura rappresentative.

Da Cotta, Della Porta, Morlino, *Scienza politica*, Il Mulino

1. Sintetizza, anche avvalendoti di uno schema, gli elementi di differenza tra democrazia diretta e democrazia rappresentativa indicati nella lettura.
2. Per quale motivo l'esercizio della democrazia diretta presso i popoli antichi corrispondeva in realtà a una forma di "autoritarismo" e di disuguaglianza sociale?
3. Quale istituto di democrazia diretta è rimasto in vigore nelle democrazie rappresentative dei nostri giorni?

PERCORSO 4 diritto

I rapporti tra gli Stati

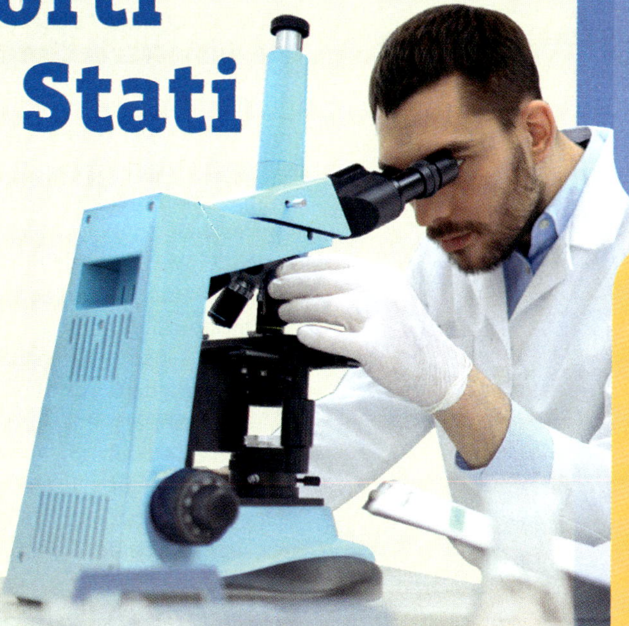

Il nostro percorso

LEZIONE 1
Il diritto internazionale e le sue fonti

LEZIONE 2
L'Organizzazione delle Nazioni unite

LEZIONE 3
La tutela della pace

Incominciamo da te

Una situazione concreta **Un giovane medico ricercatore italiano, dopo aver lavorato per alcuni anni in Italia alle dipendenze di un'Azienda sanitaria locale, decide di trasferirsi in Germania. Desidera infatti trovare uno sbocco professionale più soddisfacente sia sotto l'aspetto della remunerazione patrimoniale sia sotto l'aspetto della crescita professionale in relazione all'entità delle risorse destinate alla ricerca scientifica. Potrà lavorare liberamente in Germania anche se è cittadino italiano?**

! Sì, perché in base al principio della libertà di circolazione e di soggiorno previsto per i cittadini dell'Unione europea (di cui sia Italia sia Germania fanno parte) potrà lavorare a parità di condizioni rispetto ai cittadini tedeschi.

Le 5 domande

1 Con quale principale obiettivo, nel 1945, fu fondata l'ONU?

2 Che cosa prevede sostanzialmente la Dichiarazione universale dei diritti umani, sottoscritta dai Paesi che aderiscono all'ONU?

3 All'interno dei Paesi UE esiste un mercato unico: secondo te, a che cosa si riferisce questa espressione?

4 Quanti Stati fanno attualmente parte dell'Unione europea?

5 Quali documenti servono a noi italiani per viaggiare nei Paesi comunitari?

LEZIONE 7

Le politiche comunitarie

LEZIONE 8

Gli organi comunitari

LEZIONE 6

L'evoluzione dell'Unione europea e l'allargamento

LEZIONE 9

La cittadinanza europea

LEZIONE 5

L'Unione europea e le sue origini storiche

LEZIONE 4

La NATO e le altre organizzazioni internazionali

La competenza d'arrivo

Saper valutare le opportunità e i limiti correlati al funzionamento delle organizzazioni internazionali e sovranazionali, in particolare dell'Unione europea, riflettendo sulle possibili strategie volte a rafforzarne l'immagine e l'incisività.

CONOSCENZE

- Consuetudini internazionali e trattati internazionali
- L'Organizzazione delle Nazioni unite: nascita e funzioni
- Gli organi dell'ONU
- Diplomazia preventiva, atti di pacificazione, embargo
- Caschi blu e interventi militari
- Corte penale internazionale
- NATO, G8 e G20, WTO
- Processo di unificazione europeo: origini storiche e tappe
- Unione europea
- Politiche comunitarie: agricola, ambientale, estera e di sicurezza comune
- Organi dell'UE
- Libertà di circolazione e di soggiorno nell'UE e parità di trattamento dei lavoratori

ABILITÀ

- Riconoscere l'importanza e la complessità delle relazioni tra gli Stati
- Individuare nell'ONU il tentativo di dare vita alla collaborazione tra i popoli, riconoscendone i punti di forza e di debolezza nel suo ruolo di prevenzione delle guerre e di mantenimento della pace
- Valutare l'efficacia delle azioni della NATO, del WTO e del G8/G20
- Riconoscere nelle radici storiche dell'UE lo spirito costruttivo di pace e di cooperazione tra gli Stati
- Intuire le opportunità sociali, oltre che economiche, dell'allargamento dell'Unione europea
- Individuare lo spirito di collaborazione che guida le politiche dell'Unione europea
- Valutare l'efficacia delle azioni degli organi comunitari alla luce della cooperazione tra gli Stati
- Cogliere i vantaggi legati alla cittadinanza europea

LEZIONE 1

Il diritto internazionale e le sue fonti

VIDEO START
Uno storico patto sovranazionale

AUDIOTESTO

Memo
Lo Stato sovrano è ▸**originario**, nel senso che non deriva la sua validità da un altro ordinamento giuridico superiore, ed è ▸**indipendente** da altri enti.

Che cos'è il diritto internazionale Abbiamo studiato che gli Stati sono sovrani, cioè ▸originari e ▸indipendenti. Tuttavia essi non vivono isolati, ma sono in costante relazione con altri Paesi, con i quali perseguono obiettivi comuni. I rapporti tra gli Stati sono regolati dal *diritto internazionale*.
Il **diritto internazionale** corrisponde all'insieme delle norme giuridiche che regolano le relazioni tra gli Stati. Il fatto che gli Stati si sottopongano a norme internazionali deriva da una spontanea adesione di ciascuno di essi ad accordi internazionali e alla conseguente accettazione di leggi comuni.
Le fonti del diritto internazionale sono costituite dalle *consuetudini* e dai *trattati*.

Le consuetudini Le **consuetudini internazionali** corrispondono a comportamenti ripetuti e costanti da parte degli Stati nel regolare i loro rapporti, con la convinzione che tali comportamenti siano obbligatori. Tra le consuetudini internazionali più note rientrano le *immunità diplomatiche*, che corrispondono a garanzie volte alla protezione dei rappresentanti diplomatici e delle sedi delle ambasciate.

CASO In uno Stato estero si instaura una feroce dittatura militare che sopprime le fondamentali libertà civili. La situazione diventa molto grave e anche i cittadini italiani residenti in quel Paese vengono perseguitati dal nuovo regime. Che cosa possono fare i nostri connazionali per cautelarsi?
■ *Possono rifugiarsi presso l'ambasciata italiana e chiedere protezione, in base alla consuetudine internazionale che impedisce alle autorità dello Stato estero di entrare all'interno delle ambasciate straniere.*

Memo LESSICO
La ▸**negoziazione** è l'attività con cui si conclude un negozio, ossia una trattativa, un accordo. Il termine è riconducibile al verbo latino *negotiari* ("commerciare", "trafficare"), a sua volta derivato dal sostantivo *negotium*, che significa "occupazione", "affare".

I trattati I **trattati internazionali** sono accordi stipulati tra gli Stati. La conclusione di un trattato internazionale prevede innanzi tutto un'attività di ▸*negoziazione*, in cui gli Stati coinvolti conducono trattative di carattere preparatorio. Si procede poi alla *stipulazione* dell'accordo da parte degli organi che rappresentano gli Stati (solitamente il Ministro degli Esteri o il Capo del Governo). È poi necessaria la *ratifica*, che corrisponde alla dichiarazione con cui ciascuno Stato accetta ufficialmente l'impegno sottoscritto; tale atto compete nel nostro Paese al Presidente della Repubblica, in seguito ad autorizzazione del Parlamento. Troviamo conferma di ciò nell'art. 80 Cost.: «Le Camere autorizzano con legge la ratifica dei trattati internazionali che sono di natura politica». Gli Stati aderenti procedono poi allo scambio delle ratifiche, attribuendo in tal modo piena operatività al trattato concluso.

La conferenza di Vienna Una volta concluso un trattato internazionale, come è possibile essere certi che verrà rispettato dagli Stati firmatari? Occorre infatti ricordare che non esiste alcuna autorità superiore agli Stati: la limitazione alla propria sovranità che deriva da un trattato è frutto di un'adesione spontanea e non esiste alcun organo che possa dettare imposizioni alle entità statali. In questo senso nel 1969, a Vienna, all'interno di una conferenza internazionale organizzata dall'ONU (Organizzazione delle Nazioni unite), fu approvata la *Convenzione internazionale sul diritto dei trattati* in cui si sostiene il principio *pacta sunt servanda* ("i patti devono essere rispettati"), in base al quale «ogni trattato in vigore vincola le parti e queste devono eseguirlo in buona fede».

ESPANSIONE
Trattati bilaterali e multilaterali

ESPANSIONE
Il principio *pacta sunt servanda*

CASO Il Parlamento italiano approva una legge sulle esportazioni che contrasta con un trattato commerciale stipulato con il Messico. Gli esportatori italiani potranno scegliere a quale delle due normative adeguarsi?
■ *No, in base al principio* pacta sunt servanda, *gli operatori commerciali dovranno rispettare il trattato con il Messico.*

competenze in campo

1 Completa lo schema

DIRITTO INTERNAZIONALE

insieme delle .... che regolano le relazioni tra gli ....

Fonti del diritto internazionale

- consuetudini → .... ripetuti nel tempo dagli Stati
- .... → .... stipulati tra gli Stati

ESERCIZIO INTERATTIVO

2 Osserva e rifletti

L'immagine si riferisce alla firma del **Trattato di Dayton** (USA) del 1995, con cui si pose fine alla guerra tra Bosnia ed Erzegovina. Quale funzione hanno i trattati? Attraverso quali fasi avviene la loro conclusione?

3 Individua il termine

ESERCIZIO INTERATTIVO

1. È l'insieme delle norme giuridiche che regolano le relazioni tra gli Stati: ....
2. Corrispondono a comportamenti ripetuti e costanti da parte degli Stati per regolare i loro rapporti: ....
3. È l'attività che dà il via alla conclusione di un trattato internazionale: ....
4. Nel nostro Paese è l'organo cui compete la ratifica di un trattato internazionale: ....

mi riguarda perché...

SPUNTO DI RIFLESSIONE

Tu e i tuoi compagni appartenete a una generazione che per fortuna non conosce direttamente la guerra (e speriamo non la conoscerà mai). Questo positivo risultato è stato favorito dalla possibilità per gli Stati di confrontarsi tra loro e di concludere trattati.
È infatti grazie al dialogo e alla collaborazione che si riescono a ridurre le tensioni internazionali e ad avvicinare maggiormente l'obiettivo della pace.

Le tue domande — Che funzione hanno le ambasciate?

Le ambasciate sono **rappresentanze diplomatiche di uno Stato presso un altro Stato** e si trovano di solito nella capitale del Paese straniero. L'attività diplomatica ha fondamentalmente lo scopo di **tutelare i rapporti tra gli Stati**, soprattutto quelli di natura economica. Promuove inoltre le relazioni di carattere culturale, curando la diffusione della lingua e della cultura dello Stato nel Paese ospitante.
Se sei in viaggio all'estero, puoi rivolgerti all'ambasciata del tuo Paese se ti trovi in situazioni di difficoltà, per esempio se hai smarrito un documento di identità, hai subito un furto oppure hai necessità di rimpatriare in fretta per ragioni personali o familiari.

Lavorare insieme

- Suddividetevi in gruppi in base alle indicazioni dell'insegnante.
- Disponetevi in modo da poter comunicare tra di voi parlando sottovoce, così da non disturbare gli altri.
- Collegandovi al sito www.parlamento.it, tra le leggi di ratifica di trattati internazionali, ricercate in particolare un trattato che, per le sue finalità e i suoi obiettivi, ritenete di particolare interesse. Confrontate poi la vostra scelta con quella degli altri gruppi, aprendo un dibattito in classe sull'importanza e sull'efficacia di questa fonte normativa.

LEZIONE 2

L'Organizzazione delle Nazioni unite

VIDEO START La dignità: un valore irrinunciabile

AUDIOTESTO

Memo
L'istituzione dell'ONU era stata preceduta dalla fondazione, dopo la fine della Prima guerra mondiale, della **Società delle Nazioni**, un'organizzazione sovranazionale composta da 42 Paesi che aveva l'obiettivo di prevenire lo scoppio di altri conflitti, dopo l'esperienza devastante della Grande Guerra; essa però non riuscì di fatto a operare e si sciolse all'inizio della Seconda guerra mondiale, a causa della difficoltà degli Stati, abituati a operare in modo autonomo, a fare funzionare un organismo collettivo.

La nascita dell'ONU Durante la Seconda guerra mondiale, nel 1944, a Dumbarton Oaks (Stato di Washington), i rappresentanti degli USA, dell'Unione sovietica, della Cina e della Gran Bretagna predisposero una bozza di accordo per fondare nel dopoguerra un'organizzazione internazionale con lo scopo di allontanare lo spettro di altri conflitti. Il testo finale, che diede ufficialmente vita all'**ONU** (**Organizzazione delle Nazioni unite**), fu firmato il 26 giugno 1945 da cinquantuno Paesi e si basa fondamentalmente sull'impegno ad attuare la cooperazione internazionale in ambito economico e sociale. L'ONU è un ente che si propone gli obiettivi primari di favorire la pace e la sicurezza a livello internazionale, di realizzare condizioni generali di benessere, di combattere unitariamente i problemi della povertà, della fame, delle malattie, dell'analfabetismo, della violazione dei diritti umani e del degrado ambientale.
I principali organi dell'ONU sono l'*Assemblea generale*, il *Consiglio di sicurezza*, il *Segretariato* e la *Corte internazionale di giustizia*.

L'Assemblea generale L'**Assemblea generale** è composta dai rappresentanti di tutti gli Stati membri e si riunisce a New York. Al suo interno vengono discusse questioni di interesse globale e ogni Stato partecipante ha diritto a un voto, indipendentemente dalle sue dimensioni e dal suo livello di sviluppo. Le decisioni di maggiore rilievo, come quelle relative alla pace internazionale e alla sicurezza, sono adottate con la maggioranza dei due terzi; le altre deliberazioni richiedono invece la maggioranza semplice (metà più uno dei presenti).
Alle riunioni dell'Assemblea normalmente partecipa, quale rappresentante nazionale, un alto diplomatico o, in particolari occasioni, il Ministro degli Esteri o il Capo dello Stato. Le decisioni maturate all'interno dell'Assemblea generale sfociano spesso in importanti accordi e in nuove norme di diritto internazionale.

Il Consiglio di sicurezza Il **Consiglio di sicurezza** ha come scopo specifico il mantenimento della pace nel mondo ed è composto da quindici membri, di cui cinque sono permanenti (Cina, Federazione russa, Francia, Gran Bretagna e Stati Uniti) e dieci vengono eletti ogni due anni, secondo criteri di rappresentanza geografica, dall'Assemblea generale. Il Consiglio di sicurezza può adottare decisioni che gli Stati membri sono vincolati a rispettare; può inoltre deliberare provvedimenti finalizzati a rafforzare le proprie decisioni, come le sanzioni economiche o il blocco degli scambi commerciali. In alcune occasioni il Consiglio ha autorizzato gli Stati aderenti a usare tutti i mezzi necessari, comprese le azioni militari, per ottenere che le sue decisioni fossero rispettate.
Al suo interno, ogni membro permanente possiede il **diritto di ▸veto**, che consiste nel potere di opporsi a una deliberazione del Consiglio, impedendone la realizzazione. Da tempo questo potere viene contestato a livello internazionale, in quanto permette che decisioni unilaterali, spesso rispondenti a meri interessi di parte, prevalgano sull'interesse generale.

Memo LESSICO
Il termine ▸**veto** deriva dal verbo latino *vetare*, che significa "proibire", "impedire", "opporsi". Nel diritto romano corrispondeva in particolare alla formula del divieto che poteva essere posto alle leggi del Senato da parte dei tribuni.

Il Segretariato Il **Segretariato** è la struttura amministrativa dei dipendenti delle Nazioni unite, con sede generale a New York. A capo del Segretariato si trova il **Segretario generale**, cui spettano funzioni di rappresentanza e di mediazione.

ESPANSIONE I diritti umani

ESPANSIONE Amnesty International

La Corte internazionale di giustizia La **Corte internazionale di giustizia** ha sede all'Aja, in Olanda, ed è composta da quindici giudici scelti, in base alla loro qualificazione, dall'Assemblea generale. Ha il compito di risolvere le controversie che possono insorgere tra gli Stati membri, sempre che siano questi a sottoporsi al suo giudizio arbitrale.

competenze in campo

1 Completa lo schema

ORGANIZZAZIONE DELLE NAZIONI UNITE

ESERCIZIO INTERATTIVO

- Organi dell'ONU
  - Assemblea ....
  - Consiglio di ....
  - ....
  - Corte internazionale di ....
- Funzioni: favorire la ...., la sicurezza e il benessere a livello ....

2 Osserva e rifletti

1. A quale organo dell'ONU fa riferimento l'immagine?
2. Che cosa accomuna gli Stati contrassegnati dal simbolo [ ]?

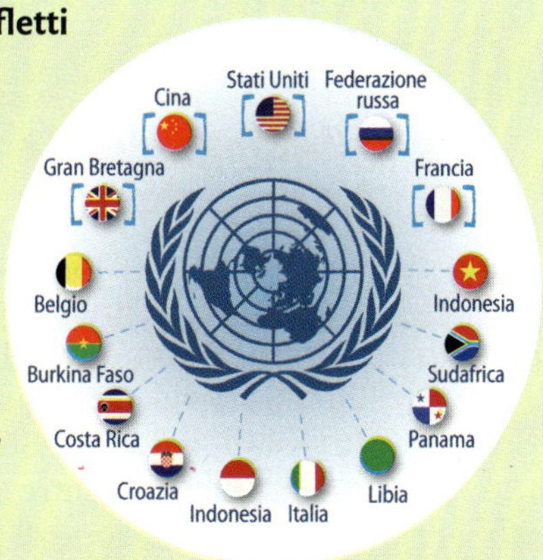

3 Individua il termine

ESERCIZIO INTERATTIVO

1. È l'organo dell'ONU che si riunisce a New York ed è composto dai rappresentanti di tutti gli Stati membri: ....
2. È l'organo dell'ONU, composto da quindici membri, che adotta decisioni vincolanti per tutti gli Stati membri: ....
3. È il diritto che compete ai cinque Stati membri permanenti del Consiglio di sicurezza dell'ONU: ....

4 Risolvi il caso

Il Consiglio di sicurezza dell'ONU delibera un intervento armato per evitare pericolose conseguenze nell'ambito di una situazione di tensione internazionale. Gli Stati Uniti, tuttavia, si oppongono. Si potrà procedere all'attacco militare? Perché?

mi riguarda perché...

SPUNTO DI RIFLESSIONE

Esistono ancora situazioni di guerra nel mondo? Purtroppo sì, certamente sei a conoscenza di molte di esse. Peraltro, la fondazione dell'ONU ha consentito la creazione di un terreno comune di dialogo tra i diversi Paesi, cercando di conciliare le divergenze, gli attriti, le tensioni. In particolare, l'ammissione all'ONU (2012) della Palestina come "osservatore dell'Assemblea generale" aumenta le speranze di tanti verso un possibile accordo tra arabi e israeliani, nonostante la complessità del conflitto.

Spazio multiculturale — La tutela dei diritti umani

Freedom House è un'organizzazione non governativa che svolge attività di ricerca e sensibilizzazione su democrazia e diritti umani; ogni anno pubblica il rapporto *Freedom in the world* (Libertà nel mondo), in cui viene data una misura del grado di libertà civili e diritti politici garantiti in ciascun Paese.
Tra gli Stati che tutelano maggiormente i diritti umani, previsti dalla Dichiarazione universale firmata nel 1948 dai Paesi ONU, rientrano quelli appartenenti all'Unione europea, il Canada, gli USA, l'Australia.
Gli Stati invece in coda alla classifica sono il Kazakistan, l'Uzbekistan, l'Arabia saudita, la Siria, il Sudan, la Repubblica Centrafricana, la Somalia, l'Eritrea, la Guinea equatoriale.

Detto da... Gino Strada

fondatore di Emergency

"Io credo che abolire la guerra non sia un'utopia, credo che sia indispensabile, che sia un progetto sul quale incominciare a riflettere e ad agire [...] Abolizione della guerra vuol dire anche abolizione della guerra contro i poveri, abolizione di quelle disuguaglianze e di quelle ingiustizie sociali che oggi fanno sì che un terzo degli abitanti del pianeta debba vivere con uno o due dollari al giorno."

Da un'intervista di C. Cianetti a Gino Strada, Rainews 24

La pena di morte

Si può uccidere in nome della legge?

Il diritto alla vita è ancora disatteso in molti Stati. La maggioranza delle esecuzioni capitali viene eseguita in Cina, Iran, Iraq e Corea del Nord. Se questi Stati si adeguassero alle convenzioni internazionali, il numero delle condanne a morte si ridurrebbe sensibilmente e il loro esempio verrebbe probabilmente seguito da altri Paesi.

La pena di morte nel tempo

Nell'antichità il ricorso alla pena di morte per **difendere la società** da chi commetteva reati o agiva contro gli interessi dello Stato era considerato normale; così era, per esempio, nelle civiltà egizia, greca e romana.
Il ricorso alla pena capitale sopravvisse per lungo tempo anche dopo il crollo dell'Impero romano, durante il Medioevo e il Rinascimento, senza essere messo in discussione fino all'epoca illuministica.
Il **dibattito sulla pena di morte** è iniziato solo in tempi relativamente recenti. Fu nel corso del Settecento, con l'Illuminismo, che nacquero le prime critiche: in particolare, nel 1764 venne pubblicato il libro del famoso giurista, filosofo, economista e letterato italiano **Cesare Beccaria** (1738-1794) intitolato *Dei delitti e delle pene*, in cui si sosteneva il principio della **funzione educatrice delle sanzioni giuridiche**, con la conseguenza di escludere da esse la pena di morte.

L'impegno delle associazioni internazionali

Nell'ultimo decennio, grazie soprattutto alle massicce **campagne contro la pena di morte** portate avanti da associazioni internazionali, tra le quali spicca **Amnesty International**, molti Stati hanno abolito la pena di morte, mentre altri l'hanno esclusa per alcune categorie di persone, quali i minori, le donne in stato di gravidanza, i malati mentali.
Nel corso degli ultimi anni l'Assemblea generale delle Nazioni unite ha approvato risoluzioni volte a ottenere una **moratoria** (sospensione) **sulle esecuzioni**; tali risoluzioni, per quanto non siano vincolanti, hanno un forte peso politico e morale al fine di convincere alcuni Paesi ad abbandonare l'uso della pena capitale.

La pena di morte in Italia

Applicata durante il periodo fascista, **la pena di morte è stata abolita dalla Costituzione**: l'Italia non ammette in alcun caso la pena capitale, confermando in tal senso un'essenziale *conquista civile* e la fiducia nel carattere rieducativo delle pene.

LA PENA DI MORTE NEL MONDO

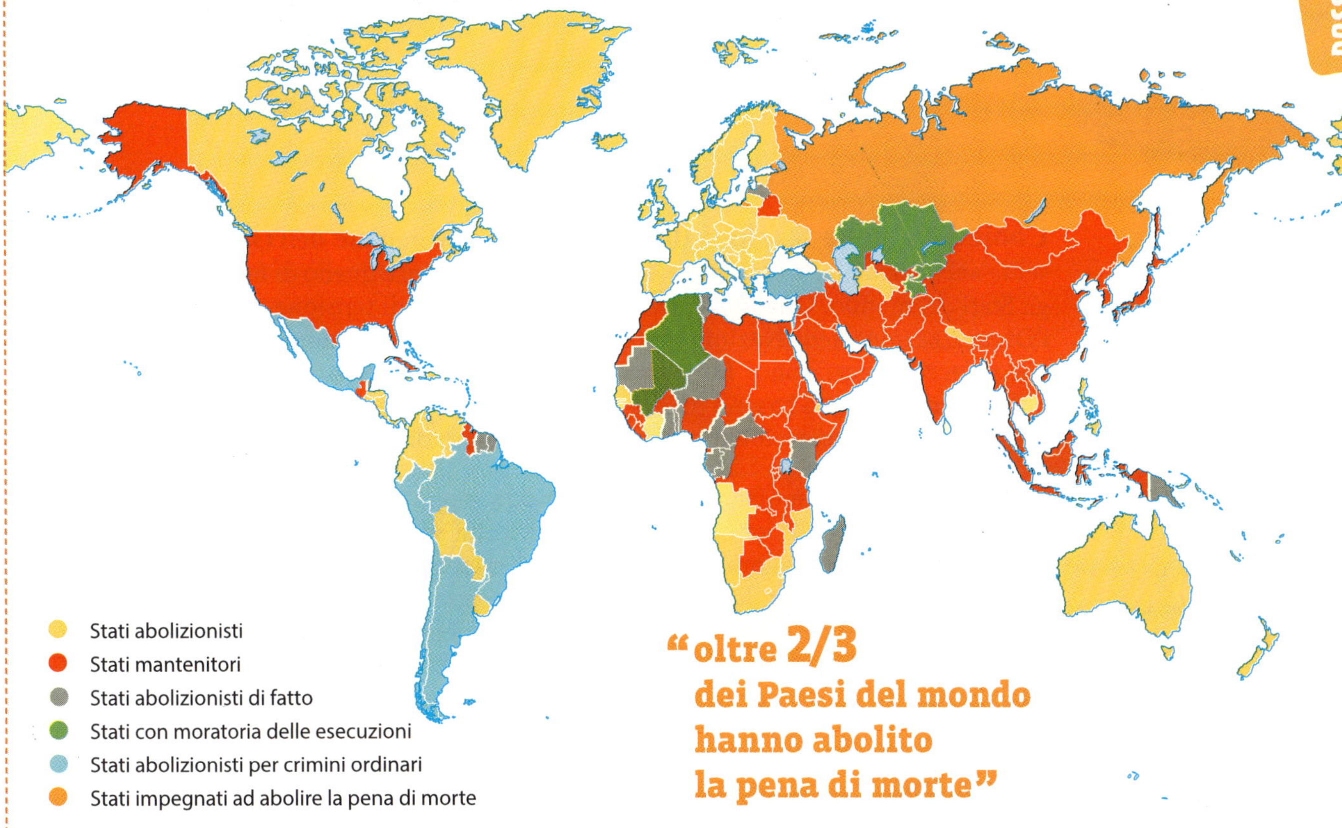

Elaborazione grafica su dati tratti dal Rapporto 2015 di Nessuno tocchi Caino (www.nessunotocchicaino.it)

Perché dire NO

▪ **Perché va contro un diritto inviolabile: quello alla vita**. La pena di morte nega un diritto che nessun essere umano può arrogarsi di togliere e corrisponde quindi a un *omicidio legalizzato*, in cui lo Stato si pone sullo stesso piano dei criminali. Infatti, applicando la pena capitale, lo Stato per punire un delitto ne commetterebbe uno a sua volta.

▪ **Perché non funziona come valido deterrente**. Chi commette reati gravi opera generalmente in condizioni che prescindono dalla valutazione dei possibili effetti delle proprie azioni.

▪ **Perché è disumana**. Pensiamo al *carattere crudele* della pena di morte, basata sulla sofferenza sia fisica sia mentale; inoltre, è dimostrato che non dà conforto ai familiari delle vittime.

▪ **Perché non consente riscatto sociale e morale.** La pena di morte *nega qualsiasi possibilità di riabilitazione*, non dà modo a chi ha commesso crimini di redimersi, di pentirsi e di reinserirsi positivamente nel contesto sociale. La nostra Costituzione coglie molto bene questo aspetto quando afferma, nel co. 3, art. 27, che «Le pene non possono consistere in trattamenti contrari al senso di umanità e devono tendere alla rieducazione del condannato».

IL TUO PUNTO DI VISTA

1. Secondo te perché molti Paesi, pur dichiarandosi Stati di diritto, applicano ancora la pena di morte?
2. Tra le possibili motivazioni che inducono a rifiutare il ricorso alla pena capitale, quali ritieni più efficaci e perché?
3. Quali misure ti senti di proporre contro i crimini gravi o, meglio, per prevenirli?

LEZIONE 3

La tutela della pace

VIDEO START Il coraggio delle idee a favore della pace

AUDIOTESTO

L'obiettivo delle Nazioni unite L'**obiettivo principale dell'ONU**, che rappresenta anche la ragione essenziale della sua costituzione, è quello di favorire la pace tra gli Stati del mondo. Quando si determinano situazioni di tensione tra due o più Stati, l'Organizzazione delle Nazioni unite può intervenire adottando provvedimenti prima che gli eventi degenerino. Tali provvedimenti possono consistere in atti di **diplomazia preventiva**, che si basano prevalentemente su interventi di mediazione, e in **atti di pacificazione**, riconoscibili in negoziati e in accordi di "cessate il fuoco".

Memo LESSICO
Il sostantivo ▸**embargo**, dallo spagnolo *embargar*, "impedire", corrisponde al divieto di effettuare scambi commerciali.

L'embargo Molto spesso, come la realtà purtroppo ci dimostra, gli interventi diplomatici e di pacificazione non sono sufficienti a scongiurare il conflitto. Il Consiglio di sicurezza può allora chiedere ai Paesi membri dell'ONU di interrompere gli scambi commerciali con lo Stato o con gli Stati interessati, tagliando inoltre tutte le vie di comunicazione. Questo tipo di provvedimento, noto con il nome di ▸**embargo**, richiede però tempi di realizzazione molto lunghi; inoltre i suoi effetti ricadono inevitabilmente sulla popolazione, spesso aggravandone le condizioni di povertà, senza colpire i reali responsabili.

I caschi blu Un'alternativa all'embargo consiste nell'inviare forze di pace neutrali, i cosiddetti **caschi blu**, per presidiare le zone interessate e controllare che gli eventuali accordi di tregua vengano rispettati. L'invio di forze di pace è però subordinato al consenso delle parti in conflitto, non sempre disponibili a questo intervento. I caschi blu, così chiamati per il colore del copricapo che indossano, sono contingenti militari inviati da tutti gli Stati aderenti all'ONU e, rappresentando una forza di pace, sono sottoposti ad alcune limitazioni:

- non possono schierarsi a favore di una delle parti in conflitto;
- possono utilizzare solo armi leggere;
- non possono usare la forza se non in caso di attacco.

Memo LESSICO
Il termine ▸**genocidio**, composto dal greco *ghènos* ("stirpe") e dal suffisso -cidio, derivato dal verbo latino *caedere* ("uccidere", "distruggere"), indica lo sterminio di un gruppo etnico, razziale o religioso.

Gli interventi militari Quando la situazione degenera in episodi di guerra e non si intravedono alternative di soluzione, il Consiglio di sicurezza può inviare i propri mezzi militari per azioni di interposizione tra le parti, o, addirittura, deliberare un **intervento armato** volto a contrastare gravi violazioni del diritto internazionale.

La Corte penale internazionale Nell'ambito dell'ONU, per dare una concreta attuazione alla volontà di collaborare per la pace, la giustizia e, soprattutto, per il rispetto dei diritti umani, è stata istituita, con sede all'Aja, in Olanda, una **Corte penale internazionale**, composta da diciotto giudici. Si tratta di un organo permanente, indipendente rispetto alle giurisdizioni penali nazionali, che può esercitare il proprio potere giurisdizionale sulle persone fisiche per i più gravi crimini di portata internazionale, come il ▸*genocidio*, i *crimini contro l'umanità*, i *crimini di guerra* e il *crimine di aggressione*. Tra i crimini contro l'umanità rientrano la tortura, lo stupro, la persecuzione di un gruppo per motivi razziali, etnici o religiosi. I crimini di guerra corrispondono, invece, agli attacchi militari contro popolazioni civili, all'utilizzo di armi chimiche, alla violazione della dignità delle persone. L'aggressione, infine, consiste nello scatenare guerre contro altri popoli in violazione dei trattati internazionali.

ESPANSIONE UNESCO: l'Italia e i Caschi blu della cultura

ESPANSIONE I crimini contro l'umanità e i crimini di guerra nello statuto della Corte penale internazionale

CASO Il Capo del Governo di uno Stato africano ordina ai militari di intervenire in una regione del proprio Paese per sterminare la popolazione appartenente a una minoranza etnica locale, colpevole, a suo giudizio, di avere sempre osteggiato il suo potere politico. Per quale reato potrebbe essere processato davanti alla Corte penale internazionale?
■ *Trattandosi dello sterminio di un gruppo etnico, potrebbe essere processato per genocidio.*

competenze in campo

1 Completa il testo

Per risolvere situazioni di .... tra due o più Stati, l'ONU può ricorrere ad atti di .... preventiva e di ....
Se questi non sono sufficienti può procedere all'........................ commerciale, all'invio dei .... blu o a interventi ....

ESERCIZIO INTERATTIVO

2 Osserva e rifletti

L'obiettivo principale per cui fu istituita l'ONU è la **pace mondiale**. Attraverso quali interventi opera l'ONU in tal senso? A tuo parere, gli interventi armati posti in essere quando non si trovano altre soluzioni rientrano in questo obiettivo?

3 Rifletti e rispondi

Uno degli impegni più difficili dell'ONU è quello di favorire la pacifica convivenza di arabi e israeliani nei territori palestinesi, compresi tra il fiume Giordano e il mar Mediterraneo, noti per essere stati il centro di tre religioni diverse: l'ebraismo, il cristianesimo e l'islamismo. I numerosi interventi dell'ONU per favorire la pace hanno ottenuto successi solo parziali, tanto che periodicamente la tensione in quest'area si acuisce, rischiando di compromettere anni e anni di negoziati.
Come potrebbe essere efficacemente affrontata, secondo te, questa gravissima situazione?

mi riguarda perché...

SPUNTO DI RIFLESSIONE

Ti sarà capitato di leggere o di ascoltare notizie relative ad atti di violenza particolarmente odiosi perpetrati nei confronti delle popolazioni civili coinvolte in situazioni di guerra. Il fatto che sia stata istituita la Corte penale internazionale allo scopo di giudicare i crimini di guerra e quelli contro l'umanità ci fa sperare, da un lato, nella prevenzione di tali atti e, dall'altro, nell'idea che almeno venga fatta giustizia verso gli autori di questi orribili crimini.

Detto da... Laura Pausini

"Il mondo che vorrei ci sparerebbe i fiori, non sentiremmo più il suono dei cannoni. Il mondo che vorrei farebbe più giustizia per tutti quelli che la guerra l'hanno vista e coi loro occhi chiedono di più."

A quali riflessioni ti inducono le parole della canzone *Il mondo che vorrei* di Laura Pausini?

Lavorare insieme

- Suddividetevi in gruppi in base alle indicazioni dell'insegnante.
- Disponetevi in modo da poter comunicare tra di voi parlando sottovoce, così da non disturbare gli altri.
- Collegandovi all'indirizzo della Corte penale internazionale (www.icc-cpi.int, il testo è in inglese o in francese) individuate a vostra scelta uno dei casi su cui la Corte sta indagando e analizzate a quale crimine si riferisce. Confrontate poi il risultato della vostra ricerca con quello degli altri gruppi, aprendo un dibattito sulle gravi violazioni di diritti umani in atto in alcune zone del mondo.

LEZIONE 4

La NATO e le altre organizzazioni internazionali

VIDEO START La partecipazione dell'Europa alla NATO

AUDIOTESTO

Memo LESSICO
Il termine ▸ **patto** deriva dal sostantivo latino *pactum* e indica un accordo tra due o più soggetti che si vincolano a determinati impegni.

Memo
Nel 1955, come reazione alla costituzione della NATO, venne sottoscritto a Varsavia un accordo tra Unione sovietica, Polonia, Cecoslovacchia, Germania dell'Est, Ungheria e Bulgaria. Questo accordo, che prese il nome di **Patto di Varsavia**, si basava come la NATO sul principio di reciproca difesa tra gli Stati membri.

Il Patto atlantico e il suo ampliamento La **NATO** (*North Atlantic Treaty Organization*) è un'organizzazione politico-militare di difesa che fu costituita nel 1949 attraverso il ▸ *Patto atlantico* per proteggere i Paesi membri dal rischio di un conflitto militare con l'Unione sovietica e i suoi alleati. Gli Stati aderenti, infatti, si impegnarono reciprocamente ad azioni di aiuto, anche di carattere militare, in caso di aggressioni esterne.

In seguito al crollo del muro di Berlino (1989) e al conseguente scioglimento dell'Unione sovietica (1992) iniziarono i primi contatti di avvicinamento tra la NATO e gli Stati che ne erano esclusi. Così, nel maggio 1997 venne firmato a Parigi l'**Atto fondatore**, un patto di cooperazione e sicurezza tra i Paesi della NATO e la Federazione russa in base al quale questo Stato partecipa alla NATO non in veste di membro effettivo, ma come associato con diritto di parola e viene quindi coinvolto nel nuovo ordine europeo. I principi cui si ispira il Patto atlantico consistono essenzialmente nella *tutela della libertà dei popoli*, nel *rispetto della pace e della sicurezza* e nella *salvaguardia dell'integrità territoriale degli Stati.*

CASO Ipotizza che la Turchia subisca un attacco militare. In base alla sua partecipazione alla NATO, l'Italia può essere tenuta a inviare le proprie truppe in difesa della Turchia?
■ *Sì, in quanto i membri della NATO si sono impegnati reciprocamente ad azioni di aiuto in caso di aggressioni esterne.*

Il G8 e il G20 Del **Gruppo degli Otto (G8)**, fanno parte i sette Paesi più industrializzati del mondo (*Gruppo dei Sette* o *G7*: Canada, Francia, Germania, Giappone, Regno Unito, Italia, Stati Uniti) e, dal 1998, la Federazione russa, che dal 1992 ha partecipato ai vertici in qualità di "invitato speciale".

Questo organismo si riunisce periodicamente allo scopo di discutere problemi di rilevanza mondiale, soprattutto di carattere economico, politico e ambientale.

Dal 1999 opera anche il **Gruppo dei Venti (G20)**, che riunisce un rappresentante dell'Unione europea, gli Stati membri del G8 e i Paesi con economie emergenti. Lo scopo di questa organizzazione è di *favorire il dialogo tra i Paesi membri* e di *stabilizzare le rispettive economie*. Fanno parte del G20: Canada, Federazione russa, Francia, Germania, Giappone, Regno Unito, Italia, Stati Uniti, già membri del G8, cui si aggiungono Arabia Saudita, Argentina, Australia, Brasile, Cina, Corea del Sud, India, Indonesia, Messico, Sudafrica e Turchia.

Il WTO L'**Organizzazione mondiale del commercio**, denominata **WTO** (*World Trade Organization*), è stata fondata nel 1995, ha sede a Ginevra e ne fanno parte 146 Paesi. Il WTO si propone l'*obiettivo di liberalizzare gli scambi internazionali* attraverso l'eliminazione delle barriere doganali e la riduzione delle tariffe commerciali. A tale scopo organizza negoziati internazionali, risolve eventuali dispute di natura commerciale tra gli Stati e assiste nella politica economica i Paesi in via di sviluppo.

La convenzione che istituì il WTO pose l'obbligo, per gli Stati che avessero voluto parteciparvi, di rispettare alcuni principi fondamentali, come l'esercizio del commercio senza fare discriminazioni sull'origine nazionale dei prodotti, una competizione equa che tenga conto delle necessità dei membri e l'impegno a favorire lo sviluppo e le riforme economiche necessarie a quegli Stati che si avviano verso un'economia di mercato.

CASO Un nuovo Paese chiede di aderire al WTO, ponendo come condizione che vengano boicottati i traffici commerciali verso uno Stato confinante con cui storicamente non ha buoni rapporti. Potrà essere accolta la domanda di adesione?
■ *No, perché la condizione posta è in contrasto con i principi fondamentali del WTO.*

ESPANSIONE Le radici della tensione tra Russia e Ucraina

competenze in campo

1 Completa le frasi

DIDATTICA INCLUSIVA

NATO

Alleanza .... che impegna i Paesi membri ad aiutarsi reciprocamente in caso di .... esterna

G20

Organismo costituito da un rappresentante dell' .... , i Paesi del G8 e i Paesi con economie emergenti, con l'obiettivo di favorire il .... tra gli Stati e stabilizzare le loro ....

WTO

Organizzazione mondiale del .... , che ha l'obiettivo di .... i traffici commerciali

ESERCIZIO INTERATTIVO

2 ●●● **Osserva e rifletti**

Quali sono gli obiettivi del WTO e quali sono i suoi principi ispiratori?

3 ●●● **Completa le frasi**

ESERCIZIO INTERATTIVO

1. I principi ispiratori della NATO sono fondamentalmente la tutela della .... dei popoli, la .... territoriale degli Stati e la .... comune.
2. Del G20 fanno parte gli Stati membri del ...., i Paesi con economie .... e un rappresentante dell'............ .
3. Il WTO si propone di liberalizzare gli .... internazionali, eliminando le .... doganali e riducendo le .... commerciali.

mi riguarda perché...

SPUNTO DI RIFLESSIONE

La consapevolezza dell'ampliamento del Patto atlantico, che prevede oggi la partecipazione di Paesi che in passato facevano parte dell'Unione sovietica, aumenta in noi la speranza che il terreno di dialogo tra gli Stati membri rafforzi i loro obiettivi di cooperazione e di pace.

FOCUS Il movimento no global

L'operato del WTO è spesso oggetto di forti critiche, in particolare dal movimento dei **no global**, noto anche come *popolo di Seattle* dal nome della città americana dove apparve per la prima volta. Oltre alle manifestazioni, i no global ricorrono a forme di protesta, per esempio le azioni di boicottaggio, e a interventi di informazione sugli aspetti negativi della globalizzazione. Essi ritengono che la struttura attuale del commercio internazionale non sia in grado di tutelare le esigenze dei Paesi in via di sviluppo e le loro fragili economie. Tali critiche esplodono in manifestazioni di protesta in occasione dei vertici del WTO, come nel 1999 a Seattle (Stati Uniti), nel 2003 a Cancun (Messico) e nel 2009 a Ginevra.

Le tue domande — Qual è stato il più recente intervento della NATO?

Nel 2011, nel clima generale di protesta contro i regimi autoritari nei Paesi nordafricani (noto con l'espressione giornalistica "Primavera araba"), si delineò l'**emergenza della Libia**. Il popolo libico scese in piazza per contestare il regime autoritario del colonnello Gheddafi (presidente-dittatore dal 1969) e chiedere un'apertura democratica; la risposta fu una repressione feroce, con migliaia di morti. La NATO intervenne, con un'operazione che si concluse dopo che Gheddafi fu catturato e ucciso dai ribelli libici, nell'ottobre 2011.

LEZIONE 5

L'Unione europea e le sue origini storiche

VIDEO START
Il primo passo verso l'Europa unita

AUDIOTESTO

Memo LESSICO

Il termine ▸**inflazione** è riconducibile al verbo latino *inflare*, che significa letteralmente "gonfiare"; in effetti, in caso di inflazione succede proprio che i prezzi aumentino, "si gonfino".

Il ▸**confino** politico era una misura di Polizia, introdotta nell'Italia fascista nel 1931, che condannava gli oppositori del regime a dimorare per un certo periodo in luoghi lontani dalla propria residenza.

La crisi tra le due guerre Nel periodo compreso tra la Prima e la Seconda guerra mondiale l'Europa conobbe, in ambito economico e sociale, momenti di estrema difficoltà legati ▸all'inflazione, alla disoccupazione, alla ricostruzione; inoltre, approfittando della crisi economica e del clima di malcontento popolare, si imposero al potere *ideologie e regimi totalitari*. Lo spirito di unità e di fratellanza che aveva permeato la cultura europea venne calpestato dal razzismo, gli aneliti di unificazione vennero annullati dall'odio e dalla sopraffazione. In questo contesto non mancarono, tuttavia, contributi positivi all'idea di un'unificazione europea che portasse a superare gli odi e i nazionalismi; ricordiamo, in particolare, il progetto di federazione europea elaborato nel 1941 da Altiero Spinelli (1907-1986) e da altri esponenti politici condannati, come lui, al ▸confino nell'isolotto di Ventotene, vicino a Gaeta.

Il *Manifesto di Ventotene* Il progetto di Spinelli prese il nome di ***Manifesto di Ventotene***: esso prevedeva la costituzione di un potere democratico che, pur rispettando l'autonomia degli Stati, eliminasse i motivi di tensione e costituisse tra loro una federazione. Il *Manifesto* affermava anche che si dovessero ormai ritenere superati e dannosi i nazionalismi, soprattutto alla luce delle esperienze storiche vissute. Inoltre era sostenuto l'ideale di un avvicinamento sociale, economico, culturale e religioso (garantendo rispetto a tutte le confessioni) tra i popoli d'Europa, e un miglioramento delle loro condizioni di vita, con particolare riferimento al mondo lavorativo, che avrebbe dovuto basarsi sul rispetto e sulla dignità della persona.

Memo LESSICO

Il termine ▸**dazio** deriva dal latino *datio* ("tributo"), a sua volta collegato al verbo *dare* ("dare"), e indica una somma di denaro dovuta allo Stato per l'ingresso o per l'uscita di merci dal suo territorio.

L'istituzione della CECA Nel maggio 1950 il ministro degli Esteri francese Robert Schuman, riprendendo gli ideali del *Manifesto di Ventotene*, elaborò un progetto destinato a mettere in comune tra gli Stati europei le risorse di carbone e di acciaio, così da aumentare la produzione di tali materie prime, di ridurne i costi e di abolire i ▸dazi doganali relativi a esse. Il 18 aprile 1951 venne firmato a Parigi il Trattato istitutivo della **CECA** (**Comunità europea del carbone e dell'acciaio**), cui aderirono Belgio, Francia, Germania, Italia, Lussemburgo e Paesi Bassi. L'istituzione della CECA segnò il primo passo verso la realizzazione dell'unione europea, dando origine a una solidarietà produttiva destinata a estendersi e a tradursi, più tardi, in un'unificazione economica e sociale.

L'istituzione della CEE Nel 1955 il ministro degli Esteri belga Paul Henry Spaak propose di abolire i dazi doganali tra gli Stati membri della CECA e di adottare tariffe doganali comuni verso i Paesi estranei alla comunità, allo scopo di costituire un mercato europeo comune. A Roma, il 25 marzo 1957, venne firmato il Trattato istitutivo della **Comunità economica europea** (CEE), cui aderirono gli stessi Stati già uniti nella CECA, per cui si cominciò a parlare di *Europa dei sei*.

Il Mercato comune europeo La costituzione della CEE si basò su una confederazione tra Stati sovrani, uniti tra loro da un mercato comune volto a favorire l'avvicinamento delle politiche economiche e a consentire uno sviluppo economico equilibrato tra gli Stati partecipanti. Il **Mercato comune europeo** (**MEC**) si realizzò pienamente nel luglio 1968, quando, aboliti i dazi doganali tra i sei Stati membri, si fissò una tariffa esterna comune verso i prodotti importati dai Paesi non aderenti al mercato comune. I primi risultati dell'"accordo doganale" furono positivi: gli scambi commerciali tra gli Stati membri aumentarono di circa il 30% e ci fu un generale miglioramento del tenore di vita dei popoli europei, con un aumento dei consumi e un periodo di stabilità monetaria.

ESPANSIONE
Le origini storiche dell'Unione europea

competenze in campo

1 Completa le frasi

a. La costituzione della Comunità economica europea si basò su una .... tra Stati sovrani, uniti economicamente tra loro da un mercato .... volto a favorire l'avvicinamento delle politiche .... e a consentire uno .... economico equilibrato tra gli Stati partecipanti.

b. Il MEC abolì i dazi .... e fissò una .... esterna comune per i prodotti .... dagli Stati non aderenti al mercato .... europeo.

ESERCIZIO INTERATTIVO

2 Osserva e rifletti

L'immagine si riferisce al Trattato con cui fu istituita la Comunità economica europea. In quale luogo e anno fu firmato? Quali furono i sei Paesi aderenti?

3 Analizza la norma

L'art. 2 del Trattato istitutivo della Comunità economica europea (1957) afferma: «La Comunità ha il compito di promuovere nell'insieme della Comunità [...] uno sviluppo armonioso, equilibrato e sostenibile delle attività economiche, un elevato livello di occupazione e di protezione sociale, la parità tra uomini e donne, [...] un elevato livello di protezione dell'ambiente [...]». Secondo te, con riferimento ai nostri giorni, si possono ritenere realizzati gli obiettivi indicati nella norma? Perché?

mi riguarda perché...

SPUNTO DI RIFLESSIONE

Il confronto storico relativo ai rapporti tra gli Stati europei prima e dopo la fondazione dell'Unione europea rafforza la nostra consapevolezza che, al di là delle tante difficoltà che ancora caratterizzano l'Europa unita, l'obiettivo di superare i nazionalismi tra gli Stati a favore della cooperazione e della pace è stato raggiunto, agevolando le nostre vite e quelle delle generazioni future.

FOCUS Dal *Manifesto di Ventotene*

«Il problema che in primo luogo va risolto, e fallendo il quale qualsiasi altro progresso non è che apparenza, è la definitiva abolizione della divisione dell'Europa in Stati nazionali sovrani. [...] Gli spiriti sono già ora molto meglio disposti che in passato a una riorganizzazione federale dell'Europa. [...] Con la propaganda e con l'azione, cercando di stabilire in tutti i modi accordi e legami tra i movimenti simili che nei vari Paesi si vanno formando, occorre fin d'ora gettare le basi di un movimento che sappia mobilitare tutte le forze per far sorgere il nuovo organismo, che sarà la creazione più grandiosa e più innovatrice sorta da secoli in Europa; per costituire un largo Stato federale, il quale disponga di una forza armata europea al posto degli eserciti nazionali, spazzi decisamente le autarchie economiche, spina dorsale dei regimi totalitari, abbia gli organi e i mezzi sufficienti per fare eseguire nei singoli Stati federali le sue deliberazioni, dirette a mantenere un ordine comune, pur lasciando agli Stati stessi l'autonomia che consente una plastica articolazione e lo sviluppo della vita politica secondo le peculiari caratteristiche dei vari popoli.»

- Pensi che gli auspici di Altiero Spinelli espressi nel *Manifesto di Ventotene* si siano effettivamente realizzati? Perché?

LEZIONE 6

L'evoluzione dell'Unione europea e l'allargamento

VIDEO START
Tappe fondamentali verso l'Unione europea

AUDIOTESTO

Memo
Prima dell'introduzione del Sistema monetario europeo, in Europa era stato applicato dal 1972 il cosiddetto **Serpente monetario europeo**: un sistema di cambi in base al quale le autorità monetarie di alcuni Paesi europei (Belgio, Francia, Germania, Italia, Paesi Bassi, Norvegia, Danimarca e Regno unito) avevano fissato i rapporti di cambio tra le loro monete e si erano impegnate a rispettare determinati margini di oscillazione intorno alle parità monetarie delle loro valute.

La crisi della CEE All'interno dei Paesi comunitari, sul finire degli anni Sessanta del secolo scorso, si presentarono, con diversa intensità da Stato a Stato, i problemi dell'inflazione, della disoccupazione, del rallentamento dello sviluppo e dell'instabilità monetaria. La Comunità europea entrò pertanto in crisi, incapace di superare i problemi interni e di reggere adeguatamente il confronto con il resto del mondo.

Il Parlamento europeo e lo SME Una spinta alla ripresa giunse verso la fine degli anni Settanta. Nel 1979 furono istituiti il **Parlamento europeo** e il **Sistema monetario europeo (SME)**, che era un particolare sistema di cambi tra le monete degli Stati comunitari finalizzato a favorirne la stabilità.

L'Atto unico europeo Nel 1986 venne siglata dai Paesi membri una modifica del Trattato di Roma, attraverso l'**Atto unico europeo**, con il quale si intese superare l'ottica esclusivamente economica dell'unione europea, indirizzandosi verso una serie di ulteriori obiettivi, come la *piena libertà di circolazione e di soggiorno* all'interno dell'Europa per tutti i cittadini europei, l'*unione monetaria*, con l'istituzione di una sola moneta e di una sola banca centrale, e l'*unione politica* tra gli Stati.

Il Trattato di Maastricht Il 7 febbraio 1992, a Maastricht (Olanda), venne firmato il **Trattato sull'Unione europea**, con cui deliberarono le diverse tappe da adottare per dare il via all'*unione monetaria*, che avrebbe avuto il suo completamento con l'introduzione della moneta unica, l'**euro**, all'*unione sociale*, promuovendo condizioni di parità tra i cittadini europei, all'*unione politica*, mediante iniziative comuni in determinati settori.

ESEMPIO Tra le iniziative comuni dell'Unione rientra la politica dell'immigrazione, che si basa su un sistema di tutela comune e di equo trattamento degli immigrati, e sulla gestione e coordinata dei flussi migratori, anche in collaborazione con i Paesi d'origine.

La nascita dell'UE In seguito all'ampiamento degli obiettivi comuni fu abbandonata la denominazione di Comunità economica europea a favore di quella, più idonea, di **Unione europea** (UE).

Il Mercato unico europeo A partire dal 1993 si instaurò il **Mercato unico europeo** mediante il quale, a superamento del MEC che era basato esclusivamente sull'abolizione dei dazi doganali, si introdusse la *piena libertà di movimento* da un Paese all'altro della Comunità di prodotti, servizi, imprese, capitali e persone, senza più ostacoli di natura fiscale, fisica e tecnica.

Memo LESSICO
Il termine ▸ **acquis**, di origine francese, condivide la radice con il verbo *acquisire*, che significa "acquistare", "aderire"; indica infatti l'acquisizione della normativa europea.

Dall'Europa dei sei all'Europa dei ventotto Dal 1957 a oggi è proseguito, in tappe successive, il processo di allargamento dell'Unione. L'*Europa dei sei*, quale si era delineata con il Trattato di Roma, si è allargata nei decenni successivi fino a divenire, nel 2013, l'**Europa dei ventotto** (ricordiamo però che a seguito del referendum popolare del 23 giugno 2016 il Regno Unito si trova in una fase transitoria di uscita dall'UE, la cosiddetta *Brexit*).
I criteri necessari perché nuovi Stati possano aderire all'Unione europea sono stati stabiliti nel **Consiglio di Copenaghen** del 1993. Essi sono essenzialmente: il *rispetto dei diritti umani; la garanzia della struttura democratica dello Stato; la tutela delle minoranze; l'efficienza dell'economia; il recepimento* ▸ *dell'"acquis" comunitario*, intendendosi con questo termine l'insieme di tutte le regole proprie della Comunità europea. Di conseguenza gli Stati candidati all'ingresso nell'UE hanno dovuto adeguare le proprie legislazioni alle norme dell'Unione e ai contenuti di tutti i Trattati.

competenze in campo

1 Completa le frasi

a. Nel 1992 a Maastricht (Olanda) venne firmato il .... , con cui si diede il via all'unione .... , sociale e .... dell'Europa.

b. Il Mercato unico europeo si basa sulla libertà di movimento tra gli .... membri di .... , servizi, imprese, capitali e ....

c. Dal 1957 a oggi il processo di allargamento dell'Unione ha portato dall'iniziale Europa dei .... all'attuale Europa dei ....

ESERCIZIO INTERATTIVO

2 Osserva e rifletti

In che senso si può parlare, oggi, di Mercato unico europeo? Che cosa presenta in più rispetto al Mercato comune europeo realizzato alla fine degli anni Sessanta del secolo scorso?

3 Indica il termine corretto

ESERCIZIO INTERATTIVO

1. Fu l'organo comunitario istituito nel 1979:
   - ☐ Commissione
   - ☐ Parlamento
   - ☐ Consiglio europeo
   - ☐ Corte dei conti
2. Il Mercato comune europeo è evoluto in:
   - ☐ mercato unitario
   - ☐ mercato unico
   - ☐ mercato internazionale
   - ☐ mercato reale
3. Il Consiglio europeo in cui vennero definiti i criteri di adesione all'Unione europea si tenne nella città di:
   - ☐ Maastricht
   - ☐ Parigi
   - ☐ Copenaghen
   - ☐ Roma

mi riguarda perché...

SPUNTO DI RIFLESSIONE

Il processo di allargamento dell'Unione europea ha determinato profondi cambiamenti nella vita di tutti i cittadini europei. Pensa per esempio alla moneta unica (l'euro), oggi adottata da ben 19 Paesi, oppure alla possibilità di muoversi liberamente da un Paese all'altro. In generale, inoltre, il percorso di integrazione ha favorito il dialogo, la cooperazione e la pace tra i popoli dell'Europa.

Educazione finanziaria – Il cambio e il sistema di cambi amministrati

Il **cambio** indica la quantità di moneta nazionale necessaria per acquistare una unità di valuta straniera; in pratica è il prezzo della valuta straniera (per esempio, per acquistare un euro sono necessari un dollaro e dodici centesimi). Tra i sistemi di cambio, quello dei **cambi amministrati**, che fu adottato con il **Sistema monetario europeo**, si applica quando le banche centrali dei Paesi aderenti intervengono sul mercato dei cambi per impedire eccessive fluttuazioni delle quotazioni.
Oggi la maggior parte degli Stati utilizza il sistema dei **cambi flessibili**, in cui il valore della moneta nazionale è liberamente determinato dal mercato in base alla legge della domanda e dell'offerta.

Le tue domande – Che cosa si intende per libertà di movimento dei capitali nell'UE?

La libera circolazione dei capitali significa che tutti i cittadini dell'Unione europea possono trasferire titoli o denaro da uno Stato membro all'altro oppure investire capitali in un qualunque Stato dell'Unione.

visualizzare per apprendere

LE PRINCIPALI TAPPE DELL'UNIONE EUROPEA

INFOGRAFICA INTERATTIVA

1957

- Belgio
- Italia
- Francia
- Lussemburgo
- Germania
- Paesi Bassi

Belgio, Francia, Germania, Italia, Lussemburgo e Paesi Bassi firmano i **Trattati di Roma**, con i quali vengono istituite la Comunità economica europea (**CEE**) e la Comunità europea dell'energia atomica (**EURATOM**)

1992

A **Maastricht** (Paesi Bassi) viene siglato il **Trattato sull'Unione europea** che dà vita:
- all'unione monetaria (getta le basi dell'**euro**)
- all'unione sociale (introduce il principio della **cittadinanza europea**)

1993

- Si realizza il **mercato unico** (libera circolazione di merci, servizi, capitali e persone)
- Il **Consiglio di Copenaghen** fissa i criteri di adesione all'UE

1995

- Austria
- Finlandia
- Svezia

Entra in vigore l'**accordo di Schengen** (Lussemburgo), firmato nel 1985 da Belgio, Francia, Germania, Lussemburgo e Paesi Bassi, che sopprime i controlli alle frontiere: oggi vi aderiscono quasi tutti gli Stati membri e anche Stati extra UE (per esempio la Svizzera)

2007

- Bulgaria
- Romania

Il **Trattato di Lisbona** riforma le istituzioni comunitarie, rafforza la politica sociale e riconosce carattere vincolante al rispetto dei diritti umani

2013

- Croazia

2016

Brexit
- Regno Unito

Referendum per l'uscita del Regno Unito dall'UE

Legenda:
- uscita del Regno Unito dalla Comunità europea
- adesione dei Paesi alla Comunità europea

La bandiera dell'UE nasce nel 1955 all'interno del Consiglio d'Europa* ed è adottata dalla Comunità europea nel 1985.

Le **12 stelle** giallo oro, disposte a cerchio in campo blu, non rappresentano il numero dei Paesi membri ma l'**identità**, l'**armonia** e la **solidarietà** tra i popoli d'Europa.

*Il **Consiglio d'Europa** è la principale organizzazione di difesa dei diritti umani, con sede a Strasburgo: comprende 47 Stati membri, 28 dei quali fanno anche parte dell'UE.

1968

Si realizza il **Mercato comune europeo** (MEC), già previsto nei Trattati di Roma: in particolare vengono aboliti i dazi doganali tra gli Stati membri

1973

Danimarca
Irlanda
Regno Unito

1979

Nasce il **Parlamento europeo** e viene istituito il **Sistema monetario europeo (SME)**, per stabilizzare i cambi tra le monete degli Stati comunitari

1981

Grecia

1986

Portogallo
Spagna

Viene firmato a Lussemburgo l'**Atto unico europeo** che ha comportato la revisione dei Trattati di Roma per rilanciare l'integrazione europea non solo economica, ma anche sociale e politica

2000

A **Nizza** viene proclamata la ***Carta dei diritti fondamentali dell'Unione europea***

2002

Il 1° gennaio l'**euro** entra in circolazione in 12 Paesi dell'UE

2004

Cipro
Estonia
Lettonia
Lituania
Malta
Polonia
Slovacchia
Slovenia
Repubblica Ceca
Ungheria

.eu Scopri i Paesi candidati all'ingresso su **europa.eu/about-eu/countries/index_it.htm**

LEZIONE 7

Le politiche comunitarie

VIDEO START
Unione europea e diritti umani

AUDIOTESTO

La politica agricola Tra le politiche dell'Unione europea rientra la **politica agricola comune** (PAC). La **PAC** si propone essenzialmente di incrementare la produttività, di garantire prezzi equi per i consumatori, di consentire un autoconsumo sufficiente entro i confini europei e di assicurare un soddisfacente tenore di vita agli operatori del settore agricolo. Per realizzare tali finalità vengono utilizzati specifici fondi stanziati dalla Comunità, tra i quali il *Fondo europeo agricolo di orientamento e garanzia* (FEOG) e il *Fondo sociale europeo* (FSE).

Memo LESSICO
Il termine ▸**precauzione** ha origine dal verbo latino *praecavere*, che significa "impedire", "prevenire", "usare cautela", a conferma delle finalità insite nel principio di precauzione europeo in materia ambientale.

La politica ambientale Di grande importanza è la **politica ambientale**, che corrisponde agli interventi volti a tutelare le risorse naturali e a migliorare la qualità della vita. Essa ebbe inizio con l'*Atto unico europeo* del 1986 che sancì il principio "chi inquina, paga", volto a penalizzare le azioni a impatto ambientale negativo. In seguito, il *Trattato di Maastricht* pose la tutela ambientale tra le priorità delle politiche comunitarie. Tra le norme più significative vanno ricordate le decisioni relative alla cessazione della produzione di CFC, i gas responsabili della distruzione della fascia di ozono che circonda l'atmosfera terrestre, le decisioni finalizzate alla limitazione delle emissioni inquinanti dei veicoli a motore, in parte responsabili dell'effetto serra, e l'attivazione di programmi per la protezione delle foreste da incendi e inquinamento.
La politica ambientale dell'Unione si basa sul **principio di ▸precauzione**, vale a dire che, nei casi in cui le analisi scientifiche dimostrino anche la minima possibilità di effetti negativi per l'ambiente e la salute, occorre attivare tutte le risorse possibili per evitarli. In particolare sono state introdotte disposizioni specifiche in materia di **reati ambientali**, prevedendo l'introduzione di sanzioni per le attività che abbiano come effetto quello di deteriorare la qualità dell'acqua, dell'aria, del suolo, della flora e della fauna.

La politica estera e di sicurezza comune Un importante pilastro su cui si fonda l'Unione europea è la **politica estera e di sicurezza comune** (PESC). Gli obiettivi della **PESC** consistono nel rafforzamento della sicurezza, nel mantenimento della pace, nel rispetto dei diritti umani e nella promozione della cooperazione internazionale. Negli ultimi anni ha assunto particolare rilievo, in materia di sicurezza comune, il tema dell'**immigrazione**. Dal 2004 è operativa *Frontex*, l'agenzia per la gestione della cooperazione internazionale alle frontiere esterne degli Stati comunitari. Questa agenzia coordina gli interventi di gestione e di controllo delle frontiere, attraverso specifiche operazioni di pattugliamento e di vigilanza. Dal 2014 è stata inoltre attivata l'operazione "Triton", che prevede il controllo delle acque internazionali. In seguito alle tragedie del mare di tanti migranti, nel corso del 2015 l'Unione europea ha deliberato un **piano d'azione** più consono a salvare vite umane e a supportare l'azione dell'Italia, Stato più facilmente raggiungibile via mare.
Il piano d'azione prevede sostanzialmente:

- lo stanziamento di maggiori fondi a favore degli interventi di soccorso in mare;
- il sostegno a un'operazione "antiscafisti" concordata tra UE e ONU;
- l'attivazione di un sistema efficace per individuare, tra i migranti, quelli che hanno il diritto di rimanere per chiedere asilo politico;
- la ripartizione obbligatoria dei migranti tra tutti gli Stati dell'Unione, in base al PIL, all'occupazione e alla popolazione (a titolo di esempio, all'Italia ne spetterebbero 2 000, alla Germania 2 500);
- la creazione di un "approccio hotspot" che consenta a Frontex e a Europol di collaborare con gli Stati per il monitoraggio degli stranieri giunti sul territorio e per l'attivazione di centri specifici dove poter procedere alle operazioni di identificazione e di smistamento.

competenze in campo

1 Completa lo schema

PRINCIPALI POLITICHE COMUNITARIE

- politica .... comune (PAC)
- politica .... , volta a migliorare la qualità della ....
- politica .... e di .... comune (PESC)

ESERCIZIO INTERATTIVO

2 Osserva e rifletti

A quali politiche comunitarie sono riconducibili le immagini?
Quali sono i principali obiettivi di queste politiche?

3 Ricerca

1. Avvalendoti di Internet, ricerca in che cosa consistesse, prima di "Triton", l'operazione "Mare nostrum" attivata dal Governo italiano nel periodo compreso tra il 2013 e il 2014, raccogliendo in una breve relazione le informazioni individuate.
2. Avvalendoti di Internet, individua quali sono i principali reati commessi a danno dell'ambiente rispetto ai quali l'Unione europea prevede specifiche sanzioni. Scrivi in proposito una breve relazione.

mi riguarda perché...

SPUNTO DI RIFLESSIONE

Ragionando sul tema dell'immigrazione, dobbiamo tenere presente che molti stranieri che arrivano sulle nostre coste con l'obiettivo di stabilirsi in Italia o in altri Stati europei fuggono da situazioni di guerra o da Paesi in cui non vengono rispettati fondamentali diritti civili.
È importante che il nostro atteggiamento verso queste persone non si traduca in diffidenza, sospetto e pregiudizio, ma si apra all'accoglienza e alla tolleranza, nel rispetto delle leggi vigenti.

FOCUS – I maggiori problemi legati alla sicurezza comune

Tra i maggiori problemi che l'Unione europea si trova a dover affrontare figura la **criminalità organizzata**. Per fronteggiare questa grave emergenza la collaborazione tra gli Stati comunitari ha portato all'istituzione dell'*Agenzia di cooperazione di polizia Europol*, che prevede una stretta collaborazione in materia penale.
La strategia operativa per combattere il crimine organizzato si basa fondamentalmente su tre azioni:

- prevenire il crimine;
- catturare e punire i criminali;
- sequestrare i proventi delle attività illecite.

I crimini presi in considerazione sono essenzialmente il *traffico di esseri umani* (in cui rientrano l'immigrazione illegale, la prostituzione e lo sfruttamento sessuale di minori), il *traffico di stupefacenti*, i *crimini economici* (come il riciclaggio di denaro "sporco"), i *crimini informatici* e il *terrorismo*. Per quanto attiene alla **lotta contro il terrorismo**, l'Unione europea ha attivato uno specifico piano d'azione, che si basa soprattutto sulla cooperazione giudiziaria e di polizia, sulla sicurezza dei trasporti, sui controlli delle frontiere, sulla lotta al finanziamento di associazioni terroristiche, sulla difesa contro attacchi biologici o nucleari. In particolare si è stabilito un obbligo di assistenza reciproca tra gli Stati nel caso in cui uno Stato membro venga colpito da un attacco terroristico.

LEZIONE 8

Gli organi comunitari

VIDEO START
I principali organi dell'Unione europea

AUDIOTESTO

Memo
Le funzioni del ▸ **Consiglio dei ministri** dell'Unione europea non vanno confuse con quelle del Consiglio dei ministri del nostro Paese. Nel primo caso ci troviamo di fronte a un organo decisionale che emana norme insieme al Parlamento europeo, nel secondo, invece, a un organo del Governo con funzioni esecutive.

Le principali istituzioni dell'Unione Per realizzare i propri obiettivi e servire gli interessi dei propri cittadini l'Unione europea dispone di alcune istituzioni: il ▸*Consiglio dei ministri*, il *Parlamento europeo*, la *Commissione europea*, il *Consiglio europeo* e la *Corte di giustizia*.

Il Consiglio dei ministri Il **Consiglio dei ministri**, denominato anche **Consiglio dell'Unione europea**, è l'organo decisionale dell'Unione europea e ha sede a Bruxelles. La sua principale funzione è quella di emanare le norme comunitarie, compito che, per numerose materie, viene svolto in collaborazione con il Parlamento europeo. Il Consiglio dei ministri è composto da un ministro per ogni Stato e la presidenza viene affidata a turno, per sei mesi, a uno dei Paesi membri. I ministri che partecipano al Consiglio variano di volta in volta, in relazione alle materie da discutere.

ESEMPIO Se si devono prendere decisioni ed emanare provvedimenti che riguardano l'agricoltura, si riuniscono i ministri delle Politiche agricole di tutti gli Stati dell'Unione.

Il Parlamento europeo Il **Parlamento europeo** svolge funzioni legislative, consultive e di controllo, e si riunisce nelle sedi di Strasburgo e di Bruxelles. Il Parlamento europeo approva inoltre il Bilancio comunitario e può, con un voto di sfiducia (mozione di censura) espresso dalla maggioranza dei due terzi, far dimettere la Commissione. Viene eletto ogni cinque anni dai cittadini degli Stati membri con scrutinio libero e segreto e il numero dei componenti varia in relazione alla popolazione dei singoli Stati e non può superare il limite di 751. Gli eurodeputati, la cui carica non è compatibile con quella di componente dei Parlamenti nazionali, sono organizzati in gruppi politici in base ai rispettivi orientamenti, indipendentemente dalla loro nazionalità; quelli che non appartengono ad alcun gruppo si collocano tra i cosiddetti "non iscritti".

CASO Giorgio B., senatore della Repubblica, viene candidato dal proprio partito alla carica di eurodeputato e viene eletto. In conseguenza di ciò deve rinunciare al ruolo di parlamentare in sede nazionale?
■ *Sì, in quanto le due cariche non sono compatibili.*

La Commissione europea La **Commissione europea** ha sede a Bruxelles ed è l'organo comunitario titolare del potere esecutivo. Tra i suoi compiti rientrano quelli di vigilare sul rispetto dei trattati e delle norme comunitarie, di predisporre il Bilancio e di esercitare, in via esclusiva, l'iniziativa legislativa. La Commissione è composta da un membro per ogni Stato comunitario, rimane in carica per cinque anni e viene rinnovata ogni volta che si elegge il nuovo Parlamento.

Il Consiglio europeo Il **Consiglio europeo** è l'organismo all'interno del quale vengono deliberate le scelte politiche fondamentali per l'Unione europea. È composto dai Capi di Stato o di Governo degli Stati membri, assistiti dai propri ministri degli Esteri. Al suo interno maturano le principali decisioni in materia di giustizia, politica estera e sicurezza comune, con particolare riferimento al mantenimento della pace, alla difesa comune, alla cooperazione giudiziaria e di Polizia nella lotta contro il traffico della droga e la criminalità internazionale.

La Corte di giustizia La **Corte di giustizia** ha sede a Lussemburgo ed è il tribunale che ha il compito di giudicare le controversie all'interno dell'Unione e di interpretare le norme comunitarie. È composta da un giudice per ogni Stato membro e da avvocati generali; questi ultimi hanno il compito di analizzare le questioni sottoposte alla Corte e di presentare, in relazione a esse, conclusioni motivate.

ESPANSIONE
La procedura legislativa nel Parlamento europeo

ESPANSIONE
La Carta dei diritti fondamentali dell'UE

competenze in campo

1 Completa lo schema

ORGANI DELL'UNIONE EUROPEA

- .... dell'Unione europea
- .... europeo
- .... europea
- Corte di ....
- .... europeo

ESERCIZIO INTERATTIVO

2 ●●● **Osserva e rifletti**

L'immagine si riferisce a una seduta del Parlamento europeo. Dove ha sede questo organo? Quali sono le sue funzioni?

3 ●●● **Indica il termine corretto**

ESERCIZIO INTERATTIVO

1. Emana le norme europee in collaborazione con il Parlamento europeo:
   - ☐ Commissione
   - ☐ Consiglio europeo
   - ☐ Consiglio dei ministri
2. È una sede, oltre a quella di Bruxelles, del Parlamento europeo:
   - ☐ Roma
   - ☐ Francoforte
   - ☐ Strasburgo
3. È l'atto con cui il Parlamento europeo può sfiduciare la Commissione:
   - ☐ mozione di sfiducia
   - ☐ mozione d'accusa
   - ☐ mozione di censura

mi riguarda perché...

SPUNTO DI RIFLESSIONE

Sei ormai consapevole che le norme giuridiche possono essere emanate anche da enti sovranazionali, come l'Unione europea. Ecco perché è importante il ruolo del Parlamento europeo, che è l'unico organo comunitario eletto direttamente dai cittadini.

FOCUS Le norme comunitarie

Le norme comunitarie, emanate dal Consiglio dell'Unione europea e dal Parlamento, si distinguono in *regolamenti, direttive, decisioni* e *raccomandazioni*.

- I **regolamenti** sono norme di portata generale, rivolte agli Stati e ai singoli cittadini, che trovano applicazione diretta in ogni Paese dell'Unione. Essi si caratterizzano per la loro **obbligatorietà** e per la loro **applicazione diretta**, ed entrano normalmente in vigore il ventesimo giorno successivo a quello della pubblicazione sulla *Gazzetta Ufficiale della Comunità europea*.
- Le **direttive** sono norme obbligatorie per gli Stati membri, ma non sono immediatamente operative. Quando viene emanata una direttiva, infatti, ogni Stato deve modificare le leggi interne, con un **atto di recepimento normativo**, per adeguarle ai principi contenuti in questa disposizione.
- Altre norme comunitarie sono le **decisioni** (valide solo per coloro verso cui sono specificamente indirizzate, quali cittadini, enti pubblici o privati) e le **raccomandazioni** (suggerimenti non vincolanti rivolti agli Stati).

Le tue domande — Perché al Consiglio europeo partecipano per alcuni Paesi i Capi di Stato e per altri i Capi di Governo?

La risposta sta nella diversa forma di governo adottata: per i Paesi che adottano la forma di governo parlamentare sono presenti i Capi di Governo; per gli Stati che adottano la forma presidenziale o semipresidenziale i Capi di Stato.

LEZIONE 9

La cittadinanza europea

VIDEO START
Noi, cittadini europei, tutelati nei nostri diritti

AUDIOTESTO

Il concetto di cittadinanza europea Il concetto di **cittadinanza europea**, previsto dal Trattato istitutivo della Comunità europea e rafforzato dal *Trattato di Maastricht* (1992), non va identificato con quello di nazionalità, ma piuttosto con i diritti che spettano ai membri di una collettività. Per questa ragione la cittadinanza europea *non sostituisce la cittadinanza nazionale, ma le è complementare.* La **cittadinanza europea** attribuisce diritti ulteriori rispetto a quelli garantiti a livello nazionale.
Il *Trattato istitutivo dell'Unione europea*, nel delineare l'essenza della cittadinanza europea, individua **diritti e doveri** riconoscibili ai cittadini dell'Unione. Tra i diritti hanno particolare rilevanza i *diritti relativi alla libertà di circolazione e di soggiorno*, i *diritti riconosciuti ai lavoratori* e i *diritti politici*.

La libertà di circolazione e di soggiorno Tra i diritti riconosciuti ai cittadini europei figura quello di **circolare e soggiornare liberamente** nel territorio degli Stati comunitari. I territori degli Stati membri vanno infatti concepiti come *un unico spazio comune per i cittadini europei.*
La libera circolazione dei cittadini dell'Unione è agevolata dagli **accordi di Schengen** (1985) che hanno soppresso i controlli alle frontiere. A essi aderiscono quasi tutti gli Stati membri e anche Stati extra UE (Islanda, Liechteinstein, Norvegia e Svizzera).

La parità tra i lavoratori Il principio della libertà di circolazione comporta anche la **parità di trattamento** e l'**abolizione di ogni ▸discriminazione** fondata sulla nazionalità tra i lavoratori degli Stati membri, in relazione alle possibilità d'impiego, alla retribuzione e alle altre condizioni di lavoro. Ciò significa che ogni lavoratore comunitario ha il diritto di rispondere alle offerte di lavoro di qualsiasi Stato dell'Unione, di prendervi dimora allo scopo di svolgervi un'attività lavorativa e di rimanervi dopo avere ottenuto un impiego.
Chi cerca un lavoro nei Paesi dell'Unione può ricorrere ai servizi della rete informatica **Eures**, istituita in collaborazione tra la Commissione europea e le amministrazioni nazionali del lavoro. Essa funziona da ufficio di collocamento, fornendo informazioni sui posti di lavoro disponibili e sui concorsi pubblici in ogni Stato comunitario.
Un altro importante passo attuato dal Trattato di Maastricht consiste nel mutuo **riconoscimento dei diplomi**, per cui la qualifica professionale ottenuta nel Paese d'origine è riconosciuta nel Paese ospitante.

Memo LESSICO
Il termine **▸discriminazione** deriva dal verbo latino *discriminare*, che significa "separare", "distinguere"; esso viene utilizzato con accezione negativa per indicare una disparità di trattamento tra persone basata per esempio sul genere, sull'origine o sul colore della pelle.

CASO Luigi R. ha conseguito in Italia il diploma di perito industriale e vorrebbe partecipare a una selezione per un posto di lavoro in un'industria meccanica in Francia. Il suo diploma sarà ritenuto valido?
■ *Sì, il diploma conseguito in Italia è valido in tutti i Paesi comunitari.*

I diritti politici Tutti i cittadini dell'Unione europea sono inoltre titolari di specifici **diritti politici**, che si sostanziano nella possibilità di *partecipare alle elezioni del Parlamento europeo e a quelle del Comune in cui si risiede,* oltre che nella *facoltà di dare vita o di aderire a partiti politici di dimensione europea.* Stabilisce infatti l'art. 191 del Trattato istitutivo della Comunità europea: «I partiti politici a livello europeo sono un importante fattore per l'integrazione in seno all'Unione. Essi contribuiscono a formare una coscienza europea e ad esprimere la volontà politica dei cittadini dell'Unione».
In conclusione possiamo affermare che, se il concetto di cittadinanza europea risulta "costruito" fondamentalmente dai trattati europei, è vero però che la sua realizzazione è per lo più affidata agli animi, alle coscienze, alle volontà degli europei stessi ed è su queste volontà che bisogna concretamente operare per superare i nazionalismi e accettare, pur senza negare quella nazionale, un'identità sovranazionale.

competenze in campo

1 Completa lo schema

CITTADINANZA EUROPEA

- libertà di circolazione e di ....
- diritti ....
- diritti dei lavoratori dell'UE
  - parità di ....
  - abolizione di ogni ....
  - mutuo riconoscimento dei ....
  - accesso alla rete ....

ESERCIZIO INTERATTIVO

2 **Indica il termine corretto**

ESERCIZIO INTERATTIVO

1. La libertà di circolazione dei cittadini europei è prevista dal Trattato di:
   ☐ Roma ☐ Copenaghen ☐ Maastricht
2. È uno Stato che, pur non facendo parte dell'Unione europea, aderisce agli accordi di Schengen:
   ☐ Principato di Monaco ☐ Islanda ☐ Serbia
3. È una rete informatica che favorisce la ricerca di lavoro nell'ambito dell'UE:
   ☐ Erasmus ☐ Socrates ☐ Eures

3 **Osserva e rifletti**

Sai che cos'è il programma Erasmus?
Collegandoti al sito www.erasmusmundus.it ricerca le informazioni a tuo parere più utili sul programma e raccoglile in una breve relazione.

mi riguarda perché...

SPUNTO DI RIFLESSIONE

Il principio della parità di trattamento dei lavoratori all'interno della Comunità europea può essere una grande opportunità anche per il tuo futuro: ti potrebbe infatti consentire di trovare impiego, oltre che nel nostro Paese, anche in altri Stati dell'Unione senza subire alcuna restrizione. Ciò consente di guardare con maggiore speranza anche al futuro lavorativo delle generazioni più giovani.

Detto da... Gianna Nannini

Gianna Nannini in una sua canzone dal titolo *Ragazzo dell'Europa* afferma:

"Tu ragazzo dell'Europa / tu non perdi mai la strada / [...] trovi sempre un passaggio per andare più in là / viaggi con quell'aria precaria / sembri quasi un poeta dentro ai tuoi boulevard / tu ragazzo dell'Europa / porti in giro la fortuna / tu che incontri tutti per caso / [...] e non sai dove andrai / tu ragazzo dell'Europa / tu non pianti mai bandiera [...]".

Ti senti anche tu un ragazzo o una ragazza dell'Europa? In altre parole, senti di appartenere alla cittadinanza europea, oltre che a quella italiana? In base a quali considerazioni?

Lavorare insieme

- Suddividetevi in gruppi in base alle indicazioni dell'insegnante.
- Disponetevi in modo da poter comunicare tra di voi parlando sottovoce, così da non disturbare gli altri.
- Ogni gruppo ha il compito di realizzare un prodotto volto a sensibilizzare la gente sul tema della **cittadinanza europea**. Può trattarsi di un video, di una presentazione in PowerPoint, di un breve spot pubblicitario, di un articolo giornalistico, o di un'altra tipologia a vostra scelta. Il prodotto realizzato sarà valutato in relazione alla sua efficacia comunicativa, alla sua chiarezza e ai suoi contenuti.

L'Unione europea e i giovani

Quali opportunità?

"Un giovane volontario europeo non dovrebbe mai dimenticare che questa esperienza rappresenta una grande opportunità di entrare in contatto diretto con un'altra cultura, imparare la lingua e confrontarsi con la popolazione locale."

Testimonianza di una giovane europea su www.giovanifvg.it

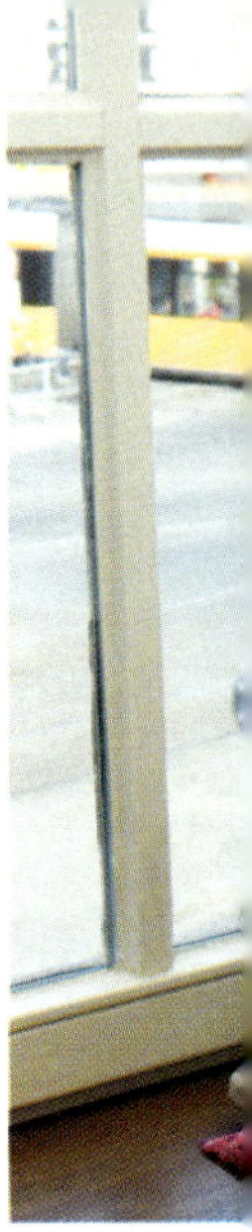

Viaggiare nei Paesi comunitari

Per i giovani è importante conoscere altre persone, di lingua e cultura diversa, ma c'è un ostacolo non indifferente: il soggiorno fuori di casa costa! Ci sono però opportunità che consentono di ridurre fortemente questo tipo di spesa. Una valida ed economica alternativa agli alberghi è rappresentata dagli **ostelli per la gioventù**, che si basano sulla condivisione degli spazi e quindi sul contenimento delle tariffe. La presenza in ogni stanza di più letti (solitamente a castello) aumenta tra l'altro le possibilità di comunicazione e di amicizia. È possibile trovare informazioni sugli ostelli europei su www.europeanhostels.com e www.europeanhostelguide.com.
Si può inoltre soggiornare nei **campeggi** (www.interhike.com/camping.html) o in **appartamento** (www.airbnb.com).
Per viaggiare in Europa molti giovani utilizzano il **treno**, in particolare il pass "interrail" (www.interrail.eu).

Studiare in Europa

All'interno dell'Unione europea gli studenti hanno la possibilità di trascorrere periodi limitati di tempo presso scuole di altri Paesi, con vantaggi sia di apprendimento linguistico sia di sviluppo personale. Sono innanzi tutto possibili gli **scambi di gruppo**, cioè di gruppi di alunni di Paesi diversi, organizzati da scuole partner, di durata breve (da una settimana a un mese). Se si vuole affrontare un'**esperienza di studio individuale** (in genere fra i tre e i dodici mesi), occorre avere un'età compresa tra i quindici e i diciotto anni e rivolgersi a organizzazioni specializzate per l'organizzazione del soggiorno, che solitamente avviene presso una famiglia, ma può svolgersi anche in specifici collegi. I costi sono a carico della famiglia del giovane.
Maggiori informazioni si possono avere consultando il programma **Comenius** (www.programmallp.it) e il programma **Europa per i cittadini** (eacea.ec.europa.eu/citizenship/).

Lavorare in Europa

Se, pur non avendo ultimato ancora gli studi, un giovane desidera fare un'esperienza di **lavoro all'estero** può fare domanda diretta alle imprese (ricordiamo che, in base alla cittadinanza europea, si può lavorare in tutti gli Stati) o può avvalersi della rete Eures (europa.eu/eures), il portale della mobilità professionale, che comprende oltre 5 000 uffici per l'occupazione e mette in contatto persone in cerca di impiego e datori di lavoro. È possibile inoltre lavorare **alla pari** presso una famiglia, occupandosi dei figli e, talora, di alcuni lavori domestici; la famiglia ospitante offre in cambio vitto e alloggio e un contributo per le piccole spese. Per avere informazioni e consigli utili su questo tipo di esperienza è utile consultare lo sportello "euro desk" più vicino (www.eurodesk.eu).

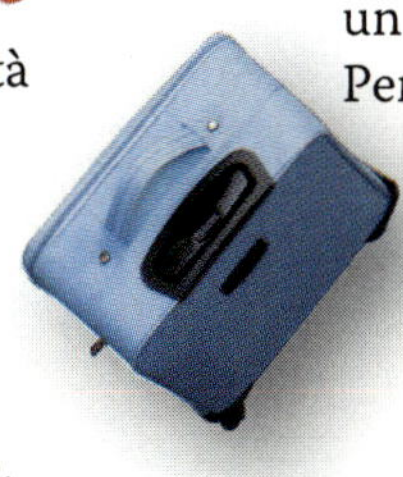

Il servizio volontario europeo

L'Unione europea propone ai giovani di età compresa tra i 17 e i 30 anni importanti **esperienze di volontariato**, la cui durata varia in genere dai due ai dodici mesi. Diversi sono i settori in cui si può essere impiegati come volontari: tra questi la tutela dell'infanzia, dell'arte, dell'ambiente, del patrimonio culturale e la cooperazione allo sviluppo. Le esperienze di volontariato sono collegate a progetti sviluppati da più organizzazioni, che si occupano della ricezione e dell'ospitalità dei giovani volontari, oltre che del versamento a loro favore di un contributo per le piccole spese. Per partecipare a questa esperienza formativa è possibile rivolgersi a un centro **Infopoint Europa**, presente in molte città, o contattare un'organizzazione che cerca volontari (si può a tal fine consultare europa.eu/youth/evs_database). Le esperienze di volontariato arricchiscono molto i giovani, li rendono consapevoli di specifiche realtà sociali e li avvicinano ai più deboli. Inoltre si rivelano utili per il futuro lavorativo, in quanto consentono di acquisire preziose competenze e la capacità di lavorare in gruppo.

IL TUO PUNTO DI VISTA

1. Quali sono secondo te i principali vantaggi che potresti ottenere da un'esperienza (scolastica, lavorativa, di volontariato...) in un altro Paese europeo?
2. Se avrai la possibilità di viaggiare in Europa, quale tipo di alloggio sceglierai e in base a quali motivazioni?
3. Potresti essere interessato a qualche esperienza di volontariato proposta dall'Unione europea? In quale settore ti piacerebbe essere impiegato?
4. Un numero sempre maggiore di giovani ha nel corso degli ultimi anni fatto un'esperienza di lavoro all'estero. Quali sono le ragioni che, a tuo giudizio, possono spingere un giovane a questa scelta?

PERCORSO 4 / Sintesi con la mappa

- **DIRITTO INTERNAZIONALE**
  - fonti
    - consuetudini internazionali
    - trattati internazionali
- **PRINCIPALI ORGANIZZAZIONI INTERNAZIONALI**
  - ONU
    - funzioni
      - tutelare la pace e la sicurezza a livello internazionale
      - combattere il sottosviluppo e le violazioni dei diritti umani
    - organi
      - Assemblea generale
      - Consiglio di sicurezza
      - Segretariato
      - Corte internazionale di giustizia
  - NATO
  - G8/G20
  - WTO
- **UNIONE EUROPEA**
  - Trattato sull'Unione europea (Maastricht, 1992)
    - unione monetaria
    - unione sociale
    - unione politica
    - Europa dei Ventotto (2013)
  - organi comunitari
    - Consiglio dei ministri (o Consiglio dell'Unione europea)
    - Parlamento europeo
    - Commissione europea
    - Consiglio europeo
    - Corte di giustizia
- **POLITICHE EUROPEE**
  - politica agricola comune (PAC)
  - politica ambientale
  - politica estera e di sicurezza comune (PESC)
- **CITTADINANZA EUROPEA**
  - libertà di circolazione e di soggiorno
  - diritto di lavorare in tutti gli Stati dell'UE a parità di condizioni
  - diritti politici

AUDIOSINTESI

LEZIONE 1 Il diritto internazionale e le sue fonti

Il **diritto internazionale** è l'insieme delle norme giuridiche che regolano le relazioni tra gli Stati. Alla base delle relazioni internazionali ci sono i **trattati**, accordi attraverso i quali gli Stati aderenti sottoscrivono norme comuni che si impegnano a rispettare. Altra fonte del diritto internazionale sono le **consuetudini**, comportamenti ripetuti e costanti nel tempo da parte degli Stati.

LEZIONE 2 L'Organizzazione delle Nazioni unite

L'ONU, istituita nel 1945, è un ente che si propone gli obiettivi primari di favorire la pace e la sicurezza a livello internazionale e di combattere il sottosviluppo, la violazione dei diritti umani e il degrado ambientale.
Tra gli organi dell'ONU, l'**Assemblea generale** è un importante terreno di dialogo per tutti gli Stati membri, ciascuno dei quali ha diritto a un voto indipendentemente dalle dimensioni territoriali e dal livello di sviluppo. L'organo decisionale è il **Consiglio di sicurezza**, composto da quindici membri di cui cinque permanenti. Alla **Corte internazionale di giustizia** compete il compito di risolvere le controversie tra gli Stati.

LEZIONE 3 La tutela della pace

L'obiettivo principale per cui fu istituita l'ONU è la **tutela della pace** nel mondo, prevalentemente attraverso atti di diplomazia e di pacificazione, o attraverso il boicottaggio commerciale (embargo), o con interventi militari se ritenuto necessario.
La **Corte penale internazionale** ha il compito di giudicare le persone che si sono macchiate di gravi crimini internazionali, come il genocidio, i crimini di guerra, di aggressione e contro l'umanità.

LEZIONE 4 La NATO e le altre organizzazioni internazionali

La **NATO**, fondata nel 1949 con il Patto atlantico, è un'organizzazione politico-militare di difesa che protegge i Paesi membri dal rischio di conflitti militari.
Il **Gruppo dei 20** è un'organizzazione che si riunisce periodicamente per valutare problemi di rilevanza mondiale ed è composta dai Paesi più industrializzati (G8), da un rappresentante dell'Unione europea e da quelli degli Stati con economie emergenti.
Il **WTO** persegue l'obiettivo di liberalizzare al massimo gli scambi commerciali a livello mondiale.

Le nuove parole

Diritto internazionale ▸ Insieme delle norme che regolano i rapporti tra gli Stati; esse possono derivare da *trattati* (accordi) o da *consuetudini* (comportamenti ripetuti nel tempo).
International law

Consiglio di sicurezza ▸ Organo decisionale dell'ONU, composto da quindici membri di cui cinque permanenti e dieci elettivi.
Security Council

Corte penale internazionale ▸ Organo dell'ONU volto a giudicare i più gravi crimini internazionali, come il genocidio e i crimini di guerra.
International Criminal Court (ICC)

NATO ▸ Organizzazione politico-militare che prevede interventi reciproci di difesa tra gli Stati membri.
North Atlantic Treaty Organization

Consiglio dei ministri dell'Unione europea ▸ Organo dell'Unione europea, composto da un ministro per ogni Stato, dotato di poteri decisionali e con la funzione di emanare le norme comunitarie insieme al Parlamento.
Council of ministers / Council of the European Union

Sintesi discorsiva

LEZIONE 5 L'Unione europea e le sue origini storiche

L'**Unione europea** fu fondata nel 1957 per dare vita a un unico mercato europeo e per costruire un'organizzazione sovranazionale in grado di assicurare ai popoli europei pace e benessere.
Con l'abolizione dei dazi doganali tra i Paesi membri venne realizzato, sul finire degli anni Sessanta del secolo scorso, il **MEC** (Mercato comune europeo).

LEZIONE 6 L'evoluzione dell'Unione europea e l'allargamento

A partire dai sei Paesi fondatori, l'UE si è progressivamente allargata e comprende oggi ventotto Stati (se si completerà la Brexit, ossia l'uscita del Regno Unito, saranno ventisette Stati).
È stato pienamente realizzato il **mercato unico**, basato sulla piena libertà di movimento di merci, servizi, capitali e persone. In tale senso grande importanza nel processo evolutivo della comunità europea ha avuto il **Trattato di Maastricht** del 1992, che ha posto le basi della moneta unica e della cittadinanza europea.

LEZIONE 7 Le politiche comunitarie

Molte sono le politiche comuni dell'Unione europea. Tra di esse, la **politica agricola comune** (**PAC**) ha l'obiettivo di favorire lo sviluppo agricolo e tutelare gli operatori del settore.
Di grande importanza sono anche la **politica ambientale**, volta a prevenire i danni all'ambiente e alla salute umana, e la **politica estera e di sicurezza comune** (**PESC**), diretta a conciliare i diritti degli stranieri che fuggono da situazioni di ingiustizia con la sicurezza dei cittadini europei.

LEZIONE 8 Gli organi comunitari

Tra gli organi comunitari il **Parlamento europeo** svolge, insieme al **Consiglio dei ministri**, funzioni legislative.
La **Commissione** è l'organo esecutivo e vigila sul rispetto delle norme europee. Il compito di deliberare le politiche europee è invece affidato al **Consiglio europeo**. Infine, la **Corte di giustizia** giudica le eventuali controversie interne all'Unione.

LEZIONE 9 La cittadinanza europea

Il Trattato di Maastricht del 1992 ha istituito la **cittadinanza europea**, che riconosce ai cittadini dell'Unione diritti ulteriori rispetto a quelli garantiti a livello nazionale. Tra questi hanno particolare rilevanza i diritti relativi alla **libertà di circolazione e di soggiorno**, i **diritti dei lavoratori** e i **diritti politici**.

Parlamento europeo
▸ Organo, eletto ogni cinque anni dai cittadini comunitari, che collabora con il Consiglio dei ministri nella funzione normativa, oltre a svolgere funzioni consultive e di controllo.
European Parliament

Commissione europea
▸ Organo esecutivo dell'Unione europea, che ha il compito di vigilare sul rispetto dei trattati e delle norme, di presentare proposte di legge al Parlamento e di predisporre il Bilancio comunitario.
European Commission

Consiglio europeo
▸ Organismo all'interno del quale vengono deliberate le scelte politiche fondamentali dell'Unione europea.
European Council

Corte di giustizia
▸ Organo comunitario che si occupa dell'interpretazione delle norme europee e del giudizio relativo alle controversie all'interno dell'Unione.
Court of justice of the European Union (CJEU)

Cittadinanza europea
▸ Principio per cui i cittadini dell'Unione europea godono di determinati diritti, tra i quali la piena libertà di circolazione e di soggiorno.
European citizenship

VERIFICA INTERATTIVA FLASHCARDS

Tutti devono sapere che...

DIDATTICA INCLUSIVA

1 Completa la tabella

	Sede	Composizione	Funzione
Parlamento europeo	• Strasburgo •	massimo .... membri	legislative, ... e di ....
Commissione europea	....	.... membri (uno per ogni ....)	....
Consiglio europeo	non ha sede fissa	Capi di .... e di .... dei .... UE	.... delle scelte dell'..................
Consiglio dei ministri	....	.... membri (.......... per ogni Stato)	emanazione delle .... comunitarie
Corte di giustizia	....	ventotto .... (uno per ogni Stato)	.... le .... interne all'UE

2 Dai la definizione corretta

1. Sono fonti del diritto internazionale insieme ai trattati: ☐ O ☐ ☐ ☐ ☐ ☐ U ☐ ☐ ☐ ☐
2. È un crimine internazionale che corrisponde allo sterminio di un gruppo etnico: ☐ E ☐ ☐ ☐ ☐ D ☐ ☐
3. È l'organo che predispone il Bilancio dell'Unione europea: ☐ ☐ M ☐ ☐ ☐ ☐ I ☐ ☐ ☐
4. È il principio che prevede la libertà di circolazione e di soggiorno di tutti i cittadini dell'Unione europea: ☐ ☐ T ☐ ☐ ☐ I ☐ ☐ ☐ ☐ ☐ ☐ R ☐ ☐ ☐ ☐
5. È l'atto con cui il Parlamento europeo può sfiduciare la Commissione: ☐ ☐ ☐ ☐ ☐ N ☐ ☐ ☐ ☐ ☐ ☐ S ☐ ☐ ☐

Verifica le tue conoscenze di base

3 Scegli la risposta

1. Rappresenta l'ONU:
   - ☐ **a.** il Consiglio di sicurezza
   - ☐ **b.** il Presidente dell'Assemblea generale
   - ☐ **c.** il Segretario generale
   - ☐ **d.** il Presidente della Corte di giustizia

2. È l'atto con cui uno Stato accetta ufficialmente gli impegni assunti in un trattato:
   - ☐ **a.** promulgazione
   - ☐ **b.** accettazione
   - ☐ **c.** ratifica
   - ☐ **d.** conferma

Verifica

3. **Non fa parte del G8:**
   - [ ] **a.** la Cina
   - [ ] **b.** il Giappone
   - [ ] **c.** l'Italia
   - [ ] **d.** la Germania

4. **È uno degli obiettivi del WTO:**
   - [ ] **a.** proteggere le importazioni
   - [ ] **b.** proteggere le esportazioni
   - [ ] **c.** rafforzare le barriere doganali
   - [ ] **d.** intensificare l'attività commerciale

5. **Non fu tra i sei Stati fondatori della CEE:**
   - [ ] **a.** l'Italia
   - [ ] **b.** la Gran Bretagna
   - [ ] **c.** la Germania
   - [ ] **d.** il Belgio

6. **È l'organo dell'UE composto dai Capi di Stato o di Governo:**
   - [ ] **a.** la Commissione
   - [ ] **b.** il Consiglio dei ministri
   - [ ] **c.** il Consiglio europeo
   - [ ] **d.** il Comitato economico e sociale

7. **È l'organo dell'ONU composto dai rappresentanti di tutti gli Stati membri:**
   - [ ] **a.** il Consiglio di sicurezza
   - [ ] **b.** l'Assemblea generale
   - [ ] **c.** il Consiglio generale
   - [ ] **d.** la Corte internazionale di giustizia

8. **È un intervento di boicottaggio commerciale, talora adottato dall'ONU per esercitare pressioni su determinati Stati:**
   - [ ] **a.** embargo
   - [ ] **b.** blocco internazionale
   - [ ] **c.** veto commerciale
   - [ ] **d.** veto preventivo

9. **È il termine con cui si fa riferimento al complesso normativo dell'Unione europea:**
   - [ ] **a.** Trattato sull'Unione europea
   - [ ] **b.** direttive comunitarie
   - [ ] **c.** acquis comunitario
   - [ ] **d.** Costituzione europea

4 Vero o falso?

1. L'ONU fu fondata nel 1945. V F
2. Tutti gli Stati membri del Consiglio di sicurezza possiedono il diritto di veto. V F
3. La NATO fu istituita conil Patto di Varsavia . V F
4. L'Italia fa parte del Gruppo degli Otto fin dalla sua costituzione. V F
5. Il WTO si propone la massima liberalizzazione dei commerci. V F
6. La Carta dei diritti fondamentali dell'Unione europea fu approvata nel 1957. V F
7. L'organo comunitario che imposta le politiche dell'UE è il Consiglio europeo. V F
8. Il Consiglio dei ministri è composto da un ministro per ogni Stato membro. V F
9. I cittadini dell'Unione europea possono dare vita a partiti politici di dimensione europea. V F
10. Gli accordi di Schengen hanno introdotto più controlli alle frontiere dei Paesi membri dell'UE. V F

Potenzia le tue abilità

5 Collega le informazioni

1. [ ] Trattati
2. [ ] Consiglio di sicurezza dell'ONU
3. [ ] Consiglio europeo
4. [ ] Corte penale internazionale
5. [ ] NATO
6. [ ] Consiglio dei ministri dell'UE
7. [ ] Commissione europea
8. [ ] Cittadinanza europea

a. Potere di veto dei membri permanenti
b. Potere deliberativo
c. Potere esecutivo
d. Fonti del diritto internazionale
e. Libertà di circolazione e di soggiorno
f. Patto atlantico
g. Crimini di guerra
h. Scelte politiche dell'Unione europea

6 ●●● Trova la parola nascosta

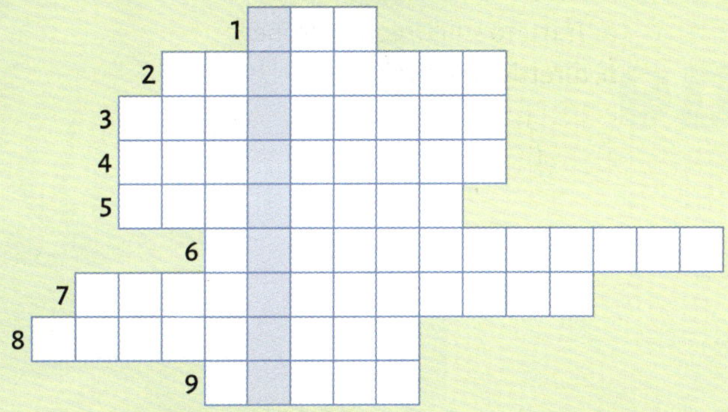

1. Fu fondata nel 1957 con il Trattato di Roma. **2.** Sono fonti del diritto internazionale. **3.** Quello di sicurezza è un organo dell'ONU. **4.** È il potere di cui è titolare, nell'UE, la Commissione. **5.** È uno Stato entrato nell'Unione europea nel 2004. **6.** Quella europea comporta parità di trattamento tra i lavoratori dei Paesi comunitari. **7.** Fa parte del Gruppo degli Otto. **8.** Vi ha sede il Consiglio dei ministri dell'UE. **9.** È una rete informatica che consente di trovare lavoro all'interno dell'Unione europea.

Sviluppa le tue **competenze**

7 ●●● Rispondi alle domande

1. Quale differenza esiste tra la Corte internazionale di giustizia e la Corte penale internazionale?
2. Con quale obiettivo fu concluso il Patto atlantico?
3. Quali sono i principali diritti riconosciuti dal Trattato istitutivo dell'Unione europea?
4. Quale diverso "peso" di voto hanno i quindici Stati membri del Consiglio di sicurezza dell'ONU?
5. Uno dei principali obiettivi per cui fu istituita l'Unione europea è il mantenimento della pace tra i popoli: ritieni che questo traguardo sia stato raggiunto?

8 ●●● Risolvi i casi

1. In una riunione dell'Assemblea generale dell'ONU, il rappresentante degli USA rivendica il diritto di esprimere un voto di peso maggiore rispetto a quello di altri Stati minori. È giustificata la sua pretesa? Perché?
2. Un gruppo di un milione di cittadini europei firma una proposta di legge che viene inviata al Consiglio dei ministri, ma questo organo respinge la proposta. Per quale motivo?

9 ●●● Esponi la tua opinione

L'ONU, dalla sua istituzione a oggi, non è pienamente riuscita nell'obiettivo di garantire la pace nel mondo. Che cosa potrebbe servire, a tuo parere, per rafforzare i suoi poteri e renderla veramente garante di un ordine pacifico mondiale?

10 ●●● Comprendi, rifletti ed esponi

Un ambiente sostenibile per noi e per le generazioni future

L'azione dell'UE sull'ambiente mira ad aumentare la qualità della vita per tutti incentrandosi sulle iniziative che possono essere realizzate meglio grazie alla cooperazione. Sostiene il principio dell'equità intergenerazionale: le persone che vivranno in futuro hanno il diritto di usufruire dello stesso ambiente o di un ambiente migliore del nostro. Il nostro ruolo deve essere quello di tutelare la capacità del pianeta Terra che abbiamo ereditato e trasmettere alle prossime generazioni un ambiente sostenibile dove esse possano vivere in maniera sana e prospera.

Da europa.eu

1. Come ritieni si possa concretamente realizzare, al di là degli interventi comunitari esaminati, quanto sostenuto nel brano?
2. Quali collegamenti si possono individuare tra quanto sostenuto nel brano e l'immagine proposta?

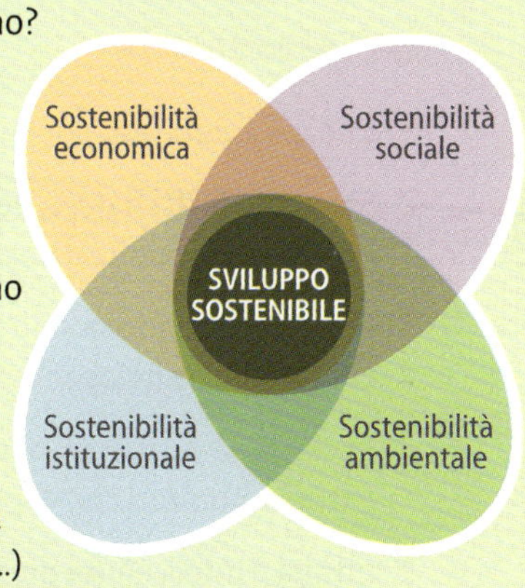

3. Realizza un prodotto a tua scelta (un brano, un video...) con l'obiettivo di trasmettere un messaggio efficace che sensibilizzi gli Stati e i cittadini europei ai fini della tutela ambientale.

PERCORSO 5 diritto

La Costituzione italiana e i principi fondamentali

Incominciamo da te

Una situazione concreta **Una ragazza statunitense giunge in Italia con l'intenzione di stabilirsi e di lavorare nel nostro Paese. È convinta di poter essere esentata dall'obbligo di richiedere presso gli uffici della Questura il permesso di soggiorno, in quanto proviene da uno Stato democratico, legato all'Italia da solidi rapporti politici ed economici, e che offre pertanto garanzie circa la rispettabilità dei propri cittadini. È fondata la sua convinzione?**

! No, in base alla legge italiana la libertà di soggiorno viene riconosciuta solo ai cittadini dei Paesi dell'Unione europea. La ragazza proviene da uno Stato extracomunitario e, pertanto, è sottoposta all'obbligo di richiedere, e successivamente di rinnovare, il permesso di soggiorno.

Le 5 domande

1 Che cosa significa, per te, affermare che le persone sono uguali?

2 Sai quali diritti hanno, nel nostro Paese, le persone che sono involontariamente disoccupate?

3 In Italia è ammessa solo la religione cattolica o sono ammesse anche altre confessioni religiose?

4 In che cosa consiste il permesso di soggiorno richiesto per legge ai cittadini extracomunitari che vogliono vivere nel nostro Paese?

5 L'Italia è intervenuta più volte militarmente in conflitti di risonanza internazionale. Quali motivazioni sono state poste alla base di tali interventi?

Il nostro percorso

CONOSCENZE

- Dalla monarchia costituzionale a quella parlamentare
- Dal fascismo alla nascita della Repubblica italiana
- Assemblea costituente
- Struttura e caratteri della Costituzione
- Sovranità popolare
- Diritti inviolabili e doveri inderogabili
- Uguaglianza formale e sostanziale
- Lavoro come diritto e dovere civico
- Principi di decentramento e autonomia
- Laicità dello Stato e libertà di religione
- Tutela della ricerca scientifica
- Protezione dell'ambiente
- Immigrazione, asilo politico ed estradizione
- Il ripudio della guerra

LEZIONE 3
Democrazia, diritti e doveri

LEZIONE 4
L'uguaglianza e il lavoro

LEZIONE 5
Decentramento, autonomia e tutela delle minoranze

LEZIONE 6
La libertà religiosa e i Patti lateranensi

LEZIONE 7
La tutela della cultura e della ricerca

LEZIONE 8
Il diritto internazionale e gli stranieri

LEZIONE 9
La tutela della pace e la bandiera italiana

ABILITÀ

- Riconoscere le ragioni che portarono l'Italia a passare da un governo monarchico a uno repubblicano e alla necessità di scrivere una nuova Costituzione
- Analizzare i caratteri della Costituzione italiana
- Collegare l'esistenza dei diritti e dei doveri dei cittadini al carattere democratico dello Stato
- Cogliere il significato del principio di uguaglianza sostanziale, legandolo anche all'impegno dello Stato a riconoscere a tutti il diritto al lavoro
- Individuare nella scelta di Stato regionale la necessità di conciliare l'esigenza dell'autonomia degli enti locali con l'unità dello Stato
- Riconoscere nella libertà e nella tolleranza religiosa un importante segno di civiltà
- Collegare il ripudio della guerra sancito dalla Costituzione allo spirito di coloro che ne avevano sperimentato direttamente le atrocità

La competenza d'arrivo

Individuare le strategie possibili per consentire la piena realizzazione dell'uguaglianza, del diritto al lavoro, della democrazia, della libertà religiosa, della tutela della cultura e della ricerca, del ripudio della guerra, ossia dei principi fondamentali enunciati nella nostra Costituzione.

LEZIONE 1

Le origini storiche

VIDEO START Il fascismo invade la vita quotidiana

AUDIOTESTO

Memo

Le ▸**forme di governo** possono corrispondere a *monarchie* o a *repubbliche*.

Memo LESSICO

Il ▸**suffragio universale** è il diritto di voto concesso a tutti i cittadini che abbiano raggiunto una determinata età, senza discriminazione di sesso, razza, fede politica o religiosa e reddito. Il sostantivo "suffragio" ha origine dal verbo latino *suffragari*, che significa "votare per". L'aggettivo "universale" è riconducibile al latino *universus* ("tutto", "intero").

ESPANSIONE Al cinema: *La notte di San Lorenzo*

L'unificazione e lo Statuto albertino Dopo l'unificazione nel 1861, l'Italia adottò la ▸*forma di governo monarchica* e alla base dell'ordinamento dello Stato fu posto lo **Statuto albertino**, il testo costituzionale che Carlo Alberto, allora Re di Sardegna, aveva concesso ai sudditi nel 1848. Si trattava di una Costituzione *breve*, per i pochi articoli destinati ai diritti dei cittadini, e *flessibile*, in quanto poteva essere modificata tramite leggi ordinarie.

Dal fascismo alla liberazione Tra il 1922 e il 1943 il nostro Paese conobbe uno dei periodi più cupi della propria storia: il **fascismo**. Sotto il regime totalitario fascista, guidato da Benito Mussolini, furono adottati gravi provvedimenti normativi, tra cui le **leggi fascistissime** del 1925, che comportarono la soppressione delle libertà sindacali e civili, e le **leggi razziali** del 1938, che introdussero pesanti discriminazioni verso gli ebrei. Nel 1940 l'Italia fascista entrò in guerra, alleandosi con la Germania di Hitler. Dopo la caduta del fascismo e la fine della guerra, contrassegnata anche dalla lotta interna tra i *partigiani*, sostenitori della liberazione nazionale, e i *repubblichini*, che sostenevano l'occupazione tedesca, nel 1945 si realizzò la **liberazione nazionale**, festeggiata ancora oggi il 25 aprile di ogni anno.

Dalla monarchia alla repubblica Il 2 giugno 1946 si svolse una consultazione popolare per eleggere i 556 membri dell'**Assemblea costituente**, cui fu affidato l'importantissimo compito di scrivere il testo della Costituzione. Furono le prime elezioni libere dopo venticinque anni e per la prima volta furono ammesse al voto anche le donne (▸**suffragio universale**). Lo stesso giorno gli italiani si pronunciarono, mediante referendum, sulla scelta tra monarchia e repubblica. Il popolo scelse per lo Stato italiano la **forma repubblicana**. Il 28 giugno 1946 l'Assemblea costituente elesse il Capo provvisorio dello Stato: Enrico De Nicola. La **Costituzione** fu approvata il 22 dicembre 1947 ed entrò in vigore il 1° gennaio 1948.

competenze in campo

1 Completa la tabella

Leggi fascistissime: furono emanate nel .... e soppressero le principali libertà .... e ....
Leggi razziali: furono emanate nel .... e introdussero .... verso gli ....
Sia le leggi fascistissime sia quelle razziali furono emanate quando l'Italia era uno Stato .... , sotto il potere di ....

ESERCIZIO INTERATTIVO

mi riguarda perché...

SPUNTO DI RIFLESSIONE

La consapevolezza di quanto successe in Italia con l'emanazione delle leggi fascistissime e delle leggi razziali ti aiuta a comprendere l'ingiustizia dei regimi totalitari e l'importanza delle forme di Stato democratiche, dove i diritti e le libertà civili siano rispettati.

INFOGRAFICA INTERATTIVA

visualizzare per apprendere

DALLO STATUTO ALBERTINO ALLA COSTITUZIONE DELLA REPUBBLICA

1848
emanazione dello Statuto del Regno di Sardegna o **Statuto albertino**

1861
proclamazione del **Regno d'Italia**: lo **Statuto albertino** diventa la **Costituzione ufficiale**

Vittorio Emanuele II re d'Italia, già re di Sardegna

1919
suffragio universale maschile: allargamento del diritto di voto a tutti i cittadini **maschi di età superiore ai 21 anni**

1925-26
instaurazione della **dittatura fascista** di **Benito Mussolini**

1938
emanazione delle **leggi razziali contro gli ebrei**

1943
destituzione di Mussolini

il generale **Badoglio nuovo Capo del Governo** provvisorio

25 aprile 1945
liberazione nazionale e fine della Seconda guerra mondiale

2 giugno 1946
REFERENDUM

allargamento del **suffragio alle donne**

elezione dell'**Assemblea costituente** formata da 556 membri

REFERENDUM SULLA FORMA ISTITUZIONALE DELLO STATO
Referendum über die Staatsform
REPUBBLICA
Republik
MONARCHIA
Monarchie
Apporre un segno nella casella a fianco del contrassegno prescelto

54,3% REPUBBLICA

45,7% MONARCHIA

28 giugno 1946
Enrico De Nicola Capo provvisorio dello Stato

22 dicembre 1947
è **approvata la Costituzione**

1° gennaio 1948
entra in vigore la Costituzione

LEZIONE 2

La struttura e i caratteri della Costituzione

VIDEO START La Costituzione, guida dei cittadini

AUDIOTESTO

Le parti della Costituzione La nostra Costituzione è suddivisa in **due parti**, a loro volta scandite in **titoli**: la **Parte I** (artt. 13-54) si occupa dei **diritti** e dei **doveri** dei cittadini; la **Parte II** si riferisce invece all'**organizzazione dello Stato** (artt. 55-139).
La Parte I è preceduta dai **Principi fondamentali** (artt. 1-12), in cui si sono voluti evidenziare i fondamenti della Repubblica italiana: la *democrazia*, il *lavoro*, l'*uguaglianza dei cittadini*, l'*organizzazione di Stato regionale*, la *libertà religiosa*, il *rifiuto della guerra*.
Il testo costituzionale si conclude con le **Disposizioni transitorie e finali** (18 articoli), predisposte per consentire il passaggio dal regime monarchico a quello repubblicano.

I caratteri della Costituzione La Costituzione italiana è contraddistinta da alcuni *caratteri peculiari* che la differenziano sensibilmente dallo Statuto albertino. Questi caratteri sono:

- la **popolarità**, in quanto fu emanata da un organo rappresentativo del popolo, contrariamente allo Statuto albertino che era stato concesso dal sovrano ai sudditi;
- la **rigidità**, contrapposta alla *flessibilità* dello Statuto di Carlo Alberto. I principi dello Statuto, infatti, potevano essere rivisti attraverso leggi ordinarie, mentre la modifica degli articoli costituzionali richiede una complessa procedura posta in essere dal Parlamento, denominata **revisione costituzionale**;
- la **lunghezza**: in antitesi alla *brevità* dello Statuto albertino, la nostra Costituzione dedica molti articoli al riconoscimento di diritti civili, etico-sociali, economici e politici ai cittadini;
- la ▸**compromissorietà**: i componenti dell'Assemblea costituente appartenevano a differenti correnti politiche, portatrici di ideologie spesso contrastanti (pensiamo agli ideali socialisti, liberali e cattolici). I Costituenti, tuttavia, nell'individuare i principi fondamentali dello Stato, anteposero agli interessi del proprio partito quelli della Repubblica, accettando mediazioni tra la loro posizione e quella di altri membri. Ne risultò pertanto un testo compromissorio, bilanciato tra ideologie diverse;
- la **programmaticità**: la Costituzione rappresenta un programma che le forze politiche antifasciste intesero realizzare nel tempo per costituire una nuova organizzazione sociale dopo la drammatica esperienza del fascismo;
- la **democraticità**: la Carta costituzionale è permeata del principio di democrazia, in base al quale la sovranità appartiene al popolo, come si afferma specificamente nel co. 2, art. 1: «La sovranità appartiene al popolo, che la esercita nelle forme e nei limiti della Costituzione».

Memo LESSICO
Il termine ▸**compromissorietà** è riconducibile al sostantivo "compromesso", a sua volta collegabile al verbo latino *comprom̀ittere*, che significa "sottomettersi mediante compromesso (al giudizio di un arbitro)". Un compromesso corrisponde pertanto a un accordo tra più persone in contrasto tra loro, in cui ciascuno dei partecipanti rinuncia a una parte delle proprie richieste.

LA STRUTTURA DELLA COSTITUZIONE AUDIO

PRINCIPI FONDAMENTALI (artt. 1-12)	PARTE I Diritti e doveri dei cittadini (artt. 13-54)	PARTE II Ordinamento della Repubblica (artt. 55-139)	DISPOSIZIONI TRANSITORIE E FINALI (18 articoli)
esprimono i principi ispiratori di tutta la Costituzione	disciplina i rapporti tra lo Stato e i cittadini: rapporti civili, etico-sociali, economici e politici	indica la composizione e le competenze degli organi statali	contengono le norme necessarie per passare dal vecchio al nuovo ordinamento

competenze in campo

1 Completa le frasi

DIDATTICA INCLUSIVA

a. I primi dodici articoli della Costituzione sono denominati ....

b. La Parte I della Costituzione si riferisce ai .... e ai .... dei cittadini.

c. La Parte II della Costituzione definisce l'.. dello ....

d. Per modificare la Costituzione occorre una legge di .... emanata dal ....

ESERCIZIO INTERATTIVO

2 Osserva e rifletti

In che senso la nostra Costituzione è lunga, popolare e rigida?

3 Spiega la differenza

1. Costituzioni flessibili e rigide
2. Parte I e Parte II della Costituzione
3. Popolarità, programmaticità e democraticità della Costituzione
4. Costituzioni brevi e lunghe

4 Analizza la norma

Afferma l'art. 41 Cost.: «L'iniziativa economica privata è libera.
Non può svolgersi in contrasto con l'utilità sociale o in modo da recare danno alla sicurezza, alla libertà, alla dignità umana.
La legge determina i programmi e i controlli opportuni perché l'attività economica pubblica e privata possa essere indirizzata e coordinata a fini sociali».

In che senso si può affermare che questo articolo costituzionale è compromissorio?

mi riguarda perché...

SPUNTO DI RIFLESSIONE

Sapere che la nostra Costituzione è "rigida" ti consente di comprendere l'importanza che i Costituenti vollero dare ai principi in essa contenuti; infatti, pur nella consapevolezza dell'evoluzione sociale e politica di un popolo e della conseguente necessità di cambiamenti istituzionali, è fondamentale che tali cambiamenti siano attuati solo raggiungendo un'elevata maggioranza parlamentare, nel rispetto del principio democratico.

FOCUS Le Costituzioni in Europa

■ Per noi cittadini dell'Unione europea è molto importante conoscere le istituzioni fondamentali dei Paesi dell'Unione.
La prima cosa da sapere è che negli Stati europei le **Costituzioni** sono **scritte**. Fa eccezione la Gran Bretagna in cui vige una **costituzione consuetudinaria**, formata in larga parte da consuetudini oltre che da leggi di natura costituzionale.

■ Le Costituzioni europee hanno prevalentemente **carattere popolare**, tranne la Carta costituzionale olandese che è ancora quella concessa dal sovrano nel 1815, e quella del Belgio, risalente al 1831.

■ Di natura particolare è il testo costituzionale tedesco (del 1949), che può essere definito una **Costituzione imposta**, in quanto i principi in essa contenuti furono dettati dalle potenze alleate che occuparono la Germania dopo la Seconda guerra mondiale.

■ Hanno **origine plebiscitaria**, in quanto approvate dai cittadini con un plebiscito (cioè con una consultazione popolare), dopo essere state scritte da un organo estraneo al popolo, le Costituzioni del Portogallo (1933) e della Grecia (1968).

Lavorare insieme

■ Suddividetevi in gruppi in base alle indicazioni dell'insegnante.

■ Disponetevi in modo da poter comunicare tra di voi parlando sottovoce, così da non disturbare gli altri.

■ Cercate, attraverso un motore di ricerca o altra fonte, il testo dello Statuto albertino. Con riferimento alla parte relativa ai diritti e ai doveri dei cittadini (artt. 24-32), individuate gli elementi in comune e quelli invece diversi rispetto alla Parte I della Costituzione. Scrivete poi all'interno del gruppo un elaborato con le relative conclusioni e confrontate le vostre riflessioni con quelle degli altri gruppi.

LEZIONE 3

Democrazia, diritti e doveri

VIDEO START
Democrazia e lavoro: i valori fondanti dello Stato italiano

AUDIOTESTO

Memo
Uno ▸**Stato** è **democratico** se riconosce a tutti i cittadini la possibilità di partecipare alla vita pubblica e di beneficiare dei diritti fondamentali, in particolare della libertà e dell'uguaglianza.

L'articolo 1: il principio democratico L'art. 1 Cost. afferma: «L'Italia è una Repubblica democratica, fondata sul lavoro.
La sovranità appartiene al popolo, che la esercita nelle forme e nei limiti della Costituzione».
L'art. 1 sostiene innanzitutto il valore della ▸**democrazia**, vale a dire il principio per cui la sovranità appartiene al popolo.
L'esercizio della democrazia negli Stati moderni, in considerazione dell'elevato numero di cittadini, è normalmente di tipo *rappresentativo*: i cittadini eleggono, tramite il voto, i propri rappresentanti, ai quali spetta il compito di prendere le decisioni riguardanti la vita dello Stato.
In Italia, in particolare, il popolo elegge i membri del Parlamento, cui spetta l'importante potere di emanare le leggi dello Stato. Il Parlamento, a sua volta, elegge il Presidente della Repubblica, che rappresenta l'unità nazionale e provvede alla nomina del Governo. Quest'ultimo detiene il potere esecutivo, attraverso cui svolge l'attività amministrativa e dà attuazione agli indirizzi definiti a livello politico. Possiamo quindi affermare che nel nostro Paese tutti gli organi più rilevanti dello Stato hanno un'investitura di origine popolare.

Il principio lavorista Accanto al principio democratico, nell'art. 1 Cost. compare il **principio lavorista**, secondo cui il fondamento della Repubblica è il lavoro, a riconoscimento della sua importanza umana e sociale, fattore di crescita dell'individuo e della collettività.

L'articolo 2: la tutela dei diritti L'art. 2 Cost. dichiara: «La Repubblica riconosce e garantisce i diritti inviolabili dell'uomo, sia come singolo sia nelle formazioni sociali ove si svolge la sua personalità, e richiede l'adempimento dei doveri inderogabili di solidarietà politica, economica e sociale».
La presenza nell'art. 2 di temi contenuti in modo più specifico nella Parte I della Costituzione sottolinea l'importanza che i Costituenti hanno voluto attribuire al riconoscimento dei **diritti umani**, fortemente limitati nell'epoca fascista.
Viene inoltre sottolineata la garanzia della tutela dei diritti non solo allorché siano esercitati in ambito individuale, ma anche quando la loro affermazione assume carattere collettivo.

ESEMPIO La libertà di manifestare il proprio pensiero è un diritto che appartiene al singolo individuo, mentre la libertà di riunione e di associazione è un diritto collettivo, che riguarda un insieme di persone.

Più in dettaglio possiamo affermare che la Costituzione riconosce sia i *diritti delle formazioni sociali* (la famiglia, i sindacati dei lavoratori, i partiti politici ecc.) sia i *diritti dei singoli individui* all'interno di tali formazioni (per esempio i diritti dei figli all'interno della famiglia).

I doveri I cittadini, così come si vedono riconoscere diritti inviolabili, sono tenuti a rispettare determinati **doveri**, che possono avere carattere politico, economico e sociale. Tali doveri, ai sensi dell'art. 2 Cost., hanno natura *inderogabile*.

CASO Lucia C. percepisce, oltre alle entrate legate alla titolarità di un'agenzia turistica, un reddito monetario che le deriva dalla concessione in uso di un appartamento di cui è proprietaria. Quale dovere di natura economica ha verso lo Stato?
■ *Ha l'obbligo di versare agli uffici competenti un'imposta (IRPEF) calcolata sui redditi percepiti.*

competenze in campo

1 Completa lo schema

DIDATTICA INCLUSIVA

Art. 2 Cost.

- Riconosce i diritti .... dell'uomo sia nella sfera individuale sia in quella ....
- Richiede l'adempimento di .... inderogabili di .... economica, ... e sociale

ESERCIZIO INTERATTIVO

2 ●●● **Osserva e rifletti**

L'emblema della Repubblica italiana raffigurato nell'immagine è costituito da una stella sovrapposta ai raggi di una ruota dentata d'acciaio, tra un ramo di ulivo e uno di quercia.

1. Tra questi elementi quale, secondo te, rappresenta la buona sorte? Perché?
2. Che cosa stanno a indicare, a tuo parere, i rami di ulivo e di quercia?
3. Come spieghi la scelta di rappresentare il lavoro e il progresso con la ruota dentata?

3 ●●● **Individua il termine**

ESERCIZIO INTERATTIVO

1. Corrisponde a un dovere di natura politica: ....
2. Lo è prevalentemente l'esercizio della democrazia: ....
3. Lo sono i diritti dei cittadini secondo l'art. 2 Cost.: ....
4. È il principio contenuto nell'art. 1 Cost. oltre quello democratico: ....

4 ●●● **Risolvi il caso**

Nel giugno 2011 i cittadini italiani parteciparono a una serie di referendum abrogativi, tra cui quello relativo alla privatizzazione dell'acqua. Possiamo sostenere che in quell'occasione la democrazia è stata esercitata in modo rappresentativo? Perché?

mi riguarda perché...

SPUNTO DI RIFLESSIONE

Leggendo attentamente l'art. 2 Cost. ti accorgerai che i nostri Costituenti, oltre a confermare l'inviolabilità dei diritti umani, vollero rendere obbligatorio per tutti i cittadini un valore etico e sociale di grande importanza, quello della solidarietà, di solito affidato alla libertà di coscienza.

Detto da... Ligabue

"Sotto gli occhi da sempre distratti del mondo / sotto i colpi di spugna di una democrazia / c'è chi visse sperando / e chi disperando."

In questa parte della canzone *Il muro del suono* Ligabue parla di "colpi di spugna" della democrazia: in che senso, secondo te, con riferimento al nostro Paese?

FOCUS Il referendum costituzionale

La **democrazia** in cui viviamo è **indiretta**: noi esercitiamo la nostra sovranità come cittadini eleggendo i nostri rappresentanti in Parlamento. Tuttavia, ci sono casi in cui la democrazia è esercitata in modo **diretto**, consultando cioè i cittadini: ciò avviene in occasione dei referendum popolari, che possono avere scopo *abrogativo*, per eliminare una legge o una sua parte, o scopo *costituzionale*, nell'ambito della procedura di revisione della Carta costituzionale.
Se una legge di revisione costituzionale viene approvata dalle Camere, in seconda votazione, con la maggioranza assoluta ma non con quella dei due terzi dei componenti, l'art. 138 Cost. prevede che, entro tre mesi dalla sua pubblicazione, un quinto dei componenti di una Camera, o 500 000 elettori oppure cinque Consigli regionali possano richiedere un **referendum costituzionale**. Gli elettori che si recano a votare ricevono una scheda in cui è indicata la legge sottoposta a referendum e due caselle, una con un "sì" per chi è favorevole all'approvazione della legge, e una con un "no", per chi è contrario. Se prevalgono i "sì" la legge verrà pubblicata ed entrerà in vigore.

LEZIONE 4

L'uguaglianza e il lavoro

VIDEO START
Il diritto e il dovere di lavorare

AUDIOTESTO

L'articolo 3: uguaglianza formale e sostanziale L'art. 3 Cost. afferma: «Tutti i cittadini hanno pari dignità sociale e sono eguali davanti alla legge, senza distinzione di sesso, di razza, di lingua, di religione, di opinioni politiche, di condizioni personali e sociali.
È compito della Repubblica rimuovere gli ostacoli di ordine economico e sociale, che, limitando di fatto la libertà e l'eguaglianza dei cittadini, impediscono il pieno sviluppo della persona umana e l'effettiva partecipazione di tutti i lavoratori all'organizzazione politica, economica e sociale del Paese».
Nel co. 1, art. 3 viene affermato il principio di uguaglianza di tutti i cittadini davanti alla legge, secondo il criterio della cosiddetta **uguaglianza formale**.
Nel secondo comma si sostiene invece l'impegno attivo dello Stato a eliminare gli ostacoli che dovessero impedire la realizzazione pratica del principio di uguaglianza, impegno che si traduce nel criterio di **uguaglianza sostanziale**.
I nostri Costituenti hanno voluto evidenziare, nella struttura complessiva dell'art. 3, che lo Stato non deve limitarsi ad affermare un principio, ma deve anche attuare le condizioni perché esso sia concretamente realizzato.

ESEMPIO Per tantissimo tempo nella nostra società le donne hanno vissuto in una condizione di inferiorità sociale e giuridica rispetto agli uomini. Lo Stato, tramite l'emanazione di leggi adeguate, ha progressivamente eliminato queste discriminazioni, consentendo una situazione di piena parità tra i due sessi e dando concreta applicazione al principio costituzionale di uguaglianza sostanziale.

Memo LESSICO
Il termine ▸**razzismo**, dal francese *racisme*, indica una teoria che tende a stabilire una gerarchia tra le popolazioni umane, esaltando le presunte qualità superiori di una etnia e adottando atteggiamenti di disprezzo e di intolleranza verso determinati gruppi o individui.

Il principio di uguaglianza sostanziale implica il **diritto alla differenza**, nel senso che ogni persona deve vedere rispettata la propria identità e individualità senza subire discriminazioni o essere considerata meno meritevole di altri nella società.

Il rischio del razzismo L'impegno dello Stato a eliminare le condizioni discriminanti non è però sufficiente se non è sostenuto dai cittadini stessi, e sappiamo purtroppo come nella nostra società, per quanto evoluta, siano ancora presenti pregiudizi sociali e ingiusti atteggiamenti di carattere ▸razzista; anche per questo motivo non può ancora dirsi compiutamente realizzato, nel nostro Paese, il principio di uguaglianza sostanziale.

PODCAST
Articolo 4

L'articolo 4: il lavoro come diritto e come dovere civico Nell'art. 4 Cost. possiamo leggere: «La Repubblica riconosce a tutti i cittadini il diritto al lavoro e promuove le condizioni che rendano effettivo questo diritto.
Ogni cittadino ha il dovere di svolgere, secondo le proprie possibilità e la propria scelta, un'attività o una funzione che concorra al progresso materiale o spirituale della società».
Nel co. 1, art. 4 si afferma il principio del **diritto al lavoro**, riconosciuto a livello non soltanto formale, ma anche sostanziale, in quanto si sostiene l'impegno dello Stato a promuovere le condizioni per renderlo accessibile a tutti.
Nel secondo comma, invece, il lavoro viene inquadrato come un **dovere**. Se di solito, di fronte all'inadempimento di un dovere, lo Stato prevede l'applicazione di una sanzione, così non può dirsi in questo caso: se infatti un cittadino decide di non lavorare (pensiamo a chi può permettersi di "vivere di rendita"), lo Stato non lo punisce. Quello del lavoro, infatti, è un **dovere civico**, che deve essere adempiuto dai "buoni cittadini", ma che non prevede conseguenze punitive in caso di sua elusione.
Occorre inoltre precisare che il concetto di lavoro, inteso nel senso di *dovere civico*, non implica necessariamente un impegno extradomestico o una remunerazione. Sono quindi lavoratori, in senso costituzionale, anche quelle persone che si dedicano al lavoro casalingo o ad attività di volontariato non retribuite.

competenze in campo

1 Completa lo schema

Art. 3 Cost.

- uguaglianza ....
  - corrisponde al principio per cui tutti i cittadini sono .... davanti alla ....
- uguaglianza ....
  - corrisponde all'impegno dello Stato a rimuovere gli .... che impediscono la realizzazione dell'..........................

ESERCIZIO INTERATTIVO

2 **Osserva e rifletti**

A quali tipi di lavoro sono riconducibili le immagini? Sono tutti tipi di lavoro riconosciuti e tutelati dalla Costituzione? Perché?

3 **Completa le frasi**

ESERCIZIO INTERATTIVO

1. Secondo la Costituzione tutti i .... hanno pari .... sociale e sono uguali di fronte alla ....; è compito dello Stato rimuovere gli .... che, limitando l'............ dei cittadini, impediscono il pieno .... della persona umana.
2. Il lavoro è, secondo la Costituzione, un .... e un dovere ...., nel senso che non sono previste .... da parte dello Stato verso chi non ....

mi riguarda perché...

SPUNTO DI RIFLESSIONE

Se rifletti sul principio di uguaglianza, che la nostra Costituzione afferma nell'art. 3, potrai opporti con forza agli atteggiamenti di razzismo diffusi nella nostra società ed evitare di cadere nella facile generalizzazione per cui guardiamo con diffidenza tutti coloro che appartengono a una determinata etnia o gruppo sociale o religioso. La Costituzione insegna a valorizzare le differenze e a combattere i pregiudizi.

FOCUS L'uguaglianza sostanziale

L'uguaglianza in senso sostanziale comporta che situazioni uguali vengano trattate in modo uguale, ma anche che situazioni diverse vengano trattate in modo diverso. Non basta, cioè, trattare tutti allo stesso modo: occorre dare a tutti le stesse opportunità e rimuovere i fattori di disparità sociale, culturale ed economica esistenti tra gli appartenenti alla collettività. Per esempio, hanno lo scopo di realizzare un'uguaglianza in senso sostanziale tra i cittadini le norme che:

- consentono agli studenti provenienti da famiglie con reddito basso di pagare tasse universitarie meno alte degli altri;
- prevedono, nelle assunzioni al lavoro, delle quote di riserva in favore dei portatori di handicap;
- consentono a chi ha un basso reddito di pagare meno imposte, cioè tasse minori;
- garantiscono la difesa nel processo anche ai cittadini più poveri, attraverso un avvocato pagato dallo Stato.

Il principio di uguaglianza sostanziale, dunque, opera soprattutto a favore dei soggetti deboli, di coloro, cioè, che vedono ostacolata per ragioni economiche e sociali la possibilità di un esercizio effettivo dei diritti.

Detto da... Marco Mengoni

"Oggi la gente ti giudica / per quale immagine hai. / Vede soltanto le maschere, / non sa nemmeno chi sei. [...]
Credo negli esseri umani. / Credo negli esseri umani. / Credo negli esseri umani / che hanno coraggio, /coraggio di essere umani."

Quale significato assumono le parole della canzone *Credo negli esseri umani* alla luce del principio di uguaglianza?

Le pari opportunità

Uomini e donne hanno gli stessi diritti?

Le donne hanno dovuto lottare a lungo per vedersi riconosciuti gli stessi diritti degli uomini nel contesto sociale e lavorativo, ma ancora oggi incontrano molte difficoltà in tal senso. Lo Stato, nel rispetto del principio di uguaglianza, ha attuato e attua interventi normativi a loro favore.

Contro le discriminazioni sessuali

Un fattore di discriminazione tuttora rilevante nella realtà italiana riguarda le differenze di genere: sono numerose, infatti, le situazioni in cui le donne si trovano in una **condizione di svantaggio rispetto agli uomini**, tale da determinare *minori opportunità di crescita personale* o addirittura *rischi di esclusione sociale*.
L'art. 3 Cost. obbliga lo Stato a mettere in atto i mezzi necessari per eliminare queste condizioni di discriminazione; in tal senso è stato emanato uno specifico provvedimento, il d.lgs. 11 aprile 2006, n. 198 – *Codice delle pari opportunità tra uomo e donna*, che ha riordinato in modo organico le norme esistenti in materia.

Impedimenti sociali e culturali

Ma quali sono gli *ostacoli che impediscono la piena parità tra uomini e donne* nella realtà italiana? Non si tratta di impedimenti di natura normativa, in quanto le leggi italiane da tempo sono state adeguate ai principi di uguaglianza espressi nella Costituzione, ma piuttosto di **ostacoli di natura economica, sociale e culturale**. Troppo spesso, infatti, accade ancora che la donna sia vista come una figura subalterna all'uomo, che deve occuparsi principalmente della famiglia e non può pienamente usufruire delle libertà concesse alle persone di sesso maschile.

Le pari opportunità nel lavoro

Il "Codice delle pari opportunità tra uomo e donna" vieta qualsiasi discriminazione sessuale per quanto riguarda l'accesso al lavoro; in particolare, vieta le discriminazioni nella retribuzione, nella prestazione lavorativa, nella progressione delle carriere, nell'accesso alle prestazioni previdenziali; vieta il licenziamento per causa di matrimonio, di gravidanza e di maternità.
Considera illegittime sia le forme di **discriminazione diretta**, cioè gli atti o i comportamenti che di fatto portano a una discriminazione in ragione del sesso (come riconoscere alle donne retribuzioni inferiori a parità di mansioni), sia le **discriminazioni indirette**, cioè gli atti

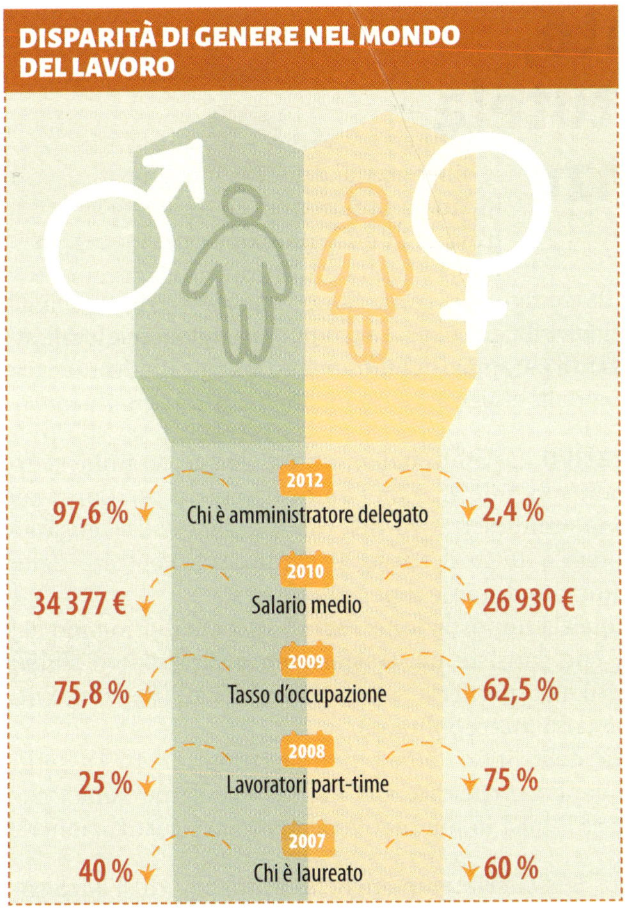

Elaborazione grafica di dati Eurostat, Commissione europea e Ricerca della Library del Parlamento europeo (www.euprogress.it/2013/03/pari-opportunita-per-le-donne).

o i comportamenti che possono mettere i lavoratori di un determinato sesso in una posizione di particolare svantaggio rispetto a quelli dell'altro sesso (per esempio, stabilire condizioni di assunzione non favorevoli al ruolo familiare delle donne).
Sono altresì considerate come discriminazioni le **molestie sessuali**, ovvero i comportamenti indesiderati a connotazione sessuale, espressi in forma fisica, verbale o non verbale, che violano la dignità di una lavoratrice o di un lavoratore e creano un clima intimidatorio, ostile, degradante o offensivo.

Le pari opportunità nelle pubbliche istituzioni

Anche nel mondo della politica la presenza femminile è decisamente inferiore rispetto a quella maschile. Per porre un limite a questa situazione sono stati attuati, a livello europeo, **interventi normativi per favorire una maggiore partecipazione femminile** all'interno degli organi politici istituzionali; questi interventi hanno determinato l'assegnazione alle donne di quote percentuali di candidati presenti nelle liste, le cosiddette "**quote rosa**". In tal senso, per l'elezione dei rappresentanti al Parlamento europeo in ciascuna lista nessuno dei due sessi può essere presente in misura superiore ai due terzi dei candidati.

Molti, però, sono **contrari alle "quote rosa"**, non perché si oppongono all'affermazione femminile in politica, ma perché ritengono che favorire in tal modo le donne corrisponda implicitamente a un riconoscimento della loro debolezza, come se le donne non fossero in realtà in grado di affermarsi da sole, con le loro capacità e la loro determinazione. La pensano così anche molte deputate tedesche, che nel 2013 hanno votato contro le *Frauenquoten* (le "quote rosa", appunto) sostenendo che si deve andare avanti per le proprie qualità e non perché si è donne.
Per fortuna oggi anche in Italia si riconosce maggiore importanza alla rappresentanza politica femminile indipendentemente dall'esistenza di specifiche norme di pari opportunità: consideriamo infatti che, se nel Parlamento eletto nel 2008 la presenza femminile era pari solamente al 21% alla Camera e al 19% al Senato, nel Parlamento eletto nel 2013 il numero delle donne è sensibilmente aumentato, corrispondendo al 32% dei rappresentanti alla Camera dei deputati e al 30% dei senatori.

IL TUO PUNTO DI VISTA

1 Sulla base della tua esperienza, quanto consideri possibili e prioritarie (con valori da 1 a 5), al fine di favorire la conciliazione tra famiglia e lavoro, le seguenti iniziative?
- **a.** aumento della flessibilità degli orari lavorativi;
- **b.** istituzione di più servizi di supporto alla famiglia;
- **c.** estensione del lavoro part-time;
- **d.** incremento del telelavoro.

2 Nel contesto territoriale e culturale in cui vivi, ritieni che esistano forme di discriminazione nei confronti delle donne? Se sì, a che cosa sono dovute secondo te?

3 Sei favorevole alle "quote rosa"? In base a quali considerazioni?

LEZIONE 5

Decentramento, autonomia e tutela delle minoranze

VIDEO START La tutela delle minoranze

AUDIOTESTO

L'articolo 5 La scelta dell'Italia di configurarsi come Stato regionale è riconoscibile nell'art. 5 Cost.: «La Repubblica, una e indivisibile, riconosce e promuove le autonomie locali; attua nei servizi che dipendono dallo Stato il più ampio decentramento amministrativo; adegua i principi e i metodi della sua legislazione alle esigenze dell'autonomia e del decentramento».

Il decentramento amministrativo Lo Stato italiano fin dalle sue origini è stato caratterizzato da un forte accentramento, iniziato con l'unificazione del territorio nel 1861 e con la legge di unificazione amministrativa del 1865, basata sull'estensione dell'apparato burocratico piemontese a tutto il Paese. Il carattere accentrato dello Stato italiano fu ulteriormente rafforzato durante il periodo fascista.
L'Assemblea costituente rovesciò questa impostazione: l'art. 5 afferma il principio del **decentramento amministrativo**, che consiste nel trasferimento di funzioni statali dal "centro" (Governo e Parlamento) alla "periferia", cioè agli enti locali (Regioni, Enti territoriali di area vasta, Comuni e città metropolitane).
Il riconoscimento della "regionalità" dello Stato italiano non ne compromette l'assetto unitario, come conferma l'art. 5 quando si riferisce alla Repubblica come «una e indivisibile»: ogni proposta di dividere l'Italia in più Stati è pertanto anticostituzionale.

Il principio di autonomia L'art. 5 fa riferimento anche al principio ▸dell'**autonomia**, che corrisponde al potere riconosciuto agli enti pubblici territoriali diversi dallo Stato (Regioni, Enti territoriali di area vasta, Comuni e città metropolitane) di gestire, attraverso una propria amministrazione e propri atti normativi, le attività pubbliche correlate ai bisogni della cittadinanza locale. L'autonomia degli enti locali non è però illimitata, in quanto deve sempre rispettare i limiti stabiliti dalla Costituzione.

> **Memo LESSICO**
> Il termine ▸**autonomia** deriva dal greco *autonomia*, composto di *autos* ("se stesso") e *nomos* ("legge", "norma"), da *nemein* ("governare"); significa letteralmente "capacità di governarsi, di darsi leggi cui ci si sottomette".

ESEMPIO I Comuni italiani impongono alle persone che risiedono nel loro territorio il pagamento di specifici tributi, come la tassa sullo smaltimento dei rifiuti. Questo potere impositivo è un'applicazione del principio di autonomia, precisamente di *autonomia finanziaria*, che consente agli enti comunali di gestire le attività pubbliche dirette a soddisfare i bisogni dei cittadini.

L'articolo 6: le minoranze linguistiche L'Italia è, sia pur in modo limitato, uno **Stato multinazionale**. In alcune Regioni, infatti, sono presenti comunità etniche la cui nazionalità non corrisponde a quella italiana: pensiamo alle persone di lingua francese in Valle d'Aosta (Vallée d'Aoste), a quelle di lingua e cultura tedesca in Trentino-Alto Adige (Südtirol), ai ladini, sempre in Trentino-Alto Adige (Südtirol), alle comunità albanesi in Calabria e a quelle slave del Friuli-Venezia Giulia.
In passato le differenze linguistiche erano state motivo di discriminazione. Per evitare queste situazioni e rispettare il principio di uguaglianza fra tutti i cittadini, l'art. 6 Cost. afferma «La Repubblica tutela con apposite norme le minoranze linguistiche», e ammette, nelle zone interessate, il bilinguismo, in particolare a livello scolastico e nell'organizzazione della Pubblica amministrazione.

PODCAST Articolo 6

ESEMPIO Nella Provincia di Bolzano sono in vigore norme finalizzate a tutelare la popolazione di lingua tedesca residente nel suo territorio, in relazione all'uso della madrelingua, nei settori della scuola e della cultura, e nel diritto di essere equamente rappresentati nella vita politica (come membri del Consiglio regionale).

La tutela delle minoranze linguistiche risponde al *principio di uguaglianza sostanziale* (art. 3 Cost.), perché di fatto, tutelando i gruppi minoritari, lo Stato attenua le differenze sociali e culturali. Si collega inoltre al *principio pluralista* (art. 2 Cost.), in base al quale la Repubblica garantisce i diritti dell'uomo, oltre che come singolo, nelle formazioni sociali in cui si svolge la sua personalità.

competenze in campo

1 Completa le frasi

Art. 5 Cost.

Decentramento .... :
è attuato il .... di funzioni statali da organi .... a organi periferici

Art. 5 Cost.

Principio di .... :
gli enti locali gestiscono attraverso una propria .... e propri .... normativi, le attività pubbliche che rispondono ai .... della .... locale

Art. 6 Cost.

Tutela delle minoranze linguistiche:
in base al principio di .... , sono tutelate tutte le comunità etniche presenti sul .... italiano

ESERCIZIO INTERATTIVO

2 Osserva e rifletti

L'immagine si riferisce a una delle comunità ladine, stanziate soprattutto in zone dell'Alto Adige. A quale principio costituzionale puoi collegare l'immagine?

3 Rifletti e rispondi

1. A che cosa si riferisce l'art. 5 Cost. quando, in riferimento alla Repubblica italiana, afferma che essa è «una e indivisibile»?
2. Quale differenza esiste tra i principi della "autonomia" e del "decentramento"?
3. In che senso è possibile parlare di "Stati multinazionali"?

mi riguarda perché...

SPUNTO DI RIFLESSIONE

I tuoi bisogni quotidiani, come quelli di tutti i cittadini italiani, sono soddisfatti, oltre che dallo Stato, dagli enti locali, in particolare dal Comune in cui vivi: pensa, per esempio, all'erogazione dell'acqua potabile e del gas, allo smaltimento dei rifiuti, ai trasporti, alla manutenzione delle strade comunali.

Spazio multiculturale — Le minoranze linguistiche in Italia

Potrà capitarti di incontrare cittadini italiani come te che però, oltre all'italiano, parlano anche un'altra lingua. Infatti, sul territorio nazionale sono presenti **numerose comunità linguistiche**. Le più numerose comprendono le popolazioni di lingua e cultura francese, tedesca e ladina, insediate per lo più nelle regioni settentrionali, soprattutto in Valle d'Aosta, Piemonte, Veneto, Trentino-Alto Adige.
Tuttavia molte altre isole linguistiche sono presenti sia a Nord sia a Sud del Paese, come mostra la cartina rivelando un **mosaico di lingue**.

LEZIONE 6

La libertà religiosa e i Patti lateranensi

VIDEO START
I Patti lateranensi

AUDIOTESTO

Gli articoli 7 e 8 La posizione assunta dai nostri Costituenti in relazione alla libertà religiosa risulta soprattutto dagli artt. 7 e 8.

Art. 7: «Lo Stato e la Chiesa cattolica sono, ciascuno nel proprio ordine, indipendenti e sovrani. I loro rapporti sono regolati dai Patti Lateranensi. Le modificazioni dei Patti, accettate dalle due parti, non richiedono procedimento di revisione costituzionale».

Art. 8: «Tutte le confessioni religiose sono egualmente libere davanti alla legge.
Le confessioni religiose diverse dalla cattolica hanno diritto di organizzarsi secondo i propri statuti, in quanto non contrastino con l'ordinamento giuridico italiano.
I loro rapporti con lo Stato sono regolati per legge sulla base di intese con le relative rappresentanze».

Memo LESSICO
L'aggettivo ▸**laico** deriva dal greco *laikòs* ("popolare"), da *laos* ("popolo") e significa "che non fa parte del clero"; si contrappone a *confessionale*, che ha origine nel verbo latino *confiteri* ("confessare", "riconoscere", "fare confessione di fede").

Stato confessionale e Stato laico Il principio che emerge dalla lettura dell'art. 8 è quello della **libertà religiosa**, in contrasto con quanto affermato nell'art. 1 dello Statuto albertino, secondo cui «la religione Cattolica, Apostolica e Romana» era «la sola religione di Stato»; l'Italia era dunque uno *Stato confessionale*, nel senso che veniva riconosciuta una religione di Stato. Oggi invece, dopo l'entrata in vigore della Costituzione, l'Italia è uno **Stato ▸laico**, dal momento che non ha adottato una religione ufficiale, ma ammette la libertà religiosa.

PODCAST
Articolo 19

L'articolo 19 La libertà religiosa è confermata anche dall'art. 19 Cost.: «Tutti hanno diritto di professare liberamente la propria fede religiosa in qualsiasi forma, individuale o associata, di farne propaganda e di esercitarne in privato o in pubblico il culto, purché non si tratti di riti contrari al buon costume».

I Patti lateranensi Se è indubbia la scelta di laicità da parte dei Costituenti, è però anche vero che, tra tutte le confessioni religiose, è riservato un ruolo di privilegio a quella cattolica. L'art. 7 Cost. conferma la validità dei **Patti lateranensi**, firmati l'11 febbraio 1929 tra lo Stato, rappresentato dal Primo ministro Benito Mussolini, e la Chiesa, rappresentata dal cardinale Gasparri, Segretario di Stato del Vaticano.

Il Concordato Dei Patti lateranensi fa parte il *Concordato* con cui vennero attuate concessioni alla Chiesa cattolica, quali l'inserimento obbligatorio della religione cattolica tra le materie scolastiche, il riconoscimento degli effetti civili del matrimonio cattolico, le agevolazioni fiscali per gli enti ecclesiastici. Queste concessioni furono ridotte il 18 febbraio 1984 tramite un nuovo accordo intervenuto tra lo Stato e la Chiesa.

ESEMPIO Con l'accordo del 1984 la religione cattolica è materia scolastica non più obbligatoria e i benefici fiscali per gli organismi ecclesiastici sono stati limitati e sostituiti con la possibilità per i cittadini italiani di devolvere una quota (l'8 per mille) dei tributi dovuti allo Stato a favore della Chiesa cattolica o di altre confessioni religiose.

Le altre confessioni religiose I rapporti tra lo Stato e le confessioni religiose diverse dalla cattolica sono regolati da specifiche **intese**: i rappresentanti delle religioni interessate devono presentare apposita domanda al Governo, che, dopo avere esaminato e approvato i contenuti dell'intesa, li trasmette al Parlamento per la loro approvazione tramite legge ordinaria.

ESEMPIO Le intese finora approvate con legge riguardano le seguenti confessioni: Tavola valdese, Assemblee di Dio, Unione delle chiese cristiane avventiste, Unione cristiana evangelica battista, Chiesa evangelica luterana. Per quanto riguarda le altre religioni, o non sono ancora state presentate richieste o queste sono in attesa di approvazione.

competenze in campo

1 Completa lo schema

DIDATTICA INCLUSIVA

STATO ITALIANO

- è uno Stato .... :
  - non ha una religione ....
  - ammette la .... religiosa
- i rapporti con la religione cattolica sono regolati dai Patti ...., di cui fa parte il ....
- i rapporti con le altre religioni sono regolati da specifiche ...., da approvare tramite leggi ....

ESERCIZIO INTERATTIVO

2 ●●● **Osserva e rifletti**

Quale collegamento esiste a tuo parere tra la pace e la libertà religiosa, prevista dalla nostra Costituzione?

3 ●●● **Risolvi il caso**

ESERCIZIO INTERATTIVO

Ipotizziamo che lo Stato italiano e la Chiesa cattolica decidano di apportare ulteriori modifiche ai Patti lateranensi, oltre a quelle del 1984. A tal fine:

- ☐ **a.** è necessario ricorrere a una legge di revisione costituzionale, visto che il riferimento ai Patti lateranensi è previsto dall'art. 7 Cost.
- ☐ **b.** occorre ratificare la modifica dei Patti con l'emanazione di una legge ordinaria
- ☐ **c.** occorre confermare la modifica dei Patti tramite un decreto legge
- ☐ **d.** è sufficiente l'accordo scritto tra le due parti

mi riguarda perché...

SPUNTO DI RIFLESSIONE

Il principio della libertà religiosa previsto dalla nostra Costituzione ti riconosce il diritto di professare la tua fede religiosa o anche di non professarne alcuna, nel rispetto delle tue idee e sensibilità. Lo puoi verificare anche a scuola, perché hai la possibilità di scegliere se frequentare l'ora di religione oppure svolgere attività alternative.

Le tue domande — Quali sono le principali religioni professate in Italia?

Con l'aumento degli stranieri che vivono nel nostro Paese, è aumentata la professione di religioni diverse dalla cattolica. In base ai dati più recenti dell'ISTAT (l'Istituto nazionale di statistica), oltre al *cristianesimo* (in maggioranza di confessione cattolica), che è di gran lunga la religione più diffusa, sono presenti anche la *religione musulmana*, l'*ebraismo* e diverse *religioni orientali*, come l'*induismo*, il *buddismo*, la *religione sikh*.

Lavorare insieme

- Suddividetevi in cinque gruppi in base alle indicazioni dell'insegnante.
- Disponetevi in modo da poter comunicare tra di voi parlando sottovoce, così da non disturbare gli altri.
- Ogni gruppo dovrà documentarsi su una religione praticata in Italia diversa da quella cattolica. Ogni gruppo sceglierà un relatore che avrà il compito di spiegare alla classe i fondamenti della confessione su cui è stata svolta la ricerca, aiutandosi con immagini, video e altri strumenti.

LEZIONE 7

La tutela della cultura e della ricerca

VIDEO START Non si può fare a meno della ricerca

AUDIOTESTO

PODCAST Articolo 9

L'attuazione dei principi costituzionali L'art. 9 Cost. afferma: «La Repubblica promuove lo sviluppo della cultura e la ricerca scientifica e tecnica. Tutela il paesaggio e il patrimonio storico e artistico della Nazione».

L'art. 9 mette in evidenza l'elevato valore attribuito dai membri dell'Assemblea costituente alla cultura, alla ricerca, alla tutela ambientale e alla salvaguardia del patrimonio artistico e storico del nostro Paese. Oggi l'attuazione dei principi enunciati nell'art. 9 si concretizza principalmente nei seguenti interventi:

- processo di **riforma dell'assetto scolastico** italiano per adeguarlo agli standard europei;
- riforma intesa a promuovere un'adeguata **valorizzazione dei ▸beni storici e artistici** e a consentire orari di visita prolungati a musei e siti di interesse culturale;
- leggi e altri provvedimenti volti a favorire la **tutela dell'ambiente e del paesaggio**, sia pure in una situazione di lotta incessante contro chi, senza alcuna morale e senso civico, ostacola gli sforzi normativi compiuti.

Memo
I ▸**beni** sono le cose che possono formare oggetto di diritti e si distinguono in **privati** e **pubblici**; tra questi ultimi rientrano i *beni demaniali*, che sono di proprietà esclusiva di un ente pubblico e non si possono vendere a privati, e i *beni patrimoniali*, che possono essere ceduti tramite specifiche procedure.

ESEMPIO Ogni anno il nostro Paese è soggetto a devastazioni e incendi provocati da piromani.

L'importanza della ricerca È bene ricordare il fondamentale ruolo che ha avuto nella storia la **ricerca scientifica e tecnologica**.

ESEMPIO Pensiamo alle innovazioni prodotte a partire dalla seconda metà del XIX secolo dall'industria, che ha realizzato enormi quantità di beni (come la radio, il telefono, i medicinali), cambiando radicalmente il modo di vivere delle persone.

Tutti i beni esistono perché ci sono state intense e specifiche attività di ricerca; tali attività nel tempo si sono affinate grazie a ricercatori altamente specializzati e ad attrezzature sempre più sofisticate, precise e costose. La ricerca tecnologica costituisce pertanto un **importante investimento** per le imprese, investimento che è però molto rischioso, in considerazione dell'incertezza dei risultati e della possibilità che altre aziende raggiungano risultati analoghi annullando "l'effetto novità" proprio dell'innovazione. Ecco perché il mondo imprenditoriale richiede *interventi da parte dello Stato* in questo settore, *attraverso l'istituzione e il potenziamento di specifici istituti di ricerca o tramite le università*. Questi interventi porterebbero a un vantaggio nazionale, visto che aumenterebbe il PIL (Prodotto interno lordo, cioè la ricchezza nazionale). Purtroppo però *le risorse economiche che il nostro Stato destina alla ricerca sono estremamente scarse*, con l'effetto di determinare la *"fuga dei cervelli"* dal nostro Paese: scienziati di grandi capacità, non trovando in Italia i finanziamenti necessari per supportare adeguatamente la ricerca, emigrano in Stati stranieri, in cui il loro sforzo è compensato dalla possibilità di utilizzare strumenti adeguati e di poter contare su cospicui appoggi economici.

Ambiente e cultura La collocazione del tema ambientale accanto a quello della cultura va interpretata come una lettura unitaria che i Costituenti vollero dare del bene-ambiente, comprensivo di elementi naturali ma anche culturali: solo un'informazione accurata e un buon livello culturale possono infatti garantire una corretta e saggia tutela dell'ambiente naturale.

I nostri Costituenti avvertirono fin da allora l'esigenza di proteggere l'ambiente circostante, ma non ancora con il senso di urgenza attuale. Il **problema ambientale** ha infatti assunto dimensioni ben più ampie e drammatiche di un tempo, in seguito agli imponenti processi di industrializzazione, di sviluppo tecnologico e di urbanizzazione che hanno segnato la seconda metà del secolo scorso.

ESPANSIONE Al cinema: *WALL•E*

competenze in campo

1 Completa le frasi

a. In base all'art. 9 Cost. lo Stato promuove lo sviluppo della .... e la ricerca scientifica e .... ; tutela inoltre il .... e il patrimonio artistico e ....

cultura | paesaggio | storico | tecnica

b. Le imprese, nel settore della ricerca, hanno bisogno di interventi da parte dello .... , in particolare attraverso l'istituzione di istituti di .... o il trasferimento di fondi alle ....
Ciò determinerebbe un aumento del .... e, quindi, della .... nazionale.

PIL | ricchezza | ricerca | Stato | università

ESERCIZIO INTERATTIVO

2 Osserva e rifletti

Che cosa si potrebbe fare, a tuo parere, per diffondere un'adeguata cultura ambientale e per sollecitare appropriati interventi normativi, volti a prevenire gravi eventi quali la cosiddetta "emergenza rifiuti" presente in alcune città italiane?

3 Analizza la norma

Leggi il testo del d.lgs. n. 42/2004 sul sito ufficiale della Camera e rispondi alla domanda che segue:
Che cosa intende la legge per "beni culturali" e in base a quali criteri essi vengono individuati?

mi riguarda perché...

SPUNTO DI RIFLESSIONE

La tutela dell'ambiente non è solo un dovere dei nostri amministratori, ma richiede quotidianamente anche la tua collaborazione. Per esempio a scuola, come a casa, sei invitato a fare la raccolta differenziata dei rifiuti, confidando nel fatto che questo impegno si tradurrà in un beneficio concreto sia per te stesso sia per le generazioni che ci succederanno.

Detto da... Leonardo di Caprio

"Se non facciamo qualcosa adesso per salvare i nostri oceani, non saranno solo gli squali e i delfini a pagarne le conseguenze, ma tutti noi compresi i nostri figli e i nostri nipoti."

Quale significato assumono le parole dell'attore americano nel contesto dell'art. 9 Cost.?

Le tue domande: Quanti sono gli italiani che hanno scelto di lavorare all'estero?

Nel 2014, secondo i dati dell'Anagrafe degli italiani residenti all'estero (Aire), sono stati più di 101 000 i nostri connazionali emigrati all'estero (il 56% uomini e il 44% donne), in sensibile crescita rispetto ai circa 94 000 del 2013.
La prima meta di emigrazione è la Germania, con circa 15 000 italiani che vi sono approdati nel 2014, seguita da Gran Bretagna (14 000) e Svizzera (11 000). Tra i Paesi extraeuropei troviamo, nell'ordine, l'Argentina, il Brasile, gli Stati Uniti e l'Australia.
La regione con più emigranti verso l'estero è la Lombardia (18 425), seguita dalla Sicilia e dal Veneto.

LEZIONE 8

Il diritto internazionale e gli stranieri

VIDEO START Gli stranieri in Italia

AUDIOTESTO

PODCAST Articolo 10

L'articolo 10 L'art. 10 Cost. sancisce: «L'ordinamento giuridico italiano si conforma alle norme del diritto internazionale generalmente riconosciute.
La condizione giuridica dello straniero è regolata dalla legge in conformità delle norme e dei trattati internazionali.
Lo straniero, al quale sia impedito nel suo paese l'effettivo esercizio delle libertà democratiche garantite dalla Costituzione italiana, ha diritto d'asilo nel territorio della Repubblica, secondo le condizioni stabilite dalla legge.
Non è ammessa l'estradizione dello straniero per reati politici».
Lo Stato italiano, sovrano nel proprio territorio, si adegua, per scelta, alle norme del ▸**diritto internazionale** e quindi subordina l'efficacia delle norme interne a quelle adottate tramite convenzioni e trattati interstatali.

> **Memo**
> Le *consuetudini* e i *trattati internazionali* sono le fonti del ▸**diritto internazionale**.

La legge sull'immigrazione Il co. 2, art. 10 Cost. si occupa della **posizione degli stranieri**. Esistono norme diverse per i cittadini appartenenti all'Unione europea e per quelli *extracomunitari*. I cittadini dell'Unione *hanno piena libertà di circolazione, di soggiorno e di lavoro* in condizioni di parità con i cittadini italiani, mentre l'ingresso nel territorio italiano dei cittadini extracomunitari è consentito con un *passaporto valido* e un *visto d'ingresso*, rilasciato dall'autorità consolare italiana operante nello Stato di provenienza.
Una volta entrato regolarmente in Italia, lo straniero deve richiedere al questore della Provincia in cui si trova, entro otto giorni dall'ingresso, il **permesso di soggiorno**, la cui validità non può superare tre mesi per turismo, sei mesi per lavoro stagionale, un anno per ragioni di studio, due anni per lavoro autonomo o subordinato; tale periodo è rinnovabile in presenza di determinate condizioni, come l'esistenza di un lavoro e di un alloggio. Dopo sei anni di permanenza regolare in Italia lo straniero può ottenere la **carta di soggiorno**, un documento senza limiti di validità; trascorsi dieci anni dall'ingresso nel nostro Paese, può richiedere la concessione della **cittadinanza**.

CASO Obinna W., cittadino keniota, lavora come ricercatore all'Università di Bologna, città in cui risiede da quattro anni. Ha diritto al rilascio della carta di soggiorno?
■ *No, per il rilascio della carta di soggiorno dovrà aspettare altri due anni.*

> **Memo LESSICO**
> Il termine ▸**asilo** deriva dal greco *àsylon* ("inviolabile"), composto da *a-* ("senza") e *sýlon* ("violenza", "rapina"); il suo primo significato è quello di "rifugio", "ricovero".
>
> Il sostantivo ▸**estradizione** proviene dal francese *extradition*, a sua volta formatosi dal latino *ex* ("fuori") e *traditio* ("consegna"); da qui assume il senso di "consegna da parte di uno Stato a un altro".

L'asilo politico Il co. 3, art. 10 Cost. riconosce il **diritto di** ▸**asilo**, che consiste nella facoltà per gli stranieri di risiedere nel territorio italiano per motivi di sicurezza, in quanto nel loro Paese non è garantito l'esercizio delle libertà riconosciute nella nostra Costituzione. Non è tuttavia automatico che il riconoscimento della **condizione di rifugiato** comporti il diritto di asilo, materia su cui non esiste ancora nel nostro Paese una normativa specifica. Nella pratica, l'asilo è disciplinato dalla legge sull'immigrazione.

Estradizione e mandato di cattura europeo Il co. 4, art. 10 Cost. fa riferimento all'▸*estradizione*, affermando che essa non è ammessa nei confronti di stranieri che siano perseguiti per reati politici. L'**estradizione** è un provvedimento che permette a uno Stato di chiedere il trasferimento e la consegna di un imputato o di un condannato che si trova nel territorio di un altro Stato.
Tra i Paesi dell'Unione europea l'estradizione è sostituita dal **mandato di cattura europeo**, più veloce nei tempi di attuazione. Esso consiste nella possibilità che gli organi di Polizia di qualunque Stato dell'Unione europea procedano all'arresto di un cittadino della Comunità sulla base di un mandato di cattura emesso da un giudice di un altro Paese comunitario. Il mandato di cattura europeo è ammesso solo per reati di particolare gravità, quali il terrorismo, la tratta di esseri umani, lo sfruttamento sessuale, la partecipazione ad associazioni criminali, il traffico di stupefacenti.

ESPANSIONE Al cinema: *Terraferma*

competenze in campo

1 Completa le frasi

a. I cittadini dell'.................................... .... hanno piena libertà di circolazione, di soggiorno e di .... in Italia in condizioni di .... con i cittadini italiani.

b. I cittadini extracomunitari possono entrare in Italia solo con .... valido e .... d'ingresso. Dopo otto giorni dall'ingresso devono richiedere il ....

c. Gli stranieri residenti regolarmente in Italia da sei anni possono ottenere la .... e dopo .... anni dall'ingresso nel nostro Paese possono richiedere la concessione della .... italiana.

ESERCIZIO INTERATTIVO

2 Osserva e rifletti

Immaginiamo che la famosa cantante statunitense Katy Perry decida di venire a vivere nel nostro Paese e di chiedere la cittadinanza italiana. A quali condizioni potrebbe farlo? Sarebbero applicate le stesse norme se prendesse una tale decisione il cantante irlandese Niall Horan, del gruppo One direction?

3 Spiega la differenza

1. Cittadini comunitari ed extracomunitari
2. Permesso e carta di soggiorno
3. Estradizione e mandato di cattura europeo

4 Risolvi il caso

Katherina H., ucraina, è stata condannata al carcere per avere partecipato nel suo Paese a un attentato contro un membro del Governo. La donna riesce a fuggire e a raggiungere l'Italia. Le autorità ucraine richiedono a quelle italiane la sua estradizione, ma la donna afferma che ciò è incostituzionale, in quanto le sono attribuiti reati politici e come tali non suscettibili di estradizione. Ha ragione?

mi riguarda perché...

SPUNTO DI RIFLESSIONE

La normativa italiana nei confronti degli stranieri tende all'integrazione sociale delle persone, sia pure dopo aver verificato la correttezza dei loro comportamenti nel tempo; permesso e carta di soggiorno sono infatti da inquadrare in un'ottica di accoglienza e di apertura verso la futura acquisizione della cittadinanza italiana.

Le tue domande — Quale differenza esiste tra extracomunitari, migranti e profughi?

Il tema dell'immigrazione è sempre più attuale nel nostro Paese. Però, quando parliamo di "immigrati" possiamo intendere figure diverse.

- Il sostantivo extracomunitario fa riferimento a qualsiasi straniero che provenga da uno Stato non facente parte dell'Unione europea. Spesso si tende a dare una connotazione negativa a questo termine, che in realtà si limita a differenziare gli stranieri in base alla provenienza geografica (un cittadino americano, per esempio, è evidentemente un extracomunitario).
- Si definisce migrante chi si trasferisce in altri Paesi a titolo definitivo o solo per determinati periodi, come i molti giovani laureati che lasciano l'Italia per la difficoltà di trovare lavoro.
- Sono profughi coloro che lasciano il proprio Paese per scappare da situazioni di guerra o da stati di calamità (pensiamo ai molti siriani fuggiti a causa della guerra civile). Quando i profughi ottengono l'asilo politico nello Stato in cui si sono trasferiti, la loro posizione evolve nello status di rifugiati.

Lavorare insieme

- Suddividetevi in gruppi in base alle indicazioni dell'insegnante.
- Approfondite il tema dell'asilo politico, consultando il decreto legislativo 19 novembre 2007, n. 251, e affidandovi alla ricerca sul web per i contenuti di carattere sociale. Arricchite la vostra ricerca con ampio ricorso a immagini e ad esempi concreti.
- Confrontate i vostri risultati con quelli degli altri gruppi, aprendo poi un dibattito in classe sul tema del diritto di asilo.

LEZIONE **9**

La tutela della pace e la bandiera italiana

VIDEO START
Il tricolore

AUDIOTESTO

PODCAST
Articolo 11

L'articolo 11: il ripudio della guerra Possiamo leggere nell'art. 11 Cost.: «L'Italia ripudia la guerra come strumento di offesa alla libertà degli altri popoli e come mezzo di risoluzione delle controversie internazionali; consente, in condizioni di parità con gli altri Stati, alle limitazioni di sovranità necessarie ad un ordinamento che assicuri la pace e la giustizia fra le nazioni; promuove e favorisce le organizzazioni internazionali rivolte a tale scopo».

Il contenuto dell'art. 11 nasce dalla volontà dei Costituenti di evitare un'esperienza devastante come quella della guerra e di assicurare alle nuove generazioni un futuro di pace. Pertanto viene ribadito il principio di **netto rifiuto della guerra** come strumento di offesa ad altri Stati, a vantaggio della **costruzione di rapporti internazionali improntati al rispetto reciproco e alla pace.** A tale scopo, lo Stato italiano si rende disponibile ad accettare riduzioni del proprio potere sovrano a favore delle organizzazioni internazionali che si propongono di assicurare la giustizia e l'accordo tra i popoli.

ESPANSIONE
La posizione dei Paesi europei nei confronti della guerra

Gli interventi militari Nella realtà in questi ultimi anni l'Italia ha partecipato ad **azioni di guerra** contro altri Stati, anche se allo scopo di favorire situazioni di pace e di democrazia.

Come si concilia il pacifismo affermato nell'art. 11 Cost. con queste iniziative militari? La risposta va cercata nel fatto che il nostro Paese fa parte di **organizzazioni internazionali**, in particolare l'ONU e la NATO, che possono deliberare *interventi di guerra per scongiurare situazioni di maggiore gravità e dalle conseguenze imprevedibili.* Alcune forze politiche italiane non sono d'accordo sulla partecipazione dei nostri soldati a tali iniziative, convinte che siano comunque lesive di un principio forte e assoluto quale il "ripudio della guerra" voluto dai nostri Costituenti.

Il tricolore L'art. 12 Cost. descrive la nostra bandiera: «La bandiera della Repubblica è il tricolore italiano: verde, bianco e rosso, a tre bande verticali di eguali dimensioni».

Il tricolore simboleggia l'unità italiana e la continuità storica: infatti nacque prima dell'unificazione e poi divenne bandiera della Repubblica Italiana nel 1946.

competenze in campo

1 Completa le frasi

DIDATTICA INCLUSIVA

a. In base all'art. 11 Cost. il ricorso alla .... è ammesso solo per ....

b. L'art. 11 Cost. prevede che il diritto italiano sia .... alle norme ....

c. Il tricolore simboleggia l'.................................... italiana e la .... storica.

ESERCIZIO INTERATTIVO

mi riguarda perché...

SPUNTO DI RIFLESSIONE

L'art. 11 Cost. mette in evidenza il senso di orrore che i nostri Costituenti avevano nei confronti della guerra, vissuta in prima persona insieme alle loro famiglie; il verbo che scelsero è infatti eloquente: la guerra non viene semplicemente rifiutata, ma "ripudiata", cioè rinnegata nel modo più assoluto, in quanto portatrice di distruzione e atrocità.

visualizzare per apprendere

LA STRADA DEL TRICOLORE

INFOGRAFICA INTERATTIVA

Il tricolore nasce come variante della bandiera della Rivoluzione francese, con la sostituzione del blu con il verde: le tre bande colorate si ispirano ai valori della libertà, dell'uguaglianza e della fraternità.

1797 — * Il 7 gennaio, al Congresso di Reggio Emilia, il tricolore è acclamato bandiera ufficiale della Repubblica cispadana

1796 — Il tricolore è usato come bandiera militare durante le campagne napoleoniche in Italia

1821 1831 — Viene ripreso in varie forme dai patrioti dei moti rivoluzionari

1848 — È riconosciuto bandiera del Regno di Sardegna con l'aggiunta dello stemma sabaudo

1861 — Diviene la bandiera del Regno italiano

1946 — Diventa bandiera della Repubblica italiana e lo scudo dei Savoia viene eliminato

* Dal 1997 il 7 gennaio si celebra la Giornata nazionale della bandiera

Visita il Museo nazionale di Reggio Emilia www.tricolore.it

Il tricolore italiano viene esposto, insieme con la bandiera dell'Unione europea, all'esterno delle sedi istituzionali, come il Quirinale (che ospita il Presidente della Repubblica), e all'interno di determinati uffici pubblici, come le aule giudiziarie. La bandiera italiana, inoltre, rappresenta l'orgoglio nazionale in occasione delle manifestazioni sportive.

PERCORSO 5 / Sintesi con la mappa

COSTITUZIONE DELLA REPUBBLICA ITALIANA

- origini storiche
  - 2/6/1946 elezione dell'Assemblea costituente
  - 1/1/1948 entrata in vigore della Costituzione

STRUTTURA E CARATTERI

- struttura
  - Principi fondamentali (artt. 1-12)
  - Parte I – Diritti e doveri dei cittadini (artt. 13-54)
  - Parte II – Ordinamento della Repubblica (artt. 55-139)
  - Disposizioni transitorie e finali
- caratteri
  - rigida
  - popolare
  - programmatica
  - lunga
  - compromissoria
  - democratica
  - differenze rispetto allo Statuto albertino che era:
    - breve
    - flessibile
    - concesso dall'alto

PRINCIPI FONDAMENTALI

- ARTICOLO 1
  - principio democratico
  - principio lavorista
- ARTICOLO 2
  - diritti inviolabili
  - doveri inderogabili
- ARTICOLO 3
  - uguaglianza formale
  - uguaglianza sostanziale
- ARTICOLO 4
  - lavoro come diritto
  - lavoro come dovere civico
- ARTICOLO 5
  - decentramento amministrativo
  - principio di autonomia
- ARTICOLO 6
  - tutela delle minoranze linguistiche
- ARTICOLI 7 e 8
  - laicità dello Stato
  - rapporti con la Chiesa cattolica
  - libertà religiosa
- ARTICOLO 9
  - promozione della cultura e della ricerca
  - tutela del paesaggio e del patrimonio storico e artistico
- ARTICOLO 10
  - diritto internazionale
  - posizione degli stranieri
- ARTICOLO 11
  - ripudio della guerra
- ARTICOLO 12
  - bandiera italiana (tricolore)

PERCORSO 5 / Sintesi discorsiva

AUDIOSINTESI

LEZIONE 1 Le origini storiche

Dopo l'unificazione nel 1861, l'Italia adottò la forma di governo monarchica e alla base dell'ordinamento dello Stato fu posto lo **Statuto albertino**. Tra il 1922 e il 1943 ci fu la parentesi totalitaria, sotto il **regime fascista**. Dopo la guerra e l'occupazione nazi-fascista, avvenne la **liberazione nazionale** (1945).
Il 2 giugno 1946, le cittadine e i cittadini italiani furono chiamati al voto per scegliere tra monarchia e repubblica e per eleggere i membri dell'**Assemblea costituente**, incaricata di scrivere la **Costituzione italiana**. Essa entrò in vigore il 1° gennaio 1948, sostituendo lo Statuto albertino.

LEZIONE 2 La struttura e i caratteri della Costituzione

La nostra Costituzione è suddivisa in **due parti**: la **Parte I** (artt. 13-54) si occupa dei **diritti** e dei **doveri** dei cittadini; la **Parte II** si riferisce invece all'**organizzazione dello Stato** (artt. 55-139). La Parte I è preceduta dai **Principi fondamentali** (artt. 1-12), che evidenziano i fondamenti della Repubblica italiana.
La Costituzione è **democratica**, **popolare** e **rigida** (cioè modificabile solo attraverso la procedura di revisione costituzionale). È inoltre **lunga**, per il fatto di dedicare ampio spazio ai diritti dei cittadini, e **compromissoria**, dato che concilia diversi ideali politici, economici e sociali.

LEZIONE 3 Democrazia, diritti e doveri

La Costituzione si fonda sul principio della **democrazia**, esercitata normalmente in via indiretta o rappresentativa, e sul valore del **lavoro** (art. 1).
Inoltre, all'art. 2 riconosce ai cittadini **diritti inviolabili**, ma richiede anche l'adempimento di **doveri inderogabili**, tra i quali rientra quello di **votare**.

LEZIONE 4 L'uguaglianza e il lavoro

Nell'art. 3 la Costituzione afferma che tutti i cittadini sono uguali di fronte alla legge (**uguaglianza formale**) e che lo Stato si impegna a rimuovere gli ostacoli che di fatto possono impedire l'attuazione di tale principio (**uguaglianza sostanziale**).
L'art. 4 riconosce il **diritto al lavoro**, cui è attribuito anche il valore di dovere civico.

LEZIONE 5 Decentramento, autonomia e tutela delle minoranze

Pur nel rispetto dell'unità dello Stato, la Costituzione riconosce le **autonomie locali** (art. 5), come i Comuni e le Regioni, cui sono state trasferite funzioni in passato esclusive dello Stato.
Tutela inoltre le **minoranze linguistiche e culturali** presenti sul territorio dello Stato (art. 6).

Le nuove parole

Assemblea costituente ▸ Organo eletto dal popolo il 2 giugno 1946 con l'incarico di scrivere la Costituzione italiana.
Constituent Assembly

Uguaglianza ▸ Principio per cui tutti i cittadini sono uguali davanti alla legge (uguaglianza formale) e lo Stato si impegna a rimuovere le situazioni di disuguaglianza che ne impediscono la realizzazione (uguaglianza sostanziale).
Equality

Dovere civico ▸ Dovere del cittadino, il cui inadempimento non comporta sanzioni da parte dello Stato.
Civic duty

Decentramento ▸ Principio per cui determinate funzioni sono trasferite dagli organi centrali dello Stato agli enti locali
Decentralization

Autonomia ▸ Potere degli enti locali di gestire in modo autonomo attività finalizzate a soddisfare i bisogni della popolazione locale.
Autonomy

Sintesi discorsiva

LEZIONE 6 La libertà religiosa e i Patti lateranensi

Lo Stato italiano è **laico**, non ha cioè una religione ufficiale e riconosce la **libertà religiosa**. La religione cattolica conserva tuttavia una posizione di privilegio in virtù dei Patti lateranensi, firmati tra Stato e Chiesa nel 1929. Tali accordi possono essere modificati dalle parti senza bisogno di ricorrere a una legge di revisione costituzionale (artt. 7 e 8).

LEZIONE 7 La tutela della cultura e della ricerca

La Repubblica italiana promuove la **cultura** e la **ricerca**, in ambito sia scientifico sia tecnologico. Tutela inoltre il **paesaggio** e il **patrimonio storico e artistico** (art. 9) di cui il nostro territorio è straordinariamente ricco.

LEZIONE 8 Il diritto internazionale e gli stranieri

Lo Stato italiano, sovrano nel proprio territorio, si adegua alle norme del **diritto internazionale** (art. 10) e favorisce l'**integrazione degli stranieri**, la cui posizione viene definita tramite legge.
Mentre ai cittadini dell'Unione europea viene concessa piena libertà di circolazione e di soggiorno, gli stranieri che provengono da Stati non appartenenti alla Comunità europea possono entrare e soggiornare nel nostro Paese solo a determinate condizioni; in particolare devono ottenere dalla questura un **permesso di soggiorno**.
A coloro cui sono negati in patria i diritti fondamentali l'Italia riconosce il diritto di **asilo**; non concede invece l'**estradizione** (cioè la consegna ad altri Stati) per reati politici.

LEZIONE 9 La tutela della pace e la bandiera italiana

L'Italia **ripudia la guerra** (art. 11), sia come strumento di offesa ad altri popoli sia come mezzo per risolvere controversie internazionali. Favorisce inoltre le organizzazioni internazionali che si adoperano per la pace mondiale.
Il **tricolore** è la bandiera italiana (art. 12) e simboleggia l'unità italiana e la continuità storica.

Stato laico ▸ Stato che non ha una religione ufficiale e riconosce il principio della libertà religiosa.
Laic state

Straniero ▸ Soggetto (persona fisica) che è cittadino di un altro Stato. Per la legge italiana si distingue tra cittadini comunitari ed extracomunitari.
Foreigner

Asilo politico ▸ Facoltà di risiedere nel territorio italiano riconosciuta agli stranieri che fuggono da situazioni di guerra o di negazione dei diritti umani.
Political asylum

Estradizione ▸ Provvedimento con cui uno Stato chiede il trasferimento e la consegna di un imputato o di un condannato che si trova nel territorio di un altro Stato.
Extradition

PERCORSO 5 / Verifica

VERIFICA INTERATTIVA FLASHCARDS

Tutti devono sapere che...

DIDATTICA INCLUSIVA

1 Completa la tabella

Art. 1	....
Art.	uguaglianza
Art. 4	....
Art. 5	....
Art. 11	.... della ....

2 Dai la definizione corretta

1. Lo è la democrazia indiretta: ☐☐P☐☐☐☐E☐☐☐☐☐☐☐
2. Lo sono i doveri dei cittadini italiani secondo la Costituzione: ☐☐D☐☐☐☐☐☐I☐☐
3. Sono promosse dallo Stato in base all'art. 5 Cost.: ☐U☐☐☐☐☐☐☐ ☐☐C☐☐
4. Comprendono il Concordato: ☐A☐☐ ☐☐☐☐R☐☐☐☐☐☐

Verifica le tue conoscenze di base

3 Scegli la risposta

1. Può essere diretta o rappresentativa:
   - ☐ **a.** la sovranità
   - ☐ **b.** la cittadinanza
   - ☐ **c.** la democrazia
   - ☐ **d.** la repubblica

2. I diritti umani sono riconosciuti dalla Costituzione come:
   - ☐ **a.** inderogabili
   - ☐ **b.** inviolabili
   - ☐ **c.** assoluti
   - ☐ **d.** improrogabili

3. L'impegno dello Stato a rimuovere situazioni di disuguaglianza corrisponde al principio costituzionale di:
   - ☐ **a.** uguaglianza formale
   - ☐ **b.** uguaglianza fondamentale
   - ☐ **c.** uguaglianza solenne
   - ☐ **d.** uguaglianza sostanziale

4. La Costituzione ammette la guerra solo per:
   - ☐ **a.** risolvere controversie internazionali
   - ☐ **b.** difendere i propri interessi economici all'estero
   - ☐ **c.** colpire popoli la cui cultura è in palese contrasto con quella occidentale
   - ☐ **d.** difendere il proprio territorio

Verifica

5. **Per il fatto di essere destinata a creare una nuova organizzazione sociale dopo il fascismo, la Costituzione ha natura:**
   - ☐ **a.** programmatica
   - ☐ **b.** compromissoria
   - ☐ **c.** democratica
   - ☐ **d.** repubblicana

6. **È un dovere di natura politica:**
   - ☐ **a.** lavorare
   - ☐ **b.** votare
   - ☐ **c.** versare i contributi sociali
   - ☐ **d.** pagare le imposte

4 Vero o falso?

1. Il fondamento della Repubblica italiana è il lavoro. V F
2. Il lavoro è un dovere civico. V F
3. Il decentramento è alla base dello Stato regionale. V F
4. L'Italia è uno Stato confessionale. V F
5. Il Ministero per l'Ambiente fu istituito nel 1948. V F
6. I cittadini extracomunitari possono ottenere la carta di soggiorno dopo un anno di permanenza in Italia. V F
7. L'Italia riserva il diritto di asilo ai soli cittadini dell'Unione europea. V F
8. Le leggi tramite cui lo Stato ha attenuato le discriminazioni tra uomini e donne rispondono al principio di uguaglianza sostanziale. V F
9. Chi svolge attività di volontariato non è considerato un lavoratore ai sensi della Costituzione. V F
10. La tutela delle minoranze linguistiche contrasta con il principio costituzionale di uguaglianza sostanziale. V F

Potenzia le tue abilità

5 Collega le informazioni

1. ☐ Democrazia indiretta
2. ☐ Uguaglianza sostanziale
3. ☐ Lavoro
4. ☐ Concordato
5. ☐ Carta di soggiorno
6. ☐ Estradizione
7. ☐ Asilo politico

a. Provvedimento che permette a uno Stato di chiedere la consegna di un imputato che si trova nel territorio di un altro Stato
b. Impegno dello Stato a rimuovere gli ostacoli alla realizzazione del principio di parità tra tutti i cittadini
c. Patti lateranensi
d. Dovere di carattere non giuridico, ma civico
e. Durata illimitata
f. Provvedimento di accoglienza di uno Stato verso gli stranieri cui, nella propria patria, siano negate le fondamentali libertà civili
g. Elezioni politiche e amministrative

6 Trova la parola nascosta

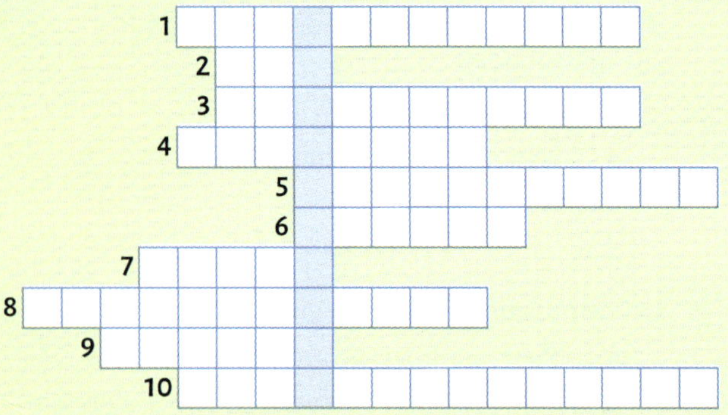

1. Lo sono i principi contenuti nei primi dodici articoli della Costituzione. **2.** Tante sono le Parti della Costituzione. **3.** La Costituzione è frutto di quello ideologico tra i partiti presenti in Assemblea costituente. **4.** Lo è la Costituzione per essere stata scritta da un organo eletto dai cittadini. **5.** A scrivere la Costituzione fu l'Assemblea ... **6.** Lo è la Costituzione per il fatto che può essere modificata solo attraverso la procedura di revisione costituzionale. **7.** Lo è la nostra Costituzione per il fatto di dedicare ampio spazio ai diritti civili. **8.** Quelle finali e transitorie chiudono il testo costituzionale. **9.** Se ne occupa la Parte I della Costituzione, oltre che dei diritti. **10.** Attraverso la Costituzione se ne intendeva dare una nuova all'Italia, dopo l'esperienza del fascismo.

Sviluppa le tue competenze

7 ●●● Rispondi alle domande

1. Da che cosa fu determinata la natura compromissoria della nostra Costituzione?
2. Perché la democrazia è esercitata prevalentemente in modo indiretto?
3. In che senso si può affermare che lo Stato contribuisce al principio di uguaglianza sostanziale attraverso sia l'emanazione sia l'annullamento di leggi?
4. Che cosa prevede sostanzialmente la legge italiana in materia di immigrazione?
5. Quale posizione ha lo Stato italiano nei confronti della guerra e dei rapporti internazionali?
6. Quale collegamento puoi individuare tra gli artt. 3, 29, 38 e 51 Cost.?
7. L'art. 2 Cost. garantisce i diritti inviolabili dell'uomo sia come singolo sia nelle formazioni sociali ove si svolge la sua personalità: a che cosa fa riferimento con l'espressione "formazioni sociali"?

8 ●●● Risolvi i casi

1. Leonardo P. non svolge alcuna attività lavorativa, potendo contare su un elevato reddito frutto dei suoi investimenti. Sua moglie, pur essendo pienamente soddisfatta dal punto di vista economico, è stanca di vederlo "inattivo" e si rivolge pertanto a un giudice perché lo condanni a trovarsi un lavoro. È ammissibile la sua richiesta?
2. In un'azienda privata una lavoratrice, rimasta assente dal lavoro alcuni mesi per gravidanza, riceve la comunicazione dal titolare che, per un periodo limitato, verrà retribuita in modo inferiore, in considerazione del fatto che, essendo una donna impegnata nell'allevamento del figlio, dedica minori energie al lavoro di quanto potrebbe fare, al suo posto, un uomo. È ammissibile questa posizione?

9 ●●● Esponi la tua opinione

1. L'Italia è uno Stato regionale. Secondo te, è possibile valorizzare le peculiarità degli enti locali senza incorrere nel rischio di creare tra essi situazioni di "rivalità" e di dare vita a uno sviluppo non equilibrato del Paese?
2. Come valuti la normativa italiana in materia di immigrazione?
3. Secondo te, quali provvedimenti dovrebbero essere adottati dallo Stato per favorire il diritto al lavoro dei cittadini?

10 ●●● Comprendi e rifletti

Uguaglianza, tolleranza e razzismo

"Il razzista è colui che pensa che tutto ciò che è troppo differente da lui lo minacci nella sua tranquillità. [...] Ha paura di chi non gli rassomiglia. Il razzista è qualcuno che soffre di un complesso di inferiorità o di superiorità. Il risultato è lo stesso, perché il suo comportamento, in un caso o nell'altro, sarà di disprezzo. E dal disprezzo la collera. Ma il razzista sbaglia collera. [...] L'animale non ha sentimenti prestabiliti. L'uomo, al contrario, ha quelli che si chiamano **pregiudizi**. Giudica gli altri ancor prima di conoscerli. Crede di sapere già chi sono e quanto valgono. Spesso si sbaglia. Di qui la sua paura. [...] I razzisti sono convinti che il gruppo al quale appartengono (può essere per religione, per nazionalità, per lingua, o per tutto questo insieme) è superiore al gruppo che gli sta di fronte. [...] Il razzista è qualcuno di infelice, poiché non ama nessuno e nemmeno se stesso. È l'inferno!"

Da T. B. Jelloun, *Il razzismo spiegato a mia figlia*, Bompiani

1. Che cosa sono i pregiudizi? In che cosa si distinguono dagli stereotipi? (Se non lo sai, esegui una ricerca sul vocabolario o su Internet.)
2. Sinceramente, hai qualche pregiudizio? Se sì, di quale si tratta e con quale motivazione lo giustifichi?
3. Hai mai assistito a episodi di intolleranza? Se sì, quali sensazioni hai provato?
4. Scrivi una lettera immaginando di indirizzarla a una persona razzista, con l'obiettivo di farle comprendere l'ingiustizia dei suoi atteggiamenti. Cerca, se riesci, di non fare discorsi retorici e scontati, ma di trovare motivazioni semplici e convincenti.

PERCORSO 6 diritto

La tutela dei diritti e dei doveri

Incominciamo da te

Una situazione concreta **Nel corso di un'assemblea condominiale dai toni piuttosto accesi, una condomina offende pesantemente un altro proprietario (che non è presente all'assemblea per motivi di salute), a causa degli eccessivi rumori che provengono dal suo appartamento anche in orario notturno. A quali conseguenze si espone per le offese pronunciate?**

! Nel nostro Paese esiste la libertà di opinione, che è un pilastro fondamentale della democrazia. Tuttavia, bisogna sempre ricordare che questa libertà non deve tradursi in offese ad altre persone. Nel caso esaminato, la condomina che ha usato parole offensive può essere denunciata dalla persona offesa per il reato di diffamazione, che prevede sanzioni penali oltre al risarcimento dei danni morali arrecati.

Le 5 domande

1 Considera i seguenti soggetti: un notaio, un avvocato, un giudice, un ministro. Tra essi qual è l'unico che può limitare la libertà di una persona?

2 Quale differenza esiste, secondo te, tra il diritto di riunirsi e quello di associarsi?

3 Quali sono i principali obblighi che hanno i figli verso i genitori e viceversa?

4 Quali sono i principali diritti dei lavoratori che conosci?

5 Per quale ragione, quando i cittadini esercitano il diritto di voto, lo fanno all'interno di cabine elettorali?

Il nostro percorso

CONOSCENZE

- Tutela della libertà personale
- Principi della riserva di legge e della riserva di giurisdizione
- Libertà di circolazione, di soggiorno, di riunione e di associazione e loro possibili limitazioni
- Diritto di manifestare il proprio pensiero
- Libertà di stampa
- Diritto alla difesa, principio del giudice naturale e presunzione di non colpevolezza dell'imputato
- Diritti riconosciuti dalla Costituzione ai lavoratori subordinati
- Diritto di proprietà e suoi limiti
- Diritto di voto: caratteri del voto e modalità di votazione
- Doveri dei cittadini

ABILITÀ

- Riconoscere che è necessario, in specifici casi definiti dalla legge, limitare la libertà personale nell'interesse della collettività
- Individuare il collegamento tra i diritti di riunione e di associazione e le formazioni sociali indicate nell'art. 2 Cost.
- Cogliere l'importanza dell'abolizione della censura sulla stampa, pur ammettendone alcune limitazioni nei casi previsti dalla legge
- Riconoscere l'importanza del principio di non colpevolezza degli imputati fino alla condanna definitiva e di quello per cui le pene devono mirare alla rieducazione dei condannati
- Riconoscere i valori fondanti della famiglia, con riferimento ai rapporti tra coniugi e a quelli tra genitori e figli
- Individuare l'esigenza di tutela, da parte dei Costituenti, della parte "debole" del mondo del lavoro, quella dei lavoratori subordinati
- Cogliere l'esigenza di salvaguardare l'iniziativa economica privata, riconoscendo allo stesso tempo il ruolo di coordinamento dello Stato
- Individuare nel voto, oltre che un fondamentale diritto, un dovere di cui ogni cittadino deve farsi carico per costruire una società più equa e responsabile
- Riconoscere nei doveri costituzionali non tanto un peso, quanto un modo per partecipare tutti allo sviluppo sociale ed economico del Paese

LEZIONE 3
La libertà di manifestazione del pensiero e la libertà di stampa

LEZIONE 4
Le garanzie giurisdizionali

LEZIONE 5
I rapporti etico-sociali: la famiglia

LEZIONE 6
I diritti dei lavoratori subordinati

LEZIONE 7
Il diritto di proprietà

LEZIONE 8
Il diritto di voto

LEZIONE 9
I doveri costituzionali

La competenza d'arrivo

Essere in grado di riconoscere la tutela delle diverse forme di libertà civile in Italia, confrontandola con quella esistente in altre epoche storiche, in particolare durante il fascismo, e in altri contesti geografici e culturali.

LEZIONE 1

La libertà personale

VIDEO START
L'arresto in flagranza di reato

AUDIOTESTO

PODCAST
Articolo 13

Memo LESSICO

Il sostantivo ▸**detenzione**, riconducibile al verbo latino *detinère* ("tenere saldamente"), indica l'obbligo di soggiorno carcerario.

Il termine ▸**ispezione**, riconducibile al latino *inspìcere* ("guardare dentro"), si riferisce a un esame che viene compiuto sul corpo dell'individuo allo scopo di individuare eventuali tracce di reato.

La ▸**perquisizione** personale, dal verbo latino *perquìrere* ("cercare"), è, come l'ispezione, una ricerca corporea, volta però a individuare elementi di prova qualora si ritenga che l'individuo nasconda il corpo del reato.

L'articolo 13 L'art. 13 Cost. tutela la **libertà personale**: «La libertà personale è inviolabile. Non è ammessa forma alcuna di ▸detenzione, di ▸ispezione o ▸perquisizione personale, né qualsiasi altra restrizione della libertà personale, se non per atto motivato dall'autorità giudiziaria e nei soli casi e modi previsti dalla legge.
In casi eccezionali di necessità ed urgenza, indicati tassativamente dalla legge, l'autorità di pubblica sicurezza può adottare provvedimenti provvisori, che devono essere comunicati entro quarantotto ore all'autorità giudiziaria e, se questa non li convalida nelle successive quarantotto ore, si intendono revocati e restano privi di ogni effetto.
È punita ogni violenza fisica e morale sulle persone comunque sottoposte a restrizione di libertà.
La legge stabilisce i limiti massimi della carcerazione preventiva».

Il primo comma dell'art. 13 definisce la libertà personale come *inviolabile*. Dalla lettura dell'articolo si comprende, tuttavia, che il diritto individuale di non subire atti lesivi del diritto di libertà può essere sacrificato in nome dell'**interesse pubblico**: infatti, qualora l'uso della propria libertà si traduca in un abuso di essa a danno di interessi altrui, lo Stato si riserva il potere di intervenire con misure di carattere restrittivo. È però necessario, a tal fine, che la limitazione della libertà avvenga all'interno di regole estremamente precise, che prendono il nome di *riserva di legge* e di *riserva di giurisdizione.*

Riserva di giurisdizione e riserva di legge Per il principio di **riserva di giurisdizione** le limitazioni alla libertà personale devono essere disposte attraverso un atto motivato, denominato *mandato*, emesso da un'autorità giudiziaria.
Nell'emettere un mandato di perquisizione, di ispezione o di arresto, il giudice deve a sua volta rispettare il principio di **riserva di legge**, vale a dire che può esercitare questo potere solo nei casi e nei modi previsti dalla legge, e deve comunque validamente motivare le ragioni che lo hanno spinto a limitare la libertà di una persona.

I provvedimenti urgenti Tuttavia, ci sono situazioni in cui si determina la necessità di limitare la libertà di determinati soggetti, senza che ci sia però la possibilità pratica di munirsi preventivamente di un mandato giudiziario.
La Costituzione prevede, nel co. 3, art. 13, che, nei casi di urgenza e di necessità, l'autorità di pubblica sicurezza (cioè gli organi che hanno l'incarico di garantire la tutela dell'ordine pubblico, come la Polizia e i Carabinieri) possa adottare provvedimenti provvisori, che devono essere comunicati all'autorità giudiziaria entro quarantotto ore e da questa convalidati entro le quarantotto ore successive, pena la loro decadenza.

CASO Due malviventi rapinano una gioielleria. Una pattuglia della Polizia presente in zona interviene e riesce a individuare e a inseguire i rapinatori. Gli agenti di Polizia, in questo caso, per poterli arrestare dovranno recarsi presso un giudice e farsi rilasciare un mandato?
■ *No, perché gli agenti sono intervenuti sul fatto e possono quindi, data l'urgenza, procedere al fermo dei sospetti rapinatori.*

La custodia cautelare L'ultimo comma dell'art. 13 dispone che «la legge stabilisce i limiti massimi della carcerazione preventiva». La carcerazione preventiva, denominata **custodia cautelare**, è il periodo di tempo che un imputato trascorre in carcere in attesa del processo. Se i limiti massimi della custodia cautelare, stabiliti dalla legge reato per reato, scadono senza che il processo sia stato completato, l'imputato deve essere scarcerato.

competenze in campo

1 Completa le frasi

a. Per il principio di riserva di …………………… le limitazioni alla …………………… personale devono essere disposte attraverso un atto …………………… , denominato …………………… , emesso da un'autorità …………………… .

b. Nei casi di …………………… e di necessità l'autorità di pubblica …………………… può adottare provvedimenti restrittivi …………………… , che vanno comunicati all'autorità …………………… entro 48 ore.

DIDATTICA INCLUSIVA

ESERCIZIO INTERATTIVO

2 Osserva e rifletti

Che cos'è la custodia cautelare? Quale collegamento puoi fare tra la sua durata massima (come prevede la Costituzione) e le disposizioni del co. 2, art. 27 Cost.?

3 Risolvi i casi

1. Alcuni agenti di Polizia si recano a casa di Elisa M. e le comunicano di doverla arrestare in quanto sospettata di essere complice in un reato di sequestro di persona a scopo di estorsione. Elisa M. ha l'obbligo di seguire gli agenti?
2. In seguito a un omicidio commesso con arma da fuoco, il giudice incaricato delle indagini emana un provvedimento con cui dispone che si proceda alla ricerca di tracce di polvere da sparo sul corpo e sugli abiti di una persona sospettata. Si tratta di una perquisizione o di un'ispezione?

4 Ricerca

Avvalendoti di Internet, cerca informazioni sul Tribunale del riesame; spiega, in un breve testo scritto, qual è la sua funzione e quando un imputato vi si può rivolgere.

mi riguarda perché...

SPUNTO DI RIFLESSIONE

In casi particolari di urgenza, le forze dell'ordine pubblico hanno il diritto di sottoporci a controlli e anche di perquisirci. È un principio fissato dall'art. 13 Cost. che trova tuttavia un limite: infatti esse non possono commettere atti di violenza nei nostri confronti.

FOCUS I limiti alla custodia cautelare

Non si può abusare della carcerazione preventiva. Infatti la **custodia cautelare** può essere disposta nella fase iniziale di un processo penale (fase istruttoria) dal **Giudice per le indagini preliminari** (**GIP**) se l'imputato può rappresentare un pericolo per la società, fuggire oppure inquinare le prove a suo carico.

Non può essere disposta la custodia cautelare per una donna incinta o madre di un bambino di età inferiore a tre anni che vive con lei, oppure per una persona che ha superato l'età di settanta anni.

Non può inoltre applicarsi la custodia cautelare nell'ipotesi in cui l'imputato abbia una malattia particolarmente grave, per effetto della quale le sue condizioni di salute risultino incompatibili con lo stato di detenzione.

In alternativa alla custodia cautelare il giudice può disporre provvedimenti restrittivi meno gravi, come la **libertà vigilata** o gli **arresti domiciliari**.

Lavorare insieme

- Suddividetevi in gruppi in base alle indicazioni dell'insegnante.
- Ogni gruppo ha il compito di realizzare un prodotto volto a evidenziare il valore della libertà. Può trattarsi di un video, di una presentazione in PowerPoint, di un breve spot pubblicitario, di un articolo giornalistico, o di un'altra tipologia a vostra scelta.
- Scegliete un portavoce all'interno del gruppo, che dovrà illustrare il prodotto all'insegnante e a tutta la classe.

Detto da... Cesare Cremonini

"E andrò alla fiera dei sogni / stanotte / andrò alla fiera dei sogni / che costa poco / e c'è un sogno / che si chiama libertà."

Quali riflessioni ti ispirano le parole della canzone *La fiera dei sogni*?

LEZIONE 2

Le libertà di circolazione e soggiorno, di riunione e associazione

VIDEO START Riunione e associazione come diritti umani

AUDIOTESTO

L'articolo 16: le libertà di circolazione e soggiorno L'art. 16 Cost. sancisce: «Ogni cittadino può circolare e soggiornare liberamente in qualsiasi parte del territorio nazionale, salvo le limitazioni che la legge stabilisce in via generale per motivi di sanità o di sicurezza. Nessuna restrizione può essere determinata da ragioni politiche.
Ogni cittadino è libero di uscire dal territorio della Repubblica e di rientrarvi, salvo gli obblighi di legge».
A tutti i cittadini viene riconosciuto il **diritto di circolare e di soggiornare** in qualsiasi parte del territorio nazionale, consentendo una mobilità che spesso si è rivelata, e si rivela tuttora, importante per l'economia nazionale.

Le possibili restrizioni Possono ammettersi eccezionalmente, e solo per legge, restrizioni alla libertà di circolazione per *ragioni sanitarie* o *di sicurezza*, poiché in tali casi è giusto che l'interesse pubblico prevalga su quello privato.

CASO In una zona del Paese si diffonde tra la popolazione una grave malattia, che può avere implicazioni mortali. Una volta riconosciuto il carattere epidemico del morbo, che cosa può disporre lo Stato in materia di circolazione?
■ *Il ministro della Salute può vietare per ragioni sanitarie gli spostamenti da e verso quella zona per un periodo di tempo idoneo a debellare la malattia.*

Non è però ammessa alcuna restrizione per *ragioni politiche*: il ricordo va al periodo del fascismo, quando gli oppositori del regime venivano ▸*confinati* in località isolate, per impedire che le loro opinioni influenzassero gli altri cittadini.

Memo
Il ▸**confino politico**, applicato in epoca fascista, era un provvedimento che poteva essere adottato dalle autorità di polizia anche in mancanza di una specifica condanna giudiziaria. L'obiettivo del confino era di isolare i politici e gli intellettuali antifascisti in luoghi lontani dalla vita sociale e politica, come alcune isole (per esempio Ponza, Ventotene, Pantelleria) e piccoli paesi situati in zone impervie.

L'articolo 17: la libertà di riunione Il diritto di riunione è riconosciuto dall'art. 17 Cost., che afferma: «I cittadini hanno diritto di riunirsi pacificamente e senz'armi.
Per le riunioni, anche in luogo aperto al pubblico, non è richiesto preavviso.
Delle riunioni in luogo pubblico deve essere dato preavviso alle autorità, che possono vietarle soltanto per comprovati motivi di sicurezza o di incolumità pubblica».
La **riunione** corrisponde a un raggruppamento di persone che si ritrovano in un determinato luogo in vista di un certo scopo. Tale scopo è libero e può quindi essere di varia natura: culturale, scientifica, politica, di divertimento.
La Costituzione distingue tra «luogo aperto al pubblico» (come un cinema) e «luogo pubblico» (pensiamo a una piazza cittadina): solo nel secondo caso è necessario dare preavviso della riunione alle autorità di Polizia.

L'articolo 18: la libertà di associazione Afferma l'art. 18 Cost.: «I cittadini hanno diritto di associarsi liberamente, senza autorizzazione, per fini che non sono vietati ai singoli dalla legge penale.
Sono proibite le associazioni segrete e quelle che perseguono, anche indirettamente, scopi politici mediante organizzazioni di carattere militare».
L'**associazione** corrisponde alla formazione di un vincolo stabile e duraturo tra più soggetti, che si uniscono tra loro per il conseguimento di un obiettivo comune.

Le associazioni vietate dalla legge Il diritto di associazione è ammesso dalla Costituzione purché non si tratti di *associazioni a delinquere* (come la mafia o la camorra), di *associazioni segrete* e di *associazioni che si propongono scopi politici mediante organizzazioni di carattere militare*. Le associazioni a delinquere sono vietate in quanto agiscono in contrasto con la legge. Le associazioni segrete sono proibite perché, in virtù della loro segretezza, potrebbero interferire con l'attività degli organi pubblici e contrastare con il carattere democratico del nostro ordinamento. Le organizzazioni paramilitari sono invece vietate per i loro caratteri di minaccia e di violenza.

ESPANSIONE Al cinema: *La mafia uccide solo d'estate*

ESPANSIONE Le squadre d'azione

competenze in campo

1 Completa lo schema

DIDATTICA INCLUSIVA

LIBERTÀ DI CIRCOLAZIONE E SOGGIORNO (art. .... Cost.)

può essere limitata

ESERCIZIO INTERATTIVO

- solo dalla ....
- per motivi di ....
  e di ....
- nell'interesse ....

2 **Quali, tra le seguenti associazioni, sono vietate dalla Costituzione?**

1. ☐ Un'associazione in difesa dei carcerati, volta a promuovere il rafforzamento dei loro diritti
2. ☐ Le "Brigate rosse" (cerca su Internet di che cosa si tratta)
3. ☐ Un'associazione religiosa che ha sottoposto il proprio statuto alle autorità
4. ☐ La camorra
5. ☐ Un'associazione segreta con scopi umanitari
6. ☐ Un'associazione paramilitare che vuole dare vita a una nuova forma di governo
7. ☐ Un'associazione per il riconoscimento del diritto degli studenti a valutare i propri insegnanti.

3 **Si tratta di una riunione o di un'associazione?**

ESERCIZIO INTERATTIVO

1. Alcune persone praticano il ciclismo e sono iscritti alla Federazione ciclistica italiana. R A
2. Tre fratelli costituiscono una società per esercitare un'attività di produzione di materiali plastici. R A
3. Un gruppo di studenti si reca presso la sede del Comune per assistere a una seduta del Consiglio comunale. R A
4. Quattro amici fondano un'organizzazione per la difesa degli animali e, mediante tesseramento, coinvolgono altre persone. R A
5. Un gruppo di insegnanti partecipa a un corso di aggiornamento sul tema della didattica. R A
6. Molti lavoratori partecipano a un comizio sindacale. R A

mi riguarda perché...

SPUNTO DI RIFLESSIONE

L'art. 17 Cost. afferma il diritto dei cittadini di riunirsi, purché ciò avvenga a fini pacifici. Questa libertà riguarda anche i giovani, che possono ritrovarsi tra loro a scopo di divertimento o culturale (per esempio per partecipare a una festa, assistere a una rappresentazione teatrale, seguire un incontro su un tema di interesse comune).

Spazio multiculturale — Limitazioni alla libertà di circolazione

La libertà di circolazione sancita dalla nostra Costituzione è un diritto riconosciuto dalla Dichiarazione universale dei diritti umani dell'ONU, che all'art. 13 proclama il diritto di ogni individuo alla libertà di movimento e di residenza entro i confini di ogni Stato, garantendogli inoltre la possibilità di lasciare qualsiasi Paese, incluso il proprio, e di farvi ritorno. Vi sono però numerosi Stati che applicano **limitazioni concrete e formali alla libertà di movimento** degli individui, per esempio Camerun, Cuba, Corea del Nord, Iran, Myanmar, Malaysia.
Il ***Visa Restriction Index*** stima la libertà di circolazione dei cittadini di un Paese in relazione al numero di Paesi esteri in cui può recarsi senza necessità di visto sul passaporto. In base a questo indice, l'Italia si colloca al terzo posto a livello mondiale per libertà di movimento, con 171 destinazioni raggiungibili senza visto.
Agli ultimi posti troviamo l'India (52 destinazioni), la Cina (44), l'Iran (40), il Pakistan e la Somalia (32).

Lavorare insieme

- Suddividetevi in gruppi in base alle indicazioni dell'insegnante.
- Avete il compito di approfondire il tema dell'associazionismo segreto in Italia, con riferimento particolare al caso della "P 2".
- Suddividete le ricerche da fare, tenendo presente, come riferimento normativo, la l. 25 gennaio 1982, n. 17, e, come approfondimento specifico, il link.pearson.it/D6A694AB. Confrontate poi i dati raccolti con quelli degli altri gruppi.

LEZIONE 3

La libertà di manifestazione del pensiero e la libertà di stampa

VIDEO START La libertà di stampa

AUDIOTESTO

PODCAST Articolo 21

L'articolo 21 L'art. 21 Cost. tutela la **libertà di espressione**, affermando, nei commi 1 e 2: «Tutti hanno diritto di manifestare liberamente il proprio pensiero con la parola, lo scritto e ogni altro mezzo di diffusione.
La stampa non può essere soggetta ad autorizzazioni o censure».
I nostri Costituenti, reduci da un'esperienza dittatoriale che aveva soffocato la libertà di espressione, hanno sancito nell'art. 21 *il pieno diritto non solo di esprimere, ma anche di diffondere il proprio pensiero* («ogni altro mezzo di diffusione»). In quest'ottica si deve fare riferimento, oltre che alla parola e allo scritto, ad altri mezzi di comunicazione, quali la radio, la televisione, il cinema, il teatro, Internet.

I limiti alla libertà di espressione Come tutte le libertà, anche quella di espressione non è assoluta (proprio perché deve rispettare i diritti altrui), ma è soggetta al limite del ▸**buon costume** e non può sostanziarsi nei **reati di opinione**, come la ▸*diffamazione* e l'▸*apologia di reato*.
La libertà di manifestazione del pensiero incontra altri limiti nel divieto di diffondere notizie che riguardano la vita privata di altri (rispetto della *legge sulla privacy*) e di violare il segreto professionale, da parte di chi svolge attività che comportano la conoscenza di informazioni apprese dai propri clienti (medici, avvocati...).

La libertà di stampa L'art. 21 Cost. si occupa anche della **libertà di stampa**, affermando che essa non può essere sottoposta ad autorizzazioni o censure, vale a dire a controlli preventivi volti a consentire, o meno, la pubblicazione. Inoltre è vietato il sequestro di opere di stampa, a meno che non sia autorizzato dall'atto motivato di un'autorità giudiziaria. Nei casi di "assoluta urgenza", tali per cui non si può aspettare l'autorizzazione del giudice, la Polizia giudiziaria può disporre il sequestro in via temporanea, con l'obbligo di denunciarlo al giudice entro ventiquattro ore; questi, a sua volta, se riterrà legittimo l'intervento della Polizia, dovrà convalidarlo entro le successive ventiquattro ore.

Memo LESSICO

Con l'espressione ▸**buon costume** si intende un comportamento moralmente corretto in relazione all'ambiente e al momento storico preso in considerazione.

La ▸**diffamazione** si sostanzia nell'offendere la reputazione altrui, in assenza della persona offesa e in un contesto pubblico (per esempio, un articolo di giornale).

L'▸**apologia di reato** è l'approvazione pubblica di un delitto o di chi lo ha compiuto, facendolo apparire degno di essere imitato.

competenze in campo

1 Completa lo schema

DIDATTICA INCLUSIVA

ESERCIZIO INTERATTIVO

ART. 21 COST.

- pieno diritto di .... e di diffondere il proprio ....
- libertà di stampa:
  - divieto di autorizzazioni e ....
  - divieto di .... di opere a stampa se non con atto motivato del ....

mi riguarda perché...

SPUNTO DI RIFLESSIONE

La **libertà di stampa** è uno dei principali indicatori di uno Stato democratico e noi oggi siamo soliti considerarla come "normale". Tuttavia non è sempre stato così: durante il periodo fascista la stampa fu sottoposta a censura; ancora oggi in alcuni Paesi questa libertà non è riconosciuta e sono previste sanzioni a carico di chi pubblica articoli non autorizzati dallo Stato.

INFOGRAFICA INTERATTIVA

visualizzare per apprendere

LA LIBERTÀ DI ESPRESSIONE

Tra le forme di libertà ha grande importanza quella di espressione, come sancisce anche l'**art. 19** della **Dichiarazione universale dei diritti umani**.
In molti Paesi tale libertà non è tutelata e l'informazione è sottoposta a controllo e censura a opera dei Governi: in tal modo viene fortemente leso il principio democratico.

Elaborazione grafica su dati 2013 a cura di **Freedom House** (organizzazione non governativa internazionale che si occupa di promuovere la libertà e la democrazia nel mondo): **www.freedomhouse.org**

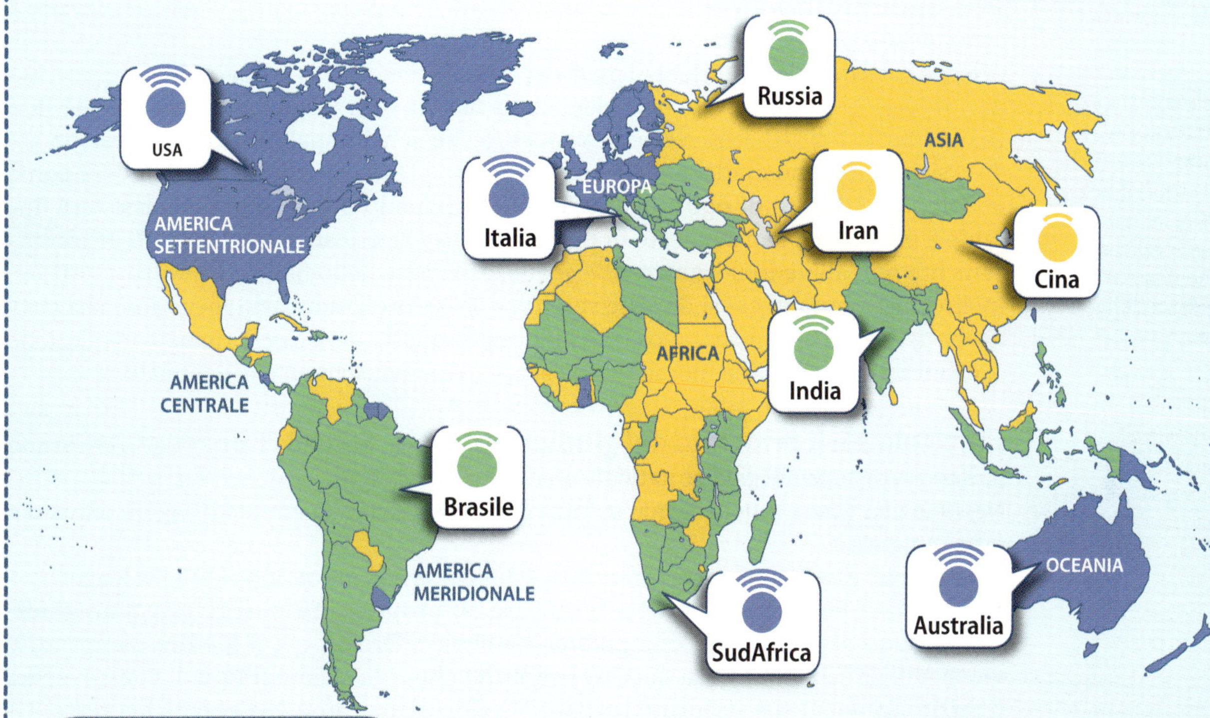

LA LIBERTÀ DI STAMPA

libera	parzialmente libera	non libera
63 (32%)	70 (36%)	64 (32%)

***totale* 197 (100%)**
classificazione dei Paesi rilevati

LA LIBERTÀ IN RETE

libera — *parzialmente libera* — *non libera*

Per valutare i diversi livelli della libertà di espressione ci si basa su **violazioni** commesse **nei confronti di giornalisti** e persone che scrivono sul web (come incarcerazioni, minacce, aggressioni e uccisioni) o **nei confronti dei mezzi di informazione** (per esempio pressioni, perquisizioni, blocchi e censure).
Si tiene inoltre in considerazione il **sistema normativo** che regola i settori dell'informazione, Internet compreso.

Molti esponenti della società civile ritengono che l'**accesso alla rete** debba essere considerato un **diritto fondamentale**, che consente di partecipare alla vita sociale e di intervenire nei processi di decisione politica. Nel nostro Paese tale diritto è difeso in particolare dal noto giurista **Stefano Rodotà**, che ha proposto di integrare nella Costituzione un articolo specifico, il 21-bis.

Art. 21-bis
«Tutti hanno eguale diritto di accedere alla rete Internet, in condizione di parità, con modalità tecnologicamente adeguate e che rimuovano ogni ostacolo di ordine economico e sociale.»

LEZIONE 4

Le garanzie giurisdizionali

VIDEO START Mai più morte di Stato

AUDIOTESTO

Memo
Il principio del ▸**patrocinio gratuito** prevede che possa beneficiare della difesa a spese dello Stato chi è titolare di un reddito annuale non superiore a circa 10 000 euro. I limiti di reddito vengono adeguati ogni due anni con decreto del ministro della Giustizia.

L'articolo 24: il diritto alla difesa L'art. 24 Cost. stabilisce: «Tutti possono agire in giudizio per la tutela dei propri diritti e interessi legittimi.
La difesa è diritto inviolabile in ogni stato e grado del procedimento.
Sono assicurati ai non abbienti, con appositi istituti, i mezzi per agire e difendersi davanti a ogni giurisdizione.
La legge determina le condizioni e i modi per la riparazione degli errori giudiziari».
La Costituzione riconosce a ogni persona la facoltà di rivolgersi a un giudice per fare valere i propri diritti attraverso un **processo** che si sviluppa, nel nostro Paese, in tre diversi gradi (primo grado, appello, cassazione). Il testo costituzionale definisce come *inviolabile* il **diritto di ognuno alla difesa**, stabilendo il diritto di farsi assistere durante il processo da un avvocato di propria scelta e riconoscendo ai soggetti economicamente non abbienti il ▸*patrocinio gratuito*, a spese dello Stato.
Inoltre, nell'ipotesi in cui si dovesse verificare un **errore giudiziario** (pensiamo alla condanna di una persona poi riconosciuta innocente), questo deve essere riparato in relazione ai danni sia economici sia morali subiti dal soggetto ingiustamente condannato.

L'articolo 25: il principio del giudice naturale Secondo l'art. 25 Cost.: «Nessuno può essere distolto dal giudice naturale precostituito per legge.
Nessuno può essere punito se non in forza di una legge che sia entrata in vigore prima del fatto commesso.
Nessuno può essere sottoposto a misure di sicurezza se non nei casi previsti dalla legge».
Quando una persona, allo scopo di tutelare un proprio diritto, si rivolge a un giudice, non può scegliere l'autorità giudiziaria che preferisce, ma il giudice competente viene individuato sulla base di *criteri oggettivi* che riguardano il tipo di controversia, il territorio in cui si è verificato l'evento, il valore della causa e la gravità del reato. La norma, nota come **principio del giudice naturale**, è stata introdotta allo scopo di garantire una scelta imparziale del giudice, evitando possibili forme di favoritismo e di condizionamento.
Se però sussistono gravi motivi per ritenere che un processo penale non possa essere svolto in un clima di piena equità (il cosiddetto "legittimo sospetto"), l'imputato o il Pubblico ministero possono chiedere alla Corte di cassazione il trasferimento del processo presso un altro giudice.

L'articolo 27: la responsabilità penale L'art. 27 Cost. dispone: «La responsabilità penale è personale.
L'imputato non è considerato colpevole sino alla condanna definitiva.
Le pene non possono consistere in trattamenti contrari al senso di umanità e devono tendere alla rieducazione del condannato.
Non è ammessa la pena di morte».
Il co. 1, art. 27 Cost. sancisce il **principio della personalità della responsabilità penale**, in base al quale ognuno deve rispondere del proprio comportamento e nessuno può subire sanzioni per reati commessi da altri.
Il secondo comma stabilisce la **presunzione di non colpevolezza** dell'imputato fino al momento della condanna definitiva. Il terzo comma aggiunge che le pene che si applicano agli autori dei reati devono rispettare la dignità umana e tendere alla rieducazione del condannato, favorendo il suo recupero e il suo reinserimento nella società.
Nell'ultimo comma dell'art. 27 i Costituenti hanno infine sancito il **ripudio della pena di morte**, in nome di un sistema democratico che rispetti il diritto alla vita e non si arroghi il diritto di sopprimere una vita umana.

ESPANSIONE Al cinema: *Dead Man Walking*

competenze in campo

1 Completa lo schema

DIDATTICA INCLUSIVA

PRINCIPALI GARANZIE GIURISDIZIONALI

- Diritto alla ....
- Riparazione degli .... giudiziari
- Principio del giudice ....
- .... della responsabilità penale
- Presunzione di non ....
- Ripudio della ....

ESERCIZIO INTERATTIVO

2 Rifletti e rispondi

In origine, il co. 3, art. 27 Cost. affermava che non è ammessa la pena di morte «se non nei casi previsti dalle leggi militari di guerra». Tuttavia, la legge costituzionale del 2 ottobre 2007 ha eliminato la pena di morte anche dalle leggi militari di guerra. Nel nostro Paese, pertanto, non è più ammessa, per nessun motivo e in alcuna circostanza, questa pratica brutale. Purtroppo però il ricorso alla pena di morte è consentito in molti Stati: ne sai indicare qualcuno? Che cosa pensi si potrebbe fare per porre fine ai molteplici "omicidi legalizzati"?

3 Individua il termine

ESERCIZIO INTERATTIVO

1. Quelli giudiziari devono essere riparati economicamente: ....
2. È il principio costituzionale che garantisce l'individuazione di un giudice imparziale: ....
3. È l'organo cui ci si può rivolgere, in base alla legge sul legittimo sospetto, per chiedere il trasferimento di un processo: ....
4. Quella umana deve sempre essere rispettata nell'applicazione delle pene: ....

4 Risolvi i casi

1. Nadia T., madre di Davide R., si offre di scontare la pena detentiva di due anni emanata nei confronti del figlio per il reato di rapina. Può farlo? Perché?
2. Mauro F., imputato del reato di calunnia, può ottenere di spostare il processo a suo carico dal Tribunale di Milano a quello di Bologna perché gli è più comodo per motivi di trasporto?

mi riguarda perché...

SPUNTO DI RIFLESSIONE

L'art. 27 Cost. conferma una scelta di alta civiltà umana e sociale, l'abolizione della pena di morte. Ciò è in sintonia con l'affermazione, contenuta nel medesimo articolo, per cui le pene devono tendere alla rieducazione del condannato: come si potrebbe, infatti, rieducare qualcuno che non c'è più?

FOCUS Il sovraffollamento carcerario

I principi della responsabilità penale e della rieducazione del condannato si scontrano con le attuali condizioni di sovraffollamento delle carceri (gli ultimi dati parlano di 66 000 reclusi per 45 000 posti): ecco perché l'Italia è il Paese dell'Unione europea con il maggior numero di condanne per violazione della *Convenzione europea dei diritti dell'uomo*.
Di fronte a questa emergenza il d.l. n. 78/2013, denominato "Decreto svuota carceri", ha esteso la possibilità di applicare misure alternative alla detenzione, quali i lavori di pubblica utilità, e ammette la custodia cautelare solo per i delitti per i quali è prevista la reclusione per più di cinque anni.

Le tue domande: Che cos'è l'ergastolo?

L'**ergastolo** è la pena che corrisponde al carcere a vita. In Italia esistono in realtà due tipi di ergastolo: quello *normale* e quello *ostativo*. Il primo permette al condannato di usufruire, su disposizione del giudice, di permessi premio per buona condotta e di ottenere la libertà condizionale dopo 26 anni di reclusione. L'ergastolo ostativo, che si applica per i reati molto gravi (come l'associazione mafiosa), non concede invece alcun beneficio, se non ai collaboratori di giustizia (i cosiddetti "pentiti").

LEZIONE 5

I rapporti etico-sociali: la famiglia

VIDEO START Il cognome di entrambi i genitori

AUDIOTESTO

La definizione di famiglia La **famiglia** può essere definita come un gruppo di persone legate tra loro da rapporti di sangue e di affetto e può essere considerata come la prima forma di vita in comune tra esseri umani.

Il matrimonio La famiglia, secondo la nostra Costituzione, si origina dalla celebrazione di un **matrimonio**; afferma infatti il co. 1, art. 29: «La Repubblica riconosce i diritti della famiglia come società naturale fondata sul matrimonio». È vero però che nella nostra società sono diffuse anche le **famiglie di fatto**, sorte dalla convivenza di due persone non legate dal vincolo matrimoniale e dei figli che siano eventualmente nati dalla loro unione. Le famiglie di fatto sono tutelate dalla legge mediante le *unioni civili* (tra persone dello stesso sesso) e i *patti di convivenza* (tra persone di sesso diverso).
Dal matrimonio nascono determinati **diritti** e **doveri** per i coniugi, i quali sono posti su un piano di assoluta parità. Entrambi gli sposi acquistano l'obbligo reciproco alla *fedeltà*, all'*assistenza morale e materiale*, alla *collaborazione nell'interesse della famiglia* e alla *coabitazione*. Se viene violato uno di questi obblighi non vengono applicate specifiche sanzioni, ma il coniuge leso nei propri diritti può richiedere al giudice la separazione.

Memo LESSICO
Il sostantivo ▸**divorzio**, riconducibile al verbo latino *divèrtere* ("volgere verso un'altra parte"), ha come significato letterale quello di "separazione da cose o da persone".

Separazione e divorzio Se i coniugi non riescono più a vivere in armonia tra loro possono porre fine al matrimonio attraverso il ▸**divorzio**.
Per poter divorziare sono necessari sei mesi di **separazione legale**, che può essere attuata tramite accordo consensuale dei coniugi assistiti da un avvocato; quest'ultimo ha il compito di mettere per iscritto il patto raggiunto, farlo sottoscrivere alle parti, autenticare le firme e trasmetterne una copia autenticata all'ufficiale di stato civile del Comune in cui il matrimonio è stato iscritto.
Se però i coniugi hanno figli minori, o maggiorenni non ancora economicamente autosufficienti o portatori di handicap grave, la separazione può essere disposta solo da un giudice. In tal caso essa può essere *consensuale*, se i coniugi si accordano su tutti gli aspetti della separazione, oppure *giudiziale*, se è l'autorità giudiziaria a stabilirne le condizioni. Nel secondo caso i tempi per chiedere il divorzio corrispondono, anziché a sei mesi, a un anno.

CASO Due coniugi, genitori di tre figli di cui due minori, decidono di separarsi per incompatibilità di carattere. Possono farlo tramite avvocato? Dopo quanto tempo potranno eventualmente risposarsi?
■ *No, devono rivolgersi a un giudice data la presenza di figli minori. Potranno risposarsi dopo il divorzio, ammesso a distanza di sei mesi se la separazione è stata consensuale, altrimenti dopo un anno.*

I figli e la responsabilità genitoriale All'interno di una famiglia vivono generalmente **figli**, che sono soggetti, fino al compimento della maggiore età, alla **responsabilità dei genitori**, vale a dire al potere educativo che essi esercitano di comune accordo.
Tale potere deve sempre ispirarsi al principio costituzionale che obbliga i genitori a «mantenere, istruire ed educare i figli» (art. 30 Cost.). Nell'adempiere a tali doveri essi devono tenere conto delle capacità dei figli, delle loro aspirazioni e delle loro inclinazioni naturali. I genitori hanno la rappresentanza legale dei figli minori e amministrano il loro patrimonio. Nell'ipotesi in cui essi trascurino i propri doveri verso i figli, o abusino dei loro poteri (pensiamo ai casi, purtroppo diffusi, di maltrattamento), il giudice può dichiararli decaduti dalla responsabilità genitoriale e disporre l'allontanamento dei figli dall'abitazione in cui risiede la famiglia.

ESPANSIONE La famiglia

ESPANSIONE Al cinema: *Anche libero va bene*

competenze in campo

1 Completa le frasi

a. La famiglia consiste in un gruppo di .... legate da rapporti di .... e affetto. Secondo la Costituzione la famiglia è fondata sul .... , tuttavia nella società sono diffuse anche le famiglie ....

b. I genitori, che sono i rappresentanti legali dei figli .... , hanno l'obbligo di mantenerli, ... e istruirli nel rispetto delle loro capacità e ....

ESERCIZIO INTERATTIVO

2 Osserva e rifletti

Come viene definita la famiglia nella Costituzione? Quali sono i principali obblighi reciproci dei coniugi?

3 Spiega la differenza

1. Famiglie legittime e famiglie di fatto
2. Separazione e divorzio
3. Separazione consensuale e giudiziale

4 Risolvi i casi

1. Marcella G. e Alessandro V. sono sposati da otto anni e hanno una bambina di sei anni. Negli ultimi mesi il rapporto si è deteriorato, con litigi quotidiani tra i due coniugi. Marcella G. ha trovato una nuova casa dove andare a vivere con la figlia; si rivolge a un avvocato per sapere come ottenere subito il divorzio, anche se il marito si oppone. Che cosa le risponderà l'avvocato?
2. Serena B. scopre che il marito ha una relazione con un'altra donna. Decide allora di recarsi dai Carabinieri per denunciare il marito per violazione dell'obbligo di fedeltà, sperando di ottenere a suo carico sanzioni di natura penale. Può farlo?

mi riguarda perché...

SPUNTO DI RIFLESSIONE

All'interno di ogni famiglia i genitori assumono il ruolo di rappresentanti legali dei figli minori ed esercitano nei loro confronti la responsabilità genitoriale, che si traduce nel potere educativo volto a indirizzarli al senso di rispetto verso gli altri e verso le regole, all'autonomia ponderata delle scelte attuate, alla crescita culturale, umana e sociale della persona.

FOCUS Il regime patrimoniale dei coniugi

È normale che in una famiglia si intreccino relazioni anche di natura economica. Il regime patrimoniale previsto dalla legge per i coniugi è quello della **comunione dei beni**. Quando due persone si sposano, in assenza di diverso accordo, entrano in comunione dei beni, nel senso che i beni acquistati dopo la celebrazione del matrimonio appartengono a entrambi nella quantità del **50%** ciascuno. Non tutti i beni rientrano però nel regime di comunione: ne sono esclusi i beni di carattere strettamente personale (per esempio, i capi di vestiario) e i beni ricevuti in eredità da ciascuno dei due coniugi. La comunione dei beni non è obbligatoria, essendo riconosciuta alle parti la possibilità di stipulare un accordo, prima o dopo il matrimonio, con cui stabiliscono di scegliere il regime della **separazione dei beni**, che è attualmente quello più diffuso.

Lavorare insieme

- Suddividetevi in gruppi in base alle indicazioni dell'insegnante.
- Analizzate la legge n. 184/1983, che riguarda l'adozione, e trovate in particolare le risposte a queste domande:
  - Chi può presentare domanda di adozione?
  - Che cosa si intende per "stato di adottabilità"?
  - In che cosa consiste l'affidamento preadottivo?
  - Quando può ritenersi definitiva l'adozione?
- Confrontate poi i vostri dati con quelli raccolti dagli altri gruppi e valutate, mediante dibattito, se ritenete efficace la legge sull'adozione o se invece pensate debba essere modificata.

LEZIONE 6

I diritti dei lavoratori subordinati

VIDEO START Previdenza per tutti

AUDIOTESTO

Memo

Il **lavoro** costituisce il fondamento del nostro Stato. Il co. 1, art. 1 Cost. afferma infatti che «L'Italia è una Repubblica democratica fondata sul lavoro»; inoltre il lavoro viene inquadrato dalla Costituzione, nell'art. 4, sia come diritto sia come dovere civico.

Memo LESSICO

Il termine ▸**retribuzione** ha origine dal verbo latino *retribuire*, che significa "rendere", "restituire", "dare in cambio", da cui deriva il suo significato di compenso per lo svolgimento di un lavoro.

Gli articoli 35-40 La Costituzione riconosce ai lavoratori subordinati una tutela specifica, indicata negli articoli compresi tra il 35 e il 40. La ragione di questa tutela è da ricercarsi nella condizione di debolezza sociale in cui i lavoratori dipendenti si sono sempre trovati nei confronti dei datori di lavoro.

La retribuzione L'art. 36 Cost. tutela in primo luogo il **diritto alla ▸retribuzione**. Essa deve essere proporzionata alla quantità e alla qualità del lavoro svolto, e deve comunque assicurare al lavoratore e alla sua famiglia un'esistenza libera e dignitosa.

La tutela della maternità Una particolare tutela è rivolta dall'art. 37 alle lavoratrici per quanto riguarda la **gravidanza** e la **maternità**. Le leggi attuative di questo principio costituzionale prevedono che le donne debbano astenersi dal lavoro per cinque mesi in prossimità del parto, con la garanzia di conservare il posto di lavoro e la corresponsione dell'80% della ▸retribuzione. Entrambi i genitori, inoltre, possono beneficiare del *congedo parentale*, che prevede la possibilità di astenersi dal lavoro per periodi limitati e a retribuzione ridotta (30%), fino al compimento dei dodici anni dei figli; in alternativa possono chiedere il part-time (cioè il lavoro a orario ridotto) per un periodo analogo, alla fine del quale l'orario di lavoro ritorna a tempo pieno.

Assistenza e previdenza sociale Nell'art. 38 viene garantito il **diritto all'assistenza e alla previdenza**. Tale diritto consiste nel ricevere, da parte di istituzioni pubbliche come l'INPS (Istituto nazionale della previdenza sociale) e l'INAIL (Istituto nazionale per l'assicurazione contro gli infortuni sul lavoro), l'assistenza in caso di malattia o infortunio e un trattamento pensionistico al termine dell'attività lavorativa.

La libertà sindacale L'art. 39 Cost. riconosce il diritto dei lavoratori subordinati di iscriversi a un **sindacato**. Il ruolo principale dei sindacati è di concludere periodicamente con i rappresentanti dei datori di lavoro i *contratti collettivi di lavoro*, nei quali vengono definiti i principali diritti e doveri dei lavoratori e, in particolare, il livello minimo delle retribuzioni.

Il diritto di sciopero Un altro importante diritto che la Costituzione (art. 40) riconosce ai lavoratori subordinati è quello dello **sciopero**. L'esercizio dello sciopero non compromette la conservazione del posto di lavoro, ma determina una trattenuta monetaria corrispondente alle ore non lavorate. Nel settore dei servizi pubblici essenziali, come la sanità, l'informazione pubblica, la scuola e i trasporti, lo sciopero può essere esercitato, ma richiede il rispetto di alcune regole, stabilite per tutelare i diritti degli utenti di tali servizi:

- deve essere dato un *preavviso* di almeno dieci giorni, allo scopo di poter consentire l'organizzazione delle prestazioni indispensabili;
- si deve indicare la *durata dell'agitazione*;
- prima di indire lo sciopero occorre procedere a *tentativi di accordo* con la controparte;
- occorre comunicare agli utenti, almeno cinque giorni prima dell'inizio dello sciopero, *i modi e i tempi di erogazione dei servizi* nel corso dello sciopero stesso;
- chi promuove lo sciopero deve predisporre la *garanzia dei servizi minimi* indispensabili.

ESEMPIO In occasione di uno sciopero dei giornalisti televisivi, il diritto all'informazione non viene negato, ma un solo giornalista, su delega degli scioperanti, legge al pubblico le notizie di maggiore importanza, in modo estremamente sintetico e senza i servizi collegati.

competenze in campo

1 Completa lo schema

ESERCIZIO INTERATTIVO

PRINCIPALI DIRITTI DEI LAVORATORI SUBORDINATI

- Diritto alla .... commisurata al lavoro svolto (art. 36)
- Tutela della .... e della .... per le donne lavoratrici (art. 37)
- Diritto all'assistenza e alla .... sociale (art. 38)
- Libertà .... (art. 39)
- Diritto di .... (art. 40)

2 **Osserva e rifletti**

Come sono definiti i servizi pubblici rappresentati nelle immagini? Come è regolamentato lo sciopero in tale ambito?

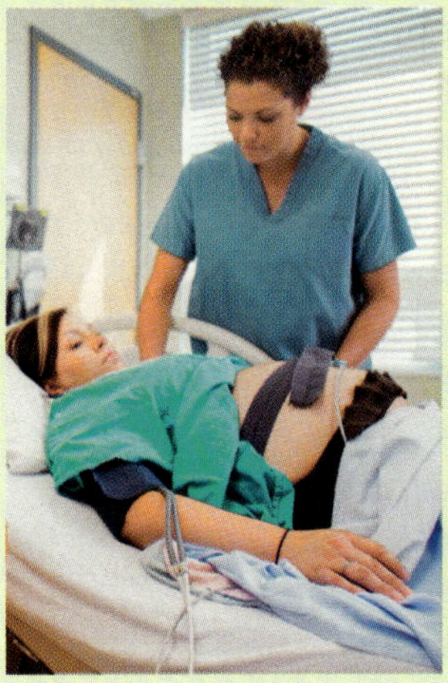

3 **Risolvi i casi**

1. Una lavoratrice, dipendente di un'impresa meccanica, partecipa a uno sciopero nazionale indetto da un sindacato della sua categoria per ottenere un aumento retributivo. È possibile che il datore di lavoro la licenzi in quanto, partecipando allo sciopero, è venuta meno ai propri obblighi lavorativi?
2. Oscar E., muratore dipendente di un'impresa edile, cade accidentalmente da un'impalcatura del cantiere in cui sta lavorando e si frattura un braccio. A quale forma di intervento da parte dello Stato ha diritto?

mi riguarda perché...

SPUNTO DI RIFLESSIONE

Gli articoli costituzionali relativi al **tema del lavoro subordinato** confermano il profondo senso di tutela dei nostri Costituenti nei confronti dei lavoratori, ai quali sono oggi riconosciuti diritti che in passato erano loro negati, sulla base di un principio di equità e protezione dei più deboli.

FOCUS I sindacati dei lavoratori

Sentiamo spesso parlare del ruolo svolto dai sindacati dei lavoratori: per la tutela dei salari, per migliorare la sicurezza sul lavoro (sono tante, purtroppo, le "morti bianche" nel nostro Paese), per la lotta alla precarietà, per i diritti delle donne, per la protezione degli immigrati regolari.

I sindacati italiani più conosciuti sono la **CGIL** (Confederazione generale italiana del lavoro), la **CISL** (Confederazione italiana dei sindacati dei lavoratori) e la **UIL** (Unione italiana del lavoro). Dal 1996 opera anche l'**UGL** (Unione generale del lavoro).

Esistono inoltre i **sindacati autonomi**, rappresentativi di specifici settori lavorativi, per esempio lo **SNALS** (che rappresenta i lavoratori della scuola).

A partire dalla seconda metà degli anni Ottanta del Novecento si sono costituiti numerosi **COBAS** (Comitati di base), ossia organizzazioni di lavoratori sorte spontaneamente, soprattutto nel settore del pubblico impiego, in opposizione sia ai sindacati unitari sia a quelli autonomi, considerati troppo moderati. Queste organizzazioni hanno ottenuto un seguito crescente e hanno organizzato lotte talvolta molto aspre.

Detto da... Luca Argentero

"In un momento storico come questo, avere come ambizione quella di avere un lavoro non è facile; in più, avere un lavoro che ti entusiasma è ancora più difficile. Non solo svolgo un mestiere ben retribuito, ma che mi appassiona moltissimo. Sono davvero una persona fortunata!"

A quali riflessioni ti inducono le parole dell'attore?

LEZIONE 7

Il diritto di proprietà

VIDEO START
I beni comuni

AUDIOTESTO

L'articolo 42 L'art. 42 Cost. afferma: «La proprietà è pubblica o privata. I beni economici appartengono allo Stato, ad enti o a privati.
La proprietà privata è riconosciuta e garantita dalla legge, che ne determina i modi di acquisto, di godimento e i limiti allo scopo di assicurarne la funzione sociale e di renderla accessibile a tutti.
La proprietà privata può essere, nei casi preveduti dalla legge, e salvo indennizzo, espropriata per motivi d'interesse generale.
La legge stabilisce le norme ed i limiti della successione legittima e testamentaria e i diritti dello Stato sulle eredità».

La nozione di proprietà e la sua funzione sociale La **proprietà** assicura il diritto di godere e di disporre di determinati beni: ciò significa che il proprietario può utilizzare i beni secondo la propria utilità (facoltà di godere) e destinarli all'uso che preferisce (facoltà di disporre).
Il diritto di proprietà può essere limitato dalla legge quando ciò sia richiesto dalla necessità di assicurarne la **funzione sociale**, cioè l'utilità per realizzare interessi non individuali, ma dell'intera società.
In altre parole, la proprietà non deve essere concepita unicamente come egoistico mezzo di affermazione individuale, ma va usata, dove sia necessario e possibile, nell'interesse collettivo.

ESEMPIO Ognuno di noi ha, entro determinati limiti, il potere di costruire sul proprio terreno, ma è tenuto a rispettare specifiche norme (distanze dai confini, permessi comunali...) nell'interesse generale.

L'espropriazione per pubblica utilità In particolare la proprietà privata può essere *espropriata* nell'interesse pubblico. L'**espropriazione** consiste nel potere di un ente pubblico di togliere la proprietà a un privato per trasferirla all'ente stesso, quando ciò sia richiesto da un interesse collettivo superiore, per importanza, a quello individuale.

CASO Luigi D., proprietario di un appezzamento agricolo, riceve comunicazione dagli uffici del Comune che parte del suo terreno verrà espropriata per potenziare la rete stradale comunale. A che cosa ha diritto Luigi D. a fronte dell'espropriazione e a quale autorità giudiziaria deve rivolgersi se intende contestare il provvedimento?
■ *Il cittadino espropriato ha il diritto di ricevere un indennizzo, cioè una somma di denaro commisurata al valore del bene, e può fare ricorso al TAR (Tribunale amministrativo regionale) se intende opporsi al provvedimento.*

Memo LESSICO
Il sostantivo ▸**testamento** è riconducibile al verbo latino *testari*, "prendere a testimonio", che in origine indicava una dichiarazione resa davanti all'assemblea popolare.
Il termine ▸**legittima** deriva dall'espressione latina *pars legitima* ("parte spettante per legge").

La successione L'ultimo comma dell'art. 42 evidenzia la facoltà di ogni persona di disporre dei propri beni per il periodo successivo alla morte: è infatti possibile lasciare un ▸**testamento** per stabilire il destino delle proprietà personali, tenendo presente però che certi soggetti, chiamati *legittimari*, hanno comunque diritto a una quota dell'eredità anche se esclusi dal testamento. Si tratta del coniuge, dei figli, degli ascendenti (genitori).
Il testamento può essere scritto da ogni persona capace di agire in qualsiasi momento della propria vita e può riportare sia le volontà relative al destino dei propri beni sia disposizioni di carattere non economico, per esempio il riconoscimento di un figlio.
Se una persona muore senza avere predisposto un testamento, si procede alla **successione** ▸**legittima**; la legge stabilisce quali soggetti hanno il diritto di subentrare nel patrimonio del defunto e con quale priorità: nell'ordine sono il coniuge, i figli, i genitori, i fratelli e gli altri parenti. Se non ci sono parenti, i beni del defunto vanno allo Stato.

ESPANSIONE
Il testamento

competenze in campo

1 Completa lo schema

DIRITTO DI PROPRIETÀ (art. 42 Cost.)

- È il diritto di .... e di disporre di un ....
- Deve avere una funzione ....
  - Può essere .... nell'interesse .... attraverso ....

ESERCIZIO INTERATTIVO

2 **Osserva e rifletti**

Chi è proprietario di un immobile (per esempio una casa) in base alla legge può esercitare due facoltà: quella di godere e quella di disporre del bene. Che cosa può fare concretamente in base a questi due diritti?

3 **Individua il termine**

ESERCIZIO INTERATTIVO

1. Può esserlo la proprietà, oltre che privata: ....
2. Sono i soggetti che non possono essere esclusi dall'eredità: ....
3. La legge lo prevede a favore dei cittadini che subiscono un'espropriazione: ....

4 **Risolvi il caso**

Alla morte di Mariangela F. viene aperto il suo testamento davanti al notaio, alla presenza del marito e dei parenti più prossimi. Il notaio legge le disposizioni testamentarie, che prevedono il lascito di tutti i beni di Mariangela F. alla parrocchia del suo paese. Sapendo che Mariangela F. non ha figli e che i suoi genitori sono da tempo deceduti, è pienamente valido quanto disposto nel suo testamento?

mi riguarda perché...

SPUNTO DI RIFLESSIONE

Anche tu, pur essendo minorenne, puoi essere titolare di diritti di proprietà, ricevuti per esempio in seguito a successione ereditaria. Fino alla maggiore età, tuttavia, non ne puoi disporre e questo potere è affidato, nel tuo interesse, ai genitori o ai tutori legali.

FOCUS L'eredità digitale

Nell'era tecnologica in cui viviamo ci sono beni che non esistono fisicamente ma solo in formato digitale, come i dati del nostro profilo Facebook, le e-mail, le foto e i filmati che condividiamo in rete. Questi beni costituiscono il nostro **patrimonio digitale**, che in parte può risiedere su supporti fisici (computer, tablet, smartphone), in parte si trova nel *cloud*, cioè nella "nuvola informatica" in cui i fornitori di servizi online memorizzano le nostre informazioni.
In caso di morte si determina un'**eredità digitale**, che nel nostro Paese non è ancora disciplinata da una legge specifica ed è sottoposta alle norme di successione dei beni materiali: per esempio, con il PC del defunto gli eredi ricevono in successione anche i dati contenuti. Alla mancanza di regole sull'eredità digitale si aggiunge talvolta anche una difficoltà pratica se gli eredi non conoscono le password di accesso. Per evitare questi inconvenienti è possibile dare disposizione nel testamento per la successione digitale, indicando tutte le informazioni utili per accedere ai dati.

Educazione finanziaria — L'imposta di successione

L'**imposta sulle successioni** è un'imposta a carico di chi eredita un patrimonio e colpisce l'*asse ereditario*, ossia la differenza tra l'attivo ereditario (beni mobili e immobili, denaro) e il passivo (i debiti del defunto). L'imposta prevede aliquote diverse in relazione al grado di parentela degli eredi; ne sono esenti le persone che ereditano quote di valore inferiore a un importo stabilito dalla legge e alcune specifiche categorie di soggetti quali lo Stato, le Regioni, i Comuni e le ONLUS.

LEZIONE

8 Il diritto di voto

VIDEO START
Il voto alle donne: una conquista di civiltà

AUDIOTESTO

Memo
Il riconoscimento del ▸**diritto di voto** a tutte le cittadine e a tutti i cittadini italiani risponde al principio di uguaglianza sancito dall'art. 3 Cost., in base al quale tutti i cittadini sono uguali davanti alla legge senza distinzione di sesso, di razza, di lingua, di religione, di opinioni politiche, di condizioni personali e sociali.

L'articolo 48 La nomina da parte dei cittadini dei propri rappresentanti nelle istituzioni dello Stato e degli enti locali avviene attraverso il ▸**voto**. Esaminiamo che cosa prevede, a questo proposito, l'art. 48 Cost.: «Sono elettori tutti i cittadini, uomini e donne, che hanno raggiunto la maggiore età.
Il voto è personale ed eguale, libero e segreto. Il suo esercizio è dovere civico. [...]
Il diritto di voto non può essere limitato se non per incapacità civile o per effetto di sentenza penale irrevocabile e nei casi di indegnità morale indicati dalla legge».

Il suffragio universale In Italia esiste, dal 1946, il **suffragio universale**, in base al quale il diritto di voto appartiene a tutti i cittadini maggiorenni, indipendentemente dal loro sesso. Possono votare anche i cittadini residenti all'estero attraverso il voto per corrispondenza. Non possono invece votare i soggetti che si trovano in situazioni particolari, come la condanna a determinate pene detentive o la condanna all'internamento in un ospedale psichiatrico giudiziario.

I caratteri del voto Il voto è un **dovere civico**, che tutti dobbiamo esercitare per senso di solidarietà politica, in base all'art. 2 Cost. Non è però un obbligo giuridico, per cui il suo mancato esercizio non comporta sanzioni.
Il voto, inoltre, si caratterizza per essere:
- **personale**: a votare bisogna andare di persona, non è possibile incaricare altri;
- **uguale**: i voti hanno tutti lo stesso valore;
- **libero**: nessuno deve subire coercizioni al momento del voto;
- **segreto**: quando votiamo siamo soli nella cabina elettorale; soltanto le persone affette da gravi infermità possono essere accompagnate da altri.

CASO Maria B., ottantenne invalida affetta dal morbo di Parkinson, chiede di poter votare facendosi assistere nella cabina elettorale dalla figlia. Può esserle accordato tale permesso?
■ *Sì, perché, pur essendo il voto personale e segreto, in caso di grave infermità è possibile farsi assistere.*

Memo LESSICO
Il termine ▸**elezione** deriva dal verbo latino *eligere*, che significa "scegliere", "nominare"; le elezioni corrispondono infatti all'insieme di atti tramite cui scegliamo i nostri rappresentanti politici.

Le consultazioni elettorali Le consultazioni elettorali sono di tre tipologie: le ▸**elezioni politiche**, tramite cui il popolo elegge i propri rappresentanti in Parlamento; le **elezioni amministrative**, volte alla nomina dei rappresentanti del popolo negli organismi locali, come i Comuni; le **elezioni europee**, finalizzate alla scelta dei componenti del Parlamento dell'Unione europea.

Come si vota Spetta ai Comuni il compito di tenere aggiornate le **liste elettorali**, in cui sono iscritti i cittadini aventi diritto di voto. I cittadini che intendono votare devono recarsi presso il seggio elettorale cui sono assegnati all'interno del proprio Comune. Ogni seggio è costituito da un presidente, un segretario e tre o quattro scrutatori. Per votare occorre esibire al presidente del seggio, oltre a un documento d'identità, la **tessera elettorale**, che viene assegnata a ogni cittadino al compimento dei diciotto anni ed è valida per più votazioni. L'elettore, ricevute le *schede* (o la scheda) per la votazione e una *matita copiativa* (cioè indelebile), si reca nella *cabina elettorale*, che garantisce la segretezza del voto. Successivamente consegna le schede al presidente, che provvede a inserirle nelle apposite urne.
Non possono essere considerate valide le *schede bianche*, prive cioè di qualsiasi contrassegno, e le *schede nulle*, vale a dire quelle in cui siano presenti segni non strettamente corrispondenti a quelli richiesti dalla legge. Ovviamente sono da considerarsi nulle anche le schede in cui sia stato espresso più di un voto, oppure in cui il voto sia stato indicato con modalità diverse da quelle previste dalla legge elettorale.

ESPANSIONE
Il voto degli italiani all'estero

ESPANSIONE
Il voto durante il periodo fascista

competenze in campo

1 Completa lo schema

DIRITTO DI VOTO (Art. 48 Cost.)

- In Italia votano tutti i cittadini .... , indipendentemente dal sesso (suffragio ....)
- Il voto è un dovere ....

I caratteri del voto sono:
- ....
- ....
- ....
- ....

ESERCIZIO INTERATTIVO

2 ●●● **Individua il termine**

ESERCIZIO INTERATTIVO

1. È il tipo di incapacità per cui il diritto di voto può essere limitato: ....
2. Sono le elezioni con cui i cittadini eleggono i propri rappresentanti in Parlamento: ....
3. Quelle elettorali sono periodicamente aggiornate dagli uffici comunali: ....
4. Quella elettorale viene assegnata a ogni cittadino al compimento della maggiore età: ....
5. È il suffragio riconosciuto a tutti i cittadini e le cittadine maggiorenni: ....

3 ●●● **Risolvi il caso**

Una persona è stata condannata a ventisette anni di carcere per avere commesso un efferato omicidio. In occasione delle elezioni politiche potrà validamente votare?

4 ●●● **Analizza la norma**

In base alla legge n. 96/2008 non si possono «introdurre all'interno delle cabine elettorali telefoni cellulari o altre apparecchiature in grado di fotografare o registrare immagini». Chiunque contravviene a questo divieto è punito con l'arresto da tre a sei mesi e con l'ammenda da 300 a 1 000 euro.
Qual è il significato di questa norma? Perché è stata introdotta?

mi riguarda perché...

SPUNTO DI RIFLESSIONE

Oggi ti sembra forse scontato che tutte le persone maggiorenni possano esercitare il diritto di voto. Non sono però così lontani i tempi in cui tale libertà era negata ai cittadini più poveri (il suffragio universale maschile fu introdotto in Italia nel 1912) e alle donne (che acquisirono il ruolo di elettrici solo nel 1946).

Lavorare insieme

■ Immaginate di dover procedere a elezioni. Predisponete dei fac-simile di schede elettorali, in cui siano presenti tre schieramenti politici (A, B, C), con simboli da voi ideati.

■ Ipotizzate la loro diversa posizione sul tema della scuola. Il **partito A** sostiene la scuola pubblica e ritiene che le scuole private non debbano ricevere alcun finanziamento da parte dello Stato. Il **partito B** intende invece realizzare la piena parità tra pubblico e privato, per cui le risorse statali vanno ripartite in modo eguale. Il **partito C** ritiene che la maggior parte del denaro pubblico destinato all'istruzione vada attribuito alle scuole pubbliche, ma che una parte possa essere devoluta a istituti privati, in modo da renderli più accessibili agli studenti interessati.

■ Predisponete all'interno dell'aula una zona isolata e protetta che funga da cabina elettorale e procuratevi un contenitore di cartone che rappresenti l'urna elettorale. Nominate cinque studenti con il ruolo, rispettivamente, di presidente, di segretario e di scrutatori.

■ Procedete alle operazioni di voto e poi allo scrutinio, scartando le schede bianche (prive cioè di qualsiasi contrassegno) e quelle nulle (ossia quelle in cui siano presenti segni non appropriati, come uno scarabocchio), e verificate quale dei tre partiti abbia ottenuto il maggior numero di voti.

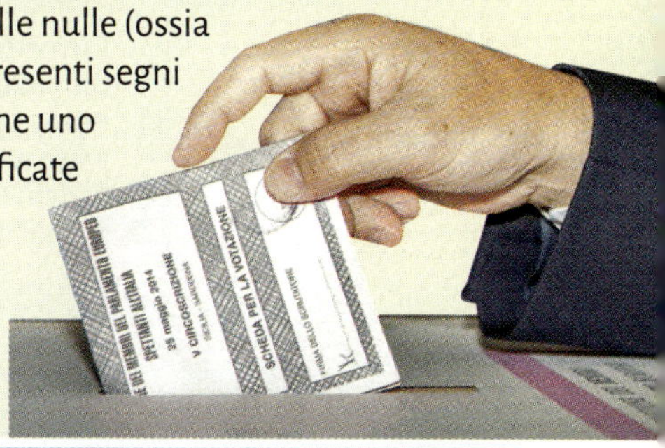

La web democracy

Una nuova forma di democrazia per il XXI secolo?

Grazie a Internet si sono aperte nuove strade per la partecipazione diretta dei cittadini alla costruzione della democrazia. Ma è davvero possibile rivoluzionare i sistemi democratici attuali attraverso l'uso della rete?

Internet e la società dell'informazione

La **rete Internet**, ideata negli anni Settanta del secolo scorso, è diventata il **fulcro della società dell'informazione** che caratterizza sempre più i nostri tempi. Negli ultimi anni lo sviluppo dei *blog* e dei *social network* (come Facebook, Twitter ecc.) ha incrementato la comunicazione tra le persone, che non solo possono accedere alle informazioni come fruitori, ma possono anche produrre e diffondere propri contenuti.

La democrazia digitale

Le nuove tecnologie che permettono una capillare diffusione delle informazioni e della comunicazione hanno determinato un'*evoluzione* anche *nel mondo della politica e della Pubblica amministrazione*. Non c'è partito, personalità politica, Ministero, Pubblica amministrazione locale che non abbia allestito uno spazio web dove illustrare la propria attività e raccogliere le opinioni e i suggerimenti della gente. Sono inoltre sempre più utilizzati i mezzi di comunicazione elettronica e i social network per *dialogare con i cittadini*.
Questa tendenza prefigura una nuova forma di democrazia, la **democrazia digitale** o **web democracy**, in cui le nuove tecnologie di comunicazione consentono di coinvolgere maggiormente i cittadini nelle decisioni e di tener conto dei loro suggerimenti e delle loro critiche per migliorare l'attività amministrativa. Questi nuovi spazi di dialogo tra cittadini e amministrazione vanno a integrare le forme tradizionali di partecipazione e di rappresentanza politica, favorendo una più *ampia condivisione nell'amministrazione della "cosa pubblica"*.

ALCUNE PIATTAFORME A DISPOSIZIONE DEI CITTADINI

Petizioni - Parlamento europeo
Permette ai cittadini comunitari e a chi risiede in uno Stato dell'UE di presentare petizioni al Parlamento europeo, compilando un form online
2009

Opendcn - free - democracy
Dà modo a cittadini, associazioni ed enti di concorrere alla costruzione di iniziative e progetti
2010

Airesis
Funziona come un social network e permette agli utenti di partecipare a un gruppo o di formarne di nuovi per elaborare proposte su diverse tematiche

I partiti della rete

La web democracy è un processo appena avviato, ma già si prospetta l'esigenza di andare oltre, di utilizzare le nuove tecnologie non solo per consultare e coinvolgere le persone, ma anche per renderle direttamente partecipi di tutte le fasi della Pubblica amministrazione, dalla formazione e approvazione delle leggi alla scelta dei candidati alle elezioni.
A questo proposito, negli ultimi anni sono sorte in tutto il mondo formazioni politiche completamente nuove, che vedono **la rete come il centro vitale dell'attività politica**: possiamo ricordare Wikipartido (Messico), Partito pirata (movimento internazionale), Partido de la Red (Argentina), Rede Sustentabilidade (Brasile), Partido X (Spagna). In Italia il Movimento 5 Stelle, nato per iniziativa di Beppe Grillo, comico che da tempo incentra i suoi spettacoli sui temi politici e ambientali, ha ottenuto in pochi anni un successo travolgente, giungendo a un consenso elettorale superiore al 25% dei voti nelle elezioni politiche del 2013.

Verso una nuova democrazia?

Questo significa che in un prossimo futuro prenderà forma **un nuovo tipo di democrazia diretta** o partecipativa in cui ciascuno sarà direttamente coinvolto nell'amministrazione della "cosa pubblica"? I cittadini potranno quindi intervenire nell'attività politica, determinando l'agenda del Governo e persino il contenuto delle leggi, facendo a meno dell'intermediazione dei partiti politici? Molti sono scettici a questo proposito e i tempi non sembrano ancora maturi. Tuttavia *un'evoluzione è in atto* ed è probabile che, in breve tempo, possano cambiare parecchie regole del gioco politico.

Sensor civico
Consente di inoltrare reclami, segnalazioni e suggerimenti alle amministrazioni pubbliche del Trentino

Fact checking
Consente agli utenti di sottoporre una notizia letta su siti web a un controllo della sua fondatezza

2012

Chi è A FAVORE

In una pubblicazione dal titolo *Digital Democracy: Vision and Reality*, **Jan A.G.M. van Dijk**, professore presso l'Università di Twente nei Paesi Bassi, a proposito della web democracy ha affermato che "Internet non sta attirando più persone nel processo politico, [...] tuttavia esso fornisce una piattaforma per nuove forme di attività politica che sono più difficili da realizzarsi fuori dalla rete: ulteriori opportunità di reperire informazioni politiche e di creare interazione politica".

Chi è CRITICO

L'ex Presidente della Repubblica **Giorgio Napolitano** nel discorso per il suo secondo insediamento, tenuto il 22 aprile del 2013, ha accennato al crescente peso di Internet nell'attività politica. "La rete fornisce inedite possibilità individuali di espressione e di intervento politico e anche stimoli all'aggregazione e alla manifestazione di consensi e di dissensi. Ma non c'è partecipazione realmente democratica, rappresentativa ed efficace alla formazione delle decisioni pubbliche senza il tramite di partiti capaci di rinnovarsi o di movimenti politici organizzati, tutti comunque da vincolare all'imperativo costituzionale del *metodo democratico*".

IL TUO PUNTO DI VISTA

1 Quali ritieni possano essere gli aspetti positivi e quelli negativi legati alla democrazia digitale?

2 Sulla scia della web democracy è possibile, secondo te, arrivare in un prossimo futuro a una società politica senza partiti? Perché?

3 Con riferimento alla democrazia digitale, è possibile fare una distinzione tra "democrazia liberale" e "democrazia partecipativa". La prima si basa sul voto elettronico (e-voting) e consente ai cittadini di partecipare via Internet alle elezioni e ai referendum. La seconda prevede l'intervento dei cittadini in determinati ambiti, quali il dialogo tra eletti ed elettori, e le consultazioni a livello nazionale ed europeo (e-government). Approfondisci le differenze tra queste due forme di web democracy, indicando quali sono a tuo parere i possibili vantaggi e svantaggi a esse collegati.

LEZIONE 9

I doveri costituzionali

VIDEO START
L'importanza del servizio civile volontario

AUDIOTESTO

I doveri dei cittadini Tra i principali doveri che la Costituzione impone ai cittadini ci sono quelli di *pagare le imposte, difendere la patria* ed *essere fedeli allo Stato.*

PODCAST
Articolo 53

Il pagamento delle imposte Il **dovere tributario**, cioè quello di pagare i ▸tributi per finanziare i servizi pubblici, risulta specificamente dall'art. 53 Cost., che stabilisce: «Tutti sono tenuti a concorrere alle spese pubbliche in ragione della loro capacità contributiva. Il sistema tributario è informato a criteri di progressività».

Dalla lettura dell'art. 53 Cost. possiamo dedurre tre importanti principi:

1. l'**universalità** dei tributi, in base al quale nessuno può essere esonerato dal loro pagamento, e quindi non sono ammissibili i favoritismi che esistevano in epoche passate;
2. la **capacità contributiva**, vale a dire la concreta possibilità che ha una persona di pagare i tributi. Questo principio stabilisce che chi è privo di redditi o di altre fonti di ricchezza non ha capacità contributiva e non deve pertanto essere soggetto agli oneri finanziari; chi ha entrate monetarie minori rispetto a quelle di altri deve pagare di meno;
3. la **progressività** del sistema tributario, che prevede carichi economici crescenti in relazione all'aumento della capacità contributiva dei soggetti.

Memo LESSICO
Il termine ▸**tributo** ha origine dal latino *tributum*, a sua volta derivato dal verbo *tribùere* ("attribuire"), e significa letteralmente "ciò che è dovuto (che si deve attribuire) allo Stato".

Il dovere di pagare i tributi riguarda non solo i cittadini italiani, ma tutti coloro che vivono o lavorano in Italia, oppure che, pur risiedendo all'estero, producono un reddito nel nostro Paese.

La difesa della patria Dovere dei cittadini è quello di **difendere la patria**, come risulta dal co. 1, art. 52 Cost.: «La difesa della Patria è sacro dovere del cittadino». In realtà le Forze armate, che fanno capo al ministro della Difesa, sono oggi composte *esclusivamente da volontari professionisti* ed è pertanto a costoro che si rivolge soprattutto l'obbligo della difesa. Gli altri cittadini possono essere chiamati a prestare servizio militare solo in casi particolarmente gravi e solo sulla base di un provvedimento legislativo.
Afferma il co. 2, art. 52 Cost.: «L'ordinamento delle Forze armate si informa allo spirito democratico della Repubblica». In altre parole, all'interno delle Forze armate devono essere rispettati i diritti costituzionali dei militari, in quanto cittadini (per esempio non è possibile negare loro la libertà di opinione e il diritto di voto).

La fedeltà alla Repubblica Il **dovere dei cittadini di essere fedeli alla Repubblica** si sostanzia, come risulta dall'art. 54, nell'obbligo di rispettare la Costituzione e le leggi. In particolare, coloro cui sono affidate funzioni pubbliche devono adempiere ai loro compiti con integrità morale e scrupolosa osservanza delle leggi, rischiando, in caso contrario, sanzioni amministrative e penali.

ESEMPIO Ricoprono funzioni pubbliche i cittadini scelti per comporre le giurie popolari nei processi penali di maggiore gravità (i cosiddetti "giudici popolari") e coloro che operano come scrutatori nei seggi durante le consultazioni elettorali.

Doveri e riserva di legge La Costituzione offre ai cittadini, in materia di imposizione di doveri, una specifica tutela nell'art. 23, che afferma: «Nessuna prestazione personale o patrimoniale può essere imposta se non in base alla legge».
Si tratta di un'affermazione estremamente importante e garantista: i doveri sono vincolanti per i cittadini solo se sono espressamente legittimati da leggi emanate dal Parlamento, che risulta pertanto l'unico organo autorizzato a imporre determinate prestazioni alla collettività.

competenze in campo

1 Completa lo schema

DOVERI COSTITUZIONALI

- Dovere ....
  - Principi del sistema tributario:
    - .... dei tributi
    - capacità ....
    - ....
- .... della patria
- .... alla Repubblica

ESERCIZIO INTERATTIVO

2 **Rifletti e rispondi**

In relazione all'obbligo di fedeltà alla Repubblica, che cosa viene richiesto ai soggetti che svolgono funzioni pubbliche, per esempio i parlamentari?

3 **Completa le frasi**

ESERCIZIO INTERATTIVO

1. In base al principio della progressività, i tributi aumentano .... che .... rispetto al ...., in modo da penalizzare meno i ceti sociali economicamente più ....
2. I doveri sono vincolanti per i cittadini solo se sono espressamente .... da .... dello Stato: è, questo, il principio della .... di legge.
3. In base alla Costituzione coloro cui sono affidate funzioni .... devono adempierle con .... morale e nel rispetto della ....; in caso contrario rischiano sanzioni amministrative e ....

4 **Risolvi il caso**

Susanna D., coniugata e con tre figli, si dedica a tempo pieno all'educazione dei figli e alla cura della casa. Non è titolare di alcun reddito e può permettersi di non avere un lavoro esterno grazie all'attività remunerativa del marito. In base a quale principio costituzionale Susanna D. è esentata dal pagamento di tributi allo Stato?

mi riguarda perché...

SPUNTO DI RIFLESSIONE

La Costituzione sancisce l'obbligo di tutti i cittadini, nessuno escluso, di rispettare le leggi dello Stato, in quanto ciò è necessario per garantire la convivenza sociale e le libertà altrui. In particolare, dobbiamo pretendere che a darci l'esempio in questo senso siano i soggetti che ci rappresentano a livello amministrativo e politico.

FOCUS Il servizio civile volontario

Al dovere di difendere la Patria si può assolvere non solo prestando il servizio militare, ma anche con il **servizio civile volontario**, che consiste nella possibilità per i giovani dai 18 ai 28 anni di dedicare un anno della propria vita a favore di un impegno solidaristico inteso come impegno per il bene di tutti e quindi come valore della ricerca di pace. Il servizio civile volontario garantisce ai giovani una forte valenza educativa e formativa, è un'importante occasione di crescita personale, un'opportunità di educazione alla cittadinanza attiva, un prezioso strumento per aiutare le fasce più deboli della società contribuendo allo sviluppo sociale, culturale ed economico del nostro Paese. Le aree di intervento nelle quali è possibile prestare il servizio civile nazionale sono: assistenza, protezione civile, ambiente, patrimonio artistico e culturale, educazione e promozione culturale, servizio civile all'estero.

Educazione finanziaria – La pressione fiscale

L'espressione **pressione fiscale**, di cui sentiamo spesso parlare, indica la quota di reddito che i cittadini devono versare allo Stato per finanziare le spese pubbliche; corrisponde al rapporto percentuale tra il totale delle entrate tributarie dello Stato e il Prodotto interno lordo (PIL). Quando la pressione fiscale aumenta si riduce il potere d'acquisto delle famiglie (e viceversa), per cui i Governi devono porre grande attenzione a determinarne il livello, in considerazione delle possibili conseguenze di carattere economico e sociale.

PERCORSO 6 / Sintesi con la mappa

LIBERTÀ COSTITUZIONALI
- libertà personale → limitazioni solo su mandato del giudice (riserva di giurisdizione) e nei casi previsti dalla legge (riserva di legge)
- libertà di circolazione e soggiorno
- libertà di riunione e di associazione
- libertà di manifestazione del pensiero e di stampa

DOVERI
- pagamento dei tributi
- difesa della patria
- fedeltà alla Repubblica

GARANZIE GIURISDIZIONALI
- diritto alla difesa
- riparazione degli errori giudiziari
- principio del giudice naturale
- personalità della responsabilità penale
- presunzione di non colpevolezza

→ funzione rieducativa delle pene e ripudio della pena di morte

TUTELA DELLA FAMIGLIA
- diritti e doveri dei coniugi
- cessazione degli effetti civili del matrimonio con il divorzio
- responsabilità genitoriale

DIRITTI DEI LAVORATORI SUBORDINATI
- diritto alla retribuzione
- tutela della gravidanza e della maternità
- diritto all'assistenza e alla previdenza sociale
- libertà sindacale e diritto di sciopero

DIRITTO DI PROPRIETÀ
- diritto di godere e disporre di un bene → espropriazione per pubblica utilità

DIRITTO DI VOTO
- suffragio universale → Caratteri del voto
  - personale
  - libero
  - uguale
  - segreto

PERCORSO 6 / Sintesi discorsiva

AUDIOSINTESI

LEZIONE 1 La libertà personale

La **libertà personale** è un diritto inviolabile. Può essere limitata solo in base a un atto motivato dell'autorità giudiziaria, il cosiddetto mandato (principio di **riserva di giurisdizione**), e solo nei casi previsti dalla legge (principio di **riserva di legge**), quale la pericolosità sociale.
Il periodo di tempo che un imputato trascorre in carcere prima del processo è denominato **custodia cautelare**.

LEZIONE 2 Le libertà di circolazione e soggiorno, di riunione e associazione

Ogni cittadino ha il diritto di **circolare e soggiornare nel territorio dello Stato** e ed è libero di uscire dall'Italia e di rientrarvi liberamente. Tali diritti possono essere limitati solo per motivi di sanità e di sicurezza.
Le persone hanno inoltre il **diritto di riunirsi** tra loro, purché senza armi e con scopi pacifici. Possono anche costituire **associazioni** stabili, purché non siano segrete, contrarie alla legge o di natura paramilitare.

LEZIONE 3 La libertà di manifestazione del pensiero e la libertà di stampa

La **libertà di manifestazione del pensiero** consiste nella possibilità per ognuno di esprimere le proprie idee con la parola, lo scritto e ogni mezzo di diffusione.
La Costituzione riconosce la **libertà di stampa**, vietando ogni forma di censura e di autorizzazione preventiva alla pubblicazione.
È possibile che un magistrato disponga, tramite mandato, il sequestro di un'opera di stampa nei casi previsti dalla legge.

LEZIONE 4 Le garanzie giurisdizionali

La Costituzione riconosce a tutti il **diritto alla difesa** e alla **equità dei processi**; afferma che la responsabilità penale è sempre personale e presume la **non colpevolezza dell'imputato** fino alla condanna definitiva.
Stabilisce inoltre che le pene a carico delle persone condannate siano orientate alla loro rieducazione e **vieta in ogni caso il ricorso alla pena di morte**.

LEZIONE 5 I rapporti etico-sociali: la famiglia

Secondo la Costituzione la famiglia si fonda sul **matrimonio (famiglia legittima)**; nella nostra società sono tuttavia diffuse anche le **famiglie di fatto**.
Dal matrimonio nascono **diritti e doveri reciproci** tra i coniugi.
Gli effetti civili del matrimonio possono venire meno con il **divorzio**, ammesso dopo sei mesi di separazione consensuale (un anno in caso di separazione giudiziale).
I genitori esercitano sui figli minori il potere educativo, con l'obbligo di mantenerli, educarli e istruirli.

Le nuove parole

Custodia cautelare ▸ Periodo di tempo che un imputato trascorre in carcere in attesa del processo a suo carico.
Pre-trial detention

Riunione ▸ Diritto di più persone di trovarsi in uno stesso luogo in vista di un comune obiettivo.
Assembly

Associazione ▸ Diritto di più soggetti di stabilire tra loro un vincolo stabile per conseguire uno scopo comune.
Association

Congedo parentale ▸ Diritto dei genitori di assentarsi dal lavoro, per periodi limitati e a retribuzione ridotta, fino al compimento dei dodici anni dei figli.
Parental leave

Divorzio ▸ Atto con cui si toglie efficacia agli effetti civili di un matrimonio; è ammesso dopo sei mesi di separazione (un anno se questa è giudiziale).
Divorce

Responsabilità genitoriale ▸ Potere educativo esercitato dai genitori verso i figli minori.
Parental authority

Sintesi discorsiva

LEZIONE 6 I diritti dei lavoratori subordinati

La Costituzione tutela sotto molti aspetti i **lavoratori subordinati**. Riconosce in particolare il diritto a una **retribuzione** proporzionata alla quantità e qualità del lavoro svolto, la tutela della **gravidanza** e della **maternità**, l'**assistenza sociale** in caso di invalidità, malattia e infortunio, la **pensione** al termine della vita lavorativa, la **libertà sindacale** e il diritto di **sciopero**.
Nel settore dei **servizi pubblici essenziali** lo sciopero deve tuttavia rispettare alcune regole a tutela degli utenti.

LEZIONE 7 Il diritto di proprietà

Ai cittadini è riconosciuto il **diritto di proprietà**, che consiste nella facoltà di godere e di disporre di un dato bene.
In alcuni casi, previsti dalla legge, un ente pubblico può **espropriare** il proprietario per fini di interesse generale, corrispondendogli un indennizzo.
La proprietà si trasmette, dopo la morte, in base alle indicazioni testamentarie o, in mancanza, secondo la legge.

LEZIONE 8 Il diritto di voto

A tutte le cittadine e a tutti i cittadini italiani maggiorenni è riconosciuto il **diritto di voto**, che è personale, uguale, libero e segreto. Votare è un **dovere civico**, che tutti dobbiamo esercitare per senso di solidarietà politica, ma non sono previste sanzioni in caso contrario.
Le consultazioni elettorali sono di tre tipologie: **politiche**, **amministrative**, **europee**.
Per l'esercizio del diritto di voto occorre esibire la propria **tessera elettorale**.

LEZIONE 9 I doveri costituzionali

La Costituzione richiede ai cittadini il rispetto di alcuni **doveri**.
Il **dovere tributario** consiste nell'obbligo di pagare i tributi per finanziare i servizi pubblici. Il sistema tributario italiano si basa su tre principi: l'**universalità** dei tributi, la **capacità contributiva** e la **progressività**.
Gli altri doveri imposti ai cittadini sono la **difesa della patria** e la **fedeltà alla Repubblica**.

Espropriazione ▸ Provvedimento con cui un ente pubblico è autorizzato a togliere la proprietà a una o più persone per interessi di natura collettiva.
Expropriation

Testamento ▸ Atto scritto tramite cui una persona dispone dei propri beni per il periodo successivo alla morte.
Will or **testament**

Suffragio universale ▸ Principio per cui il diritto di voto spetta a tutti i cittadini, indipendentemente dal sesso e dalle condizioni economico-sociali.
Universal suffrage

Capacità contributiva ▸ Principio per cui il pagamento delle imposte è correlato alle reali condizioni di reddito dei cittadini.
Ability to pay

VERIFICA INTERATTIVA   FLASHCARDS

Tutti devono sapere che...

DIDATTICA INCLUSIVA

1 Completa la tabella

Art.	.... di stampa
Art. 18	diritto di ....
Art. 25	.... del .... naturale
Art. 17	diritto di ....
Art.	diritto inviolabile alla .... in ogni stato e grado del procedimento

2 Dai la definizione corretta

1. È il periodo di tempo che un imputato trascorre in carcere in attesa della conclusione del processo a suo carico: ☐☐☐T☐☐☐ ☐☐U☐☐☐☐☐☐
2. È presunto non colpevole fino alla condanna definitiva: ☐M☐☐☐☐☐☐
3. Può essere disposta sui beni privati per motivi di pubblica utilità: ☐☐☐☐O☐☐☐☐Z☐☐☐☐
4. Lo sono le imposte per il fatto di essere obbligatorie per tutti: ☐☐I☐☐☐☐☐L☐

Verifica le tue conoscenze di base

3 ●●● Scegli la risposta

1. È l'atto con cui si può limitare la libertà di una persona:
   - ☐ **a.** la perquisizione
   - ☐ **b.** il mandato
   - ☐ **c.** l'ispezione
   - ☐ **d.** la detenzione

2. Sono associazioni ammesse dalla legge:
   - ☐ **a.** quelle segrete
   - ☐ **b.** quelle militari con scopi politici
   - ☐ **c.** quelle politiche
   - ☐ **d.** quelle a delinquere

3. Il principio di universalità dei tributi implica che:
   - ☐ **a.** l'obbligo tributario ricada solo su chi percepisce un reddito di lavoro
   - ☐ **b.** si debbano pagare le imposte sui redditi che derivano sia dal lavoro sia da attività di impresa sia da investimenti
   - ☐ **c.** tutti debbano pagare le imposte
   - ☐ **d.** i tributi crescano più che proporzionalmente in relazione al reddito percepito

4. La donna lavoratrice, in caso di gravidanza, ha il diritto e il dovere di astenersi dal lavoro per un periodo di:
   - [ ] **a.** un mese
   - [ ] **b.** tre mesi
   - [ ] **c.** cinque mesi
   - [ ] **d.** un anno

5. Non è un carattere del diritto di voto:
   - [ ] **a.** la pubblicità
   - [ ] **b.** la segretezza
   - [ ] **c.** l'uguaglianza
   - [ ] **d.** la personalità

6. Il giudice naturale viene scelto:
   - [ ] **a.** dall'imputato
   - [ ] **b.** in base a un accordo tra imputato e Pubblico ministero (organo dell'accusa)
   - [ ] **c.** dalla parte che ha subito il danno
   - [ ] **d.** per occuparsi di una determinata causa in base a criteri oggettivi

4 Vero o falso?

1. La libertà personale è sottoposta a riserva di legge. V F
2. Le associazioni implicano l'esistenza di un vincolo stabile tra i soggetti che ne fanno parte. V F
3. La diffamazione è un reato di opinione. V F
4. La separazione tra coniugi può essere consensuale o reale. V F
5. I genitori hanno l'obbligo di mantenere, educare e istruire i figli. V F
6. L'iscrizione a un sindacato costituisce un obbligo per i lavoratori dipendenti. V F
7. L'espropriazione per pubblica utilità può essere disposta, in via esclusiva, da un ente pubblico. V F
8. I legittimari sono i soggetti cui vengono lasciati beni tramite testamento. V F
9. Il divorzio è ammesso dopo tre anni di separazione legale. V F
10. Nel settore sanitario lo sciopero può essere indetto senza preavviso. V F

Potenzia le tue abilità

5 Collega le informazioni

1. ☐ Riserva di giurisdizione
2. ☐ Custodia cautelare
3. ☐ Libertà di stampa
4. ☐ Colpevolezza dell'imputato
5. ☐ Responsabilità penale
6. ☐ Responsabilità genitoriale
7. ☐ Sindacati
8. ☐ Sciopero nei servizi pubblici essenziali
9. ☐ Funzione sociale della proprietà
10. ☐ Voto
11. ☐ Fedeltà alla Repubblica

a. Divieto di censura
b. Obbligo di preavviso
c. Condanna definitiva
d. Espropriazione
e. Mandato giudiziario
f. Potere educativo sui figli
g. Carattere personale
h. Limiti alla carcerazione preventiva
i. Dovere costituzionale
l. Libertà e segretezza
m. Contrattazione collettiva

6 Trova la parola nascosta

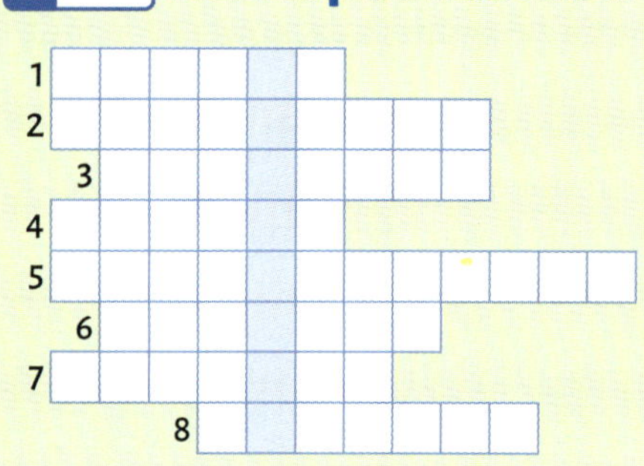

1. Non può essere soggetta a censura. **2.** Quello di un'opera di stampa può essere disposto solo in base a un mandato giudiziario. **3.** È la libertà tutelata dall'art. 17 Cost. **4.** Quella della patria è un dovere per i cittadini. **5.** Corrisponde al numero di ore entro cui l'autorità di polizia deve comunicare al giudice un intervento di sequestro su opere di stampa. **6.** Sono i casi in cui l'autorità di pubblica sicurezza può sequestrare opere di stampa anche in mancanza di un mandato giudiziario. **7.** Quella di legge indica l'impossibilità di procedere a sequestri di opere di stampa al di fuori dei casi previsti dalla legge. **8.** Sono vietate le opere contrarie al buon ...

Sviluppa le tue competenze

7 ●●● Rispondi alle domande

1. In che cosa consistono i reati di opinione?
2. Quali principali garanzie prevede per i cittadini la Costituzione in materia di giustizia?
3. Quali sono i diritti costituzionali dei lavoratori subordinati?
4. Sapresti dare una definizione di proprietà e di funzione sociale della proprietà?
5. Quali sono le regole da rispettare per indire uno sciopero nei servizi pubblici essenziali?

8 ●●● Risolvi i casi

1. I coniugi Rossi sono intenzionati ad acquistare un appartamento in una località dell'Alto Adige, ma l'agenzia immobiliare da loro contattata li informa che il diritto di risiedere in quel Comune è riservato ai nativi del luogo. È ammissibile ciò?
2. Alessia T., nota alla Polizia come spacciatrice di sostanze stupefacenti, viene fermata da alcuni agenti all'ingresso di una discoteca e sottoposta a perquisizione, con la giustificazione che si sospetta sia in possesso di una considerevole quantità di droga. È ammissibile tale intervento in mancanza di uno specifico mandato giudiziario?

9 ●●● Esponi la tua opinione

1. La Costituzione afferma, nell'art. 36, che la retribuzione deve garantire ai lavoratori e alle loro famiglie un'esistenza libera e dignitosa. Tuttavia non sempre questo principio costituzionale è applicato nella realtà. Pensi che lo Stato dovrebbe aiutare maggiormente le famiglie il cui reddito non consente condizioni soddisfacenti di vita?
2. Il voto è un dovere civico, per cui chi non lo esercita non rischia sanzioni. Molte persone condividono questa scelta del legislatore, perché ritengono che il voto debba essere espresso solo da chi ha una "coscienza civica". Altri sostengono invece che esso dovrebbe essere reso obbligatorio, in modo da incentivare la partecipazione politica dei cittadini. Tu come la pensi in proposito?

10 ●●● Comprendi e rifletti

Contro la pena di morte

Lo Stato non può porsi sullo stesso piano del singolo individuo. L'individuo singolo agisce per rabbia, per passione, per interesse, per difesa. Lo Stato risponde mediatamente, riflessivamente, razionalmente. Anch'esso ha il dovere di difendersi. Ma è troppo più forte del singolo individuo per aver bisogno di spegnerne la vita a propria difesa. Lo Stato ha il privilegio e il beneficio del monopolio della forza. Deve sentire tutta la responsabilità di questo privilegio e di questo beneficio. [...] Cerchiamo di dare una ragione alla nostra ripugnanza alla pena di morte. La ragione è una sola: il comandamento di non uccidere. Io non ne vedo altra. Al di fuori di questa ragione ultima, tutti gli altri argomenti valgono poco o nulla, possono essere ritorti come argomenti che hanno, più o meno, la stessa forza persuasiva. Lo ha detto magnificamente Dostoevskij [nel romanzo *L'idiota*], mettendo in bocca al principe Myskin le parole: "È detto: 'Non uccidere'. E allora, perché se uno ha ucciso s'ha da uccidere anche lui? Uccidere chi ha ucciso è un castigo senza confronto maggiore del delitto stesso. L'assassinio legale è incomparabilmente più orrendo dell'assassinio brigantesco".
Del resto proprio perché la ragione ultima della condanna della pena di morte è così alta e ardua, la grande maggioranza degli Stati continua a praticarla, e continuerà a praticarla nonostante le dichiarazioni internazionali, gli appelli, le associazioni abolizionistiche, l'azione nobilissima di Amnesty International. Ciononostante crediamo fermamente che la scomparsa totale della pena di morte dal teatro della storia sia destinata a rappresentare un segno indiscutibile di progresso civile.

Da N. Bobbio, *L'età dei diritti*, Einaudi

1. Per quali ragioni, secondo l'autore, lo Stato non può porsi sullo stesso piano dei singoli individui?
2. A quale argomentazione si richiama l'autore per sostenere la sua totale contrarietà all'uso della pena di morte?
3. Di quale valore la scomparsa della pena di morte rappresenta per l'autore un segno indiscutibile?
4. Qual è la tua opinione sulla pena di morte?

PERCORSO 7 diritto

Il Parlamento

Incominciamo da te

Una situazione concreta **Durante un dibattito televisivo un deputato, invitato in qualità di ospite e non di rappresentante istituzionale, offende un collega che non è presente. Questi, venuto a conoscenza di ciò, minaccia di presentare per tale atto una denuncia in sede penale. Il deputato però ribatte che i parlamentari hanno sempre piena libertà di manifestazione del pensiero, senza incorrere nei reati di opinione. Il giudice dovrà accogliere la denuncia?**

! Per tutelare la loro libertà di manifestazione del pensiero, i parlamentari sono immuni dai reati di opinione. Ciò vale, però, solo nell'esercizio delle loro funzioni istituzionali e non quando agiscono da privati cittadini, come in questo caso. Il giudice dovrà pertanto accogliere la denuncia.

Le 5 domande

1 Da chi vengono eletti i membri della Camera dei deputati e del Senato?

2 Sai per quanti anni rimangono normalmente in carica i membri del Parlamento?

3 In quale città e in quale palazzo ha sede la Camera dei deputati?

4 Come si vota solitamente all'interno della Camera?

5 In quale momento entrano in vigore le leggi?

Il nostro percorso

CONOSCENZE

- Legislatura
- Composizione del Parlamento e differenze tra Camera dei deputati e Senato
- Sistemi elettorali, con riferimento a quello italiano
- Ruolo e natura giuridica dei partiti politici
- Autonomia dei parlamentari e loro immunità
- Organi interni delle Camere
- Votazioni parlamentari: numero legale e maggioranze
- Fasi dell'iter legislativo
- Interrogazioni, interpellanze e mozioni parlamentari

ABILITÀ

- Riconoscere le ragioni per cui la legislatura può durare meno dei normali tempi previsti dalla Costituzione
- Cogliere i vantaggi e gli svantaggi dei diversi sistemi elettorali, valutando l'efficacia di quello applicato in Italia
- Individuare la ragione storica delle immunità parlamentari e valutarla alla luce della realtà contemporanea
- Riconoscere nell'organizzazione delle Camere l'esigenza di assicurare l'ordine e l'efficacia dell'attività parlamentare
- Riconoscere il fondamento democratico delle votazioni parlamentari
- Individuare le ragioni della funzione di controllo politico che il Parlamento esercita sul Governo

LEZIONE 3
La posizione giuridica dei parlamentari

LEZIONE 4
L'organizzazione delle Camere

LEZIONE 5
Le deliberazioni delle Camere

LEZIONE 6
La formazione delle leggi

LEZIONE 7
Le funzioni ispettive e di controllo

La competenza d'arrivo

Individuare il funzionamento del sistema parlamentare e legislativo ed essere in grado di valutarne i possibili miglioramenti attraverso la strada delle riforme istituzionali.

LEZIONE 1

La Camera dei deputati e il Senato

VIDEO START
Camera e Senato dall'alto

AUDIOTESTO

Memo LESSICO

Il termine ▸**Parlamento**, connesso al verbo "parlare", aveva anticamente il significato di "colloquio", "incontro per trattare". Di qui è passato a indicare un "luogo in cui si discute e si prendono decisioni", alludendo alle funzioni dei moderni parlamenti.

Il termine ▸**proroga** significa "prolungamento" ed è riconducibile al verbo latino *prorogare* ("ritardare", "rimandare"), riferito in particolare alla richiesta presentata al popolo per prolungare i poteri di un magistrato.

La composizione del Parlamento Il ▸**Parlamento** è l'organo titolare del potere legislativo ed è composto da due Camere: la *Camera dei deputati* e il *Senato della Repubblica*.
Entrambe le Camere, che di solito operano separatamente, hanno sede a Roma: il Senato a Palazzo Madama e la Camera dei deputati a Palazzo Montecitorio.

La seduta comune Per alcune deliberazioni, previste dalla Costituzione (co. 2, art. 55), il Parlamento si riunisce e delibera in seduta comune. Tali deliberazioni concernono:
- l'elezione del Presidente della Repubblica;
- il giuramento del Presidente della Repubblica;
- l'elezione di un terzo dei membri del Consiglio superiore della Magistratura;
- l'elezione di un terzo dei componenti della Corte costituzionale;
- la messa in stato d'accusa del Capo dello Stato.

La legislatura Ciascuna delle due Camere è eletta per cinque anni; tale periodo viene denominato **legislatura**. In realtà la legislatura può durare meno dei cinque anni previsti dalla Costituzione, nel caso di *scioglimento anticipato* delle Camere. Questo atto può essere disposto dal Presidente della Repubblica quando i rapporti tra Parlamento e Governo non siano più basati sulla fiducia e si ritenga necessario rinnovare la composizione di questi organi.
Afferma il co. 2, art. 61 Cost.: «Finché non siano riunite le nuove Camere sono prorogati i poteri delle precedenti». Lo Stato, dunque, non rimane mai privo del Parlamento, ma è assicurata la continuità della funzione parlamentare. Nel periodo di ▸*proroga*, tuttavia, le Camere non operano con pienezza di poteri, ma si limitano a intervenire nelle situazioni di urgenza.

Il bicameralismo Il Parlamento, come abbiamo visto, è composto da due Camere: il Senato e la Camera dei deputati. Come si spiega la scelta di un organo bicamerale? Tale scelta dipese, all'interno dell'Assemblea costituente, dal fatto che la presenza di due assemblee sembrava garantire l'adozione di decisioni legislative più ponderate e giuste. Il **bicameralismo** italiano si caratterizza per essere *perfetto*, nel senso che le due Camere svolgono esattamente le stesse funzioni, garantendo in tal modo maggiore riflessione in ambito legislativo, ma esponendo il sistema a un'eccessiva lentezza procedurale. Questo aspetto ha portato, negli ultimi anni, a un acceso dibattito politico sulla necessità di riformare il nostro sistema parlamentare.

Le differenze tra Senato e Camera dei deputati Esistono tra le due Camere alcune differenze per quanto riguarda l'*elezione* e la *composizione*. I membri elettivi del Senato sono esattamente la metà di quelli della Camera dei deputati: 315 contro 630. Per poter votare (**elettorato attivo**) i candidati alla Camera dei deputati occorre aver compiuto diciotto anni, per eleggere quelli al Senato venticinque. Per essere eletti (**elettorato passivo**) alla Camera dei deputati è necessario avere almeno venticinque anni, ne occorrono invece quaranta per candidarsi al ruolo di senatore.
Solo in Senato è previsto un certo numero di membri non elettivi: i **senatori a vita**. A tale carica accedono, di diritto, gli ex Presidenti della Repubblica e coloro che siano stati nominati dal Capo dello Stato in carica (nel numero massimo di cinque) per altissimi meriti nel campo sociale, scientifico, artistico e letterario. È attualmente all'esame del Parlamento la riforma del Senato della Repubblica, riforma che richiede la procedura della revisione costituzionale.

VISITA VIRTUALE DEL PARLAMENTO

ESPANSIONE
La riforma del Senato della Repubblica

competenze in campo

1 Completa lo schema

DIDATTICA INCLUSIVA

PARLAMENTO

Senato

ESERCIZIO INTERATTIVO

- è composto da .... membri elettivi più i senatori ....
- richiede per l'elettorato attivo .... anni di età
- richiede per l'elettorato passivo .... anni di età

Camera dei ....

- è composta da .... membri
- richiede per l'elettorato attivo .... anni di età
- richiede per l'elettorato passivo .... anni di età

2 Osserva e rifletti

Renzo Piano, il famoso architetto italiano che ha realizzato, tra le altre opere, la riqualificazione del porto antico di Genova, è stato nominato senatore a vita nel 2013. Quale carica dello Stato ha il potere di attribuire tale alto riconoscimento e per quali motivazioni?

3 Individua il termine

ESERCIZIO INTERATTIVO

1. Corrisponde al periodo di tempo in cui rimangono in carica le Camere: ....
2. Può essere disposto dal Capo dello Stato nei confronti delle Camere se viene meno il rapporto di fiducia tra essa e il Governo: ....
3. Corrisponde al prolungamento dei poteri delle Camere: ....

4 Risolvi il caso

Il Governo presenta un disegno di legge volto a introdurre modifiche a un articolo della Costituzione. Il percorso di approvazione di tale norma verrà attuato solo dalla Camera dei deputati o anche dal Senato?

mi riguarda perché...

SPUNTO DI RIFLESSIONE

Il Parlamento svolge una funzione di grande importanza: approva le leggi. Ti può sembrare un'attività astratta e lontana da te, al contrario ha effetti concreti sulla tua vita individuale e sociale. Pensa, per esempio, alle leggi che riguardano la circolazione stradale, cui devi attenerti anche tu in quanto pedone, ciclista o ciclomotorista, oppure a quelle che intervengono sul mondo della scuola, di cui sei parte attiva.

FOCUS Assistere alle sedute parlamentari

Nel Parlamento sono eletti i rappresentanti dei cittadini; è perciò garantito a ogni cittadino il diritto di assistere alle sedute parlamentari.

- Per quanto riguarda la **Camera dei deputati** è sufficiente recarsi a Palazzo Montecitorio, precisamente presso la Sala del pubblico, esibire un documento di identità valido e compilare un modulo di richiesta. In genere il permesso viene accordato, sempre che ci sia disponibilità di posti in tribuna. Prima di accedere all'aula occorre depositare borse, soprabiti, cellulari e apparecchiature elettroniche. Una volta in aula, nelle tribune riservate al pubblico, si deve osservare il massimo silenzio e attenersi alle indicazioni dei commessi parlamentari. Se la seduta viene sospesa bisogna uscire dall'aula.
- Per il **Senato**, invece, è necessario inoltrare una specifica richiesta via e-mail, fax o posta, all'indirizzo indicato sul sito Internet del Senato (www.senato.it).

Detto da... Laura Boldrini

"Facciamo di questa Camera la casa della buona politica, rendiamo il Parlamento e il nostro lavoro trasparenti, anche in una scelta di sobrietà che dobbiamo agli italiani."

Dal discorso di insediamento a Presidente della Camera dei deputati, marzo 2013

Come valuti le parole di Laura Boldrini?

LEZIONE 2

I sistemi elettorali e i partiti politici

VIDEO START
Verso l'"Italicum"

AUDIOTESTO

Memo LESSICO
Il termine ▸**collegio** deriva dal sostantivo latino *collegium* ("collegio", "corporazione"), a sua volta derivato dal verbo *colligare* ("legare insieme"), e ha come primo significato quello di "insieme di persone di uguale titolo con funzioni e interessi comuni". In riferimento alle elezioni esso corrisponde pertanto all'insieme degli elettori di una determinata zona, accomunati dall'interesse di eleggere i propri rappresentanti.

I collegi Quando si deve procedere a elezioni parlamentari, il territorio di uno Stato viene diviso in ▸**collegi elettorali**, raggruppamenti di elettori chiamati a eleggere uno o più rappresentanti. I collegi possono essere *uninominali*, se sono destinati ciascuno all'elezione di un solo parlamentare, o *plurinominali*, se, viceversa, in ognuno di essi si procede all'elezione di più parlamentari.

Il sistema proporzionale e quello maggioritario I sistemi che possono essere adottati per procedere alle elezioni sono fondamentalmente due: quello *proporzionale* e quello *maggioritario*.
Nel **sistema proporzionale**, in cui operano i collegi plurinominali, la ripartizione dei seggi parlamentari avviene tra i diversi candidati in proporzione ai voti ricevuti da ciascun partito.
Nel **sistema maggioritario**, basato sui collegi uninominali, viene eletto in ogni collegio il candidato che in esso ha ottenuto il maggior numero di voti; in tale sistema si assiste solitamente alla riduzione del numero dei partiti (o alla loro aggregazione in coalizioni), in quanto quelli di piccole dimensioni difficilmente riescono a ottenere l'elezione dei loro rappresentanti.
Il sistema proporzionale permette l'accesso al Parlamento anche alle formazioni politiche minori. È quindi un sistema tendenzialmente più democratico rispetto a quello maggioritario, perché consente una maggiore rappresentanza; tuttavia comporta il rischio di instabilità politica, vista la frammentazione che determina all'interno del Parlamento. Il sistema maggioritario, al contrario, offre garanzie di stabilità, a scapito però della rappresentanza e della tutela delle minoranze.

Le soglie di sbarramento Nella maggior parte degli Stati europei è applicato il sistema *proporzionale*. Tale sistema in alcuni Paesi, tra cui l'Italia, prevede una **soglia di sbarramento**, nel senso che i partiti che non raggiungono una determinata percentuale di voti a livello nazionale sono esclusi dal Parlamento; si parla, in tali casi, di *sistema proporzionale corretto*. L'effetto della soglia di sbarramento è quello di ridurre la *polverizzazione* dei partiti, che è fonte di instabilità per i Governi.

Memo
Le ▸**associazioni** sono enti costituiti da più persone che si uniscono tra loro, mettendo in comune beni e servizi, per ottenere un determinato scopo.

Il diritto di associarsi in partiti Quando votiamo per eleggere i nostri rappresentanti li scegliamo all'interno dei **partiti politici**, ▸associazioni non riconosciute che si ispirano a una propria ideologia e perseguono determinati interessi. Essi si propongono, attraverso uno specifico programma, un determinato indirizzo politico ed economico del Paese.

La natura giuridica Sotto il profilo giuridico i partiti sono **associazioni private**, caratterizzate però dal fatto di avere prevalentemente **funzioni pubbliche**. I partiti infatti si propongono la conquista del potere politico, intervenendo nelle operazioni elettorali attraverso la presentazione di liste di candidati; in caso di vittoria alle elezioni essi partecipano alla maggioranza di governo determinando l'indirizzo politico dello Stato.

Le coalizioni Nei sistemi parlamentari si sente spesso parlare della costituzione di **coalizioni politiche**: si tratta di una modalità attuata quando i partiti decidono di accordarsi tra di loro prima delle elezioni per definire un programma comune di governo. In caso di vittoria elettorale, il leader della coalizione, di regola la figura più rappresentativa del partito più votato tra quelli che costituiscono la coalizione, assume la carica di Capo del Governo.

ESPANSIONE
Le origini storiche dei partiti

ESPANSIONE
Il sistema elettorale italiano

ESPANSIONE
I sistemi elettorali in altri Paesi dell'Unione europea

competenze in campo

1 Completa lo schema

DIDATTICA INCLUSIVA

SISTEMA PROPORZIONALE

- si basa su collegi ....
- favorisce la ....
- comporta però .... politica
- se è di tipo corretto, prevede soglie di ....

ESERCIZIO INTERATTIVO

2 **Osserva e rifletti**

Sai citare i nomi di alcuni partiti politici, descrivere il loro simbolo e indicare il loro attuale leader?

3 **Individua il termine**

ESERCIZIO INTERATTIVO

1. Lo sono i sistemi elettorali in cui i seggi vengono distribuiti in proporzione ai voti ricevuti da ciascuna lista: ....
2. Sono raggruppamenti di elettori e sono uninominali nei sistemi elettorali maggioritari: ....
3. È, tra i sistemi elettorali, quello che garantisce maggiore stabilità politica, a discapito in parte della democraticità: ....
4. È la natura giuridica dei partiti politici: ....
5. Viene costituita quando più partiti politici si accordano prima delle elezioni per definire un programma comune di governo: ....

mi riguarda perché...

SPUNTO DI RIFLESSIONE

Non è facile valutare quale sistema elettorale sia migliore per il nostro Paese. Se percepisci come valore basilare la rappresentanza in Parlamento di diverse ideologie, allora potresti essere più favorevole al sistema proporzionale; se invece tendi a prediligere la stabilità politica, il tuo orientamento si indirizza probabilmente verso il sistema maggioritario. In ogni caso, puoi ben comprendere le ragioni delle accese discussioni politiche su questo delicato argomento.

Le tue domande — Come si finanziano i partiti politici?

Dal 1974 esisteva in Italia una legge che prevedeva il finanziamento pubblico dei partiti politici, in proporzione al loro peso elettorale. Tale legge si proponeva l'obiettivo di evitare fenomeni di corruzione che, in realtà, si verificarono comunque e in modo diffuso. Nel 1993 la legge venne abrogata grazie a un referendum popolare. Nello stesso anno, però, il Parlamento italiano rafforzò una legge, già esistente, che prevedeva "rimborsi elettorali" ai partiti, stanziando di fatto ingenti somme di denaro pubblico a loro favore.
Nel corso del 2013 è stato predisposto un disegno di legge volto ad abolire in modo graduale il finanziamento pubblico ai partiti, lasciando aperta la strada a meccanismi di libera scelta da parte dei cittadini.

Lavorare insieme

- Suddividetevi in gruppi sulla base delle indicazioni dell'insegnante.
- Ogni gruppo ha il compito di cercare e di analizzare il programma di un partito politico presente in Parlamento. Potete ricercare le informazioni in Internet, oppure recarvi presso le sedi dei partiti nella vostra città.
- Predisponete quindi un documento che sintetizzi i punti principali del programma. Infine, confrontatevi in classe con gli altri gruppi, aprendo un dibattito su quali siano le argomentazioni più condivisibili.

LEZIONE 3

La posizione giuridica dei parlamentari

VIDEO START
Garanzia o privilegio?

AUDIOTESTO

Memo
In senso giuridico la ▸**rappresentanza** è l'istituto per cui un soggetto (rappresentante) agisce in nome e per conto di altri (rappresentato).

Rappresentanza politica e autonomia L'art. 67 Cost. stabilisce: «Ogni membro del Parlamento rappresenta la Nazione ed esercita le sue funzioni senza vincolo di mandato».
Nell'espressione "rappresenta la Nazione" si manifesta il concetto di ▸**rappresentanza politica** e in quella "senza vincolo di mandato" si indica il principio di **autonomia** di ogni parlamentare.
In virtù del principio di autonomia i parlamentari hanno *piena libertà di comportamento* (possono, per esempio, decidere di cambiare gruppo politico) e non possono essere revocati nel loro mandato dagli elettori. Va però osservato che, anche se non esistono obblighi formali dei parlamentari verso gli elettori, nella pratica essi sono sostanzialmente vincolati ai partiti e, nella maggior parte dei casi, si esprimono e votano secondo le indicazioni del partito di appartenenza.

L'insindacabilità Afferma il co. 1, art. 68 Cost.: «I membri del Parlamento non possono essere chiamati a rispondere delle opinioni espresse e dei voti dati nell'esercizio delle loro funzioni».
L'art. 68 sancisce il principio di **insindacabilità** dei parlamentari, tutelando la loro libertà di manifestazione del pensiero e impedendo che possano essere puniti per i reati di opinione. Il principio di insindacabilità consente, pertanto, ai membri delle Camere l'esercizio delle loro funzioni in un clima di assoluta libertà, favorevole a un proficuo svolgimento dei lavori parlamentari. Questa particolare prerogativa concessa ai nostri rappresentanti vale limitatamente alle loro funzioni parlamentari e non li protegge allorché agiscano in veste di privati cittadini.

Memo LESSICO
Il termine ▸**immunità** è riconducibile all'aggettivo latino *immunis*, composto dal prefisso *in* (che ha valore privativo) e dal sostantivo *munus* ("obbligo"), e assume il significato di "non soggetto a obbligo", "libero", "esente".

L'immunità dagli arresti I co. 2 e 3, art. 68 Cost., affermano: «Senza autorizzazione della Camera alla quale appartiene, nessun membro del Parlamento può essere sottoposto a perquisizione personale o domiciliare, né può essere arrestato o altrimenti privato della libertà personale, o mantenuto in detenzione, salvo che in esecuzione di una sentenza irrevocabile di condanna, ovvero se sia colto nell'atto di commettere un delitto per il quale è previsto l'arresto obbligatorio in flagranza.
Analoga autorizzazione è richiesta per sottoporre i membri del Parlamento ad intercettazioni, in qualsiasi forma, di conversazioni o comunicazioni e a sequestro di corrispondenza».

In base all'art. 68 i parlamentari beneficiano dell'▸**immunità dagli arresti** e da altre limitazioni alla libertà personale.

CASO Paolo P., deputato, viene sottoposto a indagini giudiziarie per un reato di natura patrimoniale. Il magistrato che coordina l'inchiesta ne richiede l'arresto perché ritiene che, se lasciato in libertà, possa inquinare le prove. Potrà essere eseguita la sua richiesta?
■ *L'arresto potrà avere luogo solo se la Camera di appartenenza (in questo caso la Camera dei deputati), a maggioranza, darà l'autorizzazione a procedere. Tale autorizzazione potrà essere negata se si ravvisano elementi di natura persecutoria o intimidatoria verso il parlamentare inquisito.*

Se l'autorizzazione viene negata, la Magistratura non può procedere ad alcuna forma di limitazione della libertà personale del parlamentare indagato.
Il consenso della Camera di appartenenza non è invece necessario nel caso di *flagranza di reato*, quando cioè il parlamentare è "colto sul fatto" mentre commette reati che comportano l'arresto immediato.
Naturalmente, allo scadere del mandato parlamentare, il deputato o il senatore perdono il diritto all'immunità e tornano a essere come tutti gli altri cittadini, quindi perseguibili per i reati eventualmente commessi.

ESPANSIONE
Le origini storiche dell'immunità dagli arresti

competenze in campo

1 Completa lo schema

DIDATTICA INCLUSIVA

PARLAMENTARI

- sono i nostri .... politici
- operano senza vincolo di ....
- non rispondono dei reati di ....
- per arrestarli occorre l'............................ della Camera di cui sono membri

ESERCIZIO INTERATTIVO

2 Osserva e rifletti

A quale condizione è possibile sottoporre un parlamentare a intercettazioni telefoniche? Vale la stessa cosa per le intercettazioni ambientali?

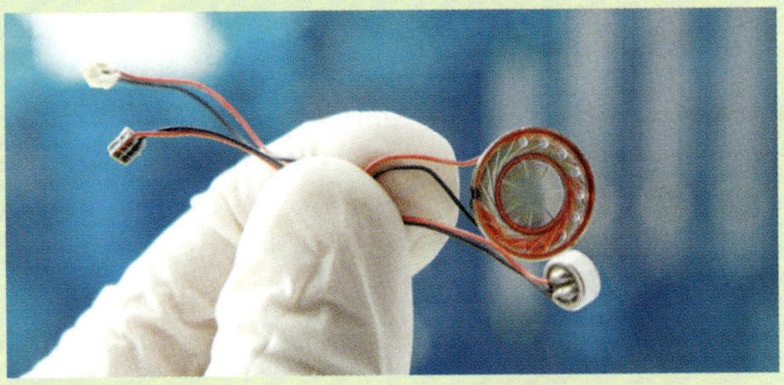

3 Individua il termine

ESERCIZIO INTERATTIVO

1. Lo sono i parlamentari, in senso politico, dei cittadini: ....
2. I parlamentari, in base alla Costituzione, operano senza quello di mandato: ....
3. Se riguarda un parlamentare, è necessario il consenso della Camera per procedervi, oltre che ad arresto e a perquisizioni: ....

4 Risolvi il caso

Molti elettori sono delusi dall'operato del senatore Michele P. Durante la campagna elettorale egli si era impegnato a intensificare le iniziative a sostegno dei portatori di handicap. Una volta eletto, invece, non ha più fatto nulla in merito. Gli elettori che lo hanno votato possono destituirlo dalla carica di senatore per non avere corrisposto alle loro aspettative? Motiva la risposta.

mi riguarda perché...

SPUNTO DI RIFLESSIONE

Esaminando l'art. 68 Cost. puoi capire come mai, a volte, all'interno di una Camera si voti per consentire o meno l'arresto di un parlamentare. L'eventuale mandato di un giudice, infatti, richiede in questi casi il consenso della maggioranza dei deputati o dei senatori.

Le tue domande — Come vengono retribuiti i parlamentari?

Durante il XIX secolo le funzioni parlamentari non erano retribuite; a quei tempi infatti la possibilità di accedere alla carica parlamentare era riservata ai nobili e ai borghesi, persone che disponevano di elevati mezzi economici. Il riconoscimento di una retribuzione si rese necessario per consentire a tutti i cittadini, di qualsiasi ceto e reddito, di accedere alla carica di parlamentare. L'**indennità** è **determinata per legge** ed è **costituita da quote mensili**, comprensive del rimborso di spese di segreteria e di rappresentanza, più una **diaria** (un rimborso) per le spese di soggiorno a Roma e la possibilità di accedere gratuitamente a una serie di servizi. Da alcuni anni è particolarmente acceso nel nostro Paese il dibattito sulla misura dell'indennità percepita dai membri del Parlamento e per questo da tempo è all'esame delle forze politiche e istituzionali la proposta di ridurre i compensi dei nostri parlamentari, che sono oggi tra i più elevati dell'Unione europea.

FOCUS — Le origini storiche dell'immunità dagli arresti

Molti cittadini ritengono che l'esistenza dell'immunità dagli arresti propria dei parlamentari corrisponda a un iniquo privilegio e a una violazione del principio di uguaglianza. Ma quando e per quali ragioni nacque questa forma di protezione degli esponenti del Parlamento? Essa risale ai tempi delle prime monarchie costituzionali europee, quando il re, oltre a essere titolare del potere esecutivo, controllava quello giudiziario e aveva potere di nomina e di revoca dei giudici. Il sovrano poteva esercitare forti pressioni sui parlamentari, facendoli arrestare o minacciandoli di arresto qualora non avessero appoggiato le sue posizioni. Di fronte a tali ingerenze, i parlamentari intesero proteggersi introducendo appunto l'istituto dell'immunità, così da poter valutare in modo obiettivo se i capi di imputazione verso uno di loro fossero oggettivamente fondati o rispondessero invece a un intento persecutorio.

LEZIONE 4

L'organizzazione delle Camere

VIDEO START
Il ruolo del Presidente della Camera

AUDIOTESTO

Memo
Con il termine ▸**regolamento** si indica un insieme di norme volte a disciplinare una determinata attività (per esempio un regolamento edilizio) o il funzionamento di organi e istituzioni (come il regolamento di un'assemblea di condominio o quello delle Camere parlamentari).

Memo LESSICO
Il termine ▸**scrutinio** deriva dal sostantivo latino *scrutinium* ("indagine giudiziaria"), a sua volta riconducibile al verbo *scrutari*, che significa "esaminare", "indagare", e indica lo spoglio dei voti dopo la votazione.

Il regolamento Ciascuna Camera adotta un proprio ▸**regolamento** e si avvale di una propria organizzazione in cui operano: il Presidente, l'ufficio di presidenza, i gruppi parlamentari, le commissioni permanenti e le giunte parlamentari.

Il Presidente All'inizio di ogni legislatura i membri di ciascuna Camera procedono alla nomina del proprio *Presidente*, per la cui elezione è richiesta la maggioranza dei due terzi dei componenti al primo ▸scrutinio, quella dei due terzi dei votanti al secondo e quella della metà più uno dei votanti (maggioranza semplice) dal terzo scrutinio in poi. Il **Presidente** di ciascuna Camera è un organo al di sopra delle parti e in tal senso si astiene dal voto in assemblea. La sua funzione consiste principalmente nella direzione delle sedute e dei dibattiti, in cui concede il diritto di parola ai parlamentari iscritti e provvede a far loro rispettare i tempi massimi concessi per l'intervento.

L'ufficio di presidenza Insieme con il Presidente vengono eletti anche i membri dell'*ufficio di presidenza*, composto, oltre che dallo stesso Presidente, da quattro vicepresidenti, otto segretari e tre questori. L'**ufficio di presidenza** svolge compiti di natura amministrativa e si occupa in particolare della gestione finanziaria della Camera. I vicepresidenti hanno la funzione di sostituire il Presidente nelle sue funzioni quando questi sia temporaneamente assente; i segretari accertano l'esistenza delle condizioni di regolarità nelle votazioni assembleari e compilano i verbali; i questori si occupano del cerimoniale e mantengono l'ordine all'interno della Camera.

I gruppi parlamentari All'interno di ciascuna Camera, i deputati e i senatori sono organizzati in **gruppi parlamentari**, che corrispondono fondamentalmente ai partiti presenti in Parlamento. La coincidenza tra gruppo parlamentare e partito politico non è però piena, in quanto può verificarsi che un candidato presentatosi alle elezioni in una determinata lista decida poi, una volta eletto, di aderire a un gruppo diverso rispetto a quello corrispondente alla lista. Ciò è più probabile nell'ipotesi in cui il candidato in questione sia un *indipendente*, cioè un soggetto candidato per un determinato partito ma non iscritto a esso.
Per poter formare un gruppo parlamentare occorre un numero minimo di iscritti, che corrisponde a dieci per il Senato e a venti per la Camera dei deputati. In ogni Camera è presente inoltre il **gruppo misto**, che, oltre a raccogliere i soggetti i cui partiti non hanno raggiunto la soglia minima per costituire un gruppo autonomo, comprende gli indipendenti che non vogliono iscriversi a un gruppo di partito e, nel Senato, i senatori a vita.

Le commissioni permanenti In ogni Camera operano le *commissioni permanenti* costituite da deputati e senatori (circa quaranta-cinquanta membri alla Camera e venti-trenta al Senato) scelti dai gruppi parlamentari in modo da rispettare la stessa proporzione che i gruppi hanno all'interno di ogni assemblea. Il ruolo delle **commissioni permanenti** è riconoscibile nella procedura legislativa, in quanto assolvono importanti compiti nella fase di discussione e di approvazione delle leggi. La loro competenza sulle diverse materie corrisponde fondamentalmente a quella dei ministeri.

Le giunte parlamentari I Presidenti delle Camere provvedono a nominare le **giunte parlamentari**, che si occupano sostanzialmente dell'organizzazione interna e del funzionamento delle attività parlamentari. Tra esse possiamo ricordare la *giunta delle elezioni*, che ha il compito di verificare l'esito elettorale e l'assenza di situazioni di incompatibilità o di ineleggibilità dei parlamentari eletti.

ESPANSIONE
I gruppi parlamentari

competenze in campo

1 Completa lo schema

ORGANIZZAZIONE DELLE CAMERE

- Presidente
- ufficio di ....
- .... parlamentari
- commissioni ....
- .... parlamentari

ESERCIZIO INTERATTIVO

2 **Osserva e rifletti**

Quale ruolo ha il Presidente della Camera dei deputati? In che senso è "al di sopra delle parti"? (Nell'immagine Nilde Jotti, prima donna a ricoprire la carica, dal 1979 al 1992.)

3 **Individua il termine**

ESERCIZIO INTERATTIVO

1. Dirige le sedute e i dibattiti parlamentari: ....
2. All'interno della Camera corrispondono ai deputati che appartengono a uno stesso partito: ....
3. Sono organi parlamentari composti da quaranta-cinquanta deputati: ....
4. Quelle parlamentari si occupano dell'organizzazione e del funzionamento delle attività parlamentari: ....

4 **Ricerca**

Consulta il sito della Camera dei deputati (www.camera.it) e rispondi alle seguenti domande.

1. Chi ricopre attualmente il ruolo di Presidente della Camera?
2. Quali funzioni svolge il collegio dei questori?
3. Da quanti membri è composto il gruppo misto?

mi riguarda perché...

SPUNTO DI RIFLESSIONE

Se hai l'occasione di assistere a una seduta parlamentare attraverso i media, puoi verificare in concreto quale sia il ruolo del Presidente della Camera. Puoi infatti osservare, per esempio, come i suoi interventi siano finalizzati a razionalizzare il dibattito in aula, a moderare i toni delle sedute, a procedere alla lettura dei risultati delle votazioni.

FOCUS Le commissioni permanenti

Spesso associamo l'immagine del Parlamento a quella dell'aula parlamentare. In realtà la maggior parte dei lavori parlamentari si svolge nelle commissioni. All'interno della Camera dei deputati operano quattordici **commissioni permanenti**:

1. Affari costituzionali, della Presidenza del Consiglio e Interni;
2. Giustizia;
3. Affari esteri e comunitari;
4. Difesa;
5. Bilancio, Tesoro e programmazione;
6. Finanze;
7. Cultura, scienza e istruzione;
8. Ambiente, territorio e lavori pubblici;
9. Trasporti, poste e telecomunicazioni;
10. Attività produttive, commercio e turismo;
11. Lavoro pubblico e privato;
12. Affari sociali;
13. Agricoltura;
14. Politiche dell'Unione europea.

Le commissioni, oltre al ruolo che hanno nella formazione delle leggi, operano come organo consultivo, nel caso in cui vengano chiamate a esprimere il proprio parere su progetti di legge di competenza di altre commissioni. Possono inoltre svolgere azioni di controllo sull'operato del Governo attraverso l'audizione di uno o più ministri.

LEZIONE 5

Le deliberazioni delle Camere

VIDEO START
Pianisti non virtuosi

AUDIOTESTO

Il carattere pubblico dei lavori parlamentari I membri della Camera dei deputati e del Senato si riuniscono secondo un calendario prestabilito per discutere e approvare proposte di legge. Le sedute delle Camere sono **pubbliche**, è cioè permesso ai cittadini di assistervi da apposite tribune, così come vengono pubblicati gli atti parlamentari e, se disposto dal Presidente, si può seguire la diretta televisiva dei dibattiti e delle votazioni. Da alcuni anni gli atti parlamentari possono essere consultati anche attraverso Internet, collegandosi ai siti del Senato e della Camera (www.senato.it e www.camera.it); è quindi diventato molto semplice, per tutti i cittadini interessati, svolgere un'efficace azione di controllo sull'operato dei loro rappresentanti.

Memo
Il principio della ▸ **maggioranza** è quello per cui, in una collettività, la volontà espressa dai più prevale e viene considerata come volontà di tutti al fine di prendere determinate decisioni. Lo applichiamo anche a scuola, per esempio per decidere la meta della gita di classe.

Il numero legale Perché le deliberazioni delle Camere siano valide è necessaria la presenza del cosiddetto **numero legale**, che corrisponde alla *metà più uno dei componenti* di ciascuna assemblea. Stabilisce infatti il co. 3, art. 64 Cost.: «Le deliberazioni di ciascuna Camera e del Parlamento non sono valide se non è presente la ▸maggioranza dei loro componenti, e se non sono adottate a maggioranza dei presenti, salvo che la Costituzione prescriva una maggioranza speciale». In realtà, spesso si verifica che i membri delle Camere votino anche in mancanza del numero legale, senza che ciò vada a invalidare la deliberazione. Va detto, a tale proposito, che i regolamenti di ciascuna Camera dispongono che, se nessuno dei presenti chiede esplicitamente il conteggio delle presenze, l'esistenza del numero legale si presume e, pertanto, si può regolarmente votare. Da un punto di vista pratico si può osservare che, mentre per le decisioni di maggior rilievo viene sempre richiesto il conteggio dei presenti al fine di valutare l'esistenza del numero legale, per quelle più scontate negli esiti o meno rilevanti nei contenuti si vota anche in assenza del numero richiesto dalla Costituzione.

Le modalità di votazione Le **votazioni** avvengono prevalentemente in modo palese, attraverso il voto elettronico oppure, in alcuni casi, per appello nominale. Poche sono le circostanze in cui i regolamenti parlamentari ammettono la votazione con voto segreto.

ESEMPIO La votazione segreta è prevista per l'elezione del Presidente della Repubblica e nei casi di particolare delicatezza, come quelli che hanno per oggetto i diritti fondamentali o la modifica delle leggi elettorali. Non è ammesso, invece, il voto segreto in materia finanziaria, come per le decisioni relative alle imposte.

Le maggioranze La maggioranza richiesta per l'approvazione delle deliberazioni è solitamente quella *semplice*, che corrisponde alla metà più uno dei voti dei presenti. In alcuni casi è necessaria una maggioranza più elevata, che può essere *assoluta* (metà più uno dei voti dei componenti) o *qualificata*, cioè più elevata di quella assoluta (come i due terzi dei componenti).

Memo LESSICO
Il termine ▸**emendamento**, riconducibile al verbo latino *emendare* ("correggere"), significa "correzione", "modifica".

L'ostruzionismo Talvolta i parlamentari dell'opposizione (cioè di quei partiti politici esclusi dal potere di governo) adottano tecniche volte a ritardare i lavori parlamentari senza violare formalmente le regole procedurali. Tali strategie corrispondono al cosiddetto **ostruzionismo parlamentare**.

CASO Trentacinque deputati, appartenenti allo stesso gruppo parlamentare, si iscrivono tutti a parlare in occasione del dibattito su una proposta di legge da loro non condivisa e presentano un numero elevatissimo di ▸emendamenti, cioè di proposte di modifica al testo normativo. Questi possono essere considerati comportamenti di natura ostruzionista?
■ *Sì, perché hanno lo scopo di rallentare volutamente i lavori parlamentari e quindi di ritardare la votazione.*

competenze in campo

1 Completa lo schema

DIDATTICA INCLUSIVA

DELIBERAZIONI DELLE CAMERE

- **numero legale:** .... più .... dei componenti
  - necessario per la validità delle .... delle Camere
- **maggioranze:** semplice, ... , ...
  - necessarie perché una deliberazione sia ....

ESERCIZIO INTERATTIVO

2 Osserva e rifletti

L'immagine si riferisce a una votazione alla Camera. A quale modalità di voto è riconducibile?

3 Individua il termine

ESERCIZIO INTERATTIVO

1. È necessario per la validità delle votazioni parlamentari: ....
2. È il tipo di maggioranza che corrisponde alla metà più uno dei componenti della Camera: ....
3. Strategia talvolta adottata per ritardare i lavori parlamentari: ....

4 Risolvi il caso

Si deve votare alla Camera dei deputati su una proposta che richiede, ai fini dell'approvazione, il raggiungimento della maggioranza assoluta. Sono presenti 400 deputati e 180 di essi votano a favore. È valida la votazione? La proposta viene approvata?

mi riguarda perché...

SPUNTO DI RIFLESSIONE

Conoscendo le modalità di votazione parlamentare, puoi interpretare meglio i dati riportati dai media quando si riferiscono al numero legale e al raggiungimento, o meno, della maggioranza. Adesso infatti sai che si tratta, nel primo caso, della presenza di un numero minimo di parlamentari al fine della validità della votazione; nel secondo, dei voti necessari affinché la deliberazione sia approvata.

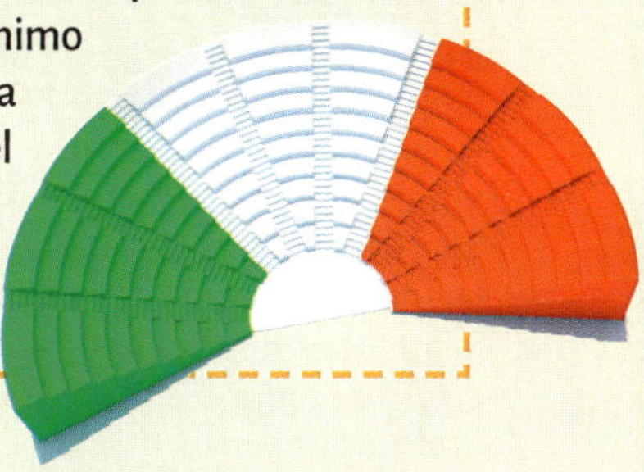

Lavorare insieme

■ All'interno della classe, mettete ai voti tre proposte per le quali sono richieste diverse maggioranze, corrispondenti a quelle esaminate per le Camere.

1. Decidete la meta della gita di classe di un giorno, scegliendo tra cinque proposte indicate dall'insegnante (maggioranza semplice).
2. Stabilite se aderire a un progetto sulla tutela ambientale proposto dal consiglio di classe, che prevede notevole impegno, anche pomeridiano, e incentivi nella valutazione scolastica in caso di buona riuscita del progetto (maggioranza assoluta).
3. Decidete se sottoporre o meno a sanzioni monetarie, a favore di enti non profit, gli studenti sorpresi a non effettuare all'interno della scuola la raccolta differenziata (maggioranza qualificata dei due terzi).

■ Quali sono i risultati delle vostre votazioni?

FOCUS L'ostruzionismo parlamentare in Italia

Spesso sentiamo parlare di ostruzionismo in senso negativo. In realtà si tratta di un antico e legittimo istituto parlamentare (se esercitato bene e quando davvero sono in discussione questioni fondamentali).

In Italia il primo caso conosciuto di ostruzionismo si verificò tra il 1899 e il 1900, quando il Partito socialista si oppose all'approvazione di una legge di pubblica sicurezza molto controversa e per mesi propose emendamenti, ordini del giorno e richieste di appello nominale volti a far ritardare il più possibile l'approvazione della norma.

Il più lungo episodio di ostruzionismo nella recente storia parlamentare italiana si deve al radicale Marco Boato che nel 1981 per opporsi a una legge che riguardava il fermo prolungato da parte della polizia parlò ininterrottamente dalle 20.10 del 10 febbraio alle 14.15 del giorno seguente.

LEZIONE

6 La formazione delle leggi

VIDEO START
L'iter legislativo

AUDIOTESTO

Memo LESSICO
Il termine ▸**iter** deriva dall'omonimo latino, che significa "cammino", "viaggio", "percorso". L'iter legislativo indica infatti il percorso di formazione e di efficacia di una legge, dalla proposta all'entrata in vigore.

L'iter legislativo L'emanazione di una legge da parte del Parlamento richiede uno specifico percorso, denominato ▸**iter legislativo** e articolato in quattro fasi: l'*iniziativa*; la *discussione e approvazione*; la *promulgazione*; la *pubblicazione*.

L'iniziativa Affinché le Camere attivino la loro funzione legislativa, è necessario che sia presentato a una di esse un *progetto di legge*.
Il **progetto di legge** è un testo normativo, redatto in articoli e preceduto da un'introduzione volta a chiarire gli obiettivi che si prefigge, depositato presso una Camera per richiederne la discussione e l'approvazione.
Il progetto legislativo prende il nome di **disegno di legge**, se ne è promotore il Governo, di **proposta di legge** negli altri casi.

La discussione e l'approvazione All'interno della Camera presso cui viene depositato il progetto di legge si procede alla fase della **discussione**, in cui ogni parlamentare (dopo specifica prenotazione presso l'ufficio di presidenza) può intervenire esprimendo il proprio parere e proporre emendamenti. Terminata la discussione si procede alla **votazione assembleare**, prima articolo per articolo, poi sull'intera proposta. Una volta approvato il testo in una Camera, questo viene trasmesso all'altra per essere sottoposto allo stesso iter; in caso di modifiche deve tornare alla prima Camera, fino ad arrivare all'approvazione di un testo identico in entrambe le Camere.

La promulgazione e la pubblicazione Una volta approvata dal Parlamento, la legge deve essere presentata al **Presidente della Repubblica**, che ha il compito di **promulgarla**, cioè di *renderla ufficiale*.
Una volta promulgata, la legge viene **pubblicata sulla Gazzetta Ufficiale** ed entra in vigore dopo quindici giorni, a meno che la legge stessa stabilisca un termine diverso. Questo periodo di tempo, detto *vacatio legis*, consente ai cittadini di prendere conoscenza delle leggi.

competenze in campo

1 Completa lo schema

DIDATTICA INCLUSIVA

ITER LEGISLATIVO
- ....
- .... e approvazione
- ....
- pubblicazione sulla ....

ESERCIZIO INTERATTIVO

mi riguarda perché...

SPUNTO DI RIFLESSIONE

La procedura legislativa prevede che a presentare proposte di legge non siano solo organi istituzionali (il Governo, i membri del Parlamento, i Consigli regionali), ma che tale potere competa anche ai cittadini elettori, attraverso la raccolta di 50 000 firme. Questo è un importante indice di democrazia, infatti il popolo può sollecitare i propri rappresentanti a dare risposta normativa a specifiche e concrete esigenze.

visualizzare per apprendere

INFOGRAFICA INTERATTIVA

L'ITER LEGISLATIVO – PROCEDURA ORDINARIA

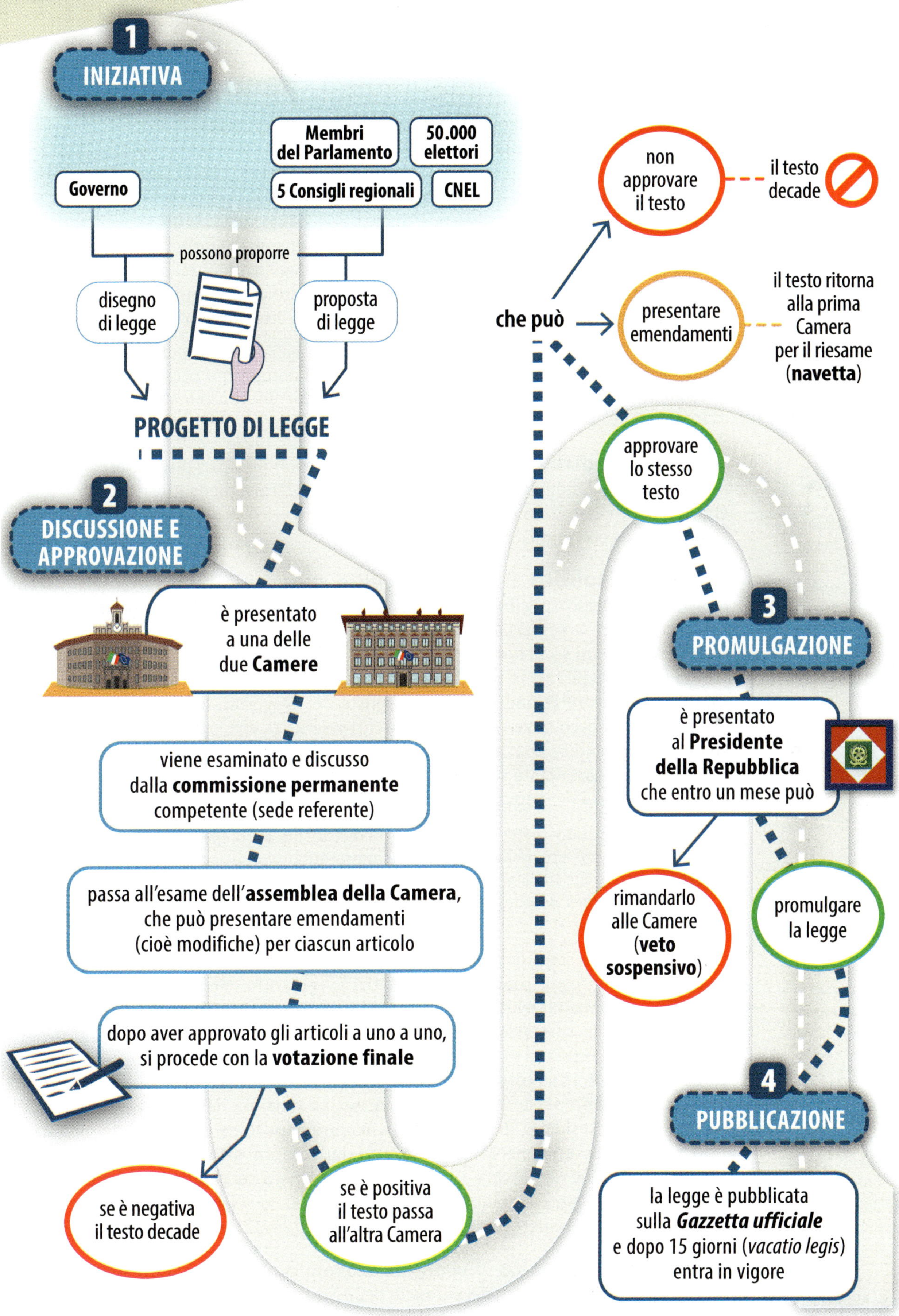

LEZIONE 7

Le funzioni ispettive e di controllo

VIDEO START La Commissione d'inchiesta sulla P2

AUDIOTESTO

La funzione ispettiva Si verificano a volte, nella nostra società, fenomeni di pubblico interesse la cui dinamica rimane in buona parte oscura nonostante le indagini della Magistratura. Di fronte a tali eventi, che sovente sono talmente intricati da impedire una soluzione giudiziaria chiara e definitiva, le Camere possono istituire le *commissioni di inchiesta*; queste possono essere monocamerali o bicamerali, e sono composte in modo tale da rispettare le proporzioni numeriche dei gruppi parlamentari. Le **commissioni di inchiesta** sono titolari di poteri molto forti, paragonabili, come afferma la stessa Costituzione, a quelli dei magistrati; in tal senso possono convocare e interrogare in qualità di testimoni tutti i cittadini, comprese le autorità dello Stato; possono inoltre disporre perquisizioni, intercettazioni e richiedere documenti.

ESEMPIO Tra le commissioni di inchiesta istituite nella storia repubblicana ricordiamo quella sulla strage di Ustica, in cui persero la vita ottantuno persone in un incidente aereo, e quella sulle morti bianche, cioè sugli infortuni mortali sul lavoro, purtroppo frequenti nel nostro Paese.

Memo LESSICO
I termini ▸ **interrogazione** e ▸ **interpellanza** hanno origine, rispettivamente, nei verbi latini *interrogare* ("domandare", "chiedere") e *interpellare* ("chiedere ripetutamente", "sollecitare"). Il termine ▸ **mozione** deriva dal verbo latino *movere*, "muovere", e ha come primo significato quello di "decisione che viene discussa e approvata dai membri di un'assemblea".

Il potere di controllo Dato che l'Italia è una Repubblica parlamentare, caratterizzata dal rapporto di fiducia tra Parlamento e Governo, trova piena giustificazione il fatto che le Camere esercitino un **potere di controllo** sul Governo. Tale controllo ha natura sia politica sia economica.

Il controllo politico Il **controllo politico** viene esercitato dai membri del Parlamento attraverso specifici strumenti disciplinati dai regolamenti parlamentari: le ▸ *interrogazioni*, le ▸ *interpellanze* e le ▸ *mozioni*.
Le **interrogazioni** sono domande scritte che uno o più parlamentari possono presentare al Governo per avere informazioni circa determinati fatti e su come il Governo intenda agire in relazione a essi. La risposta del Governo, obbligatoria, può essere scritta, e in tal caso deve essere fornita entro venti giorni, oppure orale, resa in una seduta parlamentare appositamente convocata. A tal fine, dato l'elevato numero di interrogazioni presentate soprattutto dai membri dell'opposizione, è stata introdotta presso la Camera dei deputati la procedura del ▸ *question time*.

CASO Un deputato riceve lamentele sui ripetuti disservizi delle Ferrovie dello Stato. Come si comporterà, nella sua veste di rappresentante politico, per avere delucidazioni dal ministro delle Infrastrutture e dei Trasporti?
■ *Può presentare un'interrogazione in merito, chiedendo quali provvedimenti intenda adottare il ministro per migliorare la situazione dei trasporti ferroviari.*

Memo
Il ▸ ***question time*** individua una procedura in base alla quale una volta alla settimana la prima ora di seduta viene destinata alla discussione di interrogazioni a risposta immediata, nel numero massimo di sei per seduta.

Le **interpellanze** sono domande scritte rivolte da singoli parlamentari per ottenere spiegazioni circa la condotta assunta dal Governo in determinate situazioni e su come esso intenda ulteriormente intervenire in relazione a esse. Diversamente dalle interrogazioni, le interpellanze non hanno un obiettivo puramente informativo, ma si propongono di ottenere risposte motivate circa l'operato del Governo.
Le **mozioni** sono atti attraverso cui si provoca un dibattito parlamentare che può concludersi con effetti nei confronti del Governo. Le mozioni devono essere sottoscritte da uno o più presidenti di gruppi parlamentari oppure da almeno dieci deputati o otto senatori. Esse hanno lo scopo di promuovere un dibattito parlamentare tra i rappresentanti del Governo e i membri della Camera su determinate questioni; tra queste le più rilevanti sono quelle con cui si concede o si toglie la fiducia al Governo in carica (si parla, rispettivamente, di *mozione di fiducia* e *mozione di sfiducia*).

Il controllo economico Il **controllo economico** del Parlamento sul Governo si sostanzia nell'approvazione del *Bilancio dello Stato*, il documento in cui si predispongono le spese e le entrate pubbliche.

ESPANSIONE Al cinema: *I-TIGI Canto per Ustica*

competenze in campo

1 Completa lo schema

CONTROLLO POLITICO SUL GOVERNO

- **Interrogazioni** (domande .... per ottenere .... su determinati ....)
- **Interpellanze** (domande scritte per ottenere spiegazioni sulla .... assunta dal .... in determinate situazioni)
- **Mozioni** (atti che promuovono un .... tra i membri della Camera e i rappresentanti del ....)

ESERCIZIO INTERATTIVO

2 **Rifletti e rispondi**

Quale collegamento puoi individuare tra il controllo politico del Parlamento sul Governo e la funzione di rappresentanza che hanno i parlamentari nei confronti dei cittadini?

3 **Individua il termine**

ESERCIZIO INTERATTIVO

1. Quelle di inchiesta possono essere istituite per fare luce su fenomeni di interesse pubblico: ....
2. Sono domande scritte che ogni parlamentare può presentare per avere spiegazioni sull'operato governativo in determinate situazioni: ....
3. È il documento la cui approvazione compete al Parlamento, rientrando nella sua funzione di controllo economico: ....

4 **Risolvi il caso**

Un parlamentare presenta al Governo una domanda scritta in cui chiede di sapere se sia vera la notizia, non ancora confermata, che il Governo intende aumentare i fondi destinati alle scuole pubbliche, riducendo quelli alle scuole private. Si tratta di una interrogazione o di un'interpellanza?

mi riguarda perché...

SPUNTO DI RIFLESSIONE

La possibilità da parte dei nostri rappresentanti politici di controllare l'operato del Governo attraverso l'utilizzo di interrogazioni, interpellanze e mozioni, costituisce per noi cittadini un'importante garanzia contro gli eccessi di potere che potrebbero essere assunti dall'esecutivo.

Le tue domande — Che cos'è la mozione di sfiducia?

Nella forma di governo parlamentare è sempre previsto l'istituto giuridico della **mozione di sfiducia** (in alcuni ordinamenti definita con l'espressione "mozione di censura"). Attraverso questo atto, il Parlamento dichiara che è venuto meno il rapporto fiduciario tra Parlamento e Governo o, nel caso di una mozione di sfiducia individuale, tra il Parlamento e un singolo ministro. Se la mozione viene approvata, il Governo, oppure il ministro contro il quale è stata proposta, è di conseguenza obbligato a dimettersi.

Educazione finanziaria — Il Bilancio preventivo dello Stato

Il Parlamento approva ogni anno il **Bilancio preventivo** dello Stato. Si tratta di un documento contabile, predisposto dal Governo, in cui vengono indicate le entrate e le spese che lo Stato prevede di attuare nell'anno successivo allo scopo di perseguire determinati obiettivi economici, come l'aumento dell'occupazione.
Nelle forme di stato democratiche si può parlare di un vero e proprio **diritto al bilancio**, in quanto rappresenta una forma di tutela verso i pubblici poteri. Pensa infatti a che cosa potrebbe accadere se lo Stato potesse prelevare le ricchezze dei cittadini senza il consenso espresso dai loro rappresentanti che siedono in Parlamento.

PERCORSO 7 / Sintesi con la mappa

PARLAMENTO
- • Camera dei deputati • Senato della Repubblica → • il Parlamento rimane in carica 5 anni (legislatura) • i parlamentari sono autonomi e beneficiano dell'immunità dagli arresti
- organizzazione delle Camere → • Presidente e ufficio di presidenza • gruppi parlamentari • commissioni permanenti • giunte parlamentari

SISTEMA ELETTORALE
- sistema proporzionale → • è democratico perché tutela le formazioni politiche minori • in Italia è applicato in modo corretto (soglie di sbarramento)
- sistema maggioritario → favorisce la stabilità politica

PARTITI POLITICI
- associazioni non riconosciute → tendono a unirsi in coalizioni

VOTAZIONI IN PARLAMENTO
- requisiti per la validità delle deliberazioni → • presenza del numero legale (metà più uno dei componenti dell'assemblea) • raggiungimento della maggioranza richiesta (semplice, assoluta o qualificata)

FORMAZIONE DELLE LEGGI
- iniziativa → presentazione di una proposta o di un disegno di legge
- discussione e approvazione → interventi dei parlamentari e votazione dell'assemblea
- promulgazione → Presidente della Repubblica
- pubblicazione → Gazzetta Ufficiale

LEZIONE 1 La Camera dei deputati e il Senato

La **funzione legislativa** compete al Parlamento, di cui fanno parte la **Camera dei deputati**, che ha sede a Palazzo Montecitorio, e il **Senato della Repubblica**, che si riunisce a Palazzo Madama. Le Camere rimangono in carica per cinque anni, periodo che prende il nome di **legislatura**.
I membri della Camera sono 630, quelli del Senato 315 (a cui si aggiungono i senatori a vita).
Per eleggere i deputati bisogna avere compiuto 18 anni (e per essere eletti 25 anni); per eleggere i senatori bisogna avere compiuto 25 anni (e per essere eletti 40 anni).

LEZIONE 2 I sistemi elettorali e i partiti politici

I **sistemi elettorali**, che si basano sulla suddivisione del territorio in **collegi** (raggruppamenti di elettori), possono essere proporzionali o maggioritari.
Nei **sistemi proporzionali** i seggi parlamentari vengono attribuiti in proporzione al numero di voti ricevuti da ciascun partito; nei **sistemi maggioritari** i seggi vengono conquistati dai candidati che, in ogni collegio, ottengono la maggioranza dei voti.
Nel nostro Paese è applicato un **sistema proporzionale corretto**: la "correzione" consiste nel fatto che, per accedere al Parlamento, un partito deve ottenere un numero minimo di voti (soglia di sbarramento).
I **partiti** sono associazioni non riconosciute che si ispirano a una ideologia e mirano alla conquista del potere politico attraverso le elezioni, con lo scopo di governare lo Stato.
Oggi nel nostro Paese, come conseguenza del sistema elettorale vigente, i partiti tendono a riunirsi in **coalizioni** che si presentano ai cittadini con programmi e candidati comuni.

LEZIONE 3 La posizione giuridica dei parlamentari

I parlamentari sono **autonomi**, nel senso che sono liberi di esercitare il loro mandato come ritengono opportuno.
Beneficiano dell'**insindacabilità**, cioè non sono perseguibili per le opinioni espresse durante le loro funzioni, e della **immunità dagli arresti**, nel senso che non possono essere arrestati, né sottoposti a intercettazioni, senza il consenso della Camera cui appartengono.

Le nuove parole

Sistema elettorale ▸ Insieme delle regole che disciplinano l'elezione in Parlamento dei rappresentanti del popolo. Può essere di tipo maggioritario o proporzionale.
Electoral system

Parlamento ▸ Organo titolare del potere legislativo. Il Parlamento italiano è composto dalla Camera dei deputati e dal Senato della Repubblica.
Parliament

Legislatura ▸ Periodo di tempo in cui rimangono in carica le Camere.
Legislative period

Collegio elettorale ▸ Gruppo di elettori che contribuiscono all'elezione di uno (collegio uninominale) o più (collegio plurinominale) parlamentari.
Constituency

Soglia di sbarramento ▸ Numero minimo di voti necessari a un partito o a una coalizione per entrare in Parlamento.
Electoral threshold

Insindacabilità ▸ Principio per cui i membri del Parlamento non rispondono delle opinioni date e dei voti espressi nell'esercizio delle loro funzioni.
Uncensurability

Sintesi discorsiva

LEZIONE 4 L'organizzazione delle Camere

Il funzionamento delle Camere è favorito da una specifica organizzazione interna che comprende: il **Presidente**, l'**ufficio di presidenza**, i **gruppi parlamentari** (composti dai deputati o senatori che appartengono a uno stesso partito), le **commissioni**, ciascuna con un proprio ambito di competenza e con attribuzioni specifiche nell'iter di approvazione delle leggi, e le **giunte**, che si occupano del funzionamento delle attività parlamentari.

LEZIONE 5 Le deliberazioni delle Camere

Alle Camere si vota per lo più in modo palese, in genere mediante voto elettronico. Per la validità delle votazioni è richiesto il **numero legale**, pari alla metà più uno dei componenti dell'assemblea. Per l'approvazione, invece, di una deliberazione è necessario raggiungere una determinata **maggioranza**, che può essere semplice (metà più uno dei votanti), assoluta (metà più uno dei componenti) o qualificata (superiore a quella assoluta).

LEZIONE 6 La formazione delle leggi

La procedura di approvazione di una legge si sviluppa attraverso diverse fasi: l'**iniziativa** (presentazione di un progetto di legge), la **discussione** e l'**approvazione** da parte delle Camere, la **promulgazione**, con cui il Presidente della Repubblica rende ufficiale la legge, e la **pubblicazione sulla Gazzetta Ufficiale**. Trascorsi quindici giorni dalla pubblicazione la legge **entra in vigore**.

LEZIONE 7 Le funzioni ispettive e di controllo

I parlamentari hanno la possibilità di controllare l'operato del Governo mediante **interrogazioni**, **interpellanze** e **mozioni**.

Con le interrogazioni si chiedono informazioni su determinati fatti, con le interpellanze si vogliono ottenere spiegazioni circa la condotta del Governo, con le mozioni si provocano dibattiti su determinati argomenti tra i membri della Camera e i rappresentanti del Governo.

Immunità dagli arresti ▸ Principio per cui i membri delle Camere non possono essere arrestati senza il consenso della Camera di appartenenza.

Absolute immunity

Numero legale ▸ Numero minimo di parlamentari che devono essere presenti in aula al fine della validità di una votazione; corrisponde alla metà più uno dei componenti della Camera.

Quorum

Emendamento ▸ Richiesta di correzione di una proposta o di un disegno di legge che ogni parlamentare può avanzare nella fase della discussione.

Amendment

Interrogazione ▸ Domanda scritta che ogni parlamentare può presentare al Governo per avere informazioni su un determinato fatto.

Parliamentary question

Interpellanza ▸ Domanda scritta che ogni parlamentare può presentare al Governo per ottenere spiegazioni circa la condotta adottata dall'esecutivo in una determinata situazione.

Parliamentary interpellation

Mozione ▸ Atto attraverso cui si provoca un dibattito tra i membri della Camera e il Governo.

Parliamentary motion

PERCORSO 7 / Verifica

VERIFICA INTERATTIVA FLASHCARDS

Tutti devono sapere che...

1 Completa lo schema

DELIBERAZIONI DELLE CAMERE

- si svolgono solitamente a scrutinio ....
- sono valide se è presente il ....
- sono approvate se si raggiunge una certa .... → che può essere:
  - semplice
  - ....
  - ....

2 Dai la definizione corretta

1. È il periodo di tempo in cui rimangono in carica le Camere: _ _ G _ _ _ _ T _ _ _
2. È il principio che esclude i parlamentari dai reati di opinione: _ N _ _ _ D _ _ _ _ _ L _ _ _
3. Così è denominata, in Parlamento, la maggioranza che corrisponde alla metà più uno dei componenti della Camera: _ _ S _ _ _ _ A
4. Servono a provocare dibattiti tra Parlamento e Governo: _ O _ _ _ N _
5. Vengono presentate dai parlamentari al Governo a scopo informativo: _ _ T _ _ _ _ _ G _ _ _ _ _ _ _

Verifica le tue conoscenze di base

3 Scegli la risposta

1. In Italia la legislatura ha la durata di:
   - ☐ **a.** due anni
   - ☐ **b.** tre anni
   - ☐ **c.** cinque anni
   - ☐ **d.** sette anni
2. Consiste nel prolungamento delle funzioni parlamentari:
   - ☐ **a.** il bicameralismo
   - ☐ **b.** la proroga
   - ☐ **c.** il ballottaggio
   - ☐ **d.** la legislatura
3. Può esservi sottoposto un parlamentare anche senza l'autorizzazione della Camera di appartenenza:
   - ☐ **a.** a un processo
   - ☐ **b.** all'arresto
   - ☐ **c.** alla perquisizione
   - ☐ **d.** alle intercettazioni telefoniche
4. Presenta disegni di legge:
   - ☐ **a.** il Governo
   - ☐ **b.** ogni membro del Parlamento
   - ☐ **c.** ogni Consiglio regionale
   - ☐ **d.** il popolo
5. Ha il compito di promulgare le leggi:
   - ☐ **a.** il Presidente della Repubblica
   - ☐ **b.** il Presidente del Consiglio dei ministri
   - ☐ **c.** il Presidente del Senato
   - ☐ **d.** il Presidente della Camera dei deputati
6. Sono atti volti a provocare dibattiti tra parlamentari e Governo:
   - ☐ **a.** le mozioni
   - ☐ **b.** le interrogazioni
   - ☐ **c.** gli emendamenti
   - ☐ **d.** le interpellanze.

Verifica

4 Vero o falso?

1. Le soglie di sbarramento sono applicate nei sistemi proporzionali corretti. V F
2. Il sistema elettorale italiano è di tipo maggioritario. V F
3. La legislatura corrisponde all'insieme delle leggi vigenti. V F
4. I parlamentari possono essere revocati dai loro elettori. V F
5. La maggioranza semplice corrisponde alla metà più uno dei votanti. V F
6. In materia finanziaria non è ammesso il voto segreto. V F
7. I parlamentari non rispondono mai dei reati di opinione. V F
8. In caso di flagranza di reato è possibile arrestare un parlamentare anche senza l'autorizzazione della Camera di appartenenza. V F
9. Per eleggere il Presidente della Camera dei deputati al primo scrutinio è sufficiente la maggioranza semplice. V F
10. Il controllo economico da parte del Parlamento viene esercitato sul Bilancio dello Stato. V F

Potenzia le tue abilità

5 Collega le informazioni

1. ☐ Legislatura
2. ☐ Sbarramento
3. ☐ Rappresentanza politica
4. ☐ Insindacabilità
5. ☐ Ufficio di presidenza
6. ☐ Gruppo misto
7. ☐ Numero legale
8. ☐ Procedura legislativa ordinaria
9. ☐ Promulgazione
10. ☐ Funzione ispettiva
11. ☐ Funzione di controllo

a. Indipendenti
b. Parlamentari
c. Presidente della Repubblica
d. Sistema proporzionale corretto
e. Commissioni d'inchiesta
f. Interpellanze
g. Cinque anni
h. Commissione in sede referente
i. Metà più uno dei componenti
l. Questori
m. Immunità dai reati di opinione

6 Trova la parola nascosta

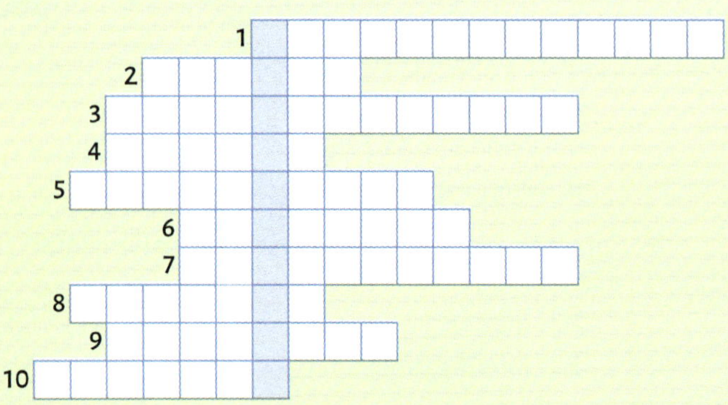

1. È l'atto finale dell'iter legislativo. **2.** È il palazzo sede del Senato. **3.** Sono atti parlamentari di controllo politico sull'attività del Governo. **4.** È il "numero" richiesto per la validità delle votazioni in Parlamento. **5.** Quella di legge spetta al Governo, ai parlamentari, al popolo o ai Consigli regionali. **6.** I membri delle Camere beneficiano di quella dagli arresti. **7.** Sono modifiche che ogni parlamentare può proporre in sede di discussione di una legge. **8.** Provocano dibattiti tra i membri della Camera e il Governo. **9.** Quelli a vita sono nominati dal Presidente della Repubblica. **10.** Presenta disegni di legge.

Sviluppa le tue competenze

7 Rispondi alle domande

1. Quale vantaggio offre il sistema proporzionale rispetto a quello maggioritario?
2. Come si svolgono, normalmente, le votazioni all'interno delle Camere e quali ne sono le condizioni di validità?
3. Quale differenza esiste tra le commissioni permanenti e le commissioni d'inchiesta?
4. Come si giustifica il potere di controllo economico e politico esercitato dal Parlamento sul Governo?

8 Risolvi i casi

1. Il senatore Mario B., partecipando una sera a una festa insieme ad amici, litiga con uno di essi, offendendolo pesantemente. L'altro dichiara di volerlo denunciare per il reato di ingiuria, ma il senatore Mario B. lo deride, dichiarando di non essere imputabile per il principio di insindacabilità. Chi ha ragione e perché?
2. La Camera dei deputati approva una legge con la presenza in aula di soli 180 deputati. A quale condizione può essere valida tale votazione?
3. 50 000 ragazzi dell'ultimo anno delle scuole superiori, tutti di età compresa tra i diciassette e i venti anni, presentano una proposta di legge relativa alla riforma degli esami di maturità. È ammissibile tale proposta? Perché?

9 Esponi la tua opinione

1. Valutando i pregi e i difetti dei diversi sistemi elettorali, quale credi sia maggiormente efficace con riferimento al nostro Paese? Perché?
2. Molte persone non ritengono giusto che i membri del Parlamento beneficino dell'immunità dagli arresti, perché, a loro parere, ciò contravviene al principio di uguaglianza sancito dall'art. 3 Cost. Condividi la loro opinione?
3. I nostri parlamentari votano quasi esclusivamente in modo palese. Succede a volte che molti di loro votino in un certo modo per non contraddire le indicazioni del proprio gruppo parlamentare, e non per decisione personale e motivata. Ritieni che si dovrebbero assumere provvedimenti (per esempio estendendo il voto segreto) affinché ogni membro del Parlamento possa votare in assoluta libertà di coscienza?

10 Comprendi e rifletti

Il Parlamento, luogo di confronto tra orientamenti diversi

Molti commentatori e la gran parte dei cittadini si stupiscono e criticano alcune manifestazioni di intemperanza e di incultura che vengono a volte dalle Camere. Hanno ragione; ma il nostro non è un Parlamento aristocratico, scelto dall'alto, e quindi privo delle tensioni e dei conflitti propri della democrazia. È un Parlamento democratico, scelto dal popolo, e al suo interno si sviluppano le stesse tensioni che esistono nella società.

Nei Parlamenti aristocratici siedono coloro che sono legittimati non dalla scelta popolare, ma dal censo, dalle qualità professionali o culturali, dalla chiamata del sovrano. [...]

Nei Parlamenti democratici siede invece chi, sulla base dei diversi sistemi elettorali, è scelto dal popolo e lo rappresenta, con le stesse virtù, ma anche con gli stessi difetti.

I regolamenti parlamentari rendono, inoltre, possibile l'accesso nelle Camere a ogni sorta di questione, attraverso la presentazione di proposte di legge, interrogazioni, interpellanze, richieste informali che ciascun parlamentare può rivolgere ai singoli ministri. Tutto ciò genera a volte confusione, disordine, fastidiosa loquacità, irritante disprezzo delle regole di convenienza e di correttezza. Si tratta di difetti che vanno corretti e frenati, ma una parte di essi è il portato inevitabile di un'idea vincente del Parlamento come luogo dove si costruisce ogni giorno l'unità di questo difficile Paese, attraverso il confronto tra orientamenti diversi che esprimono la complessità e le contraddizioni dell'Italia.

Da Luciano Violante, *L'Italia dopo il 1999*, Mondadori

1. Che differenza esiste tra un Parlamento aristocratico e uno democratico?
2. Quale giustificazione hanno, a parere dell'autore, i disordini e le intemperanze che caratterizzano, talvolta, le discussioni del nostro Parlamento?
3. Secondo te dovrebbero essere posti limiti alle "intemperanze" dei nostri rappresentanti politici? Perché e in quale modo?

PERCORSO 8 diritto

Il Governo

Incominciamo da te

Una situazione concreta **Durante un autunno particolarmente piovoso, in un'area geografica del nostro Paese che interessa più Comuni, alcuni fiumi straripano in conseguenza delle violente e abbondanti precipitazioni, provocando danni ingenti. I danni riguardano le coltivazioni agricole, la rete stradale, le abitazioni e i negozi. Che cosa può fare in tale situazione il Governo?**

! Date le condizioni di particolare necessità e urgenza, per disporre gli interventi di emergenza il Governo può emanare un decreto legge, che dovrà essere successivamente approvato dal Parlamento, ma le cui disposizioni sono applicabili nell'immediato, il giorno stesso della pubblicazione.

Le 5 domande

1. Nel nostro Paese il Capo del Governo, denominato Presidente del Consiglio dei ministri, è eletto direttamente dal popolo?
2. Di che cosa si occupano concretamente i ministri? (Pensa, per esempio, ai compiti attribuiti al ministro dell'Ambiente, Tutela del Territorio e del Mare.)
3. Di quale organo deve avere la fiducia il Governo per rimanere in carica?
4. Oltre alle leggi ordinarie, emanate dal Parlamento, tra le fonti del diritto italiano rientrano le leggi sostanziali: quale organo le può emanare e di quali tipologie sono?
5. Il Governo è titolare di uno dei poteri dello Stato, quello esecutivo. Di che cosa si tratta in sostanza?

Il nostro percorso

CONOSCENZE

- Organi che compongono il Governo
- Consultazioni presidenziali, nomina, giuramento e fiducia
- Funzione politica, esecutiva e normativa
- Crisi parlamentari ed extraparlamentari
- Responsabilità politica e penale dei ministri

ABILITÀ

- Riconoscere il ruolo di coordinamento del Presidente del Consiglio e la sua responsabilità in merito all'azione del Governo
- Individuare il ruolo equilibratore e di grande responsabilità del Capo dello Stato nel processo di formazione di un nuovo Governo
- Valutare l'operato del Governo alla luce delle reali necessità del Paese
- Individuare le ragioni per cui le crisi di governo extraparlamentari prevalgono su quelle parlamentari
- Valutare la responsabilità dell'operato dei ministri sia dal punto di vista politico sia dal punto di vista penale

LEZIONE 4

Le crisi di governo

LEZIONE 5

La responsabilità dei ministri

LEZIONE 3

Le funzioni del Governo

La competenza d'arrivo

Riconoscere i legami che esistono tra l'attività politica ed economica del Governo e gli ideali e gli interessi delle classi sociali che esso rappresenta.

LEZIONE 2

Il processo di formazione del Governo

LEZIONE 1

La composizione del Governo

VIDEO START Il Governo entra in carica

AUDIOTESTO

Memo LESSICO
Il termine ▸**Governo** deriva dal latino *gubernum*, che significa "timone", e si collega al verbo latino *gubernare*, propriamente "pilotare (una nave)" e in senso figurato "guidare", "amministrare", che indica proprio la funzione del Governo.
Il sostantivo ▸**ministro** deriva dal latino *minister*, che significa "servo", "domestico", "funzionario". Nell'antica Roma i *ministri imperii* erano i funzionari di Governo ed è a questa accezione che possiamo ricondurre il significato attuale.

L'articolo 92 Afferma il co. 1, art. 92 Cost.: «Il ▸Governo della Repubblica è composto del Presidente del Consiglio e dei ministri, che costituiscono insieme il Consiglio dei ministri».
Il **Governo** è l'organo titolare del potere esecutivo ed è formato dai partiti che risultano vincitori alle elezioni. La Presidenza del Consiglio e il Governo hanno la loro sede ufficiale a Palazzo Chigi, a Roma.

Il Presidente del Consiglio Il **Presidente del Consiglio**, la cui nomina spetta al Presidente della Repubblica, ha il compito di convocare e di presiedere le riunioni del Consiglio dei ministri, di coordinare l'attività dei ministri e di mantenere l'unità dell'azione politica e amministrativa.

I ministri I ▸**ministri**, in qualità di componenti del Consiglio dei ministri, definiscono insieme con il Presidente l'indirizzo politico del Paese; in quanto organi individuali sono invece titolari, ciascuno, di un ramo della Pubblica amministrazione, chiamato *ministero*, dal quale dipendono numerosi uffici destinati a realizzare le funzioni di cui il ministro è titolare.

ESEMPIO Il ministro dell'Istruzione, dell'Università e della Ricerca coordina a livello nazionale tutte le attività relative al mondo della scuola; per assolvere tale funzione dispone di un autonomo apparato amministrativo e beneficia di specifici stanziamenti economici previsti dal Bilancio statale.

I ministri senza portafoglio Accanto ai ministri titolari di uno specifico ministero ci sono i *ministri senza portafoglio*, che fanno anch'essi parte del Consiglio dei ministri, ma non dirigono un settore amministrativo e sono incaricati di svolgere compiti particolari.

ESEMPIO Nella composizione di alcuni Governi rientra spesso un ministro per le Pari opportunità, ministro senza portafoglio. Al di là dell'importanza del suo incarico (favorire la parità sociale e lavorativa tra uomini e donne), questo ministro ha alle proprie dipendenze una struttura burocratica limitata e non dispone di specifici finanziamenti.

Il Consiglio dei ministri Il **Consiglio dei ministri** è composto da tutti i ministri e dal Presidente del Consiglio, ed è l'organo che definisce la politica del Governo, in particolare attraverso i disegni di legge da presentare al Parlamento, i decreti legge e i decreti legislativi.

Memo LESSICO
Il termine ▸**gabinetto** proviene dal francese *cabinet* ("stanzino"), che, all'epoca delle grandi monarchie assolute, era la stanza in cui il re, mentre procedeva alla propria vestizione, riceveva i consiglieri di Stato.

Altri organi governativi La composizione del Governo risulta integrata, in base a una legge del 1988, modificata nel marzo 2001, da altri organi governativi, tra cui:
- i **viceministri**, che possono essere nominati in numero massimo di dieci; a essi sono conferite deleghe relative a un'intera area di competenza del ministero, possono partecipare alle sedute del Consiglio dei ministri, senza diritto di voto, e possono rappresentare il Governo italiano in sede europea e internazionale;
- i **sottosegretari**, la cui funzione è quella di collaborare con i ministri nello svolgimento delle loro funzioni, in base a specifiche deleghe ricevute;
- i **comitati interministeriali**, formati da più ministri che hanno competenze su materie comuni, sulle quali possono adottare determinati provvedimenti;
- il **Consiglio di ▸gabinetto**, un organo composto dal Presidente del Consiglio e da alcuni ministri che si riunisce in anticipo rispetto al Consiglio dei ministri per esaminare le questioni di maggiore rilievo, allo scopo di favorire la possibilità di accordi durante la discussione comune;
- i **commissari straordinari**, nominati per incarichi speciali e temporanei di particolare importanza.

ESPANSIONE L'organizzazione dei ministeri

competenze in campo

1 Completa lo schema

ORGANI DEL GOVERNO

- previsti dalla Costituzione
  - Presidente del ....
  - Consiglio dei ....
  - ....
- previsti dalla legge
  - vice ....
  - sottosegretari
  - Consiglio di ....
  - comitati ....
  - commissari ....

ESERCIZIO INTERATTIVO

2 ●●● **Osserva e rifletti**

L'immagine si riferisce alla sede del Ministero dell'Interno. Quali sono i compiti del relativo ministro, che è un ministro con portafoglio?

3 ●●● **Spiega la differenza**

1. Ministri con portafoglio e senza portafoglio
2. Viceministri e sottosegretari
3. Consiglio dei ministri e Consiglio di gabinetto

4 ●●● **Ricerca**

Nel 2013 venne nominato un nuovo commissario straordinario del Governo per le persone scomparse. Ricerca quali specifici compiti vennero riconosciuti a tale commissario.

mi riguarda perché...

SPUNTO DI RIFLESSIONE

Le attività dei ministri si ripercuotono in maniera concreta sulla tua vita quotidiana. Pensa alle decisioni che il Ministero dell'Istruzione, dell'Università e della Ricerca adotta nei confronti del mondo scolastico; esse possono riguardare la manutenzione degli edifici, la tutela della sicurezza, la dotazione tecnologica, la preparazione e la competenza degli insegnanti e così via.

Detto da... Stefania Giannini

"È sì vero che il nostro sistema dell'istruzione ha difetti e insufficienze: ma se poi i ragazzi che ne escono diventano brillanti studiosi o brillanti imprenditori, se si muovono nel mondo come cervelli ambiti, allora vuol dire che la scuola italiana ha dentro e non fuori la soluzione dei suoi problemi: perché è un valore."

Come valuti le parole del ministro dell'Istruzione?

Educazione finanziaria – Le funzioni del ministro dell'Economia e delle Finanze

Ti sarà capitato tante volte di sentire citare il ministro dell'Economia e delle Finanze; data l'importanza che le questioni economiche assumono nella vita del Paese, è forse uno dei ministri più presenti sui mezzi di comunicazione. Ma di che cosa si occupa in concreto? Tra i compiti principali che competono al ministro dell'Economia e delle Finanze rientrano l'organizzazione e la gestione del Bilancio dello Stato, la cura della programmazione economica e finanziaria in modo da farla coincidere con gli obiettivi socio-economici decisi da tutto il Consiglio dei ministri, il coordinamento degli interventi del Governo in materia tributaria (per esempio aumentando, o diminuendo, le imposte dovute dai cittadini).

LEZIONE 2

Il processo di formazione del Governo

VIDEO START
L'importanza delle consultazioni presidenziali

AUDIOTESTO

Formazione del Governo e consultazioni Si procede alla **formazione di un nuovo Governo** ogni cinque anni, al rinnovo delle Camere, oppure quando quello precedente si è dimesso.
Spetta al Capo dello Stato, attraverso specifiche **consultazioni**, il delicato compito di nominare la persona che guiderà il Governo. A tale scopo incontra gli ex Presidenti della Repubblica, i Presidenti delle due Camere e i leader dei partiti presenti in Parlamento. Individua in tal modo l'esponente politico che ritiene più idoneo (che corrisponde, nella pratica, al leader designato dalla coalizione politica che ha vinto le elezioni) e gli affida l'incarico di formare il Governo. Le consultazioni presidenziali non costituiscono un obbligo giuridico, ma sono frutto di una consuetudine politica.

Memo LESSICO
Il termine ▸**giuramento** ha origine dal sostantivo latino *iuramentum*, derivato a sua volta dal verbo *iurare* ("affermare con giuramento"), e corrisponde a una dichiarazione in forma solenne tramite cui una persona afferma la verità di determinati fatti o si impegna a rispettare una promessa.

Accettazione, nomina e giuramento La persona incaricata *accetta* normalmente *con riserva*, verifica cioè, attraverso proprie consultazioni, se riesce effettivamente a formare un Governo che trovi il consenso dei partiti della maggioranza; se non gli è possibile, rinuncia all'incarico che il Presidente della Repubblica affiderà ad altri. Se, invece, si palesa la possibilità di formare il Governo, egli, recatosi dal Presidente della Repubblica, *scioglie la riserva* e *viene nominato* dal Capo dello Stato *Presidente del Consiglio*.
Procede poi, in seguito a una serie di consultazioni, alla scelta dei ministri, che riceveranno a loro volta la nomina dal Presidente della Repubblica. Dopo la nomina, il Presidente del Consiglio e i ministri prestano ▸**giuramento** davanti al Capo dello Stato: questo è il momento in cui il nuovo Governo entra in carica, per quanto le sue funzioni si limitino, in questa fase, agli atti di ordinaria amministrazione o che abbiano carattere di urgenza.

Memo
Le ▸**mozioni** sono atti attraverso cui si provoca un dibattito parlamentare tra i componenti della Camera e i membri del Governo.

Programma e mozione di fiducia La procedura di formazione del Governo richiede, infatti, un ulteriore passo fondamentale: il Governo, per poter operare pienamente, deve ottenere la *fiducia* del Parlamento, come prevede il co. 1, art. 94 Cost.: «Il Governo deve avere la fiducia delle due Camere». A tale scopo, entro dieci giorni dal giuramento, il Presidente del Consiglio deve presentarsi davanti a ciascuna Camera, in sede separata, ed esporre il proprio **programma**, che illustra il modo in cui il Governo intende procedere nella sua attività.
In ogni Camera, dopo la presentazione del programma governativo, si svolge un dibattito che si conclude con la votazione della ▸**mozione di fiducia**, cioè di un documento in cui la Camera dichiara di approvare i progetti del Governo e gli riconosce fiducia. Questa fiducia deve poi permanere nei rapporti tra Parlamento e Governo, altrimenti si verifica una *crisi di governo*.

La questione di fiducia Non si deve fare confusione tra i concetti di *mozione di fiducia* e *questione di fiducia*. La prima, come abbiamo visto, si riferisce al consenso e al sostegno che la maggioranza parlamentare manifesta verso il programma politico del Governo. Si tratta pertanto di un atto attraverso il quale il Parlamento esercita un *controllo politico* sull'attività del Governo. La **questione di fiducia**, invece, consiste in una condizione che il Governo talora pone al Parlamento per far approvare un disegno di legge o per far convertire in legge un decreto legge: il Governo minaccia le dimissioni, e quindi l'apertura di una crisi politica, se la maggioranza parlamentare non voterà favorevolmente la sua proposta. In pratica, attraverso la questione di fiducia, il Governo chiede al Parlamento di rinnovare la fiducia che gli era stata inizialmente concessa.
Mentre la mozione di fiducia è prevista dalla Costituzione, la questione di fiducia è frutto di una consuetudine che si è instaurata nell'ambito dei rapporti tra il Governo e il Parlamento.

ESPANSIONE
La formazione del Governo in altri Paesi dell'Unione europea

competenze in campo

1 Completa lo schema

DIDATTICA INCLUSIVA

FORMAZIONE DEL GOVERNO

FASE 1: Il Capo dello Stato si consulta con gli .... , con i Presidenti delle Camere e con i leader dei .... presenti in Parlamento

FASE 2: Il Capo dello Stato .... la persona individuata di formare il Governo e, se questa accetta, lo nomina ....

FASE 3: Il Presidente del Consiglio e i .... da lui scelti prestano .... davanti al Capo dello Stato

FASE 4: Il Governo si presenta davanti alle Camere per ottenere la .... del .... sul proprio programma

ESERCIZIO INTERATTIVO

2 ●●● **Completa le frasi**

ESERCIZIO INTERATTIVO

1. La mozione di fiducia è un .... in cui la .... dichiara di approvare i progetti del .... e gli riconosce ....
2. La questione di fiducia consiste in una .... che il Governo pone al .... per far approvare un .... di legge o per far convertire in legge un .... legge.

3 ●●● **Risolvi il caso**

In seguito alle elezioni politiche, il partito A ottiene la maggioranza dei seggi in Parlamento. Il Presidente della Repubblica, procedendo alla formazione del nuovo Governo come la consuetudine richiede, decide di affidare il ruolo di Presidente del Consiglio a un esponente del partito B, ritenendolo particolarmente idoneo a guidare l'esecutivo in un momento molto delicato per l'economia del Paese.
È legittima la decisione del Capo dello Stato?

mi riguarda perché...

SPUNTO DI RIFLESSIONE

Ti sarai reso conto dell'importante ruolo che il Presidente della Repubblica ricopre nel processo di formazione del Governo. Tale ruolo è davvero rilevante per le sue caratteristiche di mediazione tra i partiti politici, in modo che il potere esecutivo possa essere esercitato da un Governo il più possibile condiviso e quindi in grado di realizzare il proprio programma.

Le tue domande — Che cos'è un Governo tecnico?

Normalmente la composizione del Governo ha natura politica, in quanto i suoi componenti sono scelti tra gli esponenti della maggioranza parlamentare, in modo da favorire il rapporto di fiducia tra Parlamento e Governo, necessario nelle repubbliche parlamentari come la nostra.
A volte, però, quando vi è particolare difficoltà a individuare una maggioranza sicura, il Capo dello Stato può ricorrere a un **Governo tecnico**, composto da **persone non appartenenti al Parlamento** e scelte in base alle loro specifiche competenze in determinati settori. Solitamente i Governi tecnici rimangono in carica fino alla successiva fase elettorale. Il caso più recente di Governo tecnico è stato quello guidato da Mario Monti, tra il novembre del 2011 e l'aprile del 2013.

FOCUS — L'obbligo del giuramento per i membri del Governo

Il giuramento rappresenta l'espressione del **dovere di fedeltà** (art. 54 Cost.) che ricade su tutti i cittadini e, in modo particolare, su coloro che svolgono funzioni pubbliche fondamentali. Per questa ragione, prima di assumere le loro funzioni, il Presidente del Consiglio e i ministri devono prestare giuramento di fronte al Presidente della Repubblica (art.93 Cost.) secondo la formula rituale indicata dal co. 3, art. 1, l. n. 400/88: «Giuro di essere fedele alla Repubblica, di osservarne lealmente la Costituzione e le leggi e di esercitare le mie funzioni nell'interesse esclusivo della nazione».

Da www.governo.it

LEZIONE 3

Le funzioni del Governo

VIDEO START
Le leggi delega

AUDIOTESTO

La funzione politica Il Governo ha come primaria attribuzione la **funzione di indirizzo politico** e, attraverso di essa, esercita il ruolo di guida del Paese. In tal senso interviene sulla situazione generale dello Stato, con particolare riferimento agli aspetti economici e sociali, per sanarla, migliorarla o mantenerla in equilibrio secondo le diverse necessità. Il Governo ha pertanto il difficile compito di analizzare il quadro del Paese, di individuare gli obiettivi che intende raggiungere e di elaborare, in funzione di essi, specifiche scelte.

ESEMPIO Il sostegno dell'attività produttiva, il problema della disoccupazione, il controllo e l'indirizzo della spesa pubblica, i problemi collegati alla criminalità sono alcuni dei settori verso cui si rivolge prioritariamente l'azione d'intervento politico del Governo.

Tra i poteri attribuiti al Governo affinché possa realizzare la sua funzione di indirizzo politico rientrano anche l'iniziativa legislativa, l'emanazione di decreti legge e di decreti legislativi, l'impostazione della politica estera.

Memo
Un ▸**ministro con portafoglio** è titolare di un ramo della Pubblica amministrazione (come Sanità, Istruzione, Difesa...), di cui coordina le attività attraverso numerosi uffici e dipendenti.

La funzione esecutiva Una fondamentale attribuzione del Governo è il **potere esecutivo** o **amministrativo**, che consiste nella direzione, attraverso l'operato dei ▸ministri con portafoglio, dei settori della Pubblica amministrazione. Con questa funzione il Governo mette in pratica le azioni decise nel ruolo di indirizzo politico, predisponendo tutti i mezzi necessari per realizzare gli obiettivi prefissati.

L'attività normativa Il Governo ha, infine, **potere normativo**, cioè la facoltà di emettere norme finalizzate a tradurre in pratica le decisioni prese nell'ambito della funzione di indirizzo politico. Il potere normativo è esercitato attraverso l'emanazione di *decreti legge*, di *decreti legislativi* e di *regolamenti*.

I decreti legge I **decreti legge** sono provvedimenti aventi forza di legge che il Governo può emanare di propria iniziativa nei casi di necessità e di urgenza. Il decreto legge viene deliberato dal Consiglio dei ministri, promulgato dal Presidente della Repubblica e pubblicato sulla Gazzetta Ufficiale. Data l'urgenza che ne determina l'emanazione, il decreto entra in vigore lo stesso giorno della pubblicazione; deve poi subito essere presentato alle Camere e queste devono convertirlo in legge entro sessanta giorni, altrimenti il decreto decade e perde tutti i suoi effetti.

Memo LESSICO
Il termine ▸**delega** è riconducibile al verbo latino *delegare*, che significa "dare un incarico per mezzo di un patto o di un contratto"; da qui ha assunto il significato più ampio di "incaricare", "investire del potere di rappresentanza".

I decreti legislativi Mentre i decreti legge vengono emanati dal Governo di propria iniziativa, i **decreti legislativi** sono atti aventi forza di legge emessi dal Governo su richiesta specifica del Parlamento. Quando le Camere devono predisporre una legge su materie complesse o che richiedono particolare competenza tecnica, possono chiedere l'intervento del Governo attraverso una **legge ▸delega**, con cui trasferiscono al Governo il compito di legiferare su quell'argomento. La legge delega deve indicare la materia su cui deliberare e i criteri cui il Governo deve attenersi nella stesura della normativa. Il Governo, attraverso i ministri competenti, predispone il decreto, lo discute in sede di Consiglio dei ministri e lo presenta al Presidente della Repubblica per l'emanazione e la pubblicazione sulla Gazzetta Ufficiale. Il decreto legislativo entra in vigore, come le leggi ordinarie, quindici giorni dopo la pubblicazione.

ESPANSIONE
L'uso dei decreti legge in epoca fascista

I regolamenti Il Governo può emanare anche **regolamenti**, che si distinguono fondamentalmente in *regolamenti esecutivi* e *regolamenti di organizzazione*. I **regolamenti esecutivi** hanno lo scopo di dare attuazione ai decreti legge e ai decreti legislativi, spiegandone in dettaglio le disposizioni. I **regolamenti di organizzazione** disciplinano il funzionamento degli uffici pubblici.

competenze in campo

1 Completa lo schema

FUNZIONI DEL GOVERNO

- funzione ....
  - .... politico e guida del Paese
- funzione ....
  - direzione dei settori della ....
- funzione ....
  - emanazione di decreti legge, decreti .... e ....

ESERCIZIO INTERATTIVO

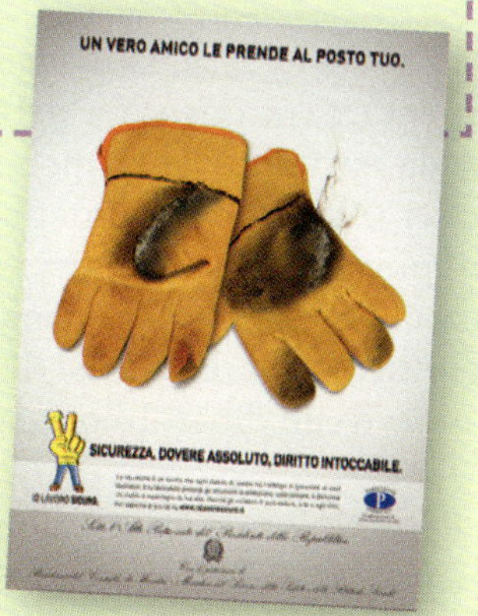

2 **Osserva e rifletti**

L'immagine si riferisce alla promozione di una campagna volta a tutelare la sicurezza sul lavoro. In quale funzione del Governo rientra tale attività?

3 **Completa le frasi**

ESERCIZIO INTERATTIVO

1. La funzione esecutiva del Governo consiste nella .... dei settori della Pubblica .... e compete ai ministri con .... Questa funzione, denominata anche funzione ...., consiste nel mettere in pratica le .... adottate dal .... nel ruolo di .... politico.
2. Il decreto .... è emanato nei casi di necessità e di urgenza ed entra in vigore il giorno stesso della ....; il Parlamento deve convertirlo in legge entro .... giorni, altrimenti esso ....

4 **Ricerca**

In quale articolo della Costituzione viene riconosciuto al Governo il potere di emanare, in circostanze particolari, decreti legge?

mi riguarda perché...

SPUNTO DI RIFLESSIONE

Le disposizioni costituzionali in materia di decreti legge presentano una doppia tutela per noi cittadini; in primo luogo perché nei casi di effettiva urgenza non si devono aspettare i lunghi tempi legislativi del Parlamento; in secondo luogo perché il Governo non deve abusare di questo strumento normativo, in quanto sottoposto al controllo delle Camere e non riproponibile in caso di bocciatura.

Lavorare insieme

- Suddividetevi in gruppi in base alle indicazioni dell'insegnante.
- Ipotizzate una situazione di emergenza e necessità, scegliendola tra più alternative proposte dai componenti del gruppo in attività di brainstorming.
- Predisponete il testo di un decreto legge per fronteggiare la situazione ipotizzata, ispirandovi al contenuto di un vero decreto legge (potete reperirlo dal sito del Parlamento, www.parlamento.it, cliccando su "leggi").
- Ognuno dei membri del gruppo dovrà avere un compito concordato democraticamente con gli altri partecipanti.

Spazio multiculturale — Il potere esecutivo negli USA

Negli Stati Uniti d'America, il potere esecutivo fa capo al Presidente e ai suoi più stretti collaboratori, che insieme costituiscono la cosiddetta *administration*. Il Presidente dispone dell'apparato amministrativo federale e ha la possibilità di promulgare *executives orders* (ordini esecutivi) che hanno forza di legge (come i decreti legge di emanazione del nostro Governo).

LEZIONE 4

Le crisi di governo

VIDEO START
Il ruolo del Capo dello Stato nelle crisi di governo

AUDIOTESTO

L'articolo 94: la mozione di sfiducia Dispone il co. 5, art. 94 Cost.: «La mozione di sfiducia deve essere firmata da almeno un decimo dei componenti della Camera e non può essere messa in discussione prima di tre giorni dalla sua presentazione».
Se il Parlamento non approva più l'operato del Governo, può presentare una **mozione di sfiducia**; si tratta di un documento che esprime la mancanza di accordo delle Camere sul comportamento politico del Governo.
La mozione di sfiducia deve essere firmata da almeno un decimo dei componenti di una Camera, deve essere motivata e viene votata per appello nominale, cioè a scrutinio palese.

Memo LESSICO
Il termine ▸**crisi** (qui riferito alla caduta del Governo) è riconducibile al sostantivo greco *krisis* ("scelta", "giudizio"), a sua volta derivato dal verbo *krinein*, che significa "separare", "giudicare".

Le crisi parlamentari Nel caso in cui la mozione di sfiducia sia approvata dalla maggioranza dei membri di una Camera si apre una ▸**crisi di governo parlamentare**, che comporta obbligatoriamente le dimissioni del Governo in carica.
La mozione di sfiducia può essere richiesta e votata, oltre che nei confronti dell'intero Governo, verso uno o più ministri, che perdono il proprio incarico e devono essere sostituiti su designazione del Presidente del Consiglio.

ESEMPIO Nel corso del 2014 furono presentate alla Camera dei deputati, in occasioni successive, due mozioni di sfiducia verso il ministro dell'Interno Angelino Alfano. Le mozioni furono respinte dalla maggioranza.

Le crisi extraparlamentari Nel nostro Paese, la maggior parte delle crisi di governo non ha avuto natura parlamentare, in quanto a determinarle non è stato un voto di sfiducia espresso da una o da entrambe le Camere. È possibile infatti che il Governo, attraverso il Presidente del Consiglio, si dimetta volontariamente, prevenendo un voto di sfiducia. Tale comportamento può essere determinato dalla rottura dell'accordo tra i partiti che formano il Governo e dalla consapevolezza che non esiste più l'appoggio della maggioranza politica. Si parla di **crisi di governo extraparlamentari** quando queste nascono al di fuori di un dibattito originatosi in Parlamento.

Il ruolo del Capo dello Stato Il Presidente della Repubblica, ricevute le dimissioni del Governo, ha fondamentalmente due possibilità:

1. se la crisi ha natura extraparlamentare, può invitare il Governo a presentarsi davanti alle Camere, allo scopo di verificare la possibilità o meno di superare la crisi;
2. può prendere atto delle dimissioni, riservandosi di accettarle. Non può infatti accettarle in via immediata perché in tal caso verrebbero a cessare le funzioni dei ministri in carica e il Paese si troverebbe senza Governo e, di conseguenza, senza la guida delle funzioni amministrative.

La soluzione della crisi Il Capo dello Stato può cercare di risolvere la crisi attraverso la formazione di un nuovo Governo, se ciò si rivela possibile. In caso contrario, scioglie le Camere prima della scadenza della legislatura, indicendo elezioni politiche anticipate.
In ogni caso, il Governo uscente rimane in carica fino alla nomina del Governo successivo, pur limitando la propria attività agli atti di ordinaria amministrazione.

CASO L'Italia è in attesa della formazione di un nuovo Governo, perché quello precedente si è dimesso. Può il Governo dimissionario occuparsi del pagamento delle retribuzioni dei dipendenti dello Stato o si deve attendere l'entrata in carica del nuovo esecutivo?
■ *Sì, può occuparsene, perché si tratta di un atto di ordinaria amministrazione.*

competenze in campo

1 Completa lo schema

CRISI DI GOVERNO

- parlamentari → provocate da una .... di ....
- .... → nascono al di fuori di un .... parlamentare

ESERCIZIO INTERATTIVO

2 Osserva e rifletti

L'immagine (tratta dal sito di R.ETE., organizzazione che unisce diverse associazioni di imprese) si riferisce a un'inserzione pubblicitaria comparsa qualche anno fa su un quotidiano nazionale per evitare la crisi del Governo allora in carica. Che cos'è una crisi di governo? Che cosa può succedere in seguito a essa?

3 Completa le frasi

ESERCIZIO INTERATTIVO

1. La mozione di sfiducia è un .... presentato dai membri di una .... con cui si esprime la mancanza di .... sull'operato del ....
2. La mozione di sfiducia deve essere .... e deve essere firmata da almeno un .... dei .... di una Camera.
3. Quando la crisi di governo non è determinata da un voto di .... espresso da una o da entrambe le .... si parla di crisi ....
4. Se la crisi di governo non si conclude con la formazione di un nuovo .... il Presidente della Repubblica .... le Camere e indice le elezioni ....

mi riguarda perché...

SPUNTO DI RIFLESSIONE

Le regole vigenti in materia di crisi di governo evidenziano ancora una volta la grande importanza per i cittadini del ruolo di equilibrio che il Presidente della Repubblica è chiamato a svolgere. È suo compito, infatti, valutare con competenza la situazione politica e decidere se sia conveniente, nell'interesse del Paese, procedere alla formazione di un nuovo Governo ovvero sciogliere anticipatamente le Camere, chiamando al voto gli italiani.

FOCUS Le principali cause delle crisi extraparlamentari

Quali sono le più frequenti ipotesi di crisi di governo extraparlamentari? Possiamo individuarne principalmente tre:

- la morte o il verificarsi di un impedimento permanente del Presidente del Consiglio, o la sua decisione irrevocabile di dimettersi per ragioni personali;
- ragioni di coalizione, quando si determina un conflitto insanabile tra i partiti che guidano il Paese;
- nuove elezioni parlamentari; quando scade la legislatura, il Governo, legato dal rapporto di fiducia alle Camere precedenti, presenta per correttezza politica le proprie dimissioni. In questo caso può verificarsi che le nuove Camere, se le elezioni non hanno modificato gli assetti della maggioranza, rinnovino la fiducia al Governo dimissionario.

Le tue domande: Che cosa si intende per rimpasto del Governo?

Può verificarsi che una situazione di difficoltà del Governo venga risolta, anziché con il ricorso a una crisi politica, con il cosiddetto **rimpasto**, che corrisponde alla sostituzione di uno o più ministri senza dover intaccare la struttura del Governo. La decisione viene assunta dal Presidente del Consiglio e può avere diverse motivazioni, tra cui le più frequenti sono le dimissioni di un ministro per dissenso verso la linea politica del Governo o il suo comportamento fortemente critico. Il Presidente del Consiglio propone il nuovo o i nuovi ministri, che vengono poi nominati ufficialmente dal Presidente della Repubblica; il Governo, modificato nella sua composizione, deve poi presentarsi alle Camere per la fiducia.

LEZIONE 5

La responsabilità dei ministri

VIDEO START
Le competenze del Tribunale dei ministri

AUDIOTESTO

Gli ambiti di responsabilità I ministri sono responsabili delle azioni compiute nell'esercizio delle loro funzioni, oltre che in sede *politica*, anche in sede *penale*, *civile* e *amministrativa*.

Memo LESSICO
Il termine ▸ **dicastero**, che indica un ministero, ha origine dal greco *dikasterion* ("tribunale"), a sua volta riconducibile al sostantivo *dike* ("giustizia").

La responsabilità politica Il Governo, sia nella sua composizione collegiale sia nell'individualità dei suoi componenti, è **politicamente responsabile** del proprio operato di fronte al Parlamento. La responsabilità politica risulta, in particolare, dal co. 2, art. 95 Cost.: «I ministri sono responsabili collegialmente degli atti del Consiglio dei ministri, e individualmente degli atti dei loro ▸ dicasteri». La maggioranza dei parlamentari, pertanto, può costringere alle dimissioni l'intero Governo oppure un singolo ministro.

La responsabilità penale I ministri possono incorrere in **responsabilità penale**, come risulta dall'art. 96 Cost., che dispone: «Il Presidente del Consiglio dei ministri e i ministri, anche se cessati dalla carica, sono sottoposti, per i reati commessi nell'esercizio delle loro funzioni, alla giurisdizione ordinaria, previa autorizzazione del Senato della Repubblica o della Camera dei deputati, secondo le norme stabilite con legge costituzionale».
Per i reati commessi come privati cittadini i ministri sono sottoposti alle regole comuni. Diversamente per i *reati ministeriali* (compiuti proprio in quanto membri del Governo), perché possa aver luogo un processo a loro carico è necessaria l'autorizzazione della Camera di appartenenza se, oltre che ministri, sono anche parlamentari, oppure del Senato se non fanno parte del Parlamento.
L'autorizzazione parlamentare è preceduta da accertamenti condotti da un collegio di magistrati (il *Tribunale dei ministri*) che, al termine delle indagini preliminari, può decidere l'archiviazione del caso, se non si riscontrano elementi di colpevolezza, oppure può disporre la trasmissione degli atti al Presidente della Camera competente. Questa potrà negare l'autorizzazione a procedere, qualora ritenga che il ministro sotto accusa abbia operato per tutelare un rilevante interesse dello Stato o per perseguire un interesse pubblico. Se invece l'autorizzazione viene concessa, il processo contro il ministro si terrà davanti al giudice ordinario.

La responsabilità civile I ministri, come tutti i cittadini, sono **civilmente responsabili** dei danni che provocano a persone o cose, in base alle disposizioni dell'art. 2043 c.c.: «Qualunque fatto doloso o colposo, che cagiona ad altri un danno ingiusto, obbliga colui che ha commesso il fatto a risarcire il danno». In pratica i ministri rispondono delle conseguenze degli atti da loro commessi in condizione di *dolo*, cioè intenzionalmente, o di *colpa*, identificabile con atteggiamenti negligenti o imprudenti. Anche in questo caso sono sottoposti al giudizio della Magistratura ordinaria.

La responsabilità amministrativa È possibile che un ministro provochi un danno allo Stato (pensiamo al caso di appropriazione di denaro pubblico); in questa ipotesi, oltre alla responsabilità penale, egli incorre in **responsabilità amministrativa**, che lo obbliga a risarcire i danni allo Stato.
L'organo competente a giudicare in materia di responsabilità amministrativa è la *Corte dei conti*.

CASO Un ministro viene accusato di avere intascato una tangente per aver favorito l'assunzione di una persona nella Pubblica amministrazione. A quali conseguenze si espone?
■ *Avendo commesso un reato, potrà essere denunciato e sottoposto a processo davanti al magistrato competente in seguito ad autorizzazione parlamentare.*

ESPANSIONE
Esempi di reati ministeriali

competenze in campo

1 Completa lo schema

DIDATTICA INCLUSIVA

ESERCIZIO INTERATTIVO

RESPONSABILITÀ DEI MINISTRI

- **responsabilità politica:** nei confronti del ....
- **responsabilità** .... **:** per .... commessi nell'esercizio delle proprie ....
- **responsabilità civile:** per .... causati ad altri in seguito a comportamenti .... o colposi
- **responsabilità** .... **:** per danni procurati allo ....

2 ●●● **Osserva e rifletti**

L'immagine si riferisce a una seduta della Corte dei conti. Quale competenza ha questo organo dello Stato nei confronti dei ministri della Repubblica?

3 ●●● **Individua il termine**

ESERCIZIO INTERATTIVO

1. È l'organo verso cui sono politicamente responsabili i ministri: ....
2. Quello "dei ministri" conduce i primi accertamenti su un ministro accusato di reato: ....
3. È il tipo di responsabilità in cui, come tutti i cittadini, possono incorrere i ministri per danni provocati a cose o a persone: ....

4 ●●● **Risolvi il caso**

Sebbene la maggioranza parlamentare sia soddisfatta del Governo in carica, molte perplessità riguardano invece il ministro delle Infrastrutture e dei Trasporti, in quanto ha adottato provvedimenti non condivisi da molti deputati. Che cosa potrà succedere?

mi riguarda perché...

SPUNTO DI RIFLESSIONE

Puoi collegare il fatto che i ministri siano sottoposti alla giustizia ordinaria, in caso di accuse penali, alle disposizioni dell'art. 54 Cost., secondo cui i soggetti cui sono affidate funzioni pubbliche devono adempierle con disciplina e onore, nell'ottica della fedeltà alla Repubblica.

Le tue domande — Quali sono i più diffusi reati ministeriali?

Tra i principali reati che possono essere compiuti da un membro del Governo, definiti *reati ministeriali*, si possono individuare:

- la *corruzione*, che consiste nel ricevere denaro o altri compensi per compiere, ovvero astenersi dal compiere, determinati atti d'ufficio;
- il *peculato*, che corrisponde all'appropriazione di denaro o di altri beni di cui si ha il possesso in ragione dell'esercizio della propria funzione;
- l'*abuso di ufficio*, che ricorre se ci si procura un ingiusto vantaggio di natura patrimoniale violando norme giuridiche;
- la *concussione*, che consiste nell'abuso dei propri poteri per indurre altre persone a dare o promettere denaro o altri benefici.

Educazione finanziaria — Il ruolo della Corte dei conti

La **Corte dei conti** è un organo cui è affidato il compito di *controllare il Bilancio dello Stato e degli altri enti pubblici*, per verificare che la gestione delle entrate e delle spese sia conforme alla legge. Ha inoltre il potere di *controllare l'operato dei soggetti che gestiscono il denaro o i beni pubblici* e di condannarli al risarcimento in caso di danni arrecati allo Stato. La sua presenza nel nostro ordinamento, come organo che controlla la gestione delle risorse pubbliche, che sono beni comuni della collettività, risponde ai principi costituzionali della regolarità dell'attività amministrativa e della democrazia.
La Corte dei conti è un organo indipendente e autonomo rispetto al Parlamento e al Governo e opera nell'interesse sia della Pubblica amministrazione sia della cittadinanza.

Il Governo "trasparente"

Come si accede alle attività della PA?

"Il principale obiettivo è di accompagnare le amministrazioni, anche attraverso il coinvolgimento diretto dei cittadini, nel miglioramento continuo della qualità delle informazioni online e dei servizi digitali."

Da www.funzionepubblica.gov.it

La trasparenza nella Pubblica amministrazione

In base al decreto legislativo n. 33/2013, gli organi della Pubblica amministrazione sono tenuti a permettere ai cittadini di conoscere il proprio operato, nel rispetto del principio della democrazia. In particolare **devono rendere accessibili le informazioni relative alla propria organizzazione e all'utilizzo delle risorse pubbliche**, obbligo che risulta di particolare importanza in tempi, come quelli attuali, dominati purtroppo da una diffusa corruzione. Deve inoltre essere garantita l'accessibilità delle informazioni, nel senso che chiunque può richiedere e ottenere documenti e dati in possesso della Pubblica amministrazione, tranne che nei casi espressamente previsti dalla legge per motivi di sicurezza. Si parla, in particolare, del **diritto di accesso civico**, che consiste nel diritto di ogni cittadino di esigere che gli organi pubblici pubblichino documenti e informazioni in loro possesso e non ancora divulgati.

Che cosa fa il Governo ai fini della trasparenza

■ **Internet e social network** Oggi esistono, per noi cittadini, strumenti di grande importanza per conoscere da vicino il Governo, nella sua composizione e nelle sue attività. Il primo tra tutti è Internet:

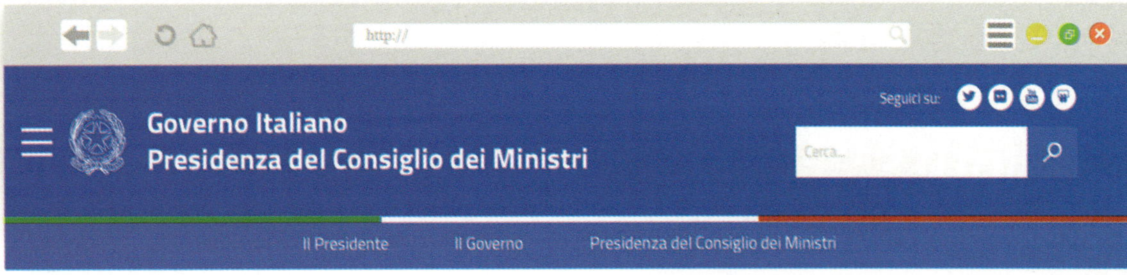

collegandoci al sito www.governo.it possiamo infatti ottenere tantissime informazioni, come quelle relative al Presidente del Consiglio, ai ministri nelle loro specifiche funzioni, ad argomenti in evidenza, a specifici approfondimenti. Sono poi utilizzabili i social network, in particolare *Twitter, YouTube, Flickr, Slideshare.*

■ **Provvedimenti** Nello spazio "**Provvedimenti**" presente nel sito governativo ogni cittadino può conoscere approfonditamente gli **atti normativi** del Governo, in particolare le deliberazioni del Consiglio dei ministri, le comunicazioni e i decreti del Presidente del Consiglio, i contenuti dei decreti legge e dei decreti legislativi.

■ **Governo informa** Di particolare interesse, nel sito del Governo, è la sezione "Governo Informa", che si pone come obiettivo di dare una risposta concreta alla normativa sulla trasparenza. Al suo interno si possono consultare i **Comunicati stampa**, da cui sono desumibili i principali provvedimenti adottati dal Consiglio dei ministri e le loro motivazioni di base. Di grande interesse sono gli **Approfondimenti**, grazie ai quali ogni cittadino ha la possibilità di approfondire argomenti di attualità e di conoscere le ragioni che hanno spinto il Governo a operare in un modo piuttosto che in un altro. Importanti sotto l'aspetto sociale ed educativo sono le **Campagne**

di comunicazione, volte a sensibilizzare la collettività su temi di interesse comune. Pensiamo, come esempio, a quelle sulla sicurezza stradale, sul rapporto tra alimentazione e tutela della salute, sulla prevenzione dei tumori, sulla lotta alla mafia, sulla donazione degli organi.

■ **Amministrazione trasparente**
A completare il quadro della trasparenza esiste il link specifico **Amministrazione trasparente**, in cui vengono date in modo chiaro informazioni sull'organizzazione e su diverse attività del Governo, tra cui quelle relative ai bandi di concorso, ai controlli sulle imprese, ai contratti, ai bandi di gara, alle sovvenzioni, ai sussidi, ai servizi erogati e agli interventi straordinari e di emergenza.

IL TUO PUNTO DI VISTA

1. In qualità di giovane cittadino, quali sono le informazioni cui vorresti avere accesso relativamente al Governo nazionale?
2. In base alle tue conoscenze ed esperienze, è realizzata adeguatamente l'amministrazione trasparente della Pubblica amministrazione e del Governo in particolare?
3. Quale rapporto puoi individuare tra la trasparenza amministrativa, così come concepita dalla legge, e la prevenzione della corruzione?

DIDATTICA INCLUSIVA

GOVERNO

Presidente del Consiglio
- convoca e presiede il Consiglio dei ministri
- coordina l'attività dei ministri
- mantiene l'unità dell'azione politica e amministrativa

Consiglio dei ministri

ministri (con o senza portafoglio)

responsabilità dei ministri:
- politica
- penale
- civile
- amministrativa

altri organi governativi:
- viceministri
- sottosegretari
- comitati interministeriali
- Consiglio di gabinetto
- commissari straordinari

FORMAZIONE DEL GOVERNO

- consultazioni del Presidente della Repubblica
- incarico alla persona individuata e, se accetta, sua nomina a Presidente del Consiglio
- giuramento del Presidente del Consiglio e dei ministri
- votazione della mozione di fiducia da parte del Parlamento

FUNZIONI DEL GOVERNO

funzione politica → indirizzo politico e guida del Paese

funzione esecutiva → direzione dei settori della Pubblica amministrazione

funzione normativa → emanazione di:
- decreti legge
- decreti legislativi
- regolamenti

CRISI DI GOVERNO

crisi parlamentari (originano da una mozione di sfiducia del Parlamento)

crisi extraparlamentari (originano al di fuori del dibattito parlamentare)

→ soluzione della crisi:
- nuovo Governo
- scioglimento delle Camere e nuove elezioni

PERCORSO 8 / Sintesi discorsiva

AUDIOSINTESI

LEZIONE 1 La composizione del Governo

Il **Governo** è l'organo titolare del **potere esecutivo** ed è formato dai partiti che risultano vincitori alle elezioni.
È composto, in base alla Costituzione, dal **Presidente del Consiglio**, che dirige la politica generale del Governo, dai **ministri**, che sono responsabili di specifici settori amministrativi, e dal **Consiglio dei ministri**, che è composto dal Presidente del Consiglio e dai ministri ed è l'organo che definisce la politica governativa.
Integrano la composizione del Governo i viceministri, i sottosegretari, il Consiglio di gabinetto, i comitati interministeriali e i commissari straordinari.

LEZIONE 2 Il processo di formazione del Governo

Un nuovo Governo viene formato ogni cinque anni, al rinnovo delle Camere, oppure quando quello precedente si dimette.
Il processo di formazione del Governo inizia con le **consultazioni presidenziali**, volte a individuare il soggetto più idoneo a ricoprire la carica di Presidente del Consiglio; prosegue con il **conferimento dell'incarico**, con la **nomina dei ministri** e con il **giuramento**. Per poter operare pienamente il Governo appena formato deve ottenere la fiducia delle Camere, attraverso l'approvazione della **mozione di fiducia**.

LEZIONE 3 Le funzioni del Governo

Il Governo ha come primaria attribuzione la **funzione di indirizzo politico**, ossia esercita il ruolo di guida del Paese.
Inoltre, in quanto titolare del **potere esecutivo**, dirige la Pubblica amministrazione per fornire servizi alla collettività.
Infine, il Governo esercita un **potere normativo**, che si sostanzia nell'emanazione di decreti legge (nei casi di necessità e di urgenza), di decreti legislativi (su richiesta del Parlamento, tramite legge delega) e di regolamenti.

LEZIONE 4 Le crisi di governo

Il Governo rimane normalmente in carica fino al termine della legislatura. Può però intervenire una **crisi di governo**, che può avere natura parlamentare o extraparlamentare.
Nel primo caso il Governo perde le proprie funzioni in seguito a una specifica votazione parlamentare, spesso provocata da una **mozione di sfiducia**. Nel secondo caso, che è prevalente, la crisi è provocata dalle dimissioni del Presidente del Consiglio.
La soluzione della crisi è affidata al Capo dello Stato, che può procedere alla formazione di un nuovo Governo oppure allo scioglimento anticipato del Parlamento.

Le nuove parole

Governo ▸ Organo titolare del potere esecutivo.
Government

Ministri ▸ Organi del Governo che dirigono un settore della Pubblica amministrazione (ministri con portafoglio) o cui sono affidate specifiche funzioni (ministri senza portafoglio).
Ministry

Mozione di fiducia ▸ Documento che, se approvato dal Parlamento, riconosce fiducia al Governo.
Confidence motion

Decreti legge ▸ Atti con forza di legge emanati di propria iniziativa dal Governo nei casi di urgenza e di necessità.
Decree law

Decreti legislativi ▸ Atti con forza di legge emanati dal Governo su richiesta, attraverso legge delega, del Parlamento.
Legislative decree

Crisi di governo ▸ Situazione in cui il Governo decade per un voto di sfiducia del Parlamento (crisi di governo parlamentare) o per le dimissioni volontarie del Presidente del Consiglio (crisi di governo extraparlamentare).
Crisis of government

Sintesi discorsiva

LEZIONE 5 La responsabilità dei ministri

I ministri sono **politicamente responsabili** del proprio operato: possono pertanto essere sfiduciati, collegialmente o individualmente, dal Parlamento. Nel caso in cui siano accusati di un reato, incorrono come tutti i cittadini in **responsabilità penale** e sono sottoposti alla giustizia ordinaria. Qualora provochino danni allo Stato sono **responsabili dal punto di vista amministrativo** e sono in tal caso sottoposti al giudizio della Corte dei conti. Come tutti i cittadini, infine, **rispondono civilmente** dei danni arrecati ad altri soggetti.

Tribunale dei ministri
▸ Organo che valuta la fondatezza delle accuse di natura penale rivolte a un ministro.
Court of Ministers

PERCORSO 8 / Verifica

VERIFICA INTERATTIVA — FLASHCARDS

Tutti devono sapere che...

1 Completa la tabella

ATTI NORMATIVI DEL GOVERNO	
Tipo di atto	**Caratteri**
Decreto legge	• deve rispondere ai requisiti dell'.......... e della .... • entra in vigore il giorno della .... • deve essere convertito in legge entro .... giorni a pena di decadenza
Decreto	• deve rispettare le indicazioni contenute nella .... delega • entra in vigore trascorsi .... giorni dalla ....
....	• ha lo scopo di dare attuazione ad altre norme (regolamento ....) • regolamenta il .... di uffici .... (regolamento di organizzazione)

Verifica le tue conoscenze di base

2 Scegli la risposta

1. Comprende i ministri e il Capo del Governo:
   - ☐ **a.** il comitato interministeriale
   - ☐ **b.** il Consiglio dei ministri
   - ☐ **c.** il Consiglio di gabinetto
   - ☐ **d.** il Consiglio di Governo

2. Sono atti normativi del Governo che si distinguono in esecutivi e di organizzazione:
   - ☐ **a.** i regolamenti
   - ☐ **b.** i decreti legislativi
   - ☐ **c.** i decreti delegati
   - ☐ **d.** i decreti legge

Verifica

3. Lo sono le crisi di governo provocate dal voto di sfiducia di una Camera:
   - [ ] a. monocamerali
   - [ ] b. extraparlamentari
   - [ ] c. parlamentari
   - [ ] d. governative

4. È il tipo di responsabilità in cui può incorrere un ministro se provoca danni allo Stato:
   - [ ] a. civile
   - [ ] b. amministrativa
   - [ ] c. penale
   - [ ] d. politica

5. Giudica i ministri accusati di reato:
   - [ ] a. la Corte dei conti
   - [ ] b. un Tribunale
   - [ ] c. il Consiglio di Stato
   - [ ] d. la Corte costituzionale

3 ●●● Vero o falso?

1. Il Presidente del Consiglio è eletto direttamente dal popolo. V F
2. La mozione di fiducia si indica anche come questione di fiducia. V F
3. La mozione di fiducia può essere proposta da ogni parlamentare. V F
4. I decreti legislativi entrano in vigore dopo il periodo di *vacatio legis*. V F
5. Le crisi di governo possono essere risolte solo con lo scioglimento anticipato delle Camere. V F

Potenzia le tue **abilità**

4 ●●● Trova la parola nascosta

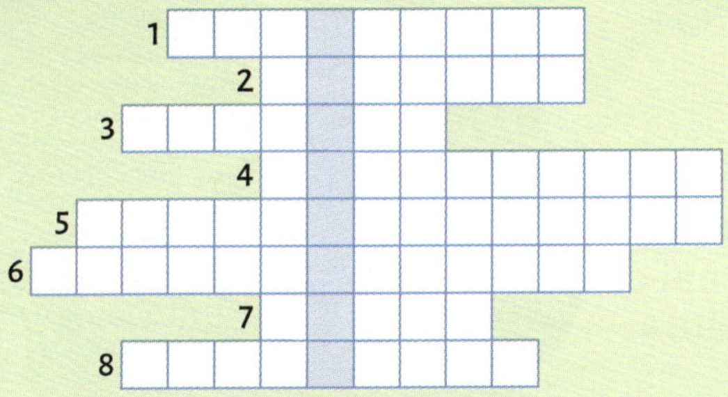

1. È una funzione del Governo, oltre a quella politica e a quella esecutiva. **2.** È il rapporto che deve esistere tra Parlamento e Governo. **3.** È una delle situazioni che giustificano l'emanazione di decreti legge da parte del Governo. **4.** Comporta l'entrata in carica del Governo. **5.** Collaborano con i ministri nell'esercizio delle loro funzioni. **6.** Vi procede normalmente il Capo dello Stato prima di conferire l'incarico di formazione del Governo. **7.** Quelle di governo possono essere parlamentari o extraparlamentari. **8.** Quello di gabinetto è un organo del Governo.

Sviluppa le tue **competenze**

5 ●●● Rispondi alle domande

1. Per quale motivo un Governo può ricorrere, nella presentazione al Parlamento di un disegno di legge o di un decreto legge, alla questione di fiducia?
2. Quali importanti e specifici poteri ha il Capo dello Stato al fine di risolvere una crisi di governo?

6 ●●● Risolvi i casi

1. Supponiamo che il 4 ottobre venga pubblicato sulla Gazzetta Ufficiale un decreto legge che sottopone a sanzioni pecuniarie chi sia sorpreso a fumare in qualsiasi luogo aperto al pubblico. Se il giorno successivo una persona venisse colta nell'atto di fumare, potrebbe essere punita? Perché?
2. Trenta deputati firmano una mozione di sfiducia nei confronti del Governo in carica. Può essere ritenuta valida tale mozione? Perché?
3. Un ministro è accusato di avere intascato una tangente per favorire l'assunzione di una persona nella Pubblica amministrazione. A quali conseguenze si espone?

7 ●●● Comprendi e rifletti

La "protezione" dei reati ministeriali

I condannati per reati ministeriali sono pochissimi. Le inchieste sui ministri sono regolate da una disciplina che alcuni giuristi paragonano a un "fossile legale" dei tempi del vecchio codice. "È una normativa tecnicamente incredibile: sembra fatta apposta per garantire l'impunità", sintetizza uno dei magistrati che hanno condotto le nuove inchieste.
Il privilegio più vistoso è l'autorizzazione a procedere: il ministro può essere processato solo con il permesso della Camera, se è un onorevole, o del Senato. Dietro questo muro legale trovano riparo anche i coimputati di ogni sorta: imprenditori, burocrati, faccendieri, eventuali complici mafiosi. Se il Parlamento nega l'autorizzazione, si salvano tutti.

Da espresso.repubblica.it

1. Condividi le riflessioni contenute nella lettura?
2. Saresti favorevole a facilitare le indagini giudiziarie nei confronti di un ministro accusato di reato, eliminando i controlli preventivi del Tribunale dei ministri e del Parlamento?

PERCORSO 9 diritto

La Pubblica amministrazione e gli enti locali

Incominciamo da te

Una situazione concreta **Un gruppo di cittadini di una Regione italiana raccoglie oltre 50 000 firme di maggiorenni e presenta al Consiglio regionale una proposta di legge relativa al tema dell'immigrazione.**
L'iniziativa prevede che gli stranieri extracomunitari, entrati regolarmente in Italia e che si sono stabiliti nel territorio della Regione, debbano rinnovare il permesso di soggiorno ogni tre mesi, anziché ogni due anni, allo scopo di monitorare con frequenza il loro corretto inserimento nella società.
Può essere accolta tale proposta?

! No, in quanto il tema dell'immigrazione rientra tra le materie che, in base alla Costituzione, sono riservate alla competenza dello Stato e che non sono pertanto derogabili a livello regionale.

Le 5 domande

1 Si sente spesso parlare della lentezza della Pubblica amministrazione: a che cosa ci si riferisce?

2 La Valle d'Aosta è una Regione a statuto speciale: che cosa significa?

3 Come si chiama il Sindaco del Comune in cui risiedi e quali sono, in base alle tue conoscenze, le sue principali funzioni?

4 Tra le imposte che i cittadini sono obbligati a pagare, ce ne sono alcune il cui gettito va ai Comuni di residenza: ne conosci qualcuna?

5 Indica alcuni servizi che sono forniti dal tuo Comune.

Il nostro percorso

CONOSCENZE

- Principi costituzionali di legalità, di riserva di legge, di efficienza e di imparzialità
- Principali servizi forniti dai Comuni
- Consiglio comunale, Giunta, Sindaco
- Enti di secondo livello e Città metropolitane
- Organi regionali: composizione e funzioni
- Leggi regionali

ABILITÀ

- Valutare l'effettiva applicazione dei principi costituzionali relativi alla Pubblica amministrazione
- Percepire i Comuni come enti vicini alla cittadinanza, pronti a dare voce alle istanze popolari
- Valutare l'operato degli amministratori comunali al fine della soddisfazione degli interessi della cittadinanza locale
- Comprendere le ragioni che hanno portato alla riforma delle Province e all'istituzione delle Città metropolitane
- Cogliere gli aspetti comuni e le differenze tra l'iter legislativo a livello nazionale e a livello regionale

LEZIONE 1

I principi costituzionali relativi alla Pubblica amministrazione

LEZIONE 2

I Comuni: le funzioni e gli organi

LEZIONE 3

Gli enti provinciali e le Città metropolitane

LEZIONE 4

Le Regioni: gli organi

LEZIONE 5

Le Regioni: la competenza legislativa

La competenza d'arrivo

Individuare le migliori strategie per un più efficiente funzionamento della Pubblica amministrazione; riconoscere nel federalismo in atto nel nostro Paese un rafforzamento del principio autonomista, nel costante rispetto dell'unità nazionale.

LEZIONE 1

I principi costituzionali relativi alla Pubblica amministrazione

VIDEO START
Migliorare la Pubblica amministrazione: si può

AUDIOTESTO

Le funzioni della Pubblica amministrazione La **Pubblica amministrazione (PA)** corrisponde all'attività svolta da determinati organi ed enti e diretta alla realizzazione concreta degli interessi pubblici individuati dal Parlamento e dal Governo.
Più precisamente, in *senso oggettivo* la Pubblica amministrazione si identifica con una serie di atti tramite i quali si soddisfano gli interessi generali della società civile. In *senso soggettivo* corrisponde all'insieme degli enti, degli organi e degli uffici che svolgono concretamente l'attività amministrativa. Questi soggetti operano sia a livello nazionale, come i ministri, sia a livello locale, come i Sindaci dei Comuni.

ESEMPIO La tutela della salute pubblica, realizzata attraverso specifiche strutture (quali gli ospedali), mezzi materiali (come la strumentazione diagnostica) e servizi (pensiamo alle prestazioni di medici e infermieri), rientra tra gli atti della Pubblica amministrazione intesa in *senso oggettivo*. Invece, il ministro della Salute, che dirige il settore sanitario a livello nazionale, fa parte della PA in *senso soggettivo*.

La Costituzione, negli artt. 23, 28 e 113, sancisce alcuni principi a cui la Pubblica amministrazione deve attenersi: i *principi di legalità, della ▸ riserva di legge, del buon andamento* e *di imparzialità*.

Memo
Il principio della **▸ riserva di legge** prevede che determinate materie possano essere disciplinate solo per legge.

Il principio di legalità La Pubblica amministrazione risponde al **principio di legalità**, in relazione al quale è soggetta alla legge e deve pertanto rispettare le norme dello Stato. Secondo questo principio, gli atti della Pubblica amministrazione sono legittimi solo se espressamente previsti dalla legge e se ne rispettano i limiti; in caso contrario le persone danneggiate da tali atti possono presentare ricorso al fine di ottenerne l'annullamento.

PODCAST
Articolo 97

Il principio della riserva di legge Collegato al principio di legalità è il **principio della riserva di legge** nell'organizzazione dei pubblici uffici, in base al quale l'istituzione degli uffici pubblici e la loro organizzazione possono essere disposte solo tramite legge.Tale principio è sancito nel co. 1, art. 97 Cost., che afferma: «I pubblici uffici sono organizzati secondo disposizioni di legge, in modo che siano assicurati il buon andamento e l'imparzialità dell'amministrazione».

Memo LESSICO
Il termine **▸ burocrazia** deriva dal francese *bureaucratie* e significa letteralmente "potere degli uffici"; in genere è riferito tanto al *potere amministrativo*, quanto al *complesso degli impiegati* che a questo potere danno esecuzione. Non di rado a questa espressione è associato il significato negativo di "formalismo eccessivo, lungaggine": nel nostro Paese, infatti, la Pubblica amministrazione è spesso accusata di inefficienza e disorganizzazione.

Il principio del buon andamento Il co. 1, art. 97 Cost. afferma il **principio del buon andamento** della Pubblica amministrazione, in relazione al quale l'organizzazione dei pubblici uffici deve essere improntata a criteri di efficienza, per garantire ai cittadini servizi adeguati ai loro bisogni e realizzati senza dispendio di eccessive risorse economiche. Il principio di *efficienza* si coniuga quindi strettamente con quello di *economicità*, da intendersi nel senso che l'attività amministrativa deve svolgersi in modo da impiegare i mezzi più idonei, ma anche meno costosi, per raggiungere i propri obiettivi.

Il principio di imparzialità L'art. 97 afferma anche il **principio di imparzialità**, secondo cui gli organi della Pubblica amministrazione devono trattare tutti i cittadini in modo imparziale, senza effettuare alcuna discriminazione.

La burocrazia Il confronto tra i principi espressi dalla Costituzione e la realtà desta tuttavia qualche perplessità, in considerazione del fatto che molti cittadini lamentano la lentezza e l'inadeguatezza dell'attività amministrativa italiana, spesso indicata, con tono decisamente negativo, con il termine ▸**burocrazia**.
Nel corso degli ultimi anni sono state emanate alcune norme che contengono un piano di interventi per semplificare e rendere più efficiente l'amministrazione pubblica, soprattutto attraverso l'uso delle nuove tecnologie.

competenze in campo

1 Completa lo schema

DIDATTICA INCLUSIVA

ESERCIZIO INTERATTIVO

PRINCIPI COSTITUZIONALI RELATIVI ALLA PUBBLICA AMMINISTRAZIONE

- .... : obbligo di rispettare la .... nell'espletamento della funzione amministrativa
- **imparzialità**: divieto di .... i cittadini
- **riserva di** .... : l'organizzazione dei pubblici .... può essere disposta solo tramite ....
- **buon** .... : .... ed .... dell'attività amministrativa

2 **Osserva e rifletti**

Ci si lamenta spesso delle lunghe code che si devono fare negli uffici pubblici e si auspica una loro maggiore efficienza. A quale principio costituzionale relativo alla Pubblica amministrazione possiamo collegare tale richiesta?

3 **Risolvi il caso**

Serena B., neodiplomata, partecipa a un concorso pubblico per l'assegnazione di un incarico di impiegato comunale. Durante le prove di selezione si accorge che un membro della commissione giudicante fornisce a un altro candidato un foglio con le risposte ai quesiti della prova orale. Serena può fare ricorso? In base a quale principio costituzionale?

mi riguarda perché...

SPUNTO DI RIFLESSIONE

Nella vita quotidiana abbiamo spesso a che fare con gli uffici della Pubblica amministrazione, per esempio perché abbiamo bisogno di una certificazione, e non sempre ne siamo soddisfatti. Questa situazione ha reso necessario attuare percorsi di riforma volti a concretizzare il principio costituzionale di efficienza.

FOCUS L'amministrazione digitale

Allo scopo di migliorare i servizi offerti a cittadini e imprese, dal 2011 opera il **nuovo CAD** (Codice dell'amministrazione digitale), che si propone di adeguare l'attività della Pubblica amministrazione all'**evoluzione tecnologica** in atto. Il CAD fornisce alla collettività gli strumenti per interagire con la PA attraverso Internet o la posta elettronica; tutte le amministrazioni, infatti, hanno l'obbligo di organizzarsi per rendere accessibili informazioni e servizi in modalità digitale. In particolare, la Pubblica amministrazione deve utilizzare la **posta elettronica certificata**, che ha il valore legale di raccomandata; i pagamenti alla PA possono essere effettuati attraverso carte di credito o altri strumenti di pagamento elettronico; viene destinato alle imprese uno sportello unico telematico volto a snellire le pratiche burocratiche.

Lavorare insieme

- Suddividetevi in gruppi in base alle indicazioni dell'insegnante.
- All'interno di ogni gruppo verificate i più recenti interventi di riforma della Pubblica amministrazione e riassumetene i contenuti in una presentazione digitale. In particolare analizzate:
  a) il diritto all'autocertificazione (l. 127/1997);
  b) il principio di sussidiarietà (d.lgs. 112/1998);
  c) il Codice dell'Amministrazione digitale (d.lgs. 150/2009);
  d) le principali semplificazioni per i cittadini previste dal "decreto semplifica Italia" (consultate il sito del Governo al link.pearson.it/1D5E2E76).
- Confrontate i risultati ottenuti con quelli degli altri gruppi, aprendo una discussione sulla validità delle misure analizzate a beneficio dell'efficienza amministrativa.

LEZIONE 2

I Comuni: le funzioni e gli organi

VIDEO START
I Comuni, enti vicini alla cittadinanza

AUDIOTESTO

Memo
Lo ▸**statuto** è il documento normativo che disciplina l'organizzazione e il funzionamento di un ente, sia privato sia pubblico.

L'autonomia dei Comuni I **Comuni** sono enti pubblici autonomi che svolgono importanti servizi di carattere sociale, organizzano il territorio locale e adempiono ad alcune funzioni a essi delegate dallo Stato.
L'autonomia dei Comuni si esprime nel potere di darsi un proprio ▸**statuto**.

I servizi comunali e le funzioni delegate Sono molte e importanti le funzioni svolte dal Comune. Innanzitutto il Comune fornisce i **servizi pubblici essenziali** per la vita dei cittadini, per esempio la fornitura di gas e di acqua potabile, la manutenzione delle strade comunali, lo smaltimento dei rifiuti, i trasporti urbani, l'assistenza scolastica e sanitaria, l'organizzazione di teatri, musei e biblioteche. Alcuni servizi sono erogati direttamente dai Comuni attraverso uffici e personale propri, altri sono invece affidati ad aziende esterne dotate di personalità giuridica e di autonomia imprenditoriale.
Oltre a funzioni proprie, al Comune spettano alcune funzioni delegate dallo Stato. Tra queste rientrano i **servizi di anagrafe** e **di stato civile** (per esempio la registrazione delle nascite, dei decessi e dei matrimoni) e il **servizio elettorale** (una Commissione comunale tiene aggiornate le liste dei cittadini aventi diritto di voto).

Memo LESSICO
Il termine ▸**assessore** deriva dal verbo latino *assidere* e significa letteralmente "colui che siede accanto".
Il sostantivo ▸**Sindaco** trae origine dal greco *syndikos*, composto da *syn* ("insieme") e un derivato di *dike* ("giustizia") e indica il "rappresentante di una comunità".

Gli organi comunali I principali organi del Comune sono: il *Consiglio comunale*, la *Giunta comunale* e il *Sindaco*.
Il **Consiglio comunale** viene eletto ogni cinque anni dai residenti maggiorenni con sistema maggioritario; il numero dei suoi componenti varia in base alla popolazione del Comune. È presieduto dal Sindaco nei Comuni con meno di 15 000 abitanti, da un Presidente eletto dai consiglieri nei Comuni maggiori. Il Consiglio comunale è, insieme al Sindaco, l'organo di **indirizzo politico**: delibera sulle proposte di natura politica e amministrativa avanzate dal Sindaco, controlla attraverso commissioni l'operato del Sindaco e della Giunta, approva lo statuto, il bilancio e i regolamenti comunali; può inoltre provocare, attraverso una mozione di sfiducia, le dimissioni del Sindaco e della Giunta e il conseguente scioglimento dello stesso Consiglio comunale.
La **Giunta comunale** è l'organo **esecutivo** e si occupa dei vari servizi attraverso i suoi componenti, gli ▸**assessori**. La Giunta è nominata direttamente dal Sindaco e collabora con lui nella definizione dell'indirizzo politico e amministrativo del Comune.
Il ▸**Sindaco** rappresenta il Comune, presiede la Giunta (nei Comuni minori anche il Consiglio) ed è l'organo responsabile dell'**amministrazione** comunale.
Viene eletto direttamente dai cittadini per un periodo di cinque anni, con possibilità di rielezione per non più di due mandati consecutivi. Nei Comuni con meno di 15 000 abitanti chi si candida a Sindaco deve presentarsi collegato a una lista di candidati al Consiglio comunale. Ogni elettore esprime un **unico voto** per il Sindaco e per la lista collegata; viene eletto chi ottiene il maggior numero di voti (maggioranza relativa).
Nei Comuni con più di 15 000 abitanti chi si candida a Sindaco si collega a una lista, ma l'elettore può esprimere sulla scheda **due voti**, uno per il Sindaco e uno per il Consiglio comunale: può quindi votare per una lista diversa da quella collegata al candidato Sindaco prescelto (**voto disgiunto**). Viene eletto Sindaco chi ottiene la maggioranza assoluta dei voti validi (50% più uno). Se nessuno dei candidati raggiunge tale maggioranza, si torna a votare dopo quindici giorni per scegliere tra i due candidati più votati al primo turno; in questo secondo turno (**ballottaggio**) è eletto chi ottiene più voti.

ESPANSIONE
Le origini storiche dei Comuni

ESPANSIONE
Il business dei rifiuti tossici

CASO In un piccolo Comune italiano, che ha poco più di seimila abitanti, alle elezioni comunali il candidato a Sindaco che ottiene il maggior numero di voti raggiunge la percentuale del 43%. Può considerarsi eletto?
■ *Sì, perché nei Comuni minori è sufficiente il raggiungimento della maggioranza relativa.*

competenze in campo

1 Completa lo schema

ORGANI DEL COMUNE

- .... **comunale:** è l'organo di .... politico
- **Giunta comunale:** è composta dagli .... , nominati dal .... , ed è l'organo .... del Comune
- **Sindaco:** è eletto direttamente dai .... , rappresenta il .... , è a capo della .... ed è l'organo responsabile dell' .... comunale

ESERCIZIO INTERATTIVO

2 ●●● **Osserva e rifletti**

Le immagini raffigurano la celebrazione di un matrimonio civile e l'interno di un teatro cittadino. Rimandano a servizi propri del Comune oppure a servizi comunali delegati dallo Stato?

3 ●●● **Individua il termine**

ESERCIZIO INTERATTIVO

1. Presiede la Giunta comunale: ....
2. È il sistema elettorale adottato per l'elezione del Consiglio comunale: ....
3. Compongono la Giunta: ....
4. Nei Comuni maggiori, se nessun candidato a Sindaco ottiene la maggioranza assoluta, vi si procede tra i due più votati: ....

mi riguarda perché...

SPUNTO DI RIFLESSIONE

L'attività degli organi comunali, dal Sindaco alla Giunta al Consiglio, incide in modo diretto sulla tua vita quotidiana e sulla qualità dei servizi che ricevi, con particolare riferimento ai settori cui sono preposti i vari assessori. Pensa, per esempio, alle politiche giovanili, culturali e sportive.

Educazione finanziaria — L'autonomia finanziaria dei Comuni

Per sostenere il peso economico dei servizi resi alla cittadinanza, i Comuni, oltre a ricevere trasferimenti monetari da parte dello Stato, hanno **autonomia finanziaria**, possono cioè istituire tributi propri. Tra questi rientrano l'eventuale Imposta municipale sulle proprietà immobiliari, le tariffe sullo smaltimento dei rifiuti e sui servizi comunali, come per esempio l'illuminazione pubblica. Inoltre, ai Comuni spetta una quota dell'imposta sui redditi dovuta allo Stato, denominata **addizionale comunale**. La Costituzione prevede esplicitamente (co. 5, art. 119) che lo Stato destini risorse aggiuntive in favore di determinati Comuni allo scopo di promuoverne lo sviluppo economico e la solidarietà sociale.

Le tue domande — Che cos'è Informagiovani?

Collegandoti on line al sito del Comune in cui risiedi, nella sezione "aree tematiche", cliccando sull'opzione "giovani" hai l'opportunità di conoscere le politiche e le iniziative rivolte ai giovani. Per esempio "Informagiovani", presente in alcuni tra i maggiori comuni italiani, riporta informazioni su scuola e formazione, lavoro e professioni, tempo libero, eventi culturali, vacanze, lavoro e studio all'estero.

INFORMAGIOVANI

La smart city

È possibile vivere in una città intelligente?

Grazie all'uso di tecnologie innovative e a un'attenta progettazione degli spazi urbani, le smart cities ci aiutano a svolgere le nostre attività quotidiane con semplicità e nel rispetto dell'ambiente.

Che cos'è una smart city?

Intelligente, vivace, attivo, brillante... Questo significa, in inglese, **smart**. Se una persona che conosciamo è smart, vuol dire che è davvero piacevole oltre che intelligente, che è una persona con cui si sta bene. Pensiamo ora se potessimo definire smart la città in cui viviamo. Che cosa vorrebbe dire in pratica? Per esempio, che possiamo muoverci con la bicicletta in tutta sicurezza; che sono disponibili parchi, aree e servizi per il tempo libero; che la rete dei mezzi pubblici è efficiente, non inquinante e così funzionale che la gente preferisce lasciare l'auto a casa; che si può richiedere un certificato al Comune dal proprio smartphone e riceverlo tramite posta elettronica; che i rifiuti urbani vengono raccolti e trattati nel rispetto dell'ambiente e degli obiettivi di riciclaggio; che i cittadini possono partecipare attivamente alle decisioni che riguardano la vita di tutti. Questo, e molto altro, significa essere una smart city.

Partendo dalle realtà esistenti, i **progetti per la città intelligente** individuano innanzitutto i settori in cui è possibile programmare interventi di miglioramento e ne definiscono le priorità; essi considerano la città come un insieme coordinato in cui le *tecnologie innovative*, e in particolare quelle *dell'informazione e della comunicazione* (le cosiddette ICT), possono contribuire a renderla sempre più **sostenibile dal punto di vista energetico e ambientale**.

I progetti di smart city nel mondo...

La prima città ad avviare un progetto di città intelligente è stata Rio De Janeiro, con lo scopo principale di prevenire gli effetti catastrofici che eventi climatici improvvisi avevano prodotto in un recente passato. Con l'uso di sofisticati computer vengono elaborate in tempo reale le informazioni del meteo, del traffico stradale, dei treni, della metropolitana e dei mezzi di soccorso, cosicché le centrali operative possano attuare interventi tempestivi.
Il progetto è stato poi ampliato per le Olimpiadi del 2016, con l'obiettivo di garantire l'**autosufficienza energetica** da fonti naturali e la sostenibilità ambientale per le infrastrutture olimpiche e per la mobilità degli atleti e del pubblico.

Progetti di smart city sono stati avviati anche **in Europa**: ad Amsterdam si punta sul risparmio energetico, sulla **riqualificazione urbana**, sulla **mobilità sostenibile** e su innovativi servizi per i cittadini; Malta si propone come capitale mediterranea delle tecnologie ICT; Santander, in Spagna, è all'avanguardia nella rilevazione e nel coordinamento informatico delle informazioni utili alla vita dei cittadini.

... e in Italia

Anche **in Italia** stanno prendendo piede alcune iniziative che coinvolgono grandi e piccole città: l'ANCI, Associazione nazionale dei comuni italiani, ha infatti avviato uno specifico programma per *promuovere le città italiane "intelligenti e sostenibili"*. Progetti di smart city sono stati realizzati a Bologna, Modena, Reggio Emilia, Pavia, Venezia, Verona, Bari, Lecce, Potenza, Cosenza e altri sono stati predisposti da altre città, partecipando ai bandi europei per il finanziamento delle città intelligenti. I progetti attuati in Italia sono ancora limitati a specifici settori, per cui siamo lontani dall'obiettivo di una città veramente smart; tuttavia il favore espresso dalla maggioranza dell'opinione pubblica e il notevole **fermento di iniziative** sull'argomento fanno sperare in positivi sviluppi nel prossimo futuro.

LE SMART CITIES DEL FUTURO IN ITALIA

Elaborazione grafica su dati EfficienCITIES, Siemens-Cittalia (2012).

IL TUO PUNTO DI VISTA

1. Quali ritieni siano gli aspetti più rilevanti al fine di considerare "smart" una città?
2. Quali proposte ti senti di suggerire, oltre a quelle esaminate nel testo, per rafforzare l'intelligenza e la vivibilità della città in cui vivi?
3. Organizzatevi in gruppi di lavoro su indicazione dell'insegnante e realizzate un prodotto (video, presentazione in PowerPoint, altro) volto a diffondere la cultura della smart city tra i vostri coetanei.

LEZIONE 3

Gli enti provinciali e le Città metropolitane

VIDEO START
Verso le Città metropolitane

AUDIOTESTO

L'evoluzione delle Province Le Province italiane, istituite nel 1865, sono oggetto di un processo di riforma che dovrebbe portare alla loro abolizione. Dal 2015 esse sono *enti di secondo livello*, più specificamente **enti territoriali di area vasta**, non più elettivi, ma composti dagli amministratori dei Comuni compresi nei confini territoriali della Provincia.

Gli organi provinciali All'interno di ogni ente provinciale operano:
- un'**Assemblea**, composta dai Sindaci dei Comuni esistenti nel territorio provinciale;
- un **Consiglio**, eletto ogni due anni dai Sindaci e dai consiglieri comunali, con funzioni di indirizzo politico e di controllo. Esso è composto dal Presidente dell'ente e da un numero di consiglieri, variabile in base alla popolazione;
- un **Presidente**, eletto ogni quattro anni dai Sindaci e dai consiglieri dei Comuni del territorio provinciale. Tra le sue funzioni principali rientrano la convocazione e la presidenza del Consiglio provinciale e dell'Assemblea dei Sindaci.

I membri di questi organi non percepiscono alcun compenso per lo svolgimento delle attività provinciali.

Le funzioni degli enti provinciali Per quanto riguarda le **funzioni**, attualmente gli enti provinciali si occupano essenzialmente di tutela e valorizzazione dell'ambiente, di pianificazione dei servizi di trasporto, di costruzione e gestione delle strade provinciali, di programmazione a livello provinciale dell'attività scolastica. Le loro funzioni saranno meglio definite alla conclusione del processo di riforma.

Memo LESSICO
L'aggettivo ▸**metropolitano** deriva dal greco *mater* ("madre") e *polis* ("città"). La Città metropolitana è effettivamente una sorta di città-madre, punto di riferimento per i cittadini dei Comuni vicini.

Le Città metropolitane La Costituzione, nell'**art. 114**, fa esplicito riferimento, tra gli enti locali, anche alle *Città ▸metropolitane.*
La **Città metropolitana** è un organismo che gestisce il territorio di una grande città e dei Comuni limitrofi, assumendo compiti amministrativi simili a quelli di un ente provinciale e funzioni di coordinamento tra i Comuni compresi nell'area di sua competenza. Il territorio delle Città metropolitane coincide con quello della omonima provincia. Oltre a Roma Capitale, sono istituite nove Città metropolitane: Bari, Bologna, Firenze, Genova, Milano, Napoli, Reggio Calabria, Torino e Venezia. A queste vanno aggiunte le aree metropolitane che verranno riconosciute dalle Regioni a statuto speciale (attualmente la Sicilia ha istituito in tal senso Palermo, Messina e Catania).
L'esistenza delle Città metropolitane è giustificata dal fatto che esse sono in grado di realizzare una struttura di governo più adatta all'area cui si riferiscono, compito cui non sempre è in grado di dare adeguate risposte il singolo Comune. Tra le specifiche funzioni attribuite alle Città metropolitane rientrano lo sviluppo del territorio, la gestione integrata dei servizi, dei trasporti e delle infrastrutture, la cura delle relazioni con le città e le aree metropolitane europee, lo sviluppo di strutture specifiche per la mobilità e la viabilità. È inoltre previsto che sia lo Stato sia le Regioni, in relazione alle proprie competenze, possano attribuire altri compiti alle aree metropolitane.
Degli organi delle Città metropolitane fanno parte:
- il **Sindaco metropolitano**, che corrisponde al Sindaco del Comune capoluogo;
- il **Consiglio metropolitano**, composto da membri eletti dai Sindaci e dai consiglieri comunali, con funzioni di indirizzo e di controllo; in particolare approva regolamenti, piani, e in via finale il bilancio;
- la **Conferenza metropolitana**, composta da tutti i Sindaci del territorio, dotata di poteri consultivi in materia di bilancio.

Esiste inoltre uno *statuto*, che disciplina i rapporti tra le Città metropolitane e i Comuni e prevede forme di organizzazione comune per l'esercizio delle rispettive funzioni.

competenze in campo

1 Completa la tabella

DIDATTICA INCLUSIVA

ORGANI DEGLI ENTI PROVINCIALI	
....	composta dai .... dei Comuni
Consiglio	con funzioni di .... politico e di ....
....	eletto ogni .... anni dai Sindaci e dai .... comunali

ESERCIZIO INTERATTIVO

2 Osserva e rifletti

Nelle immagini sono rappresentate due città italiane: Torino e Modena. Quale, tra esse, è una Città metropolitana e per quale ragione?

3 Individua il termine

ESERCIZIO INTERATTIVO

1. Nelle Città metropolitane è un organo composto dai Sindaci del territorio con poteri consultivi in materia di bilancio: ....
2. È il documento normativo che disciplina i rapporti tra le Città metropolitane e i Comuni: ....
3. Convoca il Consiglio provinciale: ....

4 Analizza la norma

Consultando la l. n. 56, 7 aprile 2014, individua le specifiche competenze riconosciute alle Città metropolitane.

mi riguarda perché...

SPUNTO DI RIFLESSIONE

Le disposizioni relative all'istituzione e all'organizzazione delle Città metropolitane hanno l'obiettivo di dare sempre maggiore spazio, nel nostro Paese, alle esigenze delle collettività locali e quindi di migliorare le condizioni di vita dei cittadini.

FOCUS Il valore delle Città metropolitane

Le Città metropolitane rappresentano un patrimonio indispensabile alla competitività economica dell'intero Paese, una ricchezza da cui possono svilupparsi nuove opportunità per diminuire e governare le "incertezze" economiche, sociali e culturali oggi in atto. [...] La Città metropolitana è allora un **fenomeno complesso**, un fenomeno che deve essere messo in modo permanente in grado di generare innovazione e di consentire scambi di esperienze e di occasioni, di valorizzare il rapporto tra il nucleo centrale (la città a vocazione metropolitana) e i Comuni che gravitano intorno a esso, in modo differenziato e autonomo a seconda delle caratteristiche, delle identità economiche, sociali e culturali, dei bisogni che vengono dai singoli territori. [...] È necessario costruire un modello di "governo metropolitano" in grado di gestire in modo razionale ed efficace la trasformazione dinamica dei territori, dei servizi integrati ai cittadini e alle imprese, degli insediamenti produttivi.

Da www.anci.it

Le tue domande: In che senso gli enti provinciali sono coinvolti nell'attività scolastica?

La legge assegna agli enti provinciali diverse funzioni relative all'attività scolastica. Esse vanno dalla manutenzione ordinaria e straordinaria degli edifici (per esempio, la loro messa in sicurezza), alla costruzione di nuove scuole, alla gestione degli impianti di riscaldamento e all'arredo delle aule (banchi, sedie, aule multimediali, laboratori). Negli ultimi anni, poi, si sono occupati della modernizzazione e della valorizzazione del patrimonio scolastico, per esempio con interventi legati all'efficienza energetica e all'introduzione del Wi-Fi nelle scuole.

LEZIONE 4

Le Regioni: gli organi

VIDEO START
L'autonomia del Trentino-Alto Adige

AUDIOTESTO

Regioni a statuto speciale e ordinario Sono stati istituiti dalla Costituzione due tipi di Regioni: quelle a **statuto speciale** e quelle a **statuto ordinario**.
Le prime Regioni a statuto speciale, la Sicilia, la Sardegna, la Valle d'Aosta (Vallée d'Aoste) e il Trentino-Alto Adige (Südtirol), entrarono in funzione tra il 1945 e il 1948; nel 1963 iniziò a operare anche il Friuli-Venezia Giulia. Queste cinque Regioni furono dotate di una maggiore autonomia rispetto alle altre, sia perché in alcune di esse vivono persone di cultura e lingua non italiana (come la Valle d'Aosta) sia perché vi si manifestavano pressioni autonomiste (come in Sardegna).
Le quindici Regioni a statuto ordinario iniziarono invece a operare negli anni Settanta.

Lo statuto e gli organi regionali L'organizzazione di ogni Regione è determinata mediante uno **statuto**, che è deliberato dal Consiglio regionale nel caso delle Regioni ad autonomia ordinaria, dal Parlamento con legge costituzionale nel caso delle Regioni a statuto speciale. In base all'art. 121 Cost. in ogni Regione operano, quali suoi organi, il *Consiglio regionale*, la *Giunta* e il *Presidente*.

Il Consiglio regionale Il **Consiglio regionale** è l'organo deliberativo: approva le leggi e i regolamenti regionali, può fare proposte di legge alle Camere, indirizza l'attività politica e amministrativa della Regione. È composto da un numero di consiglieri variabile da trenta a ottanta in base alla popolazione; viene eletto ogni cinque anni dai cittadini maggiorenni della Regione con sistema misto, prevalentemente proporzionale. La carica di consigliere regionale è incompatibile con quelle di parlamentare, di deputato europeo e di membro di un altro Consiglio regionale.
L'organizzazione del Consiglio regionale è paragonabile a quella del Parlamento, con la presenza di commissioni e di gruppi. I consiglieri regionali godono, come i parlamentari, del beneficio dell'insindacabilità, non invece dell'immunità dagli arresti; essi operano senza vincolo di mandato, il che comporta l'impossibilità per gli elettori di destituirli dall'incarico fino a che non sia scaduta la legislatura.
Il Consiglio regionale, attraverso le proprie commissioni, attua un controllo politico sugli atti della Giunta e può votare, nei confronti del Presidente della Giunta, una ▸**mozione di sfiducia** che, se approvata, comporta le dimissioni della Giunta e lo scioglimento del Consiglio.
In alcuni casi il Consiglio regionale può essere sciolto con decreto del Presidente della Repubblica emanato su decisione del Governo; ciò può avvenire per compimento di atti contrari alla Costituzione o per violazioni di legge.

Memo
Le ▸**mozioni** sono atti attraverso i quali si provoca un dibattito tra i membri dell'organo legislativo e quelli dell'organo esecutivo (nello Stato, tra Parlamento e Governo).

La Giunta La **Giunta regionale** è l'organo esecutivo, si occupa cioè di eseguire le deliberazioni del Consiglio. È formata dagli assessori, nominati dal Presidente della Giunta regionale; ciascuno di essi si occupa di un determinato settore dell'amministrazione regionale (sanità, cultura, urbanistica ecc.).

Il Presidente Il **Presidente della Giunta**, eletto a suffragio universale e diretto, ha in primo luogo la funzione di rappresentare la Regione e di dirigere la politica della Giunta. Ha poi il compito di promulgare, cioè di rendere ufficiali, le leggi regionali, di coordinare l'attività degli assessori e di dirigere le funzioni amministrative delegate alla Regione.

CASO Ipotizziamo che il Consiglio di una Regione italiana voti a maggioranza una delibera che sancisce l'indipendenza della Regione dallo Stato. A quale conseguenza si esporrebbe?
■ *Allo scioglimento prima della naturale scadenza, con decreto del Presidente della Repubblica richiesto dal Governo, per compimento di atti contrari alla Costituzione.*

competenze in campo

1 Completa lo schema

DIDATTICA INCLUSIVA

REGIONI

- Consiglio → .... le leggi regionali
- .... → è l'organo ....
- .... → • .... la Regione • dirige le funzioni ....

ESERCIZIO INTERATTIVO

2 ●●● **Osserva e rifletti**

I membri di un Consiglio regionale beneficiano dell'autonomia e delle immunità riconosciute ai parlamentari? Possono fare parte, oltre che del Consiglio, anche della Camera dei deputati?

3 ●●● **Individua il termine**

ESERCIZIO INTERATTIVO

1. È il documento che determina l'organizzazione di una Regione: ....
2. È l'organo che indirizza l'attività politica regionale: ....
3. È il compito del Presidente della Regione nel processo di approvazione di una legge regionale: ....
4. È il potere di cui è titolare la Giunta di una Regione: ....

mi riguarda perché...

SPUNTO DI RIFLESSIONE

Se ben rifletti, puoi constatare il fatto che i nostri Costituenti, attenti al principio di uguaglianza sostanziale, con l'istituzione delle Regioni a statuto speciale intesero tutelare soprattutto le minoranze linguistiche e culturali presenti in quei territori.

Le tue domande ? Perché i Presidenti della Regione sono talvolta definiti "governatori"?

Nel linguaggio giornalistico si utilizza spesso il termine "governatore" per indicare il Presidente della Giunta regionale. Il termine, di derivazione latina (*gubernator*, a sua volta derivante dal greco *kybernetes*) è in realtà usato in maniera impropria, perché la legge non prevede tale titolo.
Questa figura è invece presente nella forma di governo degli Stati Uniti d'America: qui il governatore è il capo dell'esecutivo di ogni Stato federato e viene eletto direttamente dal popolo ogni quattro anni.

FOCUS La Consulta regionale dei giovani

In alcune Regioni opera la **Consulta giovanile**: vediamone un esempio.
"Strumento di conoscenza delle realtà giovanili, la Consulta regionale dei Giovani opera al fine di favorire il raccordo tra le organizzazioni giovanili e le istituzioni. Svolge attività di proposizione e di consultazione nell'elaborazione degli atti e delle leggi regionali riguardanti i giovani; esprime parere obbligatorio sul piano triennale degli interventi regionali a favore dei giovani. Collabora con le consulte e i forum a livello locale, nazionale e internazionale. Promuove progetti, ricerche, incontri e dibattiti pubblici sui temi attinenti la condizione giovanile, quali lo studio, la casa, il lavoro, la cultura, il disagio e il tempo libero."

Da www.cr.piemonte.it

LEZIONE 5

Le Regioni: la competenza legislativa

VIDEO START
L'importanza delle leggi regionali

AUDIOTESTO

La legislazione esclusiva dello Stato L'**art. 117 Cost.** riconosce **alle Regioni potere legislativo**, che deve essere esercitato nel rispetto, oltre che della Costituzione, dei vincoli derivanti dall'ordinamento comunitario e dagli obblighi internazionali. Esistono tuttavia materie su cui le Regioni non possono legiferare, in quanto su di esse ha **competenza esclusiva lo Stato**. Il co. 2, art. 117 elenca dettagliatamente tali materie; tra esse vi sono, ad esempio, la politica estera, l'immigrazione, la difesa, l'ordine pubblico, la cittadinanza. Consultando l'elenco ci possiamo rendere conto della ragione per cui tali materie sono riservate alla competenza legislativa statale: esse si riferiscono infatti a settori di evidente rilevanza nazionale, dove non può ritenersi ammissibile una regolamentazione diversa da Regione a Regione.

La legislazione concorrente Il co. 3, art. 117 Cost. indica invece le materie soggette alla **legislazione concorrente tra Stato e Regioni**, per esempio la tutela e la sicurezza del lavoro, l'istruzione, la protezione civile, il commercio con l'estero.
La previsione di una concorrenza legislativa comporta che su queste materie le Regioni possano emanare leggi, ma si devono attenere ai principi stabiliti dalle leggi statali. In pratica, su ognuna delle materie indicate, il Parlamento nazionale emana leggi di carattere generale, denominate **leggi quadro**, con cui detta una disciplina omogenea per tutto il territorio nazionale. Ogni Regione può però stabilire, mediante leggi regionali, disposizioni più specifiche e adeguate alla propria realtà territoriale, senza però entrare in contrasto con i criteri generali fissati dallo Stato.

La legislazione esclusiva delle Regioni Su tutte le materie non riservate alla competenza dello Stato e che non siano affidate alla competenza concorrente, le Regioni hanno una **competenza piena ed esclusiva** (a titolo di esempio possiamo citare la formazione professionale). La legislazione regionale deve comunque rispettare la Costituzione, i vincoli che derivano dall'ordinamento comunitario e gli obblighi di natura internazionale.
Le Regioni a statuto speciale hanno una competenza legislativa più ampia rispetto alle altre. Oltre al potere di emanare leggi sulle materie in cui le Regioni a statuto ordinario hanno competenza esclusiva o concorrente, possono legiferare su altre materie che variano da Regione a Regione.

L'iter di approvazione delle leggi regionali La procedura di **formazione di una legge regionale** è sostanzialmente analoga a quella di una legge statale. Prevede specificamente:

- l'**iniziativa**, che può essere promossa dalla Giunta, da ogni consigliere, dal popolo (minimo cinquantamila firmatari) e anche dai Consigli provinciali e comunali;
- l'**approvazione** da parte del Consiglio regionale;
- la **promulgazione** da parte del Presidente della Giunta regionale;
- la **pubblicazione** sul Bollettino Ufficiale della Regione;
- l'**entrata in vigore** a partire dal quindicesimo giorno dopo la pubblicazione.

Le leggi regionali possono essere abrogate tramite un ▸**referendum regionale**, che deve essere regolato attraverso lo statuto.

I regolamenti regionali Oltre alle leggi, le Regioni possono emanare ▸**regolamenti regionali**, in cui sono contenute norme volte ad attuare o a integrare una legge regionale. La potestà regolamentare è ammessa in tutte le materie non riservate alla competenza statale. I regolamenti sono approvati dall'organo esecutivo, cioè dalla Giunta, e possono, come le leggi, essere sottoposti a referendum abrogativo.

Memo

I ▸**referendum abrogativi** sono consultazioni popolari attraverso cui i cittadini, a maggioranza, hanno il potere di mantenere in vita o meno una determinata legge o parte di essa.

I ▸**regolamenti** sono atti normativi propri degli organi che detengono il potere esecutivo, come la Giunta regionale o il Governo nazionale, che possono emanare regolamenti esecutivi e di organizzazione.

competenze in campo

1 Completa la tabella

FASI DELL'ITER LEGISLATIVO REGIONALE	
1) Iniziativa	può essere promossa dalla .... , da ogni consigliere, dal popolo (.................................... firme), dai .... e provinciali
2) Approvazione	da parte del ....
3)	da parte del ....
4) Pubblicazione	sul .... della Regione
5)	dal .... giorno dopo la pubblicazione

ESERCIZIO INTERATTIVO

2 **Osserva e rifletti**

Quella della regolamentazione della caccia è una materia su cui una Regione può emanare proprie leggi? Perché?

3 **Individua il termine**

1. Sono le norme emanate dalla Regioni per integrare le leggi regionali: ....
2. Lo è la competenza legislativa dello Stato per le materie indicate nel co. 2, art. 117 Cost.: ....
3. È la fase dell'iter legislativo regionale di competenza solo del Presidente della Giunta regionale: ....
4. Vi sono pubblicate tutte le norme giuridiche emanate dalle Regioni: ....

ESERCIZIO INTERATTIVO

mi riguarda perché...

SPUNTO DI RIFLESSIONE

Negli ultimi decenni il peso delle Regioni si è fortemente accresciuto. Oggi le loro competenze sono più ampie che in passato e la conoscenza degli atti normativi da esse emanati, che sono pubblicati sul BUR (Bollettino Ufficiale Regionale) di ciascuna Regione al fine di garantirne la pubblicità legale, si rivela spesso molto utile per meglio comprendere le modalità di gestione del territorio in cui viviamo.

FOCUS Il referendum regionale

Il referendum è uno strumento di democrazia diretta, quindi particolarmente importante al fine di garantire una migliore partecipazione dei cittadini alla vita della Regione.
Di seguito riportiamo, a titolo d'esempio, le regole previste per i referendum regionali in Lombardia.
Lo Statuto d'autonomia della Lombardia prevede tre tipi di referendum regionali: abrogativo, consultivo e territoriale:

- il referendum **abrogativo regionale**, a differenza di quello statale, può avere a oggetto non solo l'abrogazione totale o parziale di leggi regionali, ma anche di regolamenti regionali e di atti generali della Regione. Può essere richiesto da almeno trecentomila elettori del Consiglio regionale o da almeno quattro Consigli provinciali o cinque Consigli comunali che rappresentino almeno un decimo della popolazione lombarda o centocinquanta Consigli comunali quale che sia il numero degli abitanti;
- il referendum **consultivo** viene deliberato dal Consiglio regionale per questioni di interesse regionale, o su provvedimenti che interessano popolazioni determinate;
- per quanto riguarda il referendum **territoriale**, le popolazioni interessate sono chiamate a esprimersi con referendum consultivo in merito alle proposte di legge regionale riguardanti l'istituzione di nuovi Comuni oppure i mutamenti delle circoscrizioni e delle denominazioni comunali.

Da www.consiglio.regione.lombardia.it

PERCORSO 9 / Sintesi con la mappa

- **PUBBLICA AMMINISTRAZIONE**
  - • in senso oggettivo
    • in senso soggettivo
  - principi costituzionali relativi alla PA
    - • legalità
      • riserva di legge
      • buon andamento
      • imparzialità
- **COMUNI**
  - funzioni
    - • servizi di carattere sociale propri del Comune
      • funzioni delegate dallo Stato
  - organi
    - **Consiglio comunale**: indirizzo politico
    - **Giunta comunale**: potere esecutivo
    - **Sindaco**:
      • rappresenta il Comune
      • responsabile dell'amministrazione comunale
- **PROVINCE E CITTÀ METROPOLITANE**
  - evoluzione degli enti provinciali
    - da Province a enti territoriali di area vasta
  - Città metropolitane
    - **organi**:
      • Sindaco metropolitano
      • Consiglio metropolitano
      • Conferenza metropolitana
- **REGIONI**
  - • Regioni a statuto ordinario
    • Regioni a statuto speciale
  - organi della Regione
    - • Consiglio regionale
      • Giunta regionale
      • Presidente della Giunta
- **COMPETENZA LEGISLATIVA REGIONALE**
  - potere legislativo della Regione
    - su tutte le materie non comprese nella legislazione esclusiva dello Stato (art. 117 Cost.)
  - iter legislativo della Regione
    - • iniziativa
      • approvazione
      • promulgazione
      • pubblicazione
      • entrata in vigore

PERCORSO 9 / Sintesi discorsiva

AUDIOSINTESI

LEZIONE 1 I principi costituzionali relativi alla Pubblica amministrazione

La **Pubblica amministrazione** corrisponde all'attività, svolta da determinati enti, diretta a soddisfare gli interessi della collettività.
Si distingue la Pubblica amministrazione in senso oggettivo, intesa come un insieme di atti amministrativi, dalla Pubblica amministrazione in senso soggettivo, che corrisponde all'insieme degli organi che svolgono l'attività amministrativa.
In base alla Costituzione, la Pubblica amministrazione deve ispirarsi ai principi della **legalità**, della **riserva di legge**, del **buon andamento** (o **efficienza**), dell'**imparzialità**.

LEZIONE 2 I Comuni: le funzioni e gli organi

I Comuni sono gli enti locali più vicini ai cittadini. Oltre a funzioni delegate dallo Stato (come l'anagrafe, lo stato civile, il servizio elettorale), i Comuni forniscono **servizi di carattere sociale** di grande importanza per i cittadini: l'erogazione del gas, i trasporti urbani, lo smaltimento dei rifiuti ecc.
L'organo che rappresenta il Comune è il **Sindaco**, eletto dai cittadini con sistema maggioritario; le regole per l'elezione del Sindaco variano in relazione alle dimensioni del Comune (con meno o con più di 15.000 abitanti).
Il Sindaco nomina gli assessori e insieme costituiscono la **Giunta**, che è l'organo esecutivo del Comune. Svolge invece la funzione di indirizzo politico il **Consiglio comunale**, che può sfiduciare il Sindaco e la Giunta quando non ne condivide più l'operato.

LEZIONE 3 Gli enti provinciali e le Città metropolitane

Oltre agli **enti territoriali di area vasta**, che hanno sostituito le Province, a livello locale sono state istituite, oltre a Roma Capitale, nove **Città metropolitane** (Bari, Bologna, Firenze, Genova, Milano, Napoli, Reggio Calabria, Torino e Venezia), che gestiscono, secondo un proprio statuto e attraverso specifici organi (il Sindaco metropolitano, il Consiglio metropolitano e la Conferenza metropolitana), il territorio di una grande città e dei Comuni limitrofi.

LEZIONE 4 Le Regioni: gli organi

Le Regioni italiane sono venti e, secondo la Costituzione, sono distinte in Regioni a statuto ordinario e Regioni a statuto speciale; queste ultime sono la Sicilia, la Sardegna, la Valle d'Aosta (Vallée d'Aoste), il Trentino-Alto Adige (Südtirol) e il Friuli-Venezia Giulia.
Nelle Regioni operano principalmente tre organi: il **Consiglio regionale** è l'organo deliberativo e di indirizzo politico; la **Giunta** è titolare del potere esecutivo ed è guidata dal **Presidente**, che è eletto direttamente dai cittadini e ha il potere di dirigere le funzioni amministrative delegate alla Regione.

Le nuove parole

Pubblica amministrazione ▸ Insieme degli organi e delle attività che concorrono alla soddisfazione degli interessi pubblici.
Public administration

Statuto ▸ Documento nel quale sono indicati i principi fondamentali dell'ente, la sua organizzazione e i diritti dei cittadini.
Statute

Consiglio comunale ▸ Organo di indirizzo politico del Comune.
City council

Sindaco ▸ Organo, eletto dai cittadini, che presiede la Giunta e rappresenta il Comune.
Major

Città metropolitane ▸ Organismi locali che gestiscono il territorio di una grande città e dei Comuni limitrofi.
Metropolitan cities

Consiglio regionale ▸ Organo deliberativo e di indirizzo politico della Regione.
Regional council

Sintesi discorsiva

LEZIONE 5 Le Regioni: la competenza legislativa

Le Regioni hanno **potere legislativo**, ossia possono emanare leggi valide sul proprio territorio. Le leggi regionali non possono però riguardare le materie che l'art. 117 Cost. riserva alla competenza legislativa esclusiva dello Stato. Esistono inoltre materie a **competenza concorrente**, in cui lo Stato emana le norme basilari e le Regioni possono inserire disposizioni particolari, valide sul loro territorio.
Le norme regionali sono **approvate** dal Consiglio regionale, **promulgate** dal Presidente della Giunta regionale, **pubblicate** sul Bollettino Ufficiale della Regione ed **entrano in vigore** quindici giorni dopo la pubblicazione.

Legge regionale
▸ Legge emanata dal Consiglio regionale con efficacia limitata al territorio della Regione. Non può riguardare le materie che la Costituzione riserva alla legislazione statale.
Regional law

PERCORSO 9 / Verifica

VERIFICA INTERATTIVA — FLASHCARDS

Tutti devono sapere che...

1 Completa lo schema

STATUTO REGIONALE
↓
disciplina l'.. della Regione

Regioni a statuto speciale:	Regioni a statuto ordinario:
lo statuto è approvato dal .... con legge	lo statuto è approvato dal .... regionale

2 Dai la definizione corretta

1. Contiene i principi relativi all'organizzazione degli enti locali: ☐ T ☐ ☐ U ☐ ☐
2. Presiede la Giunta comunale: ☐ I ☐ ☐ ☐ C ☐
3. È l'organo deliberativo delle Regioni: ☐ ☐ N ☐ ☐ ☐ ☐ I ☐ ☐ ☐ G ☐ ☐ ☐ A ☐ ☐

Verifica le tue conoscenze di base

3 Scegli la risposta

1. I Consigli comunali vengono eletti ogni:
   - ☐ a. due anni
   - ☐ b. tre anni
   - ☐ c. quattro anni
   - ☐ d. cinque anni

2. È una funzione statale decentrata ai Comuni:
   - ☐ a. la manutenzione delle strade
   - ☐ b. lo smaltimento dei rifiuti
   - ☐ c. il servizio elettorale
   - ☐ d. l'organizzazione dei musei

3. Non è una Regione a statuto speciale:
   - ☐ a. il Friuli - Venezia Giulia
   - ☐ b. il Trentino - Alto Adige
   - ☐ c. la Sardegna
   - ☐ d. la Calabria

4. Non ha iniziativa legislativa presso le Regioni:
   - ☐ a. la Giunta regionale
   - ☐ b. il Consiglio comunale
   - ☐ c. il Sindaco
   - ☐ d. il popolo

5. Non è una Città metropolitana:
   - ☐ a. Venezia
   - ☐ b. Napoli
   - ☐ c. Aosta
   - ☐ d. Bologna

Verifica

4 ●●● Vero o falso?

1. Pubblica amministrazione e burocrazia sono espressioni coincidenti. V F
2. Il sistema elettorale previsto per il Consiglio comunale è quello maggioritario. V F
3. I Consigli provinciali hanno funzione legislativa. V F
4. Gli statuti sono le leggi emanate dalle Regioni nell'ambito del loro territorio. V F
5. La carica di consigliere regionale non è compatibile con quella di parlamentare. V F
6. I consiglieri regionali operano senza vincolo di mandato. V F
7. La Giunta regionale può essere sfiduciata dal Consiglio regionale. V F
8. L'ordine pubblico è una materia su cui le Regioni non hanno competenza legislativa. V F

Potenzia le tue **abilità**

5 ●●● Trova la parola nascosta

1. Sono cinque quelle a statuto speciale. **2.** È l'organo composto dagli assessori. **3.** Quelli civili sono celebrati dal Sindaco o da un suo delegato. **4.** È il criterio che corrisponde al principio costituzionale del buon andamento della Pubblica amministrazione. **5.** È un documento contabile approvato periodicamente dal Consiglio comunale. **6.** Su quello Ufficiale della Regione vengono pubblicate le leggi regionali. **7.** Quelle metropolitane sono attualmente nove. **8.** È il principio costituzionale per cui la Pubblica amministrazione è soggetta alla legge. **9.** È, insieme con il Sindaco, l'organo di indirizzo politico dei Comuni. **10.** Eleggono il Sindaco.

Sviluppa le tue **competenze**

6 ●●● Rispondi alle domande

1. A quali principi costituzionali è ispirata l'organizzazione della Pubblica amministrazione?
2. Quali sono i principali servizi resi dai Comuni ai cittadini?
3. Quali sono gli organi principali della Regione?
4. In che senso lo Stato ha competenza legislativa esclusiva in determinate materie?

7 ●●● Risolvi i casi

1. Un partito politico presenta nella propria lista per le elezioni comunali di Bologna una cittadina romena che risiede e lavora proprio nel capoluogo emiliano. È legittima tale candidatura?
2. Andrea C., consigliere regionale, viene accusato di un reato e il giudice emette un mandato di arresto nei suoi confronti. Tuttavia Andrea C. sostiene l'illegittimità dell'atto, in quanto il giudice avrebbe dovuto chiedere preventivamente l'autorizzazione a procedere al Consiglio regionale di cui fa parte. Ha ragione?

8 ●●● Esprimi la tua opinione

1. La Pubblica amministrazione è una realtà quanto mai concreta: la scuola, la sanità e i trasporti, per esempio, sono settori con cui abbiamo a che fare quotidianamente. Riflettendo sul principio costituzionale di efficienza, che cosa ritieni si dovrebbe fare per realizzarlo pienamente?
2. Nel nostro Paese, per quanto la normativa preveda che, per ogni intervento edilizio, si debba richiedere il preventivo consenso dei competenti organi comunali, molte persone ignorano questo obbligo, procedendo ad abusi con conseguenze anche molto gravi sul territorio. Come pensi si possa arginare questo fenomeno illecito?

PERCORSO **10** diritto

La Magistratura

Incominciamo da te

Una situazione concreta

A Bologna viene commessa una rapina all'interno di una banca, per fortuna senza alcuna vittima. Grazie alla pronta reazione del direttore della filiale, che fa scattare l'allarme senza essere visto, la polizia interviene e cattura i malviventi. Da quale organo giudiziario saranno giudicati?

! In base al principio del giudice naturale (art. 25 Cost.), gli autori della rapina saranno sottoposti al giudizio del Tribunale di Bologna, competente in base alla gravità del reato e al luogo in cui è stato commesso.

Le 5 domande

1 Qual è, in base alle tue conoscenze, la funzione dei magistrati, o giudici, titolari del potere giudiziario?

2 I processi possono essere civili o penali: qual è la differenza?

3 Spesso, attraverso i mezzi di informazione, si sente parlare di "ricorso in appello": sai che cosa significa?

4 Se una persona intende difendersi in un processo da determinate accuse ma non ha i mezzi economici per farsi rappresentare da un avvocato, a che cosa ha diritto?

5 Secondo te, se una persona subisce danni sia economici sia morali in conseguenza di un errore giudiziario, ha diritto a farsi risarcire dal giudice responsabile?

Il nostro percorso

LEZIONE 1

Il ruolo dei magistrati

CONOSCENZE

- Funzione giurisdizionale
- Giurisdizione civile, penale e amministrativa
- Processo penale: fase istruttoria, udienza preliminare, dibattimento
- Principi di indipendenza, inamovibilità e imparzialità dei magistrati
- Consiglio superiore della Magistratura (CSM), organo di autogoverno dei giudici
- Responsabilità penale, disciplinare e civile dei magistrati

LEZIONE 2

La giurisdizione civile e quella amministrativa

LEZIONE 3

Il processo penale

LEZIONE 4

La posizione costituzionale dei magistrati

LEZIONE 5

L'autonomia dei magistrati e il CSM

LEZIONE 6

La responsabilità dei magistrati

ABILITÀ

- Individuare le specifiche finalità della funzione giurisdizionale, volta a fare rispettare gli interessi sia dei singoli sia della collettività
- Esaminare i diversi interessi tutelati dalla giurisdizione amministrativa, dalla giurisdizione penale e dalla giurisdizione civile
- Riconoscere nelle regole del giusto processo l'adempimento del principio costituzionale di uguaglianza sostanziale
- Indicare le ragioni storiche e politiche che giustificano il principio di indipendenza dei magistrati
- Individuare nel principio di responsabilità civile dei giudici l'attenzione del legislatore a prevenire quanto più possibile gli errori giudiziari

La competenza d'arrivo

Valutare se sussistano attualmente le condizioni necessarie alla realizzazione del principio di indipendenza dei magistrati; ponderare le proposte di riforma del sistema giudiziario italiano con particolare riferimento alla durata dei processi e alla tutela dei diritti dei cittadini.

LEZIONE 1

Il ruolo dei magistrati

VIDEO START Il giudice

AUDIOTESTO

La violazione delle norme e il compito dei magistrati L'esistenza delle norme giuridiche non costituisce di per sé una garanzia che i cittadini le rispettino sempre. È necessario che esistano organi imparziali, i **magistrati**, il cui ruolo è di accertare se nei casi loro sottoposti il diritto sia stato o meno violato e di applicare di conseguenza le sanzioni previste.

Memo LESSICO
L'aggettivo ▸**giurisdizionale** deriva dal latino *iurisdictio*, composto da *ius* ("diritto") e da *dictio* ("manifestazione"); l'attività dei magistrati corrisponde infatti a una "manifestazione del diritto", che coincide con l'interpretazione e l'applicazione delle norme.

La funzione giurisdizionale La **funzione ▸giurisdizionale**, esercitata dai *magistrati* o *giudici*, consiste nell'amministrare la giustizia in nome del popolo. Essa trova fondamento nel co. 1, art. 24 Cost., che afferma: «Tutti possono agire in giudizio per la tutela dei propri diritti e interessi legittimi», confermando che il nostro Paese è, a pieno titolo, uno Stato di diritto.

Gli elementi dell'attività giurisdizionale L'esercizio della funzione giurisdizionale si fonda su alcuni elementi:

- l'esistenza di un conflitto tra due o più soggetti, basato sulla violazione di un diritto, oppure sull'accusa pubblica verso un soggetto per violazione di legge;
- il dovere dei magistrati di risolvere il conflitto e di valutare la responsabilità degli accusati attraverso una decisione finale, denominata sentenza;
- l'impossibilità per i giudici di sottrarsi al compito di risolvere il caso loro sottoposto;
- l'obbligo per i magistrati di attenersi scrupolosamente alle norme, in base ai criteri dell'interpretazione giuridica;
- il rigoroso rispetto dell'imparzialità nello svolgimento delle funzioni giurisdizionali.

CASO Viene sottoposta a un giudice una complessa controversia per la cui soluzione non esistono precedenti cui riferirsi. Il magistrato può rinunciare alla soluzione del caso?
■ *No, il giudice non può rifiutarsi. Facendo riferimento ai criteri dell'interpretazione giudiziale, deve comunque arrivare a emettere una sentenza.*

ESPANSIONE
Al cinema: *Il giudice ragazzino*

Memo
Per essere nominati ▸**giudici popolari** occorre essere cittadini italiani, avere un'età compresa fra i trenta e i sessantacinque anni e avere una buona condotta morale. I giudici popolari vengono estratti a sorte tramite elenchi formati e aggiornati dai Comuni. L'ufficio di giudice popolare è obbligatorio: si può essere dispensati solo per legittimo impedimento, che deve essere però provato.

Giudici ordinari, straordinari e speciali Affermano i co. 1 e 2, art. 102 Cost.: «La funzione giurisdizionale è esercitata da magistrati ordinari istituiti e regolati dalle norme sull'ordinamento giudiziario.
Non possono essere istituiti giudici straordinari o giudici speciali [...]».
Secondo la Costituzione i **magistrati ordinari** sono giudici disciplinati dalle norme dell'ordinamento giudiziario, che operano nei diversi gradi di giudizio in materia civile, penale e amministrativa. I **giudici straordinari**, invece, in passato erano nominati appositamente per decidere una determinata controversia, mentre i **giudici speciali** venivano istituiti allo scopo di esaminare particolari materie, indicate tassativamente dalla legge, nelle quali possedevano un elevato grado di competenza tecnica.

I giudici speciali mantenuti dalla Costituzione La Costituzione vieta l'istituzione di giudici speciali e straordinari. I nostri Costituenti avevano ben presente la situazione originatasi durante il fascismo, quando furono istituiti il *Tribunale speciale fascista*, con il compito di giudicare i reati politici, e il *Tribunale della razza*, giudice straordinario incaricato del riconoscimento razziale nei casi dubbi.
Pertanto, la Costituzione contempla oggi solo *tre giudici speciali*: il **Consiglio di Stato**, organo di consulenza giuridico-amministrativa cui possono rivolgersi i soggetti della Pubblica amministrazione; la **Corte dei conti**, organo che controlla la legittimità degli atti amministrativi come il Bilancio dello Stato; i **Tribunali militari**, che giudicano i reati militari, cioè i reati commessi dai membri delle Forze armate.
In alcuni casi, previsti dalla Costituzione, sono ammessi *giudici onorari*, come i giudici di pace, e ▸*giudici popolari*.

competenze in campo

1 Completa lo schema

DIDATTICA INCLUSIVA

FUNZIONE GIURISDIZIONALE

→ consiste nell'amministrare la .... in nome del ....

→ è esercitata dai .... (o giudici)

→
- giudici ....
- giudici straordinari
- giudici ....

ESERCIZIO INTERATTIVO

2 Osserva e rifletti

L'immagine si riferisce a un Tribunale: si tratta di un giudice ordinario o speciale? Qual è la funzione dei magistrati?

3 Individua il termine

ESERCIZIO INTERATTIVO

1. È la funzione che consiste nell'amministrare la giustizia in nome del popolo: ....
2. È un giudice speciale, cui compete il controllo sulla legittimità del Bilancio statale: ....
3. È il principio, corrispondente a un obbligo per i magistrati, cui si ispira la frase "La legge è uguale per tutti" presente nelle aule giudiziarie: ....
4. In base alla Costituzione, ogni cittadino può agire in giudizio per tutelarli, oltre ai propri diritti: ....

mi riguarda perché...

SPUNTO DI RIFLESSIONE

Anche se sei ancora molto giovane, puoi riflettere sul fatto che la funzione dei magistrati rappresenta per tutti noi una fondamentale garanzia per la tutela dei nostri diritti e per l'azione contro i soggetti che non rispettano le norme giuridiche.

Detto da... Giovanni Falcone

"La mafia non è affatto invincibile. Si può vincere non pretendendo l'eroismo da inermi cittadini, ma impegnando in questa battaglia tutte le forze migliori delle istituzioni."

Condividi le parole del magistrato, che fu ucciso dalla mafia nel 1992?

FOCUS Le funzioni del Tribunale speciale fascista

Ai nostri giorni siamo abituati al fatto che i Tribunali amministrano la giustizia e tutelano i diritti dei cittadini, ma non è sempre stato così: per esempio nell'esperienza storica del fascismo operava il **Tribunale speciale per la difesa dello Stato**, che applicava sanzioni a chi contrastava il regime.
Il Tribunale speciale fascista, istituito nel 1926, aveva il compito di sanzionare, anche con la morte, gli attentati contro le persone del re e del capo del fascismo; inoltre applicava sanzioni severissime, tra cui in particolare il confino politico, a chi svolgeva attività politica contraria al regime. I membri di questo Tribunale non erano magistrati ma ufficiali fascisti, e svolgevano le loro funzioni indossando la camicia nera, confermando in tal modo la mancanza di quella imparzialità che dovrebbe contraddistinguere la funzione giudiziaria.

Spazio multiculturale — Il sistema giudiziario degli USA

Negli Stati Uniti il sistema giudiziario non è centralizzato, ma ogni Stato ha propri organi preposti all'amministrazione della giustizia. Esistono pertanto ordini giudiziari separati, al vertice di ciascuno dei quali si pone la *Suprema corte statale*; al di sopra di tutto l'ordinamento opera la *Corte suprema degli Stati Uniti d'America*.

LEZIONE 2

La giurisdizione civile e quella amministrativa

VIDEO START
Il processo telematico

AUDIOTESTO

Le tre giurisdizioni In base al tipo di controversia che viene sottoposta ai magistrati si possono individuare **tre tipi di giurisdizione**: *civile*, *penale* e *amministrativa*.

Memo LESSICO
Il termine ▸**attore** deriva dal latino *actor* (riconducibile al verbo *àgere*, "fare") e indica generalmente "chi partecipa attivamente a una vicenda". Anche il sostantivo ▸**convenuto** ha origine da un verbo latino, *convenire*, che significa "incontrarsi". Quindi, nel processo l'attore è chi agisce per chiedere giustizia e il convenuto colui che è chiamato in causa.

La giurisdizione civile Si parla di **giurisdizione civile** in relazione alle controversie che insorgono tra soggetti privati. La parte che vuole ottenere giustizia, denominata ▸*attore*, denuncia un altro soggetto, detto ▸*convenuto*, affinché si apra un processo civile e il giudice risolva la questione attraverso un provvedimento finale, la **sentenza**. La sentenza deve essere sempre motivata; infatti la parte non soddisfatta può, contestando la motivazione, presentare **appello** contro di essa e aprire un processo *di secondo grado* davanti a un altro magistrato. Contro la sentenza emessa in secondo grado è ammesso un nuovo ricorso presso la Corte di cassazione e si apre un giudizio *di terzo grado*. Il ricorso presso la Corte di cassazione può essere proposto solo per *violazione di legge*: tale organo, infatti, non può prendere in esame i fatti che sono stati oggetto dei processi precedenti né ascoltare testimoni; può invece valutare se il giudice di secondo grado ha applicato in modo corretto la legge. Per tale motivo la Corte di cassazione è detta *giudice di diritto*. Se tutti e tre i gradi di giurisdizione sono stati percorsi, oppure se le parti non hanno presentato ricorsi, la sentenza *passa in giudicato*, cioè diventa definitiva.
In materia civile, i giudici competenti sono:

- in **primo grado** il *Giudice di pace*, per le cause di modico valore economico, e il *Tribunale*, composto da tre giudici, per le altre cause;
- in **secondo grado** il *Tribunale*, per le cause decise dal Giudice di pace, e la *Corte d'appello*, composta da tre giudici, per le cause decise dal Tribunale;
- in **terzo grado** la *Corte di cassazione*, composta da cinque membri (nove in casi di maggiore rilievo), con sede a Roma.

Memo LESSICO
Il termine ▸**negoziazione** ha origine dal sostantivo latino *negotium*, che tra i suoi significati ha quelli di "attività", "affare", "trattativa".

La negoziazione assistita Con la l. n. 162/2014 i processi civili, solitamente lunghissimi nei tempi, sono stati semplificati. Pensiamo, per esempio, all'introduzione della possibilità per i coniugi di separarsi e di divorziare senza rivolgersi a un giudice, oppure alla ▸**negoziazione assistita**, ossia alla possibilità per le parti coinvolte in una controversia di cooperare in buona fede per risolvere il caso in via amichevole tramite l'assistenza dei propri avvocati senza giungere allo svolgimento del processo vero e proprio.

Il processo telematico Da tempo opera inoltre il **processo telematico**, attraverso cui è possibile automatizzare i flussi informativi e documentali tra utenti esterni e Uffici giudiziari. In base a questa modalità processuale, gli avvocati possono redigere e firmare l'atto di parte avvalendosi di strumenti software, possono ricevere comunicazioni da parte dell'Ufficio giudiziario nella propria casella di posta elettronica e possono consultare via Internet i propri fascicoli.

La giurisdizione amministrativa La **giurisdizione amministrativa** opera quando un privato contesta e chiede l'annullamento di un provvedimento della Pubblica amministrazione (come un'espropriazione), che ritiene ingiusto e lesivo dei propri interessi.
I giudici competenti in materia amministrativa sono:

- in **primo grado** il *TAR* (Tribunale amministrativo regionale), organo statale che ha sede in ogni capoluogo di Regione;
- in **secondo grado** il *Consiglio di Stato*.

Il processo amministrativo appartiene alla giurisdizione speciale e i suoi organi non fanno parte dell'ordine giudiziario, ma appartengono alla Pubblica amministrazione.

ESPANSIONE
Come diventare magistrato

competenze in campo

1 Completa le tabelle

GIURISDIZIONE CIVILE	
Oggetto	Controversie tra ....
Gradi di giudizio	1° grado: .... o Tribunale 2° grado: .... o Corte d'appello 3° grado: ....

GIURISDIZIONE AMMINISTRATIVA	
Oggetto	Controversie tra privati e ....
Gradi di giudizio	1° grado: .... 2° grado: ....

DIDATTICA INCLUSIVA

ESERCIZIO INTERATTIVO

2 **Osserva e rifletti**

Di quali cause, in materia civile, si occupano i Giudici di pace? Chi sono, in tali processi, l'attore e il convenuto?

3 **Risolvi i casi**

1. Giuliana T., impiegata in un'agenzia pubblicitaria, viene licenziata per scarso rendimento sul lavoro. Secondo la donna, dietro la motivazione del licenziamento si cela però un altro motivo: ha da poco reso noto il suo stato di gravidanza e presume che la sua prossima assenza per il congedo di maternità sia la vera causa del provvedimento. Che cosa può fare?
2. Elena P., commerciante, vuole aprire un negozio. Presenta pertanto una richiesta di licenza commerciale al Comune in cui intende avviare l'attività. La licenza le viene negata. A quale autorità giudiziaria potrà rivolgersi Elena P. se intende contestare il rifiuto dell'ente comunale?

mi riguarda perché...

SPUNTO DI RIFLESSIONE

Ricordi certamente che il nostro è uno Stato di diritto; ciò viene confermato dal fatto che noi cittadini abbiamo la possibilità di rivolgerci, in sede civile o amministrativa, all'autorità giudiziaria per ottenere protezione contro le ingiustizie che possiamo subire da altri soggetti privati o dagli organi della Pubblica amministrazione.

FOCUS L'arbitrato

Avrai spesso sentito parlare dei tempi lunghi e dei costi elevati dei processi.
Le parti coinvolte in una controversia civile hanno però un'alternativa: l'**arbitrato**, un istituto in cui sono le parti stesse a scegliere chi deciderà la lite, ossia l'*arbitro*. La legge non richiede particolari requisiti per la copertura della carica di arbitro, se non la piena capacità di agire. L'arbitro deve essere libero e neutrale, ossia non deve avere rapporti con le parti o con i loro difensori tali da incidere sul suo lavoro né avere interessi propri connessi alla controversia.
È frequente che il ricorso all'arbitrato venga preventivamente previsto dalle parti che concludono un contratto tramite la stipulazione di una **convenzione arbitrale**, denominata anche *clausola compromissoria*, con cui si deferisce a un privato il potere di decidere controversie presenti o future, sottraendole al giudice ordinario.

Spazio multiculturale — La giurisdizione civile in Gran Bretagna

In **Gran Bretagna** i processi civili sono di competenza dei **Tribunali di contea** (*County Courts*); dei casi più complessi si occupa l'**Alta Corte di giustizia** (*High Court*). La giustizia civile si fonda sulla **Common law**, basata sul principio del *precedente*: ogni decisione del giudice deve essere fondata su una decisione già adottata in precedenza in un caso identico o simile.
Al contempo i giudici, valutando le circostanze di fatto, riescono ad adattare le loro decisioni a nuove esigenze. Di conseguenza, in questo sistema giuridico, la norma è sottoposta a un continuo e dinamico adattamento all'evoluzione della società.

LEZIONE 3

Il processo penale

VIDEO START
Il maxiprocesso contro la mafia

AUDIOTESTO

Memo LESSICO
L'espressione ▸ **fase istruttoria** ha origine nel verbo latino *instruere*, che ha tra i suoi significati quelli di "costruire", "istruire", "preparare". In effetti in questa fase si costruiscono le basi per il futuro processo penale.

La giurisdizione penale La **giurisdizione penale** opera quando si deve giudicare una persona accusata di un reato, vale a dire di un fatto che non colpisce solo un determinato soggetto, ma l'intera collettività.

La fase istruttoria Il **processo penale** inizia con la ▸**fase istruttoria**, detta anche *fase delle indagini preliminari*, in cui operano due specifici organi della Magistratura, il **Pubblico ministero** (**PM**) e il **Giudice per le indagini preliminari** (**GIP**).
Le indagini si aprono con la *notizia di reato*, che si ottiene normalmente tramite **denuncia**. La denuncia va presentata presso gli uffici delle forze dell'ordine, quali le questure, le stazioni dei Carabinieri, i commissariati di Pubblica sicurezza. In seguito alla denuncia la notizia di reato viene immediatamente registrata nel *Registro delle notizie di reato*, tenuto dall'ufficio del Pubblico ministero. In questo registro si procede inoltre all'iscrizione delle persone su cui vengono effettuate indagini, senza che siano ancora formulate precise accuse di reato a loro carico. Le persone indagate devono essere informate tramite un **avviso di garanzia**, che consente loro di farsi assistere da un difensore di fiducia.

Memo
La ▸**libertà personale** può essere limitata solo nei casi previsti dalla legge (pericolosità sociale, pericolo di fuga, possibilità di inquinamento delle prove).

Il ruolo del PM e del GIP Il Pubblico ministero ha il compito di *dirigere le indagini* e di *acquisire gli elementi di prova* idonei a poter formulare un'*imputazione* a carico dell'indagato o degli indagati. Il Giudice per le indagini preliminari deve invece *controllare la legittimità dell'azione penale* condotta dal PM; può inoltre disporre nei confronti dell'imputato *provvedimenti restrittivi della* ▸*libertà personale* qualora li ritenga necessari.
La fase istruttoria si chiude con la richiesta di **archiviazione del caso** da parte del Pubblico ministero, se ha verificato l'inesistenza dei presupposti per l'azione penale, oppure con la **formulazione dei capi di imputazione**.

L'udienza preliminare Terminate le indagini preliminari con la formulazione dei capi d'imputazione, si attua l'**udienza preliminare**, in cui il **GUP** (Giudice dell'udienza preliminare) ascolta le argomentazioni del Pubblico ministero e quelle della difesa, allo scopo di valutare se ci sono elementi sufficienti per rendere necessario lo svolgimento del processo vero e proprio; in caso positivo decreta la *citazione in giudizio* dell'accusato. In questa ipotesi si apre la fase del *dibattimento*.

Il dibattimento e i giudici competenti Il **dibattimento** costituisce la fase centrale del processo penale e in esso vengono prodotte le prove, ascoltato l'imputato e interrogati i testimoni. Si svolge davanti al giudice competente:
- in **primo grado** il *Giudice di pace*, per i reati minori, il *Tribunale* per le cause di media gravità e la *Corte d'assise*, composta da due magistrati e da sei *giudici popolari* (cittadini scelti mediante sorteggio), per i processi di maggiore gravità;
- in **secondo grado** il *Tribunale*, per le cause decise dal Giudice di pace, la *Corte d'appello*, per le cause decise dal Tribunale, e la *Corte d'assise d'appello*, per le cause decise in Corte d'assise;
- in **terzo grado** la *Corte di cassazione*.

Il giusto processo Il dibattimento si svolge in base al principio del **giusto processo** (art. 111 Cost.), che si fonda essenzialmente sul *contraddittorio tra le parti in condizioni di parità*, sull'*imparzialità del giudice* e sulla *ragionevole durata del processo*. Il giusto processo prevede che la persona accusata di un reato debba essere informata sulla natura e sui motivi dell'accusa e che possa acquisire ogni mezzo di prova a suo favore. Al termine del dibattimento le parti formulano le loro richieste, dopo di che il giudice emana la **sentenza**, che potrà essere di **proscioglimento** o di **condanna**.

ESPANSIONE
La denuncia penale

competenze in campo

1 Completa lo schema

FASI DEL PROCESSO PENALE

- fase ....
  - il Pubblico .... raccoglie le .... contro l'..
  - il .... controlla la .... dell'azione penale
- udienza ....
  - si valutano le argomentazioni presentate dalle ....
- ....
  - ispirato al principio costituzionale del .... processo
- il processo si chiude con la .... del giudice

ESERCIZIO INTERATTIVO

2 **Osserva e rifletti**

A chi può essere presentata la denuncia di un reato? Che cos'è l'avviso di garanzia?

3 **Rifletti e rispondi**

Non è facile, soprattutto per un minorenne, vivere l'esperienza del carcere. Lo scopo della detenzione, come afferma la nostra Costituzione, è quello di rieducare il condannato, e questo è ancora più vero se si tratta di un giovane. Quali interventi sarebbero necessari secondo te all'interno delle carceri minorili per favorire al massimo il processo di riadattamento sociale?

mi riguarda perché...

SPUNTO DI RIFLESSIONE

Nel nostro Paese ha luogo una grande quantità di processi penali. La durata media di un processo penale supera i 1500 giorni e il numero di cause pendenti supera i 3 milioni. In questo quadro puoi comprendere quanto sia rilevante la funzione di filtro rappresentata dalla fase istruttoria e da quella dell'udienza preliminare, che consentono di evitare il dibattimento se non ci sono argomentazioni e prove sufficienti.

Le tue domande — A quale età si è penalmente responsabili?

La responsabilità penale, da cui deriva la posizione di imputato, è riconosciuta nel nostro ordinamento a partire dai **quattordici anni**: sotto questo limite di età non si può essere processati. Chi ha un'età compresa tra i quattordici e i diciotto anni, qualora sia accusato di un reato, viene giudicato dal **Tribunale dei minorenni**. Negli altri Paesi europei l'età minima per l'imputabilità penale varia dai dieci anni (Gran Bretagna e Cipro) ai diciotto (Belgio e Lussemburgo). In caso di condanna, il minore sconta la propria pena presso un **istituto penale per minorenni** (o *carcere minorile*); se la condanna si protrae oltre il diciottesimo anno di età, il detenuto rimane nel penitenziario minorile sino al ventunesimo anno, dopodiché viene trasferito d'ufficio presso una casa circondariale o carcere ordinario. Possono essere rinchiusi in un carcere minorile anche i **minori di 14 anni**, non imputabili ai sensi della legge penale, nel caso siano ritenuti socialmente pericolosi dopo aver commesso un crimine di particolare gravità.

Spazio multiculturale — Accusa e difesa negli USA

Negli Stati Uniti, le parti del processo penale corrispondono all'*accusa* e alla *difesa*, come nel nostro ordinamento. L'imputato (*defendant*) è rappresentato da un avvocato difensore (*defense lawyer*), che può essere a patrocinio gratuito per chi si trova in difficoltà economiche (*public defense*). L'accusa è invece sostenuta, in nome dello Stato, dal Procuratore generale (*district attorney*), che corrisponde al nostro Pubblico ministero.

LEZIONE 4

La posizione costituzionale dei magistrati

VIDEO START
L'autonomia dei giudici e la loro soggezione solo alla legge

AUDIOTESTO

Il principio del giudice naturale Diversi sono i principi costituzionali relativi alla posizione dei giudici. Afferma l'art. 25 Cost.: «Nessuno può essere distolto dal giudice naturale precostituito per legge». Ciò significa che la scelta dell'autorità giudiziaria cui sottoporre una controversia o il giudizio su un reato non compete alle parti, ma si basa sull'applicazione di criteri oggettivi, di luogo e di competenza.

CASO Viene commessa una rapina in un supermercato di Pescara; i colpevoli vengono individuati, arrestati dalle forze dell'ordine e sottoposti a giudizio. Da quale giudice saranno processati?
■ *Dal Tribunale di Pescara, competente in base al luogo in cui è stato commesso il fatto e alla tipologia di reato.*

Memo
Abbiamo già più volte incontrato il principio della ▸**riserva di legge**: per esempio, la libertà personale può essere limitata solo nei casi previsti dalla legge (art. 13 Cost.), un'opera di stampa può essere sequestrata solo se lo prevede la legge (art. 21 Cost.), l'organizzazione degli uffici pubblici può essere disposta solo tramite legge (art. 97 Cost.).

La riserva di legge Afferma il co. 1, art. 108 Cost.: «Le norme sull'ordinamento giudiziario e su ogni magistratura sono stabilite con legge». In altre parole, in base al principio della ▸**riserva di legge** solo le leggi dello Stato possono disciplinare l'apparato giudiziario, ed è pertanto esclusa qualsiasi ingerenza in materia da parte del Governo.

L'indipendenza I magistrati sono **indipendenti** in quanto non sono sottoposti ad altri poteri né ad altri organi gerarchicamente superiori. La loro indipendenza è garantita dall'esistenza di uno specifico organo di autogoverno, il *Consiglio superiore della Magistratura* (*CSM*).

L'imparzialità Secondo il principio di **imparzialità** i giudici devono essere al di sopra delle parti e devono essere estranei agli interessi coinvolti nella causa loro sottoposta. Qualora un magistrato abbia un interesse personale nella causa che è chiamato a risolvere, ha l'obbligo di dichiararlo alle parti e di astenersi dal giudizio; in caso contrario può essere una delle parti a chiederne la *ricusazione*.

L'inamovibilità Il principio di **inamovibilità** comporta che i magistrati non possano essere rimossi dalle proprie funzioni o dal luogo in cui svolgono il loro servizio se non ricorrono specifiche e tassative condizioni. Tale principio è sancito dal co. 1, art. 107 Cost. e costituisce una garanzia dell'indipendenza dei giudici. Infatti la *rimozione* dei magistrati può essere disposta solo dal Consiglio superiore della Magistratura, qualora vi sia il consenso dell'interessato oppure ricorrano i motivi stabiliti dalla legge; in tal caso nel procedimento deve essere assicurato al magistrato il diritto alla difesa.
Il ministro della Giustizia può promuovere azioni disciplinari contro i magistrati, ma il diritto di decisione su di esse è di esclusiva pertinenza del CSM. Queste disposizioni hanno lo scopo di consentire ai giudici di svolgere serenamente le proprie funzioni, senza dover subire pressioni da parte di altri poteri dello Stato.

Memo
La ▸**Corte di cassazione** è giudice di diritto (con funzione quindi di legittimità) in quanto valuta se il giudice di secondo grado ha applicato la legge in modo corretto.

La distinzione funzionale L'art. 107 Cost. afferma il principio della **distinzione funzionale**, in base al quale l'ordinamento giudiziario non è organizzato gerarchicamente, ma i giudici si distinguono tra loro solo per le diverse funzioni esercitate. Queste sono essenzialmente:
- la *funzione giudicante*, che consiste nel compito di risolvere controversie;
- la *funzione requirente*, che è quella propria dei Pubblici ministeri nei processi penali, volta a individuare le persone responsabili di reati e a perseguirle in sede penale;
- la *funzione di legittimità*, che si sostanzia nel controllo della corretta applicazione delle leggi (pensiamo, in tal senso, al ruolo della ▸Corte di cassazione);
- la *funzione di merito*, che comporta l'esame dei fatti per poter risolvere un caso giudiziario.

competenze in campo

1 Completa lo schema

PRINCIPI COSTITUZIONALI RELATIVI ALLA MAGISTRATURA

- giudice ....
- .... di legge
- indipendenza
- ....
- inamovibilità
- distinzione ....

ESERCIZIO INTERATTIVO

2 **Individua il termine**

ESERCIZIO INTERATTIVO

1. Lo sono i giudici per il fatto di non poter essere rimossi dal proprio incarico se non in base a decisione del CSM: ....
2. È la funzione propria dei Pubblici ministeri: ....
3. Lo sono i giudici perché non sono sottoposti ad altri poteri dello Stato: ....
4. È la funzione per cui determinati magistrati, per risolvere un caso, compiono un esame dei fatti: ....

3 **Risolvi il caso**

A Modena, una signora che ha residenza in città urta con la propria bicicletta un'automobile parcheggiata lungo una strada danneggiandola. Il proprietario dell'auto, che ha residenza e domicilio a Mantova, vuole farsi risarcire da lei i danni (valutati da un perito in 500 euro). Più volte sollecitata, la signora rifiuta di pagare, per cui il proprietario dell'auto la denuncia in sede civile.
Quale giudice è competente in questo caso e in base a quale principio?

mi riguarda perché...

SPUNTO DI RIFLESSIONE

Se ci pensi con attenzione, i diversi principi costituzionali relativi ai magistrati costituiscono un insieme organico e coerente che ha come obiettivo finale la certezza del diritto.
Per esempio, il principio del giudice naturale rafforza quello di imparzialità: rende infatti impossibile che siano le parti a scegliere quale autorità giudiziaria dovrà occuparsi del caso che le coinvolge.

Spazio multiculturale — Il potere giudiziario nelle Costituzioni di altri Stati comunitari

In quanto cittadino europeo, devi sapere che principi comuni a molte Costituzioni europee sono quelli dell'**indipendenza dei magistrati** e della **riserva di legge**. Troviamo affermati tali principi per esempio nelle Costituzioni spagnola, portoghese, greca e danese. La maggior parte delle Costituzioni europee comprende anche il principio della **inamovibilità dei magistrati**.
Proprio perché l'importanza dell'indipendenza della Magistratura è ampiamente condivisa (ed è stata sancita anche nelle recenti Costituzioni di alcuni Paesi dell'Europa orientale), molti ordinamenti europei prevedono l'esistenza di un **organo di autogoverno dei giudici**, corrispondente al nostro Consiglio superiore della Magistratura.

Detto da... Sergio Mattarella

"I giovani magistrati devono osservare scrupolosamente i doveri indicati dalla legge: imparzialità, correttezza, diligenza, laboriosità, riserbo, equilibrio e soprattutto rispetto della dignità della persona."

Che cosa indicano sostanzialmente i principi richiamati dal Presidente della Repubblica Mattarella in riferimento ai giudici?

LEZIONE

5

L'autonomia dei magistrati e il CSM

VIDEO START
I valori che devono essere rispettati dai giudici

AUDIOTESTO

La soggezione solo alla legge Il co. 1, art. 104 Cost. afferma: «La Magistratura costituisce un ordine autonomo e indipendente da ogni altro potere».
Questo fondamentale principio, in base al quale i giudici vengono sottratti alle possibili pressioni degli altri organi dello Stato, in particolare del Governo, si ricollega alla disposizione, sempre costituzionale, che «i giudici sono soggetti soltanto alla legge» (art. 101 Cost.). Il **principio dell'indipendenza della Magistratura** si è consolidato nel tempo e ha consentito la realizzazione anche di importanti processi contro personaggi influenti.

PODCAST
Articolo 101

ESEMPIO Pensiamo ad alcuni processi storici contro la mafia oppure ai processi per fatti di corruzione politica conseguenti allo scandalo di ▸Tangentopoli negli anni Novanta del secolo scorso.

Memo
Con il termine ▸**Tangentopoli** ci si riferisce a un clamoroso scandalo che coinvolse gli esponenti di molti partiti politici, responsabili di concedere favoritismi a privati in cambio di denaro. Questo episodio colpì fortemente l'opinione pubblica e provocò una reazione emotiva che determinò profondi cambiamenti nell'assetto politico del Paese.
Le ▸**intercettazioni ambientali** sono rilevamenti realizzati tramite l'utilizzo di microspie e di telecamere nascoste, collocate all'interno degli ambienti oggetto di indagine.

Proposte di limitazioni al potere giudiziario Attualmente i magistrati vengono spesso contestati per le loro "intrusioni" nella vita altrui, considerate da alcuni eccessive e arbitrarie; per questo vengono avanzate proposte per limitarne l'indipendenza. In particolare si propongono l'introduzione di *sanzioni disciplinari più severe* per i giudici che non adempiono con correttezza alla propria funzione e una drastica *limitazione del potere di disporre* ▸ **intercettazioni telefoniche e ambientali** a carico di persone imputate di reato.

Il CSM e le sue funzioni Per tutelare l'autonomia dei magistrati la Costituzione ha istituito il **Consiglio superiore della Magistratura (CSM)**, che è l'**organo di autogoverno della Magistratura**.
Il CSM è composto da ventisette membri; lo presiede il Presidente della Repubblica e ne fanno sempre parte il primo presidente e il procuratore generale della Corte di cassazione; gli altri ventiquattro componenti vengono eletti in parte (otto) dal Parlamento in seduta comune e in parte (sedici) da tutti i magistrati.
I membri elettivi restano in carica quattro anni e non sono immediatamente rieleggibili. È sancita l'incompatibilità della loro carica con quella di membro del Parlamento, del Governo, della Corte costituzionale, di un Consiglio regionale, provinciale o comunale.
Il CSM si occupa di tutto ciò che riguarda i giudici; in particolare:
- provvede alla loro assunzione tramite concorsi, di cui nomina le commissioni giudicatrici;
- assegna i giudici ai vari uffici e nomina i responsabili degli uffici giudiziari;
- dispone i trasferimenti e le promozioni;
- adotta eventuali sanzioni disciplinari.

Il ruolo del ministro della Giustizia È attribuito al ministro della Giustizia il compito di provvedere a tutto quanto è necessario per il corretto funzionamento degli uffici giudiziari, come afferma l'art. 110 Cost.: «Ferme le competenze del Consiglio superiore della Magistratura, spettano al ministro della Giustizia l'organizzazione e il funzionamento dei servizi relativi alla giustizia».
Il ministro non ha pertanto alcun potere di intervento diretto nei confronti dei magistrati, ma si limita a una funzione di tipo organizzativo.

CASO Ipotizziamo che il ministro della Giustizia disponga la deposizione di un magistrato dalla sua carica per comportamento scorretto rispetto alle funzioni esercitate. Sarebbe legittimo tale provvedimento? Perché?
■ *No, il ministro non ha potere di intervento diretto; può solo sollevare la questione disciplinare presso il CSM.*

competenze in campo

1 Completa lo schema

CONSIGLIO SUPERIORE DELLA MAGISTRATURA (CSM)

- è l'organo di .... della Magistratura
- è composto da:
  - tre membri di diritto: il .... e due componenti della ....
  - otto membri eletti dal ....
  - .... membri eletti da tutti i ....

ESERCIZIO INTERATTIVO

2 ●●● **Rifletti e rispondi**

In che senso il CSM è l'organo di autogoverno della Magistratura? Con quale obiettivo esso fu istituito dalla Costituzione?

3 ●●● **Completa le frasi**

ESERCIZIO INTERATTIVO

1. In base alla Costituzione, i giudici sono soggetti solo alla .... e costituiscono un ordine .... e .... da ogni altro ....: grazie a tali principi essi sono sottratti a possibili .... esterne.
2. I membri del CSM non possono contemporaneamente fare parte del .... , del Governo o di un .... regionale; i membri .... rimangono in carica per .... anni.
3. Tra le sue funzioni, il CSM provvede alla .... dei giudici attraverso concorsi, dispone .... e promozioni, adotta se necessario sanzioni di natura ....

4 ●●● **Risolvi il caso**

A causa della sua comprovata corruzione, un magistrato, oltre a subire le sanzioni penali previste dalla legge, viene rimosso dall'incarico su decisione del CSM. Può il magistrato contestare il provvedimento di rimozione?

mi riguarda perché...

SPUNTO DI RIFLESSIONE

L'istituzione del CSM risponde a una duplice esigenza: da un lato garantisce l'indipendenza dei magistrati dagli altri poteri dello Stato, evitando pericolose pressioni sul loro operato; dall'altro consente di tenere sotto controllo l'operato dei giudici, evitando una loro arbitraria ed eccessiva libertà operativa.

FOCUS L'Associazione Nazionale Magistrati

Come abbiamo osservato, le norme costituzionali garantiscono l'autonomia e l'indipendenza della Magistratura rispetto agli altri poteri dello Stato. Tale obiettivo è propugnato in modo esplicito dall'**Associazione Nazionale Magistrati** (**ANM**), cui aderisce oltre il 90% dei magistrati italiani in servizio (8300 su un totale di 9100). L'associazione opera anche allo scopo di tutelare gli interessi (morali ed economici) dei magistrati e di fornire contributi all'elaborazione delle riforme legislative dell'ordinamento giudiziario. Nel corso degli ultimi anni è stata tuttavia oggetto di critiche da parte di alcuni esponenti politici perché accusata di atteggiamenti troppo corporativi.

Lavorare insieme

- Suddividetevi in gruppi in base alle indicazioni dell'insegnante.
- Disponetevi in modo da poter comunicare tra di voi parlando sottovoce, così da non disturbare gli altri.
- Fate una ricerca sul tema delle intercettazioni telefoniche e ambientali, sui reati per i quali sono ammesse, sul procedimento che deve essere seguito e su quali siano gli strumenti utilizzati, suddividendo tali argomenti tra i componenti del gruppo. Riportate in una tabella i dati raccolti e confrontateli con quelli degli altri gruppi, aprendo poi un dibattito sull'opportunità o meno di procedere alle intercettazioni.

Stato e mafie

Esiste una cultura della legalità?

Lo Stato ha il dovere di opporsi alle associazioni a delinquere, come la mafia: è un principio costituzionale, sancito nell'art. 18. Questo compito è però estremamente difficile, soprattutto a causa del radicamento della mafia su tutto il territorio nazionale e della connivenza di imprenditori e di politici.

Il maxiprocesso

Tra il 1986 e il 1987 si tenne a Palermo il cosiddetto **maxiprocesso**, un processo penale contro la mafia che vide *implicate per reati legati alla criminalità organizzata oltre quattrocento persone*, di cui alcune erano parlamentari e ministri della Repubblica. Di quel processo furono protagonisti positivi i magistrati Paolo Borsellino, Antonino Caponnetto, Rocco Chinnici e Giovanni Falcone.
Al centro dell'accusa ci fu *Cosa nostra*, un'organizzazione legata al territorio siciliano che si proponeva *finalità di lucro attraverso attività illecite*, quali contrabbando, traffico di droga, riciclaggio di denaro sporco, racket (cioè il controllo di settori commerciali ed economici ottenuto con minacce ed estorsioni).

I metodi di Cosa nostra

Come dimostrò il maxiprocesso, l'associazione non si poneva limiti pur di raggiungere i propri obiettivi, *usando la violenza come proprio linguaggio* e uccidendo chi tentava di opporsi all'illegalità; tra le sue vittime ci furono magistrati (ricordiamo in particolare gli omicidi nel 1992 dei giudici Giovanni Falcone e Paolo Borsellino), esponenti delle forze dell'ordine (come il generale dei Carabinieri Carlo Alberto Dalla Chiesa, ucciso nel 1982), giornalisti, imprenditori e cittadini. Di fatto Cosa nostra amministrava il territorio siciliano con proprie regole, sostituendosi allo Stato. Il potere amministrativo locale si concentrava infatti nelle mani di politici vicini a potenti affiliati, come i Madonia, i Badalamenti, i Santapaola e i Riina; questi politici avevano libero accesso alle risorse pubbliche e le utilizzavano non nell'interesse del territorio e della cittadinanza, ma per aumentare la ricchezza e il prestigio dei clan mafiosi, oltre che di se stessi.

Le mafie oggi

Le associazioni mafiose, Cosa nostra, 'ndrangheta e camorra, oggi non sono più limitate a territori specifici (rispettivamente la Sicilia, la Calabria e la Campania), ma sono **diffuse su tutto il territorio nazionale** e sono **infiltrate nelle attività economiche**, in particolare nei settori del commercio e dell'edilizia, nei quali hanno rafforzato il loro potere grazie all'appoggio di amministratori pubblici corrotti. Quante

UN UOMO CONTRO LA MAFIA

Peppino (Giuseppe) **Impastato** fu un giornalista siciliano che denunciò il dilagare della mafia soprattutto attraverso una trasmissione radiofonica di un'emittente locale. Il suo esempio è ancora più eroico se si considera che il padre era affiliato a una nota famiglia mafiosa che commissionò l'assassinio di Peppino nel 1978, quando aveva solo trent'anni. La vita e il pensiero di Peppino rivivono nel film *I cento passi* di Marco Tullio Giordana (2000).

volte abbiamo sentito parlare di gare d'appalto truccate, dove, in cambio di tangenti in denaro, si fa vincere l'impresa sostenuta dalla criminalità organizzata?
E gli imprenditori onesti? Per loro non è facile. Molti, infatti, vengono minacciati attraverso il cosiddetto **pizzo**, con cui la mafia offre protezione in cambio del pagamento periodico di somme di denaro. E poi c'è l'**usura**. Soprattutto nei periodi di crisi economica le associazioni criminali offrono prestiti alle imprese in difficoltà a tassi di interesse elevatissimi. Se non vengono restituiti le imprese sono rilevate a prezzo bassissimo da chi aveva erogato il prestito. *Le mafie investono poi in attività legali* le ingenti somme di denaro che si procurano con le attività illecite, aumentando il loro potere economico e inquinando sempre più l'economia nazionale.

La legalità

Un elemento basilare per ogni società civile è la legalità, vale a dire *il rispetto e la messa in pratica delle leggi*, il senso di responsabilità e di solidarietà che dovrebbe spingere ogni persona verso il bene comune. La **cultura della legalità** si scontra con la logica della sopraffazione; si coniuga invece con la **tutela dei diritti**, in particolare di quelli delle persone più deboli.

Combattere le mafie

Tante sono le persone oneste nel nostro Paese e tanti sono quelli che vogliono fare qualcosa di concreto per lottare contro le mafie. Vale la pena di ricordare **"Libera"** (www.libera.it), un coordinamento di associazioni volte a promuovere in varie forme la cultura della legalità, partendo dall'educazione nelle scuole, allestendo campi di formazione antimafia, promuovendo attività e progetti antiusura. Uno dei maggiori successi delle campagne di "Libera" è stata l'approvazione di una legge (l. n. 109/1996) sull'*uso sociale dei beni confiscati*: questa legge prevede che i patrimoni provenienti da attività illecite vengano assegnati a soggetti (come Comuni, Regioni, associazioni private, cooperative) che siano in grado di utilizzarli a favore della collettività. Su iniziativa di "Libera" è stata inoltre istituita la "*Giornata della Memoria e dell'Impegno per ricordare le vittime innocenti delle mafie*": essa ricorre il 21 marzo, primo giorno di primavera, a simboleggiare **la speranza del rinnovamento e di una vera giustizia**.
Ogni anno, il 23 maggio, anniversario dell'assassinio di Giovanni Falcone, ricorre un'iniziativa chiamata "*La nave della legalità*", cui prendono parte centinaia di studenti che giungono a Palermo a bordo di due navi, chiamate "Giovanni" e "Paolo" in memoria dei magistrati Falcone e Borsellino.

IL TUO PUNTO DI VISTA

1. Uno dei comportamenti sociali maggiormente legati al fenomeno mafioso è l'omertà, che corrisponde al silenzio verso i reati commessi dalla malavita per tutelare i propri interessi o per evitare di essere coinvolti nelle indagini. Come ritieni si possa combattere questa forma di criminale solidarietà?
2. Quanto ritieni sia importante parlare di mafia a scuola? Quali pensi che siano le modalità più efficaci?
3. La "Giornata della Memoria e dell'Impegno" ricorda le vittime della mafia: in quale altro modo, secondo te, si possono onorare le tante persone morte perché hanno cercato di combattere le organizzazioni criminali?
4. Collegati al sito www.liberaterra.it: come giudichi questa iniziativa? Con riferimento alla proposta "Lavora con noi", ti piacerebbe parteciparvi in futuro?

LEZIONE 6

La responsabilità dei magistrati

VIDEO START
La responsabilità civile dei giudici

AUDIOTESTO

Memo
Ogni persona può incorrere in ▸**responsabilità penale** qualora commetta un reato; incorre invece in ▸**responsabilità civile** quando provoca danni ad altri in seguito al compimento di atti dolosi o colposi: in questa ipotesi è tenuta al risarcimento dei danni.

Gli errori giudiziari Che cosa può succedere se un giudice *sbaglia* nell'adempiere le proprie funzioni?

La responsabilità penale Se nell'emanare una sentenza un magistrato commette un reato, incorre in ▸**responsabilità penale** e verrà giudicato da un altro giudice, competente per territorio e per grado.

ESEMPIO Pensiamo all'ipotesi in cui un magistrato si lasci corrompere, accetti cioè denaro in cambio dell'emanazione di una determinata sentenza.

La responsabilità disciplinare Se un magistrato adotta comportamenti che non si configurano come reati, ma che corrispondono a mancanze relative alla propria funzione, incorre in **responsabilità disciplinare** e subirà il giudizio del CSM, che potrà applicare specifiche sanzioni.

ESEMPIO Il Consiglio superiore della Magistratura può disporre il trasferimento del giudice presso un'altra sede oppure può sospenderlo dall'incarico.

Memo LESSICO
Il termine ▸**dolo** deriva dal latino *dolus*, che significa "inganno", "frode"; ▸**colpa** ha invece origine dal latino *culpa*, che corrisponde a "negligenza".

La responsabilità civile Se, pur non commettendo reato, un giudice provoca danni a un cittadino, emettendo una sentenza ingiusta per ▸*dolo*, ▸*colpa grave* o *diniego di giustizia*, incorre in ▸**responsabilità civile**.
Ricorre il *dolo* quando viene commesso un atto con l'intenzione specifica di danneggiare uno o più soggetti determinati. La *colpa grave* corrisponde, invece, a un comportamento di grave negligenza, come l'affermazione di un fatto inesistente, la negazione di un fatto esistente, la violazione della legge e del diritto comunitario, il travisamento delle prove. I giudici rispondono infine di *diniego di giustizia* se rifiutano arbitrariamente di compiere un atto giudiziario legalmente dovuto, negando a un soggetto il godimento di un importante diritto.

CASO Durante lo svolgimento di un processo penale, il giudice non ammette la presentazione di una prova rilevante da parte della difesa, senza che ci siano valide ragioni per escluderla. Che cosa potrà accadere?
■ *In questa ipotesi il giudice potrà essere chiamato a rispondere di diniego di giustizia.*

Il ricorso La persona ingiustamente danneggiata può usare i procedimenti consentiti dalla legge contro il provvedimento ritenuto dannoso. In particolare può ricorrere contro lo Stato, appellandosi al Presidente del Consiglio dei ministri. In caso di sentenza favorevole al ricorrente, lo Stato procederà al risarcimento dei danni e dovrà poi rivalersi, entro un anno, nei confronti del giudice per un massimo monetario pari alla metà dello stipendio annuale del magistrato; in caso di dolo l'azione risarcitoria è totale.

La clausola di salvaguardia I magistrati non incorrono in responsabilità civile né per le attività di interpretazione delle norme giuridiche né per quelle di valutazione delle prove o dei fatti. Questa esenzione di responsabilità corrisponde alla cosiddetta **clausola di salvaguardia**, che però non opera nelle ipotesi di dolo, di colpa grave, di manifesta violazione della legge e del diritto comunitario.

L'estensione della responsabilità La responsabilità civile si estende a tutti i magistrati, sia ordinari sia speciali, e a tutti coloro che partecipano all'esercizio dell'attività giudiziaria, come i giudici popolari nelle Corti d'assise (in questa ipotesi, rispondono solo per l'ipotesi di dolo). Per questo motivo, all'interno delle autorità giudiziarie collegiali, coloro che non sono d'accordo sull'emanazione di una determinata sentenza hanno il diritto di far verbalizzare in forma scritta il loro dissenso.

ESPANSIONE
Al cinema: *Un uomo perbene*

competenze in campo

1 Completa la tabella

RESPONSABILITÀ DEI MAGISTRATI
responsabilità ....
ricorre se il magistrato commette un .... nell'emanare una sentenza
responsabilità disciplinare
ricorre se il magistrato commette una mancanza inerente la sua ....
responsabilità ....
ricorre in caso di .... , ... grave o .... di giustizia da parte del magistrato

ESERCIZIO INTERATTIVO

2 **Osserva e rifletti**

Il 13 febbraio 2012 un cittadino italiano, Giuseppe Gulotta, fu assolto dopo ventidue anni di carcere per non aver commesso un delitto che gli era costato la condanna all'ergastolo. La sentenza del giudice si era basata su una testimonianza, risultata poi falsa, anche perché ottenuta con minacce e altre pressioni psicologiche da parte del brigadiere che procedette all'interrogatorio. In casi come questo, che cosa può fare il cittadino ingiustamente danneggiato?

3 **Completa il testo**

ESERCIZIO INTERATTIVO

La responsabilità civile si estende a tutti i magistrati, sia .... sia speciali sia ai giudici .... nelle Corti d'assise: questi ultimi rispondono però solo in caso di .... Se si tratta di un'autorità giudiziaria collegiale chi non è d'accordo sulla .... ha il diritto di far verbalizzare il proprio ....

4 **Risolvi il caso**

Un magistrato si occupa di una causa civile di grande interesse. Durante una trasmissione televisiva, rivela notizie relative alla causa su cui, in realtà, avrebbe dovuto mantenere il riserbo.
In quale tipo di responsabilità potrà incorrere?

mi riguarda perché...

SPUNTO DI RIFLESSIONE

La normativa in materia di responsabilità civile dei magistrati ci tutela contro gli errori della giustizia, sempre possibili in un processo. In particolare essa prevede il risarcimento dei danni subiti, sia in senso economico (pensiamo all'impossibilità di lavorare) sia in senso morale (il danno all'immagine, il disagio verso la società, la sofferenza psicologica subita).

Lavorare insieme

- Suddividetevi in gruppi in base alle indicazioni dell'insegnante.
- Disponetevi in modo da poter comunicare tra di voi parlando sottovoce, così da non disturbare gli altri.
- Con l'aiuto di un motore di ricerca in Internet, individuate un caso di errore giudiziario che si è verificato nel nostro Paese. Discutete poi all'interno del gruppo se ritenete valida l'attuale normativa in materia di responsabilità civile dei magistrati, o se avete proposte di tipo diverso. Confrontate infine le vostre riflessioni con quelle degli altri gruppi, aprendo una discussione in classe.

Spazio multiculturale — La responsabilità civile dei giudici in altri Stati europei

La disciplina della responsabilità dei giudici in Belgio, Francia e Portogallo è molto simile a quella italiana, nel senso che è indiretta: il cittadino danneggiato si rivolge infatti allo Stato e non al magistrato. La rivalsa verso il giudice è facoltativa in Francia, è obbligatoria nei casi di dolo in Belgio e in Portogallo. In Germania e nei Paesi Bassi non è invece prevista l'azione di rivalsa. In Inghilterra, Irlanda e Cipro opera la cosiddetta *judicial immunity*, in base alla quale i magistrati sono esenti da responsabilità per gli atti compiuti nelle loro funzioni.

PERCORSO 10 / Sintesi con la mappa

- **MAGISTRATURA** → funzione giurisdizionale →
  - giurisdizione civile
  - giurisdizione penale
  - giurisdizione amministrativa
- **MAGISTRATI (O GIUDICI)** → ruolo:
  - accertare le violazioni del diritto
  - applicare le sanzioni previste

  →
  - giudici ordinari
  - giudici straordinari
  - giudici speciali

  → Giudici speciali ammessi dalla Costituzione:
  - Consiglio di Stato
  - Corte dei conti
  - Tribunali militari
- **PROCESSO CIVILE** → controversie tra privati
- **PROCESSO AMMINISTRATIVO** → contestazione di atti della Pubblica amministrazione
- **PROCESSO PENALE** →
  - istruttoria
  - udienza preliminare
  - dibattimento → principio del giusto processo
  - sentenza →
    - proscioglimento
    - condanna
- **PRINCIPI COSTITUZIONALI SUI MAGISTRATI** →
  - giudice naturale
  - riserva di legge
  - indipendenza → Consiglio superiore della Magistratura
  - imparzialità
  - inamovibilità
  - distinzione funzionale →
    - funzione giudicante
    - funzione requirente
    - funzione di legittimità
    - funzione di merito
- **RESPONSABILITÀ DEI MAGISTRATI** →
  - responsabilità penale
  - responsabilità disciplinare
  - responsabilità civile →
    - per dolo
    - per colpa grave
    - per diniego di giustizia

AUDIOSINTESI

LEZIONE 1 Il ruolo dei magistrati

La **funzione giurisdizionale**, esercitata dai magistrati, o giudici, consiste nell'amministrare la giustizia in nome del popolo. Il ruolo del giudice consiste nell'accertare se nel caso a lui sottoposto vi sia stata una violazione del diritto e nell'applicare la relativa sanzione.
I **magistrati ordinari** sono i giudici disciplinati dalle norme sull'ordinamento giudiziario, che operano in materia civile, penale e amministrativa.
La Costituzione non ammette l'istituzione di **giudici straordinari** o **speciali**, per evitare le aberrazioni che si verificarono durante la dittatura fascista (pensiamo al Tribunale speciale fascista). Sono ammessi solo tre giudici speciali: il Consiglio di Stato, la Corte dei conti e i Tribunali militari.

LEZIONE 2 La giurisdizione civile e quella amministrativa

La giurisdizione si distingue in civile, penale e amministrativa. Si attiva la **giurisdizione civile** quando si deve risolvere una controversia tra privati, quella **amministrativa** quando invece la causa è tra un privato e un ente della Pubblica amministrazione.
Nelle cause civili le parti sono denominate **attore** (colui che intenta la causa) e **convenuto** (colui che viene citato in giudizio).
La giurisdizione civile ha tre gradi di giudizio, mentre in materia amministrativa i gradi di giudizio sono due.

LEZIONE 3 Il processo penale

Nel caso venga commesso un reato si avvia la **giurisdizione penale**.
Il processo penale inizia con la **fase istruttoria**, in cui operano due magistrati: il **Pubblico ministero** (PM), che rappresenta la pubblica accusa e raccoglie le prove a carico dell'imputato, e il **Giudice per le indagini preliminari** (GIP), che controlla l'operato del PM.
Segue l'**udienza preliminare** in cui si valutano le prove raccolte sia dall'accusa sia dalla difesa; se le prove vengono accolte si passa al **dibattimento**, ispirato al principio dell'uguaglianza tra le parti (**giusto processo**).
Al termine, infine, il giudice emette una **sentenza** di proscioglimento o di condanna.
I gradi di giudizio in materia penale sono tre.

Le nuove parole

Giurisdizione ▸ Amministrazione della giustizia in nome del popolo. In base alla materia oggetto della controversia la giurisdizione può essere civile, penale o amministrativa.
Jurisdiction

Attore ▸ Soggetto che promuove una causa civile.
Plaintiff or **Claimant**

Convenuto ▸ Soggetto che viene citato in giudizio in un processo civile.
Defendant

Tribunale ▸ Organo giudiziario competente in primo grado per le cause di maggior valore economico (processo civile) e per i reati di media gravità (processo penale). Esso opera anche come giudice di secondo grado per le cause decise in primo grado dal Giudice di pace.
Trial court

Istruttoria ▸ Fase del processo penale in cui vengono svolte le indagini e raccolte le prove contro l'imputato (da parte del Pubblico ministero) e a favore dell'imputato (da parte della difesa).
Preliminary investigation

Giusto processo ▸ Principio costituzionale per cui i processi devono essere condotti rispettando la parità delle parti.
Fair trial

Sintesi discorsiva

LEZIONE 4 La posizione costituzionale dei magistrati

In base alla Costituzione la scelta dell'autorità giudiziaria cui sottoporre una lite o un caso segue criteri oggettivi (principio del **giudice naturale**) e solo le leggi dello Stato possono disciplinare l'apparato giudiziario (principio della **riserva di legge**).
I magistrati sono **indipendenti** dagli altri poteri dello Stato, devono essere **imparziali** e sono **inamovibili** (solo il Consiglio superiore della Magistratura può rimuoverli dalla loro funzione o dalla loro sede).
I magistrati non sono organizzati in senso gerarchico, ma si distinguono solo per funzioni: la **funzione giudicante** è quella di risolvere casi giudiziari, quella **requirente**, propria dei Pubblici ministeri, corrisponde all'accusa pubblica verso i soggetti imputati di reato. All'interno della funzione giudicante, si distingue quella **di merito**, che comporta l'esame dei fatti per risolvere un caso, e quella **di legittimità**, propria della **Corte di cassazione**, volta a verificare il rispetto della legge nelle sentenze di secondo grado.

LEZIONE 5 L'autonomia dei magistrati e il CSM

I magistrati, indipendenti dagli altri poteri dello Stato, sono soggetti al controllo di un organo di autogoverno, il **Consiglio superiore della Magistratura** (CSM), che adotta qualsiasi disposizione relativa all'attività giudiziaria. Esso è composto da ventisette membri ed è presieduto dal Presidente della Repubblica in carica.

LEZIONE 6 La responsabilità dei magistrati

I magistrati incorrono in **responsabilità penale** se commettono reati, in **responsabilità disciplinare** se commettono mancanze nello svolgimento delle loro funzioni, in **responsabilità civile** se, a causa di una sentenza ingiusta, provocano danni a un cittadino. In quest'ultimo caso il cittadino può presentare ricorso contro lo Stato e potrà da questo essere risarcito per i danni economici e morali subiti. Lo Stato ha poi l'obbligo di rivalersi sul magistrato responsabile, per intero se questi ha operato con **dolo** (cioè intenzionalmente), per la metà del suo stipendio annuale in caso di **colpa grave** (se ha commesso atti di negligenza).

Pubblico ministero ▸ Magistrato che rappresenta la pubblica accusa nel processo penale.
Public prosecutor

Inamovibilità dei magistrati ▸ Principio per cui i giudici non possono essere rimossi dalle loro funzioni o dalle loro sedi se non dietro disposizione del Consiglio superiore della Magistratura.
Irremovability of judges

Corte di cassazione ▸ Organo giudiziario che opera come giudice di terzo grado nelle cause sia civili sia penali.
Court of Cassation

Autonomia della Magistratura ▸ Principio costituzionale per cui i magistrati sono indipendenti dagli altri poteri dello Stato e non possono subire alcuna pressione da essi.
Indipendence of Judiciary

Responsabilità civile dei magistrati ▸ Principio per cui i magistrati sono chiamati a rispondere dei danni provocati a persone da sentenze ingiuste in caso di dolo e di colpa grave.
Civil liability

PERCORSO **10 / Verifica**

VERIFICA INTERATTIVA FLASHCARDS

Tutti devono sapere che...

DIDATTICA INCLUSIVA

1 Completa lo schema

GIUSTIZIA CIVILE → ATTORE → cita in .... → ....

- Giudice di .... (per le .... di modico valore ....)
- .... (composto da tre .... per le altre ....)

2 Dai la definizione corretta

1. Così è denominato il soggetto che presenta denuncia contro altri in sede civile:
   ☐☐T☐☐☐
2. È giudice di terzo grado in sede sia civile sia penale:
   ☐☐R☐☐ ☐I ☐☐S☐☐☐☐O☐☐
3. È la funzione propria dei Pubblici ministeri:
   R☐☐☐☐☐E☐☐☐
4. Comporta responsabilità civile, a carico di un magistrato, oltre al dolo e al diniego di giustizia:
   ☐☐L☐☐ ☐☐☐V☐

Verifica le tue **conoscenze** di base

3 Scegli la risposta

1. È un giudice speciale:
   - ☐ **a.** il Tribunale
   - ☐ **b.** la Corte d'assise
   - ☐ **c.** la Corte di cassazione
   - ☐ **d.** la Corte dei conti
2. È giudice di terzo grado:
   - ☐ **a.** il Tribunale
   - ☐ **b.** la Corte d'appello
   - ☐ **c.** la Corte di cassazione
   - ☐ **d.** la Corte d'assise
3. È il principio per cui i giudici non possono essere distolti dal loro incarico se non dal CSM:
   - ☐ **a.** di legalità
   - ☐ **b.** di inamovibilità
   - ☐ **c.** di imparzialità
   - ☐ **d.** di legittimità
4. Non è una specifica funzione dei giudici:
   - ☐ **a.** quella requirente
   - ☐ **b.** quella esecutiva
   - ☐ **c.** quella di merito
   - ☐ **d.** quella di legittimità
5. È riscontrabile qualora un giudice emani intenzionalmente una sentenza ingiusta:
   - ☐ **a.** la colpa lieve
   - ☐ **b.** la colpa grave
   - ☐ **c.** il dolo
   - ☐ **d.** il diniego di giustizia
6. È la funzione svolta dalla Corte di cassazione:
   - ☐ **a.** requirente
   - ☐ **b.** inquirente
   - ☐ **c.** di merito
   - ☐ **d.** di legittimità

7. **L'art. 25 Cost. enuncia il principio:**
   - ☐ **a.** della riserva di legge
   - ☐ **b.** della riserva di giurisdizione
   - ☐ **c.** del giudice naturale
   - ☐ **d.** dell'indipendenza dei magistrati

8. **È una funzione che compete al ministro della Giustizia:**
   - ☐ **a.** organizzare i servizi relativi alla giustizia
   - ☐ **b.** disporre i trasferimenti dei magistrati
   - ☐ **c.** adottare provvedimenti disciplinari verso i giudici
   - ☐ **d.** nominare i giudici

4 ●●● Vero o falso?

1. Il Consiglio di Stato è un giudice speciale. V F
2. Il convenuto è la parte contro cui viene promosso un processo civile. V F
3. Una sentenza passata in giudicato è una sentenza che ha perso la sua validità. V F
4. Il Giudice di pace è competente solo in materia civile. V F
5. Il CSM è l'organo di autogoverno della Magistratura. V F
6. I magistrati sono responsabili, oltre che in sede penale, anche in sede civile. V F
7. La prima fase di un processo penale è l'udienza preliminare. V F
8. L'accusa, nei processi penali, è sostenuta dal GIP. V F
9. Solo il ministro della Giustizia ha il potere di destinare un giudice ad altro incarico o ad altra sede. V F
10. La Corte di cassazione opera come giudice di terzo grado. V F

Potenzia le tue **abilità**

5 ●●● Collega le informazioni

1. ☐ Giudice speciale
2. ☐ Giudice di pace
3. ☐ Corte d'assise
4. ☐ Corte d'appello
5. ☐ TAR
6. ☐ Sentenza definitiva
7. ☐ Indipendenza della Magistratura
8. ☐ Funzione requirente
9. ☐ CSM
10. ☐ Responsabilità civile

- **a.** Primo grado
- **b.** Secondo grado
- **c.** Reati gravi
- **d.** Emanazione di una sentenza ingiusta
- **e.** Consiglio di Stato
- **f.** Giurisdizione amministrativa
- **g.** Passaggio in giudicato
- **h.** Art. 104 Cost.
- **i.** Pubblico ministero
- **l.** Presidente della Repubblica

6 ●●● Trova la parola nascosta

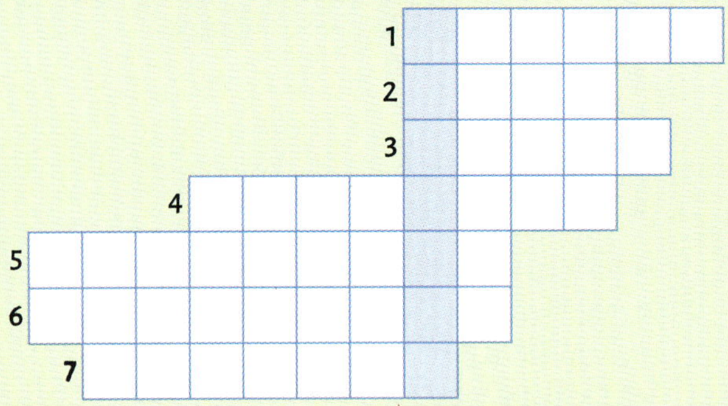

1. È il soggetto che, in un processo civile, cita in giudizio un'altra parte. **2.** Il giudice di primo grado competente in materia civile per le cause di minor rilievo economico è il Giudice di... **3.** Quando una sentenza diventa definitiva si dice che... in giudicato. **4.** È l'atto motivato con cui si conclude un processo. **5.** È il magistrato competente in secondo grado per le sentenze emesse dai Giudici di pace. **6.** Nella sigla TAR la lettera R indica... **7.** La Corte di cassazione, per il fatto di valutare la legittimità delle sentenze di secondo grado, è detta giudice di...

Sviluppa le tue competenze

7 ●●● Rispondi alle domande

1. In base a quali motivazioni i Costituenti disposero il divieto di istituire giudici speciali?
2. Quali elementi permettono di distinguere la giurisdizione civile da quella penale e da quella amministrativa?
3. In che senso l'organizzazione dei giudici non ha carattere gerarchico?
4. Come può concretamente operare un cittadino che intende farsi risarcire i danni economici e morali provocati da errori giudiziari?
5. Quanti e quali sono i gradi di giudizio nel nostro ordinamento giudiziario?

8 ●●● Risolvi i casi

1. La signora Marina B. è creditrice di mille euro verso una sua conoscente che, per quanto più volte sollecitata, si rifiuta di onorare il proprio debito. Quale tipo di azione può intraprendere la signora Marina B.?
2. Mario R. è stato condannato in primo grado per maltrattamenti verso il figlio minore. Quale tipo di magistrato lo ha giudicato? A quale giudice potrà rivolgersi se intende contestare la condanna subita in primo grado?
3. Daniela G., imprenditrice leccese, cita in giudizio Sergio P., suo concittadino, per inadempimento contrattuale, chiedendo un risarcimento pari a 30.000 euro. Quale giudice sarà competente in questa causa?
4. Loredana M. è accusata di aver commesso il reato di furto con scasso a Pordenone. Poiché è a conoscenza del fatto che il giudice della città in cui ha commesso il fatto è molto severo, chiede al suo avvocato di trasferire la causa a Udine. Può farlo?

9 ●●● Esponi la tua opinione

1. In Italia si parla molto di giustizia e di magistrati, a volte per sostenerne l'operato, altre volte per contestarlo. Ti sarà capitato, per esempio, di sentire critiche a giudici per le intercettazioni telefoniche da essi disposte nei confronti di cittadini indagati, con l'effetto di invaderne la privacy. Secondo te, sotto questo aspetto, quali provvedimenti sarebbe opportuno adottare perché non siano divulgati elementi strettamente attinenti alla persona del soggetto indagato?
2. In Italia si riscontra un grave problema legato alla lentezza dei processi, che durano spesso alcuni anni. Per abbreviarne i tempi di svolgimento alcuni propongono la riduzione a due gradi di giurisdizione. Sei favorevole a tale soluzione? Per quale motivo?

10 ●●● Comprendi e rifletti

Il ruolo di Pubblico ministero

Tra i tanti mestieri che ho fatto nei miei 25 anni da magistrato, quello che ho svolto più a lungo è il PM. [...] Il Pubblico ministero è una parte imparziale, cioè deve cercare la verità processuale e non difendere a spada tratta una tesi accusatoria. Inoltre il PM, nella fase delle indagini, non è una parte ma colui che ha l'iniziativa dell'investigazione e deve cercare di capire se un indagato deve essere processato o no e quindi, come dice il Codice, deve cercare anche gli elementi a suo favore. [...] Un PM deve sapere fare il giudice perché, se non conosce il diritto come il giudice, rischia di fare imputazioni che non sono credibili anche sul solo piano del diritto; inoltre, quando finisce un'indagine, prima di chiedere il rinvio a giudizio al giudice, si deve domandare: "Ma come giudice, con le prove che ho raccolto, l'indagato lo condannerei?". Se la risposta è "No", deve chiedere l'archiviazione anche se è intimamente convinto che l'indagato abbia commesso il reato e quello che manca è solamente una prova certa.

Da un articolo di Ugo de Carlo su decarlo-livorno.blogautore.repubblica.it

Quali considerazioni, nel brano, mettono in evidenza i caratteri dell'oggettività e dell'imparzialità che devono contrassegnare l'attività della Magistratura requirente?

PERCORSO 11 diritto

Il Presidente della Repubblica e la Corte costituzionale

Incominciamo da te

Una situazione concreta

Il Presidente della Repubblica, in carica da due anni, si trova a fronteggiare una grave crisi politica: il Governo si è dimesso perché è venuta meno la fiducia da parte della maggioranza del Parlamento. Quali decisioni può adottare?

! Il Capo dello Stato ha la possibilità di procedere alla formazione di un nuovo Governo, che può avere natura politica o, se la situazione è di particolare difficoltà, natura tecnica. In alternativa è possibile che il Presidente sciolga anticipatamente le Camere, per cui si procederà a nuove elezioni.

Le 5 domande

1. Chi è il Presidente della Repubblica attualmente in carica?
2. In base alle tue conoscenze, per quanto rimane in carica il Presidente della Repubblica?
3. Quale specifica funzione ricopre il Capo dello Stato nella procedura legislativa?
4. Considerando i poteri dello Stato (legislativo, esecutivo e giudiziario) possiamo affermare che il Presidente della Repubblica è titolare di uno di essi? Perché?
5. Le leggi possono perdere efficacia per annullamento: quale organo dello Stato può disporlo?

Il nostro percorso

LEZIONE 1

Il ruolo del Presidente della Repubblica e la sua elezione

CONOSCENZE

- Requisiti e procedura di elezione del Presidente della Repubblica
- Competenze in ambito legislativo, esecutivo e giudiziario
- Irresponsabilità politica del Capo dello Stato
- Reati di alto tradimento e di attentato alla Costituzione
- Elezione, requisiti, autonomia e inamovibilità dei giudici costituzionali
- Funzioni della Corte costituzionale, in particolare l'annullamento delle leggi

ABILITÀ

- Cogliere la rilevanza del ruolo *super partes* del Capo dello Stato e le ragioni delle elevate maggioranze richieste per la sua elezione
- Riconoscere l'importanza delle funzioni che il Presidente della Repubblica esercita in riferimento ai poteri dello Stato
- Individuare nella normativa costituzionale relativa ai reati presidenziali la volontà dei Costituenti di garantire comportamenti integerrimi da parte della più alta carica dello Stato
- Cogliere le ragioni dell'esistenza della Corte costituzionale a garanzia del rispetto della Costituzione

LEZIONE 3

La responsabilità del Presidente della Repubblica

LEZIONE 4

La Corte costituzionale e le sue funzioni

LEZIONE 2

Le attribuzioni del Presidente della Repubblica

La competenza d'arrivo

Riconoscere quali siano le principali garanzie di rispetto della Costituzione nel nostro Stato, individuando anche relazioni tra il nostro sistema di controllo costituzionale e quello di altri Paesi.

LEZIONE 1

Il ruolo del Presidente della Repubblica e la sua elezione

VIDEO START
L'elezione del Capo dello Stato trasmessa per la prima volta in televisione

AUDIOTESTO

Il Capo dello Stato e l'unità nazionale Il ruolo del **Presidente della Repubblica** è quello di rappresentare l'unità nazionale (art. 87 Cost.) e quindi di garantire per lo Stato un riferimento stabile, pur nel contesto dei continui cambiamenti di Governo che caratterizzano la politica italiana. Ciò si riflette anche nella maggiore durata della carica presidenziale, sette anni, rispetto a quella degli altri organi dello Stato.
Il Presidente della Repubblica, in nome della funzione che riveste, ha anche il compito di *coordinare* l'attività degli altri organi statali indirizzandola verso il costante rispetto della Costituzione. La sua sede ufficiale è il Palazzo del Quirinale, a Roma.

L'elezione Per eleggere il Presidente della Repubblica le Camere si riuniscono in **seduta comune**: ai membri del Parlamento si aggiungono tre rappresentanti per ogni Regione, a eccezione della Valle d'Aosta che ne invia uno solo. L'elezione del Capo dello Stato avviene con **voto segreto**, ritenuto più idoneo rispetto al voto palese perché consente ai parlamentari di votare in modo autonomo rispetto alle indicazioni ricevute dai partiti di appartenenza.
Dal momento che si deve eleggere un organo imparziale si richiede il raggiungimento di maggioranze molto elevate: nelle prime tre votazioni la **maggioranza qualificata**, corrispondente ai due terzi dei componenti dell'intera assemblea, dal quarto scrutinio è sufficiente la **maggioranza assoluta**, cioè la metà più uno dei componenti dell'assemblea.
Può essere eletta alla carica presidenziale ogni persona che abbia la cittadinanza italiana, che abbia compiuto cinquanta anni di età e che goda dei diritti civili e politici. Il ruolo del Presidente è **incompatibile** con qualsiasi altra carica.

ESPANSIONE
Al cinema: *Benvenuto Presidente*

ESPANSIONE
L'elezione del Capo dello Stato nei Paesi dell'UE

competenze in campo

1 Completa lo schema

DIDATTICA INCLUSIVA

PRESIDENTE DELLA REPUBBLICA
- rappresenta la .... nazionale
- è eletto dal .... e dai rappresentanti delle .... con voto ....
- coordina l'attività degli organi ....

ESERCIZIO INTERATTIVO

mi riguarda perché...

SPUNTO DI RIFLESSIONE

Perché è importante la procedura prevista per l'elezione del Capo dello Stato? Il voto segreto e la necessità di raggiungere maggioranze molto alte rappresentano per i cittadini una garanzia della posizione imparziale che il Presidente assumerà nelle sue funzioni.

Spazio multiculturale **L'elezione del Presidente della Repubblica in Francia**

In Francia, dove la forma di governo è semipresidenziale, il Presidente è eletto direttamente dai cittadini.
Viene eletto al primo turno se ottiene la maggioranza assoluta dei voti, altrimenti si procede dopo quindici giorni a un secondo turno, cui sono ammessi i due candidati arrivati primo e secondo al turno precedente.
È eletto alla carica presidenziale chi, tra i due, ottiene il maggior numero di voti.

visualizzare per apprendere

INFOGRAFICA INTERATTIVA

I PRESIDENTI DELLA REPUBBLICA DAL 1948 A OGGI

Il Presidente della Repubblica viene eletto dal **Parlamento in seduta comune** e con **voto segreto**: ogni componente dell'assemblea scrive il nome del candidato prescelto su una scheda e la deposita in un'apposita urna (nota come "l'insalatiera", foto a lato). Il Presidente rimane in carica per **sette anni** e può essere rieletto, evento che fino a ora si è verificato solo con Giorgio Napolitano.

LEZIONE

2

Le attribuzioni del Presidente della Repubblica

VIDEO START
La nomina presidenziale dei senatori

AUDIOTESTO

Le funzioni del Capo dello Stato Il Presidente della Repubblica non è titolare di uno specifico potere, ma nell'ambito dei tre poteri dello Stato esercita **funzioni di natura legislativa**, **esecutiva** e **giudiziaria**. Queste attribuzioni sono espressamente indicate negli artt. 87 e 88 Cost.

Memo
Ricordiamo che le fasi del percorso legislativo corrispondono all'*iniziativa* (proposta o disegno di legge), alla *discussione* e *approvazione*, alla *promulgazione*, di competenza appunto del ▸**Capo dello Stato**, e alla *pubblicazione* sulla Gazzetta ufficiale.

Le competenze in ambito legislativo Nell'ambito della **funzione legislativa** il ▸Capo dello Stato:
- indice le elezioni delle Camere e ne fissa la prima riunione;
- può nominare cinque senatori a vita per alti meriti in campo sociale, artistico, culturale, scientifico;
- indice i referendum popolari;
- ▸promulga le leggi, con la possibilità di esercitare il potere di veto sospensivo;
- può inviare messaggi alle Camere;
- può sciogliere anticipatamente le Camere, dopo averne sentito i Presidenti. Questa funzione non può essere esercitata negli ultimi sei mesi del suo incarico, che per tale motivo prendono il nome di *semestre bianco*. Con tale disposizione si è voluto evitare che il Presidente sciolga le Camere sperando che il nuovo Parlamento sia propenso alla sua rielezione; questa limitazione, tuttavia, non si applica se il semestre bianco coincide con la naturale conclusione della legislatura.

Memo LESSICO
Il verbo ▸**promulgare** deriva dall'omonimo latino, che significa "proporre", "pubblicare"; nell'antica Roma le leggi venivano approvate dal Senato e successivamente *promulgate*, cioè esposte al pubblico in forma di editto.

Le funzioni di tipo esecutivo In relazione alla **funzione esecutiva** il Presidente della Repubblica:
- nomina il Presidente del Consiglio e, su sua proposta, i ministri;
- emana i decreti del Governo;
- nomina i più alti funzionari dello Stato;
- ha il comando delle Forze armate;
- riceve i rappresentanti diplomatici.

I poteri in ambito giudiziario Il Presidente della Repubblica, nell'ambito della **funzione giudiziaria**:
- presiede il Consiglio superiore della Magistratura;
- nomina cinque giudici della Corte costituzionale;
- può concedere la grazia.

Atti formalmente presidenziali e atti sostanzialmente presidenziali Gli atti del Presidente della Repubblica si distinguono in **atti formalmente presidenziali**, che egli compie su proposta o su deliberazione di altri organi statali, e in **atti sostanzialmente presidenziali**, emanati di propria iniziativa.
Gli *atti formalmente presidenziali* sono la maggior parte e sono sostanzialmente governativi, quali i decreti legge, i decreti legislativi e i regolamenti. Attraverso l'apposizione della propria firma il Presidente della Repubblica conferisce piena legittimità a questi atti, che però sono sempre controfirmati da uno o più ministri. In altre parole, la decisione di emanare tali atti spetta esclusivamente al Governo e l'intervento del Capo dello Stato assume un rilievo meramente formale.
Gli *atti sostanzialmente presidenziali* (come la concessione della grazia) rientrano invece nella competenza esclusiva e autonoma del Presidente della Repubblica e non richiedono il consenso del Governo. Anche in questo caso è presente la controfirma ministeriale, ma in un rapporto inverso a quello degli atti formalmente presidenziali: infatti la decisione di emanazione è del Presidente, mentre il Governo, attraverso la controfirma, si limita a riconoscere la validità degli atti.

ESPANSIONE
Un esempio di esternazione del Presidente della Repubblica

ESPANSIONE
Un caso di grazia concessa

competenze in campo

1 Completa lo schema

DIDATTICA INCLUSIVA

PRINCIPALI ATTRIBUZIONI DEL PRESIDENTE IN AMBITO ESECUTIVO

- nomina il .... del .... e i ....
- emana i .... del Governo
- nomina i più alti .... dello ....
- ha il comando delle ....

ESERCIZIO INTERATTIVO

2 ●●● **Osserva e rifletti**

Il Presidente della Repubblica può, a determinate condizioni, concedere la grazia a un detenuto: si tratta di un atto formalmente o sostanzialmente presidenziale? In quale ambito rientra tale suo potere?

3 ●●● **Completa il testo**

ESERCIZIO INTERATTIVO

Gli atti formalmente presidenziali sono quelli che il Capo dello Stato compie su .... o su .... di altri organi statali; si tratta soprattutto di atti del .... , tra cui i decreti .... , i .... legge e i ....

4 ●●● **Risolvi il caso**

- In occasione di una crisi di governo il Presidente della Repubblica, in carica da sei anni e otto mesi, decide di sciogliere anticipatamente le Camere perché non risulta concretizzabile, a suo parere, la nomina di un nuovo Governo. È legittima la sua decisione?

mi riguarda perché...

SPUNTO DI RIFLESSIONE

Studiando le attribuzioni del Capo dello Stato ti puoi rendere conto del ruolo di equilibrio politico che egli esercita nei confronti degli altri poteri dello Stato. Pensa in particolare a quando invia messaggi alle Camere, oppure a quando nomina il Presidente del Consiglio o, ancora, sceglie di procedere a nuove elezioni di fronte alle crisi politiche oppure di esercitare il potere di veto perché rileva elementi di incostituzionalità nelle leggi.

FOCUS La grazia

Hai sicuramente sentito l'espressione "concedere la grazia".
La grazia è un provvedimento con cui il Presidente della Repubblica **condona o diminuisce la pena di un carcerato**, a seguito di una specifica richiesta e dopo aver valutato la sua buona condotta.
La **richiesta di grazia** deve essere rivolta in **forma scritta** al Presidente della Repubblica e va presentata al ministro della Giustizia. A redigerla può essere il condannato, un suo parente, il suo tutore o un avvocato.
La grazia viene concessa con decreto presidenziale e dà luogo alla liberazione del condannato, a meno che non sia sottoposta a condizioni, nel qual caso occorre attendere il verificarsi di queste ultime.

Educazione finanziaria – L'obbligo di copertura finanziaria delle leggi e il veto sospensivo

Sappiamo che il Capo dello Stato può rimandare alle Camere una legge, allo scopo di ottenere un suo più attento esame e una sua modifica, qualora ritenga che essa non sia legittima dal punto di vista costituzionale. Nella storia della nostra Repubblica ciò è avvenuto soprattutto per violazione dell'**obbligo di copertura finanziaria**, previsto dal co. 4, art. 81 Cost.: «Ogni altra legge che importi nuove e maggiori spese deve indicare i mezzi per farvi fronte». In altre parole, il Presidente può esercitare il diritto di veto se il testo di legge prevede la necessità di sostenere spese pubbliche ma non indica in modo chiaro come reperire i mezzi monetari per fronteggiarle.

LEZIONE 3

La responsabilità del Presidente della Repubblica

VIDEO START La responsabilità penale del Capo dello Stato

AUDIOTESTO

I casi di responsabilità In materia di responsabilità del Presidente della Repubblica, dobbiamo fare una distinzione tra *responsabilità politica, responsabilità penale* e *responsabilità civile.*

L'irresponsabilità politica Sotto il profilo della ▸**responsabilità politica**, il Presidente della Repubblica non è mai responsabile dei suoi atti, né davanti al Parlamento né davanti al Governo. In altre parole nessuno di questi organi può togliergli la fiducia e costringerlo alle dimissioni (cosa che invece il Parlamento può fare nei confronti del Governo). Tutti gli atti del Presidente devono essere controfirmati da uno o più ministri e sono questi che ne assumono la responsabilità politica. Afferma infatti il co. 1, art. 89 Cost.: «Nessun atto del Presidente della Repubblica è valido se non è controfirmato dai ministri proponenti, che ne assumono la responsabilità».

Memo
Il Governo ha una ▸**responsabilità politica** nei confronti del Parlamento sia nella sua composizione plenaria sia in quella individuale. È infatti possibile che una delle Camere sfiduci il Governo in carica, provocando una crisi di governo, o che approvi una mozione di sfiducia verso un singolo ministro, determinando il cosiddetto rimpasto.

Responsabilità penale e reati presidenziali Sotto l'**aspetto penale**, se il Presidente commette un reato al di fuori delle sue funzioni è punibile come qualsiasi cittadino; invece, nell'ambito delle funzioni presidenziali, la Costituzione ha previsto **due reati speciali** non inclusi nel Codice penale: l'*attentato alla Costituzione* e l'*alto tradimento*. Sancisce infatti il co. 1, art. 90 Cost.: «Il Presidente della Repubblica non è responsabile degli atti compiuti nell'esercizio delle sue funzioni, tranne che per alto tradimento o per attentato alla Costituzione». Ricorre l'**alto tradimento** qualora il Capo dello Stato violi l'obbligo di fedeltà alla Repubblica. Si ha invece **attentato alla Costituzione** se il Presidente della Repubblica commette atti talmente gravi da mettere in pericolo le norme della Costituzione e la loro sicurezza.

ESEMPIO Il Presidente della Repubblica sarebbe responsabile di attentato alla Costituzione se appoggiasse un colpo di Stato, assumendo pieni poteri e sciogliendo i partiti politici.

Messa in stato di accusa e giudizio Nell'ipotesi di responsabilità penale il Presidente viene messo in **stato di accusa** dal Parlamento che, in seduta comune, ha il compito di valutare se ricorrono effettivamente i presupposti di un reato presidenziale. Se il Parlamento, a maggioranza assoluta dei suoi membri, approva lo stato di accusa, il Presidente della Repubblica viene giudicato dalla Corte costituzionale. Va detto che fino a oggi nessun Presidente della Repubblica italiana si è trovato in tale situazione.

La responsabilità civile In **ambito civile**, il Capo dello Stato risponde come qualsiasi altro cittadino dei danni derivanti dal compimento di atti privati.

CASO Il Presidente della Repubblica in carica, per una dimenticanza, non rispetta gli obblighi di un contratto da lui sottoscritto come privato cittadino. Che cosa potrà accadere?
■ *Trattandosi di un illecito civile, egli risponderà dei danni provocati dal proprio inadempimento alla pari di ogni altro contraente.*

ESPANSIONE Fu attentato alla Costituzione?

RESPONSABILITÀ DEL PRESIDENTE DELLA REPUBBLICA

- in **ambito politico** non è responsabile dei propri atti
- in **ambito penale** è responsabile per alto tradimento e attentato alla Costituzione
- in **ambito civile** è sempre responsabile dei propri atti

competenze in campo

1 Completa le frasi

DIDATTICA INCLUSIVA

a. Tutti gli atti del Presidente della Repubblica vengono .... da uno o più .... che ne assumono la .... politica; il Capo dello Stato, pertanto, non può subire voto di ....

b. La Costituzione prevede due .... presidenziali: l'attentato alla .... e l'alto .... In tali casi il Presidente viene messo in stato di .... dal ...., che deve valutare se sussistano i .... di reato.

ESERCIZIO INTERATTIVO

2 Osserva e rifletti

Per quali ragioni il Presidente della Repubblica (nelle immagini Sergio Mattarella e il Palazzo del Quirinale, sede ufficiale del Capo dello Stato) non può essere sfiduciato dalle Camere?

3 Risolvi il caso

Ipotizziamo che il Presidente della Repubblica venga accusato del reato di concussione, con l'imputazione di avere abusato dei propri poteri per indurre una persona a versargli del denaro. Quale reato presidenziale si delineerebbe in tale ipotesi? Quale organo lo giudicherebbe?

mi riguarda perché...

SPUNTO DI RIFLESSIONE

Per comprendere le regole relative alla responsabilità del Presidente della Repubblica devi ricordarti che la nostra forma di governo è una Repubblica parlamentare, in cui è basilare il rapporto di fiducia tra il Parlamento e il Governo. Il Presidente della Repubblica, pur svolgendo funzioni di grande importanza, non è titolare di alcuno dei poteri dello Stato (legislativo, esecutivo e giudiziario) e la sua firma serve a convalidare atti generalmente adottati da altri organi: ciò giustifica la sua irresponsabilità politica.

Detto da... Sandro Pertini

"Da noi deve partire l'esempio di attaccamento agli istituti democratici e soprattutto l'esempio di onestà e di rettitudine. Perché il popolo italiano ha sete di onestà. Su questo punto dobbiamo essere intransigenti prima verso noi stessi, se vogliamo poi esserlo verso gli altri. Non dimentichiamo, onorevoli colleghi, che la corruzione è nemica della libertà."

A quali riflessioni ti inducono le parole dell'ex Presidente della Repubblica Pertini, in carica dal 1978 al 1985?

Le tue domande — Che cos'è l'*impeachment*?

Il termine *impeachment* è un istituto tipico del sistema politico americano, la cui Costituzione prevede tale procedura per i membri dell'esecutivo (l'ultimo Presidente americano che ha subito una procedura di *impeachment*, da cui peraltro è uscito indenne, è stato Bill Clinton nel 1998). Oggi questa espressione è entrata nel gergo comune per definire il processo contro il Capo dello Stato che, in realtà, in Italia segue una procedura molto diversa da quella americana ed è definita dall'art. 90 Cost. che parla di **messa in stato d'accusa del Presidente della Repubblica**.

The SUNDAY Times
IMPEACHED
Clinton 'indelibly stained' in a decisive vote
President calls Iraq bombing 'complete'
2 out of 4 articles approved by House

LEZIONE 4

La Corte costituzionale e le sue funzioni

VIDEO START
L'intervento della Corte costituzionale in materia di legittimità delle leggi

AUDIOTESTO

Memo LESSICO
Il termine ▸**Consulta** deriva dal verbo latino *consùlere* ("chiedere consiglio") e in origine indicava un' "assemblea di persone riunite allo scopo di decidere su determinate questioni".

I giudici costituzionali La **Corte costituzionale** è un organo indipendente cui è affidata la funzione di garantire il rispetto delle norme costituzionali. Afferma infatti l'art. 134 Cost.: «La Corte costituzionale giudica: sulle controversie relative alla legittimità costituzionale delle leggi e degli atti, aventi forza di legge, dello Stato e delle Regioni [...]».
La Corte costituzionale, che si riunisce a Roma nel **Palazzo della ▸Consulta**, è composta da *quindici giudici, autonomi* e *inamovibili*, che rimangono in carica per *nove anni* e non possono essere riconfermati nell'incarico.
La carica di giudice costituzionale è incompatibile con qualsiasi incarico pubblico e impiego pubblico o privato; i membri della Corte non possono inoltre esercitare la professione legale né svolgere attività relative a partiti politici.

ESEMPIO Un giudice costituzionale non può svolgere contemporaneamente l'incarico di parlamentare oppure quello di consigliere regionale.

Le deliberazioni della Corte hanno la natura giuridica di **sentenze** e si caratterizzano per la loro obbligatorietà verso tutti e per la definitività, in quanto non possono essere impugnate davanti ad altri organi.

Memo
Le leggi possono perdere i propri effetti tramite abrogazione (con nuova legge o in seguito a referendum) o ▸**annullamento** (disposto dalla Corte costituzionale).
Le ▸**leggi tributarie** istituiscono imposte e tasse a carico dei cittadini.
La ▸**legge di bilancio** indica le entrate e le spese che lo Stato si propone di sostenere in un determinato periodo di tempo.

L'annullamento delle leggi incostituzionali La **Corte costituzionale** ha come fondamentale funzione quella di giudicare la legittimità costituzionale di leggi e di atti aventi forza di legge e ha il potere di procedere al loro ▸annullamento nel caso in cui contrastino con la Costituzione.

La via incidentale e la via diretta È possibile rivolgersi alla Corte costituzionale attraverso due percorsi. La **via incidentale** si attiva quando, nel corso di un processo, il giudice abbia la fondata impressione che sia incostituzionale una norma che dovrebbe applicare.
Nel caso della **via diretta** può succedere che lo Stato ricorra alla Corte affinché giudichi incostituzionale una legge regionale, in quanto ha ecceduto le proprie competenze; oppure può essere una Regione a ricorrere contro una legge dello Stato o di un'altra Regione che abbia invaso le proprie attribuzioni.

La soluzione dei conflitti tra i poteri dello Stato La Corte costituzionale interviene per sanare i **conflitti di attribuzione** che possono sorgere tra gli organi dello Stato o tra lo Stato e una Regione, ritenendo, ciascuno, che una data competenza debba spettargli o che l'atto dell'altro sia lesivo di un potere proprio. La Corte costituzionale può essere allora chiamata a risolvere il conflitto stabilendo, tramite sentenza, a chi spettino effettivamente le funzioni oggetto della contesa e annullando gli eventuali atti compiuti in violazione dei principi di competenza.

Il giudizio sul Presidente della Repubblica La Corte costituzionale ha il compito di **giudicare il Capo dello Stato** nel caso in cui venga messo in *stato d'accusa* dal Parlamento per *alto tradimento* o *attentato alla Costituzione.*

L'ammissibilità del referendum Nel corso della procedura referendaria, la Corte costituzionale è chiamata a pronunciarsi sull'**ammissibilità del referendum abrogativo**. Tale giudizio è ispirato dal co. 2, art. 75 Cost., che afferma: «Non è ammesso il referendum per le ▸leggi tributarie e ▸di bilancio, di amnistia e di indulto, di autorizzazione a ratificare trattati internazionali». In realtà la Corte può vietare l'esercizio del referendum anche se riguarda altre materie, qualora lo ritenga in contrasto con lo spirito costituzionale.

ESPANSIONE
La carica di giudice costituzionale

ESPANSIONE
Il ruolo del giudice nella via incidentale

competenze in campo

1 Completa lo schema

DIDATTICA INCLUSIVA

FUNZIONI DELLA CORTE COSTITUZIONALE

- giudizio sulla .... delle ....
- giudizio sui .... di .... tra i poteri dello Stato
- giudizio sul .... della ....
- giudizio di .... del referendum abrogativo

ESERCIZIO INTERATTIVO

2 ●●● **Osserva e rifletti**

Quali incarichi sono incompatibili con il ruolo di giudice costituzionale?

3 ●●● **Analizza la norma**

Da quale data decorrono i nove anni di carica dei giudici costituzionali? Cerca la risposta nella Costituzione, negli articoli relativi alla Corte costituzionale (artt. 134-137).

mi riguarda perché...

SPUNTO DI RIFLESSIONE

Se rifletti sui principi costituzionali che hai studiato, ti rendi conto che l'esistenza di un organo di controllo costituzionale rappresenta per noi cittadini una garanzia contro l'eventualità che vengano approvate leggi non rispettose della Costituzione, che rappresenta la base normativa dello Stato.

Le tue domande — In quali casi non è ammissibile il referendum?

Oltre ai casi previsti dalla Costituzione (referendum su leggi tributarie, di bilancio, di amnistia, di indulto, di ratifica di trattati internazionali), la Corte ha stabilito nel tempo l'**inammissibilità di quesiti referendari** che abbiano per oggetto l'abrogazione di leggi costituzionali e l'abrogazione di leggi ordinarie **da cui potrebbero derivare modifiche alla Costituzione**. Inoltre la Corte ha respinto altri quesiti con la motivazione della scarsa chiarezza con cui erano stati formulati.

Spazio multiculturale — Gli organi di controllo costituzionale in altri Stati europei

- In **Portogallo** esiste, con funzioni corrispondenti alla nostra Corte costituzionale, il *Tribunale costituzionale*, composto da tredici giudici nominati in parte dal Parlamento e in parte dallo stesso Tribunale. A richiedere il giudizio di legittimità costituzionale possono essere il Presidente della Repubblica, il Capo del Governo e una parte dei membri del Parlamento.
- In **Spagna** opera il *Tribunale costituzionale*, i cui dodici giudici sono nominati dal Parlamento, dal Governo e dal Consiglio generale.
- In **Francia** troviamo il *Consiglio costituzionale*, di cui fanno parte nove membri, nominati dal Parlamento e dal Presidente della Repubblica, e, di diritto, gli ex Presidenti della Repubblica. A richiedere il giudizio del Consiglio possono essere il Capo dello Stato, i Presidenti delle Camere e almeno sessanta deputati o senatori.
- In **Germania** l'organo di controllo costituzionale è il *Tribunale costituzionale federale*, i cui sedici componenti sono eletti dalle Camere. Ogni cittadino può rivolgersi al Tribunale in caso di violazione dei diritti fondamentali, qualora non abbia avuto soddisfazione attraverso i possibili ricorsi giurisdizionali.

PERCORSO 11 / Sintesi con la mappa

ORGANI DI CONTROLLO COSTITUZIONALE

- Presidente della Repubblica
- Corte costituzionale

PRESIDENTE DELLA REPUBBLICA

funzioni
- è il Capo dello Stato
- rappresenta l'unità nazionale
- coordina e indirizza gli altri organi verso il rispetto della Costituzione

requisiti di eleggibilità
- cittadinanza italiana
- compimento dei 50 anni di età
- godimento dei diritti civili e politici

ATTRIBUZIONI DEL PRESIDENTE

ambito legislativo
- indice le elezioni delle Camere
- nomina cinque senatori a vita
- indice i referendum popolari
- promulga le leggi
- invia messaggi alle Camere
- scioglie anticipatamente le Camere

ambito esecutivo
- nomina il Presidente del Consiglio
- emana i decreti del Governo
- nomina i più alti funzionari dello Stato
- comanda le Forze armate
- riceve i rappresentanti diplomatici

ambito giudiziario
- presiede il Consiglio superiore della Magistratura
- nomina cinque giudici della Corte costituzionale
- concede la grazia

RESPONSABILITÀ DEL PRESIDENTE

irresponsabilità politica

responsabilità penale
- alto tradimento
- attentato alla Costituzione

responsabilità civile

CORTE COSTITUZIONALE

funzioni
- annullamento delle leggi incostituzionali
- soluzione dei conflitti di attribuzione tra gli organi dello Stato
- giudizio in caso di reati presidenziali
- giudizio sull'ammissibilità dei referendum abrogativi

composizione

15 giudici, autonomi e inamovibili, in carica per nove anni

PERCORSO **11 / Sintesi discorsiva**

AUDIOSINTESI

LEZIONE 1 Il ruolo del Presidente della Repubblica e la sua elezione

Il **Presidente della Repubblica** rappresenta l'unità nazionale ed è il Capo dello Stato; ha inoltre il compito di coordinare l'attività degli altri organi statali indirizzandola verso il rispetto della Costituzione.
Viene eletto ogni sette anni dalle Camere, con voto segreto e con alte maggioranze, tra candidati che siano cittadini italiani, abbiano almeno 50 anni e godano dei diritti civili e politici.
La sua sede ufficiale è il Palazzo del Quirinale, a Roma.

LEZIONE 2 Le attribuzioni del Presidente della Repubblica

Tra le **attribuzioni del Capo dello Stato** rientrano funzioni di natura legislativa, esecutiva e giudiziaria. In particolare, egli indice le elezioni politiche, può inviare messaggi alle Camere, nomina i senatori a vita, può sciogliere anticipatamente il Parlamento, nomina il Presidente del Consiglio, ha il comando delle Forze armate e la presidenza del CSM, può concedere la grazia.
Gli atti del Presidente si distinguono in atti **formalmente presidenziali** e **sostanzialmente presidenziali**, a seconda che egli li emani su proposta di altri organi statali oppure di propria iniziativa.

LEZIONE 3 La responsabilità del Presidente della Repubblica

Occorre distinguere tra responsabilità politica, penale e civile del Presidente della Repubblica.
Sotto il profilo politico il Presidente non è responsabile degli atti che firma e non può subire voto di sfiducia. Dal punto di vista penale può essere perseguito per **alto tradimento** o **attentato alla Costituzione**; in tale ipotesi viene giudicato dalla Corte costituzionale. In ambito civile, infine, risponde dei propri atti come qualsiasi altro cittadino.

LEZIONE 4 La Corte costituzionale e le sue funzioni

La **Corte costituzionale** è l'organo istituito per garantire il rispetto delle norme della Costituzione. È composta da quindici giudici, autonomi e inamovibili, che rimangono in carica per nove anni, senza possibilità di rielezione. I provvedimenti della Corte corrispondono a **sentenze**, che hanno carattere definitivo.
La Corte costituzionale ha il potere di **annullare le leggi in contrasto con la Costituzione**; ha inoltre la funzione di risolvere i **conflitti tra i poteri** dello Stato, giudica il Presidente della Repubblica in caso di alto tradimento o di attentato alla Costituzione, si pronuncia sull'**ammissibilità dei referendum** abrogativi.

Le nuove parole

Atti formalmente presidenziali ▸ Atti compiuti dal Presidente della Repubblica su proposta di altri organi statali.
Formally presidential acts

Atti sostanzialmente presidenziali ▸ Atti emanati di propria iniziativa dal Capo dello Stato.
Substantially presidential acts

Alto tradimento ▸ Reato che il Presidente della Repubblica commette se viene meno all'obbligo di fedeltà alla Repubblica.
High treason

Attentato alla Costituzione ▸ Reato che il Presidente della Repubblica commette se mette in pericolo le norme della Costituzione.
Attempt to overthrow the Constitution

Corte costituzionale ▸ Organo che ha il compito di giudicare la legittimità costituzionale di leggi e di atti con forza di legge.
Constitutional Court

Semestre bianco ▸ Periodo di tempo, coincidente con gli ultimi mesi del suo mandato, in cui il Presidente della Repubblica non può esercitare alcuni poteri, tra cui lo sciogliere anticipatamente le Camere.
White semester

VERIFICA INTERATTIVA FLASHCARDS

Tutti devono sapere che...

1 Completa la tabella

PRINCIPALI POTERI DEL PRESIDENTE DELLA REPUBBLICA IN AMBITO LEGISLATIVO
indice le .... delle Camere
può nominare cinque .... a ....
.... le leggi
può inviare .... alle Camere
può .... anticipamente le Camere

2 Dai la definizione corretta

1. È il periodo di tempo in cui il Capo dello Stato non può sciogliere anticipatamente le Camere: _ _ M _ _ _ _ _   _ I _ _ _ _
2. Mette in stato di accusa il Presidente della Repubblica se commette reati: _ _ R _ _ E _ _ _
3. Lo sono i giudici costituzionali per il fatto che solo la stessa Corte di cui sono membri può sospenderli dall'incarico: _ _ _ _ _ V _ _ _ _ _
4. Sono di attribuzione quelli che la Corte costituzionale risolve tra i poteri dello Stato: _ O _ _ _ I _ _ _

Verifica le tue conoscenze di base

3 Scegli la risposta

1. Si uniscono ai parlamentari per l'elezione del Capo dello Stato:
   - [ ] **a.** i delegati comunali
   - [ ] **b.** i delegati provinciali
   - [ ] **c.** i delegati regionali
   - [ ] **d.** i delegati sindacali
2. Il Presidente della Repubblica:
   - [ ] **a.** può sciogliere le Camere in qualsiasi momento
   - [ ] **b.** può sciogliere le Camere solo su richiesta del Presidente del Consiglio dimissionario
   - [ ] **c.** può sciogliere le Camere autonomamente, tranne che negli ultimi sei mesi del proprio mandato
   - [ ] **d.** non ha il potere di sciogliere le Camere
3. I giudici costituzionali rimangono in carica per:
   - [ ] **a.** tre anni
   - [ ] **b.** cinque anni
   - [ ] **c.** sette anni
   - [ ] **d.** nove anni
4. Non è una funzione della Corte costituzionale:
   - [ ] **a.** la revisione della Costituzione
   - [ ] **b.** l'annullamento delle leggi incostituzionali
   - [ ] **c.** la valutazione dell'ammissibilità del referendum abrogativo
   - [ ] **d.** il giudizio sul Presidente della Repubblica

5. Può essere eletto alla carica di Presidente della Repubblica:
   - ☐ a. un cittadino, italiano o straniero, che risieda in Italia da almeno sette anni
   - ☐ b. un cittadino italiano di età compresa tra i venticinque e i cinquanta anni
   - ☐ c. un cittadino italiano di almeno cinquanta anni
   - ☐ d. un cittadino italiano che abbia un'età inferiore ai cinquanta anni

6. È un'attribuzione del Capo dello Stato inerente alla funzione giudiziaria:
   - ☐ a. il comando delle Forze armate
   - ☐ b. l'invio di messaggi alle Camere
   - ☐ c. il potere di veto sospensivo
   - ☐ d. la concessione della grazia

4 ●●● Vero o falso?

1. Per l'elezione del Capo dello Stato sono richieste almeno tre votazioni. V F
2. Degli atti presidenziali sono politicamente responsabili i ministri che li controfirmano. V F
3. I giudici costituzionali sono inamovibili e autonomi. V F
4. Attraverso le proprie sentenze la Corte costituzionale procede all'annullamento delle leggi incostituzionali. V F
5. I cittadini maggiorenni eleggono ogni sette anni il Presidente della Repubblica. V F
6. Il Capo dello Stato viene eletto ogni cinque anni, in concomitanza con le elezioni delle Camere. V F
7. I reati presidenziali sono previsti dal Codice di procedura penale. V F

Potenzia le tue **abilità**

5 ●●● Collega le informazioni

1. ☐ Presidente della Repubblica
2. ☐ Maggioranza qualificata dei due terzi
3. ☐ Firma dei decreti legislativi
4. ☐ Messa in stato d'accusa del Capo dello Stato
5. ☐ Attentato alla Costituzione
6. ☐ Corte costituzionale
7. ☐ Giudici costituzionali
8. ☐ Sentenze della Corte costituzionale

a. Atto formalmente presidenziale
b. Consulta
c. Reato presidenziale
d. Carica di nove anni
e. Primo scrutinio per l'elezione del Presidente della Repubblica
f. Carattere di definitività
g. Unità nazionale
h. Parlamento

6 ●●● Trova la parola nascosta

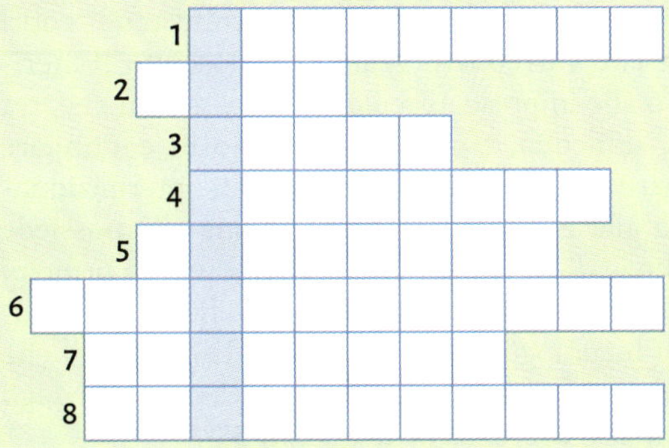

1. È il minimo di anni che è necessario avere compiuto per essere eletti al ruolo di Capo dello Stato. **2.** È il numero di anni in cui rimangono in carica i membri della Corte costituzionale. **3.** Le promulga il Presidente della Repubblica. **4.** È la natura giuridica delle deliberazioni della Corte costituzionale. **5.** È il numero dei membri della Corte costituzionale. **6.** Lo sono le sentenze della Corte costituzionale. **7.** Lo sono i giudici costituzionali rispetto agli altri poteri dello Stato. **8.** Lo sono i giudici costituzionali per il fatto che solo la Corte stessa può sospenderli dall'incarico.

Sviluppa le tue competenze

7 ••• Rispondi alle domande

1. Qual è il ruolo costituzionale del Presidente della Repubblica?
2. In che senso il Capo dello Stato è politicamente irresponsabile?
3. Come è composta la Corte costituzionale?
4. Per quali reati è perseguibile il Capo dello Stato?
5. Può essere eletto alla carica di Presidente della Repubblica una persona che si è distinta per meriti culturali, ma che non ha mai ricoperto cariche politiche? In base a quali argomentazioni?

8 ••• Risolvi i casi

1. Una Regione, che aveva chiesto alla Corte costituzionale l'annullamento di una legge ordinaria, di fronte a una sentenza di rigetto decide di impugnarla. È ammissibile tale contestazione?
2. In un messaggio inviato alle Camere il Presidente della Repubblica invita i parlamentari a un maggiore spirito di collaborazione nell'esercizio delle loro funzioni, attenuando le forti tensioni presenti nei rapporti tra maggioranza e opposizione. In quale funzione e in quale ruolo del Capo dello Stato rientra l'invio di questo messaggio?

9 ••• Esponi la tua opinione

1. Molte persone sostengono che il Presidente della Repubblica abbia poteri limitati. Altri ritengono invece che il suo potere di richiamo verso gli altri organi istituzionali lo ponga in una situazione di fondamentale equilibrio istituzionale. A quale delle due teorie ti senti più vicino e per quale motivo?
2. Secondo alcuni, sarebbe positivo consentire a chiunque, anche a un semplice cittadino, di sottoporre alla Corte costituzionale la richiesta di verificare la legittimità di determinate leggi. Tale possibilità, infatti, è oggi riservata solo a specifici soggetti, quali per esempio un giudice, lo Stato o una Regione. Sei d'accordo con questa opinione? Perché?

10 ••• Comprendi e rifletti

Il discorso inaugurale del Presidente della Repubblica Sergio Mattarella

Avverto pienamente la responsabilità del compito che mi è stato affidato. La responsabilità di rappresentare l'unità nazionale innanzitutto. L'unità che lega indissolubilmente i nostri territori, dal Nord al Mezzogiorno. Ma anche l'unità costituita dall'insieme delle attese e delle aspirazioni dei nostri concittadini. Questa unità rischia di essere difficile, fragile, lontana. L'impegno di tutti deve essere rivolto a superare le difficoltà degli italiani e a realizzare le loro speranze. La lunga crisi, prolungatasi oltre ogni limite, ha inferto ferite al tessuto sociale del nostro Paese e ha messo a dura prova la tenuta del suo sistema produttivo. Ha aumentato le ingiustizie. Ha generato nuove povertà. Ha prodotto emarginazione e solitudine. Le angosce si annidano in tante famiglie per le difficoltà che sottraggono il futuro alle ragazze e ai ragazzi. Il lavoro che manca per tanti giovani, specialmente nel Mezzogiorno, la perdita di occupazione, l'esclusione, le difficoltà che si incontrano nel garantire diritti e servizi sociali fondamentali. Sono questi i punti dell'agenda esigente su cui sarà misurata la vicinanza delle istituzioni al popolo. Dobbiamo saper scongiurare il rischio che la crisi economica intacchi il rispetto di principi e valori su cui si fonda il patto sociale sancito dalla Costituzione. Per uscire dalla crisi, che ha fiaccato in modo grave l'economia nazionale e quella europea, va alimentata l'inversione del ciclo economico, da lungo tempo attesa. È indispensabile che al consolidamento finanziario si accompagni una robusta iniziativa di crescita, da articolare innanzitutto a livello europeo. [...] L'urgenza di riforme istituzionali, economiche e sociali deriva dal dovere di dare risposte efficaci alla nostra comunità, risposte adeguate alle sfide che abbiamo di fronte. Esistono nel nostro Paese energie che attendono soltanto di trovare modo di esprimersi compiutamente. Penso ai giovani che coltivano i propri talenti e che vorrebbero vedere riconosciuto il merito. Penso alle imprese, piccole, medie e grandi che, tra rilevanti difficoltà, trovano il coraggio di continuare a innovare e a competere sui mercati internazionali. Penso alla Pubblica amministrazione che possiede competenze di valore ma che deve declinare i principi costituzionali, adeguandosi alle possibilità offerte dalle nuove tecnologie e alle sensibilità dei cittadini, che chiedono partecipazione, trasparenza, semplicità degli adempimenti, coerenza nelle decisioni.

(febbraio 2014)

Nel discorso del Presidente sono presenti riflessioni di grande preoccupazione per il nostro Paese, ma si riconoscono anche importanti note di speranza: quali sono le più rilevanti?

economia

PERCORSO 1 economia

L'economia politica

Incominciamo da te

Una situazione concreta **La scuola che frequenti insieme ai tuoi compagni ti consente di usufruire ogni giorno di beni e di servizi utili per la tua crescita culturale e sociale. Qual è la differenza tra un bene e un servizio e quali esempi possiamo fare in riferimento al primo e al secondo?**

! I beni sono cose materiali che servono a soddisfare i bisogni degli studenti, come i banchi, le lavagne, il materiale di cancelleria. I servizi corrispondono alle attività umane che vengono prestate a loro favore, quali le lezioni degli insegnanti, le attività dei segretari e del personale ausiliario.

Le 5 domande

1 Molte sono le sensazioni di bisogno che proviamo durante la giornata: elencane almeno cinque, partendo da quella che percepisci più spesso.

2 Una famiglia decide di trascorrere le vacanze estive in un albergo di una località marina o di montagna. Quali sono i principali beni e servizi che le verranno forniti dagli albergatori?

3 Si ricorre spesso, nel linguaggio quotidiano, al termine *utilità*. A quali condizioni, secondo te, si può affermare che determinati beni sono utili mentre altri non presentano questa caratteristica?

4 Alcuni dei nostri bisogni vengono soddisfatti dallo Stato: quali, per esempio?

5 Esistono beni in grado di rispondere a uno stesso bisogno. Per esempio, se vogliamo addolcire una bevanda, possiamo ricorrere allo zucchero, al miele, alla saccarina o ad altri dolcificanti. Ti vengono in mente altre tipologie di beni che assolvono a un medesimo bisogno?

Il nostro percorso

CONOSCENZE

- Famiglie, imprese, Stato e resto del mondo come soggetti economici
- Tabelle e grafici
- Caratteri e tipologie di bisogni economici
- Classificazione dei beni economici
- Utilità economica e legge della scarsità

LEZIONE 4

I beni economici e i servizi

LEZIONE 5

L'utilità economica

ABILITÀ

- Riconoscere l'importanza dei rapporti esistenti tra i soggetti che operano in un sistema economico
- Essere consapevoli dell'esistenza, per ogni essere umano, di situazioni di necessità, sia fisica sia intellettuale
- Saper distinguere i beni dai servizi, riconoscendo il carattere da essi condiviso di idoneità a soddisfare bisogni
- Cogliere la relazione esistente tra l'utilità economica e le scelte operate dalle persone nella vita quotidiana

LEZIONE 3

I bisogni economici

La competenza d'arrivo

Riconoscere che tutte le nostre azioni, sia individuali sia collettive, sono collegate alle situazioni di necessità in cui ci troviamo e all'utilità dei beni e dei servizi di cui ci serviamo.

LEZIONE 2

La rappresentazione grafica in economia

LEZIONE 1

L'oggetto e i soggetti dell'economia politica

VIDEO START
Quando la fame è tanta

AUDIOTESTO

Memo LESSICO
L'espressione ▸**economia politica** deriva dai vocaboli greci *ôikos* (casa), *nòmos* (legge) e *pólis* (città-stato) e significa letteralmente "amministrazione della casa e dello Stato"; essa studia infatti sia i comportamenti del singolo, sia quelli della collettività.

Definizione di economia politica L'▸**economia politica** è la scienza che ha per oggetto lo studio delle attività umane finalizzate a conseguire il benessere materiale.

La soddisfazione dei bisogni La ragion d'essere di questa scienza sta nel fatto che i mezzi a disposizione dell'uomo per soddisfare i propri bisogni sono limitati ed è pertanto necessario operare continuamente scelte e prendere decisioni.

ESEMPIO Durante la giornata proviamo, in determinati momenti, fame e sete. Che cosa facciamo per soddisfare tali esigenze? Ovviamente ci procuriamo qualcosa da mangiare e da bere, e assumiamo pertanto un comportamento economico.
Se poi riflettiamo sul fatto che né un panino né una bottiglia della nostra bevanda preferita esistono in natura, possiamo cominciare a riflettere su quante persone e quante attività produttive sono necessarie affinché possiamo acquistare questi beni e soddisfare il nostro bisogno di mangiare e di bere.
Ecco che dovrebbe ora risultarci più chiaro di che cosa si occupa l'economia politica: a partire dai bisogni umani, essa studia come è possibile giungere, attraverso attività economiche, alla loro soddisfazione.

Microeconomia e macroeconomia Proprio perché nasce da esigenze dell'uomo, l'economia politica è una scienza viva, che evolve continuamente e cerca di indirizzare i comportamenti umani alle scelte più giuste per se stessi e per la cooperazione con gli altri individui.
Quando concentra la propria attenzione sui comportamenti del singolo (del produttore, del consumatore, del risparmiatore...) l'economia politica prende il nome di **microeconomia**; quando invece esamina il comportamento economico di gruppi organizzati e formazioni sociali (famiglie, imprese, Pubblica amministrazione, Stato...) viene definita **macroeconomia**.

I soggetti dell'economia L'economia politica, come scienza che studia i comportamenti umani volti alla soddisfazione dei bisogni, prende fondamentalmente in considerazione quattro tipologie di soggetti e le loro attività:

1. le **famiglie**, che attraverso il reddito derivato dal lavoro acquistano beni e servizi e, se possibile, accantonano un risparmio che consente di effettuare investimenti;
2. le **imprese**, che con la loro attività produttiva mirano alla realizzazione di un guadagno e contribuiscono alla crescita della ricchezza nazionale;
3. lo **Stato**, che agevola e indirizza l'attività economica per promuovere il benessere pubblico;
4. gli **altri Stati**, che intrattengono con il nostro rapporti commerciali; i *rapporti internazionali*, con riferimento sia al commercio con l'estero sia alla cooperazione internazionale, sono particolarmente rilevanti in relazione all'appartenenza dell'Italia all'Unione europea.

ESPANSIONE
"Scegliere": parola d'ordine in economia

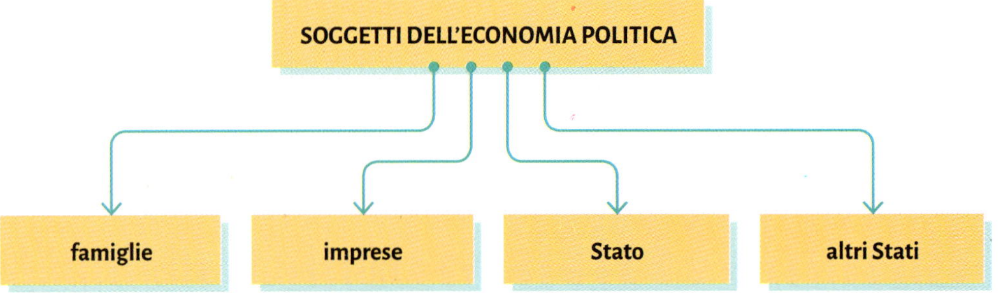

competenze in campo

1 Individua il termine

a. Sono i soggetti economici che producono beni e servizi: ....

b. La loro soddisfazione è alla base dell'economia politica: ....

c. È la scienza economica che studia i comportamenti del singolo: ....

d. È la ricchezza che consente ai cittadini di consumare: ....

e. È il soggetto economico che mira alla soddisfazione degli interessi della collettività: ....

ESERCIZIO INTERATTIVO

2 Osserva e rifletti

Quali importanti funzioni economiche competono alle famiglie, da un lato, e alle imprese, dall'altro?

3 Risolvi il caso

In uno Stato viene fatto un attento confronto tra il PIL (Prodotto interno lordo – ricchezza nazionale) dell'anno in corso e quello dell'anno precedente, allo scopo di valutare se l'economia del Paese è in crescita oppure in diminuzione. Ci troviamo di fronte a un'analisi microeconomica o macroeconomica? Perché?

mi riguarda perché...

SPUNTO DI RIFLESSIONE

L'economia politica non è una scienza astratta, ma quanto mai concreta, poiché analizza situazioni vicine alla tua quotidianità: si occupa infatti dei comportamenti volti a soddisfare i bisogni e della tendenza di ognuno a conseguire il più elevato benessere. Per esempio, dopo avere studiato, avverti il bisogno di distrarti facendo sport o ascoltando la musica; pertanto acquisterai beni o servizi che ti consentono di soddisfare questi bisogni (l'iscrizione a una palestra o un CD).

Le tue domande

Perché studiare economia?

Sapere di economia e di finanza serve a tutti. Oggi l'economia è per molti un oggetto misterioso: non sai perché ti pagano X e non Y, non sai perché c'è la recessione, non sai se è bene o male che i cinesi ci facciano concorrenza, non sai perché lo Stato non ha soldi...
Studiare economia, allora? Ma perché? Perché – potrebbe obiettare un cinico – se sono disoccupato saprò perché lo sono? Battute a parte, sì. Se uno dovesse scegliere fra due condizioni – essere disoccupato e non sapere perché o essere disoccupato e sapere perché – è giusto scegliere la seconda.
Intanto, il "non sapere perché" può far spuntare orribili pensieri: non trovo lavoro perché sono incapace...
Poi, il "sapere perché" facilita l'arte di trovare rimedi. Ci sono dei rimedi contro la disoccupazione, alcuni dei quali possono non essere piacevoli; ma se uno sa che servono, e anche gli altri lo sanno, si possono accettare più volentieri. E qui veniamo a un punto fondamentale. Contro i disastri naturali, non possiamo far nulla: terremoti e uragani sono fuori dal nostro controllo. Ma l'economia non è fuori dal nostro controllo. Il nostro "destino economico" è nelle nostre mani. Almeno nel senso che possiamo affrontare i problemi a testa alta, possiamo capirli. Non è ancora risolverli, ma è già molto.

Da F. Galimberti, *Manuale anticrisi*, Il Sole 24 ore

- Sei d'accordo con l'affermazione conclusiva dell'economista Galimberti?

LEZIONE 2

La rappresentazione grafica in economia

VIDEO START
Alti e bassi

AUDIOTESTO

Le tabelle Molto frequentemente i fenomeni economici si possono rappresentare con dei valori numerici. Il modo più diretto per presentarli è quello di organizzarli in una tabella. La **tabella** è un prospetto, organizzato in righe e in colonne, in cui appositi elementi di riferimento, detti *indicatori* o *intestazioni*, attribuiscono un preciso significato alle informazioni riportate nelle caselle. Il vantaggio di questo strumento è che, quando i dati da esporre sono molti, è possibile organizzare tabelle complesse, mantenendo un elevato grado di precisione e di chiarezza nell'esposizione.

ESEMPIO La seguente tabella riporta le informazioni di dettaglio relative alla composizione della spesa delle famiglie italiane.

Spesa media mensile delle famiglie per capitolo e numero di componenti

		COMPONENTI				
	€ o %	1	2	3	4	5 e più
Spesa media mensile	€	1.789	2.389	2.744	2.844	2.839
Alimentari e bevande	%	18,39	19,67	19,13	20,25	22,44
Abbigliamento e calzature	%	3,80	4,20	5,00	5,70	5,40
Abitazione	%	34,70	31,30	27,40	24,30	23,40
Sanità	%	3,50	4,80	3,30	3,10	3,20
Trasporti	%	12,00	13,20	15,70	16,20	16,30
Comunicazioni	%	1,90	1,80	1,90	1,90	2,00
Istruzione	%	0,30	0,40	1,60	2,30	2,50
Tempo libero e cultura	%	3,70	3,80	4,20	4,30	4,10

Fonte: ISTAT 2014 - Consumi delle famiglie

Memo LESSICO
Il termine ▸**grafico** deriva dal verbo greco *graphein*, che significa "scrivere"; i grafici corrispondono infatti a una forma particolare di scrittura di dati.

I grafici Per la comprensione dei fenomeni economici si può ricorrere anche ai grafici. Il ▸**grafico** è la rappresentazione di un fenomeno o di una funzione, in cui i valori delle grandezze da descrivere sono indicati da *punti* e *linee*, oppure da *figure geometriche*, o ancora da figure di forma diversa.
Un tipo di grafico usato frequentemente è quello che rappresenta un fenomeno mediante linee che uniscono punti in un piano cartesiano. Un **piano cartesiano** è individuato da due *rette orientate* che si intersecano in un punto detto *origine*, rappresentato dal valore 0; sulle due rette si indicano i valori delle grandezze da rappresentare. A una coppia di valori si può allora associare un punto del piano. Sulla retta orientata disposta in senso orizzontale, detta *asse delle ascisse*, si riportano i valori di una delle due grandezze, detta *variabile indipendente* e rappresentata dalla lettera x. Sulla retta orientata disposta in senso verticale, detta *asse delle ordinate*, si indicano i valori dell'altra grandezza, detta *variabile dipendente* e rappresentata dalla lettera y.
Un altro modo per rappresentare un fenomeno economico consiste nell'usare figure geometriche. L'**istogramma** descrive un fenomeno mediante figure geometriche la cui superficie è proporzionale alla grandezza rappresentata. L'**ideogramma**, pur mantenendo la correlazione tra la grandezza da descrivere e la dimensione della figura utilizzata, ricorre a figure geometriche o ad altre immagini.
Un altro tipo di grafico, usato frequentemente perché fornisce una rappresentazione di immediata comprensione, è l'areogramma. Nell'**areogramma**, detto anche **diagramma a torta**, le diverse grandezze sono rappresentate dalle "fette" di una torta, tanto più grandi quanto maggiore è la dimensione del fenomeno a cui sono riferite. Questo tipo di grafico è spesso usato per indicare una distribuzione percentuale di dati.

ESPANSIONE
Il piano cartesiano

competenze in campo

1 Completa il testo

Nelle righe e nelle colonne di una .... economica sono riportati elementi di riferimento noti come .... o intestazioni. La tabella presenta il vantaggio di poter esporre molti .... con chiarezza e ....

ESERCIZIO INTERATTIVO

2 ●●● Osserva e rifletti

A quale tipo di rappresentazione grafica si riferisce l'immagine? Quali vantaggi di natura interpretativa dei fenomeni economici presenta, secondo te, rispetto a una tabella?

Ripartizione dei consumi delle famiglie italiane

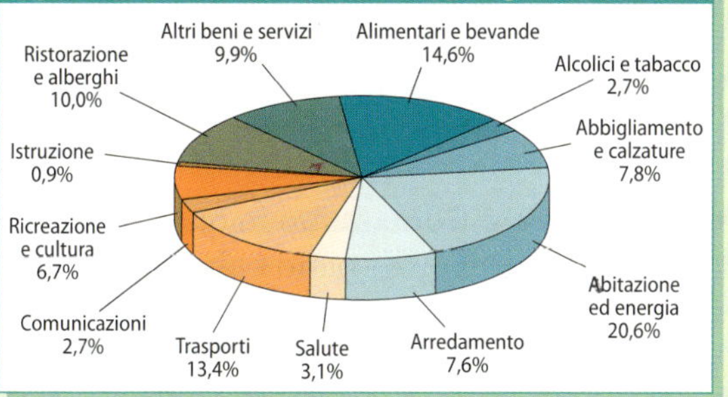

3 ●●● Spiega la differenza

1. Tabella e grafico
2. Istogramma e ideogramma
3. Ascissa e ordinata

4 ●●● Risolvi il caso

La signora Marcella R. intende comprare delle mele. Vediamo, nella tabella, quanti chili è disposta ad acquistarne in relazione al prezzo.

Prezzo al kg	Quantità acquistata
€ 0,50	6 kg
€ 1,00	4,5 kg
€ 1,50	3 kg
€ 2,00	2 kg
€ 3,00	1 kg
€ 4,00	0 kg

Utilizzando i dati della tabella costruisci su un piano cartesiano l'andamento della quantità acquistata dalla signora Marcella R. riportando i prezzi sull'asse delle ordinate e la quantità di mele su quello delle ascisse.

mi riguarda perché...

SPUNTO DI RIFLESSIONE

Hai certamente già imparato a conoscere gli strumenti grafici dal percorso di studi che hai affrontato precedentemente. Sei perciò in grado di comprendere il fatto che il ricorso a strumenti di rappresentazione grafica consente di semplificare dati di per sé complessi e di non immediata interpretazione.

FOCUS Come i dati ci aiutano a capire la realtà

In un mondo in continua e rapida evoluzione, capire la realtà che ci circonda può risultare un compito davvero complesso poiché abbiamo a che fare con una quantità talmente elevata di informazioni che diventa sempre più difficile interpretarle correttamente.

Gli strumenti messi a disposizione dalle **tecnologie digitali** possono però aiutarci a raccogliere, elaborare e analizzare questa moltitudine di dati – i cosiddetti **big data** in inglese –, che sta trasformando tutti i campi del sapere (dalla sanità all'economia, alla scienza, all'istruzione), permettendoci una migliore conoscenza del mondo in cui viviamo.

Gli strumenti digitali possono inoltre aiutarci a visualizzare i dati in modo semplice, chiaro e dunque accessibile. Le **infografiche** ci permettono per esempio di "vedere" attraverso delle immagini rappresentazioni della realtà basate su informazioni spesso molto complesse, ma che, espresse in questo modo, risultano gradevoli e di facile comprensione.

Le tue domande: Dove è possibile reperire i dati economici?

I dati economici sono rilevati da numerosi organismi, pubblici e privati. Il più importante in Italia è l'**ISTAT** (Istituto nazionale di statistica), che si occupa in particolare di censimenti della popolazione, censimenti nell'area produttiva (industria, agricoltura, terziario), di famiglie (stile di vita, consumi, lavoro, salute, tempo libero) e di indagini economiche su larga scala (andamento dei mercati, conti economici nazionali ecc.).

LEZIONE 3

I bisogni economici

VIDEO START
Soddisfazione dei bisogni e differenze di reddito

AUDIOTESTO

Memo LESSICO
Il termine ▸**bisogno** indica innanzitutto la "mancanza di qualcosa di necessario o utile". Viene poi usato per indicare una situazione di mancanza di mezzi ("mi trovo in uno stato di bisogno"), oppure per riferirsi a uno stimolo di natura fisica o psicologica ("ho bisogno di dormire").

Che cos'è il bisogno Ci capita spesso di usare la parola ▸**bisogno**: "Che sete! Ho *bisogno* di bere", "Non c'è più niente in casa, c'è *bisogno* di fare la spesa". Che cos'è, dunque, un bisogno? Possiamo definire la sensazione di **bisogno** come uno stato di insoddisfazione che ci spinge a fare ciò che è necessario per placarla. Non tutti i bisogni umani sono *bisogni economici*, tali, cioè, da rientrare nell'ambito di interesse dell'economia politica.
Sono **bisogni economici** solo quelli che possono essere soddisfatti da beni che esistono in misura limitata.

ESEMPIO Un nostro bisogno fondamentale è respirare e il bene che utilizziamo per la sua soddisfazione, l'aria, esiste in misura illimitata. Respirare è perciò un bisogno, ma non è tale in senso economico.

I caratteri dei bisogni economici Se pensiamo ai bisogni che è possibile provare ci rendiamo conto che non finiscono mai, sono **illimitati**. Con il progresso, poi, insorgono nuove esigenze, molte delle quali sono indotte in noi dalla pubblicità (pensiamo a beni oggi ritenuti necessari come tablet e navigatori satellitari).
I bisogni sono **saziabili**, possono cioè essere soddisfatti, almeno temporaneamente. Tuttavia la soddisfazione di un bisogno spesso non è definitiva, in quanto esso tende a ripresentarsi nel tempo. Con il pranzo, ogni giorno, soddisfiamo il bisogno di mangiare, ma alla sera questo stesso bisogno si ripresenta e dobbiamo cenare: i bisogni sono in tal senso **risorgenti**.
I bisogni sono diversi da persona a persona. Se ci confrontassimo in questo momento con chi ci sta accanto e ci interrogassimo a vicenda su quali siano i bisogni che avvertiamo di più, difficilmente daremmo le stesse risposte, proprio perché i bisogni sono **soggettivi**. Anche per una stessa persona i bisogni non sono sempre i medesimi, ma variano nel tempo (alle 13 ho bisogno di pranzare, alle 21 ho bisogno di riposare); si parla perciò di **variabilità** dei bisogni.

Le tipologie dei bisogni I bisogni economici si dicono **individuali** quando sono avvertiti da una singola persona, **collettivi** quando sono percepiti da un soggetto in quanto membro di una collettività, **pubblici** quando i bisogni collettivi sono soddisfatti dallo Stato o da un ente pubblico, come un Comune.

ESEMPIO Se uno studente sente il bisogno di studiare matematica perché domani ci sarà il compito in classe, sta avvertendo un bisogno individuale. Se consideriamo invece il bisogno di istruzione in quanto avvertito dalla maggior parte dei cittadini, esso può essere considerato un bisogno collettivo. Infine, per gli studenti che frequentano scuole pubbliche esso è anche un bisogno pubblico.

In relazione alla loro importanza i bisogni si definiscono **primari** se sono essenziali per la nostra vita fisica (mangiare, riposare ecc.), **secondari** se sono motivati da altre esigenze, spesso attinenti alla nostra vita intellettuale (leggere, guardare un film ecc.).
I bisogni si classificano anche in **presenti** e **futuri**. La distinzione tra essi acquista importanza, in economia, per quanto riguarda l'analisi delle attitudini al *consumo* e al *risparmio*. Il **consumo** consiste nella destinazione di parte del nostro reddito all'acquisto di beni che servono a soddisfare le nostre necessità quotidiane e corrisponde pertanto ai bisogni presenti. Il **risparmio** è invece quella parte di reddito che viene accantonata nel tempo per far fronte agli imprevisti della vita, o che viene investita per farla fruttare; esso serve pertanto a soddisfare bisogni futuri.

ESPANSIONE
L'evoluzione dell'uomo e dei suoi bisogni

competenze in campo

1 Completa lo schema

TIPOLOGIE DI BISOGNI ECONOMICI

- ....
- collettivi

- primari
- ....

- presenti
- ....

ESERCIZIO INTERATTIVO

2 **Osserva e rifletti**

Quali caratteri propri dei bisogni economici ha il bisogno di mangiare?

3 **Bisogno primario o secondario?**

ESERCIZIO INTERATTIVO

1. Andare in vacanza P S
2. Avere un telefono cellulare P S
3. Possedere una bicicletta P S
4. Dormire P S
5. Indossare capi firmati P S
6. Studiare per il proprio futuro P S
7. Lavorare P S

4 **Rifletti e rispondi**

1. Il bisogno di bere è un bisogno economico? Perché?
2. Pensando a una tua giornata tipo, indica i principali bisogni che provi e che cerchi di soddisfare. Ordinali poi secondo l'importanza che hanno per te, indicando quelli di cui potresti fare a meno e quelli a cui invece non rinunceresti mai.

mi riguarda perché...

SPUNTO DI RIFLESSIONE

Riconoscere l'esistenza di bisogni pubblici ti fa riflettere sull'importanza dei servizi che vengono resi ai cittadini dallo Stato e dagli enti pubblici locali (in particolare dai Comuni). Pensa, per esempio, alle forze di polizia, che garantiscono la sicurezza comune e il rispetto della legalità, così importanti nella nostra società; oppure pensa all'istruzione pubblica fornita dallo Stato, che consente lo sviluppo dei singoli individui e della società nel suo complesso.

Detto da... **Eros Ramazzotti**

"In compagnia si sta troppo bene / comunque sia basta stare insieme / quando si va dentro certe notti / in compagnia che ci stanno tutti... / in compagnia ci si tiene a galla / anche le volte che nessuno parla / c'è sempre chi prende una chitarra / e poi nascono canzoni per unire meglio ancora / certi sogni e bisogni d'amore."

Dalle parole della canzone (*In compagnia*) trapela l'importanza di due bisogni fondamentali delle persone: quello di vivere con gli altri e quello di provare amore. Provi anche tu questi bisogni?

Lavorare insieme

- Dividetevi in gruppi in base alle indicazioni dell'insegnante.
- Disponetevi in modo da poter comunicare tra di voi parlando sottovoce, così da non disturbare gli altri.
- All'interno di ogni gruppo, conducete un'inchiesta sui bisogni maggiormente percepiti nelle vostre famiglie. Potete muovervi con una certa libertà, decidendo se chiedere agli intervistati quali siano i loro bisogni più sentiti o se sottoporre loro un elenco di bisogni (da voi predisposto dopo una discussione nel gruppo) da ordinare secondo l'importanza attribuita. Sui risultati della vostra inchiesta realizzate poi, a scelta, un breve articolo di taglio giornalistico, un'audiointervista, un video o altro.

LEZIONE 4

I beni economici e i servizi

VIDEO START I beni della new economy

AUDIOTESTO

Memo
Dal punto di vista giuridico, sono ▸**beni** le cose che possono formare oggetto di diritti; non si possono pertanto considerare beni in tal senso le cose inaccessibili e le cose che esistono in quantità illimitata.

I caratteri dei beni economici Quando l'uomo percepisce un bisogno cerca di procurarsi i mezzi necessari per poterlo soddisfare; questi mezzi possono essere innanzitutto ▸**beni**, cioè cose materiali (un libro) o immateriali (un brevetto industriale). Non tutti i beni esistenti in natura sono però tali in economia. Per essere considerato *economico*, infatti, un bene deve avere tre caratteristiche:

- *esistere in misura limitata*;
- *essere utile*, cioè essere in grado di soddisfare un determinato bisogno;
- *essere reperibile*, deve cioè sussistere la possibilità fisica ed economica di entrarne in possesso.

ESEMPIO Non è reperibile in senso fisico un metallo prezioso presente su un pianeta del Sistema solare non ancora raggiungibile con le attuali tecnologie. Non è reperibile in senso economico un aereo personale per un individuo che non ha un reddito elevato.

Sono **beni economici** le cose materiali utili, limitate e reperibili che servono a soddisfare i nostri bisogni.

La classificazione dei beni economici I beni possono essere usati più volte ai fini della soddisfazione di un bisogno (pensiamo a una bicicletta o a un cappotto) oppure si distruggono con l'uso, per cui possiamo usarli una volta sola (come una caramella). Nel primo caso si parla di **beni durevoli**, nel secondo di **beni non durevoli**. Inoltre, molti beni servono direttamente a soddisfare un bisogno (come una bibita o un panino) e si dicono perciò **diretti** o **di consumo**; alcuni, invece, servono a produrre altri beni (pensiamo alla lana per confezionare un maglione) e si dicono **strumentali** o **d'investimento**. Un bene può essere considerato diretto per un soggetto e strumentale per un altro, a seconda dell'uso che se ne fa.

ESEMPIO L'automobile è, per una famiglia che deve recarsi in vacanza, un *bene diretto*; per un rappresentante di commercio, che deve usarla per lavoro, è invece un *bene strumentale*. Le uova sono un bene diretto se le mangiamo, sono un bene strumentale se le usiamo per preparare un dolce.

Memo LESSICO
L'aggettivo ▸**surrogato** è riconducibile al verbo latino *subrogare*, che significa "mettere qualcuno o qualcosa in luogo di altra persona o cosa", quindi "sostituire".

Ci sono beni che, usati insieme, soddisfano meglio un bisogno (il telefono cellulare, per funzionare, necessita di una SIM card). Questi beni si dicono **complementari** perché si completano l'uno con l'altro.
Si definiscono invece **succedanei** o ▸**surrogati** beni diversi che sono in grado di soddisfare lo stesso bisogno, anche se, in genere, uno è qualitativamente inferiore all'altro.

ESEMPIO Per condire la verdura posso usare l'olio di oliva o l'olio di semi; per impastare la torta posso ricorrere al burro o alla margarina; per assumere proteine nella dieta quotidiana posso mangiare carne o legumi: questi beni sono tra loro succedanei e ciascuno svolge bene la propria funzione, anche se l'olio di oliva e il burro, da un punto di vista alimentare, sono preferibili rispetto all'olio di semi e alla margarina.

I servizi I **servizi** sono prestazioni che vengono fornite da persone per soddisfare bisogni; pensiamo alle attività rese dai professionisti intellettuali (quali gli avvocati), agli esercizi commerciali (negozi, supermercati ecc.), al settore dell'informazione (radio, televisione, quotidiani).

La differenza tra beni e servizi Possiamo concludere che i beni e i servizi economici hanno in comune il fatto di servire entrambi a soddisfare i bisogni, ma si differenziano perché i primi sono mezzi materiali, gli altri sono invece prestazioni umane.

competenze in campo

1 Completa lo schema

DIDATTICA INCLUSIVA

CLASSIFICAZIONE DEI BENI ECONOMICI

- • ....
- • non durevoli

- • diretti
- • ....

- • complementari
- • ....

ESERCIZIO INTERATTIVO

2 ●●● **Individua il termine**

ESERCIZIO INTERATTIVO

1. Lo sono tra loro beni diversi in grado di soddisfare uno stesso bisogno: ....
2. Sono beni utilizzati per la produzione di altri beni: ....
3. Lo sono i beni che possiamo utilizzare più volte al fine della soddisfazione di un bisogno: ....
4. Lo sono i beni economici in quanto in grado di soddisfare bisogni: ....
5. È il carattere dei beni economici per cui deve sussistere la possibilità di procurarceli: ....

3 ●●● **Osserva e rifletti**

1. La benzina è un bene durevole o non durevole? E l'automobile?
2. Un'automobile funziona solo con il carburante: come sono tra loro questi due beni?

4 ●●● **Risolvi il caso**

Marco C. lavora come manovale in un'impresa edile e vive esclusivamente del proprio lavoro, non avendo altre fonti di reddito né beni di valore. In che senso una villa in una rinomata località turistica non costituisce per lui un bene economico?

mi riguarda perché...

SPUNTO DI RIFLESSIONE

Perché è importante conoscere la classificazione dei beni economici? Perché ti consente di comprendere meglio fenomeni della vita quotidiana e di distinguere i beni in relazione alla loro finalità (diretti o strumentali), alla loro durata nel tempo (durevoli o non durevoli) e alle loro possibili combinazioni (beni complementari) o sostituzioni (beni surrogati).

Detto da... Bill Gates

"La cosa più bella di un computer portatile è che, per quanta roba tu ci possa mettere dentro, non diventa più grande o più pesante."

Un computer portatile va considerato bene di consumo o di investimento? Perché?

FOCUS I beni aziendali

Grande importanza hanno, al fine della produzione nazionale, i **beni aziendali**, ossia i beni che appartengono a un'impresa, individuale o collettiva. Tra essi rientrano, oltre ai prodotti finali destinati al mercato, quelli utilizzati all'interno dell'azienda sia come beni di consumo sia come fattori produttivi, quali le materie prime, i macchinari, gli impianti, gli automezzi, gli immobili. Il possesso dei beni aziendali deve essere comunicato dai titolari dell'impresa all'Agenzia delle entrate ai fini fiscali.

Lavorare insieme

- Dividetevi in gruppi in base alle indicazioni dell'insegnante.
- Disponetevi in modo da poter comunicare tra di voi parlando sottovoce, così da non disturbare gli altri.
- Riferendovi a una vostra giornata tipo, indicate i beni di cui fate più frequentemente uso; confrontate poi la vostra analisi con quella degli altri gruppi, riflettendo sulle ragioni per cui determinati beni sono maggiormente utilizzati da voi giovani rispetto ad altri.

LEZIONE 5

L'utilità economica

VIDEO START L'acqua: un bene prezioso e di tutti

AUDIOTESTO

Memo LESSICO
Il termine ▸ **utilità** deriva dal latino *utilitas*, che ha origine dal verbo *uti*, che significa "usare", "servirsi di", "impiegare", "avere bisogno": soprattutto quest'ultimo significato si collega al concetto economico di utilità.

Il concetto economico di utilità Come abbiamo visto i beni, per essere economici, devono essere *utili*.
In economia il termine ▸**utilità** si riferisce all'idoneità di un bene o di un servizio a soddisfare un bisogno, prescindendo da altri caratteri.

ESEMPIO Sappiamo tutti che il fumo provoca gravi danni alla salute: ce lo confermano, purtroppo, le sconcertanti statistiche di morte che legano indiscutibilmente il consumo di tabacco all'insorgere di tumore ai polmoni. Chiunque, dunque, è in grado di affermare che "fumare è dannoso, non è certo utile alla nostra salute". Eppure, in senso economico, il fumo rientra nel concetto di utilità, in quanto è in grado di rispondere a un bisogno avvertito dall'individuo.

Soggettività e decrescenza dell'utilità L'utilità di un bene o di un servizio è un fattore soggettivo, in quanto varia da persona a persona; la prima caratteristica dell'utilità è pertanto la **soggettività**.

ESEMPIO Pensiamo al diverso grado di utilità che può avere una bibita fresca per chi partecipa a una festa e ha quindi la possibilità di dissetarsi nel modo e con la frequenza che desidera e per chi, invece, ha appena corso per un'ora sotto il sole.

Un'altra caratteristica dell'utilità è la sua **decrescenza** all'aumentare della quantità disponibile di un bene.

ESEMPIO Un ragazzo, rientrato a casa dopo aver fatto attività sportiva, ha molta sete e inizia a bere acqua. Il primo bicchiere che consuma ha un'utilità molto elevata, in quanto il bisogno è ancora forte, mentre quelli successivi possiedono un'utilità via via minore, in relazione alla diminuzione d'intensità del bisogno. Arriverà un momento in cui la sete giungerà al punto di saturazione, per cui un ulteriore bicchiere d'acqua avrebbe un'utilità pari a zero.

Memo LESSICO
L'aggettivo ▸**marginale** ha il significato, in economia, di "ciò che si riferisce a variazioni infinitesime del fenomeno considerato".
Esso proviene dal sostantivo *margine*, nel suo significato di "quantità disponibile in sovrappiù".

Utilità marginale e totale L'utilità dell'ultima dose di un bene di cui un soggetto può disporre prende il nome di **utilità ▸marginale**, mentre la somma delle utilità delle singole dosi costituisce l'**utilità totale**.

La legge della scarsità Riflettendo sul rapporto tra utilità e quantità disponibile di un determinato bene possiamo formulare la *legge della scarsità*.
La **legge della scarsità** afferma che, più un bene è scarso, più alto è il suo grado di utilità e, quindi, il suo valore. Ecco perché i beni che esistono in misura estremamente limitata, per esempio l'oro, valgono tanto e, viceversa, è molto più basso il valore di quelli esistenti in misura abbondante. Il valore di un bene, dunque, non dipende tanto dal suo valore di utilizzo, che corrisponde all'utilità totale, ma dal suo valore di scambio, cioè dalla sua utilità marginale, che varia in relazione ai gusti dei consumatori e alla quantità disponibile.

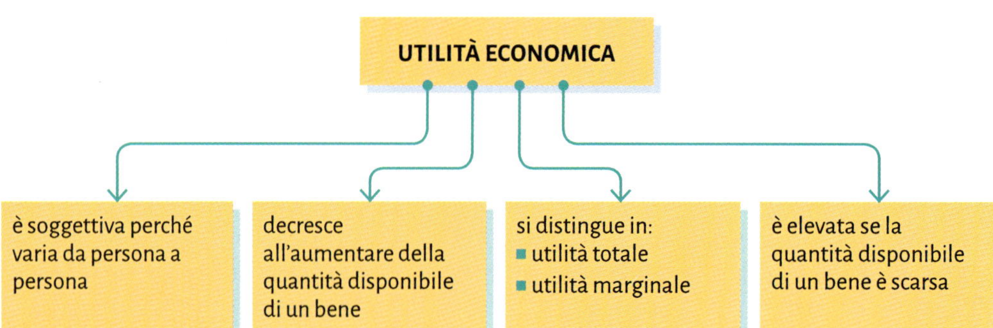

ESPANSIONE La scarsità e i suoi effetti

competenze in campo

1 Completa il testo

L'utilità marginale corrisponde alla .... dell'ultima dose .... di un determinato bene; essa .... a mano a mano che aumenta la .... di dosi disponibili, determinando la cosiddetta legge della ....

DIDATTICA INCLUSIVA

ESERCIZIO INTERATTIVO

2 Osserva e rifletti

Per quale ragione economica i diamanti hanno prezzi molto elevati?

3 Costruisci il grafico

Utilizzando i dati della tabella, riferita al bisogno di bere e alla disponibilità, per soddisfarlo, di sette bicchieri d'acqua, costruisci il grafico corrispondente, utilizzando gli assi cartesiani e riportando sull'asse delle *x* le dosi disponibili e su quello delle *y* le corrispondenti utilità.

Dosi del bere (bicchieri d'acqua)	**Utilità marginale**
1	200
2	120
3	65
4	30
5	10
6	0
7	−10

mi riguarda perché...

SPUNTO DI RIFLESSIONE

Se rifletti sull'andamento dell'utilità marginale all'aumentare delle dosi disponibili di un bene, comprendi come mai, dal punto di vista economico, si attribuisce un valore molto elevato a determinati beni e, invece, un valore modesto ad altri, pur riconoscendone la maggiore utilità sotto il profilo dell'esistenza per gli esseri umani (pensa, per esempio, all'aria che respiriamo, necessaria alla nostra vita).

Spazio multiculturale

La diversa utilità dell'acqua nel mondo

L'acqua è, per tutti, un bene indispensabile alla vita; la sua utilità è però diversa in relazione alla maggiore o minore disponibilità. Ci sono zone del mondo in cui, per ragioni geografiche e climatiche, l'acqua disponibile è abbondante, quindi con un grado di utilità marginale basso; tra queste zone rientrano per esempio il Canada, l'Oceania, la Nuova Zelanda, l'Islanda. D'altra parte esistono Paesi in cui l'acqua è una risorsa scarsissima, pertanto con un'utilità molto elevata: pensiamo al Kuwait, alla Libia, alla Giordania. Per quanto riguarda il continente africano risulta che oltre trecento milioni di persone non hanno accesso all'acqua potabile e che solo il 5% dei terreni coltivabili viene irrigato regolarmente.

Lavorare insieme

- Dividetevi in gruppi in base alle indicazioni dell'insegnante.
- Disponetevi in modo da poter comunicare tra di voi parlando sottovoce, così da non disturbare gli altri.
- Scegliete una serie di beni che hanno un elevato valore economico nella società contemporanea. Valutate poi, uno per uno, quale utilità hanno sia in senso economico (valore monetario) sia in senso "umano", cioè quanto sono importanti per la vita di una persona. Rappresentate i dati che avete raccolto in un breve prospetto, che confronterete con quelli realizzati dagli altri gruppi.

PERCORSO 1 / Sintesi con la mappa

- **ECONOMIA POLITICA**
  - • microeconomia • macroeconomia → comportamento dei soggetti economici:
    - famiglie
    - imprese
    - Stato
    - resto del mondo
- **RAPPRESENTAZIONE DEI VALORI ECONOMICI**
  - tabelle
  - grafici →
    - piano cartesiano
    - istogramma
    - ideogramma
    - areogramma (o diagramma a torta)
- **BISOGNI ECONOMICI**
  - caratteri →
    - illimitatezza
    - saziabilità
    - risorgenza
    - soggettività
    - variabilità
  - tipologie →
    - individuali, collettivi o pubblici
    - primari o secondari
    - presenti o futuri
- **BENI ECONOMICI**
  - caratteri →
    - utilità
    - limitatezza
    - reperibilità
  - tipologie →
    - durevoli e non durevoli
    - diretti (o di consumo) e strumentali (o di investimento)
    - complementari e succedanei (o surrogati)
- **UTILITÀ**
  - caratteri →
    - soggettività
    - decrescenza
  - tipologie →
    - utilità marginale
    - utilità totale
    - → legge della scarsità

PERCORSO 1 / Sintesi discorsiva

AUDIOSINTESI

LEZIONE 1 L'oggetto e i soggetti dell'economia politica

L'**economia politica** è la scienza che studia i comportamenti umani volti a soddisfare i bisogni. Poiché i bisogni da soddisfare sono illimitati, mentre i mezzi per soddisfarli sono limitati, gli uomini devono continuamente prendere decisioni di tipo economico.
Quando analizza le attività dei singoli, l'economia politica prende il nome di **microeconomia**; se si occupa dei comportamenti economici di gruppi e formazioni sociali è definita **macroeconomia**.
L'economia si occupa soprattutto delle attività di alcuni soggetti: le **famiglie**, le **imprese**, lo **Stato** e il **resto del mondo**.

LEZIONE 2 La rappresentazione grafica in economia

La rappresentazione dei valori numerici che esprimono i fenomeni economici viene spesso affidata a strumenti quali tabelle e grafici.
Le **tabelle** sono prospetti organizzati in righe e colonne; nelle caselle di una tabella vengono riportati i valori assunti dagli indicatori.
Nei **grafici**, invece, i valori delle grandezze sono rappresentati da punti, linee o figure geometriche. I grafici più utilizzati sono quelli su **piano cartesiano**, gli **istogrammi**, gli **areogrammi** e gli **ideogrammi**.

LEZIONE 3 I bisogni economici

Sono **bisogni economici** quelli che possono essere soddisfatti da beni che esistono in misura limitata. Tali bisogni sono **illimitati**, **saziabili** (ossia possono essere soddisfatti, almeno temporaneamente) e **risorgenti** (tendono cioè a ripresentarsi). Sono inoltre **soggettivi** e **variabili** nel tempo e nello spazio.
Possono essere **individuali**, se avvertiti dal singolo individuo, oppure **collettivi**, quando sono percepiti da una collettività.

LEZIONE 4 I beni economici e i servizi

Sono definiti **beni economici** le cose materiali **utili**, **limitate** e **reperibili** che servono a soddisfare i bisogni.
I beni economici possono essere **durevoli** o **non durevoli**, **diretti** o **strumentali**, **complementari** e **surrogati**.
Alla soddisfazione dei bisogni concorrono anche i **servizi**, cioè le prestazioni umane.

LEZIONE 5 L'utilità economica

Dal punto di vista economico un bene è **utile** quando è in grado di soddisfare un bisogno.
L'utilità decresce a mano a mano che aumenta la quantità di bene di cui si dispone; ciò giustifica la **legge della scarsità**, in base alla quale più scarso è un bene, più elevato è il suo valore economico (come accade per l'oro).
Ipotizzando di dividere un bene in più porzioni uguali tra loro, si definisce **utilità marginale** quella dell'ultima dose di bene consumata: essa è inversamente proporzionale alla quantità di bene disponibile.

Le nuove parole

Economia politica ▸ Scienza che studia le attività umane dirette a procurarsi i beni necessari per soddisfare i propri bisogni. Si suddivide in microeconomia e macroeconomia.
Political economy

Bisogno economico ▸ Bisogno che può essere soddisfatto mediante il consumo di beni che esistono in misura limitata.
Economic needs

Bisogno pubblico ▸ Bisogno di natura collettiva che viene soddisfatto dallo Stato o da un altro ente pubblico.
Public needs

Bene economico ▸ Bene che presenta i caratteri dell'utilità, della scarsità e della reperibilità.
Economic goods

Utilità economica ▸ Idoneità di un bene a soddisfare un bisogno.
Economic utility

Utilità marginale ▸ Utilità dell'ultima dose disponibile di un bene, che decresce all'aumentare della quantità disponibile.
Marginal utility

PERCORSO 1 / Verifica

VERIFICA INTERATTIVA FLASHCARDS

Tutti devono sapere che...

1 Dai la definizione corretta

1. Sono i soggetti economici che rappresentano la produzione: _ _ P _ _ _ _
2. Sono gli elementi di riferimento delle tabelle: _ _ D _ _ _ _ O _ _
3. Così sono definiti i bisogni collettivi soddisfatti dallo Stato: _ _ _ B _ _ _ I
4. È l'idoneità di un bene a soddisfare un bisogno: _ T _ _ _ _ _

Verifica le tue conoscenze di base

2 Scegli la risposta

1. I bisogni sono:
   - [ ] a. oggettivi, illimitati e saziabili
   - [ ] b. soggettivi, risorgenti, limitati
   - [ ] c. soggettivi, risorgenti e saziabili
   - [ ] d. soggettivi, complementari e succedanei
2. È un bisogno primario:
   - [ ] a. possedere un telefono cellulare
   - [ ] b. dormire
   - [ ] c. andare in vacanza
   - [ ] d. indossare abiti firmati
3. La necessità di avere regole che disciplinino la vita sociale è un bisogno:
   - [ ] a. individuale
   - [ ] b. proprio solo di alcuni individui
   - [ ] c. collettivo
   - [ ] d. pubblico
4. L'attività di un insegnante è:
   - [ ] a. un servizio
   - [ ] b. un bene materiale
   - [ ] c. un bisogno
   - [ ] d. un bene surrogato
5. Non è un carattere dei beni economici:
   - [ ] a. la relatività
   - [ ] b. la scarsità
   - [ ] c. l'utilità
   - [ ] d. la reperibilità
6. I beni che soddisfano direttamente un bisogno sono definiti:
   - [ ] a. durevoli
   - [ ] b. di consumo
   - [ ] c. strumentali
   - [ ] d. complementari
7. L'utilità dell'ultima dose disponibile di un bene è definita:
   - [ ] a. residuale
   - [ ] b. marginale
   - [ ] c. finale
   - [ ] d. totale
8. La parte di reddito che viene accantonata per fare fronte a esigenze future è detta:
   - [ ] a. consumo
   - [ ] b. utilità
   - [ ] c. risparmio
   - [ ] d. bene economico

3 Vero o falso?

1. La macroeconomia studia il comportamento economico di gruppi e formazioni sociali. V F
2. Lo Stato, nel nostro Paese, è uno dei soggetti dell'economia. V F
3. Il bisogno di bere è sempre un bisogno economico. V F
4. I bisogni sono saziabili, risorgenti, variabili e soggettivi. V F
5. L'utilità, in senso economico, corrisponde all'idoneità di un bene a soddisfare un bisogno. V F
6. Più un bene è scarso, meno è utile economicamente. V F
7. Motorino e casco sono beni complementari. V F
8. L'attività di un operaio, che svolge lavori manuali, corrisponde a un servizio economico. V F
9. Per essere classificato come economico un bene deve essere reperibile. V F
10. Relativamente al bisogno di mangiare un'insalata, olio e sale sono beni surrogati. V F

Potenzia le tue abilità

4 Collega le informazioni

1. ☐ Microeconomia
2. ☐ Areogrammi
3. ☐ Bisogni economici
4. ☐ Bisogni pubblici
5. ☐ Variabilità
6. ☐ Utilità economica
7. ☐ Servizi
8. ☐ Beni diretti
9. ☐ Beni strumentali
10. ☐ Bene complementare

a. Prestazioni
b. Carattere per cui i bisogni cambiano nel tempo
c. Benzina
d. Situazioni di insoddisfazione che possono essere colmate tramite l'uso di beni esistenti in misura limitata
e. Generi alimentari
f. Bisogni cui provvede lo Stato o un altro ente pubblico
g. Macchinari destinati alla lavorazione industriale
h. Capacità di un bene di soddisfare un bisogno
i. Comportamento economico dei singoli
l. Diagrammi a torta

5 Trova la parola nascosta

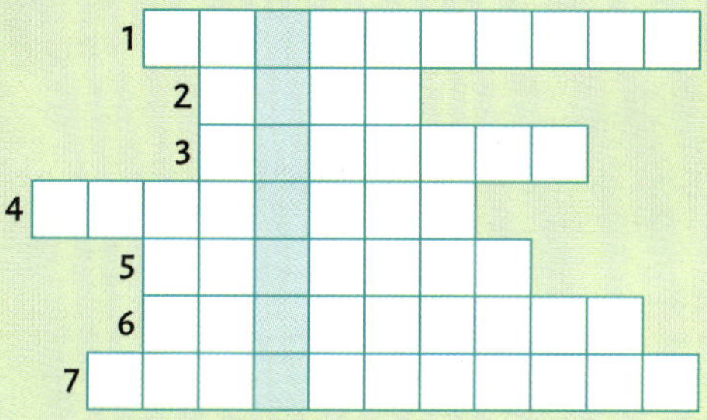

1. Lo sono i bisogni economici per il fatto di ripresentarsi nel tempo. **2.** Sono economici se utili, reperibili e limitati. **3.** Sono i bisogni essenziali per la vita umana. **4.** Sono i beni utilizzabili più volte nel tempo. **5.** Lo è l'economia politica. **6.** Lo sono i bisogni economici per il fatto di poter essere pienamente soddisfatti. **7.** È un bisogno avvertito da una singola persona.

Sviluppa le tue competenze

6 Rispondi alle domande

1. Quali sono i caratteri che rendono economici i beni?
2. Quale significato assume il termine "utilità" in economia?
3. Quale principale ragione giustifica l'illimitatezza dei bisogni economici?
4. Come si definiscono in economia il consumo e il risparmio?
5. Che cosa prevede la legge della scarsità?

7 Esponi la tua opinione

1. Esiste una netta differenza tra il nostro modo di percepire e soddisfare i bisogni e quello dei popoli dei Paesi poveri. Pensi che sia possibile, nella società attuale, un ridimensionamento delle nostre abitudini?
2. Quale importanza riveste la legge della scarsità, soprattutto in un mondo dominato dall'ansia del possesso e del consumo?

8 Risolvi i casi

1. Mara G., che vive in un paesino della costa romagnola, vorrebbe dare vita a un'attività di impresa consistente nell'imbottigliare acqua di mare per rivenderla sul mercato, facendo leva sulle sue proprietà terapeutiche: infatti, se inalata, avrebbe effetti positivi sul sistema respiratorio. È ammissibile tale progetto?
2. Davide B. frequenta un istituto scolastico privato gestito da religiosi. Si può affermare che il bisogno di istruzione di Davide e dei suoi compagni di classe è un bisogno pubblico, in quanto percepito da più persone?
3. Giorgia L. decide di trascorrere una settimana di vacanza in una località di mare e prenota a tal fine un albergo. Le attività che le verranno messe a disposizione (colazione, pranzo, cena, sistemazione della camera...) corrispondono a beni o a servizi?

PERCORSO **2** economia

I sistemi economici e la loro evoluzione storica

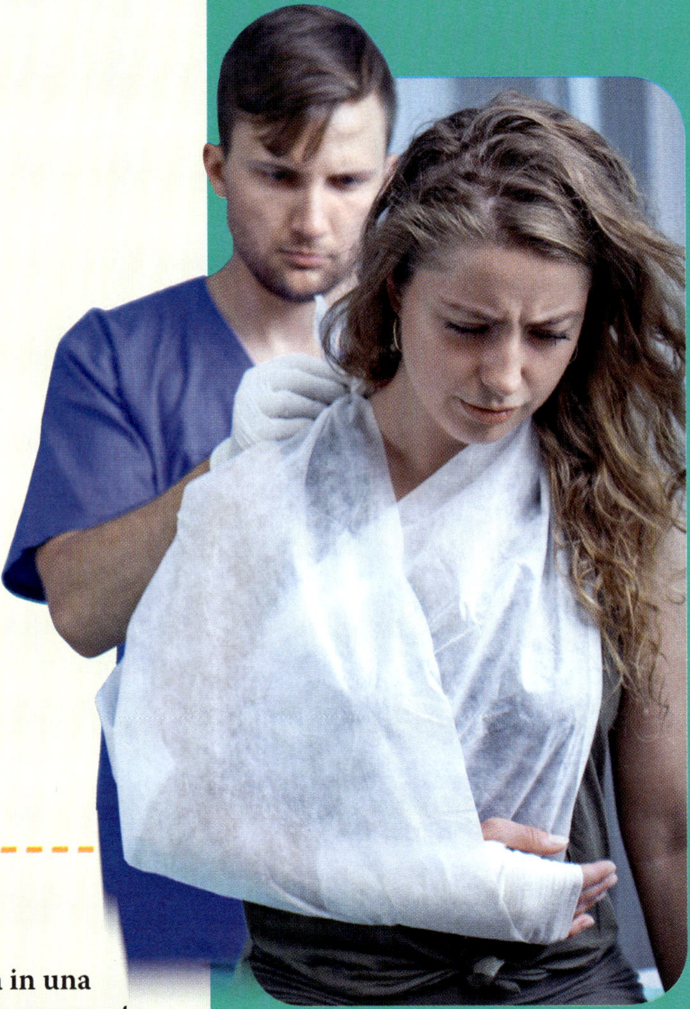

Incominciamo da te

Una situazione concreta **Elisabetta B., operaia in una fabbrica tessile, subisce un infortunio sul lavoro che comporta la rottura di due ossa della mano destra. Dovrà essere sottoposta a un delicato intervento chirurgico, cui seguirà un periodo di riposo di almeno tre settimane. Per tale periodo Elisabetta non sarà pertanto in grado di lavorare. Riceverà lo stesso la retribuzione lavorativa?**

! Sì, in quanto l'Italia è uno Stato sociale, cioè uno Stato che tutela economicamente le categorie più deboli, come in questo caso una lavoratrice infortunata e pertanto non in grado di lavorare. Questo principio, che trova il suo fondamento nell'art. 38 Cost., è indice di un prezioso senso di solidarietà sociale.

Le 5 domande

1 Nella tua famiglia ci sono persone che svolgono un lavoro dipendente? Se sì, qual è il loro datore di lavoro?

2 Che cosa sono le imprese e di che cosa si occupano?

3 Probabilmente hai già sentito parlare di "capitalismo": a quale realtà storico-economica si riferisce questo termine?

4 Nel 1929 ebbe inizio negli Stati Uniti una delle più gravi crisi economiche che la storia ricordi. Essa venne affrontata e risolta con il cosiddetto *New Deal*: sai di che cosa si trattò?

5 Leggi con attenzione l'art. 41 Cost. Da esso desumi che l'economia italiana è gestita in via esclusiva dalle imprese private o prevede anche interventi da parte dello Stato?

Il nostro percorso

CONOSCENZE

- Famiglie, imprese, Stato e resto del mondo come soggetti economici
- Relazioni reali e monetarie tra i soggetti economici
- Caratteri del capitalismo
- Abolizione della proprietà privata e della libera iniziativa economica e pianificazione dell'economia
- Grande depressione e *New Deal*
- Sottoccupazione e interventi pubblici
- Limiti all'iniziativa economica privata e programmazione economica secondo la Costituzione italiana
- Neoliberismo: mobilità e flessibilità del lavoro

ABILITÀ

- Individuare l'importanza dell'apporto di famiglie, imprese, Stato e resto del mondo nel sistema economico
- Riconoscere la delicatezza delle scelte operate dalle imprese per risolvere i principali problemi del sistema economico
- Individuare le ragioni storiche, economiche e sociali del fallimento del libero mercato all'epoca della Rivoluzione industriale
- Valutare la spaccatura tra gli ideali, propri del socialismo, di una società economicamente equilibrata e le reali condizioni di vita delle persone nel sistema capitalista
- Inquadrare la teoria keynesiana della spesa pubblica, oltre che nel contesto storico delle sue prime applicazioni, anche nel mondo attuale
- Individuare le ragioni storiche ed economiche che condussero i nostri Costituenti ad adottare per l'Italia un sistema economico misto
- Confrontare i vantaggi legati alla limitazione degli interventi pubblici in economia con gli effetti negativi che ciò comporta per molti soggetti

LEZIONE 2

Il funzionamento del sistema economico

LEZIONE 3

Il libero scambio e la società capitalistica

LEZIONE 4

Il sistema collettivista

LEZIONE 5

La crisi del 1929 e la teoria keynesiana della spesa pubblica

LEZIONE 6

Il sistema a economia mista

LEZIONE 7

Il neoliberismo

La competenza d'arrivo

Saper valutare i fattori che hanno determinato l'evoluzione dell'economia nel tempo e fare confronti critici tra i diversi sistemi economici che si sono presentati nella storia e sono oggi presenti nel mondo.

LEZIONE 1

Il sistema economico e i suoi soggetti

VIDEO START
Aria di ripresa

AUDIOTESTO

Memo LESSICO
Con la parola ▸**sistema** (dal greco *sýstēma*) ci riferiamo a un insieme di elementi coordinati tra loro in modo da adempiere a una determinata funzione.
Per esempio, il sistema nervoso comprende organi vitali, quali il cervello, il midollo e i nervi, che ricevono stimoli interni ed esterni e li trasformano in specifiche attività.

Il sistema economico Nella scienza economica si utilizza il concetto di ▸**sistema economico** per indicare l'insieme dei soggetti che svolgono attività volte a procurarsi i beni e i servizi necessari al soddisfacimento dei propri bisogni.
Questi soggetti sono le **famiglie**, le **imprese** e lo **Stato**. Poiché però uno Stato ha normalmente rapporti economici con altri Stati (si parla, in tal senso, di *economia aperta*), tra i soggetti economici possiamo includere anche l'insieme degli operatori esteri con cui lo Stato intrattiene relazioni, che viene indicato con l'espressione **resto del mondo**.

Le famiglie Le **famiglie** contribuiscono al funzionamento del sistema economico sia attraverso il **consumo**, cioè l'acquisto di beni e di servizi, sia attraverso il **risparmio**, in quanto mettono a disposizione delle imprese e dello Stato il reddito non consumato, sia attraverso l'offerta di **lavoro**, poiché svolgono attività manuali o intellettuali alle dipendenze di imprese o di enti pubblici, oppure esercitano professioni autonome, come nel caso degli artigiani e dei liberi professionisti.

Le imprese Le **imprese** operano nel sistema economico come *centri di produzione*, richiedendo a tal fine prestazioni lavorative e investimenti. Alcune imprese producono **beni di consumo** (per esempio generi alimentari o vestiti), altre **beni strumentali** (come macchinari), altre ancora **servizi** (per esempio le agenzie di viaggio, che organizzano soggiorni e vacanze). L'attività delle imprese è di grande importanza per lo sviluppo di uno Stato; pensiamo per esempio al fatto che il valore dei beni e dei servizi che esse producono corrisponde al PIL (Prodotto interno lordo), indicatore della ricchezza nazionale.

Lo Stato Lo **Stato** garantisce i **servizi fondamentali** rivolti a tutti i cittadini, come il mantenimento dell'ordine pubblico e l'amministrazione della giustizia; svolge inoltre importanti **funzioni sociali**, come l'istruzione pubblica e la tutela della salute. Tra le funzioni sociali dello Stato hanno particolare importanza quelle legate all'assistenza e alla previdenza; pensiamo in particolare alla tutela degli invalidi, dei disoccupati involontari, dei lavoratori in stato di malattia e degli anziani.

Il resto del mondo Famiglie, imprese e Stato intrattengono relazioni economiche con il **resto del mondo** attraverso **rapporti di scambio** che hanno per oggetto beni (importazioni ed esportazioni di merci) e servizi (per esempio il turismo).

L'attività economica Alla base del funzionamento di ogni sistema economico si colloca l'*attività economica*.
L'**attività economica** comprende tutti gli atti che i diversi soggetti economici compiono per procurarsi i mezzi necessari alla soddisfazione dei propri bisogni.
Dato che i soggetti economici dispongono di un reddito limitato e non possono perciò soddisfare tutti i loro bisogni, devono fare delle *scelte*. I consumatori, quando fanno la spesa, devono *scegliere* quali e quanti prodotti comprare, così come gli imprenditori devono *scegliere* la migliore strategia produttiva in relazione alle richieste del mercato; allo stesso modo anche lo Stato, attraverso i propri organi, deve operare *scelte* precise in ordine agli scopi che si propone di raggiungere.

ESEMPIO Quando una persona fa la spesa compie innanzitutto scelte legate ai gusti della famiglia, poi tiene conto della qualità e del prezzo dei prodotti che intende acquistare, prestando attenzione anche agli effetti, positivi o negativi, che essi possono avere sulla salute.

ESPANSIONE
La pubblicità

competenze in campo

1 Completa le frasi

a. Le imprese possono produrre beni di .... , beni .... oppure ....

b. Lo Stato svolge, all'interno del .... economico, rilevanti .... sociali, come l'istruzione e la .... della ....

c. Le importazioni e le .... sono alla base dei rapporti tra lo .... e il resto del ....

ESERCIZIO INTERATTIVO

2 **Osserva e rifletti**

Quali sono i principali comportamenti economici delle famiglie?

3 **Rifletti e rispondi**

Con riferimento agli interventi dello Stato, quali esempi di servizi pubblici puoi fare, oltre a quelli citati nel testo, e che, secondo te, sono particolarmente rilevanti a livello sociale?

4 **Risolvi il caso**

Una famiglia è composta da quattro persone: padre, madre e due figli. Il papà lavora come impiegato presso un'impresa edile, mentre la mamma è insegnante di matematica in un istituto professionale. Buona parte del loro stipendio viene usata per acquistare beni e servizi per la famiglia, mentre una piccola quota viene accantonata per far fronte a imprevisti e a spese straordinarie. Attraverso quali atti i componenti di questa famiglia partecipano al funzionamento del sistema economico?

mi riguarda perché...

SPUNTO DI RIFLESSIONE

Anche alla luce della tua esperienza, puoi renderti conto di quanto siano rilevanti in ambito economico gli interventi attuati da diversi soggetti. Prova per esempio a riflettere su alcune implicazioni economiche derivanti dal fatto che tu vai a scuola ogni giorno: lo Stato fornisce il servizio scolastico, il Comune mette a disposizione i locali fisici in cui si svolgono le lezioni e i servizi di trasporto, i tuoi genitori pagano i contributi scolastici, comprano i libri di testo e tutti i materiali necessari, utilizzando una parte del loro reddito.

Detto da... Fabri Fibra

"Non dire soldi
Non dire crisi
Quando c'è la coda ai saldi."

A quale comportamento economico delle famiglie puoi ricondurre le parole della canzone *Escort* di Fabri Fibra?

FOCUS I gruppi di acquisto solidale

Nei periodi di crisi economica per molte famiglie non è facile far quadrare i conti e diventa necessario risparmiare sulle spese quotidiane. Anche per questo è nata l'esperienza dei **gruppi di acquisto solidale** (GAS), che si propongono di adottare principi di equità e di solidarietà in una società caratterizzata da un consumismo talvolta esasperato. I GAS sono gruppi di consumatori organizzati che orientano i propri acquisti soprattutto verso gli alimenti provenienti dall'agricoltura biologica e prediligono i piccoli produttori agricoli, riuscendo a risparmiare perché saltano la maggior parte dei passaggi che di solito fanno lievitare i prezzi nella grande distribuzione (trasporti, distribuzione, pubblicità).

- Che cosa pensi di questa esperienza?
- La tua famiglia ha mai partecipato all'esperienza di un gruppo di acquisto solidale? Se sì, a quale?

LEZIONE 2

Il funzionamento del sistema economico

VIDEO START L'online marketing

AUDIOTESTO

Le relazioni monetarie e reali Tra i soggetti del sistema economico, in conseguenza delle loro scelte, si determinano **relazioni monetarie**, cioè passaggi di denaro, e **relazioni di natura reale**, vale a dire trasferimenti di beni e di servizi.
Esaminiamo i passaggi reali, o **circuito reale**, tra **famiglie** e **imprese**. Le famiglie possono offrire alle imprese il loro lavoro; le imprese, a loro volta, trasferiscono alle famiglie beni e servizi.

ESEMPIO Offrono lavoro alle imprese gli operai di una fabbrica; quando invece ci rivolgiamo alle lavanderie per lavare i nostri capi utilizziamo un servizio fornito dalle imprese.

Considerando invece i passaggi di denaro, o **circuito monetario**, possiamo osservare che le imprese retribuiscono con un salario i propri dipendenti; le famiglie, viceversa, pagano in moneta i beni e i servizi offerti dalle imprese. Inoltre, le famiglie possono investire i propri risparmi facendo prestiti alle imprese, in cambio di un interesse.
Occupiamoci delle relazioni tra **famiglie** e **Stato**. I componenti di alcune famiglie lavorano alle dipendenze dello Stato (pensiamo agli insegnanti pubblici); lo Stato, a sua volta, fornisce a tutti i cittadini determinati servizi. In termini monetari, lo Stato paga in denaro i propri dipendenti. Le famiglie possono acquistare con i propri risparmi titoli di Stato, prestando denaro allo Stato in cambio di un interesse; inoltre, pagano i servizi statali con le tasse e contribuiscono, versando le imposte, alle spese pubbliche.

Memo LESSICO
Il termine ▸**marketing** deriva dal verbo inglese *to market* ("vendere sul mercato") e indica l'insieme delle attività di un'impresa che, partendo dall'analisi delle preferenze dei consumatori (ricerche di mercato), hanno lo scopo di proporre prodotti adeguati ai gusti e alle esigenze dei clienti e di conseguire un profitto.

I problemi di un sistema economico Affinché il sistema economico si sviluppi, gli operatori economici devono affrontare e risolvere i seguenti problemi:
- **che cosa produrre?**, ossia quali e quanti prodotti immettere sul mercato;
- **come produrre?**, ossia quali tecniche di produzione adottare;
- **per chi produrre?**, cioè a quali soggetti destinare i beni e i servizi prodotti, grazie anche all'uso del ▸*marketing*.

competenze in campo

1 Indica se le attività rientrano nel circuito reale (R) o monetario (M)

DIDATTICA INCLUSIVA

- **a.** La prestazione di lavoro a un'impresa. R M
- **b.** La prestazione di lavoro allo Stato. R M
- **c.** Il pagamento di beni importati dall'estero. R M
- **d.** L'esportazione di auto in India. R M
- **e.** I prestiti effettuati da investitori a un'impresa. R M
- **f.** I prestiti concessi dallo Stato italiano a un Paese povero. R M

ESERCIZIO INTERATTIVO

mi riguarda perché...

SPUNTO DI RIFLESSIONE
La realtà economica è molto complessa, soprattutto se consideri la molteplicità di relazioni che vengono a determinarsi tra i diversi soggetti dell'economia; tuttavia puoi semplificarne la comprensione analizzando separatamente da un lato i passaggi di beni e di servizi tra famiglie, imprese, Stato e resto del mondo (flussi reali) e dall'altro i passaggi di denaro tra questi stessi operatori (flussi monetari).

visualizzare per apprendere

INFOGRAFICA INTERATTIVA

I SOGGETTI DEL SISTEMA ECONOMICO E LE LORO RELAZIONI

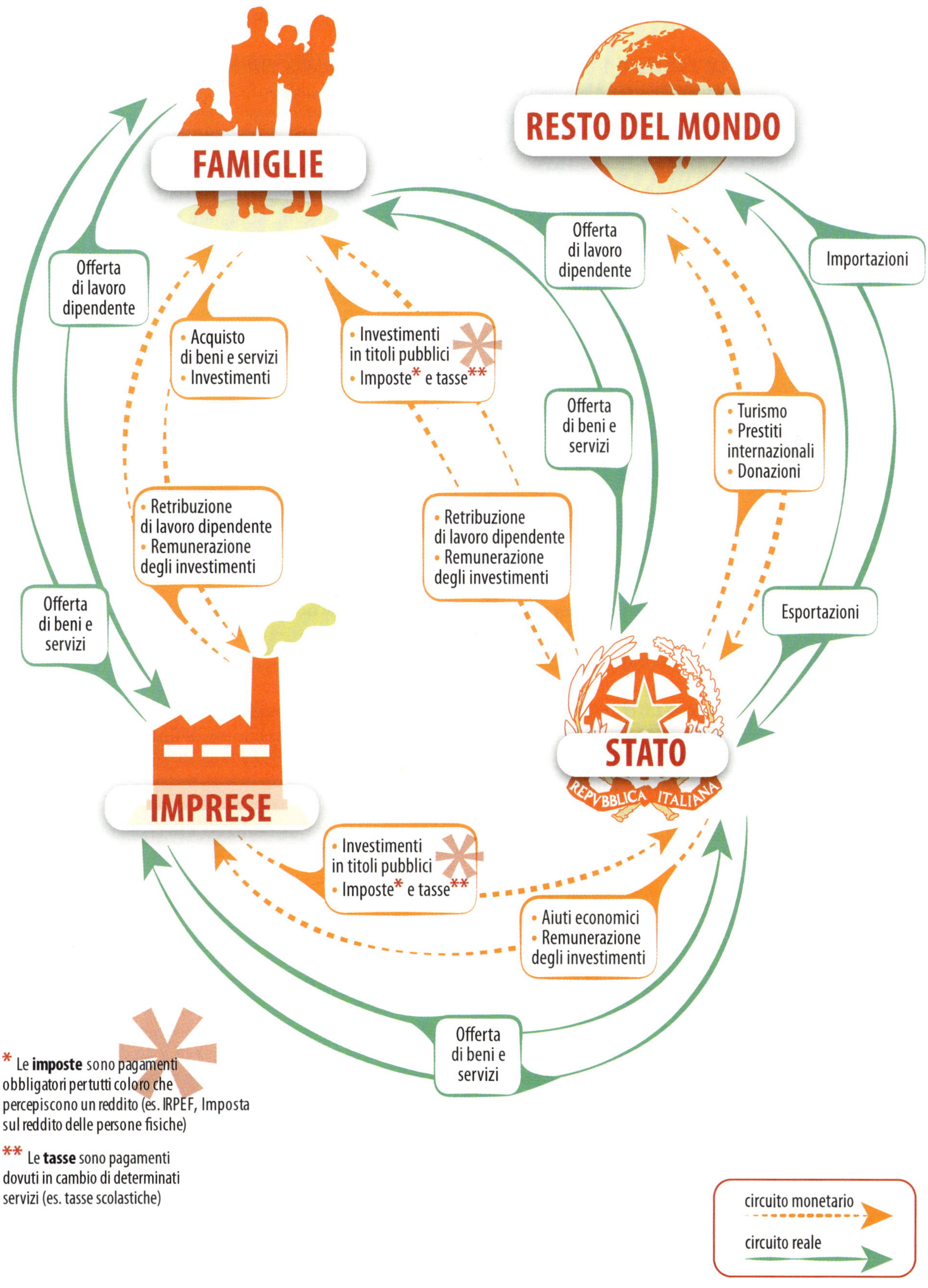

* Le **imposte** sono pagamenti obbligatori per tutti coloro che percepiscono un reddito (es. IRPEF, Imposta sul reddito delle persone fisiche)

** Le **tasse** sono pagamenti dovuti in cambio di determinati servizi (es. tasse scolastiche)

LEZIONE 3

Il libero scambio e la società capitalistica

VIDEO START Il lavoro veloce e ripetitivo degli operai

AUDIOTESTO

Memo LESSICO
Il termine ▸**capitalismo** è legato al sostantivo "capitale", nel senso di "ricchezza", a sua volta riconducibile al latino *caput* ("capo"). Nella sua accezione originale, "capitale" indica "qualcosa che ha estrema importanza" e, da qui, "somma che frutta un reddito".

Il termine ▸**liberismo** è riconducibile all'aggettivo latino *liber* ("libero") e indica un sistema basato sulla libera iniziativa economica.

La teoria del libero scambio Tra la fine del XVIII e l'inizio del XIX secolo, in seguito alle grandi scoperte geografiche e alla conseguente espansione della colonizzazione e dei traffici commerciali, si affermò una nuova teoria economica, quella del **libero scambio**, che trovò corrispondenza nella realtà economica e sociale del ▸**capitalismo**. Il **pensiero** ▸**liberista** si fondava sulla fiducia assoluta nella libertà di iniziativa economica, fiducia basata sulla convinzione che le azioni dei singoli, di per sé egoistiche, combinate tra loro avrebbero condotto all'armonia sociale e alla crescita economica nazionale.

Il ruolo dello Stato L'importanza attribuita alla **libertà di iniziativa economica privata** portò alla convinzione che i singoli non dovessero essere ostacolati né regolamentati nelle loro attività; di conseguenza lo Stato doveva rinunciare al ruolo di "controllore" del sistema economico, limitandosi allo svolgimento delle proprie funzioni istituzionali, vale a dire la difesa del territorio, l'amministrazione della giustizia e la tutela dell'ordine pubblico. Ogni intervento dello Stato nell'economia, in quanto limitativo dell'iniziativa privata, costituiva, secondo i liberisti, un freno allo sviluppo economico e al benessere collettivo.

Il capitalismo Le teorie liberiste si tradussero nel **capitalismo**, un *sistema economico* caratterizzato da alcuni elementi fondamentali:
- la **proprietà privata dei mezzi di produzione**;
- la **larga diffusione del lavoro salariato**;
- l'ampio ricorso alla **meccanizzazione dei processi produttivi**;
- l'**espansione dei mercati**, che consente la vendita delle merci prodotte in un sistema di scambi commerciali molto complesso.

L'elemento centrale nel sistema capitalista è la presenza del **capitale**, cioè di una ricchezza che, anziché essere consumata o accumulata, viene investita in processi produttivi che generano nuova ricchezza. L'affermazione definitiva del capitalismo avvenne in **Inghilterra** nel **XVIII secolo**, durante una fase di enorme sviluppo economico chiamata **Rivoluzione industriale**.

La Rivoluzione industriale In quest'epoca si realizzò un radicale cambiamento del sistema produttivo: l'introduzione di nuove macchine e nuove tecnologie determinò la **concentrazione dei lavoratori** in un unico luogo, la **fabbrica**. In questo modo fu possibile applicare la **teoria della divisione del lavoro**, corrispondente alla "catena di montaggio".
L'attività produttiva venne suddivisa in diverse fasi, affidate ciascuna a un solo lavoratore o a un limitato gruppo di essi, in modo da ottenere una più alta specializzazione, una maggiore velocità di esecuzione e più significative competenze ed esperienze.

La questione sociale La Rivoluzione industriale cambiò la vita di molte persone, che, trasferitesi in massa dalle campagne nelle città per lavorare nelle nascenti industrie, si ritrovarono a vivere in condizioni di sfruttamento ai limiti della sopravvivenza.
Se la divisione del lavoro consentì di conseguire buoni risultati economici, non va infatti nascosto che la situazione dei lavoratori era drammatica: non esisteva alcun tipo di assistenza, l'igiene era scarsa ed erano frequenti i decessi per malnutrizione ed eccessivo lavoro. Solo dopo la metà del XIX secolo nacquero le prime **associazioni di lavoratori**, tra cui le *società di mutuo soccorso* e i *sindacati*, che rivendicarono la concessione, da parte dei capitalisti (cioè dei proprietari dei mezzi di produzione), di migliori condizioni lavorative, in particolare riguardo alla **riduzione dell'orario** e alla **tutela delle condizioni igieniche**.

ESPANSIONE La teoria degli sbocchi

ESPANSIONE La situazione della classe operaia in Inghilterra

competenze in campo

1 Completa lo schema

IL CAPITALISMO

- proprietà .... dei mezzi di ....
- diffusione del lavoro ....
- .... dei processi produttivi
- espansione dei ....

ESERCIZIO INTERATTIVO

2 **Osserva e rifletti**

A quale sistema produttivo, affermatosi al tempo della Rivoluzione industriale, puoi collegare l'immagine?

3 **Individua il termine**

ESERCIZIO INTERATTIVO

1. Fu la corrente di pensiero secondo cui la libertà di iniziativa economica doveva essere assoluta: ....
2. È l'elemento centrale del sistema capitalista: ....
3. È il principio che ha ispirato la catena di montaggio: ....
4. Furono tra le prime associazioni di lavoratori, oltre ai sindacati: ....

4 **Rifletti e rispondi**

A quale principio della teoria del libero scambio puoi ricondurre la locuzione francese *laissez-faire*, derivata dall'espressione *laissez faire, laissez passer* ("lasciate fare, lasciate andare"), attribuita all'economista francese De Gournay (1712-1759)?

mi riguarda perché...

SPUNTO DI RIFLESSIONE

Partendo dall'analisi delle condizioni lavorative all'epoca della Rivoluzione industriale puoi fare un confronto critico con i diritti oggi riconosciuti ai lavoratori, che sono il punto di arrivo di un lungo percorso di sacrifici e lotte promosse nel tempo dalle associazioni sindacali. Analizza, in particolare, quelli previsti negli artt. 36, 37, 38, 39 e 40 Cost.

Le tue domande

Che cosa si intende con le espressioni "taylorismo" e "fordismo"?

Il principio della **divisione del lavoro** fu perfezionato e applicato in modo sistematico in America nel corso del XX secolo, prima con il **taylorismo**, poi con il **fordismo**. Il primo termine deriva dal nome dell'imprenditore Frederick W. Taylor (1856-1915), che teorizzò un'**organizzazione scientifica del lavoro** basata sulla divisione in tante piccole unità, semplici e ripetibili senza sprechi di energia e di tempo; le sue teorie furono applicate con l'introduzione della **catena di montaggio**. Il termine fordismo si collega invece al nome di Henry Ford (1863-1947), che per primo utilizzò la catena di montaggio per la produzione di automobili, ottenendo notevoli risultati soprattutto con la Ford T, la prima autovettura costruita in serie su larga scala.

LEZIONE 4

Il sistema collettivista

VIDEO START
Aria di rinnovamento in Unione sovietica

AUDIOTESTO

Memo

Con il termine ▸ **proletari** Marx si riferiva ai lavoratori, persone talmente povere da non possedere nulla oltre la propria prole. L'insieme dei lavoratori costituisce il **proletariato**.

▸ L'**URSS** (Unione delle repubbliche socialiste sovietiche, o Unione sovietica) fu costituita nel 1922 dall'unione in federazione di varie repubbliche sovietiche sorte in seguito alla Rivoluzione comunista del 1917.

▸ **Partito comunista dell'Unione sovietica** (PCUS) è la denominazione assunta nel 1952 dal Partito comunista bolscevico dell'URSS che, sotto la guida di Lenin, ebbe un ruolo decisivo durante la Rivoluzione del 1917, assumendo poi un ruolo predominante nella gestione politica dello Stato.

La nascita del Socialismo e la Rivoluzione russa Nei primi decenni dell'Ottocento nacque il **Socialismo**, un movimento profondamente critico nei confronti del sistema capitalista, del quale denunciava soprattutto le drammatiche condizioni sociali in cui versavano i ▸proletari. In particolare, attraverso le opere di Karl Marx (1818-1883) si affermò il *Socialismo scientifico*, che proponeva idee rivoluzionarie rispetto al sistema capitalista. Marx riteneva inevitabile una vera e propria rivoluzione, una *lotta di classe* tra i lavoratori, sfruttati, e i datori di lavoro, sfruttatori. La ricchezza, infatti, aveva finito per concentrarsi nelle mani dei datori di lavoro, i capitalisti, lasciando esposti i lavoratori e le loro famiglie a fame e miseria. Secondo Marx, una volta ottenuto il potere, il proletariato avrebbe instaurato un periodo di dittatura per preparare le basi di una nuova e più giusta società, senza classi e ispirata al principio di uguaglianza: la **società comunista**. Le idee marxiste furono alla base della **Rivoluzione russa** del 1917, che determinò l'affermazione del *sistema economico collettivista*.

I caratteri del collettivismo Il **sistema collettivista** abolì la proprietà privata e affidò l'attività produttiva in via esclusiva agli organismi pubblici, cui erano riservate tutte le decisioni relative alla produzione, quali la scelta dei prodotti da immettere sul mercato, le tecniche produttive da adottare e le modalità di individuazione dei destinatari della produzione stessa.

La pianificazione economica Tali decisioni diedero origine a una rigida **pianificazione**, il cui principale strumento era il cosiddetto *piano economico*, in genere di durata quinquennale, attraverso il quale si programmavano, in modo rigido e immodificabile, tutti gli interventi economici. Questa rivoluzione sociale ed economica portò, nel giro di alcuni decenni, a straordinari risultati: ▸l'URSS infatti, da Paese prevalentemente agricolo, povero e arretrato, divenne la seconda potenza industriale del mondo, grazie ai sacrifici imposti alla popolazione e all'accumulo di un ingente capitale da usare negli investimenti.

I limiti del regime sovietico Tuttavia, nei decenni successivi, emersero i limiti della pianificazione: essa procedeva, allo scopo di raggiungere gli obiettivi economici prefissati, in modo troppo rigido e lontano dalle reali esigenze della gente comune. Erano inoltre inesistenti, in una tale impostazione del sistema economico, le energie e lo spirito di iniziativa dei privati, spesso così preziosi per la crescita della ricchezza e del benessere nazionale. Infine, la direzione autoritaria imposta dal regime sovietico degenerò in forme di totalitarismo che limitavano fortemente le libertà individuali, giungendo alla repressione, anche violenta, delle manifestazioni di dissidenza.

La svolta di Gorbaciov La grave crisi economica e sociale costituì il motivo della svolta economica che l'URSS intraprese sotto la guida di Michail Gorbaciov, eletto Segretario del ▸Partito comunista dell'Unione sovietica nel 1985. Con Gorbaciov ebbe inizio la cosiddetta ***perestrojka*** ("ristrutturazione"), che consistette in un insieme di riforme volte a superare il collettivismo e la pianificazione, per avviare una forma di economia di mercato aperta anche all'iniziativa privata. Queste riforme non ottennero però i risultati sperati e, nel 1991, un colpo di Stato attuato per esautorare Gorbaciov provocò una reazione popolare che diede inizio al processo di dissolvimento dell'URSS. Ancora oggi l'economia della Russia e degli Stati un tempo appartenenti all'Unione sovietica si trova in una situazione ibrida e confusa, dal momento che il vecchio sistema non funziona più e quello nuovo non è ancora pienamente operante, determinando situazioni di povertà e di disagio sociale.

ESPANSIONE
La rivoluzione bolscevica

ESPANSIONE
Al cinema: *Good Bye, Lenin!*

competenze in campo

1 Completa lo schema

DIDATTICA INCLUSIVA

SISTEMA COLLETTIVISTA

- .... della .... privata
- gestione dell'attività .... in via .... da parte dello ....
- .... economica

ESERCIZIO INTERATTIVO

2 Osserva e rifletti

L'immagine fa riferimento alla Rivoluzione russa del 1917. Quale sistema economico si affermò in seguito ad essa? Quali ne furono le principali caratteristiche?

3 Individua il termine

ESERCIZIO INTERATTIVO

1. Quello scientifico si oppose radicalmente al capitalismo: ....
2. Marx sosteneva la necessità di quella di classe: ....
3. È il sistema che abolì la libertà di iniziativa economica: ....
4. Fu instaurata dal proletariato dopo la Rivoluzione del 1917: ....
5. Furono gli strumenti, di durata quinquennale, con cui si programmavano gli interventi economici in URSS: ....

4 Ricerca

Avvalendoti di Internet, cerca quali furono i primi provvedimenti posti in essere dal regime bolscevico all'indomani della Rivoluzione russa.

mi riguarda perché...

SPUNTO DI RIFLESSIONE

L'analisi del sistema collettivista applicato in Russia dopo la Rivoluzione del 1917 può contribuire a spiegare il forte divario tra l'ideale di una società di uguali, proprio del pensiero socialista, e le reali condizioni di vita della popolazione in un'economia basata sulla pianificazione statale, con esclusione di ogni libertà di iniziativa economica dei singoli.

FOCUS La *perestrojka*

La rivoluzione dall'alto compiuta in URSS da Michail Gorbacev [Gorbaciov], Segretario generale del PCUS, concepita inizialmente come una politica di riforme radicali per modernizzare il sistema del "Socialismo reale", si trasformò in un tempestoso processo di democratizzazione.
La liberalizzazione e la fine delle persecuzioni contro i dissidenti permisero il costituirsi di gruppi e movimenti che fin dal 1988 si imposero sulla scena politica. [...]
Fu intrapresa una vasta opera legislativa per creare uno stato di diritto. La perestrojka fallì invece in campo economico. Contribuì tuttavia a mettere fine alla guerra fredda e aprì un'epoca nuova nelle relazioni internazionali. Fu superato l'assetto mondiale fondato sull'equilibrio bipolare USA-URSS, sorto al termine della Seconda guerra mondiale con la spartizione delle sfere d'influenza fra le due superpotenze. La distensione consentì lo smantellamento pacifico dell'Impero sovietico, culminato, alla fine del 1989, nelle "rivoluzioni" dei Paesi dell'Europa orientale (Polonia, Cecoslovacchia, Ungheria, Germania est, Bulgaria, Romania) e nella dissoluzione della stessa URSS.

Da www.pbmstoria.it

- A tuo parere quali sono state le cause principali della dissoluzione della forma di Stato socialista nei Paesi europei?

Spazio multiculturale — Il sistema economico cubano

Un esempio attuale di **collettivismo economico** è riconoscibile a **Cuba**. Per quanto negli ultimi tempi (soprattutto dopo l'eliminazione dell'embargo statunitense) siano stati introdotti meccanismi di mercato, di fatto esiste ancora la **pianificazione economica**, e lo Stato è detentore dell'attività produttiva. Esistono imprese, soprattutto cooperative, che sfruttano gli investimenti stranieri, ma in esse la maggioranza delle azioni appartiene allo Stato, che mantiene quindi il ruolo di guida e di controllo.

LEZIONE 5

La crisi del 1929 e la teoria keynesiana della spesa pubblica

VIDEO START Dalla Grande depressione al *New Deal*

AUDIOTESTO

La crisi del sistema capitalista Il sistema capitalista non fu esente da gravi problemi, che ne scossero profondamente le fondamenta e determinarono pesanti risvolti sociali. Nel 1929 l'economia americana entrò in un **periodo di crisi senza precedenti**, che determinò il fallimento di numerose imprese e la chiusura di importanti settori produttivi, con ripercussioni gravissime sull'occupazione: nel 1933 risultavano senza lavoro circa tredici milioni di persone, vale a dire un lavoratore americano su quattro.

Il *New Deal* Per superare il ristagno economico che seguì al crollo dell'economia, non essendo il sistema in grado di riprendersi spontaneamente, fu necessario l'intervento dello Stato. Sotto la presidenza di Franklin Delano Roosevelt (1882-1945), gli Stati Uniti misero in atto un ampio piano di interventi pubblici, finanziati dallo Stato, per aumentare l'occupazione e riavviare la produzione; quel piano prese il nome di ***New Deal*** (letteralmente "nuovo corso"). Lo Stato americano intraprese numerosi *lavori pubblici* che diedero lavoro a molte persone; furono, inoltre, introdotti sussidi economici per i disoccupati, vennero garantiti salari minimi per i lavoratori dipendenti e furono incentivate forme di assicurazione per la vecchiaia. In materia agricola lo Stato versò sussidi ai coltivatori affinché riducessero la produzione, determinando così la "risalita" dei prezzi.
Il piano di interventi pubblici posto in essere con il *New Deal* per uscire dalla crisi economica mise in evidenza la necessità per lo Stato di non abbandonare a se stesso il sistema economico, ma di sostenerlo. Assertore, in particolare, dell'importanza dell'intervento pubblico a fianco dell'economia privata fu un economista inglese, John Maynard Keynes (1883-1946), il cui pensiero influenzò significativamente la politica economica di Roosevelt.

Sottoccupazione e intervento dello Stato Secondo Keynes, la situazione tipica del mercato è la **sottoccupazione**, in cui non vengono sfruttate tutte le risorse disponibili. In una condizione di questo tipo, allo scopo di stimolare il mercato e di predisporre le condizioni per l'aumento della domanda globale, Keynes riteneva necessario l'**intervento dello Stato** volto ad attivare un meccanismo spontaneo di ripresa.

CASO Ipotizziamo che in un Paese ci sia un'elevata disoccupazione e lo Stato decida di aumentare sensibilmente la spesa pubblica, destinando ingenti fondi alla costruzione di una nuova rete autostradale. Quali conseguenze produrrebbe tale operazione secondo la teoria keynesiana?
■ *Innanzitutto si creano nuovi posti di lavoro. In tal modo le famiglie dei nuovi assunti ricevono un reddito più elevato, per cui possono affrontare nuove spese aumentando il livello dei loro consumi. Le imprese, di fronte a un incremento della domanda, potenziano la produzione, ricorrendo a nuove assunzioni. In tal modo si origina una spirale positiva per cui la domanda globale aumenta fino a ripristinare una situazione di equilibrio di piena occupazione.*

Memo LESSICO
Nell'espressione *deficit spending*, il termine ▸**deficit** trae origine dal verbo latino *deficere* ("mancare, venire meno") e indica letteralmente una "mancanza", una "carenza".

Il *deficit spending* Un'impostazione economica così delineata richiede il dispendio di notevoli mezzi monetari da parte dello Stato. Secondo Keynes è conveniente affrontare fasi di disavanzo del Bilancio statale (▸***deficit spending***) allo scopo di dare stimolo alla domanda nei momenti di sottoccupazione, per passare poi a situazioni di avanzo una volta superata la fase di squilibrio.
Il disavanzo si verifica quando lo Stato affronta spese maggiori rispetto alle entrate di cui dispone; questo implica la necessità di ricorrere a prestiti monetari, che lo Stato si impegna a restituire, maggiorati di interessi, in tempi successivi. Il ricorso sistematico alla politica di *deficit spending* determina pertanto l'aumento del *debito pubblico*.

ESPANSIONE La Grande depressione

ESPANSIONE Al cinema: *Cinderella man - Una ragione per lottare*

competenze in campo

1 Completa lo schema

DIDATTICA INCLUSIVA

TEORIA KEYNESIANA DELLA SPESA PUBBLICA

↓

sottoccupazione

↓

opere pubbliche intraprese dallo ....

↓

creazione di posti di ....

↓

aumento del .... delle famiglie

↓

possibilità di aumentare i ....

↓

.... della domanda

↓

aumento della .... (→ creazione di posti di ....)

ESERCIZIO INTERATTIVO

2 **Osserva e rifletti**

L'immagine si riferisce alla costruzione di una diga. Quali effetti producono le opere pubbliche sull'occupazione? Quale collegamento puoi fare tra l'immagine e il *New Deal* adottato negli USA negli anni Trenta del secolo scorso?

3 **Individua il termine**

ESERCIZIO INTERATTIVO

1. È la politica di disavanzo del Bilancio di uno Stato: ....
2. Indica la situazione economica in cui non vengono pienamente sfruttate le risorse disponibili: ....
3. Secondo Keynes le spese pubbliche consentono l'aumento di quella globale: ....

mi riguarda perché...

SPUNTO DI RIFLESSIONE

Per quale ragione è importante conoscere la crisi del 1929? Una riflessione su tale evento ti aiuta a comprendere i limiti di funzionamento del libero mercato e a giustificare la necessità che lo Stato intervenga in economia allo scopo di aumentare la produzione e, soprattutto, l'occupazione, nell'interesse della collettività. Sai indicare qualche opera pubblica in atto oggi nel nostro Paese?

FOCUS Dal discorso inaugurale di F. D. Roosevelt

Riportiamo un breve stralcio del discorso che Franklin Delano Roosevelt pronunciò il 4 marzo 1933, quando fu eletto Presidente degli USA. Esso è significativo per comprendere la necessità, in un momento così grave come quello della Grande depressione, dell'intervento pubblico in economia.

"Questa nazione chiede azione, e azione immediata. Il nostro primo grandissimo compito è di porre la gente al lavoro. Questo non è un problema insolubile se lo fronteggeremo con saggezza e con coraggio. E può essere risolto in parte col reclutamento diretto da parte del Governo stesso, considerando il problema alla stessa stregua di un'emergenza bellica, ma nello stesso tempo realizzando, attraverso questo impiego, progetti grandemente necessari per stimolare e riorganizzare l'uso delle nostre risorse naturali."

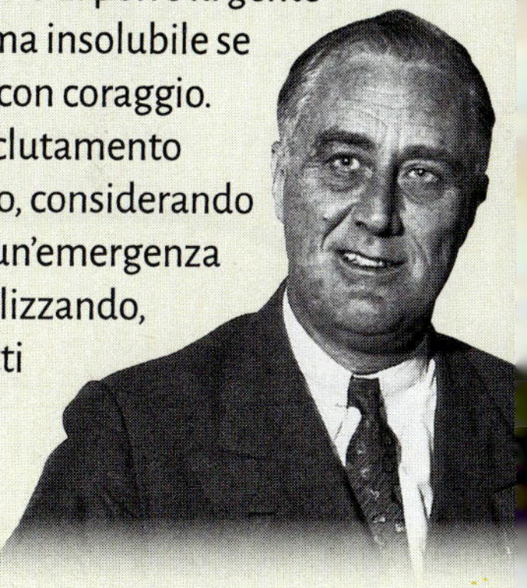

Educazione finanziaria — Disavanzo e debito nell'Unione monetaria europea

I Paesi europei che aderiscono all'euro si sono impegnati a rispettare alcuni parametri economici, noti come *criteri di convergenza*. Tra questi rientrano:

- il mantenimento del **disavanzo pubblico** entro il 3% del PIL e la tendenza a portarlo al pareggio;
- il contenimento del **debito pubblico** (ammontare monetario che lo Stato deve restituire, con interessi, ai sottoscrittori di prestiti pubblici) entro il 60% del PIL.

Per quali ragioni a tuo parere sono stati adottati tali criteri?

La decrescita felice

È possibile un diverso modello di sviluppo?

"Ridurre drasticamente gli orari di lavoro. Lavorare meno per lavorare tutti. Lavorare meno per vivere meglio. E questo non è facile, ma ritrovare il senso dell'ozio, ritrovare il tempo per sviluppare altri beni, altre ricchezze: i beni relazionali, una vita più ricca, avere un po' più di tempo libero per fare le cose che danno più soddisfazione."

Serge Latouche (1940), economista francese

Il neoliberismo e la crisi globale

Le teorie neoliberiste sostengono la necessità di incrementare lo sviluppo economico lasciando la **massima libertà ai mercati** e favorendo la *globalizzazione dell'economia* e la *delocalizzazione* dei processi produttivi (cioè il trasferimento della produzione in Paesi dove il costo del lavoro è minore). Tuttavia la grave crisi che, a partire dal 2008, ha coinvolto l'economia mondiale ha messo in luce le criticità di questo modello di sviluppo, in particolare la difficoltà di mantenere una crescita economica continua, la dipendenza dai poteri "forti" della finanza, l'**aumento delle disparità** tra le persone e tra gli Stati, l'emergenza di gravi problemi sociali, quali la *povertà* e la *disoccupazione*.

La teoria della decrescita serena

In questo contesto vi è chi sostiene che lo sviluppo economico, inteso come aumento del PIL (Prodotto interno lordo), non sia un bene per la società; anzi che, per contrastare la recessione (cioè una fase dell'economia in cui si assiste a un rallentamento del PIL e a un aumento della disoccupazione), sia opportuno programmare una fase di **decrescita guidata**, che possa ripristinare *un equilibrio economico e sociale più sostenibile* e che possa arricchire la popolazione non solo in termini economici,

ma anche negli aspetti umani e sociali. L'alternativa proposta alla crescita illimitata del PIL è quella di ridurre le produzioni non necessarie, incrementando quelle più utili al benessere della popolazione; di favorire le produzioni che consentono il **risparmio di energia e di risorse**, penalizzando le altre; di riavvicinare la produzione ai luoghi di consumo; di ridurre l'orario lavorativo per aumentare il tempo da dedicare a se stessi, rinunciando a una quota di denaro in favore di una maggiore felicità. Alla base di questa concezione c'è la considerazione che *lo sviluppo non può essere infinito*, perché consuma energie e materie prime, e queste non si rigenerano; perché i residui della produzione inquinano l'ambiente; perché non è in grado di creare posti di lavoro, che tende invece a sostituire con le automazioni.

Un'economia più responsabile

Da alcuni anni numerose persone, nelle scelte di investimento, preferiscono farsi guidare da criteri di *sostenibilità sociale e ambientale* prima ancora che dalla logica del profitto.
Ma che cosa significa fare un **investimento responsabile**? Significa rifiutare di investire in imprese che inquinano, producono armi o sfruttano i lavoratori, privilegiando invece i settori e le imprese orientati allo sviluppo sostenibile (cioè che non pregiudica il futuro), alla *green economy* (settore dell'economia che considera prioritaria la tutela dell'ambiente), al microcredito.

Il **microcredito** è un'alternativa al tradizionale finanziamento bancario, proposto inizialmente per aiutare i Paesi in via di sviluppo e ora presente anche nei Paesi industrializzati, come l'Italia. Esso consiste in *prestiti di modesta entità* (da poche decine di dollari, nei Paesi più poveri, a un massimo di 25 000 euro stabilito dalla Commissione europea) erogati a persone escluse dal sistema di finanziamento delle banche perché prive di beni da costituire in garanzia. Con il microcredito si fornisce un incentivo ad avviare attività produttive a quelle realtà di piccole dimensioni che, altrimenti, la crisi economica tende a sacrificare.

DOSSIER

Chi è A FAVORE

Maurizio Pallante (nella foto) e **Andrea Bertaglio**, esponenti del Movimento per la Decrescita Felice, in un articolo pubblicato su "Il fatto quotidiano" hanno affermato: "Decrescita e recessione non sono la stessa cosa: la recessione è infatti come mangiare meno perché si ha meno cibo; la decrescita è come mangiare meno perché ci si mette a dieta. [...] La recessione ti piomba addosso e ti rovina, la decrescita è una scelta, una presa di coscienza che fai per cercare di vivere meglio".

Chi è CRITICO

Secondo il giornalista **Federico Rampini** non sempre la scelta della decrescita è possibile, soprattutto in un contesto come quello attuale, di profonda crisi: "'Fermare lo sviluppo' diventa uno slogan quasi irreale quando lo sviluppo comunque non c'è più, nell'Europa di oggi stremata dalla disoccupazione".

IL TUO PUNTO DI VISTA

1. Per quali ragioni, secondo te, lo sviluppo non può essere infinito?
2. In che modo, a tuo parere, gli stili di vita delle persone e gli investimenti dei loro risparmi possono orientarsi verso il principio della responsabilità?
3. Come valuti i principi "lavorare meno, per lavorare tutti" e "lavorare meno per vivere meglio" espressi nella citazione iniziale di Serge Latouche?
4. Nella realtà quotidiana ti capita di fare esperienze ispirate al principio dello sviluppo responsabile? Per esempio, all'interno della tua famiglia si utilizzano prodotti alimentari a "chilometro zero", cioè che vengono commercializzati nella stessa zona di produzione, evitando perciò l'inquinamento dovuto al trasporto delle merci? Oppure adotti comportamenti virtuosi nei consumi, per esempio ti muovi con la bicicletta piuttosto che con i mezzi a motore? Puoi segnalare altre esperienze di questo tipo che ti sono proprie o che comunque conosci?

LEZIONE 6

Il sistema a economia mista

VIDEO START
Lo Stato reagisce alla crisi postbellica

AUDIOTESTO

L'intervento pubblico in economia Le idee di Keynes, relative alla necessità dell'intervento pubblico in economia, furono riprese e applicate con successo in molti Paesi negli anni Cinquanta e Sessanta del secolo scorso, dando vita a **sistemi economici di tipo misto**. In molti casi, come accadde per l'Italia, l'adozione di queste politiche fu il presupposto per superare il periodo di grave crisi economica conseguente alle distruzioni della Seconda guerra mondiale e per dare inizio, insieme alla ricostruzione, a un periodo di grande sviluppo economico e sociale.
Il **sistema a economia mista** è basato sull'iniziativa economica privata, ma anche su interventi pubblici, dal momento che viene riconosciuto allo Stato il ruolo di coordinatore dell'economia nazionale.

Il sistema economico italiano Il sistema economico italiano si configura come un sistema a **economia mista**, come si comprende dalla lettura dell'art. 41 Cost.:
«L'iniziativa economica privata è libera.
Non può svolgersi in contrasto con l'utilità sociale o in modo da recare danno alla sicurezza, alla libertà, alla dignità umana.
La legge determina i programmi e i controlli opportuni perché l'attività economica pubblica e privata possa essere indirizzata e coordinata a fini sociali».
La scelta di questa impostazione dell'attività economica da parte dei nostri Costituenti deriva sicuramente da un'analisi attenta e scrupolosa dei pregi e dei difetti dei sistemi liberista e collettivista; risente inoltre dell'influenza del pensiero keynesiano, cui i nostri politici si ispirarono per anni nella progettazione del Bilancio statale.
Sul carattere misto del nostro sistema economico ha sicuramente inciso anche la ▸natura compromissoria della Costituzione italiana: nell'ambito dei lavori dell'Assemblea costituente, infatti, i membri appartenenti ai partiti di sinistra (socialisti e comunisti) appoggiavano l'idea di un'economia gestita prevalentemente dallo Stato, di stampo cioè ▸collettivista, mentre gli esponenti di altri partiti, soprattutto di quello liberale, sostenevano l'assoluta priorità dell'iniziativa privata. Si giunse pertanto a un accordo in base al quale la nostra economia sarebbe stata di stampo ▸liberista, ma con ampi spazi di intervento da parte dello Stato per tutelare l'interesse collettivo e favorire una più equa distribuzione del reddito.

Memo
La nostra Costituzione ha ▸**natura compromissoria** perché è frutto di un compromesso ideologico tra i componenti dell'Assemblea costituente, che avevano idee contrastanti tra loro in relazione alla loro appartenenza a diverse correnti politiche.
Mentre nel sistema ▸**collettivista** si applica il principio per cui la gestione dell'economia è pertinenza esclusiva dello Stato, in quello ▸**liberista** si ritiene necessario riservare ai privati l'attività economica.

L'utilità sociale Dopo avere affermato il principio di libertà dell'iniziativa economica privata, l'art. 41 Cost. ne segna subito i limiti, precisando che: «Non può svolgersi in contrasto con l'utilità sociale».

CASO Un imprenditore veneziano vuole aprire un impianto di lavorazione di prodotti altamente infiammabili nei pressi di Piazza San Marco, nel centro di Venezia. Potrà farlo?
■ *No. L'intraprendenza privata è positiva e legittima nella misura in cui contribuisce al benessere collettivo e non si traduce invece in operazioni che possono risultare lesive dei diritti e delle libertà altrui, come l'apertura di una fabbrica che produce sostanze pericolose in una zona densamente popolata e turistica.*

La programmazione dello Stato Allo Stato spetta il ruolo di "guidare" l'attività economica, indirizzandola verso fini sociali, attraverso specifici **controlli** e **programmi**. Nel nostro Paese, dunque, si fa una **programmazione economica**, che si basa su una serie di progetti economici predisposti dal Governo, caratterizzati dalla flessibilità e dall'adattabilità alle situazioni contingenti.
All'interno dell'attività di programmazione lo Stato predispone, per periodi successivi, gli obiettivi socio-economici che intende realizzare, indicando le vie necessarie per raggiungerli, in particolare le spese da sostenere.

ESPANSIONE
Il sistema economico nei Paesi UE

competenze in campo

1 Completa lo schema

SISTEMA A ECONOMIA MISTA

- è previsto dalla ....
- si caratterizza per:
  - libertà di .... economica
  - .... da parte dello Stato sull'economia
  - interventi di .... economica da parte dello Stato

DIDATTICA INCLUSIVA

ESERCIZIO INTERATTIVO

2 **Osserva e rifletti**

La nostra Costituzione riconosce la libertà di iniziativa economica, ma la sottopone anche a specifici limiti: quali?

3 **Completa il testo**

I Costituenti scelsero per l'Italia il sistema economico di tipo misto, perché avevano presenti i limiti sia del sistema .... sia di quello .... ; inoltre tale scelta è collegata al carattere .... della Costituzione e alla presenza di .... economici molto diversi tra i .... rappresentati nell'assemblea ....

4 **Rifletti e rispondi**

Joseph Stiglitz, premio Nobel per l'economia nel 2001, ha affermato in un suo testo: "I presupposti intellettuali dell'economia del *laissez faire*, cioè l'idea che i mercati – da soli – possano funzionare in maniera equa ed efficiente, sono venuti meno".
Come puoi collocare questa affermazione nel contesto dei sistemi economici misti?

mi riguarda perché...

SPUNTO DI RIFLESSIONE

La storia economica insegna che tanto le esperienze di libero mercato quanto quelle collettiviste hanno mostrato limiti ed evidenziato problemi. Questo ti consente di capire la scelta operata dai nostri Costituenti sui temi economici, in particolare il desiderio di adottare il modello più funzionale al fine dello sviluppo economico e del benessere sociale.

FOCUS L'intervento economico dello Stato durante il fascismo

La grande crisi economica esplosa nel 1929 non risparmiò affatto l'Italia, che nel 1932 si trovò con più di un milione di disoccupati. [...]. La strada scelta dal regime per fare fronte alla disoccupazione fu analoga a quella percorsa dall'amministrazione Roosevelt negli USA, con il massiccio intervento dello Stato nel campo dell'economia. Si votò una politica di grandi spese per lavori di pubblica utilità, come la bonifica dell'Agro Pontino (una malsana e paludosa regione a sud di Roma) e le prime autostrade nel Nord del Paese. Ma, senza dubbio, il risultato più duraturo dell'intervento statale nell'economia italiana fu rappresentato dalla creazione dell'IMI (Istituto mobiliare italiano) e dell'IRI (Istituto per la ricostruzione industriale). Nel primo caso, si trattò di una grande banca pubblica, incaricata di intervenire a sostegno delle industrie e delle banche coinvolte dalla crisi; lo stesso scopo, a partire dal 1933, venne perseguito tramite l'IRI, che rilevava le aziende in difficoltà e ne assumeva la gestione diretta. [...] Lo Stato assumeva così un grande ruolo in tutta la vita economica e finanziaria del Paese.

Da F. M. Feltri, *I giorni e le idee*, vol. 3, Ed. SEI

- Conosci il nome di qualche impresa pubblica attualmente operante in Italia?

Le tue domande: Qual è la differenza tra programmazione e pianificazione economica?

La pianificazione, tipica delle economie socialiste, si caratterizza per la sua rigidità e immodificabilità, mentre la programmazione si basa su progetti flessibili e legati alla situazione economica. Nella pratica, le autorità di Governo fanno previsioni relative sia all'economia pubblica sia a quella privata e, pur lasciando agli imprenditori libertà di scelta, ne indirizzano e ne coordinano i comportamenti attraverso l'emanazione di apposite norme.

LEZIONE 7

Il neoliberismo

VIDEO START La Reaganomics

AUDIOTESTO

La ripresa dell'ideologia liberista A partire dagli anni Ottanta del secolo scorso si è imposta la dottrina del **neoliberismo**, secondo cui è necessario un drastico ridimensionamento dell'intervento dello Stato in economia, privatizzando le imprese pubbliche e liberalizzando le attività imprenditoriali.

ESEMPIO Una concreta applicazione di questa corrente economica si è avuta negli Stati Uniti sotto la presidenza di Ronald Reagan (1981-1989) e in Gran Bretagna con il governo di Margaret Thatcher (1979-1990). Anche in Italia le idee neoliberiste hanno avuto notevole influenza sulle politiche governative degli ultimi vent'anni, sebbene in misura più moderata rispetto a quanto è avvenuto negli USA e nel Regno Unito.

Le **linee fondamentali del pensiero neoliberista** corrispondono sostanzialmente alla *riduzione drastica degli interventi pubblici in economia*, alla *mobilità del lavoro* e alla *flessibilità dei salari*.

Le privatizzazioni Per quanto riguarda il ruolo dello Stato, il neoliberismo propugna in pratica un ritorno al passato, quando l'economia era gestita in via esclusiva dai privati. Lo strumento principale per realizzare tale progetto è quello delle **privatizzazioni**, che corrispondono alla trasformazione delle imprese pubbliche in enti privati, soprattutto in società per azioni. Questo fenomeno può dirsi già in buona parte attuato nel nostro Paese, dove quasi tutte le imprese gestite un tempo dallo Stato sono state convertite in imprese private. I neoliberisti vorrebbero però che le privatizzazioni si estendessero anche ai settori tradizionalmente pubblici, quali l'istruzione, la previdenza sociale e la sanità; in tal modo si ridurrebbero le spese sociali dello Stato, liberando risorse che consentirebbero di diminuire le imposte.

Mobilità e flessibilità del lavoro Allo scopo di favorire gli imprenditori, e di conseguenza l'economia e la ricchezza nazionale, i neoliberisti sostengono la necessità di gestire i rapporti di lavoro dipendente in modo ▸flessibile, consentendo **assunzioni a tempo determinato** e legittimando, per quanto in modo indiretto, la **libertà di licenziamento**.
Inoltre, in considerazione della massiccia concorrenza straniera e del fatto che in numerosi Paesi esteri il costo del lavoro è molto basso, i neoliberisti propongono una **riduzione delle retribuzioni interne**, in modo da diminuire i costi produttivi e recuperare competitività.

Memo LESSICO
Il termine ▸**flessibilità**, riferito qui al lavoro, deriva dall'aggettivo latino *flexibilis* ("flessibile, convertibile, adattabile"); esso indica pertanto la disponibilità delle persone a cambiare tipo di lavoro, acquisendo se necessario nuove conoscenze e competenze.

Le critiche al neoliberismo In Italia non mancano obiezioni sostanziali alle teorie neoliberiste. Innanzitutto si osserva che un'eccessiva riduzione degli interventi pubblici in economia può avere gravi ripercussioni sotto il profilo sociale, come insegnano esperienze storiche del passato. Il liberismo ottocentesco, infatti, comportò una distribuzione della ricchezza fortemente iniqua, con pochi "grandi ricchi" contrapposti a una moltitudine di poveri e di poverissimi. In tempi più recenti, l'esperienza thatcheriana, in Gran Bretagna, e quella reaganiana, negli USA, condussero a forti riduzioni dei posti di lavoro, con elevatissimi disagi sociali. Circa la mobilità del lavoro, si può constatare che essa opera già su ampia scala e riguarda soprattutto i giovani, il cui lavoro si caratterizza in molti casi per precarietà e bassa retribuzione. Inoltre sorge un ragionevole dubbio: se la mobilità lavorativa ha lo scopo di incrementare l'economia, non è forse vero che comporta anche una riduzione dei consumi e, di conseguenza, della produzione? Lo stesso quesito si pone di fronte alla proposta di ridurre i salari: si rischierebbe di determinare uno squilibrio tra offerta e domanda certamente negativo per il mercato.

ESPANSIONE Le privatizzazioni in Italia

ESPANSIONE Al cinema: *Grazie, signora Thatcher*

competenze in campo

1 Individua il termine

a. I neoliberisti ne sostengono il drastico ridimensionamento: ....

b. Quello dello Stato in economia è inquadrato negativamente dal neoliberismo: ....

c. Potrebbero essere diminuite grazie alla riduzione delle spese pubbliche: ....

d. Devono esserlo i salari dei lavoratori nell'ottica neoliberista: ....

e. È il presidente americano che negli anni Ottanta applicò i principi neoliberisti: ....

ESERCIZIO INTERATTIVO

2 Osserva e rifletti

Quali ripercussioni di carattere negativo possono comportare le politiche neoliberiste sul lavoro dei giovani? Perché?

3 Spiega la differenza

1. Teoria del libero scambio e neoliberismo.
2. Privatizzazioni (neoliberismo) e nazionalizzazioni (collettivismo)
3. Mobilità (del lavoro) e flessibilità (dei salari)

4 Rifletti e rispondi

In Italia, secondo i neoliberisti, la sanità pubblica dovrebbe essere privatizzata e affidata al sistema delle assicurazioni. Altri si oppongono, sostenendo che la salute è un bene di tutti, irrinunciabile, e deve essere garantita anche a chi non ha i mezzi per pagare assicurazioni private; in tal senso si richiamano al co. 1, art. 32 Cost., che afferma: «La Repubblica tutela la salute come fondamentale diritto dell'individuo o interesse della collettività, e garantisce cure gratuite agli indigenti».
Qual è la tua opinione in proposito?

mi riguarda perché...

SPUNTO DI RIFLESSIONE

L'analisi del pensiero neoliberista consente di avere una visione più ampia sia dei vantaggi sia degli svantaggi legati agli interventi pubblici in economia e alla proposta di ridurli. Ti consente di conseguenza una valutazione delle teorie economiche e di misurare la tua propensione verso un sistema economico maggiormente rivolto alle agevolazioni alle imprese o, invece, a un sistema che metta al centro del proprio interesse le condizioni di vita dei lavoratori.

Educazione finanziaria

Le società per azioni

I liberisti sostengono la necessità di privatizzare le imprese pubbliche, trasformandole in **s.p.a.** (società per azioni) per poi venderne le azioni al pubblico. Le s.p.a. sono imprese collettive che, allo scopo di ottenere i capitali necessari, hanno la possibilità di emettere **azioni**, titoli che conferiscono ai detentori la qualità di soci e consentono di partecipare agli utili realizzati dalla società oltre che di prendere parte alle decisioni sociali in proporzione alle azioni possedute.

Le imposte

Per finanziare le proprie spese, lo Stato chiede ai cittadini il pagamento delle **imposte**, ossia di tributi dovuti da tutti i soggetti titolari di un reddito. Ne sono esenti, pertanto, le persone che non percepiscono entrate monetarie o che hanno redditi bassi, inferiori a un limite stabilito dalla legge.

Detto da... Barack Obama

"Tutti, famiglie e singoli individui, hanno il diritto alla copertura sanitaria pubblica."

Condividi queste parole del Presidente degli Stati Uniti? Perché?

PERCORSO 2 / Sintesi con la mappa

SISTEMA ECONOMICO

- soggetti economici
- relazioni tra i soggetti economici

SOGGETTI ECONOMICI

- **famiglie**
  - consumo
  - risparmio
  - lavoro
- **imprese**
  - produzione di beni di consumo, di beni strumentali o di servizi
- **Stato**
  - servizi alla collettività, funzioni sociali
- **resto del mondo**
  - rapporti di scambio di merci (esportazioni e importazioni) e di servizi con gli altri Stati

FUNZIONAMENTO DEL SISTEMA ECONOMICO

- **relazioni tra i soggetti economici**
  - relazioni monetarie
  - relazioni reali
- **problemi del sistema economico**
  - che cosa produrre?
  - come produrre?
  - per chi produrre?

TIPOLOGIE DI TEORIE E SISTEMI ECONOMICI

- **liberismo**
  - libertà di iniziativa economica
  - lo Stato non interviene in economia e si limita alle funzioni istituzionali
- **capitalismo**
  - proprietà privata dei mezzi di produzione
  - ampia diffusione del lavoro salariato
  - meccanizzazione dei processi produttivi
  - espansione dei mercati
- **collettivismo**
  - abolizione della proprietà privata
  - gestione dell'attività produttiva da parte dello Stato
  - pianificazione economica
- **teoria keynesiana**
  - intervento dello Stato a sostegno dell'economia
  - deficit spending
- **sistema a economia mista**
  - si basa sulla teoria economica di Keynes
  - libertà di iniziativa economica privata
  - controlli dello Stato sull'economia
  - programmazione economica
- **neoliberismo**
  - riduzione degli interventi pubblici
  - mobilità del lavoro e flessibilità dei salari

PERCORSO 2 / Sintesi discorsiva

AUDIOSINTESI

LEZIONE 1 Il sistema economico e i suoi soggetti

L'**attività economica** comprende tutti gli atti che i diversi soggetti economici (famiglie, imprese, Stato e resto del mondo) compiono per soddisfare i propri bisogni. L'insieme di questi soggetti e dei loro comportamenti costituisce il **sistema economico**.
Le **famiglie** contribuiscono al sistema economico attraverso il consumo, il risparmio e l'offerta di lavoro. Le **imprese** producono beni di consumo, beni strumentali e servizi. Lo **Stato** garantisce servizi fondamentali per tutti i cittadini e svolge altre importanti funzioni sociali. Famiglie, imprese e Stato intrattengono rapporti economici con altri Paesi (**resto del mondo**) attraverso atti di scambio che hanno per oggetto beni, servizi e capitali.

LEZIONE 2 Il funzionamento del sistema economico

Tra i soggetti del sistema economico si instaurano **relazioni** sia di **natura reale** (scambi di beni e servizi) sia di **natura monetaria** (passaggi di denaro).
In ogni sistema economico devono essere risolti importanti problemi legati alla produzione, in particolare occorre decidere quali beni e servizi produrre, con quali tecniche produttive e a chi destinare i prodotti realizzati.

LEZIONE 3 Il libero scambio e la società capitalistica

Tra la fine del XVIII e il XIX secolo si impose la teoria del **libero scambio**, basata sul principio della libertà di iniziativa economica e sulla necessità che lo Stato si astenga da qualsiasi intervento in campo economico, limitandosi alle funzioni istituzionali (amministrazione della giustizia, tutela dell'ordine pubblico, difesa del territorio).
Tale teoria fu alla base del **capitalismo**, incentrato sulla presenza del **capitale**, cioè una ricchezza che viene investita in processi produttivi per generare nuova ricchezza. Il sistema economico capitalista si caratterizza per la proprietà privata dei mezzi produttivi, la diffusione del lavoro salariato, la meccanizzazione della produzione e l'espansione dei mercati.

LEZIONE 4 Il sistema collettivista

In seguito alla Rivoluzione del 1917 si impose in Russia il **sistema collettivista**, basato sulle teorie economiche del Socialismo scientifico di Karl Marx e caratterizzato dall'abolizione della proprietà privata e dalla gestione esclusiva dell'attività economica da parte dello Stato attraverso **piani economici** di lunga durata.
Il sistema economico collettivista mostrò nel tempo i suoi rilevanti limiti; Michail Gorbaciov, eletto Segretario del PCUS (Partito comunista dell'Unione sovietica) nel 1985, diede vita alla **perestrojka**, un insieme di riforme che portarono al superamento del collettivismo e della pianificazione economica e avviarono una forma di economia aperta anche all'iniziativa privata.

Le nuove parole

Sistema economico ▸ Insieme dei soggetti che, con le loro scelte e i loro comportamenti, entrano in relazione tra loro e danno vita all'attività economica.
Economic system

Libero scambio ▸ Teoria economica che sostiene la piena libertà di iniziativa economica privata ed esclude gli interventi dello Stato in economia.
Free trade

Sistema capitalista ▸ Sistema economico fondato sulla proprietà privata dei mezzi produttivi, sulla diffusione del lavoro di fabbrica, sulla meccanizzazione della produzione e sull'espansione dei mercati.
Capitalist system

Sistema collettivista ▸ Sistema economico in cui vengono abolite la proprietà privata e la libertà di iniziativa economica; la produzione è affidata in via esclusiva allo Stato, che pianifica nel tempo i propri interventi economici.
Collectivist system

LEZIONE 5 La crisi del 1929 e la teoria keynesiana della spesa pubblica

La crisi americana degli anni Trenta del Novecento mise in evidenza i limiti del libero scambio e la necessità degli interventi pubblici in economia.
Convinto assertore del ruolo economico dello Stato fu l'economista britannico **J.M. Keynes**. Partendo dal presupposto che il sistema economico si trovasse in una situazione di **sottoccupazione** (non pieno sfruttamento delle risorse), egli sostenne l'opportunità di interventi statali tramite la realizzazione di **opere pubbliche**, in modo da incrementare l'occupazione, i consumi e la produzione. Ciò comportava l'adozione di temporanee politiche di disavanzo del Bilancio statale (**deficit spending**) e il ricorso a prestiti pubblici.

Sottoccupazione ▸ Situazione economica in cui non vengono sfruttate pienamente le risorse disponibili, con la conseguenza che la domanda non si adegua pienamente all'offerta.
Underemployment

Deficit spending ▸ Manovra economica per cui lo Stato interviene a sostegno dell'economia anche in condizioni di disavanzo di Bilancio, ossia con spese pubbliche superiori alle entrate.
Deficit spending

LEZIONE 6 Il sistema a economia mista

In base all'art. 41 Cost. l'Italia ha un **sistema a economia mista**, in cui convivono sia le attività private sia gli interventi pubblici, in quanto viene riconosciuto allo Stato il ruolo di coordinatore dell'economia nazionale.
Lo Stato svolge infatti un ruolo sia di **controllo** sia di **programmazione economica**, attuata attraverso una serie di progetti predisposti dal Governo e approvati dal Parlamento.
Lo stesso art. 41 Cost. stabilisce infine che l'iniziativa economica privata, pur libera, non deve essere svolta in contrasto con l'utilità sociale.
La scelta di un sistema economico misto fu determinata dalla consapevolezza dei Costituenti dei gravi limiti sia del libero scambio sia del collettivismo, oltre che dal compromesso che essi raggiunsero tra le loro diverse ideologie.

Sistema economico misto ▸ Sistema economico in cui all'iniziativa economica privata si affianca lo Stato con interventi di controllo e di programmazione.
Mixed economic system

LEZIONE 7 Il neoliberismo

Negli anni Ottanta del Novecento si è diffusa la corrente del **neoliberismo**, secondo cui devono essere fortemente ridimensionati gli interventi pubblici in economia, privatizzando le imprese pubbliche e restituendo ampia vitalità all'iniziativa privata.
In materia lavorativa i neoliberisti sono a favore di una maggiore mobilità del lavoro e flessibilità dei salari e della libertà di licenziamento da parte delle imprese. Molti si oppongono al pensiero neoliberista, ritenendo che esso possa avere conseguenze dannose sotto l'aspetto sociale, incrementando la disoccupazione e aumentando i divari economici tra la popolazione.

Neoliberismo ▸ Corrente economica favorevole a una drastica riduzione degli interventi pubblici in economia, alla libertà di iniziativa privata e a una maggiore flessibilità lavorativa.
Neoliberalism

Tutti devono sapere che...

1 Completa lo schema

I POSSIBILI EFFETTI DELLE SPESE PUBBLICHE (secondo Keynes)

↓

Situazione di .... dell'economia

↓

intervento dello .... attraverso .... pubbliche

↓

aumento dell'.., dei ....,
della .... e della produzione

↓

creazione di nuovi posti di ....

2 Dai la definizione corretta

1. È l'impostazione economica propria del sistema collettivista:
   _ _ A _ _ F _ _ _ Z _ _ _ _
2. In base alla Costituzione, può attuarli lo Stato sull'attività economica oltre a controlli:
   P _ _ G _ _ _ M _
3. Corrisponde alla politica economica di disavanzo di Bilancio:
   _ E _ _ C _ _   _ _ _ N _ I _ _
4. Quella dei salari è proposta dai neoliberisti:
   _ L _ _ S _ _ _ L _ _ _

Verifica le tue conoscenze di base

3 Scegli la risposta

1. Le famiglie, in un sistema economico, rappresentano:
   - [ ] **a.** la produzione
   - [ ] **b.** il consumo
   - [ ] **c.** il commercio interno
   - [ ] **d.** il commercio estero

2. Non rientra tra le funzioni istituzionali di uno Stato:
   - [ ] **a.** la difesa dello Stato
   - [ ] **b.** il coordinamento dell'attività economica
   - [ ] **c.** l'amministrazione della giustizia
   - [ ] **d.** la tutela dell'ordine pubblico

3. Non fu un carattere del capitalismo:
   - [ ] **a.** l'espansione dei mercati
   - [ ] **b.** la diffusione del lavoro salariato
   - [ ] **c.** la meccanizzazione della produzione
   - [ ] **d.** la proprietà statale dei mezzi produttivi

4. Dovevano essere incrementati, secondo Keynes, per combattere la sottoccupazione:
   - [ ] **a.** gli investimenti pubblici
   - [ ] **b.** gli investimenti privati
   - [ ] **c.** i tagli alle spese pubbliche
   - [ ] **d.** i salari dei dipendenti pubblici

5. **È l'articolo costituzionale che delinea il sistema economico italiano:**
   - ☐ **a.** art. 1
   - ☐ **b.** art. 36
   - ☐ **c.** art. 41
   - ☐ **d.** art. 45

6. **Se le spese di uno Stato sono superiori alle sue entrate, il Bilancio pubblico si trova in una situazione di:**
   - ☐ **a.** avanzo
   - ☐ **b.** disavanzo
   - ☐ **c.** surplus
   - ☐ **d.** eccesso

4 Vero o falso?

1. Gli stipendi versati dalle imprese ai propri dipendenti fanno parte del circuito reale. V F
2. L'espansione dei mercati fu un carattere del capitalismo. V F
3. La pianificazione sovietica corrispondeva a una programmazione decennale delle attività economiche. V F
4. Il *New Deal* fu un programma di interventi statali volti a rilanciare i consumi e l'economia americani. V F
5. Secondo l'economista britannico Keynes, il Bilancio di uno Stato deve essere prevalentemente in avanzo. V F
6. La programmazione economica coincide con la pianificazione economica. V F
7. La flessibilità dei salari fa parte degli obiettivi del neoliberismo. V F
8. Secondo il pensiero liberista lo Stato deve astenersi da qualsiasi attività, compresa l'amministrazione della giustizia. V F
9. Il fordismo si fondò sulla divisione del lavoro. V F
10. La *perestrojka* ebbe inizio sotto il governo di Lenin. V F

Potenzia le tue **abilità**

5 Collega le informazioni

1. ☐ Liberismo
2. ☐ Rivoluzione industriale
3. ☐ Proletariato
4. ☐ Marxismo
5. ☐ Collettivismo
6. ☐ Teoria keynesiana
7. ☐ Sistema economico misto
8. ☐ Sottoccupazione
9. ☐ Neoliberismo

- **a.** Capitalismo
- **b.** Stato socialista
- **c.** Eccesso dell'offerta globale sulla domanda
- **d.** Massa dei lavoratori salariati
- **e.** Lotta di classe
- **f.** Programmazione economica
- **g.** Inghilterra
- **h.** Privatizzazioni
- **i.** *Deficit spending*

6 Trova la parola nascosta

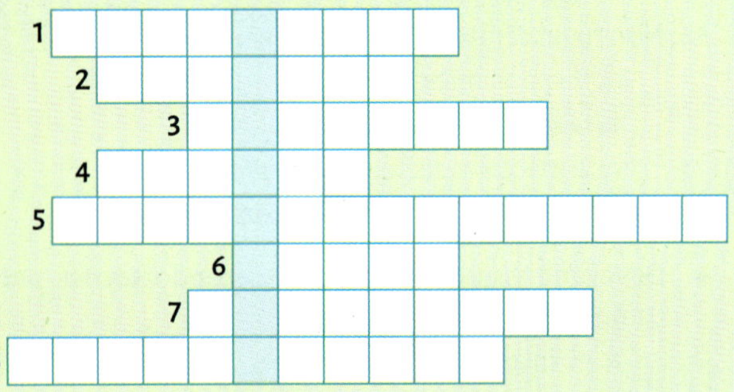

1. Così erano denominati i lavoratori salariati nel periodo della Rivoluzione industriale. **2.** Ebbero una grande espansione con il capitalismo. **3.** Indica una famosa applicazione imprenditoriale della divisione del lavoro nel mercato automobilistico. **4.** Fu l'economista britannico che sostenne la necessità degli interventi pubblici in economia per aumentare l'occupazione e la produzione. **5.** Indica la situazione economica in cui l'offerta è superiore alla domanda. **6.** Lo è il sistema economico italiano, così come delineato dalla Costituzione. **7.** Corrisponde alla situazione del Bilancio pubblico nel caso in cui le spese siano superiori alle entrate. **8.** È il sistema economico basato sulla teoria del libero scambio e sull'appartenenza dei mezzi produttivi ai privati.

Sviluppa le tue competenze

7 Rispondi alle domande

1. Quali vantaggi e quali svantaggi possono essere riconosciuti nella divisione del lavoro?
2. In che senso si può affermare che la Grande crisi del 1929 evidenziò i limiti del liberismo economico?
3. Quale collegamento è possibile riconoscere tra la teoria di Keynes e i provvedimenti adottati negli USA con il *New Deal*?
4. Quali sono i fondamenti del sistema economico italiano?

8 Risolvi il caso

Molti Stati, dopo la depressione economica degli anni Trenta, hanno applicato i principi della teoria keynesiana, adottando la politica del *deficit spending*. Per quale motivo questa scelta ha portato all'aumento del debito pubblico?

9 Esponi la tua opinione

1. I neoliberisti richiedono una maggiore mobilità del lavoro per concedere più elasticità operativa alle imprese, favorendo così la crescita economica. In tal modo, però, per molte persone risulta difficile trovare un'occupazione stabile, che offra adeguate garanzie economiche. Qual è la tua opinione?
2. Per l'economia liberista dell'Ottocento si poteva risolvere il problema della disoccupazione con la riduzione dei salari, perché questo avrebbe consentito agli imprenditori di assumere un maggior numero di lavoratori affrontando gli stessi costi. Keynes sostenne invece la rigidità dei salari verso il basso, perché altrimenti si sarebbe verificata la diminuzione dei consumi e quindi della produzione e dell'occupazione.
Ai nostri giorni il problema della disoccupazione è molto diffuso e grave: ti senti più vicino all'argomentazione keynesiana o a quella liberista? Motiva la tua scelta.

10 Comprendi e rifletti

Le condizioni della classe operaia durante il capitalismo

È veramente rivoltante il modo con cui la grande massa dei poveri viene trattata dalla società odierna. Li si attira nelle grandi città, dove respirano un'atmosfera peggiore che nelle loro terre di campagna. Li si relega in quei quartieri che per la struttura della loro edilizia sono meno ventilati di tutti gli altri. Vengono privati dei mezzi atti ad assicurare pulizia, vengono privati dell'acqua, poiché le condutture vengono collocate solo dietro pagamento, ed i fiumi sono così sporchi che non possono essere più utilizzati a scopi di pulizia: li si costringe a gettare sulla strada tutti i rifiuti e le immondizie, tutta l'acqua sporca, anzi, spesso tutto il sudiciume più ripugnante e lo sterco, poiché si tolgono ad essi tutti i mezzi per sbarazzarsene, costringendoli in tal modo ad appestare i propri quartieri. Ma non basta. Tutti i mali possibili vengono accumulati sul capo dei poveri. Se, in generale, la popolazione delle città è già troppo densa, tanto più essi vengono ammucchiati in uno spazio particolarmente ristretto. Non contenti di aver guastato l'atmosfera nelle strade, li si rinserra a dozzine in un'unica stanza, nella quale l'aria che respirano di notte è ancora più soffocante. [...] Si tolgono loro tutti i piaceri, tranne quelli del sesso e dell'alcool, mentre ogni giorno li si fa lavorare fino all'estremo limite di tutte le forze fisiche e morali.

Da F. Engels, *La situazione della classe operaia in Inghilterra*, Editori Riuniti

1. A quale periodo storico si riferisce, a tuo parere, il brano?
2. Ai nostri giorni quali diritti sono riconosciuti ai lavoratori dipendenti, in evidente contrapposizione alle condizioni descritte nella lettura?

PERCORSO 3 economia

Le famiglie e le imprese

Incominciamo da te

Una situazione concreta **Un giovane di trent'anni, perito elettronico, dopo aver lavorato come dipendente presso un'impresa di impianti elettrici, decide di avviare un'attività in proprio nello stesso settore. Ha messo da parte nel tempo un po' di risparmi, ma non sono sufficienti a dare vita alla nuova esperienza, per cui ha bisogno di finanziamenti da parte di altri soggetti esterni: in che modo potrà reperirli?**

! Potrà rivolgersi a una banca, che però vorrà in cambio delle garanzie (per esempio una *fideiussione*, cioè una garanzia economica fornita da altri soggetti, o un'*ipoteca* costituita su un bene immobile). Potrà anche ricorrere a una modalità oggi molto diffusa, il *crowdfunding*, che consiste nel reperire prestiti tramite il web, impegnandosi a ripagare con interessi coloro che sovvenzioneranno la sua iniziativa.

Le 5 domande

1 Nelle nostre famiglie le entrate monetarie possono essere di diversa provenienza. Quali sono le più diffuse?

2 In base alla tua esperienza quotidiana, come vengono prevalentemente usate le entrate economiche della tua famiglia?

3 Le persone, se riescono a risparmiare parte del loro denaro, tendono a "investirlo": a quale comportamento si riferisce questa espressione?

4 Immagina di dedicarti, in futuro, a un'attività produttiva, per esempio alla produzione di dolciumi. Quali mezzi ti saranno necessari per poter svolgere tale attività?

5 Spesso, nelle pagine economiche dei quotidiani, si fa riferimento al PIL (Prodotto interno lordo): che cosa indica?

Il nostro percorso

LEZIONE 7
I fattori produttivi

LEZIONE 8
I costi di produzione e il profitto

LEZIONE 6
Le società

LEZIONE 9
La ricchezza nazionale

LEZIONE 5
L'imprenditore e le tipologie di impresa

LEZIONE 4
Le imprese e la produzione

LEZIONE 3
Gli investimenti

La competenza d'arrivo

Inquadrare l'economia politica come scienza che studia le decisioni prese razionalmente dalle persone che vivono in società; riconoscere l'importanza dell'attività d'impresa nel mondo socio-economico contemporaneo.

CONOSCENZE

- Fonti del reddito
- Fattori che condizionano il consumo e motivi del risparmio
- Beni rifugio, azioni, obbligazioni, titoli pubblici e fondi comuni
- Impresa, startup e attività produttiva
- Imprese agricole e commerciali e piccoli imprenditori
- Società di persone e di capitali
- Natura, lavoro, capitale, organizzazione e Stato
- Costi fissi, costi variabili e profitto
- Prodotto interno lordo, reddito nazionale e benessere interno lordo

ABILITÀ

- Individuare le diverse fonti del reddito e comprendere gli effetti che l'aumento dei prezzi produce sul potere d'acquisto delle famiglie
- Valutare la tendenza al consumismo propria della nostra epoca
- Riconoscere i vantaggi che possono derivare da determinate forme di investimento rispetto ad altre
- Individuare in che cosa consiste l'impresa e individuare le attività necessarie per avviarla
- Cogliere le ragioni che possono essere alla base della scelta di una tipologia societaria piuttosto che di un'altra
- Individuare i raggruppamenti fatti dalla scienza economica in relazione agli elementi necessari per svolgere un'attività imprenditoriale
- Saper valutare il comportamento e le scelte adottati da un'impresa, tenendo conto dei costi produttivi
- Essere in grado di interpretare e commentare dati e grafici relativi alla ricchezza nazionale

LEZIONE 1

Il patrimonio e il reddito

VIDEO START
Il reddito: una grandezza-flusso

AUDIOTESTO

La nozione di famiglia in economia Le **famiglie** svolgono un ruolo molto importante nel sistema economico, in quanto ne rappresentano il centro dei consumi; la loro azione ha pertanto l'effetto di stimolare la produzione. Mentre sotto il profilo sociale il concetto di famiglia indica un'unione di persone vincolate tra loro da legami di affetto o di parentela, sotto l'aspetto economico può corrispondere sia a un nucleo familiare sia a un individuo che vive solo: in entrambi i casi, infatti, viene realizzata la funzione di attivare il mercato produttivo attraverso i consumi.
In economia la **famiglia** è l'entità che interviene nel mercato attraverso i propri consumi.
Ogni famiglia usa, per effettuare acquisti, la propria ricchezza, che può essere considerata sotto due diversi aspetti: come *patrimonio* e come *reddito*.

Patrimonio e reddito Il **patrimonio** corrisponde al valore di tutti i beni che si possiedono in un determinato momento, mentre il **reddito** è la ricchezza che si produce in un certo periodo di tempo.

CASO Giuseppe R., lavoratore dipendente, percepisce uno stipendio annuale di 26 000 euro, è proprietario dell'appartamento in cui vive (valore 150 000 euro) e di un altro appartamento ricevuto in eredità (valore 130 000 euro), che concede in uso a un inquilino per 6 000 euro annuali. È infine titolare di un deposito bancario di 7 000 euro sul quale percepisce l'1% di interessi annuali. A quanto ammontano rispettivamente il suo patrimonio e il suo reddito?
■ *Il patrimonio di Giuseppe corrisponde al valore di tutti i beni di cui è titolare, cioè gli appartamenti e il deposito in banca (150 000 + 130 000 + 7000, per un totale di 287 000 euro). Il reddito è costituito invece dalle sue entrate monetarie, rappresentate dallo stipendio, dal canone dell'abitazione concessa in uso e dagli interessi percepiti dalla banca (26 000 + 6 000 + 70, per un totale di 32 070 euro annuali).*

Le fonti del reddito Il reddito familiare proviene innanzitutto dal **lavoro**, come compenso dell'attività che le persone svolgono a favore di altri.
Per quanto riguarda il **lavoro subordinato**, svolto cioè alle dipendenze e sotto le direttive di un datore di lavoro, il reddito percepito prende il nome di ▸*salario*, nel caso in cui corrisponda a un'attività manuale, o di *stipendio*, se la prestazione svolta ha natura intellettuale.

ESEMPIO Un operaio, dal momento che svolge un lavoro manuale, percepisce un *salario*, mentre a un impiegato, la cui attività è di tipo concettuale, viene corrisposto uno *stipendio*.

Quando invece si svolge un **lavoro autonomo**, svincolato cioè da rapporti di dipendenza (pensiamo al lavoro di un artigiano o di un libero professionista), il reddito che si percepisce viene definito *onorario* o *parcella*.
Oltre che dal lavoro il reddito può derivare dallo svolgimento di un'**attività d'impresa**; in tal caso esso prende il nome di *profitto* e corrisponde alla differenza tra i ricavi ottenuti e i costi sostenuti.
Un'altra diffusa fonte di reddito è costituita dall'**investimento dei propri risparmi**, che fruttano, in misura e a condizioni diverse, determinati *interessi*.
La **proprietà di immobili** (terreni, case, capannoni) consente di cederli in uso in cambio di un canone; ciò corrisponde a un'altra tipologia di reddito, denominata ▸*rendita*.

ESEMPIO Ti sarà già capitato di sentire l'affermazione "Quella persona vive di rendita". Il suo significato è riferito al fatto che riesce a ottenere un reddito adeguato dalle sue proprietà, senza aver bisogno di lavorare in senso stretto.

Memo LESSICO
Il termine ▸**salario** deriva dal sostantivo latino *salarium*, che, dal significato originario di "razione di sale", passò a quello di "soldo per acquistare una razione di sale" e successivamente di "compenso".
Il termine ▸**rendita**, che deriva dal verbo latino *reddere* ("restituire"), indica il provento economico che deriva dalla proprietà di un bene.

ESPANSIONE
La tutela dei consumatori

competenze in campo

1 Completa lo schema

DIDATTICA INCLUSIVA

REDDITO
- lavoro subordinato
  - salario (lavoro ....)
  - .... (lavoro ....)
- lavoro ....
  - .... o parcella

ESERCIZIO INTERATTIVO

2 ●●● **Individua il termine**

ESERCIZIO INTERATTIVO

1. Sono i soggetti che contribuiscono all'attività economica soprattutto attraverso i consumi: ....
2. È la ricchezza che corrisponde al valore dei beni che si possiedono: ....
3. È il reddito degli imprenditori, risultato della differenza tra ricavi e costi: ....
4. Provengono solitamente dagli investimenti dei propri risparmi: ....
5. Sono beni che, concessi in uso, producono una rendita: ....

3 ●●● **Osserva e rifletti**

A quale fonte di reddito fa riferimento l'immagine? Quali sono le sue principali caratteristiche?

4 ●●● **Spiega la differenza**

1. Reddito e patrimonio
2. Lavoro subordinato e autonomo
3. Salario e stipendio
4. Profitto e rendita

mi riguarda perché...

SPUNTO DI RIFLESSIONE

Quanto è importante, all'interno della tua e delle altre famiglie, l'entrata di uno o più redditi? Moltissimo. Infatti è il reddito che ci consente di soddisfare i nostri bisogni primari e secondari.
La maggior parte dei redditi deriva dal lavoro, per cui è facile comprendere le grandi difficoltà legate alla disoccupazione, oggi purtroppo diffusa soprattutto tra i giovani.

FOCUS Il potere d'acquisto

È importante che tu comprenda la differenza tra **salario** (o **stipendio**) **nominale** e **salario** (o **stipendio**) **reale**. Il primo corrisponde alla quantità monetaria che si percepisce in cambio dell'attività lavorativa; il salario reale indica invece la quantità di beni e di servizi che si possono acquistare con il salario nominale ed è noto anche come **potere di acquisto**. Quando in un sistema economico c'è inflazione, cioè aumentano i prezzi dei beni e dei servizi, se il salario nominale non aumenta quello reale subisce una riduzione, in quanto con la stessa quantità monetaria si possono acquistare meno cose.

■ Quali organizzazioni svolgono di regola il compito di tutelare il potere di acquisto dei salari dei lavoratori?

Le tue domande — Che cos'è il reddito di cittadinanza?

Il **reddito di cittadinanza** (o, più correttamente, **reddito minimo garantito**) consiste in una somma di denaro mensile (alcune centinaia di euro) che lo Stato corrisponde a tempo indeterminato o per almeno 2 anni ai cittadini senza lavoro o vicini alla soglia di povertà, per evitare che affrontino una vita di stenti.
È una misura sociale che, con modalità diverse, esiste nella maggior parte dei Paesi europei. I sussidi di norma vengono concessi a determinate condizioni, per esempio quando il beneficiario non ha altri mezzi di sussistenza e si impegna a partecipare a programmi di formazione per la ricerca di un impiego o per il reinserimento nel mondo produttivo. In Italia è da tempo in corso un dibattito su questo argomento, ma ancora non sono state adottate misure concrete.

LEZIONE 2

Il consumo e il risparmio

VIDEO START Consumo, dunque sono

AUDIOTESTO

Memo LESSICO

Il termine ▸ **consumo** è riconducibile al verbo latino *consumĕre* ("impiegare", "consumare") e indica l'atto dello spendere, dell'acquistare beni o servizi.

Il termine ▸ **risparmio**, derivato dal verbo "risparmiare", a sua volta riconducibile al latino medievale *sparmiare*, indica l'atto di non consumare, di non sprecare, di fare a meno di qualcosa.

Il consumo Le famiglie utilizzano il reddito prevalentemente per acquistare i beni e i servizi che sono loro necessari o utili, cioè lo *consumano*. Il ▸ **consumo** consiste nell'acquisto di un bene o di un servizio al fine di soddisfare un bisogno.
Ciascuno di noi è un **consumatore** quando spende denaro per acquistare un bene o un servizio a cui riconosce, a livello personale, un'utilità.

La relazione tra consumo e reddito Esiste un rapporto molto stretto tra il reddito e il consumo, che possiamo esprimere con la funzione:

$C = \mathbf{f}\,(Y)$ ossia il consumo (C) è funzione (**f**) del reddito (Y)

Questa funzione rivela l'esistenza di un **rapporto direttamente proporzionale tra il reddito di cui si dispone e il livello dei consumi**. Pertanto, se il reddito di una famiglia aumenta, si assiste solitamente a un incremento dei suoi consumi.

La comparazione I consumi, oltre che dal reddito, possono essere condizionati da altri fattori, tra cui il **motivo di comparazione** (a volte veniamo influenzati dal consumo dei nostri conoscenti) e la **pubblicità**, che riesce a indirizzare le preferenze dei consumatori verso l'acquisto di determinati prodotti.

Il risparmio La parte di reddito che non viene utilizzata per il consumo costituisce il ▸ **risparmio** ed è in genere tanto più alta quanto più elevato è il reddito.
Le persone risparmiano per tante ragioni: l'incertezza per il futuro, il desiderio di lasciare un patrimonio ai figli, il desiderio di conseguire uno stato di indipendenza. Le famiglie italiane sono tradizionalmente forti risparmiatrici; negli ultimi anni, però, la propensione al risparmio in Italia è diminuita. Questa tendenza è determinata sia dalla riduzione del reddito disponibile, avvertita soprattutto dalle fasce più deboli della popolazione, sia da un mutato atteggiamento sociale, più propenso al consumo anche voluttuario.

ESPANSIONE Come risparmiare sulla spesa

ESPANSIONE I negozi "compro oro"

competenze in campo

1 Completa il testo

DIDATTICA INCLUSIVA

I motivi principali che spingono le .... al risparmio corrispondono essenzialmente all'incertezza per il ...., al desiderio di lasciare un .... ai .... e al desiderio di conseguire uno stato di ....

ESERCIZIO INTERATTIVO

mi riguarda perché...

SPUNTO DI RIFLESSIONE

Nella società di oggi i nostri consumi sono influenzati soprattutto da fattori esterni, in particolare la pubblicità e il motivo di comparazione. Prova a fermarti a riflettere sull'importanza della rinuncia a ciò che è davvero superfluo, a vantaggio dei valori essenziali della nostra vita.

visualizzare per apprendere

I CONSUMI DELLE FAMIGLIE ITALIANE

INFOGRAFICA INTERATTIVA

LA RILEVAZIONE DELL'ISTAT

1 CHI RILEVA L'ANDAMENTO DEI CONSUMI?

L'**ISTAT** (Istituto nazionale di statistica*), un ente di ricerca pubblico

2 IN CHE MODO?

L'ISTAT si avvale di un **paniere**, ossia di un insieme di beni e servizi (nel 2015 sono 1441) con i relativi prezzi, rappresentativo degli effettivi consumi delle famiglie in un dato anno

3 OGNI QUANTO?

Dal 1999 il paniere viene modificato **ogni anno**, per adeguare l'insieme dei prodotti considerati alle modifiche delle abitudini di spesa degli italiani

4 ... NEL PANIERE? 2015

Tra i beni e i servizi immessi nel paniere ce ne possono essere alcuni che in precedenza non esistevano o altri che hanno assunto maggiore importanza nelle abitudini di spesa

* La **statistica** è la disciplina che rileva le variazioni nel tempo di dati relativi a fenomeni collettivi e le interpreta, avvalendosi di precise metodologie di calcolo, allo scopo di individuare le leggi che le regolano.

La crisi economica ha determinato una diminuzione dei consumi. Tra il **2007** e il **2014** si sono ridotte le spese destinate a beni o servizi anche di prima necessità, come gli alimentari, i trasporti e l'abbigliamento. Al calo di molti consumi si contrappone l'aumento di altre voci di spesaa, come la sanità e l'abitazione, attribuibile all'incremento dei ticket sanitari, del riscaldamento domestico e di altre fonti di energia o quello per le comunicazioni, indice anche di un diverso stile di vita

Dati ISTAT 2015

COME CAMBIANO LE SPESE DEGLI ITALIANI

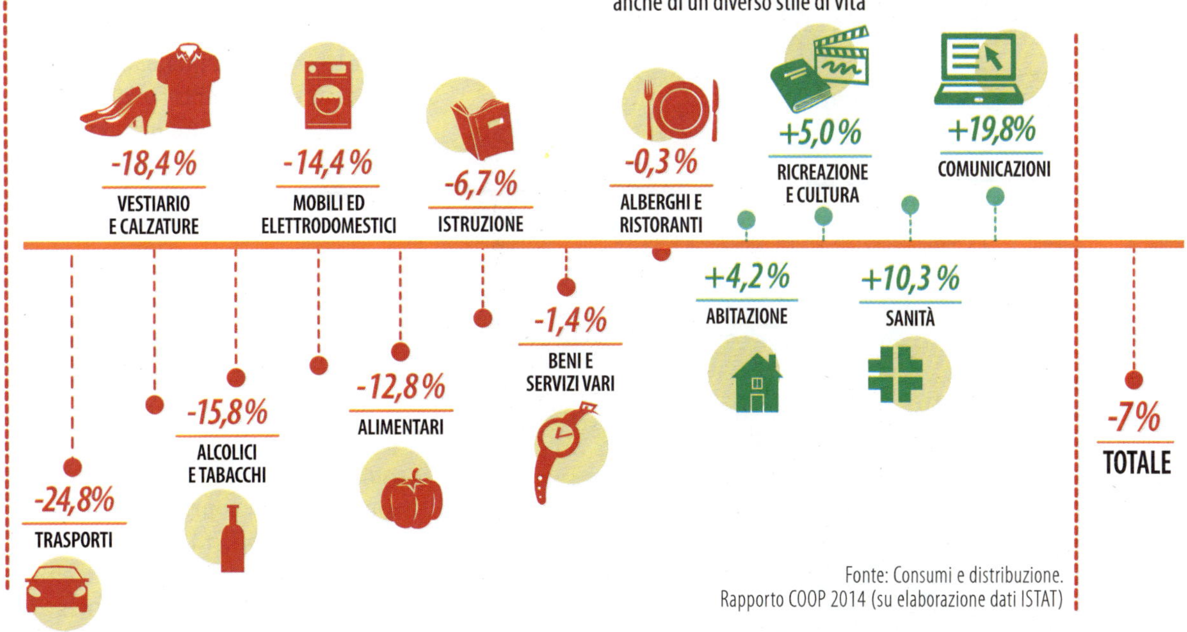

Fonte: Consumi e distribuzione. Rapporto COOP 2014 (su elaborazione dati ISTAT)

DOSSIER
Giovani, diritti e regole

Il consumismo

Siamo nati per consumare?

"Perché l'uomo consuma, molto, o sempre più? Perché gli è stato suggerito che l'uomo è uguale a consumatore e questo gli è suggerito dalla pubblicità."

Alberto Moravia (1907-1990), scrittore e giornalista

La nascita del consumismo in Italia

Fino agli anni Cinquanta l'Italia era un Paese arretrato, caratterizzato da un basso reddito medio, da analfabetismo, da condizioni sanitarie insoddisfacenti e da uno stato di povertà che affliggeva la maggior parte delle famiglie.

Tra il 1951 e il 1963 si assistette a una ripresa economica eccezionale, conosciuta come il **miracolo economico italiano**: si registrò un forte incremento del reddito medio, un significativo aumento dell'attività industriale e una decisa diminuzione della disoccupazione.

Ciò si tradusse in un miglioramento delle condizioni economiche delle famiglie e in un **generalizzato aumento dei consumi**, diretti soprattutto all'acquisto di beni prima inaccessibili, in particolare gli elettrodomestici, le automobili, i telefoni (prodotti già ampiamente diffusi negli Stati Uniti).

In poco tempo aumentò il valore simbolico di questi oggetti e molti prodotti iniziarono a essere acquistati anche come *status symbol*, per indicare un raggiunto prestigio sociale. In tale contesto un ruolo determinante fu assunto dalla **pubblicità**, volta a sollecitare bisogni altrimenti non percepiti e a indurre a *"comprare per essere"*. Sono ancora famosi gli spot pubblicitari di "Carosello", una trasmissione della Rai in fascia serale, andata in onda dal 1957 al 1977, con la quale, attraverso accattivanti e divertenti storielle, indirizzate in particolare ai bambini e alle mamme, si invitavano gli italiani a comprare.

Luci e ombre

Con il termine **consumismo** si fa riferimento a un fenomeno economico-sociale per cui le persone sono spinte ad *aumentare l'acquisto di beni e di servizi*, anche di quelli non necessari, soprattutto sotto la *pressione della pubblicità*. Questo fenomeno è diffuso nei Paesi più ricchi e nelle società economicamente avanzate, in

cui la domanda e la produzione sono elevate e il tenore di vita della popolazione è improntato al benessere. D'altro lato, nei momenti di crisi, la tendenza al consumismo accentua le tensioni sociali perché aggrava le condizioni economiche di molte famiglie, non più in grado di fare fronte agli stili di vita precedenti.
Sotto l'aspetto psicologico il consumismo si collega a quella che molti definiscono la *"sindrome del compratore"*, per cui si tende a trovare uno stato di *soddisfazione esistenziale nell'acquisto di beni materiali*, spesso effettuato in modo compulsivo.

Difendersi dalla pubblicità

Nel *Codice del consumo* la legge italiana vieta la **pubblicità ingannevole**, stabilendo che la pubblicità deve essere palese, veritiera e corretta. Contro la pubblicità ingannevole è possibile presentare ricorso a uno specifico organo, l'*Autorità garante della concorrenza e del mercato*, che può condannare l'impresa responsabile a interrompere comportamenti scorretti e a procedere a una pubblica dichiarazione di rettifica.
Alla tutela dei consumatori nei confronti di un utilizzo non corretto della pubblicità provvede anche un *Codice di autodisciplina pubblicitaria*, elaborato nel 1975 sulla base di un accordo tra i maggiori organi di stampa e di diffusione radiotelevisiva. Le infrazioni a tale codice possono essere sottoposte al giudizio di un organo arbitrale, chiamato *Giurì*, composto da giuristi ed esperti pubblicitari, la cui sede è a Milano.

Chi è A FAVORE

Il presidente statunitense **Franklin D. Roosevelt** il 15 giugno 1931, in un discorso alla Federazione americana per la pubblicità, si espresse a favore della pubblicità e dei suoi effetti con queste parole: "Poiché porta a un gran numero di persone la conoscenza di cose utili, la pubblicità è [...] una forma di educazione [...]. Il generale miglioramento delle condizioni di vita nelle civiltà moderne sarebbe stato impossibile senza quella conoscenza di livelli più elevati che è diffusa dalla pubblicità".

Chi è CONTRO

Il sociologo polacco **Zygmunt Bauman**, che ha coniato l'espressione "società liquida" per indicare la società attuale, sempre più frenetica e indotta ad adeguarsi a comportamenti di massa, nel libro *Consumo, dunque sono* (Laterza), ha affermato a proposito del consumismo: "Consumiamo ogni giorno senza pensare, senza accorgerci che il consumo sta consumando noi e la sostanza del nostro desiderio".

IL TUO PUNTO DI VISTA

1. Pensi di essere, in qualche modo, una vittima del consumismo? Perché?
2. C'è chi definisce la pubblicità un persuasore occulto, una macchina per creare sogni: come valuti questa definizione?
3. Secondo te, è possibile nella nostra società un'inversione di rotta rispetto al consumismo, vale a dire un ritorno ai soli acquisti essenziali, rinunciando al superfluo? Motiva la tua risposta.
4. Esprimi le tue valutazioni sull'affermazione che segue di Julio García Camarero, ingegnere ambientale e docente presso alcune Università spagnole: "Dov'è il limite tra consumo e consumismo? Sta nella **misura**, parola che non è sinonimo di moderazione. [...] Eccedere o contenere i consumi può portarci rispettivamente a una cattiva o buona vita. Prendiamo il caso della candeggina: una goccia di questo liquido diluita nell'acqua può salvare la vita di una persona, ma un leggero aumento della sua dose può portare alla morte".

LEZIONE 3

Gli investimenti

VIDEO START Investimenti responsabili

AUDIOTESTO

La definizione di investimento L'**investimento** è il processo attraverso cui il risparmio viene impiegato a **fini produttivi**, nel senso che viene messo a disposizione delle imprese o degli enti pubblici in cambio di un interesse.

La diversificazione È evidente che, più alti sono gli interessi percepibili, maggiore è la propensione delle famiglie a investire. Occorre tuttavia considerare che l'elevato rendimento non è l'unico aspetto che deve guidare le nostre scelte di investimento; infatti la parola chiave in materia è **diversificazione**. La diversificazione corrisponde alla convenienza che si ha nell'investire i propri risparmi non in un unico settore, ma in più "direzioni", allo scopo di compensare eventuali perdite subite in un investimento con maggiori interessi percepiti in altri.
Le possibilità d'investimento per le famiglie sono varie. Possiamo distinguere, innanzitutto, tra l'acquisto di beni che mantengono inalterato il loro valore nel tempo, i cosiddetti **beni rifugio**, e l'impiego del risparmio in **attività finanziarie**, come l'acquisto di azioni, obbligazioni, titoli pubblici e l'investimento in fondi comuni o in assicurazioni.

ESEMPIO Tra i beni rifugio rientrano gli immobili, come case e terreni, l'oro, i gioielli e le opere d'arte.

Memo
I ▸**titoli di credito** sono documenti che rappresentano un credito, consentendone la rapida circolazione.

Le azioni Le **azioni** sono ▸**titoli di credito** emessi dalle società per azioni, e corrispondono a quote del **capitale sociale**. I titolari delle azioni, definiti **soci**, risultano comproprietari della società e acquisiscono il diritto di ottenere periodicamente un *dividendo*, che corrisponde a una parte degli utili realizzati dalla società. Naturalmente questa forma di investimento può risultare particolarmente *rischiosa*: se la società anziché utili produce perdite, oltre a non percepire alcun reddito è probabile che i titolari delle azioni si vedano ridurre il valore di mercato delle stesse.

Le obbligazioni Le **obbligazioni** sono titoli di credito a reddito fisso emesse da società per azioni. I loro titolari, denominati **obbligazionisti**, non diventano soci, ma semplici **creditori della società**, acquisendo il diritto a farsi restituire la somma prestata entro una certa scadenza e a farsi corrispondere gli interessi pattuiti al momento dell'acquisto. Gli interessi sono maggiori quanto più è lunga la durata del prestito.

I titoli pubblici I **titoli pubblici** sono titoli di natura obbligazionaria emessi dallo Stato e dagli altri enti pubblici territoriali (come Regioni e Comuni). Lo scopo dell'emissione di titoli pubblici è quello di ottenere dagli investitori dei **prestiti monetari**, in relazione ai quali è prevista la restituzione delle somme ottenute in prestito e il pagamento di interessi in misura predeterminata.
I principali titoli pubblici sono i **BOT** (Buoni ordinari del Tesoro), caratterizzati da *scadenza a breve termine e rendimento fisso*, i **BTP** (Buoni del Tesoro poliennali), con *scadenza a medio e lungo termine e rendimento fisso*, i **CCT** (Certificati di credito del Tesoro), con *scadenza a medio e lungo termine e rendimento variabile.*

I fondi comuni I **fondi comuni** sono una forma di investimento che offre ai risparmiatori la possibilità di partecipare a un patrimonio costituito da diverse attività finanziarie. In questa forma di investimento le famiglie affidano il proprio denaro a enti finanziari che investono in più settori il capitale di cui dispongono.

CASO Una signora, che si tiene costantemente informata sulle possibilità di investimento finanziario attraverso la consultazione di riviste specializzate, decide di aderire a un fondo comune. A chi può rivolgersi a tale scopo?
■ *Può rivolgersi a una banca, all'ente che gestisce il fondo o a un promotore finanziario.*

ESPANSIONE I beni rifugio

competenze in campo

1 Completa lo schema

PRINCIPALI INVESTIMENTI

- titoli ....
- azioni
- ....
- fondi ....
  di ....
- beni ....

ESERCIZIO INTERATTIVO

2 **Rifletti e rispondi**

Le pagine economiche dei principali quotidiani riportano le quotazioni in Borsa delle azioni delle principali società e l'andamento dei titoli di Stato.
A quale tipo di investimento corrispondono le azioni e i titoli pubblici?

3 **Individua il termine**

ESERCIZIO INTERATTIVO

1. Corrispondono a quote del capitale sociale di una società per azioni: ....
2. Sono le parti di utili societari che spettano a ogni azionista: ....
3. Consiste nell'investimento dei propri risparmi in più settori : ....
4. Sono i titoli di Stato a scadenza più breve: ....

4 **Risolvi il caso**

Un risparmiatore si reca nella banca di propria fiducia per investire una quota dei propri risparmi; precisa all'operatore cui si rivolge che non intende fare investimenti rischiosi, preferendo tutelare al massimo il proprio capitale.
Secondo te, che tipo di investimento gli verrà proposto?

a. L'acquisto di azioni societarie che possono consentire, se la situazione del mercato è positiva, elevati interessi, pur in presenza di possibili rischi.
b. L'acquisto di obbligazioni, che garantiscono interessi certi, anche se di ammontare modesto.
c. L'investimento in un fondo comune.
d. La conservazione della quota monetaria in una cassetta di sicurezza presso la banca.

Motiva opportunamente la risposta.

mi riguarda perché...

SPUNTO DI RIFLESSIONE

Ora sei molto giovane e difficilmente puoi pensare di fare investimenti. Ciò però avverrà sicuramente tra qualche anno: per questo è importante ragionare sul tuo futuro; utilizzare una pluralità di forme di investimento ti consentirà di mettere a frutto i tuoi risparmi nel modo che ti sarà più congeniale. Potrai ispirarti in certi casi al principio della prudenza, in altri a quello del rischio, in altri ancora cercare di combinare in modo efficace queste diverse inclinazioni.

Educazione finanziaria — La quotazione di Borsa

Le azioni, se sono emesse da società per azioni quotate in Borsa, hanno una **quotazione di Borsa** corrispondente al loro **valore di mercato**. Il valore dei titoli azionari dipende dalla loro domanda e dalla loro offerta sul mercato, e varia continuamente. In ragione di ciò, le azioni sono **titoli a reddito variabile**, proprio perché il loro rendimento dipende dall'andamento sul mercato: è evidente che, se un titolo è molto richiesto, la sua quotazione tende a salire.

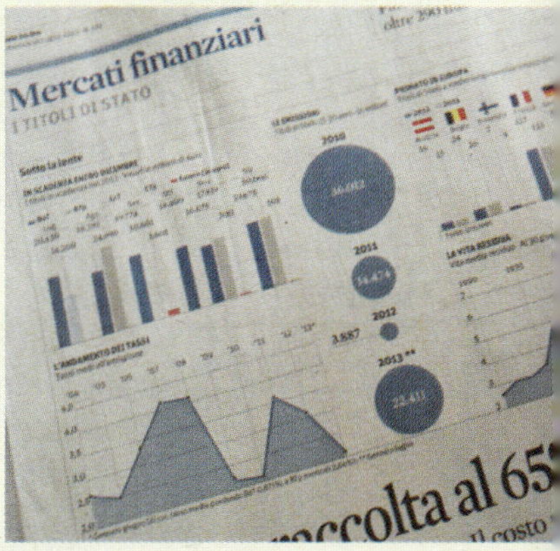

Lavorare insieme

- Dividetevi in gruppi in base alle indicazioni dell'insegnante.
- Disponetevi in modo da poter comunicare tra di voi parlando sottovoce, così da non disturbare gli altri.
- All'interno di ogni gruppo simulate di avere a disposizione una somma di 20 000 euro da investire in azioni. Valutate quali azioni comprare, sapendo che le quotazioni di Borsa sono consultabili ogni giorno sulle pagine economiche dei quotidiani o collegandosi al sito www.borsaitaliana.it. Per orientarvi nella vostra scelta documentatevi in modo adeguato, per esempio utilizzando uno di questi indirizzi Internet: www.finanzaworld.it, investimentoinborsa.com, soldielavoro.net.
- Seguite periodicamente l'andamento delle azioni in cui avete "investito" e, entro la fine dell'anno scolastico, verificate quale, tra i vostri gruppi, ha realizzato maggiori guadagni.

LEZIONE 4

Le imprese e la produzione

VIDEO START
Giovani e startup

AUDIOTESTO

Memo LESSICO

Il termine ▸**impresa**, composto dalla preposizione latina *in* ("in", "su") e dal verbo *prehendĕre* ("prendere"), indica l'atto dell'"intraprendere", dell'"incominciare". L'impresa, infatti, corrisponde a un'attività cui si intende dare inizio.

▸**Startup** deriva dall'espressione inglese *to start something up*, che significa "avviare", "mettere in moto".

Il sostantivo ▸**produzione**, riconducibile al latino *producĕre*, composto da *pro* ("avanti") e *ducĕre* ("condurre"), indica l'attività di "generare".

Gli imprenditori

L'▸**impresa** è un'attività economica organizzata che consiste nella produzione o nello scambio di beni o di servizi.
Sono **imprenditori** i soggetti che svolgono professionalmente, cioè in modo continuativo, una delle seguenti attività: la *produzione di beni*; la *produzione di servizi*; lo *scambio di beni o di servizi*.

La startup

L'**attività con cui si dà inizio a un'impresa**, soprattutto se gestita da persone giovani, è nota con il termine ▸**startup**. In questa fase occorre stabilire il tipo di produzione che si vuole avviare, trovare i finanziamenti, conoscere le normative vigenti, ponderare i rischi. Sono inoltre utili le ricerche di mercato, attraverso cui è possibile individuare i gusti dei consumatori. La startup richiede per il suo successo particolare attenzione verso la capacità innovativa, la ricerca tecnologica, l'investimento in capitale umano e lo spirito di collaborazione.

L'attività produttiva

L'attività di ogni impresa consiste nella produzione.
La ▸**produzione** corrisponde alla trasformazione delle materie prime in beni e servizi acquistabili sul mercato; in senso più ampio si riferisce a qualsiasi attività che abbia l'obiettivo di creare o di aumentare utilità.
L'attività di produzione, pertanto, è riconoscibile non solo nella trasformazione delle materie prime in prodotti finiti, ma anche nel *trasferimento di beni* da un luogo a un altro (**commercio**), nell'*accumulazione di determinati prodotti* per offrirli al consumo in momenti successivi (**conservazione**) e nell'*esecuzione di attività* volte al soddisfacimento di bisogni altrui (**prestazione di servizi**).
Riferendoci alla **produzione** come **trasformazione materiale**, possiamo verificare che per realizzare il prodotto finito le imprese compiono più operazioni, di carattere semplice o complesso, che, nel loro insieme, costituiscono il **ciclo produttivo** dell'impresa.

I finanziamenti

Per iniziare e proseguire un'attività d'impresa è necessario disporre di **risorse monetarie**, che permettono di acquistare i beni aziendali e di sostenere i costi di altri fattori necessari alla produzione, come, soprattutto, il lavoro umano. I finanziamenti si possono innanzitutto ottenere per mezzo di **capitale proprio**, denominato anche **capitale di rischio**. In tal caso l'imprenditore o i soci utilizzano denaro di loro proprietà. Se il capitale proprio non è sufficiente, si ricorre al **capitale di credito**, fornito da banche e società di finanziamento in cambio di un interesse.

I settori produttivi

Le attività produttive si distinguono in **tre grandi settori**: quello *primario*, che corrisponde all'agricoltura, quello *secondario*, riconoscibile nell'industria, e quello *terziario*, relativo ai servizi.
Il **settore primario** viene chiamato così perché si riferisce alla prima forma di attività economica dell'uomo. Attualmente nelle economie sviluppate è il settore meno diffuso, mentre continua a prevalere nei Paesi più arretrati.
Il **settore secondario** è costituito dalle **imprese che operano nel campo industriale** e che oggi corrispondono essenzialmente alle industrie manifatturiere, estrattive, edili e a quelle che erogano gas, acqua ed elettricità.
Il **settore terziario** comprende le **prestazioni di servizi** (pensiamo ai trasporti o all'attività delle banche) e costituisce oggi, nelle economie più avanzate tra cui figura anche quella del nostro Paese, il settore più diffuso. Negli ultimi anni, in Italia e nei principali Paesi sviluppati, il settore terziario ha registrato una particolare espansione nei servizi relativi al cosiddetto **terziario avanzato**. Le imprese che operano in quest'ambito provvedono all'elaborazione di dati attraverso sistemi computerizzati (informatica) e alla loro trasmissione mediante reti di comunicazione (telematica).

ESPANSIONE
Azienda e concorrenza

ESPANSIONE
Lo sviluppo economico italiano

ESPANSIONE
L'imprenditore

competenze in campo

1 Completa lo schema

DIDATTICA INCLUSIVA

ESERCIZIO INTERATTIVO

IMPRESA

↓

Produzione

↓

- trasformazione di .... in prodotti finiti
- trasferimento di .... nello spazio (....)
- accumulazione di beni per il .... successivo (....)
- prestazione di ....

2 **Individua il termine**

ESERCIZIO INTERATTIVO

1. È l'attività imprenditoriale che corrisponde al trasferimento di beni da un luogo a un altro: ....
2. È il settore produttivo relativo alla prestazione di servizi: ....
3. Corrisponde all'attività di trasformazione delle materie prime in prodotto finito: ....
4. Per gli imprenditori può essere "di rischio" o "di credito": ....

3 **Osserva e rifletti**

Quali sono, a tuo parere, le principali valutazioni che si devono fare quando si decide di avviare un'impresa?

4 **Rifletti e rispondi**

"La meta degli anni futuri dovrà essere quella di indirizzare le enormi capacità creative dell'impresa moderna verso il bene pubblico." (Paul A. Samuelson, economista statunitense).
Condividi l'affermazione di Samuelson? Perché?

mi riguarda perché...

SPUNTO DI RIFLESSIONE

Non è affatto semplice avviare un'attività di impresa, soprattutto per le tante valutazioni che si devono fare, per le risorse economiche che si devono possedere e per i rischi cui ci si espone. D'altro canto sei certamente in grado di comprendere e di valutare l'importanza dell'attività imprenditoriale nel tessuto economico (aumento della ricchezza nazionale) e sociale (aumento dell'occupazione e dei redditi familiari) in cui viviamo.

FOCUS Le startup

Il termine "startup" non indica solo le fasi preliminari che portano alla costituzione e all'avvio di un'impresa, ma anche un particolare tipo di impresa. Questa espressione è stata diffusa dai mass media all'inizio del nuovo Millennio sull'onda della New Economy, in cui le startup tecnologiche della Silicon Valley californiana rivestirono un ruolo preponderante. Si trattava di imprese fondate per lo più da giovani, con pochi capitali propri ma con prodotti e servizi innovativi e a elevato tasso tecnologico, che promettevano di rivoluzionare i relativi mercati di riferimento sfruttando le potenzialità offerte dall'economia digitale in molteplici settori. Per soddisfare le esigenze di finanziamento di queste aziende si è imposta la figura del *venture capitalist* (capitalista "avventuriero"), il cui scopo è fornire i capitali necessari all'avvio e alla prima espansione dell'impresa in cambio di una partecipazione azionaria che, qualora l'impresa riesca a quotarsi in Borsa, ripagherà dell'investimento iniziale. Grandi imprese che oggi dominano i rispettivi mercati, come Apple o Google, hanno seguito questo percorso, che dagli Stati Uniti ha poi preso piede anche in altri Paesi occidentali.

Spazio multiculturale — La prevalenza del settore primario

Tu sei abituato a vivere in un sistema economico in cui prevale il settore terziario; esistono però Paesi, di solito quelli più poveri, dove domina ancora l'agricoltura. Nelle zone della savana africana si producono soprattutto cereali secchi, come il miglio; in quelle vicine alle foreste equatoriali, sia in Africa sia in Sudamerica, prevalgono igname e manioca. Nelle aree monsoniche del Sud-est asiatico prevale invece la coltivazione del riso. Nel Sud del mondo sono poi diffuse le piantagioni, soprattutto di caffè, banane, tè, cotone.

LEZIONE 5

L'imprenditore e le tipologie di impresa

VIDEO START Impresa al femminile

AUDIOTESTO

Memo
La ▸ **produzione** corrisponde all'attività con cui si crea o si aumenta utilità; in senso stretto indica la trasformazione di materie prime in prodotti finiti.

L'attività dell'imprenditore L'**imprenditore** è colui che esercita professionalmente un'attività economica organizzata al fine della ▸produzione o dello scambio di beni o di servizi. Per poter qualificare un soggetto come imprenditore, sono necessarie alcune condizioni:

- l'**esercizio di un'attività economica**;
- la **professionalità**, cioè la non occasionalità, con cui l'attività economica è svolta;
- la **produzione** o lo **scambio di beni o di servizi**;
- l'**organizzazione** sia di beni materiali sia di prestazioni lavorative.

Il Codice civile individua essenzialmente **due categorie di imprenditori**: gli *imprenditori agricoli* e gli *imprenditori commerciali*.

Gli imprenditori agricoli È **imprenditore agricolo** chi esercita un'attività diretta alla coltivazione del fondo, alla selvicoltura, all'allevamento di animali e ad attività connesse alle precedenti.
È possibile distinguere tra *attività essenzialmente agricole* e *attività agricole per connessione*. Le **attività essenzialmente agricole** comprendono la **coltivazione del fondo**, la **selvicoltura**, ossia la coltivazione dei boschi, diretta alla produzione del legname, l'**allevamento di animali**. Sono considerate **attività agricole per connessione** le attività, esercitate dal medesimo imprenditore agricolo, dirette alla *manipolazione*, alla *conservazione*, alla *trasformazione*, alla *commercializzazione* e alla *valorizzazione* dei prodotti ottenuti con le attività agricole principali.
Devono inoltre considerarsi attività agricole per connessione le attività di *valorizzazione del territorio e del patrimonio rurale e forestale* e quelle di *ricezione e ospitalità*, come l'*agriturismo*.

CASO Claudio T. è un allevatore di suini, che produce in proprio salumi da rivendere alle macellerie. È un imprenditore agricolo?
■ *Sì, sia per l'attività di allevamento sia per quella di trasformazione della carne suina (attività agricola per connessione).*

Memo LESSICO
L'aggettivo ▸**industriale** deriva dal sostantivo latino *industria*, che significa "operosità", "energia", "zelo".

Gli imprenditori commerciali È considerato **imprenditore commerciale** chi esercita un'*attività* ▸*industriale* (cioè non agricola) destinata alla produzione di beni o di servizi, o un'*attività intermediaria* nella circolazione dei beni, cioè un'attività commerciale, o un'*attività di trasporto* di persone o di beni, come le linee private di pullman, di traghetti, di aerei o le imprese di trasporto merci, o un'*attività bancaria* o *assicurativa*, o altre *attività ausiliarie delle precedenti* (pensiamo ai mediatori e agli agenti di commercio).

I piccoli imprenditori La legge prevede una categoria di imprenditori legata alle dimensioni dell'impresa: si tratta dei *piccoli imprenditori*. Sono considerati **piccoli imprenditori** gli artigiani, i coltivatori diretti del fondo, i piccoli commercianti e coloro che esercitano un'attività professionale organizzata prevalentemente con il lavoro proprio e dei componenti della famiglia. I piccoli imprenditori sono soggetti che svolgono un'**attività d'impresa di modeste dimensioni**, riconoscibili dal fatto che il loro lavoro è prevalente sia rispetto al lavoro di eventuali dipendenti sia rispetto al capitale impiegato, nel senso che il valore dei mezzi utilizzati per l'esercizio dell'impresa deve essere inferiore a quello del lavoro dell'imprenditore e dei suoi familiari.

ESEMPIO Un orefice, anche nell'ipotesi in cui non si avvalga di dipendenti, non può essere definito piccolo imprenditore, perché il valore dei mezzi che impiega per lo svolgimento della sua attività è molto elevato e sicuramente superiore a quello del lavoro prestato.

competenze in campo

1 Completa lo schema

DIDATTICA INCLUSIVA

IMPRENDITORE
- esercizio di una attività ....
- attività svolta ....
- .... dell'attività
- produzione o .... di beni o di ....

ESERCIZIO INTERATTIVO

2 **Osserva e rifletti**

L'attività di apicoltura va considerata come impresa agricola o commerciale? Perché?

3 **Completa il testo**

ESERCIZIO INTERATTIVO

È considerato imprenditore commerciale chi svolge un'attività .... volta a produrre .... o servizi, un'attività di .... di beni o di .... , un'attività bancaria e .... e un'attività di natura ....

4 **Risolvi il caso**

Il titolare di un'impresa tessile, specializzata nella produzione di tendaggi d'arredo, ha dotato la propria impresa di impianti e di strumenti ad alta tecnologia, affrontando investimenti di elevato valore economico. Il figlio collabora con lui nella conduzione dell'impresa, mentre un'impiegata è stata assunta per gestire la contabilità e tenere i contatti con il pubblico. Può qualificarsi come "piccola" tale impresa? Per quale motivo?

mi riguarda perché...

SPUNTO DI RIFLESSIONE

Le attività di impresa che producono beni e servizi per la collettività sono moltissime, sia nel settore agricolo sia in quello industriale. Il fatto che siano così numerose non deve sorprenderti: esse infatti consentono la soddisfazione dei nostri bisogni e contribuiscono alla crescita della ricchezza e del benessere sociale.

Educazione finanziaria – Gli adempimenti necessari per aprire un'impresa

Molti sono gli adempimenti richiesti a chi decide di intraprendere un'attività imprenditoriale.
È innanzitutto necessario fare una **dichiarazione di inizio attività** all'Agenzia delle Entrate, che attribuisce il numero di **partita IVA** (Imposta sul valore aggiunto), in pratica il codice fiscale dell'impresa. Occorre poi **iscriversi all'INPS** (Istituto nazionale di previdenza sociale), allo scopo di avere una copertura economica nei casi di malattia, maternità, invalidità dei propri dipendenti, e all'**INAIL** (Istituto nazionale di assicurazione per gli infortuni sul lavoro) per assicurare i lavoratori da infortuni o malattie professionali. Entro trenta giorni dall'inizio dell'attività, l'imprenditore deve chiedere l'**iscrizione all'Ufficio del registro delle imprese**, tenuto presso la Camera di commercio locale.

Lavorare insieme

- Suddividetevi in gruppi in base alle indicazioni dell'insegnante.
- All'interno di ogni gruppo immaginate di voler avviare un'attività di impresa; decidete in quale settore operare, come reperire i finanziamenti necessari e quali formalità dovrete adempiere. Per quest'ultimo aspetto potete consultare alcuni siti specializzati, come quello della Camera di commercio di Milano, oppure il portale europeo per le piccole e medie imprese.
- Stendete poi una breve relazione e confrontatevi, in classe, con le scelte degli altri gruppi.

LEZIONE 6

Le società

VIDEO START
Avviare un'impresa con un euro? Si può

AUDIOTESTO

Che cos'è una società L'impresa può essere esercitata, oltre che da singoli soggetti, da persone che si uniscono in società per disporre di maggiori capitali e per ripartirsi i rischi economici dell'attività d'impresa. La **società**, secondo l'art. 2247 c.c., è il contratto con cui due o più persone conferiscono beni o servizi per l'esercizio in comune di un'attività economica allo scopo di dividerne gli utili.
Da questa definizione si desume che un primo requisito per la costituzione di una società è la **pluralità di persone** e che, di conseguenza, non è possibile per un soggetto individuale dare vita a un'esperienza societaria. In realtà da alcuni anni è ammessa la costituzione di alcuni tipi di società (la società per azioni e la società a responsabilità limitata) anche con un unico socio. Ciò si giustifica in virtù dell'esistenza di una direttiva comunitaria volta a legittimare le **società unipersonali**, per la necessità di rilanciare a livello europeo l'imprenditorialità e lo sviluppo economico.

CASO Angela R., Claudia F. e Giulio T., decidono di dare vita a un'attività gestita nel loro tempo libero: raccolgono presso parenti, amici e conoscenti oggetti usati di vario genere (abbigliamento, giochi per bambini...) per donarli alle famiglie in difficoltà economiche del paese in cui vivono. Si può affermare che hanno costituito una società?
■ *No, perché manca lo scopo di lucro.*

I conferimenti e il capitale sociale Il Codice civile sancisce per i soci l'**obbligo dei conferimenti allo scopo di costituire il capitale sociale**, destinato a sostenere le spese necessarie per lo svolgimento dell'impresa e a garantire i creditori sociali per i debiti della società stessa. I soci possono conferire *denaro*, *beni*, *crediti*, o la *propria attività lavorativa*.

L'oggetto sociale e lo scopo di lucro I conferimenti servono a consentire l'**esercizio in comune di un'attività economica**, che costituisce l'**oggetto sociale**. Tutti i soci partecipano alla gestione della società, e questo può avvenire in modo diretto, se è riconosciuto a tutti loro il diritto di amministrazione, o in modo indiretto, se, avendo comunque poteri d'informazione e di controllo, non esercitano in prima persona il potere amministrativo.
Lo **scopo delle società** è il **lucro finale**, che si sostanzia nel ricavare utili dall'attività svolta, ripartendoli poi tra i partecipanti. Quando non viene perseguito questo fine, ma si esercita un'attività economica per altri scopi (assistenziali, di beneficenza), non si parla di "società", ma di "associazioni" o di "enti".

Memo LESSICO
Il termine ▸**accomandita** deriva da un'operazione commerciale propria del Medioevo: la *commenda*. Essa era un contratto con cui un soggetto affidava (in latino *commendare*) denaro a un mercante per ottenere parte degli utili delle sue attività.

Società di persone e di capitali La legge prevede la possibilità di costituire *società di persone* e *società di capitali*. Sono **società di persone** la *società semplice* (s.s.), la *società in nome collettivo* (s.n.c.) e la *società in* ▸*accomandita semplice* (s.a.s.). Fanno parte invece delle **società di capitali** la *società per azioni* (s.p.a.), la *società a responsabilità limitata* (s.r.l.) e la *società in accomandita per azioni* (s.a.p.a.).
Le caratteristiche principali delle società di persone sono:
- la **partecipazione di ciascun socio all'amministrazione della società**;
- la **responsabilità solidale e illimitata** dei soci per i debiti della società. È detta "solidale" perché i creditori della società possono chiedere il pagamento dell'intero debito a un singolo socio, che potrà poi rifarsi sugli altri per la loro parte. È illimitata poiché ogni socio risponde dei debiti sociali con tutti i propri beni.

I caratteri peculiari delle società di capitali sono invece:
- la **possibilità di affidare l'amministrazione anche a soggetti non soci**;
- la **responsabilità limitata** al valore dei conferimenti di fronte ai debiti sociali (vale a dire che i soci rischiano soltanto la quota di capitale che hanno conferito in società).

ESPANSIONE
Le società mutualistiche

ESPANSIONE
L'autonomia patrimoniale

competenze in campo

1 Completa lo schema

DIDATTICA INCLUSIVA

SOCIETÀ DI PERSONE

prevedono:
- responsabilità .... e .... dei soci per i debiti sociali
- partecipazione di ogni .... alla .... della società

ESERCIZIO INTERATTIVO

2 **Osserva e rifletti**

Quando si costituisce una società tra più persone, che cosa possono conferire i soci per costituire il capitale sociale?

3 **Completa il testo**

ESERCIZIO INTERATTIVO

Un elemento proprio delle società è la presenza di una .... di persone; in alcuni casi si ammettono tuttavia società .... , allo scopo di incoraggiare l' .... e lo .... economico.

4 **Risolvi il caso**

Tre amici costituiscono una società per produrre imballaggi in cartone. Il primo conferisce denaro, il secondo gli immobili destinati allo svolgimento dell'impresa e il terzo, non disponendo di capitali, conferisce la propria attività lavorativa.
Quale qualifica assume, all'interno della società, il terzo socio?

mi riguarda perché...

SPUNTO DI RIFLESSIONE

Potrebbe succedere, un domani, che tu decida di dare vita a un'impresa. Se non avrai i mezzi economici sufficienti per avviarla da solo, sei consapevole della possibilità di costituire con altri una società, riducendo l'impegno economico necessario e frazionando il rischio di un andamento negativo sul mercato.

Le tue domande — Che cosa sono le società *off shore*?

Le società *off shore* sono società che stabiliscono una o più **sedi dell'impresa in Paesi esteri** dove è possibile ottenere **particolari vantaggi**, come il contenimento dei costi, la tutela dell'anonimato (in particolare attraverso il rigido segreto bancario) e, soprattutto, la riduzione degli oneri fiscali. Infatti, la maggior parte dei Paesi sede delle società *off shore* è nota come **paradiso fiscale** proprio perché la legislazione consente un prelievo fiscale molto basso.

Lavorare insieme

- Suddividetevi in gruppi in base alle indicazioni dell'insegnante.
- All'interno delle s.p.a. gli amministratori sono **responsabili penalmente** del loro operato se commettono particolari reati, che prendono il nome di "reati societari" o "reati dei *colletti bianchi*" (con questa espressione si identificano i manager, ovvero gli amministratori). Ricercate in che cosa consistono e quali sanzioni comportano i reati che seguono: false comunicazioni sociali, illegale ripartizione di utili, divulgazione di notizie riservate, insider trading, conflitto di interessi, peculato, corruzione. Guardate poi il video presente sul sito di "tg24.sky" (link.pearson.it/3C67D5A3), per cogliere le forme più "moderne" di reati societari, traendone riflessioni personali.
- Presentate in classe i risultati della vostra ricerca, dando vita a un dibattito mediato dall'insegnante.

LEZIONE 7

I fattori produttivi

VIDEO START
Il capitale umano

AUDIOTESTO

Gli strumenti necessari alla produzione Ogni imprenditore, per poter produrre, deve disporre di determinati strumenti: il terreno su cui sorge l'azienda, i capannoni, il denaro, i macchinari, le attrezzature e così via. Questi mezzi, definiti *fattori produttivi*, vengono normalmente raggruppati in cinque elementi: la *natura*, il *lavoro*, il *capitale*, l'*organizzazione* e lo *Stato*.
I **fattori produttivi**, denominati anche *input*, sono i beni e i servizi usati dall'imprenditore per realizzare la produzione (il prodotto finale corrisponde all'*output*).
Caratteristica dei fattori produttivi è il fatto di essere *complementari*, nel senso che, pur diversamente dosati e combinati tra loro, sono tutti necessari al fine della produzione, cioè non si può fare a meno di nessuno di essi.

La natura Il fattore **natura** si riferisce non soltanto al suolo in senso stretto, sede necessaria dell'impresa, ma all'intera natura, comprensiva del terreno, dei minerali, delle energie, dei gas, dell'acqua, del clima e così via. I proprietari terrieri che mettono a disposizione delle imprese le loro terre percepiscono in cambio una ▸rendita.
In relazione al fattore natura le imprese devono operare nel rispetto dell'ambiente circostante.

Memo
La ▸**rendita**, che costituisce fonte di reddito, corrisponde all'ammontare monetario che si percepisce se si concede in uso ad altri un bene immobile, come un terreno o un'abitazione.

ESEMPIO In base alla legge, le aziende che producono sostanze inquinanti devono costruire adeguati impianti di depurazione.

Il lavoro Il **lavoro** corrisponde all'energia psicofisica che alcune persone mettono a disposizione di altre in cambio di un corrispettivo monetario. Tra i fattori produttivi il lavoro è sicuramente quello più delicato da trattare, in quanto l'imprenditore non si trova a organizzare semplici oggetti, bensì persone di cui vanno rispettate la libertà, la dignità e la dimensione morale e intellettuale.

Il capitale Il **capitale** comprende il denaro e tutti i beni prodotti dall'uomo che sono destinati alla produzione di altri beni. In tal senso i beni destinati alla produzione, detti anche **beni capitale**, si distinguono dai beni di consumo, tenendo presente che la distinzione dipende non tanto dalla natura del bene considerato, bensì dalla sua destinazione.

ESEMPIO Un computer può essere considerato *bene di consumo* qualora una persona lo usi a titolo personale, *bene capitale* se viene impiegato all'interno di un'impresa per la produzione.

L'organizzazione L'**attività organizzativa** dell'imprenditore consiste nel combinare nel modo più efficace possibile tutti gli *input* allo scopo di ottenere il miglior risultato produttivo. Questa attività è di fondamentale importanza nella produzione: infatti, se non viene condotta con la dovuta efficienza o se l'imprenditore commette errori di valutazione, soprattutto quando la congiuntura economica è sfavorevole, la produzione può risentirne negativamente e si può determinare una situazione di crisi, in cui l'imprenditore non è più in grado di pagare, con i ricavi della produzione, il costo dei fattori produttivi.

Il ruolo dello Stato Lo **Stato** è indirettamente fattore di produzione, in quanto, grazie alle sue leggi e al suo ruolo di coordinatore economico, tutela l'attività produttiva. Le imprese, in particolare, possono essere avvantaggiate dallo Stato attraverso il sostenimento pubblico di parte degli oneri finanziari che gravano su di esse (come il versamento in misura ridotta di contributi sociali) e gli incentivi economici (come i prestiti a tasso agevolato).

ESPANSIONE
I capitali

competenze in campo

1 Completa lo schema

INPUT

- natura, compensata con la ....
- ....
- .... , tra cui il denaro
- attività .... dell'imprenditore
- interventi dello .... , attraverso le leggi

ESERCIZIO INTERATTIVO

2 Osserva e rifletti

A quali fattori produttivi puoi collegare l'immagine?

3 Completa le frasi

ESERCIZIO INTERATTIVO

1. I fattori produttivi sono .... tra loro.
2. I beni capitale sono destinati alla .... e si distinguono dai beni di ...., utilizzati dalle persone per soddisfare i propri ....
3. Lo Stato è un fattore della produzione nella misura in cui può agevolare le .... con .... fiscali, ... economici oppure sostenendo parte degli oneri .... delle imprese.

4 Risolvi il caso

L'imprenditore Rossano B. decide di svolgere la sua attività facendo completamente a meno del fattore natura, limitandosi a organizzare capitale, lavoro e impresa. È possibile ciò? Perché?

mi riguarda perché...

SPUNTO DI RIFLESSIONE

Quando si avvia un'impresa, è possibile "dosare" diversamente i fattori produttivi. Tuttavia dovrebbe ormai risultarti chiaro come essi siano tutti necessari: non si può infatti fare a meno completamente del lavoro dei dipendenti, dei capitali, delle risorse naturali e degli interventi dello Stato a favore delle imprese.

FOCUS Fino a dove può spingersi la tecnologia

La **tecnologia** e le **innovazioni** giocano un **ruolo vitale nella produzione**: vengono progettati prodotti, impensabili fino a pochi anni fa, che confermano le enormi **potenzialità della ricerca e dell'inventiva umana**. Facciamo qualche esempio: esistono smartphone che permettono di sfogliare pagine web con un semplice movimento degli occhi; occhiali che, dotati di un minuscolo schermo trasparente e di un piccolissimo computer, consentono di scattare fotografie, fare filmati, ricevere indicazioni stradali. Si può pensare che ci troviamo di fronte a esagerazioni tecnologiche. Tuttavia occorre riflettere su quanto questi strumenti cambieranno il nostro modo di comunicare e quanto potranno essere d'aiuto alle persone disabili.

Le tue domande: Che cos'è il *know how*?

Le imprese, con riferimento al fattore produttivo "lavoro", si avvalgono del cosiddetto ***know how***. Esso corrisponde alle conoscenze, alle capacità e alle abilità accumulate dai lavoratori, nonché dallo stesso imprenditore, che sono fondamentali per far funzionare al meglio un processo produttivo o un'impresa.

Detto da... Steve Jobs

"Ogni tanto un prodotto rivoluzionario appare, cambiando tutto il resto..."

Con riferimento all'attività produttiva, a quali riflessioni ti inducono le parole del fondatore di Apple?

LEZIONE

8

I costi di produzione e il profitto

VIDEO START
Si può eliminare il rischio nell'attività di impresa?

AUDIOTESTO

> **Memo**
> ▸**L'imprenditore** è il soggetto economico che svolge un'attività economica organizzata diretta alla produzione o allo scambio di beni e servizi; il suo reddito prende il nome di profitto.

L'analisi costi/benefici I **costi di produzione** corrispondono agli oneri economici che un'impresa deve sostenere per procurarsi i fattori produttivi necessari alla propria attività. Una saggia gestione dei costi è di rilevante importanza per ogni impresa, in quanto il profitto dell'imprenditore corrisponde alla differenza tra i ricavi e i costi. Questa considerazione non si traduce obbligatoriamente nella necessità di limitare al massimo i costi, perché risparmiare troppo sulle spese può tradursi in un risultato qualitativamente deludente e poco apprezzato sul mercato. ▸L'imprenditore ha invece convenienza a condurre continuamente l'**analisi costi/benefici**, valutando l'incidenza che ogni scelta di spesa può avere sulla qualità del prodotto e sulla sua capacità di richiamo della clientela.

Costi fissi e variabili I costi totali sostenuti da un'impresa risultano composti di *costi fissi* e di *costi variabili*. I **costi fissi** sono rappresentati dalle spese la cui entità non si modifica al variare della quantità prodotta; sono invece **variabili** i costi che cambiano quando si modifica il volume produttivo.

ESEMPIO Sono *costi fissi* i salari e gli stipendi, i premi assicurativi, le spese per i locali, gli oneri pubblicitari, gli interessi sui prestiti. Sono invece *variabili* i costi di trasporto, le spese per l'energia, i costi delle materie prime, i compensi per il lavoro straordinario.

I costi nel breve e nel lungo periodo La distinzione dei costi in fissi e variabili è in realtà possibile solo in riferimento al *breve periodo*; infatti nel *lungo periodo* tutte le spese sono variabili, data la possibilità per l'impresa di ampliare le proprie dimensioni, a cui consegue l'aumento delle spese fisse.
Il **breve periodo** indica, in economia, l'arco di tempo entro il quale un'impresa non è in grado di mutare la dimensione dei propri impianti, mentre nel **lungo periodo** possono variare le dimensioni dell'impresa e pertanto possono essere ampliate quelle degli impianti. La durata del breve e del lungo periodo dipende dal settore produttivo in cui si opera.

ESEMPIO È intuitivo che i tempi del breve periodo siano minori per un'industria leggera (come un'impresa tessile) che non per un'industria pesante (pensiamo a un'acciaieria), in quanto sono meno complessi i sistemi di costruzione degli impianti.

Il profitto Se, alla fine della produzione, i ricavi sono superiori ai costi, l'impresa realizza un **profitto**, che può pertanto essere definito come il *reddito dell'imprenditore*. Esprimiamo attraverso una formula il procedimento con cui si determina il profitto:

Profitto = Ricavi – Costi

L'obiettivo principale dell'imprenditore è quello di *massimizzare il profitto* attraverso un'efficace organizzazione dei fattori produttivi. A tal fine egli cerca di individuare il livello di produzione più conveniente, in relazione alla disponibilità dei fattori e alle richieste del mercato.

Il rischio economico Il profitto si caratterizza per avere carattere aleatorio, in quanto è legato al rischio proprio dell'impresa (*rischio economico*). Chi svolge un'attività produttiva, infatti, non ha la sicurezza che al termine di essa riuscirà a conseguire un profitto, per il fatto che possono verificarsi aggravi di costo e altri imprevisti, spesso indipendenti dalla volontà e dalle possibilità di controllo dell'imprenditore. Rientrano tra questi gli errori di valutazione da parte dell'imprenditore, le perdite dovute al logorio dei macchinari, la limitata disponibilità di uno o più fattori produttivi (per esempio in seguito a una crisi internazionale).

ESPANSIONE
La rappresentazione grafica dei costi fissi e variabili

competenze in campo

1 Completa il testo

DIDATTICA INCLUSIVA

I costi di produzione possono essere:

- .... , se non cambiano in relazione alla .... prodotta del bene;
- .... , se cambiano in relazione alla .... prodotta del bene.

Attraverso l'analisi costi/........................ , l'imprenditore valuta l'........................ che ogni scelta di spesa può avere sulla .... del prodotto e sul suo successo nel ....

ESERCIZIO INTERATTIVO

2 Individua il termine

ESERCIZIO INTERATTIVO

1. In economia è breve o lungo in relazione alle capacità espansive delle imprese: ....
2. Sono i costi che non variano al variare della produzione: ....
3. Quelli assicurativi costituiscono un esempio di costo fisso: ....
4. Vanno sottratti ai ricavi per calcolare il profitto dell'imprenditore: ....
5. È l'analisi condotta dagli imprenditori per valutare le diverse scelte di spesa in relazione ai vantaggi che è possibile ottenere: ....

3 Osserva e rifletti

Lo stoccaggio e il trasporto di materie prime e di merci rappresentano per le imprese un costo fisso o variabile? Perché?

mi riguarda perché...

SPUNTO DI RIFLESSIONE

È facile fare l'imprenditore? Certamente no, se pensi in particolare alle difficoltà che si devono affrontare per ponderare nel migliore dei modi le proprie scelte produttive, ponendo attenzione a tantissimi fattori, in modo da realizzare il miglior risultato possibile cercando di contenere i costi produttivi.

FOCUS **Le imprese sociali**

In Italia, come nel resto del mondo, esistono **imprese** (definite **sociali**) che non si propongono solo di realizzare un profitto, ma mirano anche a conseguire obiettivi di natura sociale.
Alcune, per esempio, realizzano prodotti destinati alle fasce sociali più deboli, utilizzano materiali riciclati o si avvalgono dell'opera lavorativa di disabili, carcerati e disoccupati. In questo modo si riducono notevolmente i costi produttivi e, di conseguenza, il prezzo dei prodotti; allo stesso tempo si offrono occasioni di lavoro a chi farebbe molta fatica a trovarne.

- Come valuti iniziative imprenditoriali di questo tipo?
- Credi sia possibile diffondere in modo più ampio la cultura dell'impresa sociale?
- Se tu dovessi intraprendere un'attività simile, quale idea cercheresti di attuare?

Le tue domande **L'analisi costi/benefici è utilizzata solo dagli imprenditori privati?**

L'analisi costi/benefici è una tecnica di valutazione utilizzabile per **qualunque progetto di investimento**. È quindi adottata anche per i progetti di **investimento pubblico**, per valutare se essi creano o meno un valore economico per la collettività confrontandone i benefici attesi con i costi che la collettività dovrà sopportare.

LEZIONE 9

La ricchezza nazionale

VIDEO START
La vera ricchezza di uno Stato

AUDIOTESTO

Il Prodotto interno lordo L'insieme dei beni e dei servizi prodotti da tutti i soggetti economici che operano in uno Stato corrisponde alla ricchezza nazionale, che si identifica nel **Prodotto interno lordo (PIL)**.
Il **PIL**, che viene periodicamente misurato dall'ISTAT (l'Istituto nazionale di statistica), permette di **valutare il grado di crescita economica del Paese**. Esso è costituito dalla somma dei valori di tutti i beni e servizi finali che sono stati prodotti in uno Stato in un determinato periodo di tempo, normalmente coincidente con l'anno solare. Nel Prodotto interno lordo vanno contabilizzati i soli *beni e servizi finali*, con esclusione di quelli intermedi, vale a dire di quelli che vengono assorbiti nel risultato finale, come le materie prime e l'energia. La loro esclusione è giustificata dal fatto che, altrimenti, verrebbero contabilizzati due volte: una come prodotti finali delle imprese che li producono e una come beni intermedi delle imprese che li utilizzano.

Il calcolo del PIL Per calcolare il PIL vengono utilizzati due sistemi:
- si sommano i **valori aggiunti** realizzati in un anno nello Stato;
- si sommano i **prezzi dei beni e dei servizi finali** prodotti in un anno nello Stato.

Nel primo caso si calcola, per ogni impresa, il *valore aggiunto* della produzione; esso corrisponde alla *differenza tra i ricavi conseguiti* (o *fatturato*) *e i costi sostenuti per la produzione*. Occorre infine sommare tutti i valori così ottenuti.
Il secondo sistema di calcolo, meno utilizzato, si basa invece sulla *moltiplicazione delle quantità di beni e servizi finali per i rispettivi prezzi*, sommando poi i singoli risultati.

Memo
Il ▸**reddito** è la ricchezza che viene prodotta in un determinato periodo di tempo.

Il Reddito nazionale lordo Il valore aggiunto delle imprese viene distribuito sotto forma di ▸reddito a tutti coloro che hanno partecipato alla produzione: ai lavoratori spettano i salari e gli stipendi, ai capitalisti gli interessi, ai proprietari le rendite, agli imprenditori i profitti. L'insieme di tutti i redditi percepiti nell'arco di un anno dai soggetti che risiedono nello Stato costituisce il **Reddito nazionale lordo (RNL)**.

Gli impieghi del reddito La maggior parte del Reddito nazionale lordo è utilizzata dalle famiglie per i **consumi**, allo scopo di soddisfare i propri bisogni, oppure viene destinata agli **investimenti privati**. Parte del reddito è assorbita dagli enti pubblici attraverso il prelievo fiscale e impiegata per far fronte alle **spese pubbliche**, finalizzate all'erogazione di servizi per la collettività. Nel calcolo del RNL vengono, infine, comprese anche le **esportazioni**. Pertanto, l'equazione del reddito nazionale è la seguente:

$$Y = C + I + G + X$$

dove Y rappresenta il Reddito nazionale lordo, C i consumi globali, I gli investimenti privati, G le spese pubbliche e X le esportazioni.

Il Benessere interno lordo Se è vero che PIL e RNL rappresentano la ricchezza nazionale, occorre però rilevare che la crescita di uno Stato deve **tenere conto del benessere dei cittadini**, e quindi della qualità e dell'accessibilità di determinati servizi pubblici, in particolare della sanità, dell'istruzione e della giustizia. A parità di ricchezza, infatti, risultano maggiormente sviluppati gli Stati in cui le risorse economiche sono distribuite in modo equo, garantendo alla maggior parte delle fasce sociali di godere di adeguati standard di vita, diversamente da quanto si riscontra nei Paesi in cui la ricchezza è concentrata nelle mani di pochi soggetti. Occorre allora considerare anche il **BIL** (**Benessere interno lordo**), che corrisponde al benessere di una società valutato come somma delle "felicità" individuali.

ESPANSIONE
Misurare la dimensione dell'economia

ESPANSIONE
La distribuzione del reddito

competenze in campo

1 Completa le frasi

a. Il Prodotto interno lordo (PIL) è la somma dei valori dei .... e servizi .... prodotti in uno Stato in un .... solare.

b. Il Reddito .... lordo (RNL) è la somma dei .... percepiti nell'arco di un anno dai soggetti che .... nello Stato.

c. Il Benessere interno lordo (BIL) misura il .... di una .... valutato come somma delle .... individuali.

ESERCIZIO INTERATTIVO

2 Osserva e rifletti

A quali elementi in grado di incrementare il benessere sociale si riferiscono le immagini?

3 Completa la tabella

	Impresa X	Impresa Y	Impresa Z	Prodotto lordo
Acquisti	3 000	4 000	7 800	
Vendite	4 000	5 800	9 200	
Valore aggiunto	**1 000**	....	....	....

4 Ricerca e rifletti

Nel 2008 venne istituita una commissione, composta dagli economisti Joseph Stiglitz, Amartya Sen e Jean Paul Fitoussi, allo scopo di elaborare strumenti statistici idonei a rilevare le dimensioni del benessere sociale, in particolare in relazione alla salute, al tempo libero, all'ambiente, all'istruzione e alla sicurezza. Consulta i dati della commissione su link.pearson.it/A9D58221 ed esprimi le tue considerazioni in proposito.

mi riguarda perché...

SPUNTO DI RIFLESSIONE

La ricchezza di un Paese si basa solo sulla quantità di moneta a disposizione dei cittadini? Non è così: sei sicuramente consapevole del fatto che la ricchezza di uno Stato non può basarsi esclusivamente su calcoli economici ma deve prendere in considerazione le condizioni di vita dei cittadini, con particolare riferimento al livello dei servizi a disposizione degli abitanti, in particolare quelli sanitari e culturali.

FOCUS Il benessere equo e solidale

In considerazione del fatto che la vera ricchezza di un Paese non può essere valutata solo in termini economici, ma anche in termini di benessere personale e sociale, è nato il concetto di **Benessere equo e solidale** (**BES**). L'Italia è tra gli Stati che, da alcuni anni, misurano la qualità della vita, oltre che con i dati strettamente economici, con parametri volti a verificare la **sostenibilità sociale e ambientale**. A effettuare periodicamente tale misura è l'ISTAT, che ha istituito un sito (www.misuredelbenessere.it) dove, oltre alla possibilità di approfondire il tema del BES, ognuno può intervenire per far sentire la propria voce e avanzare idee e proposte.

Educazione finanziaria — L'ISTAT

Il calcolo del PIL è affidato all'**ISTAT** (Istituto nazionale di statistica), ente pubblico che si occupa di indagini statistiche, di natura sia economica sia sociale, in diversi settori. Tra le indagini economiche rientrano per esempio quelle relative alla ricchezza nazionale, all'inflazione, all'andamento del mercato; delle indagini sociali fanno parte quelle relative ai consumi delle famiglie, agli stili di vita, alle condizioni di salute. I dati ISTAT, che corrispondono a tavole di dati, banche dati e pubblicazioni, sono consultabili gratuitamente online.

PERCORSO 3 / Sintesi con la mappa

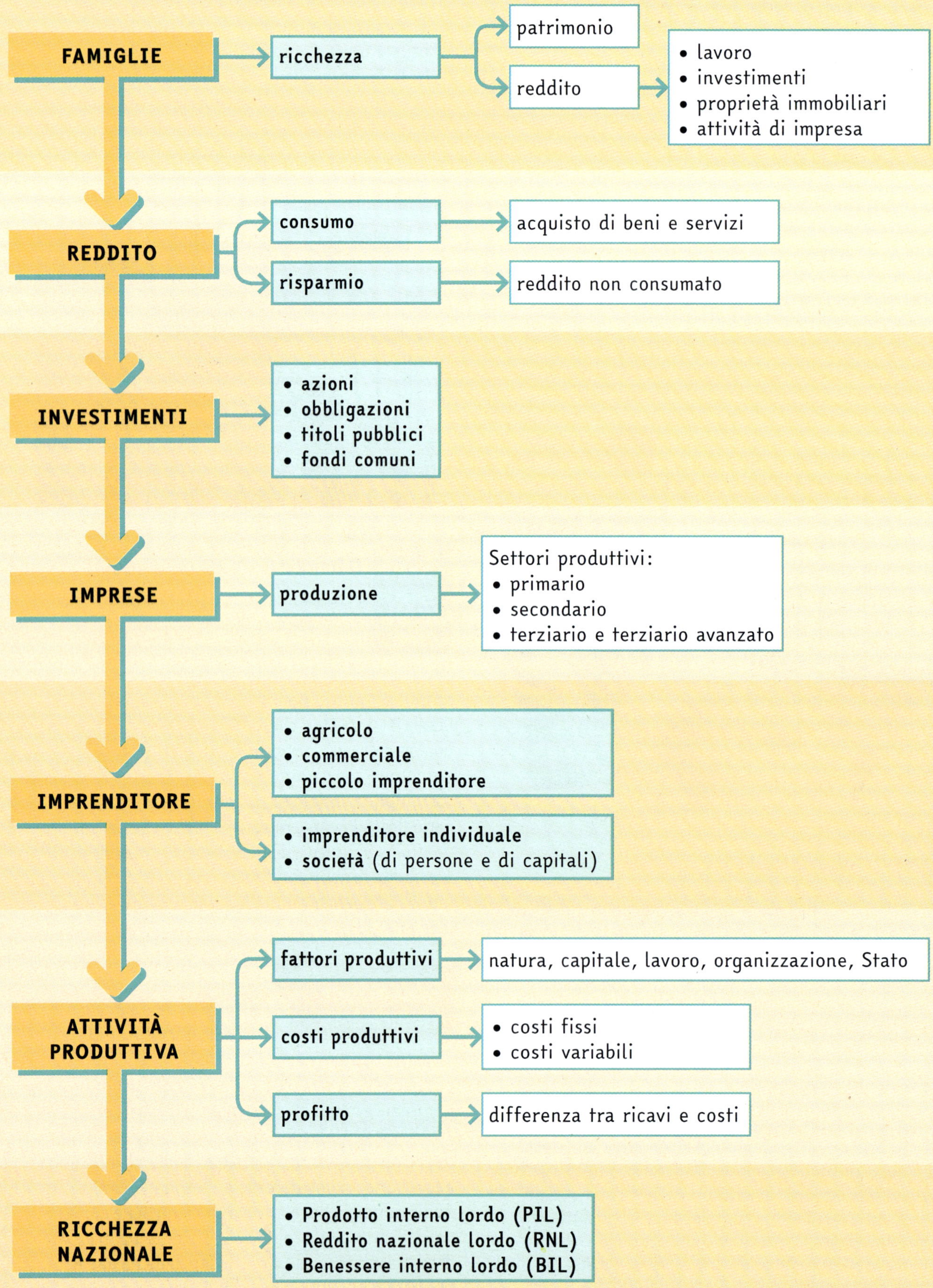

AUDIOSINTESI

LEZIONE 1 Il patrimonio e il reddito

La famiglia è il soggetto economico che interviene nel mercato soprattutto attraverso l'attività di **consumo**. Per fare ciò utilizza la propria ricchezza, che è costituita dal patrimonio e dal reddito. Il **patrimonio** corrisponde al valore dei beni posseduti in un dato momento; il **reddito** è invece la ricchezza prodotta in un arco di tempo. Il reddito proviene soprattutto dal **lavoro**, ma può derivare anche da **attività d'impresa**, da **investimenti**, da **proprietà immobiliari**.

LEZIONE 2 Il consumo e il risparmio

Una buona parte del reddito delle famiglie viene utilizzata per procurare beni e servizi che vengono **consumati**, ossia impiegati per soddisfare i bisogni familiari.
L'entità del consumo dipende soprattutto dal **livello del reddito**, ma è anche condizionata da altri fattori, tra cui la pubblicità e il motivo di comparazione.
La parte di reddito che non viene consumata, bensì accantonata per esigenze future, corrisponde al **risparmio**.

LEZIONE 3 Gli investimenti

Il risparmio delle famiglie può essere utilizzato a fini produttivi (cioè messo a disposizione di imprese ed enti pubblici per finanziare la loro attività produttiva) attraverso l'**investimento**.
Tra le principali tipologie di investimento rientrano le **azioni**, le **obbligazioni**, i **titoli pubblici**, i **fondi comuni**. È possibile anche investire in **beni rifugio**, che in genere mantengono o aumentano il loro valore nel tempo.

LEZIONE 4 Le imprese e la produzione

L'**impresa** corrisponde all'attività economica volta alla **produzione** o allo **scambio** di beni e servizi.
L'**attività produttiva** può consistere nella **trasformazione** di materie prime in prodotti finiti, ma anche nel trasferimento di beni da un luogo a un altro (**commercio**) e nell'accumulazione dei prodotti per il consumo in un momento successivo (**conservazione**).
I **settori produttivi** sono quello **primario** (agricoltura), quello **secondario** (industria) e quello **terziario** (prestazione di servizi); quest'ultimo è oggi il più diffuso, soprattutto come **terziario avanzato**.

LEZIONE 5 L'imprenditore e le tipologie di impresa

È **imprenditore** chi svolge professionalmente un'attività economica organizzata volta alla produzione o allo scambio di beni e servizi.
L'imprenditore si qualifica come **agricolo** se si occupa di coltivazione del fondo, selvicoltura o allevamento di animali, come **commerciale** se l'attività produttiva svolta non ha carattere agricolo.
La categoria dei **piccoli imprenditori** comprende coloro che lavorano personalmente nell'impresa e il cui lavoro, unito eventualmente a quello dei familiari, prevale sul capitale e sul lavoro dei dipendenti.

Le nuove parole

Patrimonio ▸ Valore dei beni posseduti in un determinato momento.
Assets

Reddito ▸ Ricchezza che si produce in un dato arco di tempo.
Income

Consumo ▸ Uso di un bene o di un servizio al fine di soddisfare un bisogno.
Consumption

Risparmio ▸ Parte del reddito che non viene consumata.
Save

Investimento ▸ Processo tramite cui il risparmio viene utilizzato a fini produttivi.
Investment

Azioni ▸ Titoli di credito a reddito variabile che corrispondono a quote del capitale sociale di una s.p.a.
Stocks

Obbligazioni ▸ Titoli di credito a reddito fisso emessi da s.p.a.
Bonds

Titoli pubblici ▸ Titoli di natura obbligazionaria emessi dallo Stato o da altri enti pubblici.
Government bonds

Sintesi discorsiva

LEZIONE 6 Le società

L'impresa può essere svolta tramite un contratto di **società**, in cui più persone danno vita a un'attività produttiva comune con scopo di lucro. In realtà è possibile anche la costituzione di società unipersonali.
Per i **soci** è obbligatorio eseguire **conferimenti**, ossia mettere a disposizione dell'attività sociale denaro, beni o il proprio lavoro.
Si possono costituire **società di persone** e **società di capitali**.
Nelle prime i soci partecipano all'amministrazione sociale e sono solidalmente e illimitatamente responsabili per le obbligazioni sociali; nelle altre l'amministrazione può spettare anche a non soci e la responsabilità è limitata al valore della quota conferita.

LEZIONE 7 I fattori produttivi

Per poter realizzare un'attività produttiva è necessario utilizzare varie risorse, che si definiscono **input** o **fattori produttivi**.
Essi comprendono la **natura**, il **lavoro dei dipendenti**, il **capitale** (come il denaro e i macchinari), l'**attività organizzativa**. Tra questi fattori quello più delicato da trattare è il lavoro, perché si ha a che fare con la dignità e la libertà delle persone. Anche lo **Stato** è indirettamente un fattore produttivo, per il sostegno che può fornire alle imprese tramite sgravi fiscali e incentivi economici.

LEZIONE 8 I costi di produzione e il profitto

I **costi di produzione** sono gli oneri economici che l'impresa deve sostenere per procurarsi i fattori produttivi necessari all'attività.
I **costi** possono essere **fissi**, se non variano al variare della produzione, **variabili** nel caso opposto.
La differenza tra i ricavi e i costi, se positiva, corrisponde al **profitto**, cioè il reddito dell'imprenditore. Il profitto è inscindibilmente legato al **rischio economico**, in considerazione dei possibili imprevisti e degli aggravi di costo.

LEZIONE 9 La ricchezza nazionale

Per calcolare la ricchezza di uno Stato si utilizza generalmente il **Prodotto interno lordo** (PIL), che corrisponde alla somma dei valori aggiunti realizzati in un anno dalle imprese. In realtà, a darci la vera misura del grado di sviluppo di uno Stato è il **Benessere interno lordo** (BIL), che non tiene conto solo del risultato economico, ma di fattori di crescita sociale come la distribuzione del reddito nazionale, il livello culturale e quello sanitario. Il **Reddito nazionale lordo** (RNL) indica invece l'insieme dei redditi percepiti in un anno dai soggetti che risiedono nello Stato.

Imprenditore
▸ Soggetto che svolge professionalmente un'attività economica organizzata volta alla produzione o allo scambio di beni e servizi.
Entrepreneur

Profitto ▸ Reddito che deriva dall'attività d'impresa; corrisponde alla differenza tra ricavi e costi.
Profit

Società ▸ Contratto con cui si dà vita all'esercizio in comune di un'attività economica allo scopo di dividerne gli utili.
Company

Fattori produttivi
▸ Risorse utilizzate dall'imprenditore per l'attività produttiva.
Inputs

Capitale ▸ Insieme del denaro e dei beni prodotti destinati a nuova produzione.
Capital

Costi ▸ Oneri sostenuti per l'acquisto dei fattori produttivi. Possono essere fissi o variabili.
Costs

Prodotto interno lordo
▸ Valore dei beni e servizi finali prodotti in un anno in uno Stato.
Gross domestic product

PERCORSO 3 / Verifica

VERIFICA INTERATTIVA · FLASHCARDS

Tutti devono sapere che...

DIDATTICA INCLUSIVA

1 Completa lo schema

REDDITO DELLE FAMIGLIE

- **consumo**
  - influiscono sul consumo:
    - livello del ....
    - motivo di ....
    - ....
- ....
  - principali tipi di investimento delle famiglie:
    - ....
    - ....
    - titoli ....
    - .... comuni

2 Dai la definizione corretta

1. È la ricchezza che viene prodotta in un determinato arco di tempo: _ _ D _ _ _ _
2. Il loro acquisto comporta la posizione di socio nelle s.p.a.: A _ _ _ _ _
3. Quelli pubblici hanno natura obbligazionaria: _ I _ _ L _
4. Possono essere fissi o variabili: _ _ _ T _
5. È il reddito dell'imprenditore: _ R _ _ _ _ T _
6. È il valore che indica la ricchezza nazionale: _ R _ _ O _ _ _ I _ _ _ _ N _ _ _ R _ _
7. È l'attività con cui si dà inizio a un'impresa: _ _ A _ _ U _
8. Lo è l'impresa che si occupa di allevamento di animali: _ G _ _ _ O _ _

Verifica le tue conoscenze di base

3 Scegli la risposta

1. Costituisce fonte di reddito:
   - [ ] **a.** la proprietà della propria abitazione
   - [ ] **b.** l'acquisto di gioielli
   - [ ] **c.** l'affitto di un immobile in cambio di un canone
   - [ ] **d.** l'esercizio di un'attività di volontariato

2. È il reddito che deriva dall'investimento dei propri risparmi:
   - [ ] **a.** il profitto
   - [ ] **b.** la rendita
   - [ ] **c.** l'interesse
   - [ ] **d.** l'onorario

3. I titoli pubblici sono:
   - [ ] a. obbligazioni emesse, in via esclusiva, dallo Stato
   - [ ] b. obbligazioni emesse dallo Stato o da altri enti pubblici
   - [ ] c. azioni emesse dallo Stato e dalle Regioni
   - [ ] d. azioni emesse dallo Stato e dai Comuni

4. È il compenso dell'imprenditore:
   - [ ] a. l'interesse
   - [ ] b. il profitto
   - [ ] c. la rendita
   - [ ] d. il ricavo

5. Il capitale monetario che le imprese si procurano attraverso i prestiti bancari è denominato:
   - [ ] a. capitale proprio
   - [ ] b. capitale di rischio
   - [ ] c. capitale di credito
   - [ ] d. capitale finanziario

6. Misura il benessere della popolazione di uno Stato:
   - [ ] a. PIL
   - [ ] b. BIL
   - [ ] c. RNL
   - [ ] d. PNL

4 Vero o falso?

1. Gli interessi percepiti su un investimento fanno parte del patrimonio. V F
2. Gli obbligazionisti sono soci della società. V F
3. I BOT sono azioni emesse da una s.p.a. V F
4. L'investimento in fondi comuni è caratterizzato dalla diversificazione. V F
5. I fattori produttivi sono tra loro complementari. V F
6. Il profitto è il reddito che si ottiene da un investimento. V F
7. I titoli pubblici hanno natura obbligazionaria. V F
8. Nel lungo periodo tutti i costi risultano variabili. V F
9. Profitto e ricavo sono concetti tra loro corrispondenti. V F
10. Il valore aggiunto è la differenza tra ricavi e costi di un'impresa. V F

Potenzia le tue abilità

5 Collega le informazioni

1. [ ] Reddito
2. [ ] Risparmio
3. [ ] Obbligazioni
4. [ ] Startup
5. [ ] Capitale proprio
6. [ ] Natura
7. [ ] Capitale
8. [ ] Impiego del reddito nazionale
9. [ ] Impresa agricola

a. Capitale di rischio
b. Denaro e beni destinati alla produzione
c. Ruolo di creditore
d. Ricchezza prodotta nel tempo
e. Allevamento di animali
f. Spese pubbliche
g. Gas e clima
h. Avvio di un'attività d'impresa
i. Tutela del proprio futuro

6 Trova la parola nascosta

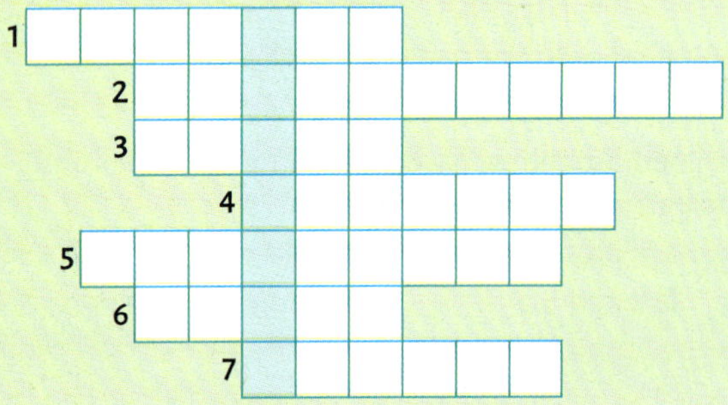

1. Può derivare dal lavoro, da investimenti e da attività imprenditoriali. **2.** Lo è l'impresa non agricola. **3.** Così sono denominati i fattori produttivi. **4.** Lo assumono gli imprenditori data l'incertezza economica dell'attività svolta. **5.** Il BIL misura quello della popolazione di uno Stato. **6.** Nel lungo periodo sono tutti variabili. **7.** Sono titoli il cui possesso conferisce la qualità di socio.

Sviluppa le tue competenze

7 ●●● Rispondi alle domande

1. Che differenza esiste tra il concetto di consumo e quello di investimento?
2. A quale tipo di investimento ci si orienta prevalentemente se si è disposti a correre rischi finanziari?
3. Quali valutazioni si devono fare prima di avviare un'attività d'impresa?
4. Perché la legge ammette la costituzione di società unipersonali?
5. Quali indicatori vengono utilizzati per calcolare il Benessere interno lordo di uno Stato?

8 ●●● Risolvi i casi

1. Anna V. acquista obbligazioni emesse da una banca al tasso di rendimento del 2%. Dato il positivo andamento della Borsa negli ultimi mesi, Anna V. ritiene di avere diritto a una maggiore percentuale di interessi, ma la banca gliela nega. È legittimo tale rifiuto?
2. Stefano P. si rivolge a una banca per investire i propri risparmi, specificando che è disposto ad affrontare anche qualche rischio monetario pur di realizzare alti interessi. Quali consigli potrà dargli l'impiegato della banca?
3. Marco G., dipendente di un'impresa edile, sostiene che le spese per l'acquisto dei materiali necessari per il suo lavoro rappresentano per l'impresa un costo fisso, perché devono essere ciclicamente rinnovati. Un suo collega ritiene invece che esse corrispondano a un costo variabile, in quanto la loro quantità varia secondo la mole di produzione. Chi ha ragione?

9 ●●● Esponi la tua opinione

1. La pubblicità e il motivo di comparazione influenzano in modo sempre più evidente gli acquisti dei consumatori, limitando sensibilmente la loro autonomia decisionale. Che cosa si potrebbe fare, a tuo parere, per incoraggiare scelte economiche meno condizionate, soprattutto fra i tuoi coetanei?
2. Scriveva l'economista P. Samuelson che "il cane di un ricco può ricevere il latte necessario perché un bambino povero non diventi rachitico"; questo perché "gli imprenditori fanno ciò che devono fare, cioè mettono le merci nelle mani di coloro che possono pagare di più". Quali sono le tue riflessioni in merito a queste affermazioni?

10 ●●● Comprendi e rifletti

Le buone idee pagate dal web

Il *crowdfunding*, forse il fenomeno economico più promettente del momento per chi è giovane e ha una buona idea, che si tratti di un ingegnere o di un filmaker, di un musicista o di un architetto, si può spiegare così. [...]
Nel crowdfunding la parola magica è *crowd*, "folla", che non è però un mondo indistinto: sono quelli che stanno in rete. [...] Queste persone attraverso la rete possono collaborare a ideare un progetto basato sulla conoscenza condividendo informazioni: e allora magari realizzano tutti assieme un'automobile, un modo per fermare il riscaldamento globale o anche solo una campagna pubblicitaria. Oppure possono contribuire a finanziarlo, il progetto. Un euro alla volta. Una volta cose così le avremmo chiamate "collette" e si facevano quando un'impresa o meglio un'organizzazione entrava in crisi e chiedeva soldi ai suoi sostenitori. Con il web il principio è simile, ma la scala è planetaria e anche le motivazioni sono diverse. Qui non c'è un'azienda in difficoltà da salvare, qui c'è un'idea innovativa da realizzare. [...] Il crowdfunding sta quindi diventando il principale motore economico della creatività dal basso.

Da V. Schiavazzi e R. Luna in "La Repubblica"

1. Per quale ragione il crowdfunding rappresenta un'opportunità soprattutto per i giovani?
2. Nel brano si definisce il crowdfunding come "il principale motore economico della creatività dal basso". In che senso secondo te?
3. Prova a pensare quale potrebbe essere un'idea imprenditoriale vincente da sostenere con il crowdfunding. Confronta poi in classe, in un dibattito mediato dall'insegnante, la tua idea con quelle dei compagni; alla fine votate la migliore.

PERCORSO **4** economia

L'economia di mercato

Incominciamo da te

Una situazione concreta **Una nota rivista scientifica pubblica un articolo in cui si sostiene la tesi, suffragata da prove, che il consumo regolare di agrumi prevenga efficacemente i tumori all'apparato digerente. Che cosa succederà probabilmente al consumo e al prezzo degli agrumi in seguito alla pubblicazione di questa notizia?**

! Molte persone reagiranno aumentando la richiesta di agrumi; di conseguenza le imprese, approfittando dell'incremento della domanda, alzeranno i prezzi.

Le 5 domande

1. Immagina di avere il compito di organizzare la spesa settimanale per la tua famiglia. Come ti comporti nella scelta dei prodotti da comprare?
2. Perché, nella vendita dei prodotti ortofrutticoli, le primizie hanno prezzi elevati?
3. Lo Stato ha il "monopolio della vendita dei tabacchi": qual è a tuo parere il significato di questa espressione?
4. In base alle tue conoscenze, sono molte o poche le imprese che operano nel settore della produzione di pasta alimentare? E in quello delle automobili?
5. Leggendo un quotidiano o seguendo un telegiornale, sentiamo ogni giorno parlare di andamento della "Borsa": a che cosa ci si riferisce con questo termine?

Il nostro percorso

CONOSCENZE

- Mercato e libertà di concorrenza
- Rapporto tra prezzo e domanda
- Relazione tra prezzo e offerta; formazione del prezzo di equilibrio
- Concorrenza imperfetta, oligopolio e monopolio
- Cartelli, consorzi, trust, holding trust e legge antimonopolistica
- Funzionamento del mercato dei titoli

LEZIONE 2

La domanda

LEZIONE 3

L'offerta e la formazione del prezzo

LEZIONE 4

Le principali forme di mercato

LEZIONE 5

Gli accordi tra le imprese e la normativa antitrust

LEZIONE 6

Il mercato dei titoli: la Borsa valori

ABILITÀ

- Riconoscere l'importanza del principio di libera concorrenza, al fine sia del contenimento dei prezzi sia della tutela della qualità dei prodotti
- Saper valutare le dinamiche che si attivano sulla domanda in relazione alla variazione del prezzo
- Individuare i meccanismi che si instaurano quando, in caso di prezzi troppo elevati o troppo bassi, si tende alla formazione di un prezzo di equilibrio
- Riconoscere le dinamiche concorrenziali nelle forme di mercato esistenti
- Cogliere le motivazioni che ispirano la legge antitrust, con particolare attenzione alla difesa dei consumatori
- Analizzare, all'interno del mercato dei titoli, gli stessi meccanismi che caratterizzano il mercato dei beni e dei servizi

La competenza d'arrivo

Riconoscere le dinamiche del mercato, soprattutto i meccanismi di causa/effetto che esistono tra domanda, offerta e prezzo.

LEZIONE 1

Il mercato

VIDEO START
Egoismi umani
e ricchezza nazionale

AUDIOTESTO

Memo LESSICO
Il sostantivo ▸**mercato** deriva dal verbo latino *mercari*, che significa "comprare", "trafficare", "essere commerciante".

La nozione di mercato Quando si parla di ▸mercato a molti di noi viene subito in mente il mercato rionale o quello che periodicamente si tiene nelle piazze delle città; il termine *mercato*, in tal senso, corrisponde al *luogo fisico* in cui si incontrano i soggetti che vogliono vendere determinate merci e i potenziali compratori. In realtà il concetto di mercato è più ampio, data la vastità di mezzi con cui i compratori e i venditori possono mettersi in contatto: pensiamo alle vie postali, al telefono, al fax, a Internet, alla posta elettronica, alle reti telematiche con cui comunicano imprese, banche, enti pubblici e privati.
Il **mercato** è l'insieme delle contrattazioni relative alla compravendita di determinati beni o servizi, ovvero, in altri termini, l'insieme della domanda e dell'offerta di un dato prodotto o servizio.

Memo
Le ▸**azioni** sono titoli di credito a reddito variabile che attribuiscono ai loro titolari la qualità di socio; le ▸**obbligazioni** sono titoli di credito a reddito fisso che conferiscono a chi le acquista il ruolo di creditore della società emittente.

Gli elementi del mercato Nel mercato sono presenti tre elementi:

1. i **soggetti** che vi operano, cioè i venditori e i compratori;
2. i **beni** oggetto di scambio, che possono corrispondere a merci, servizi, titoli di credito (come le ▸azioni e le ▸obbligazioni);
3. il **prezzo**, che equivale alla quantità monetaria necessaria per ottenere beni o servizi.

CASO Una squadra di calcio italiana decide di comprare un famoso giocatore di una squadra estera. Può tale acquisto essere considerato un atto di mercato?
■ *Sì, sono presenti gli elementi del mercato: il venditore e il compratore (le due squadre), il bene scambiato (la prestazione professionale del calciatore) e il prezzo.*

I tipi di mercato Esistono diversi tipi di mercato in relazione all'area geografica in cui operano oppure alla quantità della merce trattata e alla sua destinazione.
Dal punto di vista geografico possiamo individuare:

- il **mercato locale**, che riguarda una determinata zona di un singolo Stato;
- il **mercato nazionale**, che copre l'intero territorio di uno Stato;
- il **mercato internazionale**, in cui operano venditori e compratori di diversi Paesi.

Per quanto concerne la quantità e la destinazione della merce si possono riconoscere:

- il **mercato all'ingrosso**, in cui le merci vengono contrattate tra produttori e venditori;
- il **mercato al dettaglio**, nel quale i prodotti vengono venduti ai consumatori.

I canali di distribuzione tra ingrosso e dettaglio possono essere più o meno complessi, in relazione agli operatori che vi entrano in gioco. Può trattarsi di canali *diretti* se esiste contatto immediato tra produttore e consumatore, *brevi* se tra essi si pone un solo intermediario, *lunghi* se sono presenti più intermediari.

La libertà di concorrenza Il mercato si basa sulla **libertà di concorrenza** tra le imprese: la normativa italiana difende tale principio attraverso la Costituzione, che nel co. 1, art. 41 afferma: «L'iniziativa economica privata è libera».
La libera concorrenza è un principio estremamente importante, non soltanto perché si inserisce nell'ottica del rispetto dei diritti di libertà individuali, ma anche perché contribuisce a tutelare gli interessi dei consumatori. Se infatti le imprese si fanno concorrenza, tendono a moderare il livello dei prezzi e a curare con più attenzione la qualità dei propri prodotti, per renderli più appetibili rispetto a quelli offerti da altri imprenditori. Un'impresa senza concorrenti non si sentirebbe stimolata ad apportare miglioramenti nella produzione e potrebbe mantenere una politica di prezzi elevati, essendo l'unica presente sul mercato in quel settore. Dal principio della libertà di concorrenza deduciamo pertanto che chiunque ha il diritto di dare inizio ad attività imprenditoriali simili a quelle di altri, indipendentemente dalla zona di produzione.

ESPANSIONE
Una definizione di mercato

competenze in campo

1 Completa lo schema

DIDATTICA INCLUSIVA

ESERCIZIO INTERATTIVO

MERCATO

- elementi costitutivi
  - ....
  - beni
  - ....
- tipologie
  - mercato ...., nazionale o ....
  - mercato all'.............................. o al ....

2 **Osserva e rifletti**

A quale tipologia di mercato è riconducibile ciascuna immagine?

3 **Completa le frasi**

ESERCIZIO INTERATTIVO

1. Per mercato si intende l'insieme delle ...., relative a .... e a servizi, tra venditori e ....
2. La .... tra le imprese contribuisce a tenere moderato il livello dei .... e a offrire sul .... prodotti di più alta ....

4 **Analizza la norma**

L'art. 41 Cost. afferma che «L'iniziativa economica privata è libera.
Non può svolgersi in contrasto con l'utilità sociale o in modo da recare danno alla sicurezza, alla libertà, alla dignità umana».
Che cosa significano secondo te queste affermazioni?

mi riguarda perché...

SPUNTO DI RIFLESSIONE

Anche tu hai a che fare ogni giorno con il mercato, in considerazione degli acquisti quotidiani di beni o di servizi che sicuramente fai, per esempio quando compri materiale per la scuola, vai al cinema con gli amici, consumi una bibita in un bar.

FOCUS Lo shopping elettronico

Avreste mai pensato di comprare [...] online [...] un pantalone, un costume da bagno o un ciclo di mirabolanti massaggi dimagranti? Credo che fino a pochi anni fa sarebbe stato impossibile anche pensarlo. Invece il web è diventato il supermercato più grande del mondo e l'acquisto in rete è in continua ascesa. [...] Quando la e-generation avrà ancora più possibilità di spendere, l'e-commerce [*electronic commerce*, "commercio elettronico"] avrà uno sviluppo sempre più ampio. Protagonista assoluto il cellulare che è, e diventerà sempre di più, il tramite tra consumatore e prodotto. [...]
In pochi anni cammineremo per strade trasformate in uno spazio reale e virtuale, perché le vetrine dei negozi saranno interattive, collegate al nostro smartphone: basterà passare davanti alla vetrina per avere tutte le informazioni che vogliamo relative alle merci in vendita. [...] E per i pagamenti, come evitare le truffe in agguato su tutti gli strumenti tecnologici che usiamo? [...] Al negozio, oppure online, con una semplice applicazione sul cellulare e, dall'altra parte, un collegamento Wi-Fi che permetta il dialogo, si può pagare senza nessun suono, solo un muto colloquio tra cassa, o rete, e cellulare. La spesa appare sul nostro conto in banca, senza il sorriso della cassiera, ma con un ottimo margine di sicurezza contro la fantasia dei cyber-ladri.

Da C. Galimberti, "Andremo a fare shopping con le vetrine interattive", in www.ilsole24ore.com

LEZIONE 2

La domanda

VIDEO START Squilibri tra domanda e offerta

AUDIOTESTO

Memo LESSICO
Il sostantivo ▸**domanda** è riconducibile al verbo latino *demandare* ("affidare", "raccomandare") ed è sinonimo di "richiesta".
Il termine ▸**prezzo** deriva dal latino *pretium* ("valore", "denaro", "prezzo") e mantiene nella nostra lingua il suo senso originale.

La domanda e i fattori che la condizionano Quando si parla di ▸*domanda*, ci si riferisce, in economia, al comportamento dei consumatori in relazione agli acquisti che intendono effettuare.
La **domanda** indica la quantità di beni o di servizi che si è disposti ad acquistare in un certo mercato, in un determinato momento, a un dato ▸**prezzo**.
Sono molte le variabili che influiscono sull'andamento della domanda: innanzitutto i **gusti personali**, per cui una persona non compra beni che non sono di suo gradimento, mentre abbonda nella richiesta di prodotti che rispondono adeguatamente alle sue esigenze. In secondo luogo è rilevante il **reddito**, in quanto chi dispone di redditi bassi deve procedere con oculatezza nelle proprie spese e operare con criteri di selettività maggiori rispetto a chi ha redditi elevati. Una significativa influenza sulla domanda è esercitata poi dalla **pubblicità**, il cui effetto condizionante sulle nostre abitudini di acquisto è ormai un dato acquisito.
L'elemento che più di tutti influisce sulla domanda è il **prezzo** del bene o del servizio considerato: maggiore è il prezzo, minore è la quantità domandata e viceversa. L'incidenza che il prezzo esercita sulla domanda è riconoscibile a qualsiasi livello di reddito, nel senso che anche le persone economicamente più abbienti sono condizionate nei loro acquisti dal livello dei prezzi.

La legge della domanda La **legge della domanda** afferma che la domanda è funzione inversa del prezzo. L'intensità con cui varia la domanda rispetto alle variazioni di prezzo costituisce l'**elasticità della domanda**. Essa si calcola facendo il *rapporto tra la variazione percentuale della quantità domandata e la variazione percentuale del prezzo*.

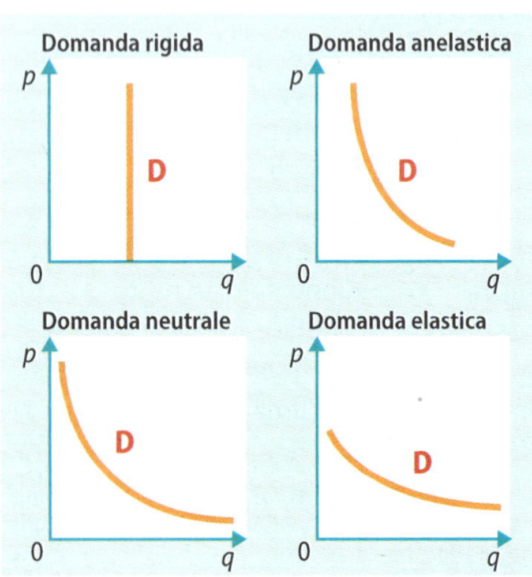

L'elasticità della domanda è diversa in considerazione della tipologia di bene, delle abitudini dei consumatori e dei livelli di prezzo praticati. Infatti la domanda può essere:

- **rigida**, se non varia al variare del prezzo (il che avviene, per esempio, con i beni di prima necessità e con i beni di lusso);
- **anelastica**, se la variazione percentuale della domanda è inferiore a quella del prezzo;
- **neutrale**, se la variazione percentuale della domanda è uguale a quella del prezzo;
- **elastica**, se la variazione percentuale della domanda è superiore a quella del prezzo.

Quanto più la domanda è elastica, tanto più le variazioni di prezzo sono in grado di influenzarla. Quanto più la domanda è rigida, al contrario, tanto meno è influenzata dalle variazioni del prezzo.

La funzione diretta tra prezzo e domanda Se la domanda è funzione inversa del prezzo, possiamo invece affermare che **il prezzo è funzione diretta della domanda**: infatti, se la domanda di un certo prodotto tende a crescere, i venditori, verificando l'interesse dei compratori, tenderanno ad aumentare il prezzo; viceversa, una diminuzione della domanda spinge i venditori a diminuire il prezzo per sollecitare i consumatori ad acquistare quel prodotto.

ESEMPIO Nel 2006 si diffuse una malattia che colpisce il pollame, denominata "influenza aviaria", che può essere trasmessa all'uomo. In seguito all'allarme trasmesso in tutta Europa, si verificò un vero e proprio crollo della domanda di carne di pollo, con conseguente riduzione dei relativi prezzi. La maggiore richiesta di altri tipi di carne portò invece al consistente rialzo del loro prezzo.

competenze in campo

1 Completa lo schema

DIDATTICA INCLUSIVA

ELEMENTI CHE CONDIZIONANO LA DOMANDA

- .... personali
- pubblicità
- ....
- ....

ESERCIZIO INTERATTIVO

2 ●●● **Osserva e rifletti**

In una località turistica come Cortina d'Ampezzo i prezzi degli immobili sono molto alti. Ciò dipende dal fatto che la loro domanda è elevata o limitata?

3 ●●● **Completa le frasi**

ESERCIZIO INTERATTIVO

1. Il prezzo è funzione .... della domanda, perché, se la domanda di un certo bene o .... aumenta, i .... tendono ad .... il prezzo.
2. L'elasticità della domanda indica la .... con cui varia la .... rispetto alle .... del ....; essa è diversa in considerazione della .... di bene considerato: per esempio la domanda è .... per i beni necessari e per quelli di ....
3. La domanda si dice .... quando la .... percentuale della domanda è superiore a quella del ....

mi riguarda perché...

SPUNTO DI RIFLESSIONE

La legge della domanda ti aiuta a comprendere quanto succede nella realtà, in particolare le reazioni di noi consumatori di fronte ad aumenti o a diminuzioni dei prezzi. Ti rende inoltre consapevole di quanto i prezzi, a loro volta, siano condizionati dai comportamenti delle persone, dalla loro maggiore o minore disponibilità ad acquistare determinati beni o servizi.

FOCUS Rappresentazione grafica della relazione tra domanda e prezzo

Come sai, i fenomeni economici che hanno carattere quantitativo si possono rappresentare visivamente ricorrendo ai grafici.
In particolare la **funzione di domanda** si rappresenta su un piano cartesiano, in cui sull'asse delle ascisse è indicata la quantità domandata di un bene e sull'asse delle ordinate il suo prezzo di vendita. In questo modo è possibile visualizzare il **rapporto inversamente proporzionale** esistente tra prezzo e domanda.
Facciamo un esempio; supponiamo di voler acquistare delle mele: a un prezzo di 2,5 euro/kg ne compreremo solo un chilo, a 1,8 euro/kg due chili, ma di fronte a un prezzo molto conveniente (per esempio 0,6 euro/kg) saremo disposti ad acquistarne una cassetta da 10 chili. Ne risulta un andamento che è chiaramente espresso nel grafico sottostante: infatti, se congiungiamo i punti corrispondenti ai prezzi e alla relativa quantità domandata, otteniamo una curva che decresce da sinistra verso destra, trovando conferma del fatto che la domanda è funzione inversa del prezzo.

La curva della domanda

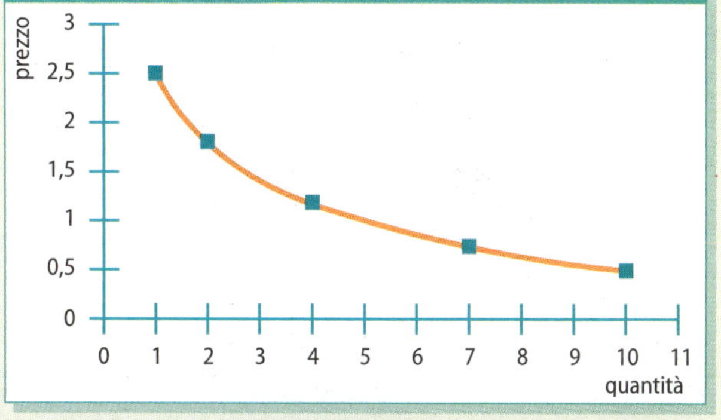

Il mercato giovanile

Che cosa consumano i ragazzi d'oggi?

Tra i consumatori, molti sono giovani e giovanissimi, tanto che il mercato della pubblicità è fortemente rivolto a loro, cercando di individuare i messaggi più persuasivi a comprare. Molteplici sono stati però i cambiamenti nel tempo per quanto riguarda i gusti, gli stili di vita e le esigenze del pubblico giovanile.

L'evoluzione dei consumi dopo il "boom economico"

Le tendenze al consumo da parte dei giovani sono fortemente cambiate nel tempo, in sintonia con i mutamenti economici e sociali. Prima degli anni Cinquanta del secolo scorso l'Italia era ancora un Paese povero, di conseguenza gli acquisti erano indirizzati soprattutto ai beni di prima necessità. Con il "boom economico" che si realizzò tra il 1958 e il 1963 le cose cambiarono e anche le classi popolari cominciarono a orientarsi verso prodotti non strettamente destinati alla soddisfazione dei bisogni primari; in particolare aumentarono le vendite di elettrodomestici e automobili, dando vita a una diversa concezione del consumo, aperta alla sfera del piacere e della soddisfazione personale.

Con specifico riferimento alla popolazione giovanile ebbe ampia espansione il **mercato musicale**, grazie al forte richiamo del "rock'n roll" e della musica "beat", che davano espressione al senso di disagio verso gli adulti e contestavano il perbenismo, il mito del denaro, la violenza e la guerra.

Le caratteristiche dei consumi giovanili

Con riferimento ai consumi dei giovani di età compresa tra i quindici e i vent'anni, le indagini sociologiche mettono in evidenza la loro **tendenza a omologarsi agli altri** (quello che in economia definiamo "motivo di comparazione"), dettata dal bisogno di appartenenza a un gruppo consolidato. Gli adolescenti, infatti, se da un lato provano una forte spinta all'affermazione individuale e allo spirito di ribellione, sono nella realtà molto fragili e ciò li spinge a trovare protezione in gruppi di appartenenza. **Diventa perciò importante possedere beni approvati e condivisi dal gruppo,** beni che attribuiscono una sorta di identità simbolica e apprezzata.

Ammontare dei consumi mensili dei giovani per voci di spesa (valori in euro)

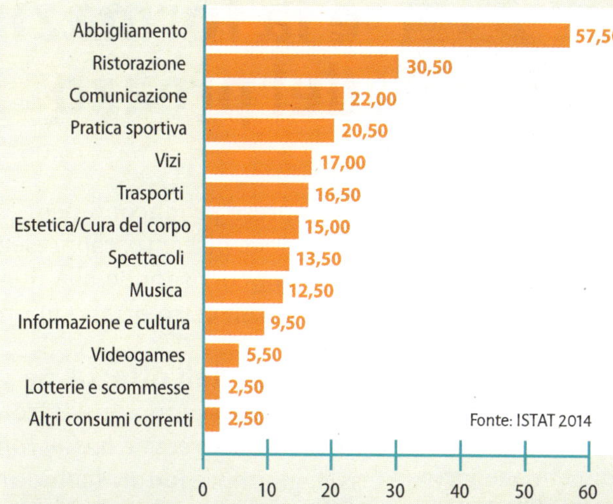

Fonte: ISTAT 2014

> **"Lo stile di vita dell'adolescente medio {in Gran Bretagna} ha un costo annuale complessivo di circa 9000 sterline. Una cifra che, al netto dell'inflazione, si traduce in una somma che supera di dodici volte quella che l'adolescente medio spendeva una trentina di anni fa."**
>
> Zygmunt Bauman (sociologo)

Gli acquisti maggiormente diffusi

Nel nostro Paese, al primo posto delle spese giovanili (sempre con riferimento al target 15-20 anni) si collocano quelle per **abbigliamento e accessori**, in media 57 euro mensili; in tal senso le scelte degli adolescenti sono indirizzate sì a rendersi riconoscibili in quanto appartenenti a un gruppo, ma anche a comunicare la propria individualità e il proprio stile. Seguono poi i consumi legati alla ristorazione, in particolare bar, fast food e pizzerie (circa 30 euro mensili), gli abbonamenti e le ricariche telefoniche (circa 20 euro), le pratiche sportive (circa 20 euro); in fondo alla lista si trovano le spese destinate all'informazione e alla cultura (circa 10 euro). Gli adolescenti attingono la maggior parte del denaro necessario per gli acquisti dai genitori (circa il 90% di essi); solo in minima parte da lavori esterni.

I principali consumi culturali

In ambito culturale prevale, tra i più giovani, la fruizione dell'**informazione in tempo reale**, come quella dei quotidiani online; molto diffuso è l'ascolto della **musica**, che rappresenta una costante della vita quotidiana e, per molti, un aiuto al rilassamento e alla concentrazione, persino ai fini dello studio scolastico. Rispetto ai consumi a carattere privato prevalgono quelli di natura socializzante, quali la **partecipazione a dibattiti, assemblee e social forum**.

I consumi della rete

Il 93% degli adolescenti italiani si collega a Internet, prevalentemente attraverso il proprio smartphone, il che è possibile in ogni ora del giorno e per qualcuno anche della notte. Internet vuol dire soprattutto **social network**, non solo Facebook e Twitter, ma anche Whatsapp (scambio di messaggi), Instagram (pubblicazione di foto), Ask (comunicazioni con possibilità di anonimato). Se sono indubbi gli aspetti positivi di queste nuove forme di comunicazione, sono però tanti i rischi che comportano, tra cui la possibilità di adescamento sessuale e quella di diventare vittime di bullismo online.

IL TUO PUNTO DI VISTA

1. Come valuti il fatto che le spese destinate dai giovani all'informazione e alla cultura siano piuttosto contenute?
2. Ti riconosci nell'analisi secondo cui è molto forte, tra gli adolescenti, lo spirito di appartenenza a un gruppo? Perché?
3. Quali attenzioni presti nell'uso dei social network, per evitarne le conseguenze negative?

LEZIONE 3

L'offerta e la formazione del prezzo

VIDEO START
La determinazione del prezzo

AUDIOTESTO

Memo LESSICO
Il termine ▸**offerta** è riconducibile al verbo latino *offerre*, che significa "offrire", "fornire", "procurare"; indica l'atto dell'offrire, del mettere a disposizione beni o servizi sul mercato.

Le imprese producono beni e servizi che immettono sul mercato allo scopo di venderli; esse, pertanto, rappresentano l'▸*offerta*.
L'**offerta** corrisponde alla quantità di beni e servizi che le imprese sono disposte a cedere a un certo prezzo in un determinato momento e in un dato mercato.

La legge dell'offerta Se verifichiamo il comportamento dell'offerta rispetto al prezzo, possiamo constatare che *quando il prezzo è alto anche l'offerta è elevata*, mentre *se il prezzo è basso, l'offerta risulta scarsa*. Infatti, quando il prezzo di un bene sale, gli imprenditori hanno maggiore convenienza a venderlo e pertanto cercano di aumentare la produzione di quel bene e di immetterne sul mercato una maggiore quantità; l'esatto contrario si verifica, invece, in caso di una diminuzione del prezzo.
Questo comportamento è conosciuto come **legge dell'offerta**, la quale afferma che l'offerta è funzione diretta del prezzo.
Nel grafico la curva **O** rappresenta l'andamento dell'offerta, esprime cioè come la quantità offerta ***q*** varia al variare del prezzo ***p***.

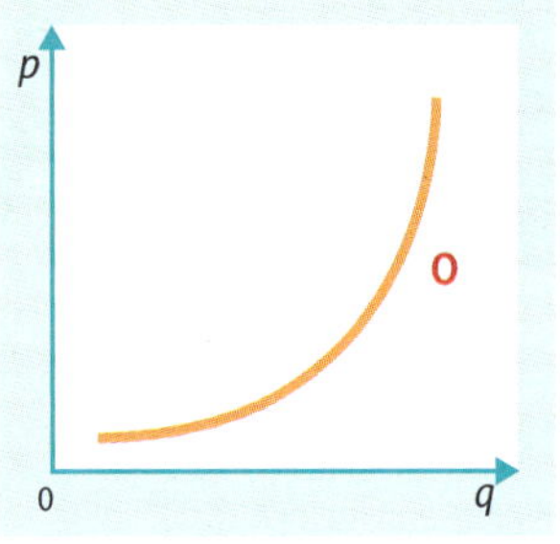

La relazione inversa tra prezzo e offerta Se consideriamo invece le variazioni del prezzo rispetto a quelle dell'offerta, possiamo renderci conto che **il prezzo è funzione inversa dell'offerta**. Infatti, se l'offerta di un determinato prodotto è molto elevata, il prezzo tende a essere basso per evitare che una grande quantità di prodotto resti invenduta; viceversa, quando l'offerta scarseggia, i consumatori sono disposti a pagare di più per acquistare il prodotto, e il prezzo tende a essere elevato.

Il prezzo di equilibrio La domanda e l'offerta rappresentano sul mercato due forze in qualche modo opposte, visto che si comportano diversamente rispetto alle variazioni del prezzo. Esse tendono a bilanciarsi in corrispondenza di quel prezzo di mercato per il quale *la quantità domandata è pari alla quantità offerta*.
Si definisce **prezzo di equilibrio** il prezzo in corrispondenza del quale la domanda e l'offerta di un bene o di un servizio coincidono.
Il prezzo di equilibrio si forma attraverso *meccanismi spontanei del mercato*. Se infatti un determinato prodotto viene immesso nel mercato a un prezzo alquanto basso, esso sarà in grado di suscitare una domanda elevata, ma l'offerta non potrà essere che scarsa: in pratica la gente farà la fila nei negozi per accaparrarsi il prodotto, ma la maggior parte rimarrà insoddisfatta. I venditori approfitteranno della situazione per incrementare il prezzo, vista la grande concorrenza tra i consumatori, e lo alzeranno fino al livello a cui corrisponde l'uguaglianza tra domanda e offerta, fino al punto, cioè, in cui avranno la sicurezza di poter vendere tutta la quantità prodotta del bene. Viceversa, in presenza di un prezzo molto alto ci si troverà di fronte a un'offerta elevata, ma a una domanda bassa: i venditori, correndo il rischio di rimanere con gran parte della merce invenduta, tenderanno a diminuire il prezzo fino a che domanda e offerta non si equivarranno.

ESPANSIONE
La legge della domanda e dell'offerta

ESPANSIONE
Il prezzo di equilibrio

competenze in campo

1 Completa il testo

DIDATTICA INCLUSIVA

Nel caso in cui un prodotto sia immesso sul mercato a un prezzo molto alto, la sua offerta sarà alquanto alta e la domanda molto .... Pertanto i .... , di fronte al rischio che una grande quantità di prodotto rimanga invenduta, ... il prezzo.

ESERCIZIO INTERATTIVO

2 ●●● Trova l'errore

1. Se un prodotto viene immesso sul mercato a prezzo alto la sua offerta è bassa.
2. In base alla legge dell'offerta, l'offerta è funzione inversa del prezzo.
3. Il prezzo di equilibrio si forma quando la quantità domandata è superiore a quella offerta.

3 ●●● Osserva e rifletti

Per quale ragione economica il prezzo dei pomodori è basso in estate mentre è più elevato nel periodo invernale?

4 ●●● Risolvi il caso

Le fragole, nel periodo invernale, hanno un prezzo elevato. La loro offerta è infatti limitata, in quanto è possibile coltivarle solo in serra o ricorrere a quelle surgelate. Ciò conferma che il prezzo è direttamente o inversamente proporzionale all'offerta?

5 ●●● Costruisci il grafico

Utilizzando gli assi cartesiani e riportando i prezzi sull'asse delle ordinate e la quantità domandata/offerta su quella delle ascisse, costruisci un grafico relativo alla domanda e all'offerta di un prodotto immesso sul mercato a prezzo alquanto elevato.

mi riguarda perché...

SPUNTO DI RIFLESSIONE

Ti sarai chiesto spesso: "Come mai questo prodotto costa tanto?". Oppure ti sarà capitato di domandarti: "Perché questi prodotti l'anno scorso costavano la metà del prezzo odierno?". L'analisi economica ti consente di rispondere a tali quesiti perché ti aiuta a comprendere le oscillazioni dei prezzi, soprattutto quelle dei prodotti naturali, legate alle diverse fasi produttive e al volume dell'offerta sul mercato.

Le tue domande — Si forma sempre un prezzo di equilibrio?

È possibile, anche se succede raramente, che nel mercato non si riesca a formare un prezzo di equilibrio, perché domanda e offerta non si incontrano. Questo fenomeno può realizzarsi in alcuni mercati particolari, come quelli del collezionismo, dove le merci offerte sono differenziate da caratteristiche peculiari che rendono ciascun prodotto sostanzialmente diverso dagli altri. Per comprendere le ragioni di un evento di questo tipo, ricorriamo a un esempio: ipotizziamo che un collezionista di fumetti possieda l'unica copia esistente di un fumetto pubblicato molti anni fa e sia disposto a venderla solo a un certo prezzo minimo; se una persona è interessata a comprarla a un prezzo massimo che è inferiore a quello di vendita, lo scambio non si realizzerà perché, dato il mancato incontro tra domanda e offerta, non si potrà formare il prezzo di equilibrio.

LEZIONE 4

Le principali forme di mercato

VIDEO START Dal monopolio alla libera concorrenza

AUDIOTESTO

Memo LESSICO

Il termine ▸ **oligopolio** deriva dal greco ed è formato dall'aggettivo *oligos* ("poco") e dal verbo *polein* ("vendere"); esso indica la situazione in cui l'offerta è concentrata nelle mani di pochi soggetti.

Il termine ▸ **monopolio** deriva dal greco ed è formato dall'aggettivo *monos* ("uno solo") e dal verbo *polein* ("vendere"); indica la situazione in cui l'offerta è concentrata nelle mani di un solo soggetto.

La nozione di forma di mercato Si parla di **forme di mercato** in relazione alle diverse condizioni in cui compratori e venditori si trovano ad agire. Il comportamento degli imprenditori e dei consumatori è infatti diverso a seconda che una data merce sia prodotta da un solo soggetto o da più soggetti in concorrenza tra loro.
Nel primo caso il produttore gode di un'ampia libertà nella determinazione del prezzo, visto che non ha concorrenti. Nel secondo, invece, gli imprenditori devono porre attenzione nello stabilire i prezzi e fare leva su caratteristiche del prodotto che possano risultare vincenti rispetto a quelle della concorrenza.
Le forme di mercato più diffuse nella realtà corrispondono alla *concorrenza imperfetta* e all'▸*oligopolio*. Esistono inoltre anche situazioni di ▸*monopolio*, sottoposte a controllo normativo.

La concorrenza imperfetta La **concorrenza imperfetta**, o **concorrenza monopolistica**, si caratterizza per il fatto che ci sono molti consumatori a rappresentare la domanda, molte imprese a costituire l'offerta e i prodotti sono differenziati tra loro. In questa forma di mercato, che è una delle più diffuse, i prodotti offerti dalle varie imprese sono simili come tipologia, ma diversi per qualità, per modalità di confezione o per semplice percezione psicologica dovuta alla pubblicità. Giocando su queste differenze le imprese praticano prezzi diversi, facendo leva su questa o quella caratteristica per attirare la clientela.

ESEMPIO Per avere un'idea concreta della diffusione di questa forma di mercato, pensiamo ai settori del commercio al minuto, dell'artigianato, dei pubblici esercizi (ristoranti, bar ecc.).

L'oligopolio L'**oligopolio** è una forma di mercato caratterizzata dal fatto che l'offerta è concentrata nelle mani di poche grandi imprese, ciascuna delle quali rappresenta una rilevante quota del mercato, mentre la domanda è frazionata tra numerosi compratori. In questa forma di mercato è molto difficile, se non impossibile, l'ingresso di nuove imprese, per il fatto che quelle esistenti hanno grandi dimensioni e dispongono sia di elevati capitali sia di impianti tecnologicamente molto avanzati. Solitamente le imprese che operano nell'oligopolio producono merci differenziate, come nel caso dell'industria automobilistica: si parla, in tale ipotesi, di *oligopolio differenziato* o *imperfetto*. Se invece i prodotti hanno caratteristiche omogenee, come nel settore dell'acciaio, si ha l'*oligopolio indifferenziato* o *perfetto*.

Il monopolio Si ha **monopolio** quando la domanda è frazionata tra numerosi compratori, mentre l'offerta è concentrata in un solo operatore, il quale, non avendo concorrenti, può influire sulle condizioni di mercato, in particolare sul prezzo. Il monopolista, data la sua posizione di "dominatore" del mercato, può stabilire direttamente il prezzo oppure determinare la quantità di merce da vendere, accettando di conseguenza il prezzo che si forma sul mercato. In pratica, tende a fissare un prezzo o una quantità da offrire per ottenere il massimo profitto.
È molto difficile che nella realtà si determinino situazioni di monopolio, dal momento che la globalizzazione dei mercati rende praticamente impossibile l'affermazione di un'impresa come unica offerente. Sono invece diffusi, in relazione alla fornitura di determinati servizi, i **monopoli pubblici**, che sono *monopoli legali*, in quanto è la legge a riconoscere l'esclusiva di determinati prodotti o servizi allo Stato (come il monopolio sui tabacchi o sul gioco del lotto). Talora la legge prevede **monopoli privati**, come nel caso della concessione dei brevetti industriali e del diritto d'autore.

ESPANSIONE L'oligopolio e l'equilibrio di Nash

competenze in campo

1 Completa lo schema

DIDATTICA INCLUSIVA

FORME DI MERCATO

- concorrenza .... → • molti consumatori • .... produttori • prodotti ....
- .... → • molti .... • pochi ....
- monopolio → • molti .... • un solo ....

ESERCIZIO INTERATTIVO

2 **Osserva e rifletti**

In quale forma di mercato rientra la produzione di automobili? È facile o difficile entrare in questa forma di mercato? Perché?

3 **Completa il testo**

ESERCIZIO INTERATTIVO

Una delle più diffuse forme di .... è l'oligopolio, in cui operano .... imprese di grandi .... Esso si definisce differenziato, o ...., se si riferisce alla produzione di beni della stessa tipologia, ma con .... diverse.

4 **Rifletti e rispondi**

La vendita dei tabacchi corrisponde a un monopolio statale. Dal 2013 è vietata la vendita di tabacco ai minorenni, pena severe sanzioni monetarie e la sospensione della licenza commerciale. Sei d'accordo su questo provvedimento normativo? È sufficiente, a tuo parere, per distogliere i giovanissimi dal dannoso vizio del fumo?

mi riguarda perché...

SPUNTO DI RIFLESSIONE

I prezzi dei prodotti sono diversi in relazione alle possibili forme di mercato. La realtà concorrenziale con la quale ti confronti maggiormente nella vita quotidiana quando acquisti i beni di consumo è sicuramente la concorrenza imperfetta o monopolistica, in cui le differenze di prezzo tra i prodotti offerti sono spesso legate a diversi livelli di qualità o a tecniche di confezionamento e di presentazione più suadenti.

FOCUS Il gioco del "Monopoli"

Conosci certamente "Monopoli", uno dei giochi da tavolo più diffusi, in cui ogni giocatore ha l'obiettivo di arrivare al controllo del mercato immobiliare. Ciò fa indubbiamente pensare al mercato del monopolio.

L'**idea del "Monopoli" venne nel 1903** a un'attrice americana, Lizzie Magie; il suo funzionamento era simile a quello attuale, ma ammetteva la cooperazione tra i giocatori, che potevano decidere di versare l'affitto in una quota comune e non al proprietario, e non prevedeva la formazione di monopoli. Una **nuova versione del gioco**, "Monopoly Empire", prevede come obiettivo non più la conquista del mercato immobiliare, ma l'acquisizione della maggioranza azionaria di grandi e note imprese multinazionali.

Educazione finanziaria — Le concentrazioni tra imprese

È possibile che sul mercato si formino situazioni di monopolio economico quando due o più società (in genere s.p.a.) si uniscono tra loro. Si parla in questi casi di **fusione societaria**, che può realizzarsi per *incorporazione* o per *unione*.

Nel primo caso una o più società sono assorbite da una società già esistente; per esempio, un gruppo bancario in espansione assorbe istituti bancari preesistenti, mantenendo invariata la struttura societaria.

La fusione per unione avviene invece quando due o più società danno vita a un nuovo ente; per esempio due istituti di credito si uniscono per dare vita a un nuovo gruppo bancario, assumendo una nuova denominazione e un'adeguata struttura societaria.

LEZIONE

5

Gli accordi tra le imprese e la normativa antitrust

VIDEO START
Autorità antitrust e sanzioni

AUDIOTESTO

Memo LESSICO
Il termine ▸**holding** deriva dal verbo inglese *to hold* ("stringere", "tenere", e, quindi, "controllare") ed è sinonimo di società finanziaria, cioè di società che detiene azioni di altre società.
La parola **trust** ha come primo significato quello di "fiducia", "credito".

Le forme di coalizione tra le imprese È frequente che si costituiscano intese tra più imprese allo scopo di consolidare il loro potere e la loro influenza sul mercato; le più diffuse forme di coalizione sono i *cartelli*, i *consorzi*, i *trust* e le ▸*holding trust*.
I **cartelli** sono accordi temporanei in base ai quali le imprese aderenti, pur mantenendo ciascuna la propria autonomia, stabiliscono alcune politiche economiche comuni in relazione a uno stesso prodotto, quali la fissazione del prezzo di vendita, la determinazione del volume produttivo, la cura della pubblicità o l'acquisto delle materie prime necessarie alla loro attività.

ESEMPIO È un importante cartello l'OPEC, l'Organizzazione dei Paesi produttori di petrolio, che periodicamente fissa i limiti massimi di produzione del greggio, al fine di influire sul livello dei prezzi di mercato.

I **consorzi** sono contratti tramite i quali imprese che operano nello stesso settore danno vita a un'organizzazione basata su strategie condivise, come l'acquisto comune delle materie prime, la fissazione degli stessi prezzi di vendita ecc. (pensiamo al consorzio dei produttori di latte).
I **trust** si realizzano quando più imprese si riuniscono sotto una direzione comune che agisce in rappresentanza di tutto il gruppo e stabilisce strategie aziendali unitarie.

ESEMPIO Storicamente la prima forma di trust si realizzò negli Stati Uniti nel 1882, con la *Standard Oil*, un colosso petrolifero che operava nei settori della produzione, del trasporto, della raffinazione e commercializzazione dell'"oro nero".

Le **holding trust** sono coalizioni che si costituiscono attraverso il sistema delle partecipazioni azionarie. La *holding*, denominata anche *società capogruppo* o *società madre*, è una società finanziaria che, attraverso il controllo azionario di altre società, decide e coordina la politica aziendale di tutto il gruppo.

La legge antitrust e i suoi obiettivi Le coalizioni tra imprese di grandi dimensioni possono dare origine a situazioni di **monopolio**, con gravi svantaggi di ordine economico e sociale. L'offerta è infatti concentrata in un solo operatore, il quale, senza concorrenti, può influire sulle condizioni di mercato, in particolare sul prezzo.
In Italia è operante una **legge antitrust**, il cui scopo è di evitare i pericoli del monopolio vietando le coalizioni tra imprese che abbiano l'effetto di impedire o di restringere il gioco della concorrenza. Allo scopo di controllare le concentrazioni tra imprese, questa legge ha istituito l'*Autorità garante della concorrenza e del mercato*, un organo collegiale, con sede a Roma. Il compito dell'Autorità garante è quello di vigilare sugli accordi tra imprese e su altre operazioni potenzialmente riduttrici della libera concorrenza. A tal fine, quando si procede a un'operazione di concentrazione il cui valore economico sia elevato, le imprese interessate devono comunicarlo all'Autorità garante, che dovrà valutare la legittimità dell'operazione. Nell'ipotesi in cui l'Autorità verifichi infrazioni da parte delle imprese, essa le richiama all'eliminazione delle infrazioni e, nei casi più gravi, dispone l'applicazione di sanzioni amministrative di carattere pecuniario.

Le multinazionali Il fenomeno della concentrazione di più imprese e della loro espansione economica acquista particolare rilievo nel caso delle "multinazionali", imprese di grandi dimensioni che possiedono o controllano filiali di produzione e di vendita in diversi Stati. La struttura delle multinazionali corrisponde a quella delle *holding trust* e consente loro un'espansione territoriale capillare; la società madre "tiene le fila" di tutto il gruppo, decide le strategie operative e gli investimenti da effettuare, determina i prezzi da praticare e sceglie i mercati in cui operare.

ESPANSIONE
La normativa antitrust dell'Unione europea

competenze in campo

1 Completa la tabella

DIDATTICA INCLUSIVA

COALIZIONI TRA IMPRESE	
Cartello	Imprese autonome che danno vita a .... economiche ....
....	Imprese autonome che operano con .... condivise
Trust	Più imprese con una .... comune
.... trust	Si basano sulle .... azionarie e sulla presenza di una società ....

ESERCIZIO INTERATTIVO

2 Osserva e rifletti

Su che cosa si basano le organizzazioni consortili? Che differenza hanno rispetto ai trust?

3 Completa il testo

La legge ...., che si propone di evitare situazioni di monopolio, prevede che uno specifico organo, l'Autorità .... della .... e del ...., vigili sugli .... tra le imprese e controlli che venga rispettato il principio della .... concorrenza.

4 Risolvi il caso

Viene costituito un ente che coordina gli interventi pubblici e controlla l'attività dei privati sulla bonifica del territorio di competenza, occupandosi di sicurezza idraulica, di gestione delle acque destinate all'irrigazione, di tutela del patrimonio ambientale. Si tratta di un cartello o di un consorzio? Motiva la risposta.

mi riguarda perché...

SPUNTO DI RIFLESSIONE

La normativa italiana, grazie alla legge antitrust, cerca di proteggere noi consumatori dal rischio che si formino sul mercato situazioni di monopolio in seguito ad accordi o a specifiche strategie da parte di imprese di grandi dimensioni; tali manovre potrebbero infatti condurre alla formazione di prezzi molto elevati e a una minore attenzione alla qualità dei prodotti.

Spazio multiculturale — La normativa antitrust nei Paesi dell'Unione europea

L'Unione europea ha adottato norme specifiche per **vietare pratiche non concorrenziali tra le imprese**; in particolare è vietata la concentrazione tra imprese che possono assumere una posizione dominante nel mercato europeo ed essere pertanto in grado di ostacolare in modo significativo la concorrenza. Stabilisce l'art. 81 del Trattato istitutivo della Comunità europea: «Sono incompatibili con il mercato comune e vietati tutti gli accordi tra imprese, tutte le decisioni di associazioni di imprese e tutte le pratiche concordate che possano pregiudicare il commercio tra Stati membri e che abbiano per oggetto o per effetto di impedire, restringere o falsare il gioco della concorrenza all'interno del mercato comune».

Lavorare insieme

- Lavorate a coppie per predisporre una lezione che approfondisca il tema delle imprese multinazionali, cercando in particolare di comprenderne il ruolo nei differenti contesti sociali ed economici in cui sono collocate.
- Decidete l'impostazione da dare alla lezione. Per esempio: parlerete dalla cattedra, userete prevalentemente la lavagna o, se c'è in classe, la LIM; ricorrerete a metodi alternativi alla lezione frontale, come presentazioni in PowerPoint, video ecc.
- Alla fine della lezione, valuterete l'efficacia della vostra prova tenendo conto del parere dei compagni/studenti e di quello del vostro (o della vostra) insegnante.

LEZIONE
6 Il mercato dei titoli: la Borsa valori

VIDEO START
Quando nacque la Borsa di Milano?

AUDIOTESTO

Memo
Le ▸**azioni** sono titoli a reddito variabile, diversamente dalle ▸**obbligazioni** che sono a reddito fisso. I ▸**titoli di Stato** hanno natura obbligazionaria.

Che cos'è la Borsa valori La **Borsa valori** è un mercato in cui l'oggetto della contrattazione tra venditori e compratori è rappresentato da titoli di credito e da monete estere. In Italia esistono dieci Borse valori, ma la più importante è quella di Milano. I titoli trattati in Borsa sono ▸**azioni**, ▸**obbligazioni** e ▸**titoli di Stato**. Non tutti i titoli possono essere quotati in Borsa: sono sempre ammessi, di diritto, i titoli pubblici; per quelli privati si deve invece ottenere l'autorizzazione della **CONSOB** (Commissione nazionale per le società e la Borsa), la cui attività è rivolta alla tutela degli investitori, alla trasparenza e allo sviluppo del mercato dei titoli.

La quotazione di Borsa Ogni giorno, nelle sale della Borsa, avvengono operazioni di contrattazione relative ai titoli, per le quali possiamo osservare *comportamenti analoghi a quelli della domanda e dell'offerta dei beni sul mercato*. Se un titolo è molto richiesto, cioè la sua domanda è elevata, aumenta il suo prezzo, che viene chiamato **quotazione di Borsa**.

Memo LESSICO
Il termine ▸**speculatore** deriva dal latino *speculum* ("specchio") e ha come primo significato quello di "osservatore". In effetti gli speculatori di Borsa compiono operazioni basate sull'osservazione della situazione economica e sulla previsione di futuri andamenti del mercato.

L'indice di Borsa L'andamento nel tempo delle quotazioni, riferito a una settimana, a un mese, o a periodi più lunghi, viene riportato nell'**indice di Borsa**, un grafico relativo alla compravendita dei titoli. L'andamento della Borsa è estremamente sensibile alla situazione politica ed economica nazionale e internazionale: noi tutti vediamo gli effetti che hanno su di esso determinati avvenimenti, quali la caduta del Governo, una crisi internazionale, il rischio di recessione economica. In effetti, il principale fattore che domina l'andamento della Borsa valori è la *fiducia* o la *sfiducia degli operatori*, indotti a comprare o vendere in base a impulsi razionali ma anche di carattere emotivo.

Gli operatori di Borsa Chi offre e compra titoli per mezzo dei canali della Borsa? Innanzitutto ci sono i **venditori**, cioè coloro che vendono titoli per procurarsi credito: si tratta dello Stato e delle imprese. I **compratori** sono i risparmiatori, che cercano di investire al meglio i propri risparmi. Nel "gioco" della Borsa si inseriscono poi gli ▸**speculatori**, persone che cercano di trarre vantaggio dalla variazione nel tempo dei prezzi dei titoli, e possono essere paragonati a degli scommettitori.

competenze in campo

1 Completa lo schema

ESERCIZIO INTERATTIVO

DIDATTICA INCLUSIVA

OPERATORI DI BORSA

- venditori (vendono .... per procurarsi ....)
- .... (cioè i risparmiatori)
- .... (scommettono sulle variazioni di .... dei ....)

mi riguarda perché...

SPUNTO DI RIFLESSIONE

È vero che alla tua età hai difficilmente a che fare con le operazioni di Borsa, ma le conoscenze minime relative a questa forma di mercato ti saranno sicuramente utili per comprendere notizie e fatti di cui si parla ogni giorno sui quotidiani o nei telegiornali, dove non mancano informazioni relative al rialzo e al ribasso dei titoli.

visualizzare per apprendere

UNA GIORNATA IN BORSA

INFOGRAFICA INTERATTIVA

CHE COSA SI VENDE E CHE COSA SI COMPRA

- **Azioni** (titoli a reddito variabile emessi da s.p.a.)
- **Obbligazioni** (titoli a reddito fisso emessi da s.p.a.)
- **Titoli pubblici** (titoli obbligazionari emessi dallo Stato e dagli altri enti pubblici territoriali)

L'INDICE DI BORSA

Rileva l'andamento nel tempo delle **quotazioni**, cioè del prezzo dei titoli

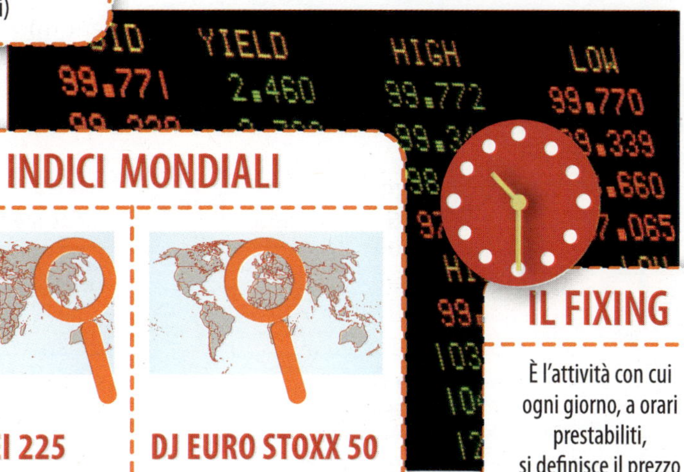

I PIÙ IMPORTANTI INDICI MONDIALI

DOW JONES INDUSTRIAL AVERAGE	NIKKEI 225	DJ EURO STOXX 50
DOVE: New York	DOVE: Tokyo	DOVE: Area euro

IL FIXING

È l'attività con cui ogni giorno, a orari prestabiliti, si definisce il prezzo di determinati titoli e lo si pubblica in un listino ufficiale

IL RIBASSISTA

Detto anche l'**orso,** è uno speculatore che, confidando in una riduzione delle quotazioni, si impegna a vendere, a una certa scadenza e a un determinato prezzo, titoli di cui non è ancora in possesso; conta, infatti, di poterli acquistare, in un momento successivo, a prezzi più convenienti

IL BROKER

È un professionista che opera come **intermediario** nella vendita o nell'acquisto di titoli e fornisce consulenze finanziarie

IL RIALZISTA

Detto anche il **toro,** è uno speculatore che prevede un aumento delle quotazioni, per cui acquista titoli a un dato prezzo per poi rivenderli successivamente, realizzando, se l'aumento di prezzo c'è stato, un vantaggio patrimoniale

PERCORSO 4 / Sintesi con la mappa

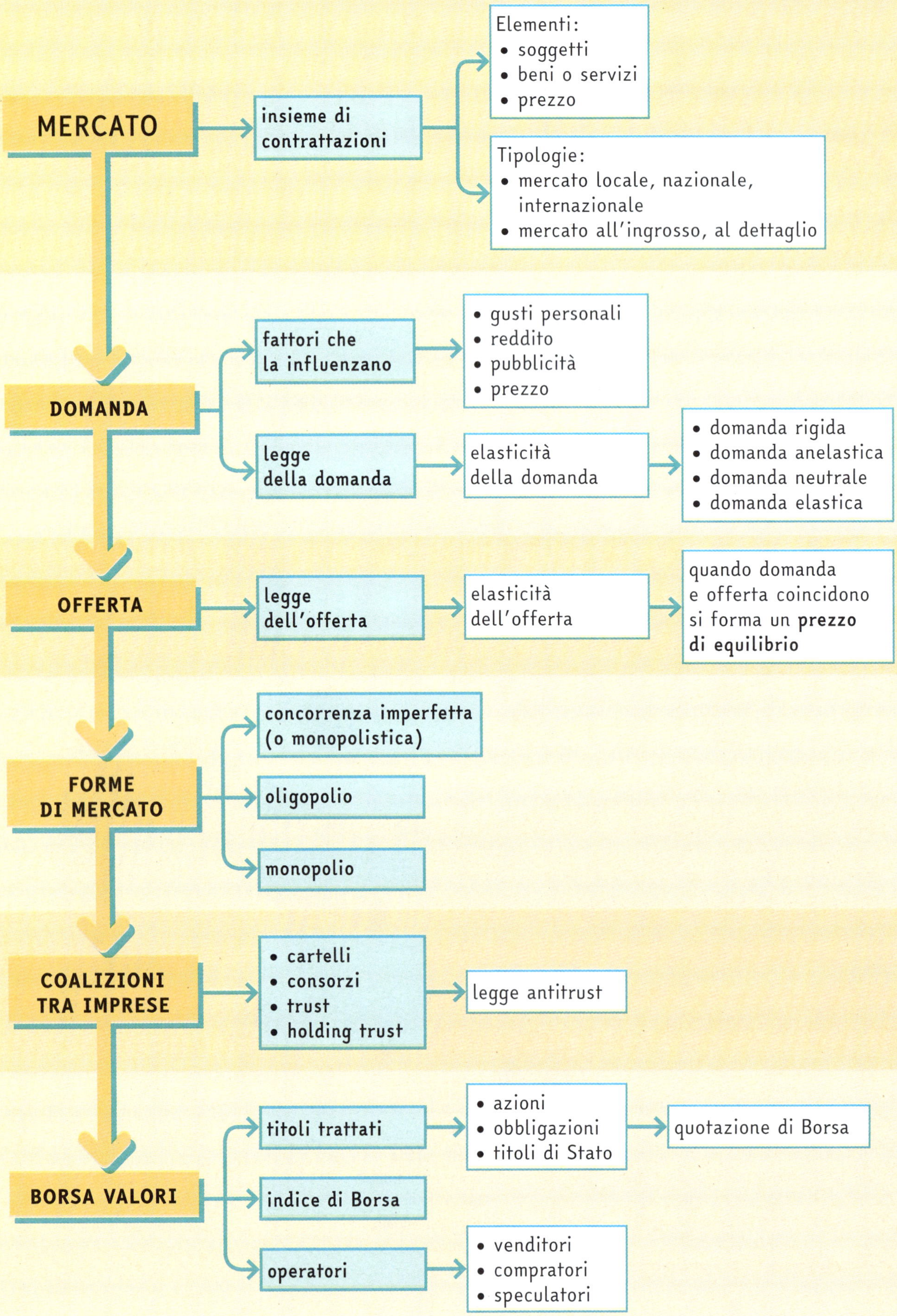

PERCORSO 4 / Sintesi discorsiva

AUDIOSINTESI

LEZIONE 1 Il mercato

Il **mercato** è l'insieme delle contrattazioni tra venditori e compratori per lo scambio di beni o servizi. I suoi elementi costitutivi sono i **soggetti** che vi operano, i **beni** o i **servizi** scambiati e il **prezzo**. Dal punto di vista geografico si distinguono: il **mercato locale**, il **mercato nazionale**, il **mercato internazionale**, in cui operano venditori e compratori di diversi Paesi. Per quanto concerne la quantità e la destinazione della merce esistono: il **mercato all'ingrosso** e il **mercato al dettaglio**.
Il mercato si basa sulla **libertà di concorrenza** tra le imprese, che garantisce una migliore qualità dei prodotti e prezzi contenuti.

LEZIONE 2 La domanda

Nel mercato, la **domanda** è la quantità di beni o di servizi che i consumatori sono disposti ad acquistare in un determinato momento a un dato prezzo. Essa è condizionata dai **gusti personali**, dal **reddito**, dalla **pubblicità** e, soprattutto, dal **prezzo**, rispetto al quale è inversamente proporzionale (**legge della domanda**). L'intensità con cui varia la domanda rispetto alle variazioni di prezzo si definisce **elasticità** della domanda.

LEZIONE 3 L'offerta e la formazione del prezzo

L'**offerta**, che corrisponde alla quantità di beni e servizi che le imprese sono disposte a vendere, è direttamente proporzionale al prezzo (**legge dell'offerta**). Viceversa, il prezzo è funzione inversa dell'offerta.
Sul mercato si forma un **prezzo di equilibrio**, in corrispondenza del quale la domanda e l'offerta di un bene o di un servizio coincidono.

LEZIONE 4 Le principali forme di mercato

In relazione al numero di venditori e di compratori e alle condizioni in cui operano, si individuano diverse **forme di mercato**.
La **concorrenza imperfetta** ricorre quando molti consumatori richiedono a numerose imprese beni o servizi di natura simile ma differenziati tra loro. Il mercato di **oligopolio** si riferisce alle situazioni in cui l'offerta è concentrata in poche imprese di grandi dimensioni che offrono il loro prodotto a molti consumatori.
Si ha invece un **monopolio** quando l'offerta è concentrata in una sola impresa.

LEZIONE 5 Gli accordi tra le imprese e la normativa antitrust

Per consolidare il proprio potere, le imprese possono concludere tra loro diversi accordi, tra cui i **cartelli**, i **consorzi**, i **trust** e i gruppi societari costituiti secondo il modello delle **holding trust**.
Per evitare che gli accordi tra imprese si traducano in posizioni dominanti sul mercato, è in vigore una **legge antitrust**, che affida a un'Autorità garante il compito di vigilare sul rispetto della libertà di concorrenza.

Le nuove parole

Mercato ▸ Insieme delle contrattazioni tra venditori e compratori per scambiare beni o servizi.
Market

Domanda ▸ Quantità di beni o di servizi che i consumatori sono disposti ad acquistare in un dato mercato, in un certo momento, a un determinato prezzo.
Demand

Offerta ▸ Quantità di beni o di servizi che le imprese sono disposte a cedere a un dato prezzo, in un certo mercato, in un determinato momento.
Supply

Prezzo di equilibrio ▸ Prezzo in relazione al quale domanda e offerta coincidono.
Equilibrium price

Concorrenza imperfetta (o **monopolistica**) ▸ Forma di mercato in cui numerose imprese offrono prodotti simili, ma differenziati tra loro, a moltissimi consumatori.
Imperfect competition (or **monopolistic competition**)

Oligopolio ▸ Forma di mercato in cui operano poche imprese di grandi dimensioni.
Oligopoly

Monopolio ▸ Forma di mercato in cui l'offerta è concentrata in un solo operatore, pubblico o privato.
Monopoly

Sintesi discorsiva

LEZIONE 6 Il mercato dei titoli: la Borsa valori

Il mercato dei titoli è la **Borsa valori**, che registra le quotazioni dei titoli e le riporta sinteticamente in uno specifico **indice**. I titoli di credito trattati in Borsa sono **azioni**, **obbligazioni** e **titoli di Stato**.
I soggetti che operano in Borsa sono i **venditori**, che emettono titoli per procurarsi denaro (imprese e Stato), i **compratori**, ossia i risparmiatori che investono i loro risparmi, e gli **speculatori**, che scommettono sulle variazioni nel tempo dei prezzi dei titoli.

Borsa valori ▸ Mercato in cui si contrattano titoli, sia privati sia pubblici.
Stock exchange

PERCORSO 4 / Verifica

VERIFICA INTERATTIVA · FLASHCARDS

Tutti devono sapere che...

1 Completa la tabella

MONOPOLIO	CONCORRENZA	....
l'offerta è concentrata in una sola	vi operano .... imprese che offrono prodotti .... a prezzi	l'offerta è costituita da .... imprese di .... dimensioni

Verifica le tue conoscenze di base

2 Scegli la risposta

1. L'andamento della domanda dipende:
   - ☐ **a.** dal reddito del consumatore
   - ☐ **b.** dal reddito del produttore
   - ☐ **c.** dalla politica economica del Governo
   - ☐ **d.** dalle variazioni di Borsa

2. Il prezzo di equilibrio è:
   - ☐ **a.** fissato dallo Stato
   - ☐ **b.** quello in relazione al quale domanda e offerta coincidono
   - ☐ **c.** il prezzo massimo che i consumatori sono disposti a pagare
   - ☐ **d.** il prezzo minimo a cui i venditori sono disposti a vendere

3. Le partecipazioni azionarie tra più imprese danno vita a:
   - ☐ **a.** un trust
   - ☐ **b.** una holding trust
   - ☐ **c.** un cartello
   - ☐ **d.** un consorzio

4. La normativa antitrust è finalizzata a evitare:
   - ☐ **a.** la formazione di monopoli dannosi per l'economia
   - ☐ **b.** che i prezzi del mercato siano troppo bassi
   - ☐ **c.** che la domanda globale sia troppo elevata
   - ☐ **d.** forme di concorrenza sleale

5. Corrisponde all'andamento nel tempo delle quotazioni di Borsa:
   - ☐ **a.** il listino
   - ☐ **b.** il fixing
   - ☐ **c.** la quotazione
   - ☐ **d.** l'indice

6. L'oligopolio in cui si producono merci differenziate è di tipo:
   - ☐ **a.** perfetto
   - ☐ **b.** imperfetto
   - ☐ **c.** diretto
   - ☐ **d.** indiretto

Potenzia le tue abilità

3 Trova la parola nascosta

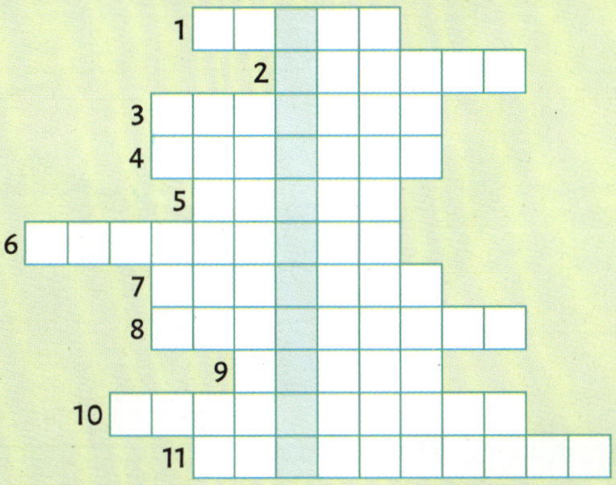

1. Quelli personali incidono sulla domanda individuale. **2.** È l'elemento che, più degli altri, condiziona la domanda. **3.** È direttamente proporzionale al prezzo. **4.** Può essere locale, nazionale o internazionale. **5.** Si costituiscono quando più imprese si riuniscono sotto una direzione comune. **6.** Corrisponde alla forma di mercato in cui l'offerta è concentrata in un'unica impresa. **7.** È inversamente proporzionale al prezzo. **8.** È il tipo di mercato in cui i prodotti vengono venduti ai consumatori. **9.** Vi si contrattano titoli. **10.** È il ruolo dei risparmiatori nel mercato dei titoli. **11.** Corrisponde alla forma di mercato in cui operano poche imprese di grandi dimensioni.

Sviluppa le tue competenze

4 Rispondi alle domande

1. Che cosa affermano, rispettivamente, la legge della domanda e quella dell'offerta?
2. Che cosa influenza l'andamento dei titoli in Borsa?

5 Risolvi i casi

1. Alcuni coltivatori diretti si recano ogni mattina nelle piazze delle città vicine per vendere i prodotti dei loro fondi. I prezzi esposti, pur riferendosi a prodotti simili, sono diversi da banco a banco. Come si spiega ciò?
2. Supponiamo che i principali istituti bancari italiani si accordino per praticare ai rispettivi clienti le stesse condizioni economiche. È ammissibile tale comportamento? In base a quali considerazioni?

6 Esponi la tua opinione

1. Nel mercato agricolo accade che alcuni prodotti, come le mele, non siano posti tutti in vendita nel momento della produzione, ma vengano conservati e immessi a poco a poco sul mercato. Quale scopo si persegue, secondo te, attraverso questa immissione graduale nel mercato?
2. Le fusioni tra imprese di grandi dimensioni sono oggi numerose, soprattutto nel settore bancario. Secondo te, quali vantaggi intendono realizzare le imprese attraverso tali politiche di concentrazione?

7 Comprendi e rifletti

La tutela di una libera concorrenza leale

Per far sì che la libertà di concorrenza tra le imprese si sviluppi in modo corretto, la legge reprime una serie di comportamenti, considerati **atti di concorrenza sleale**:

• gli **atti idonei a creare confusione** con i prodotti concorrenti, per far credere che il proprio prodotto provenga da un'altra impresa, più nota presso i consumatori. Essi si sostanziano essenzialmente nell'*imitazione servile* dei prodotti altrui;

• gli **atti di denigrazione** dei prodotti di altre imprese, che consistono nella diffusione, soprattutto attraverso i canali pubblicitari, di notizie e apprezzamenti sui prodotti della concorrenza volti a determinarne il discredito. Si possono realizzare atti di denigrazione attraverso la *pubblicità comparativa* (con cui vengono messe a confronto le qualità positive del proprio prodotto con quelle negative dei prodotti concorrenti) qualora le informazioni fornite non siano oggettive;

• gli **atti non conformi alla correttezza professionale** e idonei a danneggiare l'azienda di altri, come lo *spionaggio industriale*.

Se un imprenditore ritiene di aver subito atti di concorrenza sleale può presentare denuncia all'autorità giudiziaria, la quale può proibirne la continuazione, assumere gli opportuni provvedimenti affinché ne siano eliminati gli effetti e condannare l'autore al risarcimento dei danni.

1. Quali comportamenti corrispondono ad atti di concorrenza sleale?
2. Sapresti fare qualche esempio concreto in cui, secondo te, si potrebbe parlare di concorrenza sleale?

PERCORSO 5 economia

Il mercato del lavoro

Incominciamo da te

Una situazione concreta **Giovanna B., impiegata da oltre quattro anni presso una piccola impresa agricola, viene licenziata a causa della situazione di crisi in cui versa l'azienda, non più in grado di offrire lavoro a tutti i suoi dipendenti. Giovanna è preoccupata, perché il suo stipendio, insieme a quello del marito, è necessario per mantenere la famiglia, di cui fanno parte tre figli, tutti di età inferiore ai dieci anni. Ha diritto a qualche protezione da parte dello Stato?**

! Sì, ricordiamo infatti che l'Italia è uno Stato sociale e si propone di tutelare le categorie più deboli della popolazione. Giovanna, in quanto disoccupata involontaria, in attesa di trovare un nuovo impiego ha il diritto di percepire da parte dello Stato un'indennità monetaria, pari al 50% della retribuzione media, per un periodo massimo di ventiquattro mesi.

Le 5 domande

1. Quali sono secondo te i comportamenti da adottare quando si cerca un'occupazione?
2. Che cosa sono i *sindacati dei lavoratori* e quali obiettivi si propongono?
3. Molti giovani vengono assunti con contratto di *apprendistato*: di che tipo di lavoro si tratta?
4. Com'è il tasso di occupazione nella Regione in cui vivi? (alto, medio, basso....)
5. A tuo parere, quali provvedimenti potrebbero essere concretamente adottati nel nostro Paese per ridurre il numero dei disoccupati?

Il nostro percorso

CONOSCENZE

- Principali fattori che condizionano la domanda di lavoro
- Funzione socio-economica dei sindacati
- Apprendistato, part-time, somministrazione del lavoro
- Possibili vie per accedere al mondo del lavoro
- Principali diritti e doveri dei lavoratori, previsti nella Costituzione, nel Codice civile e nello Statuto dei lavoratori
- Dimissioni dal lavoro e licenziamenti
- Cause della disoccupazione e ammortizzatori sociali

ABILITÀ

- Comprendere la differenza tra domanda e offerta di lavoro
- Individuare negli alti costi del lavoro un fattore che limita fortemente l'occupazione
- Riconoscere le principali forme di accesso al mondo del lavoro
- Essere consapevoli dell'importanza della contrattazione sindacale
- Saper cogliere le problematiche, sia economiche sia sociali, connesse alla disoccupazione

LEZIONE 3
Le tipologie lavorative

LEZIONE 4
L'accesso al mondo del lavoro

LEZIONE 5
I doveri e i diritti dei lavoratori subordinati

LEZIONE 6
L'estinzione del rapporto di lavoro

LEZIONE 7
La disoccupazione

La competenza d'arrivo

Essere in grado di individuare comportamenti e strategie efficaci per inserirsi positivamente nel mondo del lavoro; valutare con obiettività gli interventi governativi attuati e in via di attuazione volti a ridurre la disoccupazione.

LEZIONE 1

Domanda e offerta di lavoro

VIDEO START
Chi offre e chi domanda lavoro

AUDIOTESTO

Memo

Il termine ▸**mercato** indica l'insieme delle contrattazioni relative alla domanda e all'offerta di un bene o di un servizio.

La ▸**popolazione** indica l'insieme dei soggetti che si trovano sul territorio dello Stato in un determinato momento.

I soggetti del mercato del lavoro Il ▸**mercato del lavoro** indica l'insieme della domanda e dell'offerta di lavoro e ha per oggetto, anziché un bene, il lavoro stesso.
I soggetti di questo mercato sono, da un lato, i **lavoratori** che offrono i propri servizi e, dall'altro, i **datori di lavoro** (gli imprenditori nel settore privato, lo Stato e gli altri enti territoriali nel settore pubblico) che richiedono prestazioni specifiche dietro il pagamento di un prezzo, corrispondente alla retribuzione dei lavoratori.
La **domanda di lavoro** è costituita dal numero di lavoratori che le imprese sono disposte ad assumere a una determinata retribuzione.
L'**offerta di lavoro** rappresenta la quantità di servizi che i lavoratori sono disposti a rendere alle imprese in cambio di un certo salario o stipendio.
L'offerta di lavoro è costituita dalla ▸**popolazione attiva**, cioè dalle persone disposte a offrire le proprie energie lavorative, ed è composta dagli occupati e dai non occupati. Per *non occupati* si intendono sia i disoccupati sia i soggetti in cerca della prima occupazione. Si parla invece di **popolazione non attiva** con riferimento ai minori, ai pensionati, agli invalidi, agli studenti, alle casalinghe e a quanti altri non hanno, per varie ragioni, volontà di offrire il proprio lavoro.

I fattori che condizionano la domanda di lavoro La domanda di lavoro dipende da diversi fattori. Innanzitutto è legata al **costo del lavoro**, cioè al livello delle retribuzioni che le imprese devono corrispondere ai propri dipendenti, aumentato dei contributi che devono essere versati per ogni lavoratore agli enti previdenziali.
Un altro importante elemento che influisce sulla domanda di lavoro è l'andamento della **domanda di beni e di servizi**: se quest'ultima tende ad aumentare, le imprese sono indotte a incrementare la produzione e ad assumere, di conseguenza, altri lavoratori. Il contrario accade nei periodi di crisi economica, quando i consumi ristagnano e si assiste a una riduzione della domanda di lavoro.

La flessibilità e la mobilità del lavoro Il mercato del lavoro ha subito profondi cambiamenti negli ultimi decenni: in particolare è diventato più difficile l'accesso al "posto fisso", a un lavoro stabile, e prevalgono i criteri della *flessibilità* e della *mobilità*.
La **flessibilità** si ha quando le persone devono adattarsi a cambiare tipo di lavoro, acquisendo nuove conoscenze e competenze. La **mobilità** comporta, invece, la disponibilità a cambiare periodicamente il luogo di lavoro, spostandosi in diverse zone del Paese e anche all'estero.

CASO Marco è un giovane laureato in Lettere moderne, che fatica a trovare un lavoro consono agli studi effettuati. Tuttavia si è dato da fare per mantenersi lavorando prima in un call center, poi come *pony express*, e ora è impiegato part-time presso un museo. La sua situazione lavorativa si collega alla mobilità o alla flessibilità?
■ *Si collega alla flessibilità, poiché si riferisce alla capacità di adattarsi a situazioni lavorative diverse.*

La precarietà del lavoro Flessibilità e mobilità del lavoro sono fattori di grande vantaggio per le imprese, che possono adattare alle proprie esigenze le attività dei dipendenti; lo sono meno per i lavoratori, non sempre disposti alla mobilità in considerazione dei legami familiari e affettivi. Inoltre, lo stato di **precarietà**, provocato dalla combinazione di flessibilità e mobilità lavorativa, genera spesso incertezza del reddito e situazioni di disagio. Pensiamo alla difficoltà di formare o di mantenere una famiglia o al rischio di cadere in stati di forte depressione, se si affrontano lunghi periodi di disoccupazione.

AUDIOTESTO
Movimentazione del mercato del lavoro

ESPANSIONE
Il mercato del lavoro nell'Unione europea

competenze in campo

1 Completa lo schema

MERCATO DEL LAVORO

- **Domanda di lavoro**
  È costituita dal numero di .... che le .... sono disposte ad .... a una determinata ....
- .... **di lavoro**
  Indica la quantità di .... che i .... sono disposti a offrire alle ....

ESERCIZIO INTERATTIVO

2 **Osserva e rifletti**

A quale aspetto del lavoro, soprattutto giovanile, puoi collegare l'immagine?

3 **Completa il testo**

ESERCIZIO INTERATTIVO

Una situazione che caratterizza oggi molti lavoratori è la precarietà, una situazione di .... legata alla mobilità (cioè alla disponibilità a .... periodicamente il .... di lavoro) e alla .... (cioè alla necessità di adattarsi a diversi tipi di ....).

4 **Individua il termine**

1. È data dalla somma di occupati e disoccupati: ....
2. Offrono i loro servizi sul mercato del lavoro: ....
3. È dato dalla somma delle retribuzioni che le imprese corrispondono ai propri dipendenti e dei contributi versati per ogni lavoratore agli enti previdenziali: ....

mi riguarda perché...

LEZIONE 1

SPUNTO DI RIFLESSIONE

Se consideri la realtà economica del nostro Paese, caratterizzata da un altissimo tasso di disoccupazione, ti rendi conto che, purtroppo, esistono seri problemi nella relazione tra domanda e offerta di lavoro. Inoltre puoi verificare che, a causa dell'alto costo del lavoro, le aziende tendono a ridurre l'occupazione interna a favore di operazioni di delocalizzazione, ossia di spostamento delle attività produttive in Paesi dove il costo del lavoro è più basso.

Le tue domande — Che cos'è il lavoro in nero?

Nel nostro Paese ci sono oltre tre milioni di persone che lavorano **senza un regolare contratto**, il che comporta il mancato riconoscimento di alcuni diritti fondamentali, quali la tutela della malattia, le ferie, la pensione, una retribuzione adeguata. È una realtà di cui certamente hai sentito parlare: è il cosiddetto **lavoro in nero**, che permette a datori di lavoro senza scrupoli di eludere le leggi e di evitare il pagamento di imposte e contributi.

Il settore nel quale il lavoro in nero è più diffuso è quello agricolo, seguito da quello dei servizi. La normativa italiana (l. n. 248/2006) stabilisce pesanti sanzioni pecuniarie per chi impiega personale in modo irregolare; tuttavia essa viene spesso violata dai datori di lavoro in cerca di un profitto certo e convinti di poter sfuggire ai controlli dello Stato.

Detto da... Daniele Silvestri

"Tanto il mio lavoro è inutile, diciamo futile, essenzialmente rimovibile, sostituibile, regolarmente ricattabile. [...] Precario il mondo, precario il mondo, flessibile la terra che sto pestando."

Come interpreti le parole tratte dalla canzone *Precario è il mondo* di Daniele Silvestri, con particolare riferimento al mondo giovanile?

La precarietà del lavoro

Meglio essere (in)flessibili?

"Flessibilità" indica la capacità di adattarsi a situazioni diverse tra loro; nel mondo del lavoro significa più specificamente accettare cambiamenti frequenti del tipo di occupazione o nell'organizzazione del lavoro svolto, rinnovando di volta in volta energie, abilità e competenze.

Che cos'è la flessibilità lavorativa?

Nel mondo del lavoro la parola flessibilità corrisponde a misure di intervento sui lavoratori dipendenti, tra cui:

- la possibilità per le imprese di **assumere personale**, quando i ritmi produttivi lo richiedono, senza sottostare a particolari vincoli o a complesse prassi burocratiche;
- il potere di **licenziare** nei momenti in cui l'impresa si trova in situazioni di crisi;
- la libertà di **spostare i lavoratori**, da una sede a un'altra o da un determinato ruolo a uno diverso, se le esigenze della produzione lo richiedono;
- la facoltà di **modificare l'orario di lavoro**, adattandolo alle necessità dell'impresa, evitando i limiti che derivano dalla rigidità oraria;
- la possibilità di **collegare il livello retributivo alla produttività** dei lavoratori, premiando i migliori.

In base a tutti questi aspetti è evidente che la flessibilità del lavoro rappresenta un **vantaggio per le imprese**: comporta infatti un notevole risparmio dei costi produttivi nonché un prezioso input per l'efficienza aziendale e per la competitività sul mercato.

Per i lavoratori è positiva?

Da un lato la flessibilità offre **importanti opportunità per un lavoratore**, come quella di scegliere il part-time, che consente di conciliare il lavoro con altre attività o impegni, o il *telelavoro*, che permette di svolgere la propria attività da casa, utilizzando strumenti informatici e telematici, senza sottostare a orari rigidi ed evitando gli spostamenti casa-lavoro. Dall'altro lato, la flessibilità si traduce di frequente in **precarietà**, soprattutto per i giovani. Il lavoro flessibile, infatti, corrisponde spesso a un *lavoro sottopagato* e *privo di adeguate tutele sociali*, come le ferie retribuite, la stabilità lavorativa, il diritto alla pensione. La precarietà del lavoro giovanile è stata favorita dalla crisi economica che da anni interessa l'Europa e i cui effetti, come la riduzione generalizzata dei posti di lavoro, hanno spinto molti giovani, anche laureati, ad accettare lavori a termine, sottopagati, a orario ridotto, incentivando il *mismatch*, cioè la mancata corrispondenza tra il livello di istruzione raggiunto e il tipo di lavoro che si è costretti ad accettare.

PRECARI IN AUMENTO Andamento trimestrale secondo l'ILO

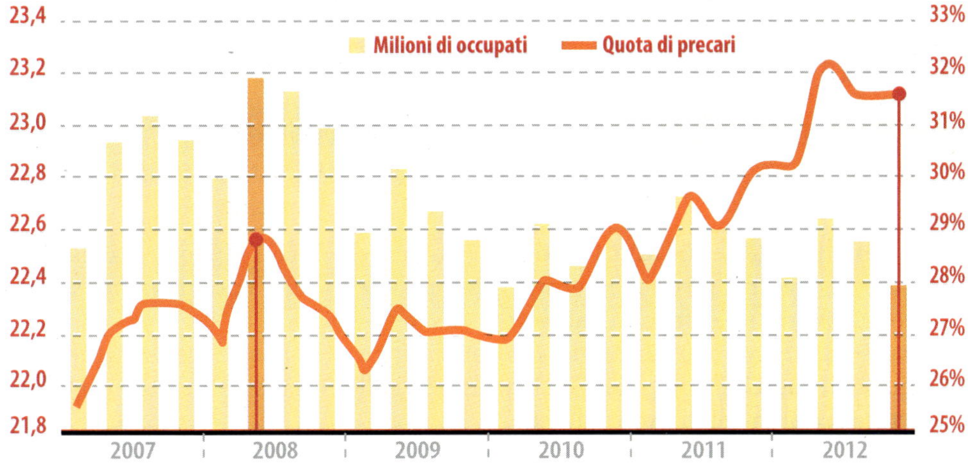

Rielaborazione grafica su dati ILO (*International labour organisation*, 2013).

Gli effetti del precariato

Ansia, inquietudine, paura e senso di inferiorità sono i sentimenti più diffusi. Molti giovani si vedono "condannati" a vivere a lungo con i genitori, a causa della discontinuità del lavoro e degli stipendi bassi. L'*Agenzia europea per la sicurezza e la salute sul lavoro* (EU-OSHA) ha evidenziato in una sua ricerca le possibili conseguenze negative del lavoro precario, in particolare insicurezza psicologica, stress, gastriti, disturbi cardio-circolatori, problemi nervosi. Esiste un vero e proprio **male di vivere**: l'incertezza del lavoro finisce per **far morire la speranza nel futuro**. Tra i lavoratori precari si sta inoltre diffondendo la cosiddetta "sindrome da disimpegno", un insieme di comportamenti dovuti allo scarso interesse dei dipendenti verso i propri compiti, come conseguenza dell'incertezza lavorativa, della mancanza di motivazione e della rinuncia ad aspirazioni professionali. Tutto ciò, naturalmente, riduce la produttività. Sarebbe necessario adottare diverse politiche lavorative, che portino all'aumento di garanzie e di tutele.

IL TUO PUNTO DI VISTA

1 Quali sono i principali aspetti positivi e negativi della flessibilità lavorativa per lavoratori e datori di lavoro?

2 Immagina di essere già diplomato o laureato e di venire assunto con un contratto a termine. Che cosa ti peserebbe di più a livello personale?

3 Vincenzo Brancatisano, giornalista e docente di Diritto ed Economia politica, nel libro *Una vita da supplente* (edizioni Nuovi Mondi), ha affermato che la precarietà corrisponde a uno "stato di perenne attesa che si trasforma in una ferita dell'esistenza": in che senso, secondo te?

4 A quali riflessioni ti inducono i dati riportati nel grafico in alto?

Chi è **A FAVORE** della flessibilità

Giorgio Squinzi, presidente di Confindustria (Confederazione generale dell'industria italiana, la principale organizzazione rappresentativa delle imprese del nostro Paese) ha dichiarato: "Sono a favore del posto fisso, del posto pieno. Sono perché ci siano meno posti di lavoro temporaneo e più posti di lavoro a tutto campo, ma serve anche la flessibilità. Chi entra nel mondo del lavoro pensando solo al posto per tutta la vita non ce lo possiamo permettere più. La competizione ormai è globale e ognuno deve fare la propria parte per rendere le imprese più competitive".

Chi è **CONTRO** la flessibilità

Nel suo libro dedicato al mondo del lavoro, dal titolo *Il lavoro non è una merce – Contro la flessibilità* (edizioni Laterza), il sociologo **Luciano Gallino** (1927-2015) scrive: "Il lavoro non è una merce, quindi non può essere trattato o scambiato come tale. [...] Il contratto di lavoro dovrebbe essere inteso sempre a tempo indeterminato e a orario pieno. Tutti gli altri eventuali tipi di contratto andrebbero considerati delle deroghe dal contratto base, da ammettere solamente a fronte di specifiche e non ambigue esigenze delle imprese o di bisogni del lavoratore".

LEZIONE 2

I sindacati e i contratti di lavoro

VIDEO START Lottare per i diritti

AUDIOTESTO

Memo

Le ▶ **associazioni** sono organizzazioni di persone e di beni volte alla realizzazione di determinati obiettivi.

I ▶ **contratti** sono accordi tra due o più soggetti volti a costituire, modificare o estinguere rapporti giuridici di natura patrimoniale.

Il ruolo dei sindacati dei lavoratori Per quanto riguarda i rapporti tra i lavoratori e i datori di lavoro, un ruolo determinante è ricoperto dalle ▶**associazioni sindacali**, cui ogni lavoratore è libero di iscriversi.
I **sindacati** sono libere associazioni dei lavoratori, attraverso le quali gli iscritti hanno la possibilità di esercitare pressioni nei confronti delle imprese e del Governo allo scopo di tutelare al meglio i propri diritti.

La libertà sindacale L'**art. 39 Cost.** sancisce la **libertà sindacale** e sottolinea il principio di **pluralità dei sindacati**, in contrapposizione a quanto avvenne durante il periodo fascista, quando esisteva il solo "sindacato corporativo", unico per ogni categoria di lavoratori e controllato direttamente dallo Stato.
Oggi i **sindacati nazionali** più rappresentativi, ossia con il maggior numero di lavoratori iscritti, sono la CGIL (Confederazione generale italiana del lavoro), la CISL (Confederazione italiana sindacati dei lavoratori), la UIL (Unione italiana del lavoro) e l'UGL (Unione generale del lavoro).

La contrattazione collettiva La funzione principale dei sindacati è quella di concludere con i rappresentanti delle imprese i ▶*contratti collettivi di lavoro*.
I **contratti collettivi di lavoro** sono accordi attraverso i quali vengono fissate le condizioni di lavoro per ogni categoria di lavoratori dipendenti.
I contratti collettivi contengono le *condizioni retributive minime* cui i lavoratori hanno diritto (**parte retributiva**) e disciplinano i principali aspetti dell'*organizzazione del rapporto di lavoro* (**parte normativa**). Spesso richiedono lunghe trattative tra le parti e vengono normalmente stipulati ogni due anni in relazione alla parte retributiva, ogni quattro per quella normativa. Ciascuna categoria di lavoro ha un suo **contratto collettivo nazionale**, che può essere in parte modificato dai contratti aziendali in considerazione di specifiche esigenze delle aziende interessate.

ESEMPIO Esiste un contratto specifico per i lavoratori metalmeccanici, uno per i dipendenti dell'industria, uno per gli insegnanti dello Stato.

L'efficacia della contrattazione collettiva I contratti collettivi hanno efficacia *erga omnes*, cioè nei confronti di tutti i lavoratori, anche se non iscritti ad alcun sindacato; sarebbe infatti difficile dover applicare condizioni differenziate tra lavoratori iscritti e lavoratori non iscritti e, inoltre, verrebbe meno il principio di libertà sindacale sancito dall'art. 39 Cost. Normalmente la stipulazione dei contratti collettivi si articola in tre fasi: la predisposizione delle proposte, la loro contrattazione tra le associazioni sindacali dei lavoratori e dei datori di lavoro e, infine, la firma dell'accordo.
Oltre ai contratti collettivi nazionali, validi per tutti i lavoratori di un determinato settore, vengono conclusi anche **contratti collettivi aziendali**, stipulati tra le organizzazioni sindacali dei lavoratori e i singoli imprenditori.

Il contratto di lavoro individuale Quando un lavoratore viene assunto stipula un *contratto individuale*, che può essere **a tempo determinato**, se prevede una precisa scadenza, oppure **a tempo indeterminato**, nel caso opposto.
Attraverso il **contratto individuale di lavoro** il lavoratore si obbliga a mettere a disposizione del datore di lavoro la propria attività in cambio di una retribuzione.
Il contratto individuale, che non può derogare in senso peggiorativo rispetto ai contratti nazionali, prevede generalmente un **periodo iniziale di prova**, che consente a entrambe le parti di sciogliersi dal contratto, senza obbligo di preavviso, in caso di mancata soddisfazione.

ESPANSIONE L'evoluzione storica dei sindacati

competenze in campo

1 Completa lo schema

DIDATTICA INCLUSIVA

CONTRATTI COLLETTIVI DI LAVORO

- **sono stipulati tra:**
  sindacati dei ....
  e sindacati dei ....
- **contengono:**
  una parte ....
  e una parte normativa
- **hanno efficacia verso:**
  tutti i ....
  di una stessa ....

ESERCIZIO INTERATTIVO

2 **Osserva e rifletti**

Che cosa sono i sindacati dei lavoratori e quali obiettivi si propongono?

3 **Completa il testo**

ESERCIZIO INTERATTIVO

Attraverso il contratto individuale di lavoro il lavoratore si .... a mettere a disposizione del .... la propria .... in cambio di una ....; il contratto può essere stipulato a tempo ...., se prevede una specifica ...., o a tempo indeterminato.

4 **Risolvi il caso**

Giulia T. viene assunta come operaia da Mario R. con un contratto scritto che prevede un periodo di prova di trenta giorni. Alla scadenza dei trenta giorni Mario R. decide di non dare seguito al rapporto di lavoro con Giulia T., ritenendola non idonea a svolgere l'attività cui era stata adibita. Può Giulia T. denunciarlo per ingiusto licenziamento?

mi riguarda perché...

SPUNTO DI RIFLESSIONE

Quando sarai più grande e avrai un lavoro, ti renderai conto che, tra le libertà riconosciute dalla Costituzione, grande importanza ha quella dei lavoratori di iscriversi ai sindacati.
Queste organizzazioni, infatti, si propongono di tutelare i diritti di chi svolge un lavoro di natura subordinata, operando allo scopo di conseguire un livello più elevato di tutela economica e sociale.

Spazio multiculturale — L'organizzazione sindacale in Gran Bretagna e in Germania

In Gran Bretagna e in Germania esiste il cosiddetto **sindacalismo unitario**, che si caratterizza per la presenza di confederazioni che raggruppano tutti, o per lo meno la maggior parte, dei sindacati esistenti. In Gran Bretagna, per esempio, opera il *Trade union congress*, che unisce cinquantotto associazioni sindacali. La Germania si caratterizza per la partecipazione dei lavoratori alle decisioni dell'azienda da cui dipendono. Ciò avviene attraverso due organi: il *Betriebsrat* (consiglio di fabbrica), formato da dipendenti, e l'*Aufsichtsrat* (consiglio di sorveglianza), composto sia da dipendenti sia da rappresentanti dell'azienda.

Lavorare insieme

- Dividetevi in gruppi in base alle indicazioni dell'insegnante.
- Approfondite il tema dei sindacati, evidenziando quali sono le loro funzioni oltre a quella della contrattazione collettiva. Verificate quali sono i sindacati più rappresentativi in Italia, con riferimento sia alle associazioni dei lavoratori sia a quelle dei datori di lavoro e approfondite i caratteri di uno di essi. Per questa attività potete avvalervi di Internet, per esempio consultando il sito di "flash giovani", in particolare la sezione che tratta il tema del lavoro nella parte dedicata ai sindacati (link.pearson.it/6D34DAF9).

LEZIONE 3

Le tipologie lavorative

VIDEO START
Lavoro e vita precari

AUDIOTESTO

Memo
Il ▸**lavoro** è una delle più importanti fonti di reddito. Il compenso dei lavoratori subordinati prende il nome di *salario*, se il lavoro è manuale, di *stipendio* se è intellettuale. Il reddito percepito invece dai lavoratori autonomi è denominato *onorario* o *parcella*.

Lavoro subordinato e autonomo Se il ▸lavoro viene prestato *alle dipendenze e sotto le direttive di altri*, viene definito **lavoro subordinato** o **dipendente**. Se invece l'attività lavorativa è svolta in *condizioni di autonomia*, con organizzazione personale dei mezzi necessari per attuarla, allo scopo di rendere determinati servizi ad altri, il **lavoro** è **autonomo** (pensiamo a un libero professionista oppure a un artigiano).

Le riforme del lavoro Nel nostro Paese negli ultimi anni sono state riformate alcune tipologie di lavoro (come il part-time e l'apprendistato) e ne sono state introdotte di nuove (come il contratto di somministrazione del lavoro), che hanno reso più dinamico e flessibile il mercato del lavoro.
Tra le riforme più recenti ricordiamo: la "riforma Biagi" (l. n. 30/2003); la "riforma Fornero" (l. n. 92/2012); il "Jobs Act" (d. l. n. 34/2014).

Contratto a tempo indeterminato a tutele crescenti Disciplinato dal Jobs Act, è il contratto di lavoro ordinario per i lavoratori di nuova assunzione. Le sue caratteristiche principali sono la durata a tempo indeterminato e la garanzia di tutele economiche che, in caso di licenziamento, crescono in relazione all'anzianità di servizio del dipendente.

Il part-time Il **part-time** è un rapporto di lavoro in cui il lavoratore opera con orario e retribuzione ridotti. Può essere di tipo *orizzontale* (il lavoro è giornaliero, ma a orario ridotto), *verticale* (il lavoro è a tempo pieno, ma solo per alcuni giorni della settimana), *ciclico* (limitato ad alcuni periodi del mese o dell'anno), *misto* (un insieme delle altre tipologie). Questo tipo di contratto incontra il favore di molte persone, che così riescono a conciliare meglio l'attività lavorativa con altre esigenze della loro vita, come la cura della famiglia, lo studio o lo svolgimento di attività ricreative o sociali.

Memo LESSICO
Il termine ▸**apprendistato** ha origine dal verbo latino *apprehendere*, che significa "prendere", "conoscere"; l'apprendista è in effetti "colui che conosce, che impara".

L'apprendistato L'▸**apprendistato** è un rapporto di lavoro della durata massima di tre anni, destinato alle persone di età compresa tra i 15 e i 29 anni, tradizionalmente utilizzato per la formazione professionale.
Il datore di lavoro si impegna a impartire al giovane assunto gli insegnamenti necessari a conseguire le competenze richieste per lo svolgimento di una determinata attività, utilizzando nel contempo il lavoro dell'apprendista a favore dell'impresa. Alla cessazione del rapporto, il giovane ha il diritto di ricevere un **attestato del tirocinio**.

Il contratto di somministrazione Tramite il **contratto di somministrazione** (o *staff leasing*) il lavoratore si iscrive a un'**impresa somministratrice** dalla quale viene temporaneamente "ceduto" a un'altra impresa, detta **utilizzatrice**. Lo stipendio o il salario del lavoratore "ceduto" dall'impresa somministratrice non può essere inferiore a quello dei dipendenti di pari livello assunti nell'impresa utilizzatrice. Quest'ultima si avvale delle prestazioni del nuovo dipendente per un periodo determinato, ed è sempre libera, poi, di assumerlo in via definitiva.

CASO L'agenzia di somministrazione Rapida s.p.a. invia Marco G. nella società Marivex per un periodo di 6 mesi con mansioni di addetto alle vendite. Marco G. scopre che gli altri lavoratori della Marivex che svolgono la sua stessa mansione percepiscono un salario più alto del 40% rispetto al suo. Il direttore del personale della Marivex sostiene che questo è possibile perché Marco non è un dipendente a tempo indeterminato. Ha ragione?
■ *No, il lavoratore, durante la missione (ossia l'attività presso l'utilizzatore), ha diritto a percepire la stessa retribuzione che spetta a un lavoratore dell'impresa utilizzatrice che svolge la stessa attività.*

competenze in campo

1 Completa lo schema

DIDATTICA INCLUSIVA

TIPOLOGIE LAVORATIVE

- a tempo ....
- a tempo ....
- lavoro ....
- ....
- ....
  (giovani tra i 15 e i 29 anni)
- contratto di ....
  del lavoro

ESERCIZIO INTERATTIVO

2 **Osserva e rifletti**

Quale tra le diverse tipologie di lavoro si adatta particolarmente alle madri o ai padri che vogliono avere più tempo da dedicare ai figli?

3 **Completa il testo**

ESERCIZIO INTERATTIVO

Il part-time è una tipologia di lavoro a .... ridotto; può essere organizzato in forma .... (lavoro giornaliero), ... (alcuni giorni della settimana), ciclico (limitato a determinati .... del mese o dell'anno) o ....

4 **Risolvi il caso**

Alessio D., sedicenne, non ha un buon profitto scolastico e, non avendo voglia di continuare a studiare, prende la decisione, in accordo con i suoi genitori, di trovare un lavoro. Viene assunto come idraulico da una piccola società che opera nel suo comune. Con quale tipo di contratto verrà presumibilmente formalizzata la sua assunzione?

mi riguarda perché...

SPUNTO DI RIFLESSIONE

Tra le diverse tipologie lavorative esistenti nel nostro Paese, ce ne sono alcune che cercano di andare incontro alle possibili esigenze individuali, con particolare attenzione ai giovani. Pensa per esempio al part-time, che permette a un giovane di conciliare lavoro e studio, o all'apprendistato, che consente di accumulare le conoscenze e le competenze necessarie per svolgere in futuro determinate funzioni.

FOCUS Le tipologie di apprendistato

Il contratto di apprendistato è oggi diffuso tra i giovani e potrebbe rappresentare la prima tipologia contrattuale con cui entrerai nel mondo del lavoro.

Esistono tre tipologie di apprendistato:

- l'**apprendistato per la qualifica, il diploma e la specializzazione professionale** (giovani tra i 15 e i 25 anni), che consente di coniugare la formazione sul lavoro con l'istruzione professionale;
- l'**apprendistato professionalizzante** (giovani tra i 18 e i 29 anni), con cui datore di lavoro e lavoratore determinano nel contratto la qualificazione professionale da conseguire;
- l'**apprendistato di alta formazione e ricerca** (giovani tra i 18 e i 29 anni), destinato al conseguimento di titoli di studio universitari, dottorati di ricerca, praticantati per le libere professioni.

Le tue domande — Che cos'è il lavoro occasionale?

Alcune persone, come casalinghe, studenti, pensionati, disoccupati da oltre un anno, possono essere impiegate per **prestazioni occasionali e accessorie**, di durata inferiore a trenta giorni annuali e con un compenso massimo di 7 000 euro. Tra queste attività rientrano l'assistenza domiciliare a bambini, anziani e malati, i lavori di giardinaggio, l'insegnamento privato supplementare. I lavoratori occasionali vengono remunerati con **buoni** (*voucher*) convertibili poi in moneta, che i datori di lavoro sono tenuti a procurarsi presso le sedi dell'INPS.

LEZIONE 4

L'accesso al mondo del lavoro

VIDEO START
Mi presento: il mio curriculum

AUDIOTESTO

La scelta del settore lavorativo Quando, dopo il percorso scolastico o dopo una precedente attività lavorativa, si cerca un lavoro, ci si può orientare verso il *settore pubblico* (sanità, scuola, enti locali...) oppure verso il *settore privato*.

L'assunzione presso enti pubblici Per quanto riguarda il **settore pubblico**, vi sono diverse modalità di accesso al lavoro. Per le qualifiche più basse occorre iscriversi in apposite liste presso i centri per l'impiego. Negli altri casi, l'assunzione nelle amministrazioni pubbliche avviene attraverso **concorsi**, divulgati tramite annunci ufficiali denominati *bandi*; in essi vengono indicati i requisiti per la partecipazione (per esempio, diploma di scuola secondaria di secondo grado), le modalità e i termini per la presentazione della domanda, la data e la sede dell'esame, le conoscenze richieste. Apposite commissioni esaminatrici valutano i risultati delle prove sostenute e stilano una graduatoria, cui la Pubblica amministrazione interessata attinge per procedere alle assunzioni necessarie.
Come si viene a conoscenza della pubblicazione di un bando di concorso pubblico? Innanzitutto si possono consultare la Gazzetta Ufficiale, nella sezione "Concorsi ed esami", e i Bollettini ufficiali delle Regioni. Per i Comuni ci si può rivolgere agli uffici "Informagiovani" o direttamente ai Comuni stessi.

L'assunzione nel settore privato Se si decide di orientarsi verso il **settore privato** ci si può rivolgere ai **centri per l'impiego**, cui possono iscriversi gratuitamente tutti coloro che cercano un lavoro, o alle **aziende somministratrici**, che forniscono alle imprese forza lavoro a tempo determinato. Possono inoltre svolgere il ruolo di intermediazione nel mercato del lavoro i Comuni, gli istituti di istruzione superiore, le università, le Camere di commercio.

Memo LESSICO
L'espressione latina ▸**curriculum vitae** significa letteralmente "corso della vita".
Il termine francese ▸**stage** significa "tirocinio", "percorso di addestramento".

Il curriculum Quando si cerca un impiego è opportuno predisporre il proprio ▸*curriculum vitae*. Il **curriculum vitae** è un documento informativo sulla propria persona, sulle esperienze scolastiche e lavorative, sulle conoscenze informatiche possedute, sulle lingue conosciute e sugli interessi coltivati.
Nel curriculum è importante segnalare anche le attività di lavoro svolte durante il percorso scolastico, durante l'estate o nei fine settimana. Vanno inoltre segnalati gli stage aziendali eventualmente praticati durante la scuola.
Lo ▸**stage** è un periodo di formazione presso un'azienda. Esso è rivolto in particolare agli studenti del triennio finale della scuola superiore e consiste in percorsi progettati dalle scuole attraverso convenzioni con le imprese, con enti pubblici e privati, compresi quelli del terzo settore. Lo stage, che prevede anche attività di formazione in materia di sicurezza sul lavoro, si propone l'obiettivo di aumentare le competenze degli studenti e di favorirne l'accesso al mondo del lavoro.

ESPANSIONE
Una lettera di autocandidatura

VIDEO
Il curriculum europeo

VIDEO
Consigli per realizzare un videocurriculum

La lettera di autocandidatura Il curriculum va presentato insieme con una **lettera di autocandidatura**, che deve essere scritta in modo corretto, sia sotto l'aspetto grammaticale sia sotto quello lessicale. È preferibile usare periodi brevi e semplici, con ampio utilizzo della punteggiatura e non superare lo spazio di una pagina. Nella lettera occorre spiegare le **motivazioni** che spingono a candidarsi per quella specifica attività lavorativa e in quella particolare azienda. Si devono inoltre indicare le **caratteristiche personali** che si ritengono idonee ai fini dell'assunzione, senza ripetere dati inclusi nel curriculum, ma ricorrendo a informazioni che valorizzino la propria persona e stimolino il destinatario a valutare positivamente un'eventuale collaborazione. La lettera va conclusa con una formula di saluto e la propria firma.

competenze in campo

1 Completa lo schema

PRINCIPALI INFORMAZIONI DA INSERIRE NEL CURRICULUM

- esperienze .... e ....
- conoscenze ....
- .... conosciute
- interessi ....

ESERCIZIO INTERATTIVO

2 **Osserva e rifletti**

A quali modalità di accesso al mondo del lavoro si riferisce ciascuna immagine? Scegli tra le risposte elencate, alcune delle quali non sono corrette:

a. intermediazione dei Comuni;
b. intermediazione delle università;
c. concorsi pubblici;
d. centri per l'impiego;
e. attività delle Camere di commercio.

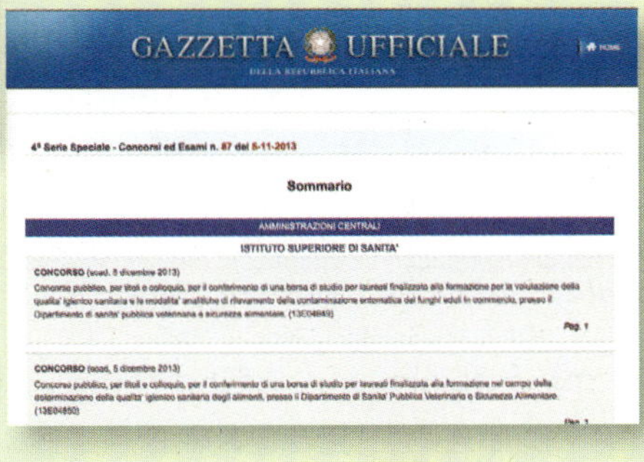

3 **Individua il termine**

ESERCIZIO INTERATTIVO

1. Periodo di formazione presso un'azienda: ....
2. In essa è presente la sezione "Concorsi ed esami" relativa alle assunzioni nel settore pubblico: ....
3. Sono enti a cui ci si può iscrivere allo scopo di trovare un'occupazione lavorativa: ....

4 **Rifletti e rispondi**

1. Per quale ragione, secondo te, nel curriculum è opportuno indicare anche gli interessi coltivati?
2. Quali aspetti è opportuno evidenziare nella lettera di autocandidatura? Perché?

mi riguarda perché...

SPUNTO DI RIFLESSIONE

Non è facile, ai nostri giorni, trovare un'occupazione lavorativa consona alle proprie conoscenze e competenze; è pertanto importante che tu conosca le possibili vie di accesso al mondo del lavoro, per poterle validamente utilizzare nel tuo futuro.

Le tue domande — Che cosa sono i social network professionali?

Un'importante via di reclutamento del lavoro è oggi rappresentata dai **social network professionali**, come LinkedIn e Viadeo, su cui i giovani interessati a un'assunzione possono pubblicare il proprio profilo di esperienze e di competenze. Attraverso questi canali, i datori di lavoro hanno l'opportunità di costruirsi una prima immagine dei candidati valutando i loro interventi nei forum e nei gruppi. Tuttavia, sempre più frequentemente chi fa selezione del personale non si limita alla presentazione "ufficiale" che i candidati fanno di se stessi, ma entra anche su altri social network (come Facebook) accedendo ai **profili privati** per valutare più da vicino la personalità, le opinioni e le abitudini di vita. Potrebbe quindi rivelarsi controproducente, per chi cerca lavoro, pubblicare sul proprio profilo privato, ma accessibile a tutti, opinioni e immagini troppo personali.

FOCUS — Consigli a un giovane in cerca di lavoro

A un giovane che si affaccia al mondo del lavoro consiglierei innanzitutto di allungare il più possibile il suo raggio di mobilità: le occasioni di lavoro aumentano in ragione quadratica del raggio di mobilità del lavoratore. Poi gli consiglierei di cercare un buon servizio di orientamento, offerto da una delle tante grandi agenzie di collocamento, che sono tenute a operare gratuitamente nei confronti dei lavoratori. Farsi fare un bilancio oggettivo delle competenze e farsi indicare gli obiettivi occupazionali realisticamente perseguibili, nel suo caso specifico, con i rispettivi percorsi di formazione e addestramento.

Da un'intervista a Pietro Ichino, uno dei maggiori studiosi italiani di diritto del lavoro

LEZIONE 5

I doveri e i diritti dei lavoratori subordinati

VIDEO START
Una grande conquista lavorativa

AUDIOTESTO

Memo LESSICO
Il termine ▸ **diligenza** deriva dal sostantivo latino *diligentia*, che significa "scrupolosità", "attenzione", "coscienza".

I principali doveri I lavoratori dipendenti sono titolari di specifici *diritti*, ma sono anche tenuti a osservare alcuni **obblighi che derivano dal contratto di lavoro**.

I principali doveri dei lavoratori dipendenti nei confronti del datore di lavoro sono:
- l'**obbligo di ▸diligenza**, in ragione del quale il lavoratore deve usare la cura richiesta dalla natura della prestazione dovuta, dall'interesse dell'impresa e da quello della produzione nazionale;
- l'**obbligo di attenersi alle direttive del datore di lavoro**;
- l'**obbligo di fedeltà**, in base al quale il lavoratore non deve trattare affari, per conto proprio o di terzi, in concorrenza con l'imprenditore, né divulgare notizie relative all'organizzazione e ai metodi produttivi dell'impresa;
- l'**obbligo di osservare l'orario di lavoro**.

I diritti dei lavoratori sono previsti dalla Costituzione, dal Codice civile e dallo Statuto dei lavoratori.

I diritti costituzionali Tra i **diritti costituzionali** rientrano:
- il **diritto alla retribuzione**, sancito dall'art. 36 Cost., che stabilisce che la retribuzione deve essere proporzionata alla quantità e alla qualità del lavoro svolto e consentire al lavoratore e alla sua famiglia un'esistenza libera e dignitosa;
- la **tutela del lavoro femminile**, affermata dall'art. 37 Cost., che garantisce alle donne gli stessi diritti degli uomini e tutela la gravidanza e la maternità;
- il **diritto all'assistenza e alla previdenza**; previsto dall'art. 38 Cost., in base al quale il lavoratore ha il diritto di ricevere, da parte delle istituzioni pubbliche, l'assistenza in caso di malattia e infortunio, e un trattamento pensionistico al termine dell'attività lavorativa;
- la ▸**libertà sindacale**, sancita dall'art. 39 Cost.;
- il **diritto di sciopero**, garantito, in base all'art. 40 Cost., a tutti i lavoratori dipendenti.

Memo
I ▸**sindacati** sono libere associazioni che si propongono la tutela dei diritti dei lavoratori.

CASO Luciana F. viene contattata da un membro di un'organizzazione sindacale che cerca di convincerla ad aderire a tale sindacato. Luciana F. sostiene tuttavia che, prima di iscriversi al sindacato, necessita dell'autorizzazione del suo datore di lavoro. Ha ragione?
■ *No, l'art. 39 Cost. sancisce il diritto alla libertà sindacale, per cui l'adesione a qualunque associazione sindacale non è vincolata ad alcuna autorizzazione.*

I diritti previsti dal Codice civile Tra i **diritti previsti dal Codice civile** ricordiamo:
- il **diritto al riposo**, che ha lo scopo di tutelare la salute, fisica e mentale, dei lavoratori;
- il **diritto di ricevere un compenso più elevato per le ore di lavoro straordinario e notturno**;
- il **diritto al trattamento di fine rapporto** (il **TFR**, corrispondente alla cosiddetta "liquidazione" o "buonuscita").

I diritti riconosciuti dallo Statuto dei lavoratori In base allo **Statuto dei lavoratori** (l. n. 300/1970) viene riconosciuto il **diritto di vedere rispettate sul posto di lavoro le proprie libertà e dignità**. In particolare, i lavoratori possono esprimere liberamente il proprio pensiero senza pericolo di discriminazioni; non possono essere soggetti a indagini relative alle loro opinioni politiche, religiose o sindacali; non si possono loro imporre accertamenti sanitari se non tramite gli istituti previdenziali competenti. Vengono inoltre riconosciuti specifici diritti sindacali, come la convocazione di assemblee in orario lavorativo, per un massimo di dieci ore annuali.

ESPANSIONE
I diritti e i doveri dei datori di lavoro

competenze in campo

1 Completa lo schema

DIDATTICA INCLUSIVA

PRINCIPALI OBBLIGHI DEI LAVORATORI

- diligenza
- attenersi alle .... del ....
- ....
- rispettare l'............ di lavoro

ESERCIZIO INTERATTIVO

2 ●●● **Rifletti e rispondi**

1. Quali diritti vengono tutelati dallo Statuto dei lavoratori?
2. Quale differenza esiste tra l'obbligo di fedeltà e quello di diligenza?
3. In che cosa consiste il diritto al riposo e quali scopi si propone?

3 ●●● **Completa il testo**

ESERCIZIO INTERATTIVO

In base all'obbligo di fedeltà i lavoratori non devono divulgare notizie relative alla .... e ai .... produttivi della .... e non devono trattare affari in .... con l'imprenditore.

4 ●●● **Risolvi il caso**

Lucia S. lavora come dipendente in un'impresa che produce dolciumi. Nel caso in cui si scoprisse che ha rivelato al titolare di un'impresa concorrente la ricetta di un prodotto dell'azienda per cui lavora, a quale obbligo sarebbe venuta meno?

5 ●●● **Ricerca**

Che cosa prevede lo Statuto dei lavoratori a favore degli studenti - lavoratori? Cerca la risposta nella l. n. 300/1970.

mi riguarda perché...

SPUNTO DI RIFLESSIONE

L'evoluzione del mondo del lavoro ha fortunatamente portato al riconoscimento per i lavoratori subordinati di fondamentali diritti che, in passato, erano loro negati. Pensa, in tal senso, a quali erano le condizioni di lavoro degli operai nell'Ottocento, condizioni finalizzate alla mera sussistenza e senza tutele di natura sanitaria e sociale.

FOCUS Lo sciopero nei servizi pubblici essenziali

Ti sarà probabilmente capitato qualche volta di non essere riuscito a raggiungere la scuola in orario perché i mezzi pubblici non funzionavano a causa di uno sciopero dei lavoratori. È evidente che in questo, come in altri casi, il diritto di sciopero può entrare in conflitto con l'interesse di chi necessita di un servizio pubblico.
L'esercizio del diritto di sciopero, normalmente libero, è in effetti regolato dalla legge quando viene esercitato nell'ambito dei **servizi pubblici essenziali**, che comprendono, oltre ai *trasporti pubblici*, i settori della *sanità*, della *protezione civile*, della *raccolta* e dello *smaltimento dei rifiuti*, dell'*amministrazione della giustizia*, dell'*istruzione*, delle *poste*, delle *telecomunicazioni* e dell'*informazione radiotelevisiva pubblica*. In questi settori è necessario rispettare obblighi precisi:

- deve essere dato un **preavviso** di almeno dieci giorni all'Amministrazione coinvolta, perché sia consentita l'organizzazione delle prestazioni indispensabili, e si deve indicare la **durata** dell'agitazione;
- prima di proclamare lo sciopero occorre procedere a **tentativi di accordo** con la controparte;
- le Amministrazioni erogatrici devono comunicare agli utenti, almeno cinque giorni prima dell'inizio dello sciopero, i **modi** e i **tempi di erogazione dei servizi nel corso dello sciopero**;
- chi promuove lo sciopero deve predisporre **la garanzia dei servizi minimi indispensabili**.

Se lo sciopero si prolunga e causa gravi disagi sociali l'autorità competente (prefetto o ministro) emana un'ordinanza diretta a garantire le prestazioni indispensabili; si parla, in tali casi, di *precettazione*.

La sicurezza sul lavoro

Quanto siamo protetti nei luoghi di lavoro?

Nel nostro Paese troppe sono state, e sono tuttora, le *morti bianche*, ovvero gli incidenti sul lavoro che hanno determinato la morte di lavoratori dipendenti. È pertanto necessario fare di tutto, a livello sia normativo sia di responsabilità individuale, per evitare le situazioni di pericolo e di esposizione a danni alla salute.

Il Testo Unico

Il tema della sicurezza sul lavoro è oggi di massima attualità: tante volte, infatti, apprendiamo notizie tragiche legate a casi di incidenti, spesso mortali, sul lavoro. Nel nostro Paese esistono **norme specifiche** volte a prevenire situazioni di rischio, in particolare il **Testo unico sulla sicurezza sul lavoro** (d.lgs. 81/2008).
È molto importante che gli obblighi contenuti in questa norma vengano scrupolosamente rispettati sia dai datori di lavoro sia dai lavoratori, perché in gioco ci sono valori di estrema importanza: la salute e la vita delle persone. Nelle scuole sono equiparati ai lavoratori gli alunni degli istituti in cui si fa uso di laboratori, agenti chimici, fisici e biologici, limitatamente ai periodi in cui utilizzano le strumentazioni.

I soggetti responsabili

Il massimo responsabile della sicurezza è il **datore di lavoro** (nelle scuole è il dirigente scolastico). I **preposti** sono persone che, per la loro competenza professionale o per la natura del loro incarico, sovrintendono alle attività lavorative, controllando il rispetto delle norme di sicurezza da parte dei lavoratori. A livello scolastico il ruolo di "preposto" compete agli insegnanti e ai tecnici di laboratorio. Il **rappresentante dei lavoratori per la sicurezza** è una persona eletta o designata per rappresentare i lavoratori in materia di tutela della sicurezza e della salute; ha pertanto un rilevante potere di controllo sia sulla documentazione aziendale sia sui luoghi in cui si svolgono le attività lavorative.

Gli obblighi dei lavoratori

I lavoratori dipendenti devono cautelarsi contro i possibili rischi sul lavoro utilizzando **particolari attrezzature** come il casco, le scarpe antinfortunistica, i guanti protettivi. I lavoratori sono inoltre tenuti a rispettare **determinati comportamenti**; vediamo i principali:

- utilizzare correttamente i macchinari, le apparecchiature, gli utensili, le sostanze e i preparati pericolosi, i mezzi di trasporto e le attrezzature di lavoro;
- usare in modo appropriato i dispositivi di protezione messi a loro disposizione;

- non compiere di propria iniziativa operazioni o manovre che non sono di loro competenza e che possono compromettere la sicurezza propria e di altri lavoratori;
- sottoporsi ai controlli sanitari previsti nei loro confronti.

Gli obblighi dei datori di lavoro

I datori di lavoro sono tenuti ad adottare i criteri necessari a tutelare l'integrità dei lavoratori. Se omettono di collocare impianti, apparecchi o segnali destinati a prevenire disastri o infortuni sul lavoro, sono puniti con la reclusione da sei mesi a cinque anni. Se da ciò deriva un infortunio a uno o più lavoratori il periodo di reclusione previsto va da tre a dieci anni. Ogni datore di lavoro deve essere in grado di individuare i possibili fattori di rischio e adottare le adeguate misure di sicurezza.
Per esempio, i datori di lavoro devono provvedere affinché sia effettuata la regolare manutenzione e pulizia degli ambienti, delle attrezzature, delle macchine e degli impianti.

Il servizio di prevenzione e protezione

I datori di lavoro sono tenuti a organizzare il **servizio di prevenzione e protezione all'interno dell'azienda.** A questo fine devono designare il responsabile di tale servizio, individuandolo tra le persone in possesso di determinati requisiti, tra cui titolo di studio non inferiore al diploma di istruzione secondaria superiore e attestato di frequenza di specifici corsi di formazione. Il responsabile è tenuto all'individuazione e alla valutazione dei rischi, alla predisposizione di misure preventive, all'informazione e alla formazione dei lavoratori. Nella sua attività in genere è coadiuvato da un addetto al servizio e dagli addetti al primo soccorso, alla prevenzione incendi e all'evacuazione dai luoghi di lavoro, nominati obbligatoriamente dal datore di lavoro. Questa squadra operativa deve essere formata a fronteggiare con competenza le situazioni di emergenza e deve verificare periodicamente la funzionalità delle strutture e delle apparecchiature interne, con particolare attenzione a quelle di soccorso, come gli estintori.

COME AFFRONTARE LE PRINCIPALI SITUAZIONI DI RISCHIO

INCENDIO Portare un fazzoletto sulla bocca e sul naso, camminare carponi; se le vie di fuga sono invase dal fumo non uscire dalla stanza in cui ci si trova e chiudere le fessure della porta con indumenti possibilmente bagnati, segnalare la propria presenza dalla finestra. Non spalancare mai una porta dietro cui è in atto un incendio: l'apporto improvviso di ossigeno alimenta le fiamme, che possono investire il volto di chi si trova davanti alla porta.

TERREMOTO Mettersi in luoghi sicuri (sotto la scrivania, sotto l'architrave della porta o presso un muro portante), allontanarsi da finestre e oggetti mobili che rischiano di cadere, non precipitarsi lungo le scale. Dopo il terremoto, all'ordine di evacuazione, abbandonare l'edificio seguendo le istruzioni apprese durante le prove. Una volta all'esterno cercare un posto dove non si ha nulla sopra di sé.

INQUINAMENTO ACUTO ESTERNO (per esempio, una nube tossica) Rimanere all'interno dell'edificio, chiudere le finestre e le prese d'aria, proteggere le vie respiratorie.

INCIDENTE A PERSONE Telefonare al **112** segnalando il proprio nome e cognome, descrivendo l'evento dannoso, indicando il luogo e l'ora in cui si è verificato e le condizioni della persona che si trova in pericolo.
Il 112 è il *numero unico di emergenza* e consente di allertare i servizi di soccorso che, in precedenza, erano collegati a specifici numeri (per esempio il 118 per l'emergenza sanitaria, il 115 per i Vigili del fuoco).

112

IL TUO PUNTO DI VISTA

1. Chi sono, in materia di sicurezza sul lavoro, i "preposti"?
2. Con quali argomentazioni cercheresti di convincere un lavoratore ad adottare tutte le misure precauzionali volte a evitare incidenti sul lavoro?
3. Quali sono i comportamenti da adottare in caso di terremoto?
4. Che cosa pensi della seguente affermazione: "Vanno premiate le imprese che hanno buone performance dal punto di vista della sicurezza; occorrono più investimenti e controlli per migliorare la sicurezza sul lavoro"? (Giovanni Poletti, ministro del Lavoro).

LEZIONE

6

L'estinzione del rapporto di lavoro

VIDEO START
Un'opportunità per ricominciare

AUDIOTESTO

Memo LESSICO
Il termine ▸**recesso** deriva dal verbo latino *recedere*, che significa "ritirarsi", "rinunciare", "venire meno".

Le cause di estinzione Il rapporto di lavoro può estinguersi per:
- **mutuo consenso**, cioè per accordo delle parti;
- **impossibilità sopravvenuta**, per esempio quando il lavoratore non è più in grado di lavorare;
- **forza maggiore**, per esempio se l'azienda viene completamente distrutta da una calamità naturale (un'alluvione, un terremoto);
- ▸**recesso del lavoratore**, cioè per *dimissioni*;
- **recesso del datore di lavoro**, cioè per *licenziamento*;
- **scadenza** del contratto di lavoro, per i contratti *a tempo determinato.*

Le dimissioni Il lavoratore può svincolarsi dal contratto di lavoro in qualsiasi momento, purché rispetti il **termine di preavviso** stabilito nel contratto; qualora non rispetti il preavviso le sue **dimissioni** sono comunque valide, ma gli viene trattenuta una quota monetaria pari alla retribuzione corrispondente al periodo di mancato preavviso.

Il licenziamento Il **licenziamento di un lavoratore può avvenire per ragioni disciplinari**; in tal caso si distingue tra *giusta causa* e *giustificato motivo soggettivo.*
Il licenziamento per giusta causa non richiede preavviso ed è infatti chiamato anche *licenziamento in tronco;* esso può essere disposto qualora si verifichi, a causa del lavoratore, un evento particolarmente grave, tale da compromettere la fiducia che il titolare ha nei suoi confronti e da legittimare il suo immediato allontanamento dal lavoro.

ESEMPIO Tra gli esempi di giusta causa possiamo includere la violazione del divieto di concorrenza, gli atti di insubordinazione verso i superiori, la violazione del segreto d'ufficio, l'uso sistematico di sostanze stupefacenti, l'abbandono ingiustificato del luogo di lavoro, la commissione di un reato, come un furto all'interno dell'azienda.

Il licenziamento per giustificato motivo soggettivo può avvenire quando si siano verificati, da parte del lavoratore, comportamenti non così gravi da essere inclusi nel concetto di giusta causa, ma comunque fonte di inadempimento: per esempio, mancanze disciplinari, ripetuti ritardi, scarso rendimento sul lavoro.
Il licenziamento può avere anche natura economica (si parla in tale ipotesi di *giustificato motivo oggettivo*) quando è conseguenza di cambiamenti apportati all'organizzazione del lavoro e all'attività produttiva.

ESEMPIO Pensiamo all'ipotesi in cui venga soppresso un determinato reparto, con la conseguente impossibilità di continuare a impiegare i lavoratori che vi erano addetti.

I licenziamenti collettivi Oltre ai licenziamenti individuali, sono possibili i licenziamenti collettivi, che riguardano più lavoratori in conseguenza di trasformazioni o riduzioni aziendali, oppure in caso di cessazione dell'attività. Prima di poter procedere a tali licenziamenti, le imprese sono tenute a incontrarsi con le associazioni sindacali coinvolte allo scopo di individuare eventuali soluzioni alternative.

I divieti di licenziamento I licenziamenti sono vietati nei casi di matrimonio della lavoratrice, gravidanza o maternità, infortunio o malattia, cariche sindacali, pubbliche funzioni, sciopero. Sono inoltre vietati i **licenziamenti discriminatori**, vale a dire determinati da motivi di credo politico o fede religiosa, dall'appartenenza a un sindacato, nonché da ragioni connesse all'etnia, alla lingua, al genere, all'orientamento sessuale, a forme di disabilità, a condizioni sociali, a caratteristiche personali, a caratteri fisici (quali altezza, peso o tratti somatici).

competenze in campo

1 Completa lo schema

DIDATTICA INCLUSIVA

LICENZIAMENTO DEI LAVORATORI

- è vietato se è
  ....
- è ammesso per:
  - giusta ....
  - giustificato motivo
    ....
  - giustificato ....
    oggettivo

ESERCIZIO INTERATTIVO

2 ●●● **Osserva e rifletti**

Può essere licenziata una lavoratrice che si trova in stato di gravidanza? Perché?

3 ●●● **Completa il testo**

ESERCIZIO INTERATTIVO

I licenziamenti sono vietati, oltre che per ragioni ...., nei casi di gravidanza o ...., infortunio o ...., esercizio di funzioni .... e ....

4 ●●● **Risolvi il caso**

Anna F., impiegata presso un'impresa privata, decide di dimettersi perché ha trovato un'occupazione più soddisfacente. Dovrebbe rispettare un preavviso di trenta giorni, ma il nuovo impiego richiede la sua assunzione entro sette giorni. A quali conseguenze andrà incontro Anna F. per il mancato rispetto del termine di preavviso?

mi riguarda perché...

SPUNTO DI RIFLESSIONE

Il divieto dei licenziamenti discriminatori previsto dalla nostra normativa è una delle modalità con cui si applica concretamente un principio costituzionale di cui hai avuto modo di cogliere l'importanza: quello di uguaglianza sostanziale, sancito nel co. 2, art. 3.

FOCUS La procedura del licenziamento

Ti è facile comprendere come il licenziamento rappresenti un evento particolarmente grave per la vita di una persona. Per questo la procedura del licenziamento è regolamentata in maniera ampia dal nostro ordinamento.

Il datore di lavoro deve comunicare il licenziamento **per iscritto**, indicandone i motivi. Il lavoratore può presentare ricorso al datore di lavoro entro 60 giorni.

Il datore di lavoro può procedere alla revoca del licenziamento entro 15 giorni; in tal caso il rapporto di lavoro riprende e il lavoratore ha il diritto di percepire la retribuzione maturata nel frattempo. In alternativa può essere avviato un tentativo di conciliazione con l'offerta di un'indennità monetaria. Se il lavoratore rifiuta la conciliazione, può presentare ricorso all'autorità giudiziaria. Se il giudice accerta la mancanza di una giusta causa o di un giustificato motivo dichiara risolto il rapporto di lavoro e condanna il datore di lavoro a pagare un'indennità risarcitoria; tuttavia, nei casi di licenziamento discriminatorio e per quelli ingiustificati di natura disciplinare particolarmente gravi, il giudice può disporre, oltre a un'indennità risarcitoria, il reintegro del lavoratore nel posto di lavoro.

Le tue domande ? Che cos'è il mobbing?

Può accadere che, nei confronti di un lavoratore, vengano adottati da parte del datore di lavoro o dei colleghi **comportamenti lesivi della dignità personale**: tali atteggiamenti, ripetuti nel tempo, corrispondono al cosiddetto **mobbing** e possono consistere in comportamenti ostili, umiliazioni e soprusi. Gli atti di mobbing sono di fatto **un reato** e il lavoratore può presentare denuncia all'autorità giudiziaria per ottenere il risarcimento dei danni economici e morali conseguenti alle vessazioni subite.

LEZIONE 7

La disoccupazione

VIDEO START
Senza lavoro non c'è dignità

AUDIOTESTO

Memo LESSICO
I sostantivi **occupazione** e ▸**disoccupazione** sono entrambi riconducibili al verbo latino *occupare*, nel senso di "impadronirsi", "impegnare".

Memo
Gli ▸**interessi** corrispondono a somme monetarie dovute, oltre alla restituzione della somma, a chi presta denaro ad altri.

Le possibili cause Uno dei maggiori problemi della nostra società è costituito dalla ▸**disoccupazione.** Essa può essere dovuta all'*avanzamento della tecnologia* (**disoccupazione tecnologica**), alla *chiusura di settori produttivi* o alla *riduzione di importanza di alcune attività* (**disoccupazione strutturale**); agli *elevati tassi di* ▸*interesse* che le imprese devono pagare alle banche per i prestiti ottenuti (**disoccupazione collegata al costo del denaro**). Può inoltre essere imputabile ai cicli economici (**disoccupazione ciclica**): l'andamento dell'economia, infatti, è soggetto all'alternarsi di fasi di *espansione*, in cui aumentano la produzione e il reddito nazionale, e di fasi di *crisi*, durante le quali diminuiscono gli investimenti delle imprese.

Gli effetti La disoccupazione produce **effetti negativi** non solo **sugli individui**, ma anche **sulla collettività**, in quanto la produzione rimane al di sotto delle sue potenzialità. La mancanza di lavoro comporta nelle famiglie la perdita o la forte riduzione del reddito, con la conseguente diminuzione dei consumi e, quindi, della produzione. Per alleviare i gravi effetti economici e sociali collegati alla disoccupazione, lo Stato da tempo interviene attuando **politiche volte a favorire l'occupazione**. Tra gli interventi più significativi ci sono gli **investimenti pubblici** che comportano l'assunzione di lavoratori disoccupati.

Gli ammortizzatori sociali Un altro tipo di intervento a favore dei disoccupati consiste nei cosiddetti **ammortizzatori sociali**, misure che hanno come obiettivo quello di sostenere il reddito delle persone che hanno perso il posto di lavoro.
Le persone che si trovano in una situazione di disoccupazione involontaria e che hanno un'anzianità contributiva di almeno due anni hanno il diritto di percepire, per un periodo massimo di due anni, la **NASPI** (Nuova assicurazione sociale per l'impiego), che corrisponde al 50% della retribuzione media. Nei casi di sospensione o riduzione dell'attività lavorativa, per ristrutturazione, riorganizzazione o crisi aziendale, opera la **Cassa integrazione guadagni** (**CIG**), che prevede l'erogazione dell'80% del salario ai lavoratori coinvolti.

competenze in campo

1 Completa lo schema

DIDATTICA INCLUSIVA

ESERCIZIO INTERATTIVO

DISOCCUPAZIONE

- .... : dovuta all'impiego di nuove tecnologie
- .... : dovuta alla .... o alla riduzione di settori produttivi
- **collegata al** .... **del denaro:** dovuta all'elevato .... del denaro che ostacola gli ....
- **ciclica:** dovuta all' .... dei cicli ....

mi riguarda perché...

SPUNTO DI RIFLESSIONE

Per quanto tu sia ancora molto giovane e ancora lontano da un'attività lavorativa specifica, sei certamente in grado di comprendere gli effetti talora devastanti che può produrre la disoccupazione. Se una persona perde il lavoro, infatti, si sente diminuita nella propria dignità personale e sociale e non è più in grado di provvedere in modo soddisfacente ai bisogni della famiglia.

visualizzare per apprendere

LA DISOCCUPAZIONE GIOVANILE

INFOGRAFICA INTERATTIVA

Destano grande preoccupazione i dati relativi alla disoccupazione giovanile, che ha superato il 21% nell'Unione europea e ha raggiunto il 42 % nel nostro Paese

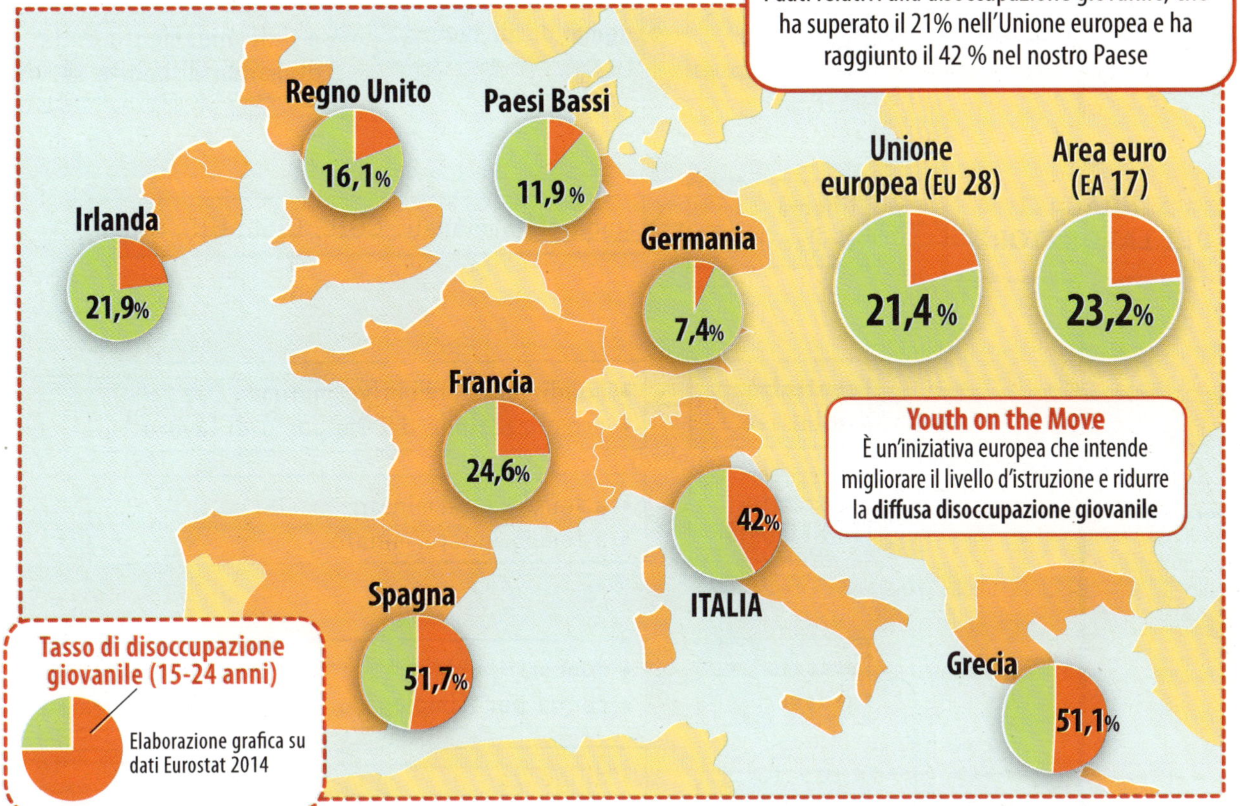

Youth on the Move
È un'iniziativa europea che intende migliorare il livello d'istruzione e ridurre la **diffusa disoccupazione giovanile**

Tasso di disoccupazione giovanile (15-24 anni)
Elaborazione grafica su dati Eurostat 2014

NEET

Particolarmente allarmante è la situazione dei **NEET** (acronimo di **Not in Education, Employment or Training**)

CHI SONO?

Giovani, tra i 15 e i 24 anni*, che risultano senza lavoro e sono al di fuori di ogni percorso di istruzione e di formazione

QUANTI SONO?

In Europa sono più di 7,5 milioni. In Italia sono oltre 1 milione

*Nelle più recenti rilevazioni la fascia di età è stata ampliata fino ai 34 anni

COWORKING

Anche in Italia si sta avviando, con la speranza che possa costituire un impulso all'occupazione, il **coworking** (letteralmente **"lavorare insieme"**)

interessante
divertente amichevole
conveniente creativo produttivo
persone
innovativo flessibile comunicativo
social collaborativo libero
efficiente

CHE COS'È?

Una realtà professionale, nata negli USA nel 2005, per cui più persone che svolgono un'attività indipendente condividono lo stesso ambiente di lavoro e si avvalgono di una serie di servizi di cui non riuscirebbero a sostenere i costi a livello individuale

PERCORSO 5 / Sintesi con la mappa

MERCATO DEL LAVORO
- lavoratori → offerta di lavoro → popolazione attiva
- datori di lavoro → domanda di lavoro → dipende dal costo del lavoro e dall'andamento della domanda di beni e servizi

SINDACATI DEI LAVORATORI
- libertà sindacale → sindacati nazionali: CGIL, CISL, UIL, UGL

CONTRATTO DI LAVORO
- contratto collettivo →
  - condizioni retributive minime
  - organizzazione del rapporto di lavoro
- contratto individuale →
  - a tempo determinato
  - a tempo indeterminato

RAPPORTO DI LAVORO
- accesso al lavoro →
  - concorsi pubblici
  - centri per l'impiego o aziende somministratrici
- doveri del lavoratore →
  - diligenza
  - rispetto delle direttive del datore di lavoro
  - fedeltà
  - rispetto dell'orario di lavoro
- diritti del lavoratore →
  - retribuzione
  - tutela del lavoro femminile
  - assistenza e previdenza
  - libertà sindacale e diritto di sciopero
  - riposo
  - compenso più elevato per lavoro straordinario e notturno
  - trattamento di fine rapporto
- estinzione →
  - mutuo consenso, impossibilità sopravvenuta, forza maggiore
  - recesso del lavoratore (dimissioni)
  - recesso del datore di lavoro (licenziamento)
  - scadenza (per i contratti a tempo determinato)

DISOCCUPAZIONE
- tecnologica
- strutturale
- collegata al costo del denaro
- ciclica

→ ammortizzatori sociali

AUDIOSINTESI

LEZIONE 1 Domanda e offerta di lavoro

Il **mercato del lavoro** è l'insieme della **domanda di lavoro** (rappresentata dalle imprese) e dell'**offerta di lavoro** (lavoratori).
La domanda di lavoro è condizionata da numerosi fattori, tra cui il costo del lavoro e la domanda di beni e di servizi.
L'offerta di lavoro è costituita dalla popolazione attiva, cioè dalle persone che offrono le proprie energie lavorative (occupati e non occupati). Caratteristiche del lavoro dei nostri tempi sono la mobilità e la flessibilità, che ne aumentano la precarietà.

LEZIONE 2 I sindacati e i contratti di lavoro

I **sindacati** sono associazioni che operano per la tutela dei lavoratori; i sindacati più rappresentativi a livello nazionale sono la CGIL, la CISL, la UIL e l'UGL. La loro funzione principale è quella di concludere e di rinnovare periodicamente **contratti collettivi** con le associazioni sindacali dei datori di lavoro. In questi contratti, che valgono per tutti i lavoratori di una data categoria, si stabiliscono le condizioni di lavoro, in particolare la retribuzione minima.
Oltre ai contratti nazionali vengono stipulati quelli aziendali, relativi a una specifica unità produttiva, e quelli individuali.

LEZIONE 3 Le tipologie lavorative

Esistono diverse **tipologie di lavoro**, oltre alla distinzione tra lavoro dipendente (per esempio un impiegato) e autonomo (per esempio un artigiano).
Per i giovani tra i 15 e i 29 anni viene spesso applicato il **contratto di apprendistato**, che ha una durata massima di tre anni. L'obiettivo di questo contratto è quello di trasmettere ai giovani le conoscenze e le competenze necessarie allo svolgimento di una determinata attività.
In ampia diffusione è il **part-time**, cioè il lavoro a tempo ridotto, che consente di conciliare l'attività lavorativa con altri impegni.
Largamente utilizzato nella pratica è il **contratto di somministrazione**, tramite cui imprese fornitrici "prestano" propri dipendenti alle imprese (utilizzatrici) che hanno bisogno di lavoratori.

LEZIONE 4 L'accesso al mondo del lavoro

Per cercare lavoro nel settore pubblico la principale via di accesso è la partecipazione a **concorsi pubblici**, di cui si può avere notizia consultando la Gazzetta Ufficiale o il Bollettino ufficiale regionale.
Nel settore privato ci si può rivolgere ai centri per l'impiego o alle aziende somministratrici, imprese che "cedono" propri dipendenti alle aziende che fanno richiesta di determinati lavoratori, in genere per periodi limitati di tempo. In ogni caso è opportuno presentare il **curriculum vitae**, documento in cui si indicano le proprie esperienze scolastiche e lavorative, le lingue conosciute e altre competenze.
Al curriculum va abbinata una lettera di autocandidatura.

Le nuove parole

Popolazione attiva ▸ Insieme delle persone, occupate e non occupate, disposte a offrire le proprie energie lavorative.
Active population

Precarietà ▸ Situazione di incertezza lavorativa provocata dalla flessibilità e dalla mobilità del lavoro.
Job Insecurity

Sindacati ▸ Libere associazioni che operano per la tutela dei diritti dei lavoratori.
Trade union

Contratti collettivi ▸ Contratti conclusi tra i sindacati dei lavoratori e quelli dei datori di lavoro per stabilire le condizioni retributive e normative di una determinata categoria di lavoratori.
Collective agreement

Part-time ▸ Lavoro a orario e a retribuzione ridotti.
Part-time

Apprendistato ▸ Contratto di lavoro tramite cui i giovani di età compresa tra i 15 e i 29 anni vengono avviati all'esercizio di un determinato lavoro.
Apprenticeship

Sintesi discorsiva

LEZIONE 5 I doveri e i diritti dei lavoratori subordinati

Oltre a specifici **doveri**, come la diligenza e la fedeltà, i lavoratori hanno diversi **diritti**, tutelati dalla Costituzione, dal Codice civile e dallo Statuto dei lavoratori.
La Costituzione riconosce il **diritto** alla **retribuzione**, alla **protezione del lavoro femminile**, alla **previdenza sociale**, alla **libertà sindacale**, allo **sciopero**.
Molti sono i diritti previsti dal Codice civile, tra cui il diritto al **riposo** e il diritto al **trattamento di fine rapporto**.
Lo Statuto dei lavoratori tutela la **libertà** e la **dignità** dei lavoratori sul luogo di lavoro e riconosce specifici diritti di natura sindacale.

LEZIONE 6 L'estinzione del rapporto di lavoro

I lavoratori possono **dimettersi** dal lavoro, con il solo obbligo di rispettare un determinato preavviso. Il **licenziamento** può avere natura disciplinare (giusta causa e giustificato motivo soggettivo) o economica (giustificato motivo oggettivo). Sono vietati i licenziamenti discriminatori, oltre a quelli di lavoratrici in gravidanza o per sciopero.

LEZIONE 7 La disoccupazione

La **disoccupazione**, che provoca gravi effetti di natura sia economica sia psicologica e sociale, può essere dovuta a fasi negative dell'economia, alla chiusura di settori produttivi, all'elevato costo del denaro. Lo Stato prevede interventi di sostegno a favore dei disoccupati, quali la Nuova assicurazione sociale per l'impiego (NASPI) e la Cassa integrazione guadagni (CIG).

Ammortizzatori sociali ▸ Misure volte a sostenere il reddito di chi ha perso il lavoro.
Social security cushion

Obbligo di fedeltà ▸ Dovere del lavoratore di astenersi da comportamenti che possono danneggiare l'impresa da cui dipende.
Obligation of loyalty

Giusta causa di licenziamento ▸ Comportamento grave del lavoratore che ne legittima il licenziamento in tronco.
Justified dismissal

Tutti devono sapere che...

1 Completa lo schema

PRINCIPALI DIRITTI DEI LAVORATORI SUBORDINATI previsti dalla Costituzione

- diritto alla ....
- diritto di ....
- tutela del .... femminile
- .... sindacale
- diritto all'assistenza e alla ....

2 Dai la definizione corretta

1. Corrisponde al numero dei lavoratori che le imprese sono disposte ad assumere a una data retribuzione: _ _ M _ _ D _   _ _   _ _ V _ _ _
2. Quello di lavoro deve essere osservato dai lavoratori dipendenti: _ R _ _ I _
3. Sono misure di sostegno economico a favore di chi ha perso il lavoro: _ M _ _ R _ _ _ Z _ _ O _ _   _ _ C _ _ L _
4. È il diritto tutelato dall'art. 40 Cost.: _ C _ _ P _ _ _

Verifica le tue conoscenze di base

3 Scegli la risposta

1. I contratti collettivi di lavoro:
   - [ ] **a.** si applicano solo ai lavoratori iscritti a un sindacato
   - [ ] **b.** hanno efficacia verso tutti i lavoratori di una determinata categoria
   - [ ] **c.** vengono rinnovati ogni anno
   - [ ] **d.** non sono previsti dalla Costituzione, ma sono frutto di una consuetudine
2. Le imprese che, nel contratto di somministrazione di lavoro, si rivolgono alle società fornitrici per richiedere lavoratori sono denominate:
   - [ ] **a.** imprese in affitto
   - [ ] **b.** imprese temporanee
   - [ ] **c.** imprese utilizzatrici
   - [ ] **d.** imprese a tempo parziale
3. Tutela le libertà sindacali nei luoghi di lavoro:
   - [ ] **a.** la Costituzione
   - [ ] **b.** il Codice civile
   - [ ] **c.** lo Statuto dei lavoratori
   - [ ] **d.** il contratto individuale di lavoro
4. Le dimissioni del lavoratore corrispondono al diritto di:
   - [ ] **a.** licenziamento
   - [ ] **b.** remissione lavorativa
   - [ ] **c.** recesso
   - [ ] **d.** dissenso
5. Non è un sindacato dei lavoratori:
   - [ ] **a.** UGL
   - [ ] **b.** UIL
   - [ ] **c.** CONI
   - [ ] **d.** CISL
6. La NASPI viene riconosciuta:
   - [ ] **a.** a chiunque risulti disoccupato
   - [ ] **b.** solo ai disoccupati involontari, con almeno tre mesi di contribuzione
   - [ ] **c.** ai disoccupati involontari con un'anzianità contributiva di almeno due anni
   - [ ] **d.** solo a chi provi di avere subito un licenziamento discriminatorio

4 Vero o falso?

1. La flessibilità del lavoro si traduce, di fatto, in una maggiore stabilità del rapporto lavorativo. V F
2. Il contratto di somministrazione di lavoro è normalmente fonte di lavoro temporaneo. V F
3. L'obbligo del lavoratore subordinato di non divulgare notizie relative all'azienda corrisponde all'obbligo di diligenza. V F
4. I lavoratori hanno diritto al trattamento di fine rapporto qualunque sia la causa di estinzione del rapporto di lavoro. V F
5. Il licenziamento di un lavoratore è ammesso soltanto per giusta causa. V F
6. Le dimissioni corrispondono al diritto di recesso. V F
7. L'assicurazione sociale per l'impiego riconosce il 30% della retribuzione media. V F
8. Un sedicenne può essere assunto come apprendista. V F
9. I centri per l'impiego corrispondono alle imprese somministratrici. V F
10. Al lavoro nei settori pubblici si accede prevalentemente tramite concorsi. V F

Potenzia le tue abilità

5 Collega le informazioni

1. ☐ *Curriculum vitae*
2. ☐ Offerta di lavoro
3. ☐ Lavoro a tempo parziale
4. ☐ Lavoro occasionale
5. ☐ Diligenza
6. ☐ Dimissioni dal lavoro
7. ☐ Giustificato motivo oggettivo
8. ☐ Disoccupazione tecnologica
9. ☐ Licenziamento discriminatorio

a. Assistenza ad anziani
b. Lavoratori
c. Difficoltà aziendali
d. Introduzione di nuove macchine
e. Dovere dei lavoratori
f. Diritto di recesso
g. Part-time
h. Lettera di accompagnamento
i. Gravidanza della lavoratrice

6 Trova la parola nascosta

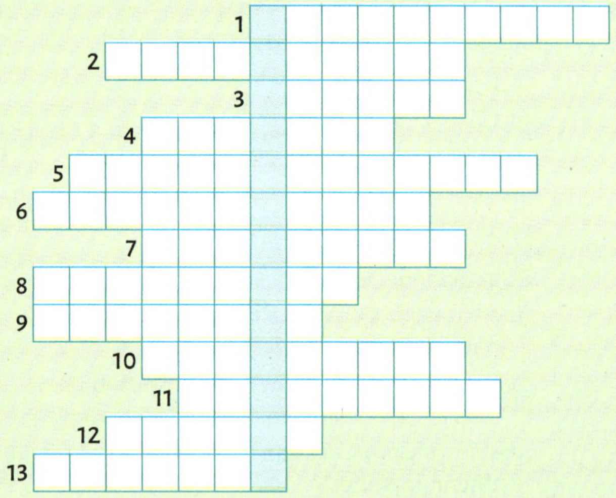

1. Rappresentano l'offerta di lavoro. **2.** È il documento che un lavoratore può presentare alle imprese al fine di essere assunto. **3.** Quelli per l'impiego aiutano a trovare un'occupazione. **4.** Quella di lavoro è costituita dai lavoratori disposti a cedere le proprie energie e competenze. **5.** È il contratto lavorativo rivolto ai giovani tra i quindici e i ventinove anni. **6.** Quella attiva è costituita dagli occupati e dagli inoccupati. **7.** È un obbligo dei lavoratori subordinati. **8.** Rappresentano i lavoratori e ne tutelano i diritti. **9.** Corrisponde al lavoro a tempo parziale. **10.** Quella di disoccupazione corrisponde alla NASPI. **11.** Quelli collettivi fissano le condizioni lavorative. **12.** Deve esserlo la causa di licenziamento. **13.** Quello dei lavoratori tutela le libertà e la dignità dei dipendenti nei luoghi di lavoro.

Sviluppa le tue competenze

7 Rispondi alle domande

1. Attraverso quali vie è possibile cercare lavoro?
2. Che cos'è lo Statuto dei lavoratori?
3. Quali effetti, economici e sociali, sono collegabili alla disoccupazione?
4. Quale importante funzione hanno gli ammortizzatori sociali?

8 Risolvi i casi

1. Maria S. trova un'occupazione, tramite un'agenzia di somministrazione di lavoro, presso un'azienda farmaceutica per sostituire un dipendente infortunato. Ha diritto allo stesso stipendio del collega che sostituisce?
2. Arnoldo G. riceve dal suo datore di lavoro la comunicazione telefonica di licenziamento, dovuto a scarso rendimento sul lavoro, a decorrere dal quindicesimo giorno successivo alla comunicazione stessa. Trascorso il tempo stabilito, Arnoldo G. continua a presentarsi al lavoro, sostenendo che il licenziamento adottato nei suoi confronti non è valido. Ha ragione?
3. Giovanni B., giovane neodiplomato e senza alcuna esperienza di lavoro alle spalle, sta cercando lavoro da oltre un anno senza risultati. Decide allora di inoltrare all'INPS domanda per beneficiare dell'assicurazione sociale per l'impiego. Quale risposta gli verrà data?
4. Un insegnante di scuola superiore, non ancora di ruolo, viene assunto per una supplenza di alcuni mesi, tra novembre e maggio, presso un Istituto tecnico. A quale supporto economico può avere diritto per il periodo dell'anno in cui, senza propria volontà, non ha lavorato?

9 Esponi la tua opinione

La necessità di una giusta causa o di un giustificato motivo di licenziamento opera nelle imprese con più di quindici dipendenti. Nel nostro Paese sono state avanzate due proposte di segno opposto: una richiede l'estensione della giusta causa o del giustificato motivo anche per i licenziamenti nelle piccole imprese. L'altra è invece quella di passare a una piena libertà di licenziamento in tutte le imprese. A quale delle due proposte ti senti di aderire e in base a quali considerazioni?

10 Comprendi e rifletti

Lavoro precario

La scelta di vivere solo mi ha costretto a rallentare (meglio dire interrompere) gli studi per trovare un lavoro. Mi presentai senza appuntamento a un sindacato. [...] Furono abbastanza gentili per i primi cinque minuti, poi quando chiesi esplicitamente lavoro mi risero in faccia. Un uomo imponente con un casco di capelli neri a boccoli mi mostrò la sua larga dentatura. 'Aiutiamo a non farlo perdere, non a trovarlo. Per questo ci sono le agenzie interinali [le imprese di somministrazione del lavoro]' mi diceva tra le lacrime di riso. Ero abbastanza stupito. [...] Nella mia continua ricerca fatta di colloqui e seriose espressioni con le gambe accavallate mi posi un obiettivo: qualunque lavoro, ma non a scoppiare nei call center. [...] Adesso sei dentro un call center per sei euro l'ora. Inizi a lavorare per essere minimamente indipendente, appena accettabile dalla società civile che teme le tue giornate con troppo sonno e poca televisione. [...] Non beccherai una lira [prima dell'adozione dell'euro la moneta italiana era costituita dalle 'lire']. Solo umiliazioni. Niente diritti, e nemmeno scioperi. Chi reclamerà qualcosa, anche un'ora di ferie, rischierà di vedersi privato per sempre del suo lavoro. Sarà la nuova schiavitù. [...] Sei precario.

Da M. Desiati, *Vita precaria e amore eterno*, Mondadori

1. C'è sempre più difficoltà, ai nostri giorni, a trovare lavoro. Per quali ragioni secondo te?
2. A quali considerazioni ti porta la lettura del brano nella parte relativa alla precarietà lavorativa? Confronta le tue osservazioni con quelle dei tuoi compagni in un dibattito in classe, mediato dall'insegnante.

PERCORSO 6 economia

Lo Stato e il resto del mondo

Incominciamo da te

Una situazione concreta Una signora italiana, casalinga, è proprietaria di quattro appartamenti che concede in locazione, ricevendo complessivamente 2 400 euro al mese; possiede inoltre titoli privati (azioni e obbligazioni societarie) per un valore superiore a 150 000 euro. Questa signora deve pagare le imposte, anche se non ha un lavoro esterno?

! Sì, perché percepisce redditi derivanti dagli interessi sugli investimenti e dalla concessione in uso degli appartamenti; la titolarità di un reddito è infatti indice di capacità contributiva.

Le 5 domande

1. Quali sono, secondo te, le principali spese che lo Stato deve affrontare per fornire servizi ai cittadini?
2. Leggi con attenzione l'art. 53 Cost. In base a esso possiamo sostenere che le imposte debbano essere pagate da tutti i cittadini? Perché?
3. A che cosa corrisponde il debito pubblico di uno Stato?
4. Quali sono, a tuo parere, i fattori che condizionano maggiormente lo sviluppo economico e sociale di uno Stato?
5. Quanto ritieni sia importante il livello di istruzione, in uno Stato, al fine del suo sviluppo?

Il nostro percorso

LEZIONE 1

Le funzioni economiche dello Stato

LEZIONE 2

Le spese pubbliche

CONOSCENZE

- Intervento pubblico in economia
- Distinzioni delle spese pubbliche
- Imposte, tasse e contributi
- Funzionamento dello Stato sociale
- Confronto tra la politica del libero scambio e quella protezionistica
- Fattori che consentono di misurare lo sviluppo economico
- Caratteri, vantaggi e svantaggi della globalizzazione

ABILITÀ

- Cogliere le motivazioni che spingono lo Stato a intervenire in economia
- Individuare nei principi costituzionali della capacità contributiva e della progressività delle imposte la volontà di attenuare le differenze sociali esistenti tra i contribuenti
- Riconoscere le diverse tipologie di spese pubbliche collegandole alla loro destinazione economica e alla loro finalità
- Comprendere la differenza tra tasse, imposte e contributi
- Riconoscere nello Stato sociale l'obiettivo del legislatore di rispondere al principio costituzionale di uguaglianza sostanziale
- Essere in grado di riconoscere i vantaggi e gli svantaggi del protezionismo, facendo confronti tra le diverse epoche storiche
- Valutare le strategie più efficaci per favorire lo sviluppo economico e sociale degli Stati, con particolare attenzione a quelli più poveri
- Comprendere le novità determinate nel mondo imprenditoriale dalla globalizzazione dei mercati

LEZIONE 3

Le entrate pubbliche

LEZIONE 4

Lo Stato sociale

LEZIONE 5

I rapporti economici internazionali: libero scambio e protezionismo

LEZIONE 6

Lo sviluppo economico

LEZIONE 7

La globalizzazione dei mercati

La competenza d'arrivo

Comprendere i possibili effetti dell'intervento pubblico in economia, con particolare attenzione ai benefici sociali delle misure previdenziali; elaborare proposte personali volte a favorire una più equa distribuzione delle risorse a livello mondiale.

LEZIONE 1

Le funzioni economiche dello Stato

VIDEO START
Il "palazzo" delle tasse

AUDIOTESTO

Le funzioni istituzionali e sociali Lo **Stato** è un ente pubblico che mira alla soddisfazione dei bisogni collettivi. Innanzitutto provvede allo svolgimento delle cosiddette "funzioni istituzionali", che corrispondono all'*amministrazione della giustizia*, alla *tutela dell'ordine pubblico* e alla *difesa del territorio*. Inoltre, attraverso la sua evoluzione in Stato sociale, attua interventi volti a proteggere le fasce sociali più deboli, tutelando le situazioni di disoccupazione involontaria, di malattia, di infortunio, di invalidità e di vecchiaia.
Tra gli interventi economici dello Stato, possiamo ricordare quelli relativi a importanti servizi pubblici, in particolare:

- l'*istruzione*, attraverso le scuole pubbliche;
- la *tutela della salute*, attraverso il Servizio sanitario nazionale;
- la *previdenza sociale*;
- la *realizzazione di infrastrutture*;
- la *tutela dell'ambiente*.

Spese e tributi Per poter svolgere questi compiti lo Stato si trova nella necessità di sostenere *ingenti spese*, per far fronte alle quali deve reperire adeguate risorse finanziarie. A tal fine impone *tributi* ai cittadini, nella logica di uno scambio equo tra la ricezione di servizi e la condivisione dei costi necessari per la loro erogazione.

La Grande crisi e l'interventismo pubblico Se l'intervento "istituzionale" dello Stato, fin dalle origini dello Stato moderno (cioè dall'epoca delle monarchie assolute), è sempre stato riconosciuto come fondamentale e insostituibile, per molto tempo, sotto l'influenza delle teorie liberiste, si è ritenuto che l'attività economica dovesse essere affidata esclusivamente ai privati, gli unici ritenuti in grado di assicurare produttività, benessere ed equilibrio dei mercati. Solo dopo la grave depressione economica degli anni Trenta del Novecento ci si rese conto che era impossibile mantenere una situazione di equilibrio economico e sociale senza ricorrere a interventi pubblici, come fu dimostrato dall'applicazione del ▸*New Deal* negli Stati Uniti. **L'intervento dello Stato in economia** trova fondamento nella constatazione che il libero mercato, nelle società contemporanee, non può evitare l'insorgere di gravi squilibri, sia negli aspetti economici (relativi all'equilibrio tra domanda e offerta) sia in quelli sociali, che riguardano la redistribuzione della ricchezza e la tutela delle classi più deboli.

Memo
Il ▸**New Deal** fu l'insieme di interventi pubblici attuati negli Stati Uniti sotto la presidenza di Roosevelt per uscire dalla gravissima crisi economica del 1929.

Universalità, capacità contributiva e progressività La riduzione delle disuguaglianze esistenti nella distribuzione della ricchezza viene perseguita, in particolare, attraverso i principi costituzionali (art. 53) dell'*universalità*, della *capacità contributiva* e della *progressività delle imposte*. Ricordiamo che secondo il principio dell'**universalità** nessuno può essere esonerato dal pagamento dei tributi, in base a quello della **capacità contributiva** ogni cittadino deve pagare le imposte in relazione alle proprie possibilità economiche e che la **progressività** consiste in un aumento più che proporzionale dell'imposta rispetto al reddito.
Va inoltre aggiunto che, in base a quanto afferma l'art. 23 Cost.: «Nessuna prestazione personale o patrimoniale può essere imposta se non in base alla legge»; solo le leggi dello Stato, pertanto, hanno il potere di istituire tributi. Si tratta di un'importante garanzia per noi cittadini, in quanto veniamo tutelati da interventi arbitrari di altri soggetti non dotati di potere legislativo.

PODCAST
Articolo 53

ESEMPIO Un imprenditore, per il fatto che la sua impresa si trova in cattive condizioni economiche, non può trattenere denaro dalla busta paga dei propri dipendenti a titolo di tributo.

ESPANSIONE
La progressività delle imposte

competenze in campo

1 Completa lo schema

FUNZIONI DELLO STATO

- Lo Stato svolge funzioni .... e funzioni ....
- Esse sono finanziate principalmente tramite i ....
- In applicazione dei principi fissati dall'art. 53 Cost. che sono:
  - universalità
  - ....
  - .... dell'imposta

ESERCIZIO INTERATTIVO

2 ●●● Osserva e rifletti

A quale importante servizio pubblico è riconducibile ciascuna immagine?

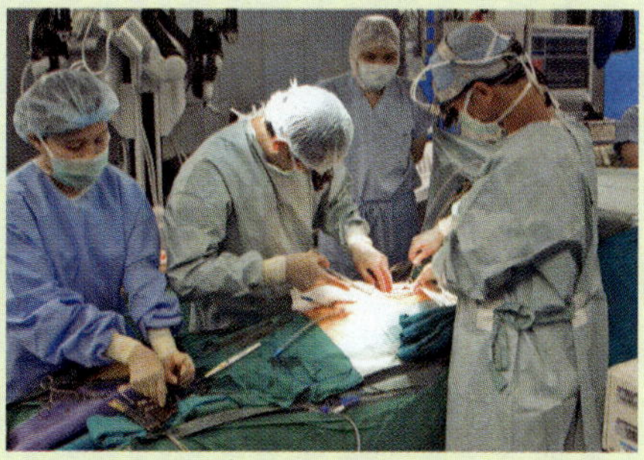

3 ●●● Completa le frasi

ESERCIZIO INTERATTIVO

1. Le imposte sono progressive perché, all'aumentare del ...., cresce la .... di esse da pagare allo ....
2. In base al principio della capacità ...., devono contribuire alle .... dello Stato le persone titolari di un ....

4 ●●● Risolvi il caso

Mario R., operaio, percepisce un reddito annuale di 13 000 euro, mentre Renato P., imprenditore, realizza in un anno un profitto pari a 100 000 euro. Pagheranno entrambi la stessa percentuale di imposta (per esempio il 20% del loro reddito) o Mario R. dovrà allo Stato una percentuale minore rispetto a quella di Renato P.? Motiva la risposta.

mi riguarda perché...

SPUNTO DI RIFLESSIONE

Le esperienze storiche ed economiche del passato, con particolare riferimento alla Grande depressione americana, ti aiutano a comprendere il ruolo fondamentale dello Stato nell'economia, volto sia a favorire nel mercato l'equilibrio tra domanda e offerta sia a tutelare le classi sociali più deboli, provvedendo a una più equa distribuzione del reddito nazionale.

Le tue domande

Che cos'è il codice fiscale?

Sappiamo che i cittadini devono pagare le imposte in base al proprio reddito, ma come fare per controllare se il reddito dichiarato corrisponde al vero? Uno strumento che lo Stato utilizza al fine di tale controllo è il **codice fiscale**, che consente l'identificazione di ogni cittadino e la conoscenza dei suoi dati rilevanti ai fini fiscali, come il reddito percepito e il possesso di immobili. Il codice fiscale è formato da **sedici caratteri alfanumerici**, cioè sia in lettere sia in cifre. Vediamo in che modo esso viene composto ipotizzando che il nome del cittadino sia Mario Rossi:

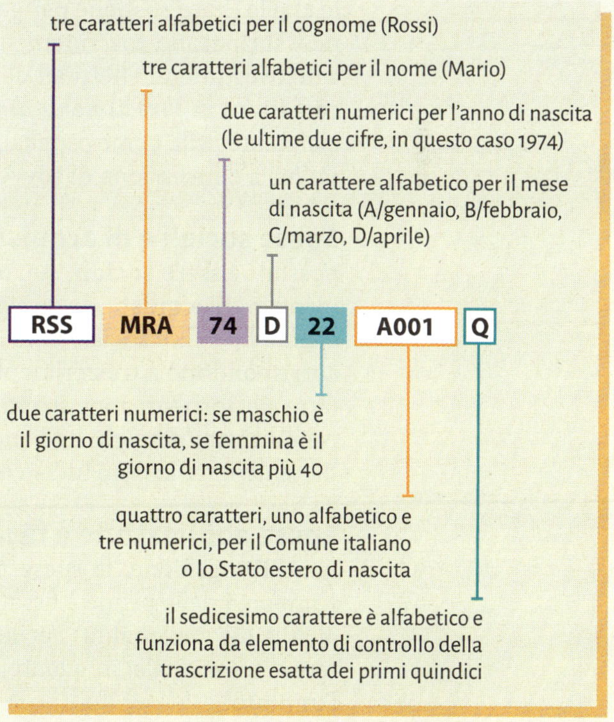

Ogni persona possiede un **tesserino sanitario plastificato**, rilasciato dal Ministero dell'Economia e delle Finanze, in cui, oltre ai dati sanitari, è indicato il suo codice fiscale. Quest'ultimo va obbligatoriamente riportato su determinati documenti, tra i quali, per esempio, quelli relativi alla stipulazione di contratti.

LEZIONE 2

Le spese pubbliche

VIDEO START
Spendere con criterio

AUDIOTESTO

Memo LESSICO
Il termine ▸**spesa** è riconducibile al verbo latino *expendĕre* ("pagare", "spendere") e indica l'atto dello spendere, dell'acquisto di beni e servizi. Tale atto può essere realizzato da privati o da enti pubblici per il raggiungimento dei propri obiettivi; in quest'ultimo caso si parla di **spesa pubblica**.

Il fabbisogno finanziario Gli interventi attuati dallo Stato comportano la necessità di sostenere spese spesso ingenti, che, per il fatto di essere effettuate da un ente pubblico, vengono definite ▸**spese pubbliche**.
Nel dover affrontare le spese lo Stato si comporta in modo inverso rispetto ai singoli individui: questi, infatti, decidono quali spese effettuare sulla base delle proprie entrate, mentre lo Stato imposta prima gli interventi di spesa, poi determina l'entità delle entrate necessarie. L'intervento economico dello Stato, inoltre, è volto al raggiungimento non di interessi individuali ma del benessere collettivo. Lo Stato si pone dei limiti nell'impostazione delle spese pubbliche, privilegiando gli interventi ritenuti maggiormente utili per il Paese e, in base a essi, individua il **fabbisogno finanziario**, cioè la quantità di denaro necessaria per attuare quegli interventi.

Spese ordinarie e straordinarie In base alla *frequenza* con cui si manifestano nel tempo, le spese pubbliche si distinguono in **ordinarie** e **straordinarie**: le prime si riferiscono alle funzioni che lo Stato svolge in modo continuativo, mentre le altre riguardano situazioni occasionali.

ESEMPIO Sono *spese ordinarie* gli stipendi pagati ai dipendenti statali; sono, invece, *spese straordinarie* gli interventi effettuati per fronteggiare calamità naturali.

Spese correnti e in conto capitale Secondo la loro *destinazione economica*, le spese statali possono essere **correnti** o **in conto capitale**. Le spese correnti sono quelle che lo Stato sostiene per garantire il funzionamento della Pubblica amministrazione e si ripetono costantemente nel tempo. Le spese in conto capitale corrispondono agli investimenti effettuati dallo Stato e producono servizi per la collettività; possono consistere in *investimenti diretti*, se riguardano la produzione di beni durevoli e socialmente utili, come ospedali, strade, ferrovie, o in *investimenti indiretti*, se consistono nella concessione di sovvenzioni alle imprese.

Spese sociali e di acquisto Sotto il profilo della loro *finalità*, le spese pubbliche possono essere **sociali**, se volte a migliorare le condizioni delle categorie meno abbienti, o **di acquisto**, se dirette ad acquistare le risorse necessarie per erogare i servizi statali. Le spese sociali sono note anche come *spese di trasferimento*, proprio perché corrispondono a trasferimenti monetari dallo Stato alle fasce sociali più deboli. Esse, oltre alla loro funzione strettamente sociale, si propongono anche un effetto di natura produttiva: infatti chi ne beneficia, avendo un aumento del potere d'acquisto, tende a incrementare la domanda, con ripercussioni positive sulla produzione.

Spese obbligatorie e facoltative Secondo le *norme giuridiche* che ne determinano l'erogazione, le spese pubbliche si distinguono in **obbligatorie** e **facoltative**. L'importo delle prime è fissato dalla legge, per cui il Governo non ha in merito a esse alcuna discrezionalità. Per le spese facoltative il Governo ha invece un limitato potere discrezionale, in quanto può decidere se erogarle, quando sostenerle e stabilirne l'importo.

ESEMPIO La corresponsione dell'indennità ai parlamentari costituisce una spesa obbligatoria.

Spese di governo e di esercizio In base alla *destinazione* si distinguono le **spese di governo** e quelle **di esercizio**. Le prime vengono sostenute per l'organizzazione dello Stato (pensiamo al funzionamento dei Ministeri e delle Camere), le seconde riguardano la gestione delle entrate (come le spese finalizzate all'accertamento dei tributi).

ESPANSIONE
Le spese pubbliche nell'Unione europea

competenze in campo

1 Completa lo schema

DIDATTICA INCLUSIVA

SPESE PUBBLICHE

- in base alla frequenza:
  - ordinarie
  - ....
- in base alla .... economica:
  - ....
  - in ....
- in base alla finalità:
  - ....
  - di acquisto
- in base alle .... giuridiche:
  - ....
  - ....
- in base alla destinazione:
  - di governo
  - di ....

ESERCIZIO INTERATTIVO

2 **Osserva e rifletti**

A quali tipologie di spese pubbliche puoi collegare le seguenti immagini?

3 **Completa le frasi**

ESERCIZIO INTERATTIVO

1. Il fabbisogno .... è la quantità di .... necessaria per sostenere le .... pubbliche.
2. Le spese sociali, note anche come spese di ...., sono volte a migliorare le .... di vita delle categorie più ....; esse hanno anche l'effetto di aumentare il potere di .... e quindi la .... e la produzione.

4 **Risolvi il caso**

Il Governo dispone, con l'obiettivo di incrementare la produzione nazionale e l'occupazione, il riconoscimento di aiuti economici alle piccole imprese. Si tratta di una spesa corrente o in conto capitale?

mi riguarda perché...

SPUNTO DI RIFLESSIONE

Nella vita quotidiana non ti puoi permettere di comprare tutte le cose che desideri, perché il tuo budget è limitato; è così anche per lo Stato, e questo spiega perché, nella gestione delle spese, gli organi di governo devono operare scelte di priorità nell'interesse della crescita economica, culturale e sociale.

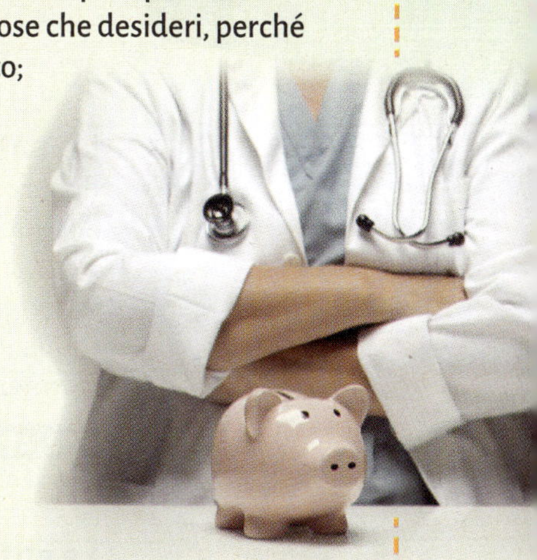

Educazione finanziaria €

La spending review

Sentiamo spesso parlare di **spending review**, espressione inglese che corrisponde a "revisione delle spese pubbliche". Da tempo è in atto nel nostro Paese un processo volto a ridurre le spese dello Stato, allo scopo di migliorare la contabilità nazionale, soprattutto nel contesto dell'Unione europea. Tale processo deve comprensibilmente essere gestito con razionalità, nel senso che si tratta di analizzare, settore per settore, quali spese possono essere limitate e quali invece no, in un'ottica di doverosa riduzione degli sprechi e di irrinunciabile investimento nei settori trainanti dell'economia e della società.

Detto da...

Barack Obama

Il Presidente degli Stati Uniti **Barack Obama**, in un discorso pronunciato in qualità di candidato dei Democratici durante la campagna elettorale del 2008, ha dichiarato: "*We can't afford to leave the money behind for No Child Left Behind; that we owe it to our children to invest in early-childhood education; and recruit an army of new teachers and give them better pay and more support; and finally decide that, in this global economy, the chance to get a college education should not be a privilege for the few, but a birthright of every American*".

Se hai tradotto correttamente, puoi constatare che nell'intervento si sostiene la necessità di maggiori spese per l'istruzione pubblica come dovere verso i giovani, in quanto l'educazione non deve essere un bene di pochi ma un diritto di ogni persona. Condividi le riflessioni del Presidente Obama? Pensi che si dovrebbero applicare anche nel nostro Paese?

LEZIONE 3

Le entrate pubbliche

VIDEO START
Le tasse: un esempio di civiltà economica

AUDIOTESTO

Le entrate originarie Lo Stato, per poter sostenere le proprie spese, si procura denaro attraverso le **entrate pubbliche**.
Alcune di queste hanno **carattere originario**, in quanto lo Stato le ottiene vendendo beni che gli appartengono oppure esercitando attività economiche. Questo tipo di entrate è oggi fortemente ridotto, in relazione al fatto che il patrimonio statale vendibile è molto diminuito e che l'esercizio di imprese pubbliche è stato drasticamente ridimensionato in seguito al fenomeno delle *privatizzazioni*.

ESEMPIO L'INA (Istituto nazionale di assicurazioni) da ente pubblico è stato trasformato in s.p.a. (ente privato) come anche l'ENI (Ente nazionale idrocarburi).

Le entrate derivate La maggior parte delle entrate pubbliche ha **natura derivata**, in quanto lo Stato le ottiene esercitando sui cittadini la propria sovranità con l'imposizione, dietro la minaccia di sanzioni, del pagamento di **tributi**, che si distinguono in *imposte*, *tasse* e *contributi*.

Memo LESSICO
Il termine ▸**imposta** è riconducibile al verbo latino *imponĕre* ("imporre") e indica un tributo imposto, cioè obbligatorio.
La parola ▸**tassa** ha origine dal latino medievale *taxa*, a sua volta derivato dal verbo *taxare* ("calcolare", "determinare"), e indica un tributo da versare allo Stato in cambio di determinati servizi.

Le imposte Le ▸**imposte** sono prelievi obbligatori di ricchezza, cui sono sottoposti tutti i cittadini che abbiano capacità contributiva, che siano cioè titolari di un reddito o di un patrimonio che consenta loro di partecipare agli oneri economici dello Stato. Le imposte si suddividono in *dirette* e *indirette*. Le **imposte dirette** sono quelle che colpiscono il reddito o il patrimonio, mentre le **imposte indirette** sono dovute nei casi di trasferimenti patrimoniali e di scambio di beni e servizi.

CASO Giovanna S. deve procedere alla dichiarazione dei redditi all'ufficio delle imposte: sulla base dei redditi percepiti nell'anno precedente è tenuta a pagare l'IRPEF (Imposta sul reddito delle persone fisiche). Si tratta di un'imposta diretta o indiretta?
■ *È un'imposta diretta, in considerazione del fatto che colpisce il reddito.*

Le imposte si distinguono anche in *proporzionali* e *progressive*. Sono **proporzionali** se l'aliquota (cioè la percentuale da pagare) è fissa, come nel caso dell'IVA (Imposta sul valore aggiunto). Nelle **imposte progressive**, invece, l'aliquota è crescente, per cui l'imposta aumenta più che proporzionalmente rispetto al reddito imponibile. Le imposte progressive hanno il merito di distribuire il peso tributario in modo favorevole ai meno abbienti.

ESPANSIONE
La manovra economica

ESPANSIONE
Il bilancio pubblico nella storia

Le tasse e i contributi Le ▸**tasse** sono controprestazioni monetarie a servizi resi dallo Stato ai cittadini che ne fanno richiesta.

ESEMPIO Le tasse scolastiche, previste per la frequenza delle scuole superiori e delle università, non sono obbligatorie per tutti, ma solo per coloro che, iscrivendosi a un corso di istruzione dello Stato, fanno richiesta di questo specifico servizio pubblico.

I **contributi** sono prestazioni obbligatorie dovute da chi può trarre vantaggio da un'attività di pubblica utilità.

ESEMPIO Pensiamo ai contributi relativi all'assistenza e alla previdenza sociale, che sono versati in parte dai lavoratori e in parte dai datori di lavoro per finanziare il pagamento di pensioni e di interventi assistenziali.

Memo
Tra i possibili investimenti delle famiglie rientrano i ▸**titoli pubblici**, emessi dallo Stato e dagli altri enti territoriali per procurarsi entrate.

I prestiti pubblici Se le entrate statali non sono sufficienti al raggiungimento degli obiettivi finanziari, lo Stato può chiedere prestiti attraverso l'**emissione di** ▸**titoli obbligazionari**, come i BOT (Buoni ordinari del tesoro), i CCT (Certificati di credito del tesoro) e i BTP (Buoni del tesoro poliennali). L'ammontare complessivo dei prestiti contratti dallo Stato, maggiorato dei relativi interessi, costituisce il **debito pubblico**.

competenze in campo

1 Completa lo schema

DIDATTICA INCLUSIVA

ESERCIZIO INTERATTIVO

ENTRATE PUBBLICHE

- originarie
  - .... di beni patrimoniali
  - gestione di .... economiche
- derivate
  - imposte
  - ....
  - ....
- .... pubblici

2 ●●● **Osserva e rifletti**

Sai quale tipo di imposta è inclusa nel prezzo dei beni che compriamo? Si tratta di un'imposta diretta o indiretta? Perché?

3 ●●● **Completa il testo**

ESERCIZIO INTERATTIVO

Mentre le tasse sono .... monetarie dovute per .... resi dallo Stato, le imposte sono prelievi .... di .... a carico dei cittadini che hanno capacità .... , che si manifesta attraverso la titolarità di un .... o di un ....

4 ●●● **Risolvi il caso**

Un fornitore denuncia in sede civile un imprenditore per inadempimento del contratto e vince la causa; le spese processuali sono pertanto a carico dell'imprenditore. Tali spese corrispondono a una tassa o a un'imposta?

mi riguarda perché...

SPUNTO DI RIFLESSIONE

Come cittadino, per quanto molto giovane, dovresti ormai aver acquisito la consapevolezza che è obbligo di tutti contribuire alle spese dello Stato attraverso le imposte e le tasse. Se infatti lo Stato non avesse queste risorse a disposizione, non potrebbe garantire i servizi pubblici di cui tutti i cittadini usufruiscono (per esempio la sanità, l'istruzione, la difesa, l'ordine pubblico). Puoi anche comprendere la ragione per cui da tale obbligo sono esenti le persone che non hanno un'adeguata capacità contributiva.

Educazione finanziaria — L'IRPEF

Avrai forse notato come tutti gli anni i tuoi genitori sono tenuti a presentare la **dichiarazione dei redditi** per il pagamento dell'IRPEF.
L'**Imposta sul reddito delle persone fisiche** (IRPEF) è una delle imposte più importanti del sistema tributario italiano. Il suo presupposto è la capacità contributiva, che si manifesta nella titolarità di redditi di diversa natura: da lavoro, da capitale, d'impresa, immobiliare.
L'IRPEF è un'imposta **progressiva**, in quanto la sua aliquota cresce più che proporzionalmente rispetto al reddito, nel pieno rispetto di quanto dispone l'art. 53 Cost.; è inoltre un'imposta **generale**, perché si applica su tutti i redditi che un soggetto ha percepito in un determinato periodo di tempo.
Sono gli stessi contribuenti a dichiarare agli uffici delle entrate i loro redditi annuali attraverso specifici moduli, a calcolare l'imposta dovuta e a versarla tramite istituto bancario. Gli uffici tributari provvedono poi al controllo delle dichiarazioni fiscali.

LEZIONE 4

Lo Stato sociale

VIDEO START
A tutela dei più deboli

AUDIOTESTO

Lo Stato sociale Gli Stati democratici si caratterizzano solitamente per l'impegno a promuovere condizioni di benessere per tutti i cittadini e ad attenuare le differenze tra le classi sociali, intervenendo a favore dei più deboli. Si parla in questi casi di *Stato sociale.*

Lo **Stato sociale**, o Stato del benessere (traduzione dell'espressione inglese *Welfare State*), è una forma di Stato in cui si persegue la finalità di ridurre le discriminazioni sociali, effettuando interventi a favore delle categorie meno agiate o socialmente deboli.

In Italia lo Stato sociale trova fondamento nell'art. 38 Cost. che afferma: «Ogni cittadino inabile al lavoro e sprovvisto dei mezzi necessari per vivere ha diritto al mantenimento e all'assistenza sociale».

Gli enti previdenziali Chi viene a trovarsi in una delle situazioni previste dall'art. 38 Cost. è tutelato dallo Stato attraverso **sovvenzioni economiche** sostenute dagli **enti previdenziali**, che sono principalmente l'**INPS** (Istituto nazionale della previdenza sociale) e l'**INAIL** (Istituto nazionale di assicurazione per gli infortuni sul lavoro).

CASO Francesco F., lavoratore dipendente, viene colpito da una forma virale che lo costringe al riposo per una settimana. Riceverà comunque lo stipendio?
■ *Sì, ha il diritto di rimanere a casa per proteggere la propria salute e non perde il diritto alla retribuzione, in quanto lo Stato lo tutela economicamente. L'INPS, infatti, provvede a pagargli un'indennità per il periodo trascorso in condizione di infermità.*

Memo
Mentre le tasse sono controprestazioni monetarie per i servizi resi dallo Stato, i ▸**contributi** sono pagamenti obbligatori per chi usufruisce di determinate prestazioni.

I contributi Come fanno gli enti previdenziali, nel nostro Paese, a procurarsi il denaro necessario per erogare le loro prestazioni? Il sistema è quello, solidaristico, del versamento dei ▸**contributi**. Chi ha versato contributi ha a sua volta il diritto di ricevere erogazioni economiche qualora venga a trovarsi in una delle situazioni previste dall'art. 38 Cost.

I principali interventi previdenziali In Italia i principali interventi di natura previdenziale riguardano:
- l'**inabilità**, cioè un'*infermità fisica o mentale*, accertata dai medici dell'INPS, che comporta la totale e permanente impossibilità a svolgere qualsiasi attività lavorativa;
- l'**invalidità**, procurata da un *infortunio sul lavoro* o da una *malattia professionale*;
- lo **stato di malattia**, che prevede erogazioni gratuite o sottoposte a ticket economico da parte del *Servizio sanitario nazionale*;
- la **gravidanza** e la **maternità**, per cui alle donne che si trovano in tali condizioni vengono riconosciuti specifici *diritti sul lavoro*;
- la **disoccupazione involontaria**, cioè non provocata dalle dimissioni del lavoratore o dal licenziamento per giusta causa o per giustificato motivo da parte del datore di lavoro;
- la **vecchiaia**. La *pensione di vecchiaia* viene riconosciuta a coloro che abbiano raggiunto una determinata età anagrafica (correlata alla durata della vita umana) unitamente al fatto di avere versato contributi per un numero minimo di anni.

La crisi dello Stato sociale Negli ultimi anni, soprattutto per quanto riguarda il nostro Paese, si sente parlare di crisi dello Stato sociale, in relazione al fatto che le energie economiche necessarie per sostenerlo sono sempre maggiori. La necessità di riequilibrare i dati del disavanzo pubblico e del debito pubblico ha ridotto gli interventi assistenziali, eliminando la gratuità di determinate prestazioni e diminuendo l'entità di altri aiuti pubblici.

ESPANSIONE
Le pensioni internazionali

competenze in campo

1 Individua il termine

a. Corrisponde a uno stato di infermità fisica o mentale che comporta l'impossibilità di lavorare: ....

b. Deve esserlo la disoccupazione per comportare tutela previdenziale: ....

c. È l'ente previdenziale che si occupa di infortuni sul lavoro: ....

d. È la forma di Stato che provvede al benessere dei cittadini, in particolare dei più deboli: ....

e. È il tipo di pensione cui si ha diritto dopo avere raggiunto una determinata età anagrafica e versato contributi per un certo periodo di tempo: ....

ESERCIZIO INTERATTIVO

2 Osserva e rifletti

Che cosa si intende con l'espressione "Welfare State"? Quali valori protegge questa forma di Stato?

3 Completa il testo

ESERCIZIO INTERATTIVO

Gli enti .... si procurano il denaro necessario agli interventi di assistenza .... attraverso i ...., versati obbligatoriamente dai .... e dai .... di lavoro. Le situazioni maggiormente protette dal punto di vista sociale sono l'inabilità, l'.........., la malattia, la gravidanza e la ...., la .... involontaria e la ....

4 Risolvi il caso

Bruno F., operaio specializzato dipendente di un'impresa industriale, comunica al proprio datore di lavoro di non voler più versare i contributi previdenziali, in quanto intende cautelarsi dai rischi personali e lavorativi tramite assicurazioni private. Come si comporterà il datore di lavoro?

mi riguarda perché...

SPUNTO DI RIFLESSIONE

La scelta operata dai nostri Costituenti a favore dello Stato sociale è davvero di grande valore e condiziona, in senso positivo, la vita di tutti noi cittadini. Nella sua organizzazione e nel suo funzionamento, lo Stato sociale si ispira infatti al senso di solidarietà e al principio di uguaglianza sostanziale, tutelando le persone più deboli.

Le tue domande

Chi sono gli esodati?

Ti sarà forse capitato di sentir parlare sui media di "esodati": il termine fa riferimento a persone ultracinquantenni che, in seguito ad accordi economici o per effetto di ristrutturazioni aziendali, hanno accettato di dimettersi dal lavoro (un "esodo" volontario dal lavoro) in attesa di raggiungere l'età pensionabile.
Nel frattempo, però, è intervenuta una riforma del sistema previdenziale (la legge Fornero, entrata in vigore nel 2012) che ha aumentato l'età per andare in pensione, mettendo pertanto queste persone in seria difficoltà economica e accrescendo il numero, già elevato, dei disoccupati. Il tema è stato trattato a più riprese dai Governi che si sono succeduti negli ultimi anni, introducendo alcune forme di **salvaguardia**, senza tuttavia risolvere completamente il problema.

Lavorare insieme

- Suddividetevi in gruppi in base alle indicazioni dell'insegnante.
- Disponetevi in modo da poter comunicare tra di voi parlando sottovoce, così da non disturbare gli altri.
- Avete il compito di documentarvi sul funzionamento dello Stato sociale nei Paesi del Nord Europa, dove tale modello pare funzionare molto meglio che in Italia. Potete consultare il sito di "giornalettismo" (link.pearson.it/A2672CC5).
- Sulla base della vostra ricerca, elaborate una sorta di "ricetta" politico-economica da applicare nel nostro Paese per rendere più efficienti le politiche sociali.

Lo stato del benessere

È possibile imporre la cultura della solidarietà sociale?

La novità degli interventi dello Stato sociale rispetto ad altre forme precedenti di aiuti pubblici ai cittadini più poveri consiste nel fatto che le prestazioni sociali erogate non hanno carattere caritatevole e pertanto occasionale, ma vengono giustificate dal riconoscimento dell'esistenza del diritto dei soggetti economicamente più deboli a ricevere aiuti pubblici.

Le origini storiche – Il "Piano Beveridge"

Il primo sistema di Stato sociale venne realizzato in Gran Bretagna attraverso il cosiddetto **Piano Beveridge**, così denominato dal nome dell'economista britannico che lo propose.
Nel 1942 venne pubblicato in Inghilterra un rapporto, elaborato da William Beveridge (1879-1963), denominato *Social Insurance and Allied Services*, in cui si proponeva l'adozione di un sistema universale di protezione sociale, volto a tutelare le categorie più deboli. I principi in esso contenuti furono messi in pratica dal Governo, andando a sostituire la precedente *Poor Law*, che risaliva ai primi anni del XVII secolo.
Il Piano prevedeva l'intervento economico dello Stato a sostegno di chi fosse venuto a trovarsi involontariamente in condizioni di indigenza, come i disoccupati, gli anziani, gli infortunati e i malati. Esso sosteneva inoltre l'opportunità di creare un servizio sanitario nazionale, che consentisse anche ai poveri di ricevere gratuitamente l'assistenza necessaria per tutelare la propria salute. Questi interventi dovevano basarsi sulla certezza e sulla continuità, tanto che il sistema previdenziale proposto da Beveridge venne da alcuni definito come un sistema di sicurezza "dalla culla alla bara".
Il modello dello Stato sociale inglese attecchì anche in altri Stati, generando un percorso comune di solidarietà sociale.

Lo Stato sociale in Italia

Una premessa significativa all'introduzione dello Stato sociale si ebbe in Italia con la l. n. 80/1898, attraverso la quale i **datori di lavoro vennero obbligati ad assicurarsi contro gli infortuni sul lavoro**, creando pertanto una situazione di tutela per i lavoratori subordinati. Si trattò però di un intervento isolato, per quanto significativo, non sufficiente a qualificarsi come espressione di un sistema solidaristico sociale.

Fu con la Costituzione italiana, entrata in vigore nel 1948, che furono accolti dal punto di vista normativo i principi propri dello Stato sociale, contenuti essenzialmente negli artt. 4 (diritto al lavoro), 32 (diritto alla tutela della salute), 34 (diritto all'istruzione), 37 (tutela del lavoro femminile e minorile), 38 (diritto all'assistenza sociale).
Si delineò, attraverso il quadro costituzionale, **un sistema normativo di sicurezza sociale, in cui viene riconosciuto e affermato il diritto dei più deboli a ricevere prestazioni e aiuti economici da parte dello Stato.**
I principi costituzionali relativi agli interventi sociali dello Stato furono attuati con un certo ritardo.
Un intervento normativo significativo si ebbe con la l. n. 833/1978, che istituì il **Servizio sanitario nazionale** (SSN), dando attuazione al contenuto dell'art. 32 Cost.

Lo Stato sociale nei Paesi del Nord Europa

Il modello di Stato sociale che si ritiene meglio funzionante in Europa è quello dei Paesi scandinavi: Danimarca, Islanda, Norvegia e Svezia sono noti per il **soddisfacente sistema di aiuti sociali**, in particolare per quanto riguarda il diritto all'abitazione, il sostegno ai disoccupati, la tutela dell'infanzia e l'aiuto ai disabili. Grande attenzione viene inoltre posta alla **qualità della vita**: per esempio, i cittadini di questi Paesi utilizzano ampiamente la bicicletta come mezzo di trasporto, collaborano coscienziosamente allo smaltimento dei rifiuti e alla tutela ambientale attraverso l'utilizzo di costruzioni ecologiche e di energie rinnovabili.

ESPANSIONE
Gli articoli della Costituzione relativi allo Stato sociale

PERCHÉ I BAMBINI FINLANDESI DORMONO NELLE SCATOLE DI CARTONE?

La scatola di cartone in Finlandia è una tradizione che è stata progettata per dare a tutti i bambini, a prescindere dal loro ceto sociale, un uguale inizio nella vita. La tradizione risale al 1938. All'inizio era disponibile solo per le famiglie a basso reddito, dal 1949 è stata cambiata con la nuova legislazione; ora le future mamme, per ottenere la sovvenzione in denaro o il pacco maternità prima del quarto mese di gravidanza, devono sottoporsi a visita prenatale presso una struttura medica. La scatola di cartone ha avuto il merito non solo di fornire alle mamme il necessario per prendersi cura del loro bambino, ma anche di contribuire a orientare le donne in gravidanza a prendere contatti con medici e infermieri al servizio del nascente Stato sociale.
La scatola contiene tutto il necessario per la cura dell'igiene del bambino (salviette, accappatoio, termometro da bagno, forbicine per le unghie), insieme a indumenti caldi (tuta lavorata a maglia, calze, guanti e passamontagna), accessori indispensabili per il riposo del neonato (coprimaterasso, sottolenzuolo, trapunta, coperta, abito con cappuccio), un libro illustrato e giocattoli per la dentizione.

IL TUO PUNTO DI VISTA

1. Quale importante evoluzione rappresentò il Piano Beveridge rispetto alla *Poor Law*?
2. Che cosa ti senti di proporre, per il nostro Paese, al fine di un maggiore rispetto del diritto alla salute, previsto nell'art. 32 Cost.?
3. Quali interventi credi sarebbero opportuni per migliorare, in generale, le prestazioni dello Stato sociale in Italia?

LEZIONE 5

I rapporti economici internazionali: libero scambio e protezionismo

VIDEO START
L'importanza del libero scambio

AUDIOTESTO

Memo LESSICO
I termini ▸**esportazioni** e ▸**importazioni** sono riconducibili al verbo latino *portare* ("trasportare"). Nel caso delle esportazioni ci si riferisce alle merci portate "fuori" dallo Stato (dal prefisso latino *ex*), nel caso delle importazioni si fa riferimento alle merci portate "dentro" a uno Stato (dal prefisso *in*).

Memo
La politica del ▸**libero scambio** è fondamentalmente ispirata alla **teoria liberista**, secondo cui la gestione dell'attività economica doveva essere pertinenza esclusiva dei privati, senza intervento dello Stato.

I movimenti internazionali

Ai nostri giorni tra gli Stati si registrano movimenti di:

- **merci**, cioè le ▸**esportazioni** (vendita all'estero di prodotti nazionali) e le ▸**importazioni** (acquisto di merci dall'estero);
- **servizi**, quali, per esempio, i trasporti;
- **capitali**, come gli investimenti fatti all'estero;
- **persone**, in particolare il *turismo* e l'*emigrazione*.

La **politica commerciale** corrisponde all'insieme dei provvedimenti con cui uno Stato regola i rapporti commerciali con il resto del mondo. Essa può essere ispirata a due contrapposti atteggiamenti economici: il *libero scambio* e il *protezionismo*.

Il libero scambio

La **politica del** ▸**libero scambio** si oppone all'adozione di misure che possano ostacolare i rapporti commerciali tra gli Stati.

Il **libero scambio** parte dal presupposto che ogni interferenza dello Stato, come le barriere doganali, riduce la ricchezza nazionale. L'eliminazione di ostacoli al libero commercio produce inoltre l'effetto di **diminuire i costi produttivi**: le imprese, infatti, tendono a **migliorare la qualità dei prodotti** e ad **abbassarne i prezzi** allo scopo di essere più competitive sul mercato internazionale. La politica liberista degli scambi commerciali può avere però degli svantaggi, in particolare in riferimento ai rapporti tra Paesi sviluppati e Paesi poveri. La condizione di inferiorità e di debolezza dei Paesi sottosviluppati viene infatti accentuata dal fatto di operare in un libero mercato.

CASO Uno Stato europeo esporta in un Paese povero prodotti di alta tecnologia e importa materie prime. Quali effetti si produrranno probabilmente sul Paese povero?
■ *In questo caso il libero scambio ostacola il progresso nello Stato sottosviluppato, perché lo relega al ruolo di semplice produttore di materie prime, anziché incoraggiare in esso l'avvio di un'industria nazionale.*

Il protezionismo

La **politica protezionista**, al contrario di quella liberista, è orientata a limitare le importazioni e a favorire le esportazioni.

Il protezionismo ebbe la sua massima diffusione nell'era del mercantilismo (XVII e XVIII secolo), ma subì un potente arresto con l'affermazione dei principi del liberismo. Lo strumento tipico del protezionismo è rappresentato dai **dazi doganali**, che sono imposte fissate su determinati beni importati; essi vengono normalmente calcolati in base a una determinata percentuale del valore del bene. A fini protezionisti si può ricorrere anche ai **contingenti di importazione**, che sono limiti quantitativi imposti all'importazione di determinate merci; il rispetto di tali limiti viene controllato normalmente attraverso il sistema delle licenze d'importazione.

ESEMPIO In Italia le importazioni di automobili dal Giappone sono state per molto tempo contingentate, cioè non potevano superare una determinata quantità stabilita annualmente.

Uno Stato può inoltre agire in senso protezionista se adotta **provvedimenti favorevoli alle imprese interne**, come agevolazioni creditizie, riduzioni fiscali o sussidi economici, che consentono alle imprese nazionali un risparmio di costi, favorendole nella competizione con le concorrenti estere.

Possono essere adottate, infine, **barriere non tariffarie**, corrispondenti a specifici ostacoli che rendono difficile il libero scambio: le *barriere fisiche*, come per esempio i controlli sulle merci eseguiti alle dogane, o le *barriere tecniche*, in caso di differenza tra le normative nazionali.

ESPANSIONE
La bilancia dei pagamenti

competenze in campo

1 Completa lo schema

STRUMENTI DEL PROTEZIONISMO

- .... doganali
- .... di importazione
- provvedimenti .... alle imprese ....

ESERCIZIO INTERATTIVO

2 **Osserva e rifletti**

In quale tipologia di movimenti internazionali rientra il turismo? Come ritieni possa essere ulteriormente incentivato quello verso il nostro Paese?

3 **Individua il termine**

ESERCIZIO INTERATTIVO

1. Ne fanno parte i trasporti nell'ambito degli scambi internazionali: ....
2. Il libero scambio favorisce la riduzione di quelli produttivi: ....
3. È data dall'insieme dei provvedimenti con cui si regolano i rapporti commerciali tra gli Stati: ....
4. Nell'ambito del commercio internazionale corrispondono alla vendita all'estero di prodotti nazionali: ....
5. Quelli doganali sono il principale strumento del protezionismo: ....

4 **Rifletti e rispondi**

"Alla base della maggior parte delle discussioni contro il mercato libero vi è una mancanza di credenza nella libertà stessa." Condividi questa affermazione dell'economista Milton Friedman (1912-2006)? Perché?

mi riguarda perché...

SPUNTO DI RIFLESSIONE

Nella vita di ogni giorno ti è facile renderti conto dell'importanza degli scambi internazionali. Pensa al fatto che molti prodotti che finiscono sulle nostre tavole, come i frutti tropicali, provengono da Paesi stranieri, perché in Italia non ci sono le condizioni climatiche necessarie alla loro crescita; pensa inoltre a certe apparecchiature elettroniche, come gli smartphone, che importiamo da Stati in cui i costi del lavoro sono minori.

FOCUS Vantaggi e svantaggi del protezionismo

Poiché acquistiamo regolarmente beni prodotti all'estero ci è difficile comprendere le ragioni del protezionismo. Vediamo allora quali sono i vantaggi e gli svantaggi. I **vantaggi** che esso può apportare sono:

- il **sostegno alle industrie nascenti**: se nello Stato esistono settori produttivi di nuova costituzione è importante tutelarli in modo che, non essendo esposti alla concorrenza estera, possano più facilmente collocare sul mercato i propri prodotti;
- la **tutela dell'occupazione**: l'aiuto apportato alle industrie interne è fautore di crescita e sviluppo;
- la **tutela dell'indipendenza rispetto all'estero**.

Il protezionismo comporta però anche dei **rischi**: se uno Stato adotta una politica protezionista può rimanere privo di prodotti importati preziosi per la sua economia, peggiorare i rapporti con gli altri Stati spingendoli a usare corrispondenti misure nei suoi confronti, rendere meno competitive le imprese interne, non stimolate dalla concorrenza, rischiando di diminuirne l'efficienza e danneggiando così i consumatori.

Le tue domande: Quali Paesi hanno adottato misure protezionistiche di recente?

Negli ultimi anni Paesi con economie emergenti, in particolare Argentina, Brasile, Cina, India, Indonesia, Russia, Sudafrica e Ucraina, hanno applicato misure di natura protezionistica. Lo Stato che si pone al primo posto è l'Argentina, seguita da Russia e Brasile. In Indonesia la legge vieta l'importazione di alimenti a meno che non sia strettamente necessario.

LEZIONE 6

Lo sviluppo economico

VIDEO START
Le economie emergenti

AUDIOTESTO

Memo LESSICO
I termini ▸ **sviluppo** e **sottosviluppo**, tra loro antitetici, hanno origine dal verbo "sviluppare", nel significato di "far progredire", "fare aumentare", riconducibile al latino *volvĕre* ("sviluppare", "svolgere"). Sviluppo e sottosviluppo indicano rispettivamente una situazione di "espansione" e "potenziamento", e una di "arretratezza", "ritardo".

Il reddito pro capite e lo sviluppo Come si fa a determinare il livello di ▸sviluppo di uno Stato? Il criterio più diffusamente utilizzato è quello di misurare il **reddito pro capite**, che corrisponde al reddito nazionale diviso per il numero di abitanti. Tuttavia, per una valutazione più approfondita, è opportuno utilizzare anche altri parametri, come la distribuzione del reddito, il livello dei servizi pubblici, il progresso tecnologico e il tasso di occupazione.
Lo **sviluppo economico** può essere definito come il processo di crescita economica e sociale di uno Stato, basato sul livello del reddito, sulla distribuzione di esso, sulla qualità della vita sociale e sul progresso.

I fattori che condizionano lo sviluppo Per determinare il grado di sviluppo di uno Stato occorre innanzitutto verificare la **distribuzione del reddito**: se infatti esso si concentra nelle mani di una ristretta porzione della popolazione, mentre la maggior parte versa in condizioni di povertà, non possiamo certamente affermare che in quello Stato sia diffuso il benessere economico e, di conseguenza, non è possibile definirlo pienamente sviluppato.
In secondo luogo sono determinanti le concrete situazioni di vita delle persone: acquistano rilievo, in tal senso, i **servizi sociali**, al primo posto quello sanitario che assicura condizioni di vita igieniche e sane per tutti i cittadini.
Un elemento di sicuro rilievo ai fini della valutazione dello sviluppo è il **grado di istruzione** dei cittadini. La cultura è un fondamentale punto di riferimento per il benessere sociale di uno Stato, non solo perché garantisce una maggiore preparazione professionale della classe lavoratrice, ma anche perché permette una più ampia partecipazione ai problemi sociali, economici e politici del proprio Paese.
Un altro fattore che contribuisce al grado di benessere sociale è quello del **tempo libero**. L'antico dilemma tra "vivere per lavorare" e "lavorare per vivere" va senza dubbio risolto a favore di quest'ultimo motto: per stare bene le persone hanno bisogno di spazi di tempo personali, da dedicare alla famiglia e a se stesse.
Lo sviluppo di uno Stato può essere valutato anche in base al suo **progresso tecnologico**. Esso si realizza soprattutto tramite le **innovazioni**, corrispondenti all'introduzione di *nuovi processi produttivi*, che determinano incrementi della produttività e riducono il costo dei beni sul mercato, e di *nuovi prodotti*, che stimolano la domanda e i consumi.

ESEMPIO L'introduzione nel mercato degli smartphone e dei tablet ha dato un forte impulso ai consumi degli italiani.

In definitiva, in uno Stato, si può parlare a buon diritto di sviluppo solo se esistono le condizioni per un *soddisfacente livello di benessere dei singoli cittadini.*

Lo sviluppo sostenibile Lo sviluppo che da alcuni decenni caratterizza i Paesi industrializzati, tra cui l'Italia, non è pienamente compatibile con il concetto di **sviluppo sostenibile**: si tratta di un modello di sviluppo che soddisfa i bisogni delle generazioni presenti senza compromettere le possibilità per le generazioni future di soddisfare i propri. Lo sviluppo sostenibile, in altre parole, si basa essenzialmente sulla **riduzione delle varie forme di inquinamento** che si sono determinate nel tempo, a livello sia locale sia globale, sull'**uso razionale e non predatorio delle risorse naturali**, sulla **distribuzione più equa della ricchezza**.
La legge italiana prevede, in materia di sviluppo sostenibile, l'eliminazione progressiva di tecnologie e composti tossici, l'attribuzione del riconoscimento di "origine controllata" ai prodotti agricoli, zootecnici e industriali realizzati con attenzione alla salvaguardia ambientale, e l'incentivazione delle attività di ricerca in tema di trattamento dei rifiuti.

ESPANSIONE
Il turismo sostenibile

ESPANSIONE
Il sottosviluppo

competenze in campo

1 Completa lo schema

DIDATTICA INCLUSIVA

SVILUPPO ECONOMICO

- reddito pro ....
- distribuzione del ....
- livello dei servizi ....
- grado di .... dei cittadini
- .... libero
- .... tecnologico
- tasso di ....

ESERCIZIO INTERATTIVO

2 ●●● **Osserva e rifletti**

A quali importanti fattori necessari per lo sviluppo economico di uno Stato sono riconducibili le immagini?

3 ●●● **Rifletti e rispondi**

Quale rilievo riconosci a ciascuno degli indicatori dello sviluppo umano contenuti nel seguente elenco? Ordinali secondo l'importanza che attribuisci a essi.

1. Speranza di vita alla nascita
2. Consumo di acqua potabile
3. Tasso di alfabetizzazione
4. Crescita della popolazione
5. Circolazione di quotidiani e riviste d'informazione
6. Livello di educazione sessuale
7. Numero di diplomati e laureati
8. Diffusione di televisori

mi riguarda perché...

SPUNTO DI RIFLESSIONE

Si tende spesso a ridurre il livello di sviluppo di uno Stato a un mero calcolo economico, valutandone solo il PIL (Prodotto interno lordo) o il reddito pro capite. Non è difficile comprendere come, in realtà, il vero sviluppo sia condizionato da elementi sociali e culturali, determinanti per identificare il benessere della popolazione.

Le tue domande

Che cosa significa BRICS?

Negli ultimi anni è stato coniato dagli economisti l'acronimo **BRICS** per indicare cinque Stati (**Brasile**, **Russia**, **India**, **Cina** e **Sudafrica**) che, pur avendo sistemi economici diversi, si distinguono per un **elevato tasso di crescita del PIL**.
Questi Paesi rappresentano, dal punto di vista demografico, oltre il 42% della popolazione mondiale; si pensa che, grazie al miglioramento delle condizioni di vita, i cittadini dei BRICS aumenteranno i propri consumi e stimoleranno la crescita economica. In alcuni di questi Paesi lo sviluppo è legato alla ricchezza delle **materie prime** (Brasile, Russia e Sudafrica), mentre in altri (India e Cina) dipende soprattutto dall'evoluzione dell'**attività manifatturiera**, favorita dal basso costo del lavoro. La realtà economica dei BRICS ha determinato significativi cambiamenti a livello mondiale, come l'allargamento del G8 in G20 e il peso sempre più forte di queste economie emergenti nel commercio internazionale.

Lavorare insieme

- Suddividetevi in gruppi in base alle indicazioni dell'insegnante.
- Il vostro compito è quello di effettuare una ricerca sul livello del reddito pro capite per area geografica, con riferimento all'Unione europea, agli USA, all'America Latina, ai Paesi arabi e a quelli asiatici. Come fonte potete utilizzare il sito dell'ONU su link.pearson.it/3B6E7D7F, cliccando su "Human development report". A corredo dei dati raccolti, realizzate un articolo di taglio giornalistico che ne sintetizzi e ne commenti il significato, confrontandovi poi in classe con i prodotti realizzati dagli altri gruppi.
- Il vostro lavoro sarà valutato in relazione alla sua efficacia comunicativa, alla chiarezza e ai contenuti.

Le eco-imprese
Il futuro è green?

"Quello che vorrei è cambiare la vita di un gruppo di persone con le stesse cose con cui hanno a che fare ogni giorno."

Vik Muniz, visual artist brasiliano

Imprese e tutela ambientale

L'*attenzione alla natura* rappresenta un elemento importante, oltre che nella vita di ogni persona, anche nella gestione dell'attività di impresa. A questo proposito, oggi esistono aziende chiamate **eco-imprese** che includono tra le proprie priorità il rispetto dell'ambiente, per esempio attraverso il **risparmio energetico** e una **corretta gestione dei rifiuti**.

Anche *in Italia* questa tipologia di impresa si sta diffondendo. Si tratta soprattutto di *piccole e medie imprese*, che hanno saputo coniugare la **logica del profitto** con la **sostenibilità ambientale**, spinte anche dalla consapevolezza che le giovani generazioni sono attente al tema ambientale e sempre più spesso preferiscono acquistare prodotti ecosostenibili e biologici.

Nel nostro Paese esistono eco-imprese che usano fanghi e scarti di lavorazione delle concerie per produrre *fertilizzanti organici* impiegati in agricoltura. Altre utilizzano plastiche miste, di per sé materiale difficile da recuperare, le lavano e le rafforzano grazie a sistemi innovativi e quindi le trasformano in *materiali di utilizzo sociale* (per esempio, per fabbricare le panchine).

Nel settore enogastronomico vengono ampiamente utilizzati sacchetti e stoviglie monouso biodegradabili e compostabili in conformità con le norme europee.

Si diffondono sempre più anche le *imprese edilizie* che hanno come obiettivo la *sostenibilità ambientale degli edifici*, realizzata innanzitutto attraverso l'eliminazione di fonti energetiche esterne: gli immobili devono essere autosufficienti nella produzione di energia pulita attraverso pannelli solari, impianti fotovoltaici e turbine eoliche. Essi, inoltre, non devono produrre emissioni nocive e devono essere riciclabili, nel senso che i materiali utilizzati per la loro costruzione devono essere separabili tra loro e riutilizzabili per costruzioni successive.

Incentivi alle eco-imprese e opportunità di lavoro

Oltre a ricevere l'importante collaborazione da parte degli enti pubblici locali e delle università, **le eco-imprese vengono sostenute dallo Stato**, in particolare dal Ministero dello Sviluppo economico, attraverso *incentivi, concorsi e premi.*
Inoltre, a partire dal 2009, in conformità con quanto avviene in altri Stati dell'Unione europea, sono stati avviati **contratti di innovazione tecnologica**, volti a favorire la ricerca applicata e a stimolare nuove opportunità di lavoro. Oltre al loro fondamentale contributo alla difesa dell'ambiente, le eco-imprese favoriscono infatti l'occupazione. Le statistiche più recenti dimostrano l'*aumento delle professioni connesse allo sviluppo sostenibile*, nonché la crescita dell'offerta formativa legata all'ambiente. In particolare, risulta potenziato e valorizzato il lavoro femminile nel settore "verde".

Chi è A FAVORE

Edoardo Ronchi, presidente della Fondazione per lo sviluppo sostenibile, è un sostenitore della green economy; a questo proposito ha affermato che «La green economy promuove un'idea di benessere non legata alla crescita del consumismo, ma allo sviluppo di consumi più equi, sobri e consapevoli, e sollecita un uso efficiente dell'energia e delle risorse materiali, innovazioni di prodotto e di processo, nuove competenze e professionalità, con significative possibilità di aumento dell'occupazione.»

Chi è CRITICO

Flaviano D'Amico, ricercatore dell'ENEA, l'Agenzia nazionale per le nuove tecnologie, l'energia e lo sviluppo economico sostenibile, è scettico rispetto alla concreta realizzabilità della green economy. «Realizzare la green economy è un'impresa molto costosa. [...] Le energie verdi godono dappertutto di incentivazioni statali, talora molto elevate. Senza questi incentivi il mercato sarebbe molto limitato o tenderebbe a zero. [...] La green economy può essere occasione di sviluppo economicamente sostenibile solo se gli incentivi sono inseriti in un quadro di politica industriale che da un lato tenga conto degli attuali punti di forza del sistema industriale italiano, e dall'altro faciliti il superamento delle sue attuali debolezze.»

Dalla green economy alla blue economy

Un economista belga, Gunter Pauli, è sostenitore della necessità che la green economy evolva in **blue economy**, che si propone la realizzazione di un sistema economico sostenibile attraverso l'introduzione di *tecnologie il più possibile vicine agli ecosistemi naturali.* Si parla, a questo proposito, di **biomimesi**, ossia imitazione di ciò che accade in natura. Per esempio, per rendere potabile l'acqua del mare, la blue economy si ispira ad alcuni uccelli marini, che bevono acqua salata e riescono a depurare il sangue dal sale grazie a particolari ghiandole nasali.

IL TUO PUNTO DI VISTA

1. Puoi fare qualche esempio di eco-imprese presenti sul tuo territorio o, comunque, di tua conoscenza?
2. La green economy necessita di nuove figure professionali. Pensiamo, per esempio, ai carpentieri specializzati nell'isolamento dei tetti, ai geologi competenti nel calcolare il rischio delle frane, agli ingegneri che progettano impianti a energia solare ed eolica. Secondo te, quali altre attività potrebbero essere utili nell'ottica dell'economia verde?
3. In che senso si può affermare che l'economia verde e l'economia blu non corrispondono a settori ma piuttosto a un nuovo modo di pensare il sistema produttivo?

LEZIONE 7

La globalizzazione dei mercati

VIDEO START
Globalizzazione e integrazione economica

AUDIOTESTO

Le trasformazioni del mondo globalizzato Nel corso degli ultimi decenni si è verificata una profonda **trasformazione dell'organizzazione produttiva e finanziaria** che corrisponde alla cosiddetta *globalizzazione.*
La **globalizzazione** è il processo che porta alla formazione di un unico mercato mondiale, basato sull'esistenza di uno spazio omogeneo, sulla rapidità delle comunicazioni, sull'eliminazione delle barriere e sul superamento dei confini politici tra gli Stati, fattori che portano a individuare nuove e più ampie aree di scambio tra merci, capitali e persone.

ESEMPIO Per comprendere come con la globalizzazione il sistema produttivo travalichi i confini nazionali, pensiamo al fatto che i beni prodotti in uno Stato contengono generalmente componenti che vengono prodotti in altri Paesi.

I caratteri della globalizzazione La globalizzazione si basa sull'**allargamento a livello mondiale delle attività produttive, commerciali e finanziarie**, rendendo meno importante, di conseguenza, la collocazione geografica della produzione. L'esistenza di questo enorme mercato mondiale determina una forte **interdipendenza** tra soggetti che operano in diverse realtà produttive e in zone geograficamente distanti, con l'effetto che un evento che si verifica in un determinato luogo ha ripercussioni economiche e sociali in tutto il mondo.

ESEMPIO Il terribile terremoto seguito da tsunami che investì con incredibile violenza il Giappone nel 2011 determinò con immediatezza un crollo degli investimenti, e quindi delle Borse, in tutte le zone del mondo.

Infine, la globalizzazione si fonda su **nuovi strumenti comunicativi**, soprattutto sui collegamenti telematici, tra cui Internet, sulla telefonia cellulare e sui ▸*network* dei media. Caratteristica fondamentale della globalizzazione è il fatto che i mercati dei cambi e dei capitali sono collegati a livello globale e operano ventiquattro ore al giorno, intrattenendo relazioni a distanza in tempo reale.

> **Memo LESSICO**
> Il termine inglese ▸**network**, formato da *net* ("rete") e *work* ("lavoro"), in materia radiotelevisiva indica una rete di emittenti collegate tra loro in modo da coprire un'area più vasta con la stessa programmazione.

Vantaggi e svantaggi della globalizzazione I sostenitori della globalizzazione ritengono che essa, grazie agli scambi commerciali e finanziari, favorisca la **crescita economica** e consenta ai Paesi poveri di trovare più facilmente mercati per i loro prodotti.
Affermano inoltre che la globalizzazione contribuisce a *rafforzare i principi democratici*, soprattutto la difesa dei diritti civili, a limitare i poteri dei Governi autoritari, a *combattere l'analfabetismo* e ad *aumentare la durata della vita media.*
Tuttavia, se è innegabile che la globalizzazione, con l'accrescimento dei commerci, delle tecnologie e degli investimenti, offra ampie possibilità di crescita economica e di sviluppo umano, essa rischia però anche di potenziare, anziché di ridurre o eliminare, **le differenze tra Paesi ricchi e Paesi poveri**: l'economia, infatti, si è fortemente evoluta in relazione a norme, politiche e istituzioni, ma non ha tenuto adeguatamente in considerazione gli individui e i loro diritti, lasciando irrisolte e talora acuendo profonde differenze economiche e sociali.
La globalizzazione, dominata da enti privati (soprattutto banche e imprese multinazionali), provoca l'aumento della differenza tra *chi ha* e *chi non ha*; le possibilità e la ricchezza si stanno concentrando, per cui stiamo assistendo in modo sempre più marcato alla polarizzazione tra ricchezza e povertà. Di fatto, dunque, il processo di globalizzazione si sta rivelando una pericolosa forma di **sviluppo ineguale**; non solo, ma anche un pericoloso segnale della tendenza a concentrarsi su obiettivi di arricchimento senza limiti, dimenticandosi in tal modo delle persone e dei loro diritti.

ESPANSIONE
Le facce e i costi della globalizzazione

competenze in campo

1 Completa lo schema

GLOBALIZZAZIONE DEI MERCATI

- formazione di un unico .... mondiale
- rapidità delle ....
- eliminazione delle ....
- superamento dei confini .... tra gli ....

ESERCIZIO INTERATTIVO

2 ●●● **Osserva e rifletti**

Per quale ragione molte imprese europee hanno delocalizzato le loro produzioni in Paesi stranieri, come la Cina?

3 ●●● **Completa il testo**

ESERCIZIO INTERATTIVO

La globalizzazione, dominata da enti ...., quali .... e imprese .... , acuisce le .... tra ricchi e poveri, traducendosi in una forma di sviluppo ....

4 ●●● **Rifletti e rispondi**

"Quella del mondo moderno è una globalizzazione negativa: l'abbattimento delle barriere, infatti, non ha portato soltanto alla globalizzazione del capitale e alla libera circolazione delle merci e dell'informazione, ma anche del crimine e del terrorismo." A quali riflessioni ti porta la frase del sociologo Zygmunt Bauman?

mi riguarda perché...

SPUNTO DI RIFLESSIONE

La globalizzazione è un fenomeno molto concreto, che ti riguarda nella vita di ogni giorno, in particolare quando, con un semplice "clic" sul computer o sul cellulare, hai la possibilità di connetterti con qualsiasi altro utente del mondo.

Educazione finanziaria

La web economy

Nel contesto del mondo globalizzato si parla di **web economy** con riferimento ai nuovi strumenti che l'economia utilizza ai nostri giorni, riconoscibili essenzialmente nella diffusione della cultura informatica e digitale, nonché nello sviluppo delle tecnologie dell'informazione e della comunicazione. La web economy corrisponde all'insieme di attività che le imprese svolgono attraverso Internet e le tecnologie collegate alla rete. Le imprese, soprattutto quelle di piccole e medie dimensioni, acquistano in rete un'ampia visibilità e riescono in tal modo a collocare meglio i propri prodotti sul mercato. La diffusione della web economy può rivelarsi molto importante nei momenti di crisi, perché dalla rete possono nascere idee innovative, nuove forme di imprenditorialità e nuove occasioni di lavoro. Pensiamo per esempio alle specializzazioni nei diversi linguaggi di programmazione, alla gestione dei contenuti web, allo sviluppo di applicazioni per i cellulari e al web design, cioè la progettazione di un sito web.

Le tue domande

Che cosa sono le joint venture?

Le principali protagoniste del mondo globalizzato sono le imprese multinazionali; la costituzione di questo tipo di imprese avviene frequentemente attraverso la forma della **joint venture** (letteralmente "rischio congiunto"). Si tratta di un contratto con cui più imprese si impegnano a collaborare alla realizzazione di un piano di investimenti, mettendo in comune i propri patrimoni tecnici aziendali e suddividendosi i rischi dell'operazione. Normalmente si affida a una società il ruolo di capogruppo, che opera per conto delle altre. Questo modello contrattuale viene adottato soprattutto nei Paesi in via di sviluppo, che, non avendo mezzi sufficienti per dare vita a imprese locali, hanno modo di avviare programmi imprenditoriali collaborando con grandi imprese straniere.

PERCORSO 6 / Sintesi con la mappa

FUNZIONI DELLO STATO
- istituzionali
  - amministrazione della giustizia
  - tutela dell'ordine pubblico
  - difesa del territorio
- sociali
  - istruzione
  - tutela della salute
  - previdenza sociale
  - realizzazione di infrastrutture
  - tutela dell'ambiente

SPESE PUBBLICHE
- tipologie
  - ordinarie o straordinarie
  - correnti o in conto capitale
  - sociali o di acquisto
  - obbligatorie o facoltative
  - di governo o di esercizio
- finanziate con i tributi
  - principi tributari: universalità, capacità contributiva, progressività

ENTRATE PUBBLICHE
- **originarie** (privatizzazioni)
- **derivate** (tributi: imposte, tasse, contributi)
- **prestiti pubblici** (titoli pubblici: BOT, CCT, BTP)

STATO SOCIALE
- enti previdenziali
  - INPS e INAIL
- interventi previdenziali
  - inabilità, invalidità, malattia
  - gravidanza e maternità
  - disoccupazione involontaria
  - vecchiaia

RAPPORTI ECONOMICI INTERNAZIONALI
- movimenti internazionali
  - merci, servizi, capitali, persone
- politiche commerciali
  - libero scambio
  - protezionismo

SVILUPPO ECONOMICO E GLOBALIZZAZIONE
- fattori che condizionano lo sviluppo
  - reddito pro capite
  - distribuzione del reddito
  - servizi sociali
  - grado di istruzione
  - tempo libero
  - progresso tecnologico
  - → sviluppo sostenibile
- caratteri della globalizzazione
  - allargamento a livello mondiale delle attività economiche
  - interdipendenza tra soggetti e realtà produttive
  - nuovi strumenti comunicativi, soprattutto telematici

AUDIOSINTESI

LEZIONE 1 Le funzioni economiche dello Stato

Dopo il fallimento del libero mercato, molti sono gli **interventi dello Stato in economia**, tra cui la realizzazione di infrastrutture.
Lo Stato fornisce molteplici servizi ai cittadini (come l'istruzione e la tutela della salute) e richiede a questi il pagamento di **tributi**, ispirati ai principi dell'universalità (tutti devono contribuire), della capacità contributiva (ognuno deve partecipare alle spese pubbliche in relazione al proprio reddito) e della progressività (le imposte crescono più che proporzionalmente rispetto al reddito imponibile, in modo da tutelare i meno abbienti).

LEZIONE 2 Le spese pubbliche

Molte sono le spese che lo Stato deve sostenere per realizzare i servizi pubblici. Le **spese** possono avere carattere ordinario o straordinario (le calamità naturali), possono essere correnti (volte a sostenere l'organizzazione statale) o in conto capitale (investimenti), possono essere di acquisto o sociali. Queste ultime sono mirate a migliorare le condizioni di vita delle persone più deboli e hanno l'effetto di aumentarne il potere di acquisto e quindi la domanda e la produzione del Paese.
Si distinguono inoltre per la loro natura obbligatoria (per esempio le indennità parlamentari) o facoltativa. In merito alla loro destinazione le spese sono "di governo", se servono per l'organizzazione dello Stato, "di esercizio" se riguardano la gestione delle entrate.

LEZIONE 3 Le entrate pubbliche

Le **entrate dello Stato** sono prevalentemente costituite dai tributi pagati dai cittadini. Tra essi rientrano le **imposte**, le **tasse** e i **contributi**. Le prime sono prelievi obbligatori di ricchezza per chi percepisce un reddito, le seconde pagamenti richiesti per ottenere specifici servizi, mentre i contributi sono dovuti da chi trae beneficio da attività di pubblica utilità.
Lo Stato, inoltre, per ottenere prestiti può ricorrere all'emissione di titoli di natura obbligazionaria.
L'ammontare complessivo dei prestiti contratti dallo Stato, con l'incremento degli interessi, costituisce il **debito pubblico**.

LEZIONE 4 Lo Stato sociale

L'Italia è uno **Stato sociale**, poiché si propone di ridurre le discriminazioni sociali attraverso aiuti alle persone più deboli.
Esistono **enti previdenziali** (INPS e INAIL) che, finanziati dai contributi versati dai lavoratori dipendenti e dai datori di lavoro, sostengono chi si trova in condizioni di difficoltà, come gli invalidi, gli ammalati, i disoccupati involontari. L'INPS, in particolare, riconosce la pensione di vecchiaia alle persone che hanno raggiunto una certa età anagrafica e che hanno versato contributi per un determinato numero di anni.

Le nuove parole

Fabbisogno finanziario ▸ Ammontare monetario necessario allo Stato per attuare i propri interventi economici e sociali.
Financial requirement

Spese correnti ▸ Spese necessarie al funzionamento della Pubblica amministrazione.
Public expenditure

Imposte ▸ Prelievi obbligatori di ricchezza a carico di chi ha capacità contributiva.
Tax on personal income

Tasse ▸ Controprestazioni monetarie di servizi pubblici resi ai cittadini dietro loro richiesta.
Fee

Contributi ▸ Prestazioni obbligatorie dovute da chi può trarre vantaggio da attività di pubblica utilità.
Social security contributions

Stato sociale (o **Welfare State**) ▸ Forma di Stato che si propone di attenuare le differenze sociali aiutando le persone più deboli.
Welfare State

Sintesi discorsiva

LEZIONE 5 I rapporti economici internazionali: libero scambio e protezionismo

La politica commerciale degli Stati può essere ispirata al **libero scambio** o al **protezionismo**. Nel primo caso i rapporti economici non sono limitati da alcun tipo di barriere; nel secondo, invece, sono presenti strumenti (come i **dazi doganali**) volti a limitare le importazioni e a favorire le esportazioni.
Le politiche protezioniste da un lato favoriscono le industrie interne, dall'altro riducono la competitività economica e peggiorano i rapporti internazionali.

LEZIONE 6 Lo sviluppo economico

Lo **sviluppo economico** di uno Stato viene misurato non solo in base al reddito pro capite (reddito nazionale diviso per il numero degli abitanti), ma anche a una serie di criteri sia economici sia sociali, tra i quali rientrano, in particolare, la distribuzione del reddito, la qualità dei servizi pubblici, il livello di istruzione, il progresso tecnologico e la sostenibilità ambientale delle iniziative economiche intraprese.
Non sempre il progresso tecnologico si coniuga pienamente con lo **sviluppo sostenibile**, che indica un modello di sviluppo teso a soddisfare i bisogni delle generazioni presenti in modo compatibile con quelli delle generazioni future, con particolare attenzione alla protezione dell'ambiente.

LEZIONE 7 La globalizzazione dei mercati

Oggi viviamo in un **mondo globalizzato**, ossia caratterizzato dall'esistenza di uno spazio omogeneo facilitato dalla rapidità delle comunicazioni (pensiamo a Internet e ai network dei media).
La globalizzazione comporta effetti positivi, come l'aumento dei commerci e della tecnologia, ma presenta molti lati oscuri.
In particolare molti evidenziano il rischio che essa possa acuire, anziché ridurre, le differenze tra i Paesi ricchi e quelli poveri.

Libero scambio
▸ Politica commerciale ispirata alla liberalizzazione degli scambi economici tra Stati.
Free trade

Protezionismo
▸ Politica commerciale volta a tutelare le imprese interne adottando barriere alle importazioni.
Protectionism

Sviluppo economico
▸ Processo di crescita economica e sociale di uno Stato, legato alla qualità della vita.
Economic development

Sviluppo sostenibile
▸ Modello di sviluppo che soddisfa i bisogni delle generazioni presenti senza compromettere i bisogni delle generazioni future.
Sustainable development

Globalizzazione
▸ Mercato mondiale unico fondato sulla rapidità delle comunicazioni.
Globalization

PERCORSO 6 / Verifica

VERIFICA INTERATTIVA · FLASHCARDS

Tutti devono sapere che...

DIDATTICA INCLUSIVA

1 Completa lo schema

SVANTAGGI DELLA GLOBALIZZAZIONE

- aumento delle .... tra Paesi .... e Paesi ....
- concentrazione della .... e diffusione della ....
- sviluppo ....

2 Dai la definizione corretta

1. Indica la quantità monetaria che lo Stato deve reperire per sostenere le spese pubbliche:
   _ _ B _ _ S _ _ _ _   _ _ _ A _ _ _ _ _ _ _
2. Lo sono le spese pubbliche destinate al funzionamento dello Stato: _ O _ _ _ _ T _
3. È la forma di Stato che tutela le classi sociali più deboli:
   _ _ A _ _   _ _ C _ _ _ E
4. È la politica commerciale volta a favorire le esportazioni rispetto alle importazioni:
   _ _ _ T _ _ _ _ _ _ _ M _
5. Indica il processo di crescita economica e sociale di uno Stato: S _ _ _ _ _ P _

Verifica le tue conoscenze di base

3 ●●● Scegli la risposta

1. È il principio costituzionale per cui le imposte si fondano sulla titolarità di un reddito:
   - ☐ **a.** la proporzionalità
   - ☐ **b.** l'universalità
   - ☐ **c.** la capacità contributiva
   - ☐ **d.** la progressività
2. Le spese che lo Stato sostiene per acquistare beni e servizi sono:
   - ☐ **a.** correnti
   - ☐ **b.** sociali
   - ☐ **c.** in conto capitale
   - ☐ **d.** straordinarie
3. È la situazione, tutelata dallo Stato sociale, in cui si trova chi ha perso in modo permanente la capacità di lavorare:
   - ☐ **a.** la malattia professionale
   - ☐ **b.** la vecchiaia
   - ☐ **c.** l'invalidità
   - ☐ **d.** l'inabilità
4. Le erogazioni dello Stato sociale si basano:
   - ☐ **a.** sulle tasse
   - ☐ **b.** sulle imposte
   - ☐ **c.** sui contributi
   - ☐ **d.** sulle spese correnti
5. Non rientra tra gli obiettivi del protezionismo:
   - ☐ **a.** la tutela dell'occupazione
   - ☐ **b.** il sostegno alle imprese interne
   - ☐ **c.** il potenziamento della concorrenza
   - ☐ **d.** l'indipendenza verso l'estero
6. Sono i principali operatori della globalizzazione:
   - ☐ **a.** i consumatori
   - ☐ **b.** le piccole imprese
   - ☐ **c.** le imprese multinazionali
   - ☐ **d.** gli operatori di Borsa

4 Vero o falso?

1. Il principio di universalità prevede che tutti debbano pagare le imposte, senza alcun privilegio. V F
2. La costruzione di ospedali pubblici corrisponde a una spesa in conto capitale. V F
3. Gli stipendi pagati agli insegnanti delle scuole pubbliche sono un esempio di spesa corrente e ordinaria. V F
4. Le imposte si pagano solo in relazione alla fruizione di determinati servizi. V F
5. Il protezionismo si attua prevalentemente attraverso l'imposizione di dazi doganali. V F
6. La globalizzazione corrisponde all'esistenza di un unico mercato mondiale. V F
7. L'INPS è l'ente pubblico che si occupa di previdenza sociale. V F
8. Le imposte sono ispirate al principio di progressività. V F
9. L'erogazione dei sussidi di invalidità corrisponde a una spesa di trasferimento. V F
10. Il debito pubblico corrisponde al disavanzo di Bilancio. V F

Potenzia le tue abilità

5 Collega le informazioni

1. ☐ Capacità contributiva
2. ☐ Spese sociali
3. ☐ Spese di governo
4. ☐ Imposte indirette
5. ☐ Prestiti pubblici
6. ☐ Dazi doganali
7. ☐ Sviluppo economico
8. ☐ Globalizzazione

a. Innovazioni tecnologiche
b. Organizzazione dello Stato
c. Emissione di Buoni del tesoro
d. Spese di trasferimento
e. Reddito
f. Imprese multinazionali
g. Scambio di beni o di servizi
h. Imposte sulle importazioni

6 Trova la parola nascosta

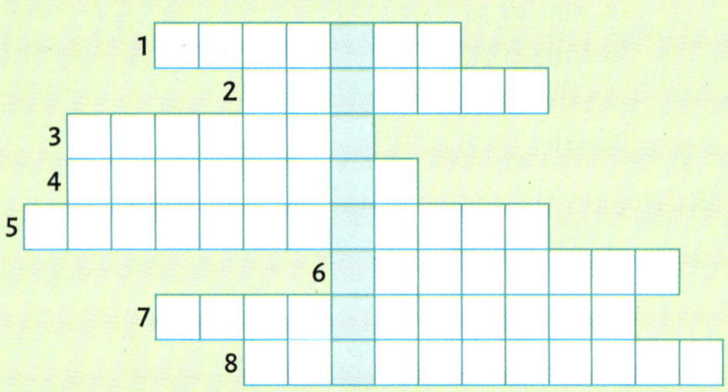

1. Sono prelievi coattivi di ricchezza attuati dallo Stato sui cittadini titolari di un reddito. **2.** Per valutare lo sviluppo di uno Stato si considera quello di istruzione. **3.** Quelli dei cambi e dei capitali sono collegati tra loro per effetto della globalizzazione. **4.** Le spese pubbliche destinate agli investimenti sono definite "spese in conto...". **5.** Così viene definita la capacità delle persone di partecipare alle spese pubbliche. **6.** Quella commerciale corrisponde all'insieme dei provvedimenti con cui uno Stato regola i rapporti commerciali con gli altri Paesi. **7.** L'adozione di strumenti protezionisti può tutelare quella interna. **8.** Lo sono le imposte le cui aliquote aumentano in modo più che proporzionale rispetto al reddito.

Sviluppa le tue competenze

7 Rispondi alle domande

1. In che senso si può affermare che, nell'impostazione del proprio comportamento economico, lo Stato si comporta in modo sostanzialmente diverso rispetto alle singole persone?
2. Per quale ragione sono prevalenti le entrate pubbliche derivate rispetto a quelle originarie?
3. Quali sono gli obiettivi dello Stato sociale e quali ne sono i fondamenti?
4. Quali ragioni spingono la maggior parte degli Stati moderni ad adottare politiche liberiste?
5. In che senso lo sviluppo di un Paese non può essere valutato soltanto in base a criteri economici?

8 Risolvi i casi

1. Quando si svolge un processo civile le spese sostenute sono a carico della parte che perde la causa. Tali spese costituiscono un'imposta o una tassa?
2. Gianni S., pensionato di ottant'anni, sostiene di avere il diritto di essere esonerato dal pagamento delle imposte perché è anziano. Ha ragione?
3. Uno Stato con politiche protezionistiche in quale misura dovrà fissare un dazio doganale su un prodotto estero posto sul mercato al prezzo di 100 euro in concorrenza con analoghi prodotti interni che costano 145 euro?

9 Esponi la tua opinione

1. Negli ultimi anni i Governi italiani hanno impostato la politica di Bilancio con severe riduzioni delle spese pubbliche, anche in settori importanti come l'istruzione, la salute e l'ambiente. Alcuni ritengono invece che sarebbe opportuno investire in queste materie per avere un Paese culturalmente, socialmente ed economicamente forte. Qual è la tua opinione?
2. Tra i movimenti che si registrano tra gli Stati, sono molto intensi quelli relativi alle persone. È enorme la crescita dell'immigrazione nei Paesi più sviluppati dell'Europa e dell'America, per vivere in condizioni di vita decorose, ormai impossibili in molte zone del mondo. La maggioranza degli immigrati costituisce una fonte di ricchezza per il nostro Paese, per il loro impiego produttivo in molte imprese. È tuttavia forte, in molti, uno spirito contrario all'immigrazione, basato su valutazioni spesso superficiali, come quella che gli stranieri "ci rubano il lavoro" o che "sono tutti delinquenti". Come pensi di poter contrastare la diffusione di questi sentimenti?

10 Comprendi e rifletti

Salviamo lo Stato sociale

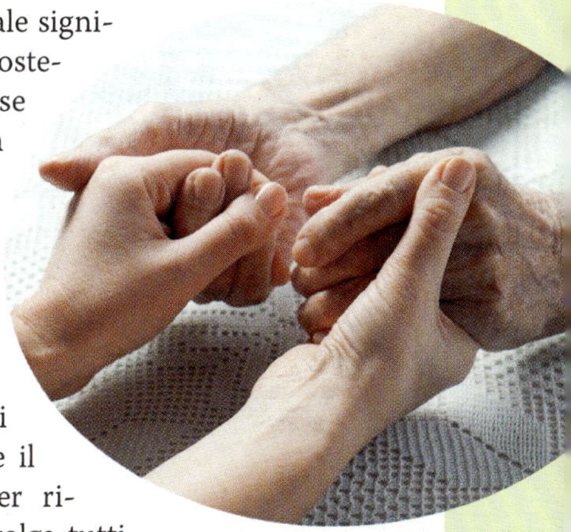

Salvare lo Stato sociale significa contribuire a sostenere l'Italia con risorse da valorizzare, senza lasciare che naufraghino. Nel nostro Paese, purtroppo, negli ultimi anni, il welfare è stato eroso da progressivi quanto sanguinosi tagli. Chiediamo che il necessario rigore per risanare il Paese coinvolga tutti, nessuno escluso, gravando equamente sulle spalle di ciascuno, secondo i pesi che ciascuno può portare. A chi più ha, più deve venire chiesto. Nessuno deve essere lasciato indietro. Abbattimento di insensati quanto onerosi privilegi, lotta all'evasione fiscale, contrasto ai fenomeni di corruzione, drastica riduzione delle spese militari: i soldi vanno presi là dove ci sono. È intollerabile che non si possa finanziare il Fondo per la non autosufficienza e si continuino a riempire gli arsenali. È solo un esempio, tra tanti possibili. Non è soltanto una questione etica, di giustizia o di tenuta della coesione sociale. È un problema che va dritto al cuore del patto che fonda il nostro sistema. Democrazia, infatti, significa anche che ciascuno possa costruire autonomamente il proprio progetto di vita, partendo da opportunità che vanno garantite nel campo educativo. Un corretto sistema di protezione sociale aiuta i cittadini a realizzarsi consentendo di affrontare le difficoltà individuali (handicap, malattie, infortuni) e gli effetti dei cambiamenti sociali ed economici che possono incidere pesantemente sulla vita delle persone. Il modello sociale europeo è nato proprio dal riconoscimento che, abbandonando gli individui a se stessi, perderemmo o non valorizzeremmo molte energie, creatività, aspirazioni: creare le condizioni per sviluppare queste risorse è diventato il compito di una responsabilità pubblica, collettiva, ancorata alla tutela dei diritti di cittadinanza.

Da www.famigliacristiana.it

1. Quale collegamento esiste tra Stato sociale e democrazia?
2. Condividi le riflessioni contenute nell'articolo? In base a quali valutazioni?

PERCORSO 7 economia

La moneta e le banche

Incominciamo da te

Una situazione concreta **Due amici, uno proprietario di un'ampia tenuta agricola e l'altro esperto cuoco, decidono di costituire una società con cui avviare un'attività di agriturismo. Per poter partire hanno bisogno di una certa somma di denaro, di cui non dispongono direttamente; decidono pertanto di chiedere un prestito in banca. A quali condizioni la banca concederà il prestito?**

! La banca, come la maggior parte dei creditori, esige delle garanzie di restituzione dei prestiti. In questo caso potrà chiedere la costituzione di un'ipoteca sullo stabile o sul terreno utilizzato per l'agriturismo (in modo che, in caso di mancato pagamento, potrà rivalersi sul corrispondente valore), oppure potrà accettare l'impegno scritto a restituire il debito da parte di un terzo soggetto di cui sono note la correttezza e la solvibilità.

Le 5 domande

1 In quali modi è possibile effettuare un pagamento ai nostri giorni?

2 Ipotizziamo che una ragazza o un ragazzo della tua età riceva dai genitori una "paghetta" settimanale di 15 euro. Se dovessero aumentare i prezzi di alcuni beni e servizi che rientrano nei suoi consumi abituali, come ne risentirà economicamente?

3 Da quando è in circolazione l'euro nel nostro Paese?

4 Di che cosa si occupano le banche?

5 Come viene usato dalle banche il denaro depositato presso di esse dai risparmiatori?

Il nostro percorso

CONOSCENZE

- Funzioni della moneta
- Diverse tipologie monetarie
- Potere di acquisto della moneta e sua relazione con i prezzi
- Moneta unica europea: vantaggi e critiche
- Banche e struttura gerarchica del sistema bancario
- Principali operazioni attive e passive delle banche
- Politica monetaria, con particolare attenzione a quella europea
- Valori etici che possono essere alla base del credito

ABILITÀ

- Cogliere l'importanza della moneta nella sua qualità di intermediaria degli scambi e di misura dei valori
- Comprendere il legame esistente tra la quantità di moneta in circolazione e il suo valore, inteso come potere d'acquisto
- Individuare gli aspetti positivi e le criticità della moneta unica europea
- Comprendere il collegamento tra la crisi dell'euro e la crisi economica mondiale
- Riconoscere gli effetti degli interventi adottati dalle autorità monetarie allo scopo di favorire l'equilibrio non solo economico, ma anche sociale
- Valorizzare la possibilità di conciliare le operazioni di credito con la solidarietà e la cooperazione

LEZIONE 3

La crisi dell'euro

LEZIONE 4

Il credito e i suoi soggetti

LEZIONE 5

Le principali operazioni bancarie

LEZIONE 6

La politica monetaria

LEZIONE 7

Il microcredito e le banche etiche

La competenza d'arrivo

Cogliere le relazioni tra le funzioni della moneta e le necessità delle famiglie e delle imprese; valutare il ruolo di intermediazione del credito svolto dalle banche, fondamentale per la crescita produttiva e occupazionale.

LEZIONE 1

Le funzioni e le specie di moneta

VIDEO START
I soldi servono

AUDIOTESTO

Memo LESSICO
Il termine ▸**moneta** nell'antica Roma indicava la zecca, ovvero il luogo dove si coniava la moneta metallica. La zecca era collocata nel tempio della dea Giunone, che tra i suoi appellativi aveva appunto anche quello di "Moneta", cioè "colei che ammonisce".

Le diverse funzioni della moneta Con il termine ▸**moneta** si definisce tutto ciò che viene usato come mezzo di pagamento e intermediario degli scambi.
La moneta è quindi innanzitutto un **mezzo di pagamento** che permette di estinguere tutti i tipi di debito.
Inoltre, la moneta funge da **intermediaria negli scambi**, in quanto agevola gli scambi commerciali perché le persone sono disposte ad accettarla in cambio di qualsiasi bene.
Poiché consente di misurare in modo oggettivo il valore dei beni e dei servizi, la moneta vale anche come **misura dei valori**: se non ci fosse un'unità di misura del valore non sarebbe possibile attribuire a ogni bene un prezzo univoco, ma esso si troverebbe ad avere tanti valori per quanti sono gli altri beni esistenti.
La moneta svolge anche la funzione di *portavalori nel tempo e nello spazio*. In quanto **portavalori nel tempo**, non essendo deperibile, essa permette di accumulare e di conservare ricchezza per utilizzi futuri; come **portavalori nello spazio** consente di trasferire grandi ricchezze da un luogo a un altro.

CASO Carlo G. vive a Torino, dove ha una casa di proprietà, ma viene trasferito per motivi di lavoro a Roma. Come potrà comportarsi per comprare un'abitazione a Roma?
■ *Carlo potrà traslocare nella nuova città i mobili e gli altri oggetti personali, ma non potrà certo trasportare la casa di cui è proprietario a Torino; potrà invece venderla e, con la somma ricavata, acquistare un'abitazione a Roma, trasferendo in tal modo una rilevante ricchezza grazie alla funzione di portavalori nello spazio della moneta.*

Monete metalliche e banconote Quando parliamo di "moneta" facciamo riferimento a diverse tipologie. La **moneta metallica**, come le monete da 1 euro, coincide con i cosiddetti "spiccioli", che usiamo normalmente per i piccoli pagamenti. Le **banconote** corrispondono invece alla *moneta cartacea*, e variano da un valore minimo di 5 euro a un valore massimo di 500 euro.
La moneta viene emessa, per quanto riguarda l'Unione monetaria europea, dalla **Banca centrale europea**.

La moneta bancaria Gli *assegni*, insieme con le *carte di credito* e con altri tipi di *moneta elettronica*, sono esempi di **moneta bancaria**.
L'**assegno** è un documento attraverso il quale un soggetto, titolare di un deposito bancario, ordina alla propria banca di pagare un determinato importo alla persona indicata sull'assegno stesso.
Le **carte di credito** sono tessere di plastica rigida, munite di una banda magnetizzata di riconoscimento, emesse da società specializzate che provvedono a garantire il pagamento, il cui importo viene poi addebitato sul conto del titolare a date fisse, in un'unica soluzione oppure ratealmente. Quest'ultima ipotesi può realizzarsi con le **carte revolving**, in cui l'importo delle rate viene spesso deciso dal cliente stesso a partire da una rata minima. Gli istituti di credito, inoltre, rilasciano **carte prepagate** che possono essere richieste anche da un minorenne, se accompagnato da un genitore o dal tutore legale. Esistono fondamentalmente due tipi di carte prepagate: quelle ricaricabili, che consentono, anche in via telematica, di tornare all'importo originario, e quelle "usa e getta", utilizzabili solo fino all'esaurimento della somma disponibile.
La **moneta elettronica** è una forma di moneta collegata a reti telematiche, attraverso le quali consente di prelevare denaro o effettuare pagamenti addebitandoli sul conto bancario.

ESPANSIONE
Le origini della moneta

ESPANSIONE
Carte di credito e minori

ESEMPIO Pensiamo alle tessere *bancomat*, a quelle telefoniche, alle tessere autostradali, alle tessere utilizzabili presso i registratori di cassa dei supermercati.

competenze in campo

1 Completa lo schema

FUNZIONI DELLA MONETA

- intermediaria negli ....
- misura dei ....
- portavalori nel ....
- portavalori nello ....
- mezzo di ....

ESERCIZIO INTERATTIVO

2 Osserva e rifletti

Quale tipo di moneta utilizziamo in genere per i piccoli pagamenti? E invece per quelli di importo molto elevato?

3 Completa le frasi

ESERCIZIO INTERATTIVO

1. Tra le carte di credito sono particolarmente diffuse le carte ...., che possono essere richieste anche dai .... se accompagnati dai ...., e le carte ...., nelle quali l'importo delle .... viene deciso dal ....
2. La moneta .... viene utilizzata per i piccoli pagamenti e comprende i centesimi e le monete da 1 euro e da .... euro. Le .... corrispondono invece alla moneta .... e variano da un valore minimo di 5 euro a un valore massimo di .... euro.

mi riguarda perché...

SPUNTO DI RIFLESSIONE

Nella vita di tutti i giorni hai spesso a che fare con la moneta, che utilizzi prevalentemente nella sua forma metallica e cartacea per i piccoli pagamenti (la merenda per la scuola, il cinema, una rivista); è facile quindi comprenderne la grande importanza nella vita quotidiana.

Le tue domande — Che cos'è un "pagherò"?

Ti sarà capitato di sentir parlare delle **cambiali**. Esse non sono strumenti di pagamento ma titoli di credito, perché consentono di scambiare beni disponibili nel presente con altri disponibili in futuro. Il **pagherò** è un tipo di cambiale; si tratta di un documento che contiene la promessa incondizionata di pagare una determinata somma di denaro al soggetto indicato sul titolo. Il soggetto che rilascia la cambiale, firmandola, prende il nome di emittente, mentre si definisce beneficiario o prenditore la persona a vantaggio della quale è fatta la promessa.

Educazione finanziaria — Bitcoin, la moneta virtuale

Nel 2009 è nata **Bitcoin**, una **moneta virtuale** che può essere utilizzata solo mediante Internet. A differenza delle monete elettroniche, Bitcoin si presenta come una vera e propria moneta, di cui ciascuna unità è detenuta personalmente dal proprietario e può essere trasferita ad altri in pagamento. La proprietà delle monete, come i suoi trasferimenti, è registrata elettronicamente e protetta da sofisticati sistemi che ne impediscono la contraffazione.
Bitcoin è oggi diffusa a livello mondiale: è accettata in pagamento da molte aziende che operano via Internet ed è particolarmente utilizzata in Cina e in Canada. Le autorità governative, in particolare quelle statunitensi, stanno studiando le modalità per sottoporre la moneta virtuale a uno specifico **quadro normativo**: infatti, dato che vige lo stretto anonimato sia sui detentori di Bitcoin sia sulle transazioni effettuate, se ne teme l'utilizzo per scopi illeciti.

LEZIONE 2

Il valore della moneta e l'euro

VIDEO START
Prosegue il percorso della moneta unica europea

AUDIOTESTO

Il potere d'acquisto Quando si parla di **valore della moneta** ci si riferisce generalmente alla sua **capacità di uso come mezzo di pagamento** negli acquisti. In altre parole, quanto maggiore è la quantità di beni e servizi che è possibile acquistare con una determinata quantità di moneta, tanto più elevato è il suo valore in termini reali. Il **potere d'acquisto** della moneta corrisponde alla quantità di beni e di servizi che si possono acquistare con essa.

La relazione tra il potere d'acquisto e i prezzi Se indichiamo con il simbolo w il valore della moneta e con P il livello dei prezzi, possiamo stabilire la relazione:

$$w = \frac{1}{P}$$

da cui risulta che *il valore della moneta varia in modo inversamente proporzionale rispetto al prezzo*: se questo sale, il potere d'acquisto diminuisce e viceversa.
Questa relazione spiega perché in presenza di *inflazione*, quando cioè si verificano aumenti generalizzati dei prezzi, il potere d'acquisto della moneta diminuisce.

ESEMPIO Il potere d'acquisto di 1 euro può essere rappresentato da un pacchetto di caramelle. Se il suo prezzo aumentasse, il potere d'acquisto di 1 euro diminuirebbe e si dovrebbe aggiungere altra moneta per poter acquistare le caramelle. Nell'ipotesi inversa, cioè di una diminuzione del prezzo, la moneta da 1 euro aumenterebbe di valore: si potrebbe comprare il pacchetto di caramelle e avere del resto monetario.

Memo LESSICO
Il termine ▸ **euro** deriva dalle lettere iniziali di "Europa" e fu adottato dal Consiglio europeo di Madrid (1995). Esso sostituì la sigla ECU (*European Currency Unit*), utilizzata fino a quel momento nei trattati. L'ECU, a differenza dell'euro, era una moneta scritturale, cioè una moneta di cui non venivano emesse banconote e poteva esistere, pertanto, solo nelle scritture contabili.

La moneta unica europea In materia monetaria, **diciannove Stati comunitari** (Austria, Belgio, Cipro, Estonia, Finlandia, Francia, Germania, Grecia, Irlanda, Italia, Lettonia, Lituania, Lussemburgo, Malta, Olanda, Portogallo, Slovacchia, Slovenia e Spagna) **partecipano all'Unione economica e monetaria** (UEM) e hanno una **moneta unica**, ▸**l'euro**.

I criteri di convergenza L'unificazione monetaria richiede agli Stati partecipanti il mantenimento di situazioni economiche sane, misurate sulla base di alcuni criteri, noti come **"parametri di Maastricht"** perché furono stabiliti tramite il *Trattato sull'Unione europea* del 1992, firmato a Maastricht. Questi criteri sono:
- la **stabilità dei prezzi**;
- la **stabilità dei tassi d'interesse**;
- il **contenimento del ▸debito pubblico**, che non deve superare il 60% del PIL;
- la **moderazione del deficit pubblico**, che deve tendere al pareggio di Bilancio.

Quest'ultimo criterio è frutto del cosiddetto **fiscal compact**, un accordo per cui ogni Stato dell'area euro ha assunto l'impegno di inserire nella propria Costituzione l'obbligo del pareggio di Bilancio. L'Italia ha in tal senso modificato, nel 2012, gli artt. 81 e 97 Cost.

Memo
Il ▸**debito pubblico** indica l'ammontare monetario, aumentato di interessi, che lo Stato deve restituire ai sottoscrittori di prestiti pubblici.

ESPANSIONE
Il Fondo salva-Stati

Il Patto di stabilità e il Fondo salva-Stati Nel giugno 1997 il Consiglio europeo siglò, ad Amsterdam, il **Patto di stabilità e crescita**, che prevede l'impegno, per gli Stati appartenenti all'Unione monetaria, di continuare a rispettare nel tempo i criteri di Maastricht. A tal fine gli Stati che aderiscono all'euro sono tenuti a presentare **programmi periodici di stabilità**, la cui violazione può comportare sanzioni pecuniarie. In considerazione delle evidenti difficoltà finanziarie di alcuni Paesi (pensiamo in particolare al caso della Grecia), gli Stati della UEM hanno istituito il **Meccanismo europeo di stabilità** (**ESM**), meglio noto come **Fondo salva-Stati**. Questo strumento, finanziato da tutti i Paesi aderenti alla moneta unica, ha il compito di fornire aiuti finanziari agli Stati dell'eurozona temporaneamente in difficoltà, a condizione che adottino una rigorosa politica economica.

competenze in campo

1 Completa lo schema

DIDATTICA INCLUSIVA

MONETA UNICA EUROPEA

- è adottata in .... Stati dell'UE
- richiede il rispetto di criteri di .... , che corrispondono alla .... dei .... e dei tassi di interesse, al contenimento del .... pubblico e del .... di bilancio
- prevede la presentazione di periodici .... di ....

ESERCIZIO INTERATTIVO

2 **Osserva e rifletti**

Le persone tendono sempre di più ad acquistare prodotti commerciali in offerta o in saldo. Come possiamo collegare tale comportamento al potere d'acquisto della moneta?

3 **Completa le frasi**

ESERCIZIO INTERATTIVO

1. Nel 1997 è stato siglato ad Amsterdam il Patto di .... e .... dove viene fissato l'impegno, per tutti i Paesi che hanno adottato l'............ di continuare a rispettare nel tempo i criteri fissati dal Trattato di ....
2. Si parla di potere d'............ della moneta in relazione alla .... di beni o di servizi che con essa si possono ....

4 **Risolvi il caso**

Ipotizziamo che sette anni fa il prezzo al chilogrammo di una determinata merce fosse di 15 euro e che oggi, invece, sia aumentato fino a 30 euro. Di quanto è diminuito il potere d'acquisto?

mi riguarda perché...

SPUNTO DI RIFLESSIONE

Puoi renderti conto, nella vita di ogni giorno, del valore del denaro che possiedi e del suo rapporto con l'andamento dei prezzi. Quando questi aumentano, infatti, il potere d'acquisto della moneta diminuisce; questo significa che, per acquistare determinati beni, devi spendere una somma maggiore di denaro.

Le tue domande — Chi ha inventato il simbolo dell'euro?

L'inventore del simbolo della nuova moneta europea è Arthur Eisenmenger, un designer tedesco che nel 1975 era a capo del reparto grafico della Comunità europea e ricevette il compito di disegnare un simbolo per identificare l'Europa stessa. Inviò quindi la sua proposta alla Commissione europea di Bruxelles, presso la quale rimase rinchiusa nei cassetti per vent'anni, fino a quando nel 1997 venne presentata alla stampa di tutto il mondo per la prima volta.

Da www.focus.it

Lavorare insieme

- Suddividetevi in gruppi in base alle indicazioni dell'insegnante.
- Il vostro compito è quello di analizzare la frase che segue: "L'euro nasce inevitabilmente come un concorrente del dollaro: e, se avrà successo, se resisterà alle intemperie dei mercati e alle intemperanze dei bilanci nazionali, diventerà l'altra grande moneta di riserva nel mondo". (Da "la Repubblica", articolo di B. Valli del 14 gennaio 1998.)
- Valutate se si sono realizzate le "profezie" contenute nelle affermazioni sopra riportate. Al fine di formarvi una ragionata opinione sull'argomento, cercate pareri favorevoli e sfavorevoli alla moneta unica: potete per esempio consultare il sito della Commissione europea, su link.pearson.it/FD8BC768, o quello di noigiovani, su link.pearson.it/9D4C4E8D.
- Confrontate poi le vostre valutazioni con quelle emerse dall'attività dei vostri compagni.

LEZIONE 3

La crisi dell'euro

VIDEO START Dall'"eurofiducia" ai momenti di crisi

AUDIOTESTO

Memo
Il ▸ **Mercato unico europeo**, che si è affermato a partire dal 1993, costituisce *un unico spazio comune*, a superamento del precedente *Mercato comune europeo* (MEC) che si basava esclusivamente sull'abolizione dei dazi doganali tra i Paesi membri.

I possibili vantaggi dell'euro L'adozione della moneta unica risponde all'esigenza di *rafforzare il processo di unificazione europea* e comporta una serie di vantaggi:

- il **completamento del ▸ mercato unico**; con l'euro è sparito l'ultimo rilevante ostacolo alla libera circolazione di persone, merci, servizi e capitali in Europa, costituito dalla differenziazione monetaria;
- lo **sviluppo della competitività tra le imprese**; la possibilità di confrontare più facilmente i prezzi stimola la competitività tra le imprese, migliorandone i prodotti e spingendole a una maggiore produttività, con effetti positivi sull'occupazione;
- l'**eliminazione delle commissioni sui cambi**; non essendo più necessarie le operazioni di cambio tra le monete europee, non si devono più pagare le relative commissioni, cioè quei compensi che le banche percepiscono su ogni operazione di cambio.

CASO Marcella S. decide di trascorrere una settimana di vacanza in Irlanda, insieme al marito e ai due figli. Prima di partire dovrà recarsi in banca per procurarsi moneta irlandese?
■ *No, l'Irlanda fa parte dell'Unione monetaria europea, quindi Marcella non deve convertire gli euro in altra moneta, cosa che dovrebbe invece fare se decidesse di recarsi negli USA. In tal modo non ha bisogno di pagare a una banca la commissione sul cambio.*

Le critiche alla moneta unica Non mancano, nel nostro come in altri Paesi, persone che nutrono nei confronti dell'Unione monetaria una serie di dubbi e perplessità. Alcuni osservano che l'esperienza europea è, per il momento, unica nel suo genere. Fino ad ora, infatti, il processo di unificazione monetaria ha costituito il punto d'arrivo di processi unificatori più generali, e non il punto di avvio, come sta accadendo per l'Europa. Se i Paesi dell'Unione hanno un'identità monetaria, non è detto che questa si ripeta sotto il profilo politico e culturale.
Inoltre, osservano altri, il processo di unificazione monetaria ha richiesto e continua a richiedere ai Governi nazionali l'adozione di politiche economiche molto severe, di cui sono esempio i molteplici tagli alla spesa pubblica che, da alcuni anni, caratterizzano l'Italia.

La crisi economica A tutto ciò si aggiunge la gravissima **crisi economico-finanziaria** iniziata nel 2007/2008, che ha evidenziato la difficoltà di alcuni Paesi (in particolare Grecia, Italia, Irlanda, Portogallo e Spagna) a mantenersi allineati ai parametri economici legati all'Unione monetaria.
I titoli pubblici di questi Stati, nonché quelli di altri Paesi dell'area euro, sono stati sottoposti a pesanti **attacchi speculativi**, che hanno costretto i rispettivi Governi ad assumere severi provvedimenti per ridurre il debito pubblico e garantirne il sostanziale controllo. In pratica è accaduto che, essendo diminuita la fiducia nella capacità di questi Stati di ripagare alla scadenza i debiti contratti con l'emissione dei titoli pubblici, le autorità di governo si sono trovate costrette ad aumentare sempre più i tassi d'interesse sui titoli per continuare a venderli sul mercato.
Questa crisi finanziaria, limitata ad alcuni Paesi europei, ha poi contagiato l'intera eurozona, nel senso che i mercati hanno avanzato seri dubbi sulla capacità dell'intero "sistema euro" di onorare i debiti contratti dagli Stati componenti.
Le soluzioni adottate dai Governi per contrastare le speculazioni sui titoli pubblici e la crisi dell'euro hanno sostanzialmente mirato a ridurre il fabbisogno statale, aumentando tasse e imposte e riducendo la spesa pubblica. Questi provvedimenti hanno causato l'**aggravamento delle condizioni di vita delle popolazioni**, con diffuse riduzioni di salario, aumento della disoccupazione, serie difficoltà a sostenere le spese necessarie alla sopravvivenza.
La situazione più grave è stata quella della Grecia, il cui Governo è arrivato al punto di valutarne l'uscita dall'Unione monetaria per combattere la crisi.

ESPANSIONE I benefici dell'euro

competenze in campo

1 Completa lo schema

EURO → è la moneta .... europea

Vantaggi
- completamento del mercato ....
- sviluppo della .... tra le imprese
- eliminazione delle .... bancarie sui cambi

Criticità
l'adozione di severe .... economiche ha determinato l'aumento della .... e la riduzione dei .... delle famiglie

ESERCIZIO INTERATTIVO

2 Osserva e rifletti

In quali termini può essere associata all'euro la grave crisi economica che ha investito alcuni Paesi dell'Unione europea, in particolare la Grecia?

3 Rifletti e rispondi

"Se si ritiene che l'integrazione economica europea sia un valore da perseguire, il percorso giusto [è quello di] abolire l'integrazione monetaria, ricominciare dall'integrazione delle economie reali, cioè dei mercati del lavoro, dei sistemi previdenziali e dei sistemi educativi."
Condividi i contenuti dell'affermazione dell'economista Alberto Bagnai? In base a quali considerazioni?

mi riguarda perché...

SPUNTO DI RIFLESSIONE

Molte sono le critiche rivolte oggi alla moneta unica, e si stanno diffondendo movimenti volti alla sua abolizione. Se indubbiamente l'euro presenta molteplici aspetti da migliorare, puoi riflettere sul fatto che molti problemi economici e sociali che viviamo sono dovuti alla grave crisi economica mondiale (slegata pertanto dalla moneta unica) e che abbandonare in modo drastico il percorso unificativo monetario può risultare affrettato e compromettere il disegno di unità europea, così come fu concepito dai suoi ideatori, come garanzia di pace tra i popoli.

Le tue domande – Che cos'è lo spread?

Negli ultimi anni, in particolare dopo la crisi finanziaria che ha colpito i Paesi dell'eurozona, si sente spesso parlare di **spread**. L'espressione indica la **differenza tra i rendimenti dei titoli di Stato tedeschi** (i Bund) **e i titoli di Stato italiani** (BTP) entrambi a scadenza decennale. Lo spread è espresso in centesimi: uno spread pari a 350, per esempio, significa che i titoli italiani rendono il 3,50% in più di quelli tedeschi, cioè che lo Stato italiano deve sostenere un onere per interessi superiore del 3,50% a quello pagato dalla Germania. L'aumento dello spread indica che il mercato percepisce i titoli italiani come meno sicuri di quelli tedeschi.

Educazione finanziaria – Il rating

Al rendimento dei titoli pubblici è connesso il cosiddetto **rating**: esso indica con un punteggio la capacità di enti pubblici (quale lo Stato) o privati (come le banche e le imprese) di far fronte alle proprie obbligazioni e ai nostri giorni ha un forte impatto sulle decisioni di chi investe. Il rating viene valutato da società private (agenzie di rating), tra cui le principali sono "Standard & Poor's", "Moody's" e "Fitch". Il massimo livello di affidabilità è rappresentato dal rating AAA (che significa "elevata capacità di ripagare il debito").

La crisi greca
Perché è esplosa?

La crisi economica e finanziaria, che ha colpito la Grecia più degli altri Paesi dell'area euro, trova le sue radici sia in errori commessi dalle autorità monetarie e politiche elleniche sia nelle rigide misure di austerità adottate all'interno dell'eurozona.

Le origini

Chi avrebbe mai pensato, in passato, alla gravissima crisi economica che si è verificata in Grecia? Nel periodo compreso tra il 2000 e il 2007, infatti, lo Stato ellenico sembrava in ottima salute e otteneva facilmente prestiti, grazie anche alla valutazione "A" attribuita al Paese dalle agenzie di rating.
Tutto cambiò con la **crisi finanziaria globale del 2008**, che mise in luce i tanti punti deboli dell'economia greca; ne furono particolarmente penalizzati i settori portanti, quali il turismo e la distribuzione, che subirono una drastica riduzione degli utili. **Aumentò inoltre, in modo abnorme, il debito pubblico.** Ma perché fu proprio la Grecia a trovarsi nella situazione di maggiore difficoltà tra i Paesi dell'area euro? Quello che è emerso è che, in passato, al momento di entrare nella moneta unica, il Governo greco "truccò" i conti pubblici per rientrare nei parametri di Maastricht e agganciarsi all'euro: ciò fu ammesso per la prima volta nel 2004, quando il Governo riconobbe che il rapporto deficit/PIL non era mai stato sotto il 3% fin dal 1999, e il direttore dell'Istituto nazionale di statistica fu incriminato per aver falsato i dati. Nel dicembre 2009 le agenzie di rating declassarono il debito della Grecia da A– a BBB+, facendo in tal modo crollare la fiducia degli investitori verso la Grecia, che ha pertanto dovuto offrire **tassi di interesse sempre più alti**, aggravando il debito.

Gli aiuti e l'inasprimento della crisi

A partire dal 2010 la Grecia, per fronteggiare la crisi, ottenne **ingenti prestiti dall'Unione europea e dal Fondo monetario internazionale**, impegnandosi ad adottare politiche economiche rigorose e a creare le condizioni per restituire, entro tempi prestabiliti, gli aiuti ricevuti.
I forti tagli alle spese pubbliche e le severe misure di austerità adottate dai Governi provocarono **grande disagio sociale**: aumentò sensibilmente la disoccupazione, il potere d'acquisto delle famiglie subì una forte riduzione e divennero sempre più violente e diffuse le **proteste di piazza**, in cui i cittadini rivendicavano maggiore attenzione ai bisogni sociali e meno rigore imposto dall'Unione europea.

"Milioni di cittadini europei credono alla moneta comune, senza il corsetto dell'austerità, senza quelle politiche che allargano sempre di più la distanza tra ricchi e poveri in tutti i Paesi.
Con i rappresentanti di questi cittadini possiamo trovare un linguaggio comune."

Alexis Tsipras
Da www.repubblica.it

DOSSIER

Il governo Tsipras e il rischio "Grexit"

Nel gennaio 2015 le elezioni in Grecia portarono alla vittoria, confermata dalle nuove elezioni del settembre dello stesso anno, di Syriza, partito politico ispirato al socialismo democratico e sostenitore della prevalenza degli interessi della popolazione sui rigorosi criteri economici previsti dal Trattato di Maastricht. **Il leader del partito, Alexis Tsipras, venne nominato capo del Governo**, ma fu costretto, per ottenere la maggioranza in Parlamento, ad allearsi con il Partito conservatore dei greci indipendenti (partito di destra). Il programma del nuovo Governo era decisamente ambizioso, soprattutto per la volontà di conciliare l'impegno alla restituzione dei prestiti ottenuti con interventi a favore dei cittadini, soprattutto di quelli più bisognosi. In particolare si puntava a misure volte ad aumentare l'occupazione, a garantire un salario minimo di 700 euro, a fornire servizi pubblici gratuiti (come i trasporti) per le categorie più svantaggiate, a riconoscere a tutti il diritto all'assistenza sanitaria. Nel giro di pochi mesi, tuttavia, **si ripresentò nella sua massima gravità la crisi finanziaria**: il Governo annunciò pubblicamente l'impossibilità della Grecia di restituire i prestiti ottenuti dall'Europa e dal Fondo monetario, evidenziando di fatto il rischio di *default* (fallimento) dello Stato e della sua uscita dall'euro, la cosiddetta "Grexit".

Gli accordi del luglio 2015

La "Grexit" fu scongiurata nel luglio 2015 con un **sofferto accordo tra il Governo greco e gli altri Paesi dell'area euro.** Il patto prevede l'erogazione di ulteriori prestiti alla Grecia da parte dell'Unione europea per consentirle di sanare i debiti non ancora restituiti, e un aiuto alle banche greche dal *Fondo salva-Stati.* Da parte sua lo Stato greco è impegnato in un ampio programma di privatizzazioni, con vendita di parte del patrimonio pubblico, e di riforme, tra cui l'aumento dell'IVA, l'innalzamento dell'età pensionabile, l'indipendenza dell'ELSTAT (l'Ufficio greco di Statistica), l'adozione delle nuove regole europee sulla gestione delle crisi bancarie.

IL TUO PUNTO DI VISTA

1 Condividi la scelta dei Paesi dell'eurogruppo di aiutare ancora la Grecia, nonostante i tanti inadempimenti ai criteri di convergenza?

2 Tra chi ritiene che i parametri di Maastricht debbano essere rigorosamente rispettati e chi, invece, pensa che si possa derogare in parte da essi a favore di interventi di natura sociale, come ti poni personalmente?

LEZIONE 4

Il credito e i suoi soggetti

VIDEO START
La nascita delle attività creditizie

AUDIOTESTO

Nozione di credito Il ▸**credito** consiste nello scambio di un bene presente (solitamente denaro) con la promessa di un bene futuro.
Il credito si instaura tra un soggetto, detto *debitore*, e un altro, chiamato *creditore*.
Il **debitore** è colui che riceve il prestito monetario, obbligandosi a restituirlo a una data scadenza. Il **creditore** è chi, rinunciando temporaneamente all'uso di una certa quantità monetaria, acquisisce il diritto a farsela successivamente restituire maggiorata di un interesse.

Memo LESSICO
Il termine ▸**credito** è riconducibile al verbo latino *credĕre* ("avere fiducia", "confidare", "prestare"). Alla base delle operazioni di credito, infatti, deve esistere un rapporto di fiducia con le persone a favore delle quali si eroga il prestito.

I soggetti del credito I soggetti che, nelle vesti di debitori o di creditori, sono prevalentemente coinvolti nel fenomeno creditizio sono fondamentalmente le *famiglie*, le *imprese*, le *banche* e lo *Stato*.
Le **famiglie** si pongono spesso nel ruolo attivo del credito, quello di **creditori**, in quanto *investono i loro risparmi in titoli privati o pubblici*; prestano cioè denaro alle imprese o allo Stato, acquisendo di conseguenza il diritto al rimborso nonché agli interessi pattuiti. È tuttavia frequente che le famiglie assumano la posizione di **debitori**, quando ottengono un prestito per l'acquisto di un bene di consumo; in questa situazione il credito concesso viene definito **credito al consumo**.

CASO Francesca D., lavoratrice dipendente, desidera comprare un'automobile, ma non possiede l'intera somma necessaria all'acquisto. Come può realizzare il proprio desiderio?
■ *Può chiedere in prestito il denaro che le manca a una banca, obbligandosi alla restituzione e al pagamento di interessi.*

Le **imprese** ricorrono frequentemente al **credito**, necessario per finanziare le spese relative all'attività produttiva che eccedono le possibilità di autofinanziamento. Esse possono ottenere prestiti dalle banche o dalle famiglie. Nel primo caso il ricorso al credito delle imprese è fortemente condizionato dal tasso d'interesse praticato dalle banche. Nel secondo caso, il finanziamento fornito dalle famiglie, riservato alle sole società per azioni, è realizzato attraverso l'*emissione di* ▸*azioni e di* ▸*obbligazioni*. Il credito concesso alle imprese corrisponde al **credito alla produzione**.
Lo **Stato**, per poter sostenere le spese pubbliche, ricorre al **credito** tramite l'*emissione di* ▸*titoli pubblici*, che sono normalmente sottoscritti, come investimento, dalle famiglie.

Memo
Le ▸**azioni** sono titoli che conferiscono la qualità di socio della s.p.a., mentre chi acquista ▸**obbligazioni** assume il ruolo di creditore.
I ▸**titoli pubblici** sono obbligazioni emesse, anziché da una s.p.a., dallo Stato o da altri enti pubblici.

Le banche Le **banche** sono enti privati che svolgono la funzione di intermediari tra i risparmiatori e i soggetti che hanno bisogno di prestiti monetari.
Le banche si pongono normalmente nel **ruolo di creditori**; esse infatti, utilizzando il denaro raccolto attraverso le operazioni di deposito, effettuano prestiti a favore sia delle famiglie sia delle imprese. Anche le banche possono però trovarsi esposte a situazioni di bisogno di liquidità, e in tal caso possono ottenere credito dalla Banca d'Italia.
Per poter esercitare attività bancaria è necessaria l'*autorizzazione della Banca centrale* ed è richiesta la costituzione in forma di *società per azioni* o di *società cooperativa per azioni a responsabilità limitata*.

La struttura gerarchica Nel nostro Paese esistono *organi con compiti di indirizzo e vigilanza sulle banche*. Essi sono:
- il **ministro dell'Economia e delle Finanze**, che è la più alta autorità in campo creditizio e può emanare decreti per i provvedimenti di sua competenza;
- il **Comitato interministeriale per il credito e il risparmio** (**CICR**), che ha funzioni di vigilanza e di indirizzo politico in materia di credito;
- la **Banca d'Italia**, che fa parte del *Sistema europeo delle Banche centrali*, coordinato dalla Banca centrale europea.

ESPANSIONE
Il credito al consumo

competenze in campo

1 Completa lo schema

DIDATTICA INCLUSIVA

ESERCIZIO INTERATTIVO

CREDITO

- consiste nello .... di un bene presente (di solito ....) con la promessa di un bene ....
- **Soggetti coinvolti:**
  - famiglie (credito al ....)
  - .... (credito alla produzione)
  - ....
- **Soggetti intermediari sono soprattutto le banche:**
  - devono avere la veste giuridica di .... per ....
  - sono sottoposte alla vigilanza del ministro dell'.............................. e delle ...., della Banca di .... e del Comitato interministeriale per il .... e il ....

2 **Osserva e rifletti**

Quali sono le motivazioni che spingono le imprese a ricorrere frequentemente al credito?

3 **Completa il testo**

ESERCIZIO INTERATTIVO

Nell'ambito del credito, le famiglie assumono spesso il ruolo di ...., in quanto prestano .... alle imprese o allo ....; possono porsi anche nella posizione di ...., nel caso in cui ottengano .... per acquistare determinati ....

4 **Risolvi il caso**

I soci di una società in nome collettivo (s.n.c.) hanno bisogno di un prestito monetario per poter proseguire la loro attività economica. Come possono ottenerlo?

mi riguarda perché...

SPUNTO DI RIFLESSIONE

È molto frequente che, in una famiglia, manchi il denaro per effettuare determinati acquisti e sia pertanto necessario rivolgersi al credito. Tuttavia devi sempre tenere presente che, quando si chiede un prestito, occorre valutarne bene tutte le condizioni e le concrete possibilità di restituzione.

Educazione finanziaria — La Banca mondiale e il Fondo monetario internazionale

La **Banca mondiale** (**BM**) è un organo che si propone il **sostegno allo sviluppo** e la **riduzione della povertà**. Essa concede prestiti ai Paesi in via di sviluppo, applicando il **principio della selettività**, in base al quale gli aiuti economici sono forniti agli Stati che perseguono solide politiche macroeconomiche e che hanno una buona struttura istituzionale. I crediti forniti dalla Banca mondiale hanno tassi di interesse vicini a quelli di mercato e prevedono un periodo di rimborso di 15-20 anni.

I prestiti a livello internazionale vengono concessi anche dal **Fondo monetario internazionale** (**FMI**). Questo organo concede finanziamenti agli Stati che devono fronteggiare deficit della propria Bilancia dei pagamenti e propone strategie correttive in caso di persistenti disavanzi di Bilancio. Sia la Banca mondiale sia il Fondo monetario internazionale hanno sede a Washington.

Spazio multiculturale — Il sistema bancario statunitense

Negli USA alla guida del sistema bancario si trova il **Federal Reserve System**, di cui fanno parte tutte le banche nazionali, costituite nella forma di s.p.a., e numerose banche statali, che possono avere forme diverse dalla s.p.a. Il territorio statunitense è suddiviso in dodici distretti in ognuno dei quali operano le *federal reserve banks*, con la funzione di banche centrali. Il coordinamento dell'attività di tali istituti nonché la vigilanza su di essi sono affidati al *Board of Governors* (Comitato dei governatori), che ha sede a Washington.

LEZIONE

5 Le principali operazioni bancarie

VIDEO START
La difficoltà di ottenere un prestito

AUDIOTESTO

Memo

Gli ▸**interessi** corrispondono a una forma di reddito che si percepisce quando si presta denaro.

Gli ▸**assegni** sono documenti attraverso cui una persona, titolare di un deposito bancario, ordina alla banca di pagare una determinata somma al soggetto indicato sul titolo.

Operazioni passive e attive La **funzione delle banche** consiste nell'intermediazione del credito. Le banche raccolgono denaro attraverso le **operazioni di deposito**; queste operazioni sono **passive** in quanto comportano un costo per gli ▸interessi da pagare ai depositanti. Sono, invece, **attive** le operazioni di impiego dei fondi che producono interessi monetari a favore della banca: le banche impiegano il denaro accumulato concedendolo in prestito ai soggetti che ne fanno richiesta (privati e, soprattutto, imprese), dietro corresponsione di un interesse.

Il deposito La principale operazione passiva è il **deposito**, che può assumere diverse forme tra cui la più diffusa è il **deposito in conto corrente**, un contratto che consente al depositante di utilizzare il proprio denaro mediante l'emissione di ▸*assegni*, tramite pagamenti o prelievi con la *carta bancomat* o la *carta di credito*, oppure dando disposizioni alla banca attraverso l'attivazione di un conto online. Anche i minorenni possono essere titolari di un conto corrente: le banche consentono l'apertura di conti che offrono un margine di libertà ai ragazzi, assicurando tranquillità ai genitori.

ESEMPIO I ragazzi minorenni possono usufruire di un vero e proprio bancomat, il cui tetto massimo di prelevamento viene concordato tra la banca e i genitori.

Le principali operazioni attive L'**apertura di credito** è un contratto attraverso cui la banca mette a disposizione del cliente una somma di denaro, detta comunemente *fido*, che il cliente può utilizzare in tutto o in parte in base alle proprie necessità.
Lo **sconto bancario** è il contratto con cui la banca, trattenendo per sé un interesse, anticipa al cliente l'importo di un credito verso terzi non ancora scaduto. Sono evidenti i vantaggi delle parti: il cliente ottiene anticipatamente il denaro di cui ha bisogno e la banca si fa pagare un interesse.
Con il **mutuo** la banca consegna al cliente una somma di denaro che egli dovrà restituire, maggiorata di interessi, in un periodo di tempo prefissato, generalmente di alcuni anni. Il *piano di ammortamento* stabilisce l'importo delle rate del mutuo che il debitore deve pagare con una certa frequenza, di solito mensile o trimestrale.

Le garanzie bancarie Le banche, quando concedono prestiti, esigono normalmente delle garanzie a tutela della loro restituzione. Le garanzie più frequentemente richieste sono il *pegno*, l'*ipoteca* e la *fideiussione*.
Attraverso il **pegno** la banca si fa consegnare dal cliente beni mobili (merci o titoli, quali azioni, obbligazioni, titoli di Stato) con l'accordo che, in caso di inadempimento, la banca potrà vendere il bene e soddisfarsi sul ricavato per la parte che le compete.
L'**ipoteca** ha invece per oggetto beni immobili e si costituisce tramite la sua registrazione presso i pubblici uffici immobiliari. Anche in questo caso, se il cliente è inadempiente, la banca potrà procedere alla vendita dell'immobile ipotecato e trattenere il proprio credito dal ricavato.
Mentre pegno e ipoteca sono *garanzie reali*, perché hanno per oggetto dei beni materiali, la **fideiussione** è una *garanzia personale*: essa consiste nell'impegno che una persona assume di pagare al posto del debitore nel caso in cui questi fosse inadempiente.

Le operazioni accessorie Le banche svolgono operazioni accessorie, cioè servizi a favore della clientela. Tra questi possiamo ricordare i pagamenti di bollette, imposte e fatture, la custodia di beni di valore nelle cassette di sicurezza, l'amministrazione e la custodia di titoli, la vendita di biglietti e di abbonamenti di vario genere (come per le manifestazioni sportive). La gestione di queste operazioni, oltre che comportare l'introito di commissioni monetarie, contribuisce a rafforzare nei clienti il senso di fiducia verso gli istituti bancari e si traduce quindi in un'attività promozionale per le banche.

competenze in campo

1 Completa lo schema

DIDATTICA INCLUSIVA

OPERAZIONI BANCARIE

- principale operazione passiva: ....
- principali operazioni ....:
  - apertura di ....
  - .... bancario
  - ....

ESERCIZIO INTERATTIVO

2 ●●● **Osserva e rifletti**

A quale operazione bancaria si può ricorrere per acquistare un abbonamento a una manifestazione sportiva?

3 ●●● **Risolvi i casi**

1. Un imprenditore bolognese si è da poco trasferito a Roma. Si reca in una banca per chiedere un prestito, ma, trattandosi di persona non conosciuta, i responsabili della banca sono restii a concederglielo. Tuttavia, un altro imprenditore, noto alla banca per la sua puntualità nei pagamenti, garantisce personalmente per il soggetto richiedente. Di che tipo di garanzia si tratta?
2. Mauro C., falegname, è in possesso di una cambiale del valore di € 3 000 che scadrà tra un anno. Nel frattempo l'impresa che gli fornisce il legno richiede il pagamento di un credito di € 2 500. Non avendo denaro disponibile per onorare il debito, a quale operazione bancaria potrà ricorrere Mauro C.?

mi riguarda perché...

SPUNTO DI RIFLESSIONE

È praticamente indispensabile, per le famiglie, avere rapporti economici con una banca, perché attraverso essa è possibile effettuare in modo rapido operazioni che richiederebbero molto tempo. Sicuramente in futuro ti capiterà di avere rapporti con le banche: per esempio per l'accreditamento dello stipendio, per il pagamento delle utenze o per ottenere prestiti.

Le tue domande — Che cosa sono le banche online?

Sempre più persone si rivolgono alle **banche online**, che consentono di recarsi agli sportelli in pratica solo per effettuare i versamenti. Le altre operazioni, infatti, possono essere gestite a distanza tramite Internet, con notevoli risparmi di tempo. Per esempio, grazie ai servizi bancari online si può visionare un estratto conto, richiedere chiarimenti o effettuare un bonifico bancario, cioè un'operazione che trasferisce denaro tra i conti correnti di due persone diverse.

Educazione finanziaria — Il giorno di valuta

Le banche, come abbiamo visto, pagano interessi ai clienti che depositano denaro. Per determinare il momento da cui decorrono gli interessi, si attribuisce a ogni operazione **una data convenzionale**, detta **valuta**, che difficilmente coincide con la data esatta dell'operazione, dato che le banche, per aumentare il loro compenso, posticipano di qualche giorno la registrazione degli accrediti e anticipano quella degli addebiti.

LEZIONE 6

La politica monetaria

VIDEO START Chi si occupa dell'euro?

AUDIOTESTO

Memo
Il livello di **occupazione** di uno Stato è molto importante, oltre che sotto l'aspetto economico, sotto quello sociale, perché quando c'è diffusa disoccupazione molte famiglie vivono in condizioni di grande difficoltà.

Gli obiettivi della politica monetaria La **politica monetaria** è l'insieme degli interventi adottati dalle autorità monetarie per orientare il credito e la moneta verso determinati obiettivi.

Le autorità monetarie, cioè la Banca centrale europea e gli organi di vertice del sistema bancario italiano, possono *intervenire sulla quantità monetaria in circolazione*, espandendola o riducendola, allo scopo di influenzare positivamente determinate variabili economiche, come, soprattutto, *l'occupazione*, lo *sviluppo* e *l'inflazione*. Se l'obiettivo è quello di ridurre l'inflazione, risulta conveniente una **politica monetaria restrittiva**; quando invece si vogliono potenziare la produzione e il livello di occupazione sono opportuni **interventi espansivi**.

Le operazioni sul mercato aperto Un'importante manovra di politica monetaria è costituita dalle **operazioni sul mercato aperto**, che comportano l'acquisto o la vendita di titoli sul mercato da parte della Banca centrale di uno Stato (nel nostro Paese, la Banca d'Italia, che peraltro agisce sulla base delle istruzioni della Banca centrale europea).

Se la Banca centrale persegue obiettivi espansivi, acquisterà titoli, in modo che, pagandoli, aumenterà la quantità di moneta in circolazione. Se gli scopi sono invece restrittivi, essa cercherà di venderne, in modo da farsi consegnare moneta sottraendola al mercato.

La variazione della riserva obbligatoria Le banche non possono destinare a credito tutto il denaro depositato presso le loro casse, altrimenti potrebbero trovarsi nell'impossibilità di soddisfare eventuali richieste di prelievo. Devono perciò tenere a disposizione una determinata percentuale dei loro depositi, chiamata **riserva di liquidità**, la cui entità è stabilita dalla Banca centrale nazionale. È intuitivo che, più bassa è questa percentuale, maggiori sono le somme che le banche possono concedere a credito e più alte quindi le possibilità di investimento delle imprese. Ecco allora che, intervenendo sull'importo della riserva obbligatoria, la Banca centrale può realizzare interventi di natura espansiva o restrittiva.

Memo LESSICO
Trojka è un vocabolo russo, che significa letteralmente "triumvirato". La *trojka* riferita all'Unione europea è infatti costituita da tre soggetti economici.

La politica monetaria europea La politica monetaria dei Paesi che aderiscono all'euro è gestita dalla **Banca centrale europea (BCE)**, che coordina l'attività delle Banche centrali nazionali, che costituiscono il **Sistema europeo delle Banche centrali (SEBC)**. La BCE è l'organo di emissione della moneta circolante, detiene e gestisce le riserve ufficiali in valuta estera degli Stati membri e può svolgere funzioni di consulenza nei confronti degli organi comunitari o delle autorità nazionali.

Collabora inoltre con il Fondo monetario internazionale e la Commissione europea, dando vita in tal modo alla cosiddetta *trojka*, nel prendere decisioni relative all'area dell'euro.

Il tasso ufficiale Il più importante strumento della politica monetaria europea è rappresentato dalla **manovra del tasso ufficiale**.

Il tasso ufficiale corrisponde al costo del denaro, cioè alla misura degli interessi per la concessione di prestiti da parte della BCE alle banche.

Il livello ufficiale del tasso d'interesse stabilito dalla BCE ha un effetto di trascinamento sui tassi d'interesse praticati dalle banche alla clientela. Pertanto, se la Banca centrale europea aumenta il tasso ufficiale e, in conseguenza di ciò, aumenta in generale il costo del denaro, si riducono gli investimenti, la produzione subisce un rallentamento, circola meno moneta e diminuisce l'inflazione. Effetti opposti vengono conseguiti in caso di diminuzione del tasso ufficiale.

ESPANSIONE Indignazione e proteste popolari

competenze in campo

1 Completa lo schema

DIDATTICA INCLUSIVA

POLITICA MONETARIA

può essere:
- ....
- ....

principali strumenti:
- .... sul mercato ....
- variazione della .... obbligatoria
- manovra del .... ufficiale

ESERCIZIO INTERATTIVO

2 Osserva e rifletti

A Francoforte, in Germania, ha sede la Banca centrale europea: quali sono le sue principali funzioni?

3 Risolvi i casi

1. In una fase economica caratterizzata da una diffusa disoccupazione, la Banca centrale europea diminuisce il tasso ufficiale. Quali effetti produrrà tale decisione sulla richiesta di prestiti bancari da parte delle imprese e, di conseguenza, sulla disoccupazione?
2. Se ci si trova in una situazione di ristagno economico, in cui le imprese hanno fortemente ridotto i propri investimenti, la Banca d'Italia tenderà ad aumentare o a diminuire l'importo della riserva obbligatoria?

4 Ricerca

A quale livello si trova oggi il tasso ufficiale? Negli ultimi dieci anni la sua tendenza è stata al rialzo o al ribasso? Perché?

mi riguarda perché...

SPUNTO DI RIFLESSIONE

Le decisioni prese dai più alti vertici bancari possono avere ripercussioni dirette e importanti sulla nostra vita quotidiana. Per esempio, per chi svolge l'attività di imprenditore, la possibilità di chiedere finanziamenti a una banca è fortemente condizionata dal livello dei tassi di interesse; situazioni economiche e sociali di grande rilievo, come l'occupazione, sono collegate alle decisioni adottate in materia di politica monetaria, così come la tendenza all'aumento o alla diminuzione dei prezzi.

FOCUS L'importanza del dosaggio nella politica monetaria

Se in un sistema economico il problema fosse semplicemente quello di dover aumentare o diminuire la moneta in circolazione, la sua soluzione sarebbe tutto sommato semplice.
Il problema è invece che spesso, oltre alla mutevolezza del mercato che attraversa fasi economiche alterne, si presentano situazioni che esigono interventi di natura contraria.
Non è dunque facile per le autorità monetarie calibrare gli interventi correttivi volti a risanare il sistema; esse devono infatti operare in modo estremamente attento seguendo la tecnica del **dosaggio degli interventi.**
Per esempio, nelle operazioni sul mercato aperto, se la Banca centrale dovesse accorgersi di avere venduto o comprato troppo, può sempre rettificare il proprio intervento nei giorni successivi.

LEZIONE 7

Il microcredito e le banche etiche

VIDEO START
Il microcredito in funzione della dignità sociale

AUDIOTESTO

I finanziamenti ai più deboli Una forma di credito ispirata a principi etici e di solidarietà è riconoscibile nel cosiddetto **microcredito**, che consiste in prestiti monetari concessi a chi, non avendo da fornire le garanzie richieste, non potrebbe rivolgersi alle normali banche. È quindi una forma di finanziamento che consente alle persone particolarmente svantaggiate dal punto di vista economico di *accedere a piccoli prestiti*, per dare vita ad attività di impresa o per ristrutturare quelle già avviate. Per avere accesso al microcredito è necessario dimostrare, oltre al senso di responsabilità personale, un *progetto imprenditoriale sostenibile* e in grado di generare le condizioni per potere restituire il prestito ottenuto. Il microcredito è utilizzato ampiamente negli Stati in via di sviluppo, ma si sta diffondendo anche nei Paesi occidentali.

VIDEO
Intervista a Muhammad Yunus

ESEMPIO Muhammad Yunus, economista e banchiere del Bangladesh, premio Nobel per la pace nel 2006, è il fondatore della *Grameen bank*, una banca che concede microprestiti alle persone povere; con questa iniziativa ha di fatto dato vita al microcredito.

Il microcredito in Italia Nel nostro Paese opera l'**Ente nazionale per il microcredito**, che si propone l'obiettivo di *ridurre l'esclusione sociale.* Questo Istituto si rivolge sia a persone in stato di esclusione finanziaria sia a organizzazioni collettive che hanno difficoltà di accesso al credito (soprattutto cooperative). Esso finanzia *nuovi progetti imprenditoriali* che si dimostrino vincenti e che richiedano un basso finanziamento iniziale. Particolare attenzione viene rivolta alle *imprese femminili*: le donne, infatti, faticano più degli uomini ad affermarsi nel mondo imprenditoriale e hanno in genere più difficoltà nell'accesso al credito.

Memo LESSICO
L'aggettivo ▸**etico** ha origine dal greco *ethos* ("morale") e significa appunto "di natura morale".

Le banche etiche Nel mondo operano da tempo le **banche ▸etiche**, ossia enti che si propongono di effettuare investimenti in iniziative di utilità sociale in ambito sia nazionale sia internazionale, in particolare con la *concessione di credito alle associazioni non profit*, che si basano sull'impegno civile e sulla solidarietà, non hanno fini di lucro e si propongono la tutela degli interessi collettivi.

competenze in campo

1 Vero o falso?

DIDATTICA INCLUSIVA

a. Il microcredito corrisponde a una donazione monetaria verso i poveri. V F

b. Il microcredito è utilizzato sia nei Paesi del Terzo mondo sia in quelli occidentali. V F

c. Le banche etiche concedono prestiti a qualsiasi impresa offra garanzie reali o personali. V F

ESERCIZIO INTERATTIVO

mi riguarda perché...

SPUNTO DI RIFLESSIONE

In una società come quella attuale, dove grande importanza hanno il denaro e il successo, può diventare importante per ciascuno di noi la possibilità di fare investimenti di natura etica, che consentono di conciliare l'esigenza di provvedere ai propri interessi economici con l'attenzione a progetti di carattere sociale, che favoriscono la solidarietà e hanno cura dell'ambiente.

visualizzare per apprendere

CHE COS'È UNA BANCA ETICA

INFOGRAFICA INTERATTIVA

Prendiamo come esempio, per l'Italia, **Banca etica**, nata ufficialmente nel 1999 con l'obiettivo di dare vita a un sistema di **credito indirizzato a progetti di utilità sociale.**

Tra i settori d'impiego finanziati rientrano: SI

- energie rinnovabili
- tutela ambientale
- cooperazione internazionale e microcredito
- educazione e cultura
- commercio equo e solidale
- imprese sociali
- fabbisogni finanziari primari (come la prima casa)

Non sono invece finanziate attività quali: NO

- produzione e commercio di armi
- produzioni che comportano lo sfruttamento del lavoro minorile
- allevamenti intensivi di animali, dannosi per l'ambiente
- attività che comportano l'esclusione delle minoranze
- produzioni che hanno rapporto diretto con regimi in cui non sono rispettati i diritti umani

I dati

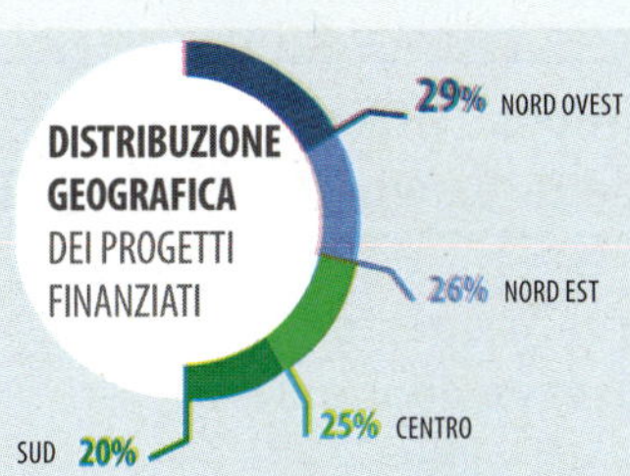

(anno 2015, Fonte: www.bancaetica.it)

Un codice basato su:

solidarietà

centralità delle persone

responsabilità

equità

PERCORSO 7 / Sintesi con la mappa

MONETA

- **funzioni**
  - mezzo di pagamento
  - intermediaria negli scambi
  - misura dei valori
  - portavalori nel tempo e nello spazio
- **tipologie**
  - moneta metallica
  - moneta cartacea
  - moneta bancaria
- **valore**
  - potere d'acquisto

MONETA UNICA EUROPEA (EURO)

- **Unione economica e monetaria (UEM)**
  - 19 Stati europei
- **criteri di convergenza**
  - stabilità dei prezzi
  - stabilità dei tassi di interesse
  - contenimento del debito pubblico
  - moderazione del deficit pubblico
- **vantaggi**
  - completamento del mercato unico
  - sviluppo della competitività delle imprese
  - eliminazione delle commissioni sui cambi
- **criticità**
  - eccessivo rigore delle politiche economiche
  - effetti negativi su occupazione e redditi

CREDITO

- **soggetti**
  - creditori (di solito famiglie)
  - debitori (di solito imprese e Stato)
  - intermediari (banche)
- **banche**
  - operazioni bancarie passive (deposito in conto corrente)
  - operazioni bancarie attive (apertura di credito, sconto bancario, mutuo)
- **organi di indirizzo e vigilanza**
  - ministro dell'Economia e delle Finanze
  - Comitato interministeriale per il credito e il risparmio
  - Banca d'Italia
- **microcredito**
  - banca etica

POLITICA MONETARIA

- **restrittiva**
- **espansiva**
- **organi**
  - Banca centrale europea (BCE)
  - Sistema europeo delle Banche centrali (SEBC)
- **strumenti**
  - operazioni sul mercato aperto
  - variazione della riserva obbligatoria
  - manovra del tasso ufficiale

LEZIONE 1 Le funzioni e le specie di moneta

La moneta, oltre a essere un **mezzo di pagamento**, consente di **misurare il valore dei beni**, di agire come intermediaria negli scambi e di fare da **portavalori** nel tempo e nello spazio.
Oltre alla **moneta metallica**, che usiamo per i piccoli pagamenti, e a quella **cartacea**, esistono diverse tipologie di **moneta bancaria**, come gli assegni, le carte di credito e la moneta elettronica.

LEZIONE 2 Il valore della moneta e l'euro

Il **valore** della moneta, inteso come **potere d'acquisto**, indica la quantità di beni e servizi che con essa è possibile acquistare ed è inversamente proporzionale al livello dei prezzi. L'Italia, insieme ad altri diciotto Stati dell'UE, aderisce all'Unione monetaria, che prevede l'utilizzo della moneta unica: l'**euro**.
I Paesi dell'area euro devono presentare periodicamente **programmi di stabilità**, attraverso i quali si impegnano a rispettare precisi criteri economici: il contenimento dei prezzi e dei tassi di interesse, la moderazione del deficit e del debito.
A favore dei Paesi dell'area euro opera il **Meccanismo europeo di stabilità**, noto come **Fondo salva-Stati**; si tratta di uno strumento che fornisce aiuti economici agli Stati in difficoltà.

LEZIONE 3 La crisi dell'euro

L'adesione alla moneta unica comporta indubbiamente vantaggi, come il completamento del **mercato unico**, l'eliminazione delle **commissioni bancarie sui cambi**, l'aumento della **competitività tra le imprese**.
Negli ultimi anni si sono però evidenziati anche aspetti negativi dell'euro, in particolare l'**eccessivo rigore delle politiche economiche** imposte agli Stati membri ha avuto pesanti ripercussioni sull'occupazione interna, sui consumi e sugli investimenti delle famiglie.

LEZIONE 4 Il credito e i suoi soggetti

Il **credito**, che corrisponde allo scambio di beni presenti con la promessa di beni futuri, ha come soggetti principali le **famiglie** e le **imprese**. Le prime assumono il ruolo di creditori quando prestano denaro alle imprese o allo Stato, di debitori se ottengono prestiti.
Le imprese ricorrono al credito, presso le famiglie o presso le banche, per finanziare i costi dell'attività produttiva.
A fare da intermediari tra famiglie e imprese nell'ambito del credito sono soprattutto le **banche**, che sono sottoposte ai controlli della Banca d'Italia e del ministro dell'Economia e delle Finanze.
L'esercizio di attività bancaria, che richiede la forma della società per azioni o della società cooperativa per azioni a responsabilità limitata, è soggetto ad autorizzazione da parte della Banca centrale.

Le nuove parole

Moneta ▸ Strumento utilizzato come mezzo di pagamento e intermediario degli scambi.
Money

Cambiale ▸ Titolo di credito che contiene la promessa o l'ordine di pagare un determinato importo al soggetto indicato sul titolo medesimo.
Promissory note

Potere d'acquisto ▸ Valore della moneta, inteso come la quantità di beni e di servizi che con essa si possono acquistare.
Purchasing power

Credito ▸ Scambio di beni presenti (in genere denaro) con la promessa di beni futuri.
Credit

Banca ▸ Ente privato che funge da intermediario tra i risparmiatori e i soggetti che hanno bisogno di prestiti (soprattutto imprese).
Bank

Euro ▸ Moneta unica europea, cui aderiscono 19 Paesi dell'Unione europea nel rispetto di determinati criteri economici.
Euro

Sintesi discorsiva

LEZIONE 5 Le principali operazioni bancarie

Le banche compiono **operazioni passive** con cui raccolgono denaro presso i clienti; tra queste rientra il **contratto di deposito**, soprattutto nella forma del **conto corrente**.
Attraverso le **operazioni attive**, tra cui l'**apertura di credito**, il **mutuo** e lo **sconto**, le banche prestano invece denaro in cambio di interessi.
Le banche svolgono anche specifici servizi a favore della clientela, come i pagamenti delle utenze e la vendita di abbonamenti: tali servizi rientrano nelle cosiddette **operazioni accessorie**.

LEZIONE 6 La politica monetaria

Gli interventi adottati dalle autorità monetarie per orientare il credito e la moneta verso determinati obiettivi corrispondono alla **politica monetaria**, che può essere **espansiva**, se è volta ad aumentare la moneta in circolazione, o **restrittiva** nel caso opposto.
Per i Paesi che aderiscono all'euro la politica monetaria è coordinata dalla **Banca centrale europea**, la quale, oltre a intervenire sul mercato con operazioni di compravendita di titoli, utilizza la variazione del **tasso ufficiale**, tramite cui condiziona i tassi bancari dell'intera area euro.

LEZIONE 7 Il microcredito e le banche etiche

La possibilità di utilizzare il credito rispettando la dimensione morale è offerta dal **microcredito** e dalle **banche etiche**. Il microcredito finanzia progetti imprenditoriali sostenibili a favore di chi non può permettersi grandi investimenti. Le banche etiche scelgono i soggetti cui destinare le proprie risorse finanziarie tra chi opera nel sociale, o aiuta i Paesi in via di sviluppo o intraprende iniziative per la difesa dell'ambiente.

Politica monetaria ▸ Insieme di interventi adottati dalle autorità monetarie per regolare la quantità di moneta in circolazione al fine di raggiungere obiettivi economici e sociali.
Monetary policy

Tasso ufficiale ▸ Tasso di interesse determinato dalla Banca centrale europea, la cui variazione si ripercuote su tutti i tassi di interesse dell'eurozona.
Official rate

Banca etica ▸ Ente che concede credito ad associazioni non profit, promuovendo iniziative di solidarietà sociale ed economica.
Ethical banking

PERCORSO 7 / Verifica

VERIFICA INTERATTIVA FLASHCARDS

Tutti devono sapere che...

1 Completa la tabella

I criteri di convergenza dei Paesi euro			
.... dei prezzi	stabilità dei .... di	.... del .... pubblico	moderazione del debito ....

2 Dai la definizione corretta

1. Li misura la moneta: _ _ L _ _ _
2. È il tipo di moneta di cui fanno parte le carte di credito: _ _ N _ _ _ _ A
3. Sono banche che concedono finanziamenti soprattutto alle organizzazioni non profit: _ T _ _ _ _
4. Corrisponde alla quantità di beni che si può acquistare con la moneta: _ _ T _ _ _ _ ' _ C _ _ _ S _ _
5. Lo regola la BCE al fine di garantire la stabilità dei prezzi: _ _ S _ _ U _ _ _ _ _ A _ _
6. Quello di stabilità e crescita vincola i Paesi dell'area euro al rispetto dei criteri di convergenza: _ A _ _ _

Verifica le tue conoscenze di base

3 Scegli la risposta

1. L'assegno è un tipo di moneta:
   - [ ] a. metallica
   - [ ] b. bancaria
   - [ ] c. elettronica
   - [ ] d. cartacea
2. Sono le carte di credito in cui è il cliente a decidere l'importo delle rate da pagare:
   - [ ] a. prepagate
   - [ ] b. accreditate
   - [ ] c. revolving
   - [ ] d. resolving
3. La situazione che corrisponde alla perdita di valore della moneta in seguito all'aumento dei prezzi è denominata:
   - [ ] a. svalutazione
   - [ ] b. rivalutazione
   - [ ] c. inflazione
   - [ ] d. recessione
4. È la forma di credito cui ricorrono le famiglie per acquistare beni o servizi:
   - [ ] a. credito al consumo
   - [ ] b. credito al risparmio
   - [ ] c. credito alla produzione
   - [ ] d. credito d'acquisto

5. È l'operazione bancaria in cui si tiene a disposizione del cliente un fido:
   - a. mutuo
   - b. sconto
   - c. conto corrente
   - d. apertura di credito

6. È noto come Fondo salva-Stati:
   - a. il Trattato di Maastricht
   - b. il Meccanismo europeo di stabilità
   - c. il Patto di stabilità e crescita
   - d. il Fiscal compact

7. È la sigla che indica l'appartenenza all'euro:
   - a. UEM
   - b. MEC
   - c. UE
   - d. CEE

8. È una garanzia di natura personale che può essere fornita su un prestito bancario:
   - a. pegno
   - b. ipoteca
   - c. deposito
   - d. fideiussione

4 Vero o falso?

1. La moneta è misura dei valori. V F
2. Le banconote sono un tipo di moneta bancaria. V F
3. La moneta in Italia è emessa dalla Banca d'Italia. V F
4. Il valore della moneta è direttamente proporzionale al livello dei prezzi. V F
5. La Grecia aderisce attualmente all'UEM. V F
6. Le carte di credito rientrano nella moneta bancaria. V F
7. I Paesi che aderiscono alla moneta unica europea sono attualmente diciannove. V F
8. In base ai criteri di convergenza il debito pubblico non deve superare il 3% del PIL. V F
9. Le operazioni sul mercato aperto si propongono sempre l'aumento della moneta in circolazione. V F
10. L'ipoteca è una garanzia a tutela di un prestito bancario. V F
11. Attraverso l'operazione di sconto bancario si può ottenere il pagamento di un credito non ancora scaduto. V F
12. L'emissione della moneta circolante nei Paesi euro è attuata dalla Banca centrale europea. V F

Potenzia le tue abilità

5 Collega le informazioni

1. Ipoteca
2. Deposito
3. Assegno
4. Moneta elettronica
5. Emittente e beneficiario
6. Valore della moneta
7. Politica monetaria europea
8. Microcredito

a. Pagherò
b. Tessera bancomat
c. Potere d'acquisto
d. Beni immobili
e. Conto corrente
f. Ordine di pagamento
g. BCE
h. Progetti imprenditoriali sostenibili

6 Trova la parola nascosta

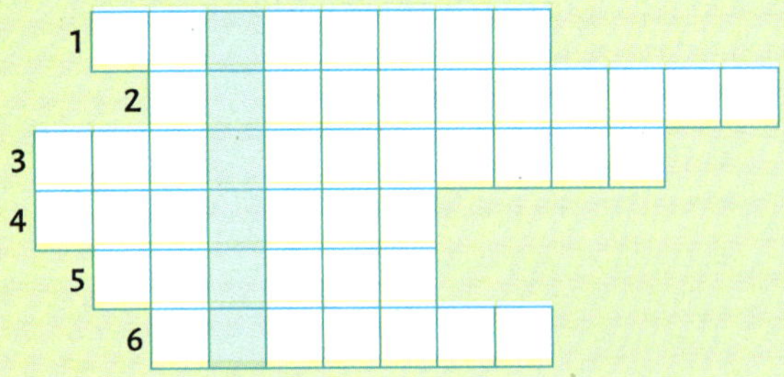

1. Sono uno dei soggetti del credito, in genere assumono il ruolo di creditori. **2.** Lo è la moneta sia nel tempo sia nello spazio. **3.** Vi ha sede la BCE. **4.** Sono ordini di pagamento rivolti a una banca. **5.** Quello d'acquisto della moneta è fortemente condizionato dal livello dei prezzi. **6.** È il tipo di cambiale che corrisponde a una promessa di pagamento.

Sviluppa le tue competenze

7 ●●● Rispondi alle domande

1. Che cosa si intende per moneta bancaria?
2. Che cosa si intende per potere d'acquisto della moneta e qual è la sua relazione con l'andamento dei prezzi?
3. Quale ruolo rivestono le banche nell'ambito del credito?
4. In che cosa consiste il mutuo bancario?
5. Che cos'è la politica monetaria e quali ne sono i principali strumenti?
6. Che cos'è il tasso ufficiale e a quali obiettivi risponde la sua variazione da parte della BCE?

8 ●●● Risolvi i casi

1. Carla F. afferma che un biglietto da 10 euro ha un valore nominale di 10 euro e un valore intrinseco di 5 euro. Nella sua affermazione è contenuto un errore: quale?
2. Uno degli Stati europei che aderiscono all'UEM viene sottoposto a sanzione pecuniaria perché ha un'inflazione monetaria particolarmente elevata ed è pertanto inadempiente rispetto al criterio della stabilità dei prezzi. Il Paese sanzionato reagisce però positivamente e, in poco tempo, riesce a ridurre l'aumento dei prezzi, riportandosi ai criteri inflazionistici comuni agli altri Paesi dell'area euro. Quali conseguenze comporterà ciò in base al funzionamento del Patto di stabilità e crescita?

9 ●●● Esprimi la tua opinione

1. La maggior parte delle persone adulte, per i propri pagamenti, usa sempre meno spesso moneta contante, preferendo carte di credito e moneta elettronica. A quali motivazioni è collegata, secondo te, questa preferenza?
2. Ritieni che l'uso di carte di credito da parte dei ragazzi della tua età possa educare a gestire con maggiore oculatezza i propri risparmi? Perché?
3. Quali sono le principali motivazioni alla base del microcredito e in che modo esso può contribuire efficacemente alla crescita economica e sociale di un Paese?
4. Secondo te, l'adesione all'Unione monetaria europea rafforza la stabilità economica degli Stati membri? Motiva la risposta.

10 ●●● Comprendi e rifletti

In tempi di crisi è giusto tornare al baratto?

E la Grecia tornò alla *polis* [città-Stato autonoma dell'antica Grecia]. Il popolo ha trovato un modo tutto personale di reagire alla crisi che sta precipitando il Paese nel baratro, bypassando il Governo e l'Unione europea: riscoprire l'arte del baratto fra piccole comunità. [...] Una forma di scambio vecchia come il mondo, con la quale i greci stanno cercando di allontanare quelli che sono diventati i loro due nemici principali: l'euro e le banche.
Il focolaio del fenomeno è stata la città di Aigion, a pochi chilometri da Patrasso [...]. Un gruppo di persone sempre crescente ha iniziato a sostituire la moneta con il cambio merce. [...] Il concetto è molto semplice: a cadenza settimanale, solitamente il sabato e la domenica, la gente porta alimenti od oggetti di cui dispone in abbondanza, o di cui si vuole liberare, per scambiarli con generi alimentari e non di cui ha bisogno.
Il modello di Aigion ha fatto scuola nel giro di poche settimane. Patrasso, capoluogo della regione, ha avviato il baratto, spostandolo su Internet e regolandolo addirittura con una moneta virtuale, l'obolo, che sostituisce l'euro nelle transazioni.

Da www.linkiesta.it

1. In che senso, nell'articolo, si parla di un ritorno alla *polis*?
2. Che cosa pensi di questa risposta economica alla crisi?
3. Avvalendoti di un motore di ricerca in Internet, individua altri esempi di economie moderne improntate alla logica del baratto. Interessante è quanto puoi trovare sul sito di "néo international" (link.pearson.it/9A218A94), di "Il Cambiamento" (link.pearson.it/ED26BA02) o sul blog del "Corriere della Sera" (link.pearson.it/742FEBB8).
In base all'idea che ti sei fatto sull'argomento, entreresti in una "community" legata al baratto?

PERCORSO 8 economia

L'inflazione

Incominciamo da te

Una situazione concreta **Una famiglia è composta da cinque persone, i genitori e tre figli, rispettivamente di quattordici, dodici e nove anni. Entrambi i genitori sono lavoratori dipendenti: il papà è operaio, la mamma è insegnante in una scuola elementare. Poiché sono lavoratori dipendenti, i loro redditi sono fissi. Se consideriamo che i ragazzi sono nell'età dell'adolescenza e la loro richiesta di beni e servizi è piuttosto elevata, in quale situazione verrà a trovarsi la famiglia di fronte a un aumento generalizzato dei prezzi?**

! È evidente che, se il reddito familiare rimane invariato, si avrà una diminuzione del potere d'acquisto della famiglia e questo può determinare il rischio di metterla in difficoltà, costringendo i suoi membri a ridurre il livello dei consumi.

Le 5 domande

1 Che cos'è il potere d'acquisto della moneta?

2 Supponiamo che aumentino i consumi delle famiglie. In base alla legge della domanda, quali effetti si determineranno sui prezzi?

3 Se in uno Stato aumenta il livello generale dei prezzi, che cosa succederà alle importazioni e alle esportazioni?

4 I titolari di redditi fissi, come i lavoratori dipendenti e i pensionati, sono avvantaggiati o penalizzati, a tuo parere, dall'aumento dei prezzi? Perché?

5 Sappiamo che una politica monetaria restrittiva può risultare efficace per combattere l'inflazione e che una politica monetaria espansiva può favorire l'occupazione. Come ci si deve allora comportare, secondo te, in una realtà economica in cui coesistono i problemi della disoccupazione e dell'inflazione?

Il nostro percorso

CONOSCENZE

- Strumenti per rilevare il livello di inflazione e ruolo dell'ISTAT
- Inflazione da costi
- Inflazione da domanda
- Inflazione per eccesso di liquidità
- Effetti dell'inflazione sulla produzione, sulla distribuzione del reddito, sui rapporti commerciali e su quelli di credito
- Possibili strumenti per combattere l'inflazione
- Commistione tra inflazione e ristagno economico
- Fenomeno della deflazione

ABILITÀ

- Individuare nella scienza statistica lo strumento più idoneo per calcolare l'aumento dei prezzi di beni e servizi
- Saper distinguere le diverse cause dell'inflazione, comprendendo la possibilità della loro coesistenza
- Riconoscere tra gli effetti dell'inflazione quelli che maggiormente incidono sui consumi e sui risparmi delle famiglie
- Valutare l'efficacia delle politiche anti-inflazionistiche adottate dalle autorità monetarie e di governo
- Comprendere che anche la diminuzione dei prezzi, intesa come deflazione, può risultare dannosa per la crescita economica del Paese

LEZIONE 2

Gli effetti dell'inflazione

LEZIONE 3

Le politiche anti-inflazionistiche

LEZIONE 4

La stagflazione e la deflazione

La competenza d'arrivo

Essere in grado di comprendere gli effetti di natura economica e sociale dell'inflazione e cogliere l'importanza delle misure adottate sia dallo Stato italiano sia dall'Unione europea allo scopo di contrastare tali effetti.

LEZIONE 1

L'inflazione e le sue cause

VIDEO START
Perché i prezzi salgono?

AUDIOTESTO

Memo

Il ▸**potere d'acquisto** (valore della moneta) indica la quantità di beni e servizi che si possono acquistare con una data quantità di moneta.

I ▸**beni rifugio** sono beni che tendenzialmente mantengono, o aumentano, il loro valore nel tempo.

I ▸**costi di produzione** corrispondono alle spese che le imprese devono sostenere per realizzare il prodotto finito; essi si distinguono in fissi e variabili in relazione al loro rapporto rispetto all'aumento della produzione.

Che cos'è l'inflazione Si ha **inflazione** quando si verifica un aumento continuo e generalizzato del livello dei prezzi, con conseguente perdita del ▸potere d'acquisto della moneta.
Quando c'è inflazione le persone subiscono una **perdita del potere d'acquisto**; infatti, se i prezzi aumentano, con lo stesso denaro è possibile comprare una minore quantità di beni e servizi, e si riduce pertanto il tenore di vita. Questo può spingere le persone a perdere fiducia nella moneta e a disfarsene per investire in ▸**beni rifugio**. In queste situazioni la moneta perde una delle sue tradizionali funzioni, cioè quella di mezzo di accumulazione del risparmio. Potrebbe addirittura perdere la funzione di mezzo di pagamento, se l'aumento dei prezzi acquistasse un ritmo vertiginoso e la gente accettasse in cambio dei propri beni non più moneta, ma solo altri beni.

Gli strumenti per rilevare il tasso di inflazione Il **tasso di inflazione**, ossia la misura della crescita dei prezzi, viene calcolato in Italia dall'ISTAT utilizzando alcuni specifici strumenti. I più importanti sono l'**indice dei prezzi all'ingrosso**, l'**indice dei prezzi al minuto** e l'**indice del costo della vita**.

L'inflazione da costi In relazione alle ragioni che possono portare a un aumento generale e continuo dei prezzi, possiamo distinguere l'*inflazione da costi*, l'*inflazione da domanda* e l'*inflazione per eccesso di liquidità.*
Nell'ipotesi in cui aumentino i ▸costi di produzione, per esempio i prezzi delle materie prime o i salari, gli imprenditori scaricano questi aumenti sui prezzi finali dei prodotti, per evitare che venga ridotto il proprio profitto. È così possibile che si instauri l'**inflazione da costi**.
Si parla in particolare di **inflazione importata**, quando dipende dall'aumento dei costi delle materie prime che un Paese importa. L'inflazione importata ha interessato l'Italia in modo particolare nel corso degli anni Settanta del Novecento, quando i Paesi esportatori di petrolio, aderenti all'OPEC (Organizzazione dei Paesi esportatori di petrolio), aumentarono notevolmente il prezzo del greggio. Poiché il petrolio è la principale fonte di energia utilizzata nel nostro Paese, questo aumento ebbe un'immediata ripercussione sul livello generale dei prezzi, per cui l'inflazione salì a valori prossimi al 20%.

L'inflazione da domanda L'**inflazione da domanda** è dovuta all'aumento dei prezzi causato da un incremento della domanda globale (costituita da consumi, investimenti, spese pubbliche) rispetto all'offerta globale (cioè il reddito nazionale). Questa situazione viene definita in economia **gap inflazionistico** (*gap* è un termine inglese che significa "scarto", "divario").
La crescita della domanda può essere dovuta a varie ragioni: un aumento dei redditi dei lavoratori dipendenti in conseguenza del quale essi potranno aumentare i loro consumi, oppure un'eccessiva espansione delle operazioni di credito che faccia aumentare il livello degli investimenti privati.

L'inflazione per eccesso di liquidità Può determinarsi **inflazione per eccesso di liquidità** quando vi è in circolazione una quantità molto elevata di moneta, per cui il suo valore, o potere d'acquisto, si riduce.
L'eccesso di liquidità può essere determinato da una forte propensione al credito e, quindi, agli investimenti delle imprese. Anche lo Stato può essere responsabile di un eccesso monetario, quando sostiene spese pubbliche troppo elevate. L'eccesso di liquidità può infine esser determinato dall'emissione di carta moneta in grandi quantità, senza tenere conto dell'equilibrio economico esistente.

ESPANSIONE
La crisi petrolifera degli anni Settanta

competenze in campo

1 Completa lo schema

ESERCIZIO INTERATTIVO

DIDATTICA INCLUSIVA

INFLAZIONE

Tasso d'inflazione
Viene rilevato dall'ISTAT in base:
- all'indice dei .... sia all'ingrosso sia al ....
- all'indice del .... della vita

Tipologie di inflazione
- da .... , imputabile a un aumento dei costi di ....
- da .... , dovuta a un aumento di consumi, investimenti e spese .... rispetto all'.................................. globale
- per eccesso di .... , quando è in circolazione una elevata quantità di ....

2 Osserva e rifletti

Per quale ragione, nei periodi di inflazione, i risparmiatori tendono a investire in beni che conservano il loro valore nel tempo, come i gioielli?

3 Completa il testo

ESERCIZIO INTERATTIVO

Quando il livello di .... è elevato, la moneta perde la funzione di mezzo di .... del ....; le persone tendono a perdere .... nei suoi confronti e a comprare beni ...., che garantiscono la conservazione del .... nel tempo.

4 Risolvi il caso

Supponiamo che, in conseguenza di un aumento generalizzato dei prezzi delle materie prime, molti imprenditori aumentino il prezzo di vendita dei propri prodotti, per evitare di rimetterci economicamente. Se ciò dovesse provocare un aumento generalizzato dei prezzi, si tratterebbe di inflazione da domanda o da costi?

mi riguarda perché...

SPUNTO DI RIFLESSIONE

Le cause che possono provocare inflazione sono diverse, ma hanno in comune il fatto che si determina un eccesso di moneta in circolazione e, come sai dalla legge della scarsità, il valore di un bene dipende dalla sua quantità disponibile. Pensa all'oro, prezioso proprio perché è scarso; se si scoprissero grandi quantità di giacimenti auriferi, il suo valore diminuirebbe. Lo stesso vale per la moneta: più ne circola più basso è il suo valore, che per noi corrisponde al potere d'acquisto.

FOCUS L'inflazione percepita

Spesso le persone hanno l'impressione che il tasso di inflazione sia più elevato rispetto a quello che risulta dai dati ufficiali: si parla, in tal senso, di **inflazione percepita**.

Questo dipende dal fatto che la nostra attenzione è rivolta soprattutto agli acquisti più frequenti, come i biglietti degli autobus, i caffè al bar, i generi alimentari, per i quali negli ultimi anni i rincari sono stati più diffusi.
Tendiamo inoltre a ricordare maggiormente le esperienze negative rispetto a quelle positive: ci rimane pertanto impresso più a lungo l'aumento del prezzo di un prodotto piuttosto che la sua riduzione. Spesso, infine, valutiamo l'aumento dei prezzi prescindendo dal fatto che esso può essere dovuto a un miglioramento qualitativo del bene o del servizio.

Educazione finanziaria – La rilevazione dei prezzi alla produzione e al consumo

L'ISTAT rileva periodicamente due tipologie di prezzi: quelli **alla produzione** dei beni industriali e quelli **al consumo**.
Nel primo caso si prendono in considerazione solo i prezzi dei beni prodotti dall'industria, e si ottengono pertanto informazioni sui comportamenti adottati dalle imprese in relazione all'aumento dei prezzi.
Nel secondo caso, invece, si considerano i prezzi dei beni e dei servizi acquistati dalle famiglie: è quest'ultima tipologia di rilevazione, dunque, che consente di verificare la variazione del potere d'acquisto della moneta.

LEZIONE 2

Gli effetti dell'inflazione

VIDEO START
L'inflazione e i suoi effetti

AUDIOTESTO

Gli effetti sulla produzione L'aumento dei prezzi porta una serie di conseguenze che possono comportare **vantaggi** a favore di determinati soggetti, e **svantaggi** a carico di altri.

Gli imprenditori possono trarre, inizialmente, una certa utilità dalla presenza dell'inflazione, realizzando quella che in economia viene definita **rendita di inflazione**. Infatti, alla conclusione del ciclo produttivo, le imprese che hanno acquistato i fattori della produzione (le materie prime, il lavoro ecc.) a prezzi più bassi, quando non c'era ancora inflazione, vendono i prodotti finali a prezzi adeguati alla nuova situazione monetaria, realizzando un *guadagno di tipo speculativo*. Allo stesso modo i commercianti, che detengono in magazzino scorte di prodotti acquistati a prezzi vecchi, li mettono in vendita ai prezzi inflazionati, percependo una rendita inflazionistica. Si tratta di guadagni facili, ma di breve durata.

Gli effetti sui rapporti internazionali I prodotti nazionali, in caso di inflazione elevata, diventano poco competitivi a livello internazionale, perché i loro prezzi sono più elevati di quelli praticati all'estero su prodotti simili. Con l'inflazione le **esportazioni** si trovano a essere **sfavorite**, mentre risultano **più convenienti** le **importazioni**; ciò determina uno squilibrio nella Bilancia dei pagamenti.

Gli effetti sulla distribuzione del reddito L'inflazione **penalizza i soggetti che percepiscono redditi fissi**, quali i lavoratori dipendenti, i pensionati, i piccoli risparmiatori. Infatti l'aumento dei prezzi, non accompagnato da un corrispondente aumento di stipendi, salari e pensioni, riduce il loro potere di acquisto.

Viceversa, i titolari di redditi variabili, come i liberi professionisti, gli artisti, gli artigiani, sono in grado di tutelarsi attraverso un adeguamento dei propri compensi al tasso di inflazione.

Gli effetti sui rapporti di credito L'inflazione normalmente **favorisce i debitori**, penalizzando invece i creditori. I prestiti, infatti, sono contratti quando la moneta ha un determinato valore, mentre la loro restituzione può avvenire in un periodo in cui, a causa dell'inflazione, il valore della moneta è diminuito; i debitori si trovano pertanto a restituire una somma uguale in termini monetari, ma minore, in termini reali, di quella ottenuta in prestito.

CASO Maurizio L. presta 3000 € a un conoscente, con l'accordo che la somma sarà restituita dopo un anno. Nel frattempo si registra un'inflazione del 10%: quale situazione si determinerà?

■ *Maurizio si vedrà restituire sempre 3000 €, che avranno però il potere di acquisto corrispondente a 2700 € dell'epoca in cui è stato effettuato il prestito.*

Normalmente i creditori si cautelano contro questo rischio attraverso ▸**l'indicizzazione dei prestiti**, cioè attraverso un loro riferimento concreto all'indice del costo della vita.

ESEMPIO Restituire 3000 € indicizzati tra un anno significa che, se nel frattempo ci sarà stata un'inflazione del 10%, si dovranno restituire 3000 + 300 = 3300 €.

Memo LESSICO
Il termine ▸**indicizzazione** deriva dal francese *indexation*, a sua volta riconducibile al sostantivo latino *index* ("indizio", "segno"); in statistica "indice" corrisponde al rapporto tra due entità quantitative che possono riferirsi anche allo stesso fenomeno considerato in due tempi diversi.

Gli effetti sul Bilancio pubblico La svalutazione monetaria e l'aumento dei prezzi che ne consegue possono penalizzare anche lo Stato, in quanto rendono più pesanti i costi che questo sostiene per l'erogazione dei servizi pubblici, aggravando di conseguenza il deficit del Bilancio. Se ci ricolleghiamo al fatto che le spese pubbliche possono a loro volta essere causa di inflazione, assistiamo all'instaurarsi di un circuito a spirale difficilmente controllabile.

competenze in campo

1 Completa lo schema

DIDATTICA INCLUSIVA

ESERCIZIO INTERATTIVO

EFFETTI DELL'INFLAZIONE

- **sulla** .... **del reddito:** penalizza chi percepisce redditi .... , i pensionati e i piccoli risparmiatori
- **sui rapporti di credito:** avvantaggia i .... , ma i .... possono cautelarsi con l' .... del credito
- **nei rapporti internazionali:** favorisce le .... a danno delle ....
- **nei confronti dello** .... **:** fa aumentare le .... pubbliche e quindi il .... del Bilancio

2 ●●● **Osserva e rifletti**

Le scarpe italiane sono tra i prodotti più esportati dal nostro Paese. L'inflazione favorisce o sfavorisce le esportazioni?

3 ●●● **Risolvi il caso**

Angela M. è titolare di una ditta di abbigliamento che esporta circa l'80% dei propri prodotti. Quale conseguenza si potrebbe verificare per l'attività di Angela M. qualora l'Italia attraversasse un periodo di elevata inflazione?

4 ●●● **Rifletti e rispondi**

1. I commercianti, solitamente, traggono vantaggi o svantaggi dall'inflazione? Perché?
2. Lo Stato, nei periodi di inflazione, è agevolato o penalizzato per quanto concerne l'erogazione dei servizi pubblici?

mi riguarda perché...

SPUNTO DI RIFLESSIONE

Come i tuoi genitori potranno confermarti, poiché hanno vissuto anni (soprattutto gli anni Settanta e Ottanta dello scorso secolo) in cui l'inflazione costituiva un grave problema per il nostro Paese, l'elevata inflazione determina forti squilibri, in particolare nella distribuzione del reddito nazionale. All'interno della popolazione, infatti, c'è chi viene colpito più duramente dall'aumento dei prezzi: tra questi soprattutto i lavoratori dipendenti, che non possono autonomamente alzare i propri salari o stipendi nella misura dell'inflazione.

Educazione finanziaria — Inflazione e fiscal drag

L'Imposta sul reddito delle persone fisiche (IRPEF), dovuta allo Stato da tutti coloro che percepiscono redditi, è un'imposta progressiva, nel senso che il suo importo aumenta a mano a mano che cresce il reddito. Si applica il cosiddetto "metodo degli scaglioni": sono previste dallo Stato diverse fasce di reddito (gli scaglioni), a ciascuna delle quali corrisponde un'aliquota (cioè una percentuale) che cresce all'elevarsi del reddito. Quando c'è inflazione si genera un aumento dei redditi che è solo nominale, in quanto il potere d'acquisto rimane invariato; tuttavia può succedere che un contribuente venga a trovarsi in uno scaglione più alto e si trovi dunque a pagare un'aliquota più elevata, rimettendoci economicamente. Questo fenomeno prende il nome di **fiscal drag** (drenaggio fiscale).

Detto da... Fabrizio De André

"Cca ci sta l'inflazione, la svalutazione / e la borsa ce l'ha chi ce l'ha / io non tengo compendio che chillo stipendio / e un ambo se sogno a papà." (*Qui c'è l'inflazione, la svalutazione; la ricchezza l'hanno solo alcuni, io non ho altro che quello stipendio e un ambo se sogno mio padre.*)

Come puoi collegare le parole tratte dalla canzone *Don Raffae'* di Fabrizio De André agli effetti dell'inflazione?

LEZIONE 3

Le politiche anti-inflazionistiche

VIDEO START
Gli interventi della BCE in materia di politica monetaria

AUDIOTESTO

Memo LESSICO
Il termine ▸**concertazione** è riconducibile al verbo latino *concertare* ("gareggiare", "disputare"), e in senso più ampio significa "consultazione", "azione congiunta", "organizzazione".

Inflazione da costi Quando l'inflazione è elevata, lo Stato e le autorità monetarie adottano specifici rimedi, diversi in relazione al tipo di inflazione che si è venuto a instaurare. Per combattere, per esempio, la svalutazione monetaria dovuta a inflazione da costi, o meglio per prevenirla, può essere efficace la **politica dei redditi** o ▸**concertazione**: si tratta di un accordo tra i sindacati dei lavoratori e quelli dei datori di lavoro, attuato spesso sotto la guida del Governo, in base al quale i lavoratori si impegnano a limitare le richieste di aumenti salariali, rapportandole agli incrementi di produttività.
In questo modo, se crescono i salari ma cresce anche, proporzionalmente, la produttività, gli imprenditori non hanno necessità di aumentare i prezzi di vendita in quanto il loro profitto non diminuisce.
La politica dei redditi non è di facile attuazione; essa rappresenta infatti un'autolimitazione delle diverse categorie sociali, ma pesa soprattutto sui lavoratori, più svantaggiati rispetto ai datori di lavoro. Per questo motivo le associazioni sindacali dei lavoratori in genere si dichiarano disponibili ad accettarla in cambio di alcune condizioni, come per esempio la riduzione dei contributi previdenziali o delle imposte sui redditi più bassi.

Inflazione importata La possibilità di prevenire l'inflazione importata è solitamente affidata alla conservazione di buoni rapporti diplomatici ed economici con gli Stati esportatori e alla possibilità di utilizzare mezzi interni alternativi ai prodotti normalmente importati (per esempio, fonti energetiche diversificate, quali il gas metano, l'energia solare ecc.).

Memo
La ▸**domanda globale** è costituita dai *consumi*, dagli *investimenti* e dalle *spese pubbliche*, come risulta dalla funzione: $Y = C + I + G$

Inflazione da domanda Lo Stato può contrastare il gap inflazionistico mediante interventi che riducono l'entità delle voci che compongono la ▸**domanda globale**, cioè i consumi, gli investimenti privati e le spese pubbliche. Più in dettaglio:

- il **contenimento dei consumi** può essere ottenuto attraverso l'inasprimento delle imposte, che riduce il reddito disponibile delle famiglie, determinando il cosiddetto *risparmio forzato*;
- la **riduzione degli investimenti** può essere indotta dall'attuazione, da parte dello Stato e delle autorità monetarie dell'Unione europea, di provvedimenti che scoraggiano il ricorso al credito (politica monetaria restrittiva);
- la **riduzione delle spese pubbliche** si ottiene diminuendo le somme di denaro che lo Stato investe nello svolgimento delle sue funzioni istituzionali e sociali. La riduzione delle spese pubbliche richiede grande attenzione da parte degli organi dello Stato, nel senso che non è opportuno ridurre genericamente i costi, ma occorre operare con criteri selettivi, volti a tagliare le spese improduttive a favore di quelle sociali (per esempio la sanità pubblica), indispensabili per i cittadini.

Inflazione per eccesso di liquidità Questo tipo di inflazione può essere combattuto riducendo la moneta circolante, cosa che può realizzarsi per esempio attraverso una riduzione delle spese pubbliche o una diminuzione degli investimenti.

ESEMPIO In una situazione di elevata inflazione la Banca centrale europea può decidere di alzare il tasso ufficiale, determinando in tal modo una crescita generalizzata dei tassi di interesse nell'area euro e una conseguente riduzione degli investimenti.

Occorre prestare molta attenzione agli interventi riduttivi della moneta circolante, perché se da un lato si generano effetti contenitivi rispetto all'inflazione, dall'altro si rischia di ridurre la produzione e, di conseguenza, l'occupazione.

competenze in campo

1 Completa lo schema

DIDATTICA INCLUSIVA

ESERCIZIO INTERATTIVO

POLITICHE CONTRO L'INFLAZIONE

Nel caso di inflazione da costi:
- politica dei ...., nota anche come ....

Per l'inflazione importata
- utilizzo di fonti .... alternative
- buoni rapporti .... con i Paesi esportatori

In caso di inflazione da domanda:
- aumento delle .... (per ridurre i consumi)
- politica monetaria .... (per contenere gli ....)
- riduzione delle .... pubbliche

Nell'ipotesi di inflazione per eccesso di liquidità:
- riduzione della quantità di .... in circolazione

2 ●●● **Osserva e rifletti**

In una situazione di inflazione da domanda, che cosa potrebbe fare lo Stato per ridurre i consumi da parte delle famiglie?

3 ●●● **Individua il termine**

1. Politica dei redditi: ....
2. Risparmio forzato: ....
3. Politiche anti-inflazionistiche: ....

mi riguarda perché...

SPUNTO DI RIFLESSIONE

Può risultare davvero difficile, per le autorità monetarie e governative, intervenire contro l'inflazione, perché ogni provvedimento può comportare effetti negativi in altri settori. Per esempio, se è vero che un aumento delle imposte serve a ridurre i consumi e quindi i prezzi, la diminuzione della domanda può tradursi poi in una situazione di ristagno economico. Occorre pertanto ponderare con estrema prudenza tutti gli interventi sulla moneta in circolazione.

FOCUS Contro l'inflazione importata: le energie alternative

Per combattere l'inflazione derivante dall'importazione di beni energetici, è possibile incentivare l'uso di fonti alternative. Che cosa significa concretamente?

Con il termine **fonte di energia alternativa** si indica ogni fonte energetica che può essere usata in sostituzione di quelle tradizionali derivanti da idrocarburi (in particolare il petrolio e il gas naturale). Le principali fonti energetiche alternative sono:

- **energia idrica**. Deriva dalla canalizzazione dell'acqua, la quale, precipitando da una certa altezza, mette in movimento delle turbine che generano energia elettrica;
- **energia eolica**. È l'energia contenuta nel vento sotto forma di energia cinetica ed è una delle fonti su cui maggiormente stanno investendo diversi Paesi;
- **energia solare**. È l'energia prodotta dalle radiazioni solari. Si divide in due tipologie principali: l'**energia solare termica**, che consiste nella produzione di calore tramite l'irradiazione di condutture dove l'acqua raggiunge temperature elevate e viene poi utilizzata per il riscaldamento delle abitazioni o per la produzione di energia elettrica; l'**energia fotovoltaica**, che consiste invece nella trasformazione, mediante pannelli fotovoltaici, dell'energia solare in energia elettrica;
- **energia da biomasse**. Proviene dalla combustione di materiali di origine organica che sono utilizzati come carburanti direttamente o dopo un trattamento. Si tratta principalmente di residui forestali, scarti industriali, rifiuti solidi urbani, reflui degli allevamenti e alcune specie vegetali;
- **energia geotermica**. Deriva dallo sfruttamento di acque e vapori ad alta temperatura provenienti dal sottosuolo. Può essere utilizzata sia per il riscaldamento di abitazioni civili sia per la produzione di energia elettrica.

Da www.borsaitaliana.it

Inflazione e consumi giovanili

I fenomeni inflazionistici modificano i consumi dei giovani?

L'inflazione determina significativi mutamenti nei rapporti di produzione e di credito e sulla distribuzione del reddito, poiché penalizza i percettori di redditi fissi. Dato che i giovani sono particolarmente sensibili ad alcune tipologie di consumi, è interessante esaminare quali conseguenze l'inflazione può determinare per questa classe di consumatori.

Come si calcola l'inflazione

Conoscere il livello di inflazione è molto importante affinché le autorità monetarie e politiche possano attivare interventi mirati al benessere della popolazione. Questo spiega l'importanza del ruolo svolto dall'ISTAT per misurare tale fenomeno. L'ISTAT calcola mensilmente la variazione dei prezzi dei beni e dei servizi contenuti nel "paniere" di riferimento utilizzando tre diversi indici:

- l'**indice dei prezzi al consumo per l'intera collettività** (NIC), che serve per rilevare il livello dell'inflazione nazionale;
- l'**indice dei prezzi al consumo per le famiglie di operai e impiegati** (FOI);
- l'**indice armonizzato dei prezzi al consumo** (IPCA), che permette di confrontare l'inflazione nazionale con quella degli altri Paesi dell'Unione europea.

I beni e i servizi contenuti nel paniere

Il paniere utilizzato dall'ISTAT per le sue rilevazioni comprende i prodotti maggiormente diffusi ed è organizzato in dodici diverse sezioni: 1) prodotti alimentari, 2) bevande alcoliche e tabacchi, 3) abbigliamento e calzature, 4) abitazione, acqua, elettricità e combustibili, 5) mobili

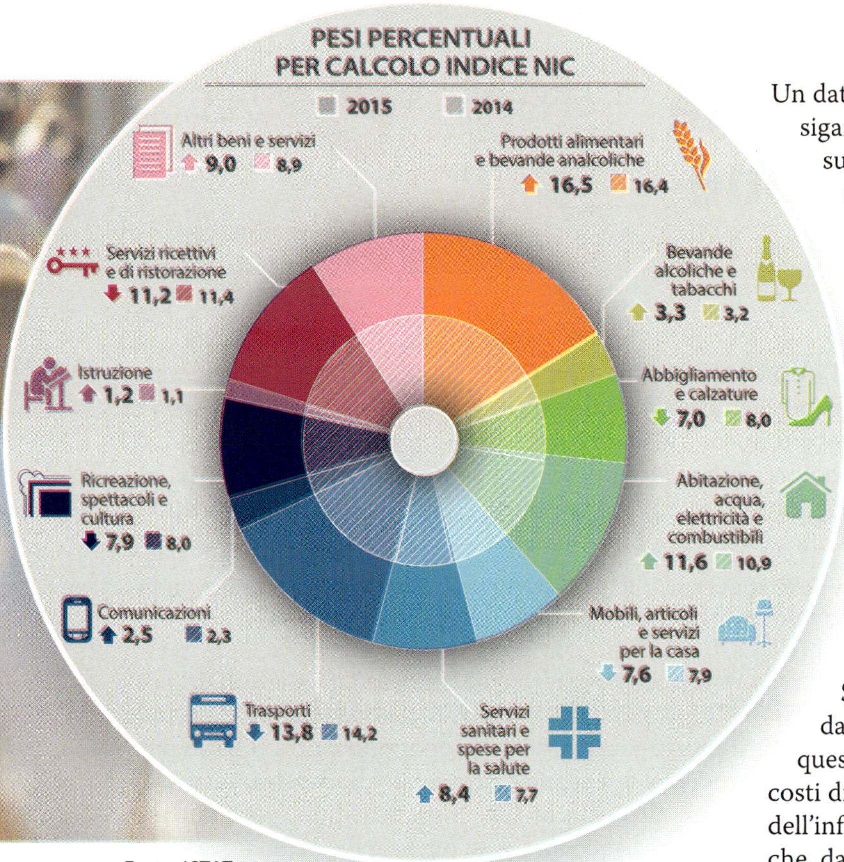

Fonte: ISTAT 2015

e articoli per la casa, 6) servizi sanitari e spese per la salute, 7) trasporti, 8) comunicazioni, 9) spettacoli e cultura, 10) istruzione, 11) servizi ricettivi e di ristorazione, 12) altri beni e servizi.
Nel paniere sono inclusi **i beni e i servizi che meglio rappresentano i consumi della popolazione in un determinato periodo**. La valutazione della loro incidenza sui prezzi viene condotta dall'ISTAT sulla base di precise ricerche; si utilizzano, in particolare, fonti statistiche, tra cui la *Contabilità nazionale*, altre *fonti ISTAT,* come le rilevazioni sul turismo, e *fonti esterne*, come i dati relativi agli sportelli bancari.

L'inflazione penalizza anche i giovani

I giovani di età compresa tra i diciotto e i venticinque anni, sono anch'essi penalizzati dall'inflazione. Tuttavia, poiché in quell'arco di vita generalmente si risiede ancora con i genitori e non si è del tutto autonomi dal punto di vista economico, è possibile sostenere che il fenomeno è meno percepito rispetto ad altri soggetti. Ciò tuttavia non significa che i giovani siano esenti dai rischi inflazionistici.

L'aumento dei prezzi e i consumi giovanili

Negli ultimi anni si sono registrati aumenti dei prezzi superiori anche al 4% per beni e servizi strettamente legati ai consumi giovanili, soprattutto per quanto riguarda le vacanze, l'abbigliamento, i carburanti per auto e motocicli, i bar e le discoteche.

Un dato negativo è legato al consumo di sigarette: l'aumento dei prezzi rilevato è superiore al 10%, ma si tratta di un bene a domanda rigida, cui non si rinuncia nonostante gli incrementi di prezzo; purtroppo, tra l'altro, è in costante aumento il numero di adolescenti che cede al dannoso vizio del fumo.
D'altro canto, ci sono alcuni prodotti, il cui consumo è privilegiato dai giovani, che sembrano non risentire dei fenomeni di crescita dei prezzi: si tratta dei beni a elevato contenuto tecnologico (come i personal computer), i cui prezzi tendono a diminuire nel tempo, in corrispondenza della loro crescente diffusione.
Sappiamo quanto i giovani siano attirati dagli smartphone di ultima generazione e questo potrebbe farci pensare, dati gli elevati costi di tali prodotti, a una notevole incisività dell'inflazione; tuttavia occorre riflettere sul fatto che, da un lato, si tratta di acquisti certamente non quotidiani, dall'altro, che questi telefonini inglobano funzioni prima appartenenti a diversi beni (come la macchina fotografica, il navigatore satellitare, la navigazione in Internet…), ora non più necessari.

IL TUO PUNTO DI VISTA

1. All'interno della tua famiglia vi riconoscete, come abitudini di spesa e incidenza dei prezzi, nei dati forniti dall'ISTAT?
2. Con riferimento agli acquisti dei giovani di età compresa tra i 14 e i 18 anni, quali sono secondo te i beni e i servizi maggiormente diffusi? Ritieni che i loro prezzi siano equi?

LEZIONE 4

La stagflazione e la deflazione

VIDEO START
Riduzione dei prezzi: è sempre un fatto positivo?

AUDIOTESTO

Memo LESSICO
Il termine ▸**stagflazione** deriva dall'inglese *stagflation*, a sua volta composto da *stagnation* ("stagnazione", "ristagno") e *inflation* ("inflazione"). Questo termine nacque dopo la grave crisi petrolifera del 1973, che determinò per la prima volta la comparsa contemporanea di entrambi i fenomeni.

Inflazione e ristagno economico Una tipica situazione dell'economia contemporanea è la cosiddetta ▸**stagflazione**, che consiste nella presenza contemporanea di inflazione e di ristagno economico. La stagflazione attualmente pone problemi particolari alle autorità pubbliche perché gli interventi che possono rivelarsi positivi per combattere l'inflazione aggravano la situazione di crisi economica e, viceversa, ciò che può risollevare un'economia in crisi può peggiorare la svalutazione monetaria.

ESEMPIO Una riduzione delle spese pubbliche da parte dello Stato può contenere l'inflazione ma, comportando minori investimenti, riduce l'occupazione.

L'analisi di Phillips Tuttavia non è sempre stato così. In base agli studi di un economista inglese, Alban William Phillips, pubblicati nel 1958, si accertò che nel periodo tra il 1860 e il 1957 esisteva un rapporto inversamente proporzionale tra il tasso d'inflazione e il tasso di disoccupazione, che è il segnale principale di un'economia ristagnante. Questa situazione può essere descritta in forma grafica. Indicando sull'asse delle ascisse la percentuale dei lavoratori disoccupati e su quella delle ordinate la variazione percentuale dei salari, si può osservare come nei periodi di elevata disoccupazione i salari si mantenevano bassi e non si verificavano, quindi, aumenti dei prezzi dovuti ai costi. Pertanto, se era alto il tasso di disoccupazione, non c'era inflazione. Al contrario, in presenza di un elevato livello di occupazione, i salari salivano e si determinava inflazione da costi. In pratica, quanto più il sistema economico si avvicinava alla piena occupazione, tanto più elevato risultava l'incremento dei salari.

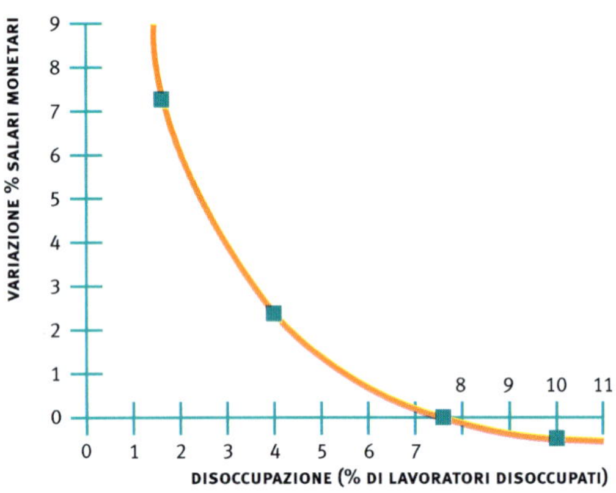

Le cause della stagflazione A partire dagli anni Settanta del secolo scorso si è verificata, invece, un'inversione di tendenza: anche in presenza di disoccupazione i lavoratori riescono a ottenere, grazie agli strumenti sindacali, significativi aumenti salariali. Poiché gli incrementi di retribuzione generano inflazione da costi, la realtà odierna è caratterizzata, in contrasto con le teorie di Phillips, dal possibile abbinamento tra il ristagno economico e la svalutazione monetaria.

La deflazione In economia è possibile verificare la presenza di una situazione di segno opposto all'inflazione: la *deflazione*. La **deflazione** consiste in una riduzione generalizzata e prolungata del livello dei prezzi.
Una situazione del genere può essere determinata dal fatto che, in determinati settori, la produttività aumenta più dei salari; questo consente alle imprese di sostenere **minori costi di lavoro** e di diminuire conseguentemente i prezzi di vendita. Può anche succedere che l'introduzione di **nuovi processi produttivi** consenta alle imprese di incrementare la produzione a costi ridotti, con una diminuzione dei prezzi di vendita; questo fenomeno si può riscontrare per i prodotti elettronici, come computer, fotocamere digitali, strumenti audiovisivi.
Si potrebbe quindi affermare che in casi del genere aumenta il potere di acquisto della moneta e i consumatori ne traggono beneficio, e che l'economia nazionale viene spronata alla crescita sotto l'ondata dell'incremento dei consumi. Nella realtà le cose stanno diversamente. La deflazione, infatti, è normalmente provocata da una **riduzione drastica della domanda** (pensiamo a una situazione di disagio economico delle famiglie). La riduzione della domanda si traduce in una contrazione della produzione e, di conseguenza, dell'occupazione: gli imprenditori, infatti, reagiscono al calo dei consumi riducendo l'offerta, moderando i prezzi e ridimensionando il personale occupato.

competenze in campo

1 Completa lo schema

DIDATTICA INCLUSIVA

DEFLAZIONE

- corrisponde alla .... generalizzata e .... del livello dei prezzi
- può essere determinata da:
  - minori costi del ....
  - introduzione di nuovi processi ....
  - forte riduzione della .... da parte dei consumatori

ESERCIZIO INTERATTIVO

2 ●●● **Osserva e rifletti**

Quali situazioni economiche possono associarsi in modo da determinare la cosiddetta stagflazione?

3 ●●● **Rifletti e rispondi**

"Tutti sanno che cos'è l'inflazione: si ha quando i prezzi aumentano. E la deflazione è semplicemente il suo contrario: la riduzione del livello assoluto dei prezzi. La deflazione a sua volta può essere buona, quando la diminuzione dei prezzi è dovuta ad abbondanza di offerta. Basti pensare alle riduzioni dei prezzi dei PC o agli effetti della liberalizzazione delle telecomunicazioni. Oppure può essere cattiva, quando è dovuta a bassa domanda. La deflazione 'cattiva' è una specie di anoressia dell'economia e complica la politica monetaria, perché per stimolare l'economia bisognerebbe spingere i tassi d'interesse sotto lo zero, cosa che non è possibile."

Da www.ilsole24ore.com

In che senso è possibile, secondo l'articolo, distinguere tra deflazione "buona" e "cattiva"?

mi riguarda perché...

SPUNTO DI RIFLESSIONE

Gli effetti delle fasi economiche negative, in particolar modo se unite a inflazione, si ripercuotono su ciascun operatore economico. Tutti ne sono colpiti, ma in modo particolare i giovani, perché le situazioni di ristagno generano sempre disoccupazione. È pertanto importante, da parte delle autorità economiche e monetarie, promuovere attività di sostegno alla crescita, con attenzione al contenimento dei prezzi, e proteggere in tal modo il futuro delle nuove generazioni.

FOCUS La deflazione e la crisi economica

Potresti pensare che la riduzione dei prezzi sia un fenomeno positivo. Analizzando tuttavia i dati del grafico, in cui viene riportato il tasso di inflazione medio nei Paesi dell'Unione europea tra il 2008 e il 2016, appare evidente il legame tra deflazione e ciclo economico. Il tasso di inflazione è negativo, ossia si ha deflazione, nelle **fasi recessive dell'economia**, quando cioè si verifica la riduzione dei ritmi produttivi e dello sviluppo economico e sociale.
Questo dimostra come la deflazione sia da considerare un fenomeno negativo, poiché di solito si accompagna a una riduzione del reddito e dell'occupazione dei Paesi che ne soffrono.

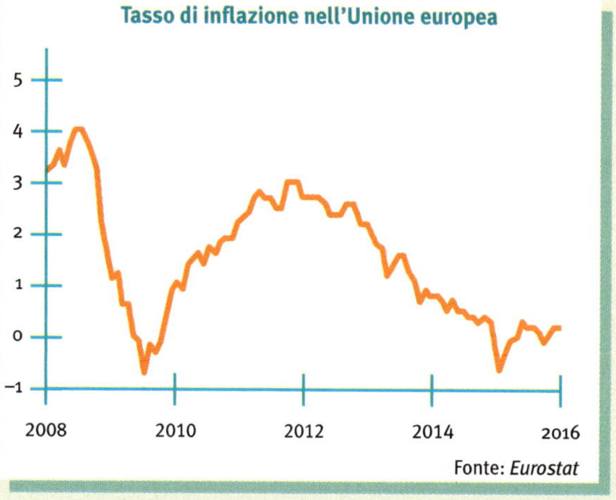

Fonte: *Eurostat*

PERCORSO 8 / Sintesi con la mappa

INFLAZIONE → crescita generalizzata e prolungata del livello dei prezzi
- • inflazione da costi e inflazione importata
  • inflazione da domanda
  • inflazione per eccesso di liquidità
- tasso di inflazione (è calcolato dall'ISTAT)

EFFETTI DELL'INFLAZIONE
- effetti sulla produzione → rendita di inflazione
- effetti sui rapporti internazionali → le esportazioni sono sfavorite, mentre le importazioni sono favorite
- effetti sulla distribuzione del reddito → sono penalizzati i soggetti che percepiscono redditi fissi, sono avvantaggiati i soggetti che percepiscono redditi variabili
- effetti sui rapporti di credito → sono favoriti i debitori, sono penalizzati i creditori
- effetti sul Bilancio pubblico → aumenta il peso delle spese pubbliche e quindi il disavanzo del Bilancio

POLITICHE ANTI-INFLAZIONISTICHE
- politica dei redditi (o concertazione)
- buoni rapporti diplomatici ed economici con altri Stati
- inasprimento delle imposte per contenere i consumi
- politiche monetarie restrittive
- riduzione delle spese pubbliche

STAGFLAZIONE → ristagno economico + inflazione

DEFLAZIONE → riduzione generalizzata e prolungata del livello dei prezzi

AUDIOSINTESI

LEZIONE 1 L'inflazione e le sue cause

L'inflazione è l'**aumento generalizzato e continuo del livello dei prezzi**, con conseguente riduzione del potere d'acquisto della moneta.
L'ISTAT rileva periodicamente il livello di inflazione, basandosi su specifici strumenti (indice dei prezzi al minuto e all'ingrosso, indice del costo della vita).
L'inflazione può essere causata dall'aumento dei costi di produzione (**inflazione da costi**), dall'incremento dei prezzi delle importazioni (**inflazione importata**), dalla crescita eccessiva della domanda globale (**inflazione da domanda**), da un eccesso di moneta sul mercato (**inflazione per eccesso di liquidità**).

LEZIONE 2 Gli effetti dell'inflazione

L'inflazione penalizza in particolare i **percettori di redditi fissi** (come i lavoratori dipendenti), in quanto riduce il loro potere d'acquisto; danneggia anche i **creditori**, gli **esportatori** e lo **Stato** (che deve spendere di più per i servizi pubblici). Può, al contrario, creare le condizioni per ciò che gli economisti definiscono **rendita di inflazione**.

LEZIONE 3 Le politiche anti-inflazionistiche

Nei periodi di inflazione, le autorità governative adottano politiche volte alla sua diminuzione.
Per prevenire l'inflazione da costi si utilizza nel nostro Paese la **politica dei redditi**, un accordo tra sindacati dei lavoratori e rappresentanti dei datori di lavoro per contenere gli aumenti salariali entro gli incrementi di produttività. Per ridurre l'inflazione da domanda si può operare con l'**aumento delle imposte** per contenere i consumi, con la **politica monetaria restrittiva** per contenere gli investimenti, con **tagli alle spese pubbliche** per ridurre l'eccesso di liquidità provocato dallo Stato.

LEZIONE 4 La stagflazione e la deflazione

In particolari fasi economiche è possibile che l'inflazione si unisca al ristagno economico, generando una situazione molto complessa da affrontare: la **stagflazione**.
Si verifica invece **deflazione** quando i prezzi diminuiscono in modo diffuso e prolungato. Questa situazione appare inizialmente positiva, perché aumenta il potere d'acquisto; tuttavia essa è provocata generalmente da una forte riduzione dei consumi, con la conseguenza che le imprese riducono gli investimenti e aumenta la disoccupazione, originando una fase economica negativa.

Le nuove parole

Inflazione ▸ Aumento generalizzato e continuo del livello dei prezzi.
Inflation

Rendita di inflazione ▸ Guadagno speculativo che gli imprenditori possono inizialmente trarre dall'inflazione.
Income from inflation

Indicizzazione dei prestiti ▸ Meccanismo con cui un prestito monetario viene "agganciato" al costo della vita o ad altri indici.
Indexing of loans

Politica dei redditi (o **concertazione**) ▸ Accordo intersindacale mirato a contenere gli aumenti salariali entro gli incrementi della produttività.
Income policy

Stagflazione ▸ Situazione economica caratterizzata dalla presenza contemporanea di ristagno e di inflazione.
Stagflation

Deflazione ▸ Diminuzione generalizzata e prolungata del livello dei prezzi.
Deflation

PERCORSO 8 / Verifica

VERIFICA INTERATTIVA   FLASHCARDS

Tutti devono sapere che...

DIDATTICA INCLUSIVA

1 Dai la definizione corretta

1. È la situazione corrispondente a una riduzione generalizzata e prolungata del livello dei prezzi:
   □ □ F □ □ □ □ □ N □
2. È la politica consistente in accordi intersindacali volti a prevenire l'inflazione:
   □ □ N □ □ □ □ □ □ I □ □ □
3. È la situazione corrispondente a un eccesso della domanda globale rispetto all'offerta:
   □ □ □   □ □ F □ □ □ □ □ □ □ S □ □ □ □
4. È la situazione corrispondente a una realtà economica di inflazione unita a disoccupazione:
   □ □ □ G □ □ □ □ □ O □ □

Verifica le tue **conoscenze** di base

2 Scegli la risposta

1. Non è una tipologia dell'inflazione:
   - □ **a.** inflazione da costi
   - □ **b.** inflazione importata
   - □ **c.** inflazione da offerta
   - □ **d.** inflazione per eccesso di liquidità
2. Calcola periodicamente il livello di inflazione in Italia:
   - □ **a.** il ministro dell'Economia e delle Finanze
   - □ **b.** il Governo
   - □ **c.** l'ISTAT
   - □ **d.** la Banca d'Italia
3. Deve esserlo l'aumento dei prezzi, oltre che generalizzato, per determinare inflazione:
   - □ **a.** continuo
   - □ **b.** moderato
   - □ **c.** elevato
   - □ **d.** costante
4. Serve a prevenire l'inflazione da costi:
   - □ **a.** la politica monetaria
   - □ **b.** la politica dei redditi
   - □ **c.** l'aumento della spesa pubblica
   - □ **d.** l'aumento degli investimenti
5. L'inflazione penalizza:
   - □ **a.** gli imprenditori
   - □ **b.** i titolari di redditi variabili
   - □ **c.** i debitori
   - □ **d.** i lavoratori dipendenti
6. La compresenza di ristagno economico e di inflazione determina una realtà di:
   - □ **a.** deflazione
   - □ **b.** inflazione mista
   - □ **c.** stagflazione
   - □ **d.** iperinflazione
7. La rendita di inflazione può essere realizzata:
   - □ **a.** dai titolari di redditi fissi
   - □ **b.** dai liberi professionisti
   - □ **c.** dagli imprenditori
   - □ **d.** dagli esportatori

3 Vero o falso?

1. L'inflazione riduce il potere d'acquisto delle famiglie. V F
2. L'inferiorità della domanda globale rispetto all'offerta globale corrisponde alla situazione di gap inflazionistico. V F
3. Una riduzione delle imposte può far diminuire l'inflazione da domanda. V F
4. La rendita di inflazione è realizzata dagli imprenditori. V F
5. L'inflazione penalizza le esportazioni. V F
6. La stagflazione corrisponde a una continua e generalizzata diminuzione dei prezzi. V F
7. L'indicizzazione dei prestiti tutela i debitori. V F
8. La cosiddetta "concertazione" tra sindacati dei lavoratori e sindacati dei datori di lavoro serve a prevenire l'inflazione da domanda. V F

Potenzia le tue abilità

4 Collega le informazioni

1. ☐ Inflazione da costi
2. ☐ OPEC
3. ☐ Politica monetaria restrittiva
4. ☐ Inflazione per eccesso di domanda
5. ☐ Indicizzazione
6. ☐ Curva di Phillips

a. Prestiti
b. Riduzione degli interventi statali in economia
c. Relazione inversamente proporzionale tra inflazione e disoccupazione
d. Riduzione degli investimenti
e. Paesi esportatori di petrolio
f. Aumento dei salari

Sviluppa le tue competenze

5 Rispondi alle domande

1. Nel nostro Paese i sindacati dei lavoratori hanno un ruolo importante per quanto riguarda la prevenzione dell'inflazione da costi. Quale?
2. Se l'aumento dei prezzi non costituisce un elemento positivo dell'economia, è altrettanto vero che non lo è neppure la loro diminuzione, la cosiddetta deflazione. Perché?
3. Quali effetti vengono prodotti sull'inflazione dall'adozione di politiche monetarie espansive?
4. Che cos'è la stagflazione e quali ne sono le principali cause?

6 Risolvi i casi

1. Il Governo italiano deve fronteggiare una situazione di elevata inflazione dovuta a un eccessivo aumento dei consumi da parte delle famiglie. A quale strumento potrà ricorrere allo scopo di ridurre forzatamente i consumi privati?
2. Marco V. presta a un conoscente una rilevante somma di denaro, che l'altro si impegna a restituire entro due anni. Marco non pretende interessi sulla somma prestata, visto il rapporto di conoscenza con il debitore, ma vuole cautelarsi contro il rischio che l'inflazione possa erodere il valore reale del prestito. A che cosa può ricorrere?

7 Comprendi e rifletti

Il pericolo della deflazione per i Paesi dell'Unione europea

La deflazione è il vero pericolo dell'economia europea, e [...] se non viene combattuta rischia di innescare una spirale pericolosissima che aggraverebbe ancora di più la recessione. Un calo continuato dei prezzi farà anche la felicità del consumatore, ma innesca un circolo vizioso il cui primo effetto è che le imprese guadagnano meno e hanno meno liquidità aziendale. Il secondo effetto è che, avendo meno capitali provenienti dall'attività commerciale, riducono la produzione e rinunciano a nuove assunzioni, visto che con quello che vendono non guadagnano o guadagnano troppo poco. Questo aumenta la disoccupazione con l'effetto di far circolare ancora meno denaro nel Paese. Se le imprese non sono veloci a ridurre il livello produttivo dei loro impianti, rischiano di immettere sul mercato merce che resta invenduta, con l'effetto che se tagliano la produzione non assumono (o, peggio, licenziano) e se non tagliano alimentano ancora di più la spirale perché si trovano costretti ad abbassare i prezzi dando ulteriore spinta alla deflazione.

Da www.panorama.it

1. Qual è il primo effetto della deflazione?
2. Da che cosa, in particolare, sono provocati la disoccupazione e l'eccesso di produzione nelle situazioni di deflazione?

La Costituzione italiana

IL CAPO PROVVISORIO DELLO STATO

Vista la deliberazione dell'Assemblea Costituente, che nella seduta del 22 dicembre 1947 ha approvato la Costituzione della Repubblica Italiana;
Vista la XVIII disposizione finale della Costituzione;

PROMULGA

La Costituzione della Repubblica Italiana nel seguente testo:

PRINCIPI FONDAMENTALI

1 L'Italia è una Repubblica democratica, fondata sul lavoro.
La sovranità appartiene al popolo, che la esercita nelle forme e nei limiti della Costituzione.

2 La Repubblica riconosce e garantisce i diritti inviolabili dell'uomo, sia come singolo sia nelle formazioni sociali ove si svolge la sua personalità, e richiede l'adempimento dei doveri inderogabili di solidarietà politica, economica e sociale.

3 Tutti i cittadini hanno pari dignità sociale e sono eguali davanti alla legge, senza distinzione di sesso, di razza, di lingua, di religione, di opinioni politiche, di condizioni personali e sociali.
È compito della Repubblica rimuovere gli ostacoli di ordine economico e sociale, che, limitando di fatto la libertà e l'eguaglianza dei cittadini, impediscono il pieno sviluppo della persona umana e l'effettiva partecipazione di tutti i lavoratori all'organizzazione politica, economica e sociale del Paese.

4 La Repubblica riconosce a tutti i cittadini il diritto al lavoro e promuove le condizioni che rendano effettivo questo diritto.
Ogni cittadino ha il dovere di svolgere, secondo le proprie possibilità e la propria scelta, un'attività o una funzione che concorra al progresso materiale o spirituale della società.

5 La Repubblica, una e indivisibile, riconosce e promuove le autonomie locali; attua nei servizi che dipendono dallo Stato il più ampio decentramento amministrativo; adegua i principi ed i metodi della sua legislazione alle esigenze dell'autonomia e del decentramento.

6 La Repubblica tutela con apposite norme le minoranze linguistiche.

7 Lo Stato e la Chiesa cattolica sono, ciascuno nel proprio ordine, indipendenti e sovrani.
I loro rapporti sono regolati dai Patti Lateranensi. Le modificazioni dei Patti, accettate dalle due parti, non richiedono procedimento di revisione costituzionale.

8 Tutte le confessioni religiose sono egualmente libere davanti alla legge.
Le confessioni religiose diverse dalla cattolica hanno diritto di organizzarsi secondo i propri statuti, in quanto non contrastino con l'ordinamento giuridico italiano.
I loro rapporti con lo Stato sono regolati per legge sulla base di intese con le relative rappresentanze.

9 La Repubblica promuove lo sviluppo della cultura e la ricerca scientifica e tecnica.
Tutela il paesaggio e il patrimonio storico e artistico della Nazione.

10 L'ordinamento giuridico italiano si conforma alle norme del diritto internazionale generalmente riconosciute.
La condizione giuridica dello straniero è regolata dalla legge in conformità delle norme e dei trattati internazionali.
Lo straniero, al quale sia impedito nel suo paese l'effettivo esercizio delle libertà democratiche garantite dalla Costituzione italiana, ha diritto di asilo nel territorio della Repubblica, secondo le condizioni stabilite dalla legge.
Non è ammessa l'estradizione dello straniero per reati politici.

11 L'Italia ripudia la guerra come strumento di offesa alla libertà degli altri popoli e come mezzo di risoluzione delle controversie internazionali; consente, in condizioni di parità con gli altri Stati, alle limitazioni di sovranità necessarie ad un ordinamento che assicuri la pace e la giustizia fra le Nazioni; promuove e favorisce le organizzazioni internazionali rivolte a tale scopo.

12 La bandiera della Repubblica è il tricolore italiano: verde, bianco e rosso, a tre bande verticali di eguali dimensioni.

PARTE I
DIRITTI E DOVERI DEI CITTADINI

TITOLO I
RAPPORTI CIVILI

13 La libertà personale è inviolabile.
Non è ammessa forma alcuna di detenzione, di ispezione o perquisizione personale, né qualsiasi altra restrizione della libertà personale, se non per atto motivato dall'autorità giudiziaria e nei soli casi e modi previsti dalla legge.
In casi eccezionali di necessità ed urgenza, indicati tassativamente dalla legge, l'autorità di pubblica sicurezza può adottare provvedimenti provvisori, che devono essere comunicati entro quarantotto ore all'autorità giudiziaria e, se

questa non li convalida nelle successive quarantotto ore, si intendono revocati e restano privi di ogni effetto.

È punita ogni violenza fisica e morale sulle persone comunque sottoposte a restrizioni di libertà.

La legge stabilisce i limiti massimi della carcerazione preventiva.

14 Il domicilio è inviolabile.

Non vi si possono eseguire ispezioni o perquisizioni o sequestri, se non nei casi e modi stabiliti dalla legge secondo le garanzie prescritte per la tutela della libertà personale.

Gli accertamenti e le ispezioni per motivi di sanità e di incolumità pubblica o a fini economici e fiscali sono regolati da leggi speciali.

15 La libertà e la segretezza della corrispondenza e di ogni altra forma di comunicazione sono inviolabili.

La loro limitazione può avvenire soltanto per atto motivato dell'autorità giudiziaria con le garanzie stabilite dalla legge.

16 Ogni cittadino può circolare e soggiornare liberamente in qualsiasi parte del territorio nazionale, salvo le limitazioni che la legge stabilisce in via generale per motivi di sanità o di sicurezza. Nessuna restrizione può essere determinata da ragioni politiche.

Ogni cittadino è libero di uscire dal territorio della Repubblica e di rientrarvi, salvo gli obblighi di legge.

17 I cittadini hanno diritto di riunirsi pacificamente e senz'armi.

Per le riunioni, anche in luogo aperto al pubblico, non è richiesto preavviso.

Delle riunioni in luogo pubblico deve essere dato preavviso alle autorità, che possono vietarle soltanto per comprovati motivi di sicurezza o di incolumità pubblica.

18 I cittadini hanno diritto di associarsi liberamente, senza autorizzazione, per fini che non sono vietati ai singoli dalla legge penale.

Sono proibite le associazioni segrete e quelle che perseguono, anche indirettamente, scopi politici mediante organizzazioni di carattere militare.

19 Tutti hanno diritto di professare liberamente la propria fede religiosa in qualsiasi forma, individuale o associata, di farne propaganda e di esercitarne in privato o in pubblico il culto, purché non si tratti di riti contrari al buon costume.

20 Il carattere ecclesiastico e il fine di religione o di culto d'una associazione od istituzione non possono essere causa di speciali limitazioni legislative, né di speciali gravami fiscali per la sua costituzione, capacità giuridica e ogni forma di attività.

21 Tutti hanno diritto di manifestare liberamente il proprio pensiero con la parola, lo scritto e ogni altro mezzo di diffusione.

La stampa non può essere soggetta ad autorizzazioni o censure.

Si può procedere a sequestro soltanto per atto motivato dell'autorità giudiziaria nel caso di delitti, per i quali la legge sulla stampa espressamente lo autorizzi, o nel caso di violazione delle norme che la legge stessa prescriva per l'indicazione dei responsabili.

In tali casi, quando vi sia assoluta urgenza e non sia possibile il tempestivo intervento dell'autorità giudiziaria, il sequestro della stampa periodica può essere eseguito da ufficiali di polizia giudiziaria, che devono immediatamente, e non mai oltre ventiquattro ore, fare denunzia all'autorità giudiziaria. Se questa non lo convalida nelle ventiquattro ore successive, il sequestro s'intende revocato e privo d'ogni effetto.

La legge può stabilire, con norme di carattere generale, che siano resi noti i mezzi di finanziamento della stampa periodica.

Sono vietate le pubblicazioni a stampa, gli spettacoli e tutte le altre manifestazioni contrarie al buon costume. La legge stabilisce provvedimenti adeguati a prevenire e a reprimere le violazioni.

22 Nessuno può essere privato, per motivi politici, della capacità giuridica, della cittadinanza, del nome.

23 Nessuna prestazione personale o patrimoniale può essere imposta se non in base alla legge.

24 Tutti possono agire in giudizio per la tutela dei propri diritti e interessi legittimi.

La difesa è diritto inviolabile in ogni stato e grado del procedimento.

Sono assicurati ai non abbienti, con appositi istituti, i mezzi per agire e difendersi davanti ad ogni giurisdizione.

La legge determina le condizioni e i modi per la riparazione degli errori giudiziari.

25 Nessuno può essere distolto dal giudice naturale precostituito per legge.

Nessuno può essere punito se non in forza di una legge che sia entrata in vigore prima del fatto commesso.

Nessuno può essere sottoposto a misure di sicurezza se non nei casi previsti dalla legge.

26 L'estradizione del cittadino può essere consentita soltanto ove sia espressamente prevista dalle convenzioni internazionali.

Non può in alcun caso essere ammessa per reati politici.

27 La responsabilità penale è personale.

L'imputato non è considerato colpevole sino alla condanna definitiva.

Le pene non possono consistere in trattamenti contrari al senso di umanità e devono tendere alla rieducazione del condannato.

Non è ammessa la pena di morte.

28 I funzionari e i dipendenti dello Stato e degli enti pubblici sono direttamente responsabili, secondo le leggi penali, civili e amministrative, degli atti compiuti in violazione di diritti. In tali casi la responsabilità civile si estende allo Stato e agli enti pubblici.

TITOLO II
RAPPORTI ETICO-SOCIALI

29 La Repubblica riconosce i diritti della famiglia come società naturale fondata sul matrimonio.

Il matrimonio è ordinato sull'eguaglianza morale e giuridica dei coniugi, con i limiti stabiliti dalla legge a garanzia dell'unità familiare.

30 È dovere e diritto dei genitori mantenere, istruire ed educare i figli, anche se nati fuori del matrimonio.

Nei casi di incapacità dei genitori, la legge provvede a che siano assolti i loro compiti.

La legge assicura ai figli nati fuori del matrimonio ogni tutela giuridica e sociale, compatibile con i diritti dei membri della famiglia legittima.

La legge detta le norme e i limiti per la ricerca della paternità.

31 La Repubblica agevola con misure economiche e altre provvidenze la formazione della famiglia e l'adempimento dei compiti relativi, con particolare riguardo alle famiglie numerose.

Protegge la maternità, l'infanzia e la gioventù, favorendo gli istituti necessari a tale scopo.

32 La Repubblica tutela la salute come fondamentale diritto dell'individuo e interesse della collettività, e garantisce cure gratuite agli indigenti.

Nessuno può essere obbligato a un determinato trattamento sanitario se non per disposizione di legge. La legge non può in nessun caso violare i limiti imposti dal rispetto della persona umana.

33 L'arte e la scienza sono libere e libero ne è l'insegnamento.

La Repubblica detta le norme generali sull'istruzione ed istituisce scuole statali per tutti gli ordini e gradi.

Enti e privati hanno il diritto di istituire scuole ed istituti di educazione, senza oneri per lo Stato.

La legge, nel fissare i diritti e gli obblighi delle scuole non statali che chiedono la parità, deve assicurare ad esse piena libertà e ai loro alunni un trattamento scolastico equipollente a quello degli alunni di scuole statali.

È prescritto un esame di Stato per l'ammissione ai vari ordini e gradi di scuole o per la conclusione di essi e per l'abilitazione all'esercizio professionale.

Le istituzioni di alta cultura, università ed accademie, hanno il diritto di darsi ordinamenti autonomi nei limiti stabiliti dalle leggi dello Stato.

34 La scuola è aperta a tutti.

L'istruzione inferiore, impartita per almeno otto anni, è obbligatoria e gratuita.

I capaci e meritevoli, anche se privi di mezzi, hanno diritto di raggiungere i gradi più alti degli studi.

La Repubblica rende effettivo questo diritto con borse di studio, assegni alle famiglie ed altre provvidenze, che devono essere attribuite per concorso.

TITOLO III
RAPPORTI ECONOMICI

35 La Repubblica tutela il lavoro in tutte le sue forme ed applicazioni.

Cura la formazione e l'elevazione professionale dei lavoratori.

Promuove e favorisce gli accordi e le organizzazioni internazionali intesi ad affermare e regolare i diritti del lavoro.

Riconosce la libertà di emigrazione, salvo gli obblighi stabiliti dalla legge nell'interesse generale, e tutela il lavoro italiano all'estero.

36 Il lavoratore ha diritto ad una retribuzione proporzionata alla quantità e qualità del suo lavoro e in ogni caso sufficiente ad assicurare a sé e alla famiglia un'esistenza libera e dignitosa.

La durata massima della giornata lavorativa è stabilita dalla legge.

Il lavoratore ha diritto al riposo settimanale e a ferie annuali retribuite, e non può rinunziarvi.

37 La donna lavoratrice ha gli stessi diritti e, a parità di lavoro, le stesse retribuzioni che spettano al lavoratore. Le condizioni di lavoro devono consentire l'adempimento della sua essenziale funzione familiare e assicurare alla madre e al bambino una speciale adeguata protezione.

La legge stabilisce il limite minimo di età per il lavoro salariato.

La Repubblica tutela il lavoro dei minori con speciali norme e garantisce ad essi, a parità di lavoro, il diritto alla parità di retribuzione.

38 Ogni cittadino inabile al lavoro e sprovvisto dei mezzi necessari per vivere ha diritto al mantenimento e all'assistenza sociale.

I lavoratori hanno diritto che siano preveduti ed assicurati mezzi adeguati alle loro esigenze di vita in caso di infortunio, malattia, invalidità e vecchiaia, disoccupazione involontaria.

Gli inabili ed i minorati hanno diritto all'educazione e all'avviamento professionale.

Ai compiti previsti in questo articolo provvedono organi ed istituti predisposti o integrati dallo Stato.

L'assistenza privata è libera.

39 L'organizzazione sindacale è libera.

Ai sindacati non può essere imposto altro obbligo se non la loro registrazione presso uffici locali o centrali, secondo le norme di legge.

È condizione per la registrazione che gli statuti dei sindacati sanciscano un ordinamento interno a base democratica.

I sindacati registrati hanno personalità giuridica. Possono, rappresentati unitariamente in proporzione dei loro iscritti, stipulare contratti collettivi di lavoro con efficacia obbligatoria per tutti gli appartenenti alle categorie alle quali il contratto si riferisce.

40 Il diritto di sciopero si esercita nell'ambito delle leggi che lo regolano.

41 L'iniziativa economica privata è libera.

Non può svolgersi in contrasto con l'utilità sociale o in modo da recare danno alla sicurezza, alla libertà, alla dignità umana.

La legge determina i programmi e i controlli opportuni perché l'attività economica pubblica e privata possa essere indirizzata e coordinata a fini sociali.

42 La proprietà è pubblica o privata. I beni economici appartengono allo Stato, ad enti o a privati.

La proprietà privata è riconosciuta e garantita dalla legge, che ne determina i modi di acquisto, di godimento e i limiti allo scopo di assicurarne la funzione sociale e di renderla accessibile a tutti.

La proprietà privata può essere, nei casi preveduti dalla legge, e salvo indennizzo, espropriata per motivi di interesse generale.

La legge stabilisce le norme ed i limiti della successione legittima e testamentaria e i diritti dello Stato sulle eredità.

43 A fini di utilità generale la legge può riservare originariamente o trasferire, mediante espropriazione e salvo indennizzo, allo Stato, ad enti pubblici o a comunità di lavoratori o di utenti determinate imprese o categorie di imprese, che si riferiscano a servizi pubblici essenziali o a fonti di energia o a situazioni di monopolio ed abbiano carattere di preminente interesse generale.

44 Al fine di conseguire il razionale sfruttamento del suolo e di stabilire equi rapporti sociali, la legge impone obblighi e vincoli alla proprietà terriera privata, fissa limiti alla sua estensione secondo le regioni e le zone agrarie, promuove ed impone la bonifica delle terre, la trasformazione del latifondo e la ricostituzione delle unità produttive, aiuta la piccola e la media proprietà.

La legge dispone provvedimenti a favore delle zone montane.

45 La Repubblica riconosce la funzione sociale della cooperazione a carattere di mutualità e senza fini di speculazione privata. La legge ne promuove e favorisce l'incremento con i mezzi più idonei e ne assicura, con gli opportuni controlli, il carattere e le finalità.

La legge provvede alla tutela e allo sviluppo dell'artigianato.

46 Ai fini della elevazione economica e sociale del lavoro e in armonia con le esigenze della produzione, la Repubblica riconosce il diritto dei lavoratori a collaborare, nei modi e nei limiti stabiliti dalle leggi, alla gestione delle aziende.

47 La Repubblica incoraggia e tutela il risparmio in tutte le sue forme; disciplina, coordina e controlla l'esercizio del credito.

Favorisce l'accesso del risparmio popolare alla proprietà dell'abitazione, alla proprietà diretta coltivatrice e al diretto e indiretto investimento azionario nei grandi complessi produttivi del Paese.

TITOLO IV
RAPPORTI POLITICI

48 Sono elettori tutti i cittadini, uomini e donne, che hanno raggiunto la maggiore età.

Il voto è personale ed eguale, libero e segreto. Il suo esercizio è dovere civico.

La legge stabilisce requisiti e modalità per l'esercizio del diritto di voto dei cittadini residenti all'estero e ne assicura l'effettività. A tale fine è istituita una circoscrizione Estero per l'elezione delle Camere, alla quale sono assegnati seggi nel numero stabilito da norma costituzionale e secondo criteri determinati dalla legge.

Il diritto di voto non può essere limitato se non per incapacità civile o per effetto di sentenza penale irrevocabile o nei casi di indegnità morale indicati dalla legge.

49 Tutti i cittadini hanno diritto di associarsi liberamente in partiti per concorrere con metodo democratico a determinare la politica nazionale.

50 Tutti i cittadini possono rivolgere petizioni alle Camere per chiedere provvedimenti legislativi o esporre comuni necessità.

51 Tutti i cittadini dell'uno o dell'altro sesso possono accedere agli uffici pubblici e alle cariche elettive in condizioni di eguaglianza, secondo i requisiti stabiliti dalla legge. A tal fine la Repubblica promuove con appositi provvedimenti le pari opportunità tra donne e uomini.

La legge può, per l'ammissione ai pubblici uffici e alle cariche elettive, parificare ai cittadini gli italiani non appartenenti alla Repubblica.

Chi è chiamato a funzioni pubbliche elettive ha diritto di disporre del tempo necessario al loro adempimento e di conservare il suo posto di lavoro.

52 La difesa della Patria è sacro dovere del cittadino.

Il servizio militare è obbligatorio nei limiti e modi stabiliti dalla legge. Il suo adempimento non pregiudica la posizione di lavoro del cittadino, né l'esercizio dei diritti politici.

L'ordinamento delle Forze armate si informa allo spirito democratico della Repubblica.

53 Tutti sono tenuti a concorrere alle spese pubbliche in ragione della loro capacità contributiva.

Il sistema tributario è informato a criteri di progressività.

54 Tutti i cittadini hanno il dovere di essere fedeli alla Repubblica e di osservarne la Costituzione e le leggi.

I cittadini cui sono affidate funzioni pubbliche hanno il dovere di adempierle con disciplina ed onore, prestando giuramento nei casi stabiliti dalla legge.

PARTE II
ORDINAMENTO DELLA REPUBBLICA

TITOLO I
IL PARLAMENTO

SEZIONE I - Le Camere

55 Il Parlamento si compone della Camera dei deputati e del Senato della Repubblica.

Il Parlamento si riunisce in seduta comune dei membri delle due Camere nei soli casi stabiliti dalla Costituzione.

56 La Camera dei deputati è eletta a suffragio universale e diretto.

Il numero dei deputati è di seicentotrenta, dodici dei quali eletti nella circoscrizione Estero.

Sono eleggibili a deputati tutti gli elettori che nel giorno delle elezioni hanno compiuto i venticinque anni di età.

La ripartizione dei seggi fra le circoscrizioni, fatto salvo il numero dei seggi assegnati alla circoscrizione Estero, si effettua dividendo il numero degli abitanti della Repubblica, quale risulta dall'ultimo censimento generale della popolazione, per seicentodiciotto e distribuendo i seggi in proporzione alla popolazione di ogni circoscrizione, sulla base dei quozienti interi e dei più alti resti.

57 Il Senato della Repubblica è eletto a base regionale, salvi i seggi assegnati alla circoscrizione Estero.

Il numero dei senatori elettivi è di trecentoquindici, sei dei quali eletti nella circoscrizione Estero.

Nessuna Regione può avere un numero di senatori inferiore a sette; il Molise ne ha due, la Valle d'Aosta uno.

La ripartizione dei seggi fra le Regioni, fatto salvo il numero dei seggi assegnati alla circoscrizione Estero, previa applicazione delle disposizioni del precedente comma, si effettua in proporzione alla popolazione delle Regioni quale risulta dall'ultimo censimento generale, sulla base dei quozienti interi e dei più alti resti.

58 I senatori sono eletti a suffragio universale e diretto dagli elettori che hanno superato il venticinquesimo anno di età.

Sono eleggibili a senatori gli elettori che hanno compiuto il quarantesimo anno.

59 È senatore di diritto e a vita, salvo rinunzia, chi è stato Presidente della Repubblica.

Il Presidente della Repubblica può nominare senatori a vita cinque cittadini che hanno illustrato la Patria per altissimi meriti nel campo sociale, scientifico, artistico e letterario.

60 La Camera dei deputati e il Senato della Repubblica sono eletti per cinque anni.

La durata di ciascuna Camera non può essere prorogata se non per legge e soltanto in caso di guerra.

61 Le elezioni delle nuove Camere hanno luogo entro settanta giorni dalla fine delle precedenti. La prima riunione ha luogo non oltre il ventesimo giorno dalle elezioni.

Finché non siano riunite le nuove Camere sono prorogati i poteri delle precedenti.

62 Le Camere si riuniscono di diritto il primo giorno non festivo di febbraio e di ottobre.

Ciascuna Camera può essere convocata in via straordinaria per iniziativa del suo Presidente o del Presidente della Repubblica o di un terzo dei suoi componenti.

Quando si riunisce in via straordinaria una Camera, è convocata di diritto anche l'altra.

63 Ciascuna Camera elegge fra i suoi componenti il Presidente e l'Ufficio di presidenza.

Quando il Parlamento si riunisce in seduta comune, il Presidente e l'Ufficio di presidenza sono quelli della Camera dei deputati.

64 Ciascuna Camera adotta il proprio regolamento a maggioranza assoluta dei suoi componenti.

Le sedute sono pubbliche; tuttavia ciascuna delle due Camere e il Parlamento a Camere riunite possono deliberare di adunarsi in seduta segreta.

Le deliberazioni di ciascuna Camera e del Parlamento non sono valide se non è presente la maggioranza dei loro componenti, e se non sono adottate a maggioranza dei presenti, salvo che la Costituzione prescriva una maggioranza speciale.

I membri del Governo, anche se non fanno parte delle Camere, hanno diritto, e se richiesti obbligo, di assistere alle sedute. Devono essere sentiti ogni volta che lo richiedono.

65 La legge determina i casi di ineleggibilità e di incompatibilità con l'ufficio di deputato o di senatore.

Nessuno può appartenere contemporaneamente alle due Camere.

66 Ciascuna Camera giudica dei titoli di ammissione dei suoi componenti e delle cause sopraggiunte di ineleggibilità e di incompatibilità.

67 Ogni membro del Parlamento rappresenta la Nazione ed esercita le sue funzioni senza vincolo di mandato.

68 I membri del Parlamento non possono essere chiamati a rispondere delle opinioni espresse e dei voti dati nell'esercizio delle loro funzioni.

Senza autorizzazione della Camera alla quale appartiene, nessun membro del Parlamento può essere sottoposto a perquisizione personale o domiciliare, né può essere arrestato o altrimenti privato della libertà personale, o mantenuto in detenzione, salvo che in esecuzione di una sentenza irrevocabile di condanna, ovvero se sia colto nell'atto di commettere un delitto per il quale è previsto l'arresto obbligatorio in flagranza.

Analoga autorizzazione è richiesta per sottoporre i membri del Parlamento a intercettazioni, in qualsiasi forma, di conversazioni e comunicazioni e a sequestro di corrispondenza.

69 I membri del Parlamento ricevono una indennità stabilita dalla legge.

SEZIONE II – La formazione delle leggi

70 La funzione legislativa è esercitata collettivamente dalle due Camere.

71 L'iniziativa delle leggi appartiene al Governo, a ciascun membro delle Camere ed agli organi ed enti ai quali sia conferita da legge costituzionale.

Il popolo esercita l'iniziativa delle leggi, mediante la proposta, da parte di almeno cinquantamila elettori, di un progetto redatto in articoli.

72 Ogni disegno di legge, presentato ad una Camera è, secondo le norme del suo regolamento, esaminato da una commissione e poi dalla Camera stessa, che l'approva articolo per articolo e con votazione finale.

Il regolamento stabilisce procedimenti abbreviati per i disegni di legge dei quali è dichiarata l'urgenza.

Può altresì stabilire in quali casi e forme l'esame e l'approvazione dei disegni di legge sono deferiti a commissioni, anche permanenti, composte in modo da rispecchiare la proporzione dei gruppi parlamentari. Anche in tali casi, fino al momento della sua approvazione definitiva, il disegno di legge è rimesso alla Camera, se il Governo o un decimo dei componenti della Camera o un quinto della commissione richiedono che sia discusso o votato dalla Camera stessa oppure che sia sottoposto alla sua approvazione finale con sole dichiarazioni di voto. Il regolamento determina le forme di pubblicità dei lavori delle commissioni.

La procedura normale di esame e di approvazione diretta da parte della Camera è sempre adottata per i disegni di legge in materia costituzionale ed elettorale e per quelli di delegazione legislativa, di autorizzazione a ratificare trattati internazionali, di approvazione di bilanci e consuntivi.

73 Le leggi sono promulgate dal Presidente della Repubblica entro un mese dall'approvazione.

Se le Camere, ciascuna a maggioranza assoluta dei propri componenti, ne dichiarano l'urgenza, la legge è promulgata nel termine da essa stabilito.

Le leggi sono pubblicate subito dopo la promulgazione ed entrano in vigore il quindicesimo giorno successivo alla loro pubblicazione, salvo che le leggi stesse stabiliscano un termine diverso.

74 Il Presidente della Repubblica, prima di promulgare la legge, può con messaggio motivato alle Camere chiedere una nuova deliberazione.

Se le Camere approvano nuovamente la legge, questa deve essere promulgata.

75 È indetto referendum popolare per deliberare la abrogazione, totale o parziale, di una legge o di un atto avente valore di legge quando lo richiedono cinquecentomila elettori o cinque Consigli regionali.

Non è ammesso il referendum per le leggi tributarie e di bilancio, di amnistia e di indulto, di autorizzazione a ratificare trattati internazionali.

Hanno diritto di partecipare al referendum tutti i cittadini chiamati ad eleggere la Camera dei deputati.

La proposta soggetta a referendum è approvata se ha partecipato alla votazione la maggioranza degli aventi diritto, e se è raggiunta la maggioranza dei voti validamente espressi.

La legge determina le modalità di attuazione del referendum.

76 L'esercizio della funzione legislativa non può essere delegato al Governo se non con determinazione di principi e criteri direttivi e soltanto per tempo limitato e per oggetti definiti.

77 Il Governo non può, senza delegazione delle Camere, emanare decreti che abbiano valore di legge ordinaria.

Quando, in casi straordinari di necessità e d'urgenza, il Governo adotta, sotto la sua responsabilità, provvedimenti provvisori con forza di legge, deve il giorno stesso presentarli per la conversione alle Camere che, anche se sciolte, sono appositamente convocate e si riuniscono entro cinque giorni.

I decreti perdono efficacia sin dall'inizio, se non sono convertiti in legge entro sessanta giorni dalla loro pubblicazione. Le Camere possono tuttavia regolare con legge i rapporti giuridici sorti sulla base dei decreti non convertiti.

78 Le Camere deliberano lo stato di guerra e conferiscono al Governo i poteri necessari.

79 L'amnistia e l'indulto sono concessi con legge deliberata a maggioranza dei due terzi dei componenti di ciascuna Camera, in ogni suo articolo e nella votazione finale.

La legge che concede l'amnistia o l'indulto stabilisce il termine per la loro applicazione.

In ogni caso l'amnistia e l'indulto non possono applicarsi ai reati commessi successivamente alla presentazione del disegno di legge.

80 Le Camere autorizzano con legge la ratifica dei trattati internazionali che sono di natura politica, o prevedono arbitrati o regolamenti giudiziari, o importano variazioni del territorio od oneri alle finanze o modificazioni di leggi.

81 Lo Stato assicura l'equilibrio tra le entrate e le spese del proprio bilancio, tenendo conto delle fasi avverse e delle fasi favorevoli del ciclo economico.

Il ricorso all'indebitamento è consentito solo al fine di considerare gli effetti del ciclo economico e, previa autorizzazione delle Camere adottata a maggioranza assoluta dei rispettivi componenti, al verificarsi di eventi eccezionali.

Ogni legge che importi nuovi o maggiori oneri provvede ai mezzi per farvi fronte.

Le Camere ogni anno approvano con legge il bilancio e il rendiconto consuntivo presentati dal Governo.

L'esercizio provvisorio del bilancio non può essere concesso se non per legge e per periodi non superiori complessivamente a quattro mesi.

Il contenuto della legge di bilancio, le norme fondamentali e i criteri volti ad assicurare l'equilibrio tra le entrate e le spese dei bilanci e la sostenibilità del debito del complesso delle pubbliche amministrazioni sono stabiliti con legge approvata a maggioranza assoluta dei componenti di ciascuna Camera, nel rispetto dei principi definiti con legge costituzionale.

82 Ciascuna Camera può disporre inchieste su materie di pubblico interesse.

A tale scopo nomina fra i propri componenti una commissione formata in modo da rispecchiare la proporzione dei vari gruppi. La commissione d'inchiesta procede alle indagini e agli esami con gli stessi poteri e le stesse limitazioni dell'autorità giudiziaria.

TITOLO II
IL PRESIDENTE DELLA REPUBBLICA

83 Il Presidente della Repubblica è eletto dal Parlamento in seduta comune dei suoi membri.

All'elezione partecipano tre delegati per ogni Regione eletti dal Consiglio regionale in modo che sia assicurata la rappresentanza delle minoranze. La Valle d'Aosta ha un solo delegato.

L'elezione del Presidente della Repubblica ha luogo per scrutinio segreto a maggioranza di due terzi dell'assemblea. Dopo il terzo scrutinio è sufficiente la maggioranza assoluta.

84 Può essere eletto Presidente della Repubblica ogni cittadino che abbia compiuto cinquanta anni d'età e goda dei diritti civili e politici.

L'ufficio di Presidente della Repubblica è incompatibile con qualsiasi altra carica.

L'assegno e la dotazione del Presidente sono determinati per legge.

85 Il Presidente della Repubblica è eletto per sette anni.

Trenta giorni prima che scada il termine il Presidente della Camera dei deputati convoca in seduta comune il Parlamento e i delegati regionali, per eleggere il nuovo Presidente della Repubblica.

Se le Camere sono sciolte, o manca meno di tre mesi alla loro cessazione, la elezione ha luogo entro quindici giorni dalla riunione delle Camere nuove. Nel frattempo sono prorogati i poteri del Presidente in carica.

86 Le funzioni del Presidente della Repubblica, in ogni caso che egli non possa adempierle, sono esercitate dal Presidente del Senato.

In caso di impedimento permanente o di morte o di dimissioni del Presidente della Repubblica, il Presidente della Camera dei deputati indice la elezione del nuovo Presidente della Repubblica entro quindici giorni, salvo il maggior termine previsto se le Camere sono sciolte o manca meno di tre mesi alla loro cessazione.

87 Il Presidente della Repubblica è il capo dello Stato e rappresenta l'unità nazionale.

Può inviare messaggi alle Camere.

Indice le elezioni delle nuove Camere e ne fissa la prima riunione.

Autorizza la presentazione alle Camere dei disegni di legge di iniziativa del Governo.

Promulga le leggi ed emana i decreti aventi valore di legge e i regolamenti.

Indice il referendum popolare nei casi previsti dalla Costituzione.

Nomina, nei casi indicati dalla legge, i funzionari dello Stato.

Accredita e riceve i rappresentanti diplomatici, ratifica i trattati internazionali, previa, quando occorra, l'autorizzazione delle Camere.

Ha il comando delle Forze armate, presiede il Consiglio supremo di difesa costituito secondo la legge, dichiara lo stato di guerra deliberato dalle Camere.

Presiede il Consiglio superiore della magistratura.

Può concedere grazia e commutare le pene.

Conferisce le onorificenze della Repubblica.

88 Il Presidente della Repubblica può, sentiti i loro Presidenti, sciogliere le Camere o anche una sola di esse.

Non può esercitare tale facoltà negli ultimi sei mesi del suo mandato, salvo che essi coincidano in tutto o in parte con gli ultimi sei mesi della legislatura.

89 Nessun atto del Presidente della Repubblica è valido se non è controfirmato dai ministri proponenti, che ne assumono la responsabilità.

Gli atti che hanno valore legislativo e gli altri indicati dalla legge sono controfirmati anche dal Presidente del Consiglio dei ministri.

90 Il Presidente della Repubblica non è responsabile degli atti compiuti nell'esercizio delle sue funzioni, tranne che per alto tradimento o per attentato alla Costituzione.

In tali casi è messo in stato di accusa dal Parlamento in seduta comune, a maggioranza assoluta dei suoi membri.

91 Il Presidente della Repubblica, prima di assumere le sue funzioni, presta giuramento di fedeltà alla Repubblica e di osservanza della Costituzione dinanzi al Parlamento in seduta comune.

TITOLO III
IL GOVERNO
SEZIONE I - Il Consiglio dei ministri

92 Il Governo della Repubblica è composto del Presidente del Consiglio e dei ministri, che costituiscono insieme il Consiglio dei ministri.

Il Presidente della Repubblica nomina il Presidente del Consiglio dei ministri e, su proposta di questo, i ministri.

93 Il Presidente del Consiglio dei ministri e i ministri, prima di assumere le funzioni, prestano giuramento nelle mani del Presidente della Repubblica.

94 Il Governo deve avere la fiducia delle due Camere.

Ciascuna Camera accorda o revoca la fiducia mediante mozione motivata e votata per appello nominale.

Entro dieci giorni dalla sua formazione il Governo si presenta alle Camere per ottenerne la fiducia.

Il voto contrario di una o d'entrambe le Camere su una proposta del Governo non importa obbligo di dimissioni.

La mozione di sfiducia deve essere firmata da almeno un decimo dei componenti della Camera e non può essere messa in discussione prima di tre giorni dalla sua presentazione.

95 Il Presidente del Consiglio dei ministri dirige la politica generale del Governo e ne è responsabile. Mantiene l'unità di indirizzo politico ed amministrativo, promuovendo e coordinando l'attività dei ministri.

I ministri sono responsabili collegialmente degli atti del Consiglio dei ministri, e individualmente degli atti dei loro dicasteri.

La legge provvede all'ordinamento della Presidenza del Consiglio e determina il numero, le attribuzioni e l'organizzazione dei ministeri.

96 Il Presidente del Consiglio dei ministri ed i ministri, anche se cessati dalla carica, sono sottoposti, per i reati commessi nell'esercizio delle loro funzioni, alla giurisdizione ordinaria, previa autorizzazione del Senato della Repubblica o della Camera dei deputati, secondo le norme stabilite con legge costituzionale.

SEZIONE II - La Pubblica Amministrazione

97 Le pubbliche amministrazioni, in coerenza con l'ordinamento dell'Unione europea, assicurano l'equilibrio dei bilanci e la sostenibilità del debito pubblico.

I pubblici uffici sono organizzati secondo disposizioni di legge, in modo che siano assicurati il buon andamento e l'imparzialità dell'amministrazione.

Nell'ordinamento degli uffici sono determinate le sfere di competenza, le attribuzioni e le responsabilità proprie dei funzionari.

Agli impieghi nelle pubbliche amministrazioni si accede mediante concorso, salvo i casi stabiliti dalla legge.

98 I pubblici impiegati sono al servizio esclusivo della Nazione.

Se sono membri del Parlamento, non possono conseguire promozioni se non per anzianità.

Si possono con legge stabilire limitazioni al diritto d'iscriversi ai partiti politici per i magistrati, i militari di carriera in servizio attivo, i funzionari ed agenti di polizia, i rappresentanti diplomatici e consolari all'estero.

SEZIONE III - Gli organi ausiliari

99 Il Consiglio nazionale dell'economia e del lavoro è composto, nei modi stabiliti dalla legge, di esperti e di rappresentanti delle categorie produttive, in misura che tenga conto della loro importanza numerica e qualitativa.

È organo di consulenza delle Camere e del Governo per

le materie e secondo le funzioni che gli sono attribuite dalla legge.

Ha l'iniziativa legislativa e può contribuire alla elaborazione della legislazione economica e sociale secondo i principi ed entro i limiti stabiliti dalla legge.

100 Il Consiglio di Stato è organo di consulenza giuridico-amministrativa e di tutela della giustizia nell'amministrazione.

La Corte dei conti esercita il controllo preventivo di legittimità sugli atti del Governo, e anche quello successivo sulla gestione del bilancio dello Stato. Partecipa, nei casi e nelle forme stabiliti dalla legge, al controllo sulla gestione finanziaria degli enti a cui lo Stato contribuisce in via ordinaria. Riferisce direttamente alle Camere sul risultato del riscontro eseguito.

La legge assicura l'indipendenza dei due istituti e dei loro componenti di fronte al Governo.

TITOLO IV
LA MAGISTRATURA
SEZIONE I - Ordinamento giurisdizionale

101 La giustizia è amministrata in nome del popolo.

I giudici sono soggetti soltanto alla legge.

102 La funzione giurisdizionale è esercitata da magistrati ordinari istituiti e regolati dalle norme sull'ordinamento giudiziario.

Non possono essere istituiti giudici straordinari o giudici speciali. Possono soltanto istituirsi presso gli organi giudiziari ordinari sezioni specializzate per determinate materie, anche con la partecipazione di cittadini idonei estranei alla magistratura.

La legge regola i casi e le forme della partecipazione diretta del popolo all'amministrazione della giustizia.

103 Il Consiglio di Stato e gli altri organi di giustizia amministrativa hanno giurisdizione per la tutela nei confronti della pubblica amministrazione degli interessi legittimi e, in particolari materie indicate dalla legge, anche dei diritti soggettivi.

La Corte dei conti ha giurisdizione nelle materie di contabilità pubblica e nelle altre specificate dalla legge.

I tribunali militari in tempo di guerra hanno la giurisdizione stabilita dalla legge. In tempo di pace hanno giurisdizione soltanto per i reati militari commessi da appartenenti alle Forze armate.

104 La magistratura costituisce un ordine autonomo e indipendente da ogni altro potere.

Il Consiglio superiore della magistratura è presieduto dal Presidente della Repubblica.

Ne fanno parte di diritto il primo presidente e il procuratore generale della Corte di cassazione.

Gli altri componenti sono eletti per due terzi da tutti i magistrati ordinari tra gli appartenenti alle varie categorie, e per un terzo dal Parlamento in seduta comune tra professori ordinari di università in materie giuridiche ed avvocati dopo quindici anni di esercizio.

Il Consiglio elegge un vicepresidente fra i componenti designati dal Parlamento.

I membri elettivi del Consiglio durano in carica quattro anni e non sono immediatamente rieleggibili.

Non possono, finché sono in carica, essere iscritti negli albi professionali, né far parte del Parlamento o di un Consiglio regionale.

105 Spettano al Consiglio superiore della magistratura, secondo le norme dell'ordinamento giudiziario, le assunzioni, le assegnazioni ed i trasferimenti, le promozioni e i provvedimenti disciplinari nei riguardi dei magistrati.

106 Le nomine dei magistrati hanno luogo per concorso.

La legge sull'ordinamento giudiziario può ammettere la nomina, anche elettiva, di magistrati onorari per tutte le funzioni attribuite a giudici singoli.

Su designazione del Consiglio superiore della magistratura possono essere chiamati all'ufficio di consiglieri di Cassazione, per meriti insigni, professori ordinari di università in materie giuridiche e avvocati che abbiano quindici anni di esercizio e siano iscritti negli albi speciali per le giurisdizioni superiori.

107 I magistrati sono inamovibili. Non possono essere dispensati o sospesi dal servizio né destinati ad altre sedi o funzioni se non in seguito a decisione del Consiglio superiore della magistratura, adottata o per i motivi e con le garanzie di difesa stabilite dall'ordinamento giudiziario o con il loro consenso.

Il Ministro della giustizia ha facoltà di promuovere l'azione disciplinare.

I magistrati si distinguono fra loro soltanto per diversità di funzioni.

Il pubblico ministero gode delle garanzie stabilite nei suoi riguardi dalle norme sull'ordinamento giudiziario.

108 Le norme sull'ordinamento giudiziario e su ogni magistratura sono stabilite con legge.

La legge assicura l'indipendenza dei giudici delle giurisdizioni speciali, del pubblico ministero presso di esse, e degli estranei che partecipano all'amministrazione della giustizia.

109 L'autorità giudiziaria dispone direttamente della polizia giudiziaria.

110 Ferme le competenze del Consiglio superiore della magistratura, spettano al Ministro della giustizia l'organizzazione e il funzionamento dei servizi relativi alla giustizia.

SEZIONE II - Norme sulla giurisdizione

111 La giurisdizione si attua mediante il giusto processo regolato dalla legge.

Ogni processo si svolge nel contraddittorio tra le parti, in condizioni di parità, davanti a giudice terzo e imparziale. La legge ne assicura la ragionevole durata.

Nel processo penale, la legge assicura che la persona accusata di un reato sia, nel più breve tempo possibile, informata riservatamente della natura e dei motivi dell'accusa elevata a suo carico; disponga del tempo e delle condizioni necessari per preparare la sua difesa; abbia la facoltà, davanti al giudice, di interrogare o di far interrogare le persone che rendono dichiarazioni a suo carico, di ottenere la convocazione e l'interrogatorio di persone a sua difesa nelle stesse condizioni dell'accusa e l'acquisizione di ogni altro mezzo di prova a suo favore; sia assistita da un interprete se non comprende o non parla la lingua impiegata nel processo.

Il processo penale è regolato dal principio del contraddittorio nella formazione della prova. La colpevolezza dell'imputato non può essere provata sulla base di dichiarazioni rese da chi, per libera scelta, si è sempre volontariamente sottratto all'interrogatorio da parte dell'imputato o del suo difensore.

La legge regola i casi in cui la formazione della prova non ha luogo in contraddittorio per consenso dell'imputato o per accertata impossibilità di natura oggettiva o per effetto di provata condotta illecita.

Tutti i provvedimenti giurisdizionali devono essere motivati.

Contro le sentenze e contro i provvedimenti sulla libertà personale, pronunciati dagli organi giurisdizionali ordinari o speciali, è sempre ammesso ricorso in Cassazione per violazione di legge. Si può derogare a tale norma soltanto per le sentenze dei tribunali militari in tempo di guerra.

Contro le decisioni del Consiglio di Stato e della Corte dei conti il ricorso in Cassazione è ammesso per i soli motivi inerenti alla giurisdizione.

112 Il pubblico ministero ha l'obbligo di esercitare l'azione penale.

113 Contro gli atti della pubblica amministrazione è sempre ammessa la tutela giurisdizionale dei diritti e degli interessi legittimi dinanzi agli organi di giurisdizione ordinaria o amministrativa.

Tale tutela giurisdizionale non può essere esclusa o limitata a particolari mezzi di impugnazione o per determinate categorie di atti.

La legge determina quali organi di giurisdizione possono annullare gli atti della pubblica amministrazione nei casi e con gli effetti previsti dalla legge stessa.

TITOLO V
LE REGIONI, LE PROVINCE, I COMUNI

Ispirato dalla volontà di dare maggiore autonomia e importanza agli enti locali territoriali (Comuni, Province, Regioni), il Legislatore ha modificato, con la Legge costituzionale n. 3 del 18 ottobre 2001, gli articoli della Costituzione che si occupano di tali enti, ovvero il Titolo V. Poiché la Legge, nel marzo dello stesso anno, non fu approvata con la maggioranza di due terzi dei membri di ciascun ramo del Parlamento (art. 138), si è tenuto in data 7 ottobre 2001 il primo referendum confermativo della storia della Repubblica, con esito positivo. A seguito di ciò, dopo la pubblicazione della Legge sulla Gazzetta Ufficiale, dall'8 novembre 2001, il Titolo V ha il contenuto che segue.

114 La Repubblica è costituita dai Comuni, dalle Province, dalle Città metropolitane, dalle Regioni e dallo Stato.

I Comuni, le Province, le Città metropolitane e le Regioni sono enti autonomi con propri statuti, poteri e funzioni secondo i principi fissati dalla Costituzione.

Roma è la capitale della Repubblica. La legge dello Stato disciplina il suo ordinamento.

115 [Abrogato].

116 Il Friuli-Venezia Giulia, la Sardegna, la Sicilia, il Trentino-Alto Adige/Sudtirol e la Valle d'Aosta/Vallée d'Aoste dispongono di forme e condizioni particolari di autonomia, secondo i rispettivi statuti speciali adottati con legge costituzionale.

La Regione Trentino-Alto Adige/Sudtirol è costituita dalle Province autonome di Trento e di Bolzano.

Ulteriori forme e condizioni particolari di autonomia, concernenti le materie di cui al terzo comma dell'articolo 117 e le materie indicate dal secondo comma del medesimo articolo alle lettere *l*), limitatamente all'organizzazione della giustizia di pace, *n*) e *s*), possono essere attribuite ad altre Regioni, con legge dello Stato, su iniziativa della Regione interessata, sentiti gli enti locali, nel rispetto dei principi di cui all'articolo 119. La legge è approvata dalle Camere a maggioranza assoluta dei componenti, sulla base di intesa fra lo Stato e la Regione interessata.

117 La potestà legislativa è esercitata dallo Stato e dalle Regioni nel rispetto della Costituzione, nonché dei vincoli derivanti dall'ordinamento comunitario e dagli obblighi internazionali.

Lo Stato ha legislazione esclusiva nelle seguenti materie:

a) politica estera e rapporti internazionali dello Stato; rapporti dello Stato con l'Unione europea; diritto di asilo e condizione giuridica dei cittadini di Stati non appartenenti all'Unione europea;

b) immigrazione;

c) rapporti tra la Repubblica e le confessioni religiose;

d) difesa e Forze armate; sicurezza dello Stato; armi, munizioni ed esplosivi;

e) moneta, tutela del risparmio e mercati finanziari; tutela della concorrenza; sistema valutario; sistema tributario e contabile dello Stato; armonizzazione dei bilanci pubblici; perequazione delle risorse finanziarie;

f) organi dello Stato e relative leggi elettorali; *referendum* statali; elezione del Parlamento europeo;

g) ordinamento e organizzazione amministrativa dello Stato e degli enti pubblici nazionali;

h) ordine pubblico e sicurezza, ad esclusione della polizia amministrativa locale;

i) cittadinanza, stato civile e anagrafi;

l) giurisdizione e norme processuali; ordinamento civile e penale; giustizia amministrativa;

m) determinazione dei livelli essenziali delle prestazioni concernenti i diritti civili e sociali che devono essere garantiti su tutto il territorio nazionale;

n) norme generali sull'istruzione;

o) previdenza sociale;

p) legislazione elettorale, organi di governo e funzioni fondamentali di Comuni, Province e Città metropolitane;

q) dogane, protezione dei confini nazionali e profilassi internazionale;

r) pesi, misure e determinazione del tempo; coordinamento informativo statistico e informatico dei dati dell'Amministrazione statale, regionale e locale; opere dell'ingegno;

s) tutela dell'ambiente, dell'ecosistema e dei beni culturali.

Sono materie di legislazione concorrente quelle relative a: rapporti internazionali e con l'Unione europea delle Regioni; commercio con l'estero; tutela e sicurezza del lavoro; istruzione, salva l'autonomia delle istituzioni scolastiche e con esclusione della istruzione e della formazione professionale; professioni; ricerca scientifica e tecnologica e sostegno all'innovazione per i settori produttivi; tutela della salute; alimentazione; ordinamento sportivo; protezione civile; governo del territorio; porti e aeroporti civili; grandi reti di trasporto e di navigazione; ordinamento della comunicazione; produzione, trasporto e distribuzione nazionale dell'energia; previdenza complementare e integrativa; coordinamento della finanza pubblica e del sistema tributario; valorizzazione dei beni culturali e ambientali e promozione e organizzazione di attività culturali; casse di risparmio, casse rurali, aziende di credito a carattere regionale; enti di credito fondiario e agrario a carattere regionale. Nelle materie di legislazione concorrente spetta alle Regioni la potestà legislativa, salvo che per la determinazione dei principi fondamentali, riservata alla legislazione dello Stato.

Spetta alle Regioni la potestà legislativa in riferimento ad ogni materia non espressamente riservata alla legislazione dello Stato.

Le Regioni e le Province autonome di Trento e di Bolzano, nelle materie di loro competenza, partecipano alle decisioni dirette alla formazione degli atti normativi comunitari e provvedono all'attuazione e all'esecuzione degli accordi internazionali e degli atti dell'Unione europea, nel rispetto delle norme di procedura stabilite da legge dello Stato, che disciplina le modalità di esercizio del potere sostitutivo in caso di inadempienza.

La potestà regolamentare spetta allo Stato nelle materie di legislazione esclusiva, salva delega alle Regioni. La potestà regolamentare spetta alle Regioni in ogni altra materia. I Comuni, le Province e le Città metropolitane hanno potestà regolamentare in ordine alla disciplina dell'organizzazione e dello svolgimento delle funzioni loro attribuite.

Le leggi regionali rimuovono ogni ostacolo che impedisce la piena parità degli uomini e delle donne nella vita sociale, culturale ed economica e promuovono la parità di accesso tra donne e uomini alle cariche elettive.

La legge regionale ratifica le intese della Regione con altre Regioni per il migliore esercizio delle proprie funzioni, anche con individuazione di organi comuni.

Nelle materie di sua competenza la Regione può concludere accordi con Stati e intese con enti territoriali interni ad altro Stato, nei casi e con le forme disciplinati da leggi dello Stato.

118 Le funzioni amministrative sono attribuite ai Comuni salvo che, per assicurarne l'esercizio unitario, siano conferite a Province, Città metropolitane, Regioni e Stato, sulla base dei principi di sussidiarietà, differenziazione ed adeguatezza.

I Comuni, le Province e le Città metropolitane sono titolari di funzioni amministrative proprie e di quelle conferite con legge statale o regionale, secondo le rispettive competenze.

La legge statale disciplina forme di coordinamento fra Stato e Regioni nelle materie di cui alle lettere *b*) e *h*) del secondo comma dell'articolo 117, e disciplina inoltre forme di intesa e coordinamento nella materia della tutela dei beni culturali.

Stato, Regioni, Città metropolitane, Province e Comuni favoriscono l'autonoma iniziativa dei cittadini, singoli e associati, per lo svolgimento di attività di interesse generale, sulla base del principio di sussidiarietà.

119 I Comuni, le Province, le Città metropolitane e le Regioni hanno autonomia finanziaria di entrata e di spesa, nel rispetto dell'equilibrio dei relativi bilanci, e concorrono ad assicurare l'osservanza dei vincoli economici e finanziari derivanti dall'ordinamento dell'Unione europea.

I Comuni, le Province, le Città metropolitane e le Regioni hanno risorse autonome. Stabiliscono e applicano tributi ed entrate propri, in armonia con la Costituzione e secondo i principi di coordinamento della finanza pubblica e del sistema tributario. Dispongono di compartecipazioni al gettito di tributi erariali riferibile al loro territorio.

La legge dello Stato istituisce un fondo perequativo, senza vincoli di destinazione, per i territori con minore capacità fiscale per abitante.

Le risorse derivanti dalle fonti di cui ai commi precedenti consentono ai Comuni, alle Province, alle Città metropolitane e alle Regioni di finanziare integralmente le funzioni pubbliche loro attribuite.

Per promuovere lo sviluppo economico, la coesione e la solidarietà sociale, per rimuovere gli squilibri economici e sociali, per favorire l'effettivo esercizio dei diritti della persona, o per provvedere a scopi diversi dal normale esercizio delle loro funzioni, lo Stato destina risorse aggiuntive ed effettua interventi speciali in favore di determinati Comuni, Province, Città metropolitane e Regioni.

I Comuni, le Province, le Città metropolitane e le Regioni hanno un proprio patrimonio, attribuito secondo i principi generali determinati dalla legge dello Stato. Possono ricorrere all'indebitamento solo per finanziare spese di investimento, con la contestuale definizione di piani di ammortamento e a condizione che per il complesso degli enti di ciascuna Regione sia rispettato l'equilibrio di bilancio. È esclusa ogni garanzia dello Stato sui prestiti dagli stessi contratti.

120 La Regione non può istituire dazi di importazione o esportazione o transito tra le Regioni, né adottare provvedimenti che ostacolino in qualsiasi modo la libera circolazione delle persone e delle cose tra le Regioni, né limitare l'esercizio del diritto al lavoro in qualunque parte del territorio nazionale.

Il Governo può sostituirsi a organi delle Regioni, delle Città metropolitane, delle Province e dei Comuni nel caso di mancato rispetto di norme e trattati internazionali o della normativa comunitaria oppure di pericolo grave per l'incolumità e la sicurezza pubblica, ovvero quando lo richiedono la tutela dell'unità guridica o dell'unità economica e in particolare la tutela dei livelli essenziali delle prestazioni concernenti i diritti civili e sociali, prescindendo dai confini territoriali dei governi locali. La legge definisce le procedure atte a garantire che i poteri sostitutivi siano esercitati nel rispetto del principio di sussidiarietà e del principio di leale collaborazione.

121 Sono organi della Regione: il Consiglio regionale, la Giunta e il suo Presidente.

Il Consiglio regionale esercita le potestà legislative attribuite alla Regione e le altre funzioni conferitegli dalla Costituzione e dalle leggi. Può fare proposte di legge alle Camere.

La Giunta regionale è l'organo esecutivo delle Regioni.

Il Presidente della Giunta rappresenta la Regione; dirige la politica della Giunta e ne è responsabile; promulga le leggi ed emana i regolamenti regionali; dirige le funzioni amministrative delegate dallo Stato alla Regione, conformandosi alle istruzioni del Governo della Repubblica.

122 Il sistema di elezione e i casi di ineleggibilità e di incompatibilità del Presidente e degli altri componenti della Giunta regionale nonché dei consiglieri regionali sono disciplinati con legge della Regione nei limiti dei principi fondamentali stabiliti con legge della Repubblica, che stabilisce anche la durata degli organi elettivi.

Nessuno può appartenere contemporaneamente a un Consiglio o a una Giunta regionale e ad una delle Camere del Parlamento, ad un altro Consiglio o ad altra Giunta regionale, ovvero al Parlamento europeo.

Il Consiglio elegge tra i suoi componenti un Presidente e un ufficio di presidenza.

I consiglieri regionali non possono essere chiamati a rispondere delle opinioni espresse e dei voti dati nell'esercizio delle loro funzioni.

Il Presidente della Giunta regionale, salvo che lo statuto regionale disponga diversamente, è eletto a suffragio universale e diretto. Il Presidente eletto nomina e revoca i componenti della Giunta.

123 Ciascuna Regione ha uno statuto che, in armonia con la Costituzione, ne determina la forma di governo e i principi fondamentali di organizzazione e funzionamento. Lo statuto regola l'esercizio del diritto di iniziativa e del referendum su leggi e provvedimenti amministrativi della Regione e la pubblicazione delle leggi e dei regolamenti regionali.

Lo statuto è approvato e modificato dal Consiglio regionale con legge approvata a maggioranza assoluta dei suoi componenti, con due deliberazioni successive adottate ad intervallo non minore di due mesi. Per tale legge non è richiesta l'apposizione del visto da parte del Commissario del Governo. Il Governo della Repubblica può promuovere la questione di legittimità costituzionale sugli statuti regionali dinanzi alla Corte costituzionale entro trenta giorni dalla loro pubblicazione.

Lo statuto è sottoposto a referendum popolare qualora entro tre mesi dalla sua pubblicazione ne faccia richiesta un cinquantesimo degli elettori della Regione o un quinto dei componenti il Consiglio regionale. Lo statuto sottoposto a referendum non è promulgato se non è approvato dalla maggioranza dei voti validi.

In ogni Regione, lo statuto disciplina il Consiglio delle autonomie locali, quale organo di consultazione fra la Regione e gli enti locali.

124 [Abrogato].

125 [Abrogato].

Nella Regione sono istituiti organi di giustizia amministrativa di primo grado, secondo l'ordinamento stabilito da legge della Repubblica. Possono istituirsi sezioni con sede diversa dal capoluogo della Regione.

126 Con decreto motivato del Presidente della Repubblica sono disposti lo scioglimento del Consiglio regionale e la rimozione del Presidente della Giunta che abbiano compiuto atti contrari alla Costituzione o gravi violazioni di legge. Lo scioglimento e la rimozione possono altresì essere disposti per ragioni di sicurezza nazionale. Il decreto è adottato sentita una Commissione di deputati e senatori costituita, per le questioni regionali, nei modi stabiliti con legge della Repubblica.

Il Consiglio regionale può esprimere la sfiducia nei confronti del Presidente della Giunta mediante mozione motivata, sottoscritta da almeno un quinto dei suoi componenti e approvata per appello nominale a maggioranza assoluta dei componenti. La mozione non può essere messa in discussione prima di tre giorni dalla presentazione.

L'approvazione della mozione di sfiducia nei confronti del Presidente della Giunta eletto a suffragio universale e diretto, nonché la rimozione, l'impedimento permanente, la morte o le dimissioni volontarie dello stesso comportano le dimissioni della Giunta e lo scioglimento del Consiglio. In ogni caso i medesimi effetti conseguono alle dimissioni contestuali della maggioranza dei componenti il Consiglio.

127 Il Governo, quando ritenga che una legge regionale ecceda la competenza della Regione, può promuovere la questione di legittimità costituzionale dinanzi alla Corte costituzionale entro sessanta giorni dalla sua pubblicazione.

La Regione, quando ritenga che una legge o un atto avente valore di legge dello Stato o di un'altra Regione leda la sua sfera di competenza, può promuovere la questione di legittimità costituzionale dinanzi alla Corte costituzionale entro sessanta giorni dalla pubblicazione della legge o dell'atto avente valore di legge.

128 [Abrogato].

129 [Abrogato].

130 [Abrogato].

131 Sono costituite le seguenti Regioni: Piemonte; Valle d'Aosta; Lombardia; Trentino-Alto Adige; Veneto; Friuli-Venezia Giulia; Liguria; Emilia-Romagna; Toscana; Umbria; Marche; Lazio; Abruzzi; Molise; Campania; Puglia; Basilicata; Calabria; Sicilia; Sardegna.

132 Si può con legge costituzionale, sentiti i Consigli regionali, disporre la fusione di Regioni esistenti o la creazione di nuove Regioni con un minimo di un milione d'abitanti, quando ne facciano richiesta tanti Consigli comunali che rappresentino almeno un terzo delle popolazioni interessate, e la proposta sia approvata con referendum dalla maggioranza delle popolazioni stesse.

Si può, con l'approvazione della maggioranza delle popolazioni della Provincia o delle Province interessate e del Comune o dei Comuni interessati espressa mediante referendum e con legge della Repubblica, sentiti i Consigli regionali, consentire che Province e Comuni, che ne facciano richiesta, siano staccati da una Regione ed aggregati ad un'altra.

133 Il mutamento delle circoscrizioni provinciali e la istituzione di nuove Province nell'ambito di una Regione sono stabiliti con legge della Repubblica, su iniziativa dei Comuni, sentita la stessa Regione.

La Regione, sentite le popolazioni interessate, può con sue leggi istituire nel proprio territorio nuovi Comuni e modificare le loro circoscrizioni e denominazioni.

TITOLO VI
GARANZIE COSTITUZIONALI

SEZIONE I - La Corte costituzionale

134 La Corte costituzionale giudica:

– sulle controversie relative alla legittimità costituzionale delle leggi e degli atti, aventi forza di legge, dello Stato e delle Regioni;

– sui conflitti di attribuzione tra i poteri dello Stato e su quelli tra lo Stato e le Regioni, e tra le Regioni;

– sulle accuse promosse contro il Presidente della Repubblica, a norma della Costituzione.

135 La Corte costituzionale è composta di quindici giudici nominati per un terzo dal Presidente della Repubblica, per un terzo dal Parlamento in seduta comune e per un terzo dalle supreme magistrature ordinaria ed amministrative.

I giudici della Corte costituzionale sono scelti tra i magistrati anche a riposo delle giurisdizioni superiori ordinaria ed amministrative, i professori ordinari di università in materie giuridiche e gli avvocati dopo venti anni d'esercizio.

I giudici della Corte costituzionale sono nominati per nove anni, decorrenti per ciascuno di essi dal giorno del giuramento, e non possono essere nuovamente nominati.

Alla scadenza del termine il giudice costituzionale cessa dalla carica e dall'esercizio delle funzioni.

La Corte elegge fra i suoi componenti, secondo le norme stabilite dalla legge, il Presidente, che rimane in carica per un triennio, ed è rieleggibile, fermi in ogni caso i termini di scadenza dall'ufficio di giudice.

L'ufficio di giudice della Corte è incompatibile con quello di membro del Parlamento, di un Consiglio regionale, con l'esercizio della professione di avvocato e con ogni carica ed ufficio indicati dalla legge.

Nei giudizi d'accusa contro il Presidente della Repubblica intervengono, oltre i giudici ordinari della Corte, sedici membri tratti a sorte da un elenco di cittadini aventi i requisiti per l'eleggibilità a senatore, che il Parlamento compila ogni nove anni mediante elezione con le stesse modalità stabilite per la nomina dei giudici ordinari.

136 Quando la Corte dichiara l'illegittimità costituzionale di una norma di legge o di atto avente forza di legge, la norma cessa di avere efficacia dal giorno successivo alla pubblicazione della decisione.

La decisione della Corte è pubblicata e comunicata alle Camere ed ai Consigli regionali interessati, affinché, ove lo ritengano necessario, provvedano nelle forme costituzionali.

137 Una legge costituzionale stabilisce le condizioni, le forme, i termini di proponibilità dei giudizi di legittimità costituzionale, e le garanzie d'indipendenza dei giudici della Corte.

Con legge ordinaria sono stabilite le altre norme necessarie per la costituzione e il funzionamento della Corte.

Contro le decisioni della Corte costituzionale non è ammessa alcuna impugnazione.

SEZIONE II - Revisione della Costituzione. Leggi costituzionali

138 Le leggi di revisione della Costituzione e le altre leggi costituzionali sono adottate da ciascuna Camera con due successive deliberazioni ad intervallo non minore di tre mesi, e sono approvate a maggioranza assoluta dei componenti di ciascuna Camera nella seconda votazione.

Le leggi stesse sono sottoposte a referendum popolare quando, entro tre mesi dalla loro pubblicazione, ne facciano domanda un quinto dei membri di una Camera o cinquecentomila elettori o cinque Consigli regionali. La legge sottoposta a referendum non è promulgata, se non è approvata dalla maggioranza dei voti validi.

Non si fa luogo a referendum se la legge è stata approvata nella seconda votazione da ciascuna delle Camere a maggioranza di due terzi dei suoi componenti.

139 La forma repubblicana non può essere oggetto di revisione costituzionale.

DISPOSIZIONI TRANSITORIE E FINALI

I Con l'entrata in vigore della Costituzione il Capo provvisorio dello Stato esercita le attribuzioni di Presidente della Repubblica e ne assume il titolo.

II Se alla data della elezione del Presidente della Repubblica non sono costituiti tutti i Consigli regionali, partecipano alla elezione soltanto i componenti delle due Camere.

III Per la prima composizione del Senato della Repubblica sono nominati senatori, con decreto del Presidente della Repubblica, i deputati dell'Assemblea Costituente che posseggono i requisiti di legge per essere senatori e che:

– sono stati Presidenti del Consiglio dei ministri o di Assemblee legislative;

– hanno fatto parte del disciolto Senato;

– hanno avuto almeno tre elezioni, compresa quella dell'Assemblea Costituente;

– sono stati dichiarati decaduti nella seduta della Camera dei deputati del 9 novembre 1926;

– hanno scontato la pena della reclusione non inferiore a cinque anni in seguito a condanna del tribunale speciale fascista per la difesa dello Stato.

Sono nominati altresì senatori, con decreto del Presidente della Repubblica, i membri del disciolto Senato che hanno fatto parte della Consulta Nazionale.

Al diritto di essere nominati senatori si può rinunciare prima della firma del decreto di nomina. L'accettazione della candidatura alle elezioni politiche implica rinuncia al diritto di nomina a senatore.

IV Per la prima elezione del Senato il Molise è considerato come Regione a sé stante, con il numero dei senatori che gli compete in base alla sua popolazione.

V La disposizione dell'articolo 80 della Costituzione, per quanto concerne i trattati internazionali che importano oneri alle finanze o modificazioni di legge, ha effetto dalla data di convocazione delle Camere.

VI Entro cinque anni dall'entrata in vigore della Costituzione si procede alla revisione degli organi speciali di giurisdizione attualmente esistenti, salvo le giurisdizioni del Consiglio di Stato, della Corte dei conti e dei tribunali militari.

Entro un anno dalla stessa data si provvede con legge al

riordinamento del Tribunale supremo militare in relazione all'articolo 111.

VII Fino a quando non sia emanata la nuova legge sull'ordinamento giudiziario in conformità con la Costituzione, continuano ad osservarsi le norme dell'ordinamento vigente.

Fino a quando non entri in funzione la Corte costituzionale, la decisione delle controversie indicate nell'articolo 134 ha luogo nelle forme e nei limiti delle norme preesistenti all'entrata in vigore della Costituzione.

VIII Le elezioni dei Consigli regionali e degli organi elettivi delle amministrazioni provinciali sono indette entro un anno dall'entrata in vigore della Costituzione.

Leggi della Repubblica regolano per ogni ramo della pubblica amministrazione il passaggio delle funzioni statali attribuite alle Regioni. Fino a quando non sia provveduto al riordinamento e alla distribuzione delle funzioni amministrative fra gli enti locali restano alle Province ed ai Comuni le funzioni che esercitano attualmente e le altre di cui le Regioni deleghino loro l'esercizio.

Leggi della Repubblica regolano il passaggio alle Regioni di funzionari e dipendenti dello Stato, anche delle amministrazioni centrali, che sia reso necessario dal nuovo ordinamento. Per la formazione dei loro uffici le Regioni devono, tranne che in casi di necessità, trarre il proprio personale da quello dello Stato e degli enti locali.

IX La Repubblica, entro tre anni dall'entrata in vigore della Costituzione, adegua le sue leggi alle esigenze delle autonomie locali e alla competenza legislativa attribuita alle Regioni.

X Alla Regione del Friuli-Venezia Giulia, di cui all'articolo 116, si applicano provvisoriamente le norme generali del Titolo V della parte seconda, ferma restando la tutela delle minoranze linguistiche in conformità con l'articolo 6.

XI Fino a cinque anni dall'entrata in vigore della Costituzione si possono, con leggi costituzionali, formare altre Regioni, a modificazione dell'elenco di cui all'articolo 131, anche senza il concorso delle condizioni richieste dal primo comma dell'articolo 132, fermo rimanendo tuttavia l'obbligo di sentire le popolazioni interessate.

XII È vietata la riorganizzazione, sotto qualsiasi forma, del disciolto partito fascista.

In deroga all'articolo 48, sono stabilite con legge, per non oltre un quinquennio dalla entrata in vigore della Costituzione, limitazioni temporanee al diritto di voto e alla eleggibilità per i capi responsabili del regime fascista.

XIII I membri e i discendenti di Casa Savoia non sono elettori e non possono ricoprire uffici pubblici né cariche elettive (*).

Agli ex re di Casa Savoia, alle loro consorti e ai loro discendenti maschi sono vietati l'ingresso e il soggiorno nel territorio nazionale (*).

I beni esistenti nel territorio nazionale, degli ex re di Casa Savoia, delle loro consorti e dei loro discendenti maschi, sono avocati allo Stato. I trasferimenti e le costituzioni di diritti reali sui beni stessi, che siano avvenuti dopo il 2 giugno 1946, sono nulli.

(*) *I commi primo e secondo esauriscono i loro effetti con l. cost. 23 ottobre 2002, n. 1.*

XIV I titoli nobiliari non sono riconosciuti.

I predicati di quelli esistenti prima del 28 ottobre 1922 valgono come parte del nome.

L'Ordine mauriziano è conservato come ente ospedaliero e funziona nei modi stabiliti dalla legge.

La legge regola la soppressione della Consulta araldica.

XV Con l'entrata in vigore della Costituzione si ha per convertito in legge il decreto legislativo luogotenenziale 25 giugno 1944, n. 151, sull'ordinamento provvisorio dello Stato.

XVI Entro un anno dall'entrata in vigore della Costituzione si procede alla revisione e al coordinamento con essa delle precedenti leggi costituzionali che non siano state finora esplicitamente o implicitamente abrogate.

XVII L'Assemblea Costituente sarà convocata dal suo Presidente per deliberare, entro il 31 gennaio 1948, sulla legge per la elezione del Senato della Repubblica, sugli statuti regionali speciali e sulla legge per la stampa.

Fino al giorno delle elezioni delle nuove Camere, l'Assemblea Costituente può essere convocata, quando vi sia necessità di deliberare nelle materie attribuite alla sua competenza dagli articoli 2, primo e secondo comma, e 3, comma primo e secondo, del decreto legislativo 16 marzo 1946, n. 98.

In tale periodo le Commissioni permanenti restano in funzione. Quelle legislative rinviano al Governo i disegni di legge, ad esse trasmessi, con eventuali osservazioni e proposte di emendamenti.

I deputati possono presentare al Governo interrogazioni con richiesta di risposta scritta.

L'Assemblea Costituente, agli effetti di cui al secondo comma del presente articolo, è convocata dal suo Presidente su richiesta motivata del Governo o di almeno duecento deputati.

XVIII La presente Costituzione è promulgata dal Capo provvisorio dello Stato entro cinque giorni dalla sua approvazione da parte dell'Assemblea Costituente, ed entra in vigore il 1° gennaio 1948.

Il testo della Costituzione è depositato nella sala comunale di ciascun Comune della Repubblica per rimanervi esposto, durante tutto l'anno 1948, affinché ogni cittadino possa prenderne cognizione.

La Costituzione, munita del sigillo dello Stato, sarà inserita nella Raccolta ufficiale delle leggi e dei decreti della Repubblica.

La Costituzione dovrà essere fedelmente osservata come Legge fondamentale della Repubblica da tutti i cittadini e dagli organi dello Stato.

Data a Roma, addì 27 dicembre 1947.

Enrico De Nicola

Controfirmano

Il Presidente dell'Assemblea Costituente
Umberto Terracini

Il Presidente del Consiglio dei ministri
Alcide De Gasperi

Visto, *il Guardasigilli*
Giuseppe Grassi